LA MÉDITERRANÉE

et le monde méditerranéen à l'époque de Philippe II

フェルナン・ブローデル

地中海

〈普及版〉

II

集団の運命と全体の動き 1

浜名優美訳

藤原書店

Fernand BRAUDEL

LA MÉDITERRANÉE
et le monde méditerranéen à l'époque de Philippe II

Armand Colin, Deuxième édition revue et corrigée, 1966.

地中海Ⅱ　集団の運命と全体の動き１　目次

第2章　経済――貴金属、貨幣、物価　185

第3章　経済――商業と運輸　315

第Ⅰ分冊目次

第Ⅲ分冊目次

第Ⅳ分冊目次

第Ⅴ分冊目次

地中海 Ⅱ 集団の運命と全体の動き 1

凡例

一　本書の翻訳には，Fernand Braudel, *La Méditerranée et le monde méditerranéen à l'époque de Philippe II*, Librairie Armand Colin, 2e édition revue et corrigée, 1966 を底本とした。原著は一九四九年初版発行から一九九〇年の第九版まで出ているが，第二版以降は大幅な修正，書き足しはないからである。ただし第四版（一九七九年）には二カ所だけ書き足しがある。

一　原著ではフランス語以外の言語は原則としてイタリックで記載されている。本訳書ではフランス語以外の記述箇所を〈 〉でくくった。原文のフランス語がイタリックで強調されている場合には，傍点を付した。

一　原注は脚注であるが，本訳書ではそれぞれの話題ごとに末尾に入れた。

一　引用文は「 」で示した。

一　地名，人名の表記は原著の記述を尊重しつつ，できるかぎり原音に近いものを採用し，時代によって同じ地名の呼び名が異なる場合など，適宜〔 〕を用いて補った。

一　訳者による補足説明には〔 〕を用いた。

一　原注に掲げられている文献の多くは，学術書，古文書であり，研究者の便宜を考え，原語のままとしたが，邦訳のあるものは可能な限り付記した。

第Ⅱ部　集団の運命と全体の動き

本書の第Ⅰ部の話題は、空間から出発して、反復とは何か、緩慢とは何か、永続性とは何かを明らかにすることであった。

動かないもの、あるいはほとんど動かないものを探究しながら、原則として十六世紀後半に限定された調査の年代的境界をはみ出すことも、また別の時代の証言にとどまらず、現在の証言を利用することもためらわずにやってきた。ヴィクトール・ベラールはみずから眼下に見ている地中海世界を通してオデュッセウスの風景を再発見した。ところで、人々が、何世紀もの年月を隔てて、ファイアケス人の島、コルフ島やロートファージュ人〔憂い忘れの樹を食べる人の意味。なつめの一種で、この実を食べたオデュッセウスの部下たちは故国を忘れたという〕の島、ジェルバ島だけでなく、ユリシーズその人を見出すのは、たいていは人間である[1]……。

こうした長期の歴史とは別に、この第Ⅱ分冊では、もっと個別化されたリズムをもつ歴史、つまり集団、集団の運命、全体の動きの歴史をとらえることにする。すなわち社会史である。ここではすべては人間から、人々から出発するのであって、モーリス・アルバックの言い方をすれば、もはや「事物から」出発するのではなく、こう言ってよければ、事物をもとに人間がつくったものから出発するのである。

実際、この第Ⅱ分冊は、矛盾した話題に応じている。本書は社会構造に、したがって磨耗するのが緩慢なメカニズムに関心を寄せる。また社会構造の変動にも関心を寄せる。そして、最終的には、本書は、我々の専門用語で「構造」と「変動局面＝景況」と名付けているもの、つまり動かないものと動くもの、遅いことと速度の出しすぎを組み合わせる。この二つの現実は、経済学者がよく知っているように[2]〔実は構造と変動局面＝景況という区別は経済学者から借用したものである〕、毎日の生活のなかでは互いに結びついていて、変化するものと永続するものとの間でひっきりなしに共有されているのだ。

しかしこのような独特の光景にただ一回の努力で接近するのは容易ではない。本書の各章はその困難を細分化し、経済、国家、社会、文明、不可欠の仲介業者、そして最後に戦争のさまざまな形態に関する諸問題に順次取り組むことになる。それでも読者が思い違いをすることはない。以下の各章は、唯一の理解に一挙に到達できないために、一章ずつ、唯一の理解に向けておこなわれる努力である。

実は、このように便宜的に切り分けることがどうしても必要であった。それは気持ちとしては満足すべきものではないが、どんな「計画」も、それが反復をできるかぎり少なくして、できるかぎりよく説明することが可能であれば、それなりの価値を持つのである。

（1） Gabriel AUDISIO, *Sel de la mer*, 1936, p. 177 et *sq*.

（2） ジャン・ヴェイエは、《Les préférences nationales de structure et le déséquilibre structurel》, in : *Revue d'Economie politique*, 1949 で、彼の観点を指摘した。またこの問題には何度もふれている。特に、*Problèmes d'Economie internationale*, t. II, 1950 ならびに *L'économie internationale depuis 1950*, 1965. 共同著作の *Sens et usage du terme structure dans les sciences humaines et sociales*, 1962, Mouton, p. 148 et *sq*. にすぐれた要約がある。

第1章　経済——この世紀の尺度

まず初めに、十六世紀の尺度、経済の規模を見つけなければならない。我々の目的は、リュシアン・フェーヴルが『ラブレー』[1]の最後の章で、十六世紀の精神的装置の目録作成を試み、お馴染みの問題から問題を歪める偽の解決を取りのけるためにこの時代の精神的装置の力量を測ろうと試みたのと同じである。問題を歪めるというのは、偽の解決は時代のもろもろの可能性ならびに知的水準と明らかに矛盾しているからである。同様に、人間が十六世紀から地中海において実際に何を建設してきたか、あるいは何を建設しようとしてきたかを研究する前に、十六世紀の経済的装置および人間の力の限界がどんなものでありうるかを、おおざっぱに、指摘しておくのが得策である。

（1） Lucien FEBVRE, *Le problème de l'incroyance au XVIe siècle. La religion de Rabelais*, 1re édit., 1942, 2e édit., 1947, p. 361 *et sq.*

一　第一の敵としての空間

今日、空間は不足し、我々の周囲で狭まっている。十六世紀には、空間はあり余るほどあり、空間が豊富であることは利点であると同時に障害であった。地中海について文学がむしかえしているあらゆる主題のなかで、「人間の大きさに合った海」という主題は、最も期待外れの主題のひとつである。これではまるで人間の尺度がきっぱりと与えられたようなものだ！　地中海はたしかに十六世紀の人間の尺度には合っていない。昨日二十世紀の人間が大西洋の広さを完全に自分のものにしきれなかったように、十六世紀の人間は、あまりにも広大な地中海の空間を苦労してやっと支配しているのだ。

手紙を書く人々にとって、往復で失われるもの

この点について納得するためには、自分自身の生活と取り組んでいる人々の不平に耳を傾けるだけで十分である。手紙を書く人々は、王妃が弟のフェリーペ二世に打ち明けていたように、〈往復で失われるもの〉、郵便の所要時間の長さを考えるときには苦い思いをしている。(1)カルヴァンは、返事を出すのが遅れてしまったデル・ヴィーコに手紙を送るときに、次のように告白していた。「……私の手紙がどれほど長い間途中にあるかと考えると、義務を果たすことに何度もどれほどおじけづいたかわかりません。(2)」……ある手紙が速く着いたりすれば、手紙の受取人はびっくりする。人文主義者アントニオ・デ・ゲバラはある友人に次のように書いている。「バレンシアからグラナダまでのようにこんなに遠くからやって来るのに、あなたの手紙はたいへん速く着きました。なぜなら土曜日に出たのがここには月曜日に着いたのですから。」バリャドリーの彼のところには、カスティーリャの大元帥からの手紙が記録的な時間で届いた。「手紙がここにこんなに速く到着したのは、中身が鱒だったからだろう。」このイメージは彼につきまとう。というのも、この人文主義者は数年後にはロス・ベレス侯爵に次のように書いているのだから。「あなたのお手紙はたいへんな速さで小生のもとに届き、バイヨンヌからここに持って来てくれた鮭よりも新鮮です。(3)」こうした例外は、相変わらず、慣例を確認するものである。

政治家や大使にはとかく壮大な考えがあると我々は考えがちだが、彼らが気にかけているのは、たいていは郵便物の到着ないし遅れである。一五七五年二月二十四日、アントワープで、D・ルイス・デ・レケセンスはパリ駐在のフェリーペ二世の大使D・ディエゴ・デ・スニィガに次のように書いている。「閣下にとってスペインからの手

紙がどんな具合なのか私にはわかりません。当方は、去る十一月二十日以来、オランダの事件に関して、国王からは何も聞いておりません……。そのために陛下の部隊はたいへん苦しんでおります。[4]」

郵便物が到着したか、これから到着するかは、拘束であり、強迫観念である。通常の郵便物でさえ決まった時間に到着しないし、時には決まった日に到着しない。「私はフランドルからの通常郵便物の配達を今か今かと待っている」と、シャントネーは一五六一年十二月に記している。[5] もちろん、こうした強迫観念は、カトリック王の大使たちだけの特権ではない。ランブイエ枢機卿はシャルル九世に、「私どもへの手紙の発送を急がせるのは骨折り損です」と書いたことがあった。[6]「なぜなら陛下の小包を運ぶ宿駅長たちが臆病で、注意が足りないからです。……それは実にたいへんなもので……たいていは前述の小包は宮廷からリヨンまで一ヵ月ないし六週間かかるのです。従いまして、私が小包を受け取るときには、その小包を利用する季節ならびにこちらから注文を出す機会は、たいへん残念ではございますが、とうに過ぎてしまっていることが多いのでございます……。」フールクヴォーにも同じ不満が見られる。彼は一五六七年一月にマドリードから次のように書いている。「国王の紋章入りの盾をつけた五人ないし六人の伝令は、時にはローマからの通常郵便物のためにも走る自称リヨンの住民であるが、彼らが走るときにはヌムール殿のためであると言っている。これは宿駅長から厚遇を受けるためなのです。[7]」しかし彼らはどんな国のお金も、銀行の急送文書も引き受けるのである。このようにして彼らのうちの一人が「この（スペインの）宮廷の命によって、リヨンに住んでいる他のジェノヴァ人の銀行家の手紙をジェノヴァ人に届けるために最近大急ぎでやって来た。」しかし、フランス国王の手紙は相変わらず途中であった。また別のときには、通信は「ランド地方の宿駅長」のために害をこうむり、[8] 相変わらず信じられないほどの遅れが生じた。スペインにおけるアンリ二世の外交官ロングレは、一五八四年二月に、二週間前から政府からの便りがないが、[9]「バリャドリー方面からやって来る多く（の手紙）はブルゴスに止まったままなのだ」と指摘している。したがって数多くの事故や思わぬ出来事があった。二ヵ所の通常の郵便輸送で通信がおこなわれなかったり、通常のルートが切断されてしまったり、あるいは山賊行為の報せを聞くと、郵便配達人たちはもう夜間には旅をしないという決定を下したりする……[10]。その度に、遠方では、思いがけない活動停止が起こる。つまりナポリ副王は本国からの指令がないままであり、慎重王の政府はオランダの出来事がどうなっているのかもはやわからず、マドリードのヴェネツィア大使は六十日間もイタリアからの便りがない[11]。

おそらく、そういったことこそ異常なケースであり、それは人間たちのせいであったり、情勢や悪天候のために起こるのであるが、まさに「異常なもの」こそが反復され、つねに緊張している状況を悪化させるのである。距離との闘いは相変わらず警戒すべき問題であるが、偶然や幸運であることもある。海上では、好都合な風が吹き、晴天が続けば、他の輸送手段が六ヵ月でできないことを一、二週間でやってしまう。プロポンティス海〔マルマラ海〕からヴェネツィアまで、ふつうは半年かかるのに、ブロン・デュ・マンは十三日で行った[12]。同様に、地上では、距離がそれほど離れていないところで、戦争が起こり、緊急事態が発生し、道路をぐしゃぐしゃにする雨が降り、峠を塞ぐ降雪があれば、どんなに穏当な所要時間も十分とは言えなくなる。空間は、いったん定められた大きさではないのだ。もちろん十倍、百倍の大きさになれば、移動したり、行動したりしようとするとき、誰一人としてあらかじめ決して確信を持てないし、それなりの所要時間がどうしても必要になる。

実際には、十六世紀の人々はあらゆる種類の緩慢さを甘受している。スペインからイタリアへ行く一通の手紙は、ボルドーならびにリヨン経由の道も、モンペリエないしニース経由の道も求める。一六〇一年四月、ヴェネツィア駐在大使ド・ヴィリエからアンリ四世に送られた手紙は、ブリュッセル経由でフォンテーヌブローに達する[13]。一五五〇―一五六〇年代の間、ポルトガル大使たちはローマからの手紙をたいていはアントワープ経由で発送する[14]。これは、行程にかかる期間は行程の長さの関数ではなく、郵便物の質と頻度の関数であるということだ。それにそれこそが習慣なのだ。三日や四日の所要時間は決して気にしない。一五八七年の末に、「ベアルン大公」のプロテスタントたちがリムーザンを占領したとき、パリのベルナルディノ・デ・メンドサとフェリーペ二世の政府との定期便の道が切断されたことがあった。急送公文書は新たな経路で発送されなければならないが、あいにく新たな経路に沿っては〈しっかりした郵便事業がおこなわれていない〉。そのことを伝える公文書の余白に、フェリーペ二世は次のように書いている。「迅速であることが大切な場合を除けば、四日ないし五日かかることよりも、手紙が確実な経路で運ばれることのほうが、はるかに重要なことであろう。(15)」

(1) 一五六八年五月二十八日、*CODOIN*, XXVII, p. 6.
(2) 一五五八年七月十九日、*Lettres de Jean Calvin*, p. p. BONNET, 1854, p. 207.
(3) Antonio de GUEVARA, *Epistres dorées, morales et familières traduites d'espagnol en français par le seigneur de Guterry*, 1558, pp. 79, 40, 63. スペイン語では、in: *Biblioteca de autores españoles (B. A. E)*, 1850, t. XIII, pp. 86, 96, 103.
(4) A. N., K 1337, B 38, nº 15. 写し。
(5) フェリーペ二世宛書簡、ポワシー、一五六一年十二月二十一日、A. N., K 1495, B 13, nº 105, original.
(6) ローマ、一五七〇年一月三十日、B. N., Paris, Fr 17 989, fº 142.
(7) 一五六七年一月五日、*Dépêches de Fourquevaux*, III, p. 31.
(8) ロングレからヴィルロワ宛書簡、バルバストロ、一五八五年十二月八日、Albert MOUSSET, *op. cit.*, p. 211.
(9) ロングレからヴィルロワ宛書簡、マドリード、一五八四年二月一日、*ibid*, p. 17.
(10) ヴィルロワからJ・B・デ・タシス宛書簡、パリ、一五八四年一月三十一日、original, A. N., K 1563.
(11) A. d. S. Venise, Senato Dispacci Spagna プリウリからドージェ宛書簡、マドリード、一六一二年十一月十九日。
(12) BELON DU MANS, *Les observations*..., p. 78.
(13) Eugène HALPHEN, *Lettres inédites du roi Henri IV à M. de Villiers*, 1887, p. 25.
(14) 一五四八年五月二十八日、ボローニャから発送されたフランコ・ホルヘ・デ・サンティアゴから国王宛の書簡。「なぜなら陛下宛の手紙はフランドル経由のほうが郵便よりも短期だからであります……。」*Corpo dipl. port.*, *VI*, p. 254. あるいは、一五六一年五月二十八日、リスボン発のJ・ニコからフランス国王宛書簡の以下の一節。「報せはアレクサンドリア経由でフランドルに来ました。そしてあそこからここまで届くまでにインド諸島ではたいへんな騒擾、反抗がありました……。」E. FALGAIROLLE, *Jean Nicot, ambassadeur*

de France au Portugal au XVIᵉ siècle, Sa Correspondance inédite, 1887, p. 148.
(15) B・デ・メンドサからフェリーペ二世宛書簡、パリ、一五八七年十一月二十八日、A. N., K 1566 フェリーペ二世の自筆メモ。

海の大きさ——いくつかの記録的スピード

我々が作業の基礎にしうる数字・統計は、それぞれ大いに違っている。そのうえ、こうした数字がむらのないひと続きになっているのはきわめて稀である。やむを得ない場合には、要するに海の最小の大きさを示す例外的なスピードでの航海を取り上げることで、純然たる状態で距離の観念をもつことになる。(1)

最大速度は、一日につき二〇〇キロメートルないしそれ以上であるが、これは海上では、(2) 晴天のとき、しかもむしろ漕ぎ手が強化されたときにしかほとんど実現されない。たとえばドン・フアン・デ・アウストリアが、一五七二年六月に、メッシーナから急遽差し向けて、六日間でカタルーニャ沿岸(パラモス)に着いた船の場合である。(3) この時は劇的であった。フェリーペ二世が艦隊の大部分とともにメッシーナで待命するようにと下した命令を是が非でも、ドン・フアンのために、持ち帰らせることであった。ガレー船は、しっかり武装したうえで、一隻だけで、航海をおこなった。トスカーナの通信の言い草によれば、ガレー船は〈つねに激しく風にもまれながらも、なおかつ陸地には一度も立ち寄らずに〉(4)、したがって真っ直ぐに航海した。この手柄はたった一回だけではなかった。これより二年前の冬に(一五七〇年十二月)、ジャン・アンドレア・ドリアはジェノヴァからパラモスまで五日で来ていた。距離は短く、速度はそれほど速くないが、乗り越えた困難は比較可能である。(5) 同じく、これより六十年前に、オランからカルタヘナまでの二〇〇キロメートルをシスネロス枢機卿は一五〇九年五月二十三日にたった一日で航海していた。それは奇蹟的な旅で、〈まるで風を彼の命令に従わせ、意のままにしているかのようであった〉(6)。それは、ブロン・デュ・マンによれば、[7]ほぼロードス島からアレクサンドリアまで三日三晩かからない「恵まれた」航海の速度である。しかも、このことは指摘しておくべきだが、ふつうの商船を使った場合である。

陸では、例外的な場合は別にして、たいへんなスピードというのは少ないが、海よりも定期的であるがゆえに、郵便連絡に関しては、陸路は、海路よりも割高ではあるが、好まれた。ヨーロッパでの最大のスピードは、チロル経由のイタリア―ブリュッセル路線で、ガブリエル・デ・タシスの郵便団体の郵便によって実現される。この路線は入念に研究され、停車の所要時間は最小限に切り詰められ、特にアイフェル高原〔ライン片岩山地の西部〕のよく知られた近道は定期的に利用された。このルートの選定をおこなったこと自体、すでに、ひとつの記録である。しかも七六四キロメートルが五日半で踏破される、つまり一日につき約一三九キロメートルの速度である。[8]海の例外的なスピードからはほど遠いが、大陸ルートの通常の速度をはるかに越えている。例として挙げれば、パリからマドリードまで、聖バルテレミーのセンセーショナルなニュース（一五七二年八月二十四日）は、一日に一〇〇キロの速度で伝わらない。この聖バルテレミーの虐殺のニュースがバルセロナに達するのは九月三日であり、スペインの首都に届くのは七日の夕方になってからである。[9]

重大ニュースの伝播のあとをたどるのは、例外的な速度を測るもうひとつのいい方法である。重大ニュースは飛ぶように速いのだ。

一五七〇年九月九日のニコシア占領は、九月二十四日にはコンスタンティノープルに伝わっている。ヴェネツィアには、ラグーザ経由で、十月二十六日、マドリードには十二月十九日である。[10]

一五七一年十月七日のレパントの大海戦のニュースは、十月十八日にはヴェネツィアに達し、ナポリには二十四日、リヨンには二十五日、パリとマドリードには三十一日である。[11]

一五七三年三月七日、秘密のうちに締結されたトルコ・ヴェネツィアの講和条約は、四月四日にはヴェネツィアで暴露されて[12]、ローマには六日に知れ渡り、ナポリには八日、パレルモとマドリードには十七日である[13]。

一五七四年八月二十五日のラ・グーレットとチュニス占領のニュースは、十月一日にはウィーンに達していた。このとき外交使命を帯びてイスタンブールを離れ、ブルガリア、ワラキア、トランシルヴァニアを横断し、ハプスブルク家の首都にピエール・レスカロピエがへとへとになって着いたところであった。そのニュースはレスカロピエを当惑させた。彼はあのトルコの勝ち誇る艦隊が、五月十五日に、つまり彼自身の出発のわずか二週間前に、コンスタンティノープルを出発するのを見ていたのだ[14]。彼が街道を歩き続けている間に、この艦隊はどれほど多くのことを達成する時間があったことか!

ニコシア、レパント、ヴェネツィア、チュニスをめぐる伝播波動を描くこうした所要時間は、せいぜいのところ大まかな尺度でしかない。したがって、最初の例によって、地中海は長さ九十九日であると言えるだろうか。この数字は大きすぎる。実際ニコシアから出たニュースは、攻囲された島から漏れ出るまでに時間がかかり、またヴェネツィアがこの報せを西側に伝えるのをまったく急がなかったことも確かである。もっとも、どんな尺度も信用がおけないし、ただひとつの統計だけでは正確ではない。それでは特に何を測るというのか。風のごとく迅速なニュース、手紙の疾走、これこそは空間との闘いの一章でしかない。

(1) 道路の所要時間から毎日の速度を演繹するのは厄介である。なぜなら正確な経路は稀にしかわかっていないからである。私は、海では直線の距離によって、陸では現在の行程によって、速度を計算することで、この障害を迂回した。これは実際の距離を短くしてしまうという不都合な面が当然ある。

(2) ピエール・サルデッラが指摘している、一四九六年から一五三〇年までに三回おこなわれた、ローマからヴェネツィアまでの四〇〇数キロメートルを一日半で、つまり時速一〇ないし一五キロメートルでやるあの驚くべき中継競争を除く。平均では、この距離の航海には四日かかった。ピエール・サルデッラの表ならびにサルデッラから拝借した表、本書後述二九頁参照。

(3) 本書第Ⅲ部、第4章参照。ノビリから王子宛書簡、バルセロナ、一五七二年六月二十五日、A. d. S. Florence, Mediceo, 4903.

（4） G・デル・カッチアから王子宛書簡，マドリード，一五七二年六月三十日，A. d. S. Florence, Mediceo, 4903.

（5） レオナルド・ドナから元老院宛書簡，マドリード，一五七〇年十二月二十一日，*La corrispondanza da Madrid dell'ambasciatore Leonardo Donà, 1570–1573*, p. p. Mario BRUNETTI et Eligio VITALE, 1963, I, p. 167 所収。

（6） L. Fernandez de RETAÑA, *Cisneros y su siglo*, 1929–1930, I, p. 550. オランからバレンシアまで二日の同じ速度が一四八五年十月にヴェネツィアのガレー船によって実現されたことについては，A. d. S. Mantoue, Genova 757 一四八五年十一月三日。

（7） *Op. cit.*, p. 93 v°. さまざまな情報については，A. THOMAZI, *Histoire de la navigation*, 1941, p. 26 ; Victor BÉRARD, *Pênélope..., op. cit.*, p. 181. G・デ・トレドから国王宛書簡，ソブレ・デニア，一五六七年七月十六日，Sim. E° 149, f° 22「陸の道より海の道のほうがはるかに短いがゆえに……。」しかしこうした確信はD・ガルシアの誤りをもたらす。彼はスペインに向けてシチリアを出発するとき，陸路で国王に知らせることはむだだと考える。ところが六月二十七日に出発して，七月十六日にはわずかにデニアの手前でしかない。陸路が高くつくことについては，現実をはっきりと見せる例がある。アメリカからジェノヴァまでの海上輸送は，同じ商品をジェノヴァからイタリア半島の内部に陸路を最短コースで運ぶよりも安いのだ。

（8） E. HERING, *Die Fugger*, 1940, p. 66. トルンとタシスの郵便事業については，PUTZGER, Zur Geschichte der deutschen Post (1506–1521) の地図番号一〇二を見よ。

（9） サン・グアールからシャルル九世宛書簡，マドリード，一五七二年九月十四日，B. N., Paris, Fr. 16105. パリ―バルセロナは一，〇〇一キロメートル，パリ―マドリードは一，〇六〇キロメートルである。

（10） フールクヴォーから国王宛書簡，マドリード，一五七〇年十二月十九日，*Dêpêches...*, II, p. 307.

（11） しかも R. MERRIMAN, *The Rise of the Spanish Empire*, New York, 1918, IV, p. 145 が書いているように，十一月八日ではない。C. DOUAIS, *Dêpêches de Fourquevaux*, II, p. 97. ノビリから王子宛書簡，一五七一年十一月十六日，A. d. S. Florence, Mediceo, 490.

（12） G・デ・シルバから国王宛書簡，ヴェネツィア，一五七三年四月四日，Sim. E° 1332.

（13） 一五七三年四月七日，*CODOIN.*, C II, pp. 72–81 ; 一五七三年四月八日，Sim. E° 1332. ; 一五三七年四月十七日，Palmerini B. Com. Palerme, Qq D 84 ; 四月二十三日，A. Vat. Spagna 7, f° 198–199 ; カンディア，四月二十五日，Capi del C° dei X Lettere B^a^ 285, f° 165 ; フェリーペ二世からG・デ・シルバ宛書簡，マドリード，一五七三年四月二十五日，Sim. E° 1332. ; 五月二十二日，コンスタンティノープルで公表された講和条約のニュースについては，G. MECATTI, *Storia cronologica della Città di Firenze*, Naples, 1755, II, p. 753.

（14） *Voyage faict par moy Pierre Lescalopier*, f° 41 et 64 v°.

平均速度

記録的なスピードを脇に置いておいて、平均速度を求めようとする場合には、困難はいっそう大きい。たとえ平均速度を定めるための資料があったとしても、一回の旅の期間が一から二、三、四、そして場合によっては七ないし十までと多様でありうるとき、平均速度なるものがどれほどの意味を持つであろうか。大事なことは、この広げられた扇、つまりそれぞれの旅の期間の大きな差である。それは構造の意味を持つ。近代の輸送革命はただ単に速度を（目覚ましく）上げただけでなく、かつてもろもろの要因に規定されていた不確実さをなくした（これも重要なことだ）。悪天候は、今日、多少の不便しか意味しない。事故を別にすれば、悪天候はもはや時刻表に影響を及ぼさない。十六世紀には、すべての時刻表は悪天候に左右されている。不規則性は当たり前のことである。一六一〇年一月にイギリスに到着するヴェネツィアの大使は、いかなる船もあえて出帆しようとはしない大時化の海を前にしてカレーで十四日待機する。[1] 同様に、ごく小さな例であるが、一六一八年に、ヴェネツィアがオスマン・トルコ皇帝のもとに急いで派遣したこの同じ大使フランチェスコ・コンタリーニは、[2] 広いけれどもあまり深くないマリツァ川〔バルカン半島〕を六時間で横断したことがあったが、もちろん苦労して渡ったのである。一六〇九年には、コンスタンティノープル行きのヴェネツィアの船は、悪天候が静まるのを待って、キーオス島に守られてサンタ・アナスタシアの無防備な海岸に十八日間いなければならなかった。[3]

したがって、こうした奇妙な平均ならびにその見せ掛けの単純さにあまり多くを求めないようにしよう。その唯一の利点はなにか。単純化すること、想像力に訴えること、過去に、つまり近代の輸送革命の前に戻ることができることである。近代の輸送革命については、それがいかにすべてをひっくり返したかを我々はいつも感じてはいない。平均速度を考察することは、一回の旅の見通しがフェリーペ二世の同時代人にとって何を表していたのかを発見することである。

コンスタンティノープルからアレクサンドリアまでの海の横断は、寄港も含めて約二週間でおこなわれていた。停船を数に入れなければ一週間である。(4) ヘレスポント〔チャナカレ、トルコ北西部〕の城を出てキーオス島までは、二日の船旅で十分である。(5) 一五六〇年十月ないし十一月には、メッシーナを出帆した一隻のラグーザの船はアレクサンドリアに〈九日間で〉到着するが、この所要時間は記録として紹介されていない。(6)

地中海をその中央海域で横断することは、季節、船舶、行程によってさまざまである。マルタ島からバーバリーのトリポリまで九日で行く同じ小舟が、トリポリからメッシーナまでは十七日かけて行っている。(7) 一五六二年四月に、あるナーヴェ船は、トリポリからシチリア島の南岸沿いにシアッカまで六日で航海している。(8) チュニスからリヴォルノまでの一連の旅は(一六〇〇年の一回の航海、一六〇八年の二回、一六〇九年に八回、一六一〇年に十回)、次のような所要日数である。六、七、八、九、九、九、九、九、十、十一、十二、十三、十四、十四、二十日、すなわち平均所要日数は約十一日である。最も速い二回の航海――六日と七日――は、まるで予想を裏切るためであるかのように達成された。第一回は一六〇〇年一月にあるナーヴェ船によって、第二回は一六〇九年七月に「小舟」(9)によって達成された。

マルセイユからスペインまでと、マルセイユから北アフリカまでの横断の期間に関しては資料が不足している。これはたいていは人目を忍ぶ航海であった。フランスの大使ダラモンは、国王のガレー船で、晴天に恵まれて(少なくとも二日目から)、バレアレス諸島からアルジェまで行くのに一週間かかった。(10) アルジェ―リヴォルノ間の一六〇九年の二回の航海と一六一〇年の一回の航海は、それぞれ十三、十五、五日続いた(11)――五日と十五日、つまり三倍も変動がある。

長距離の航海に関しては、差はかなり重要である。あるヴェネツィアのナーヴェ船は、一五七〇年十—十一月に、[12]カンディアからオートラントまで十二日間で行く。別の船は、一五六一年五—六月に、[13]カンディアからカディスまで、一ヵ月でほぼ地中海全域を横断している。しかし、一五六九年七月、アルジェの二隻のガレー船は、七十二日間の航海の後コンスタンティノープルに到着している。一五六四年一月七日にアレクサンドリアを出航したナーヴェ船が、四月五日にメッシーナに到着する。この旅は八十八日間続いたわけである。ヴェネツィアからヤッファまで十五世紀の「ふつうの」数字は、四十から五十日位であろうと、ある歴史家は断言している。[14]我々はヴェネツィアから聖地までの旅の一覧表をすでに発表したが、[15]その平均日数はもっと長い。

リヴォルノの〈港湾記録〉[16]は非常に多くの詳細を提供してくれる。アレクサンドリアからリヴォルノまでの五回の航海（一六〇九年に二回、一六一〇年に一回、一六一一年に二回）は、次のような数字を示している。つまり二十三日、二十六日、二十九日、三十二日、五十六日、つまり平均三十三日である。カルタヘナあるいはアリカンテからリヴォルノまでの八回の航海（一六〇九年の五回、一六一〇年の三回）は、次のような期間を示している。七日、九日、九日、十日、十五日、二十五日、三十日、四十九日、つまり平均十九日である。スペイン—リヴォルノ—アレクサンドリアの航海期間に関しては、文字通りには、総計五十二日ということになるが、[17]我々としてはこの数字が平均であるとは言わない。

平均という言葉を使えば、大まかには、地中海を径線方向に縦断するときには、一週間ないし二週間かかると結論することができるだろう。また地中海を横断することを企てるときには二、三ヵ月かかる。こうした航海期間の規模は十七世紀には、またそれより後にも、同じであることを付け加えておこう。

(1) Londres, P. R. O., 30/25 fº 65, フランチェスコ・コンタリーニからドージェ宛書簡、ドーヴァー、一六一〇年一月二十六日付け、写し。
(2) Londres, P.R.O., 30/25 f° 46, フランチェスコ・コンタリーニのコンスタンティノープルへの旅。
(3) Tommaso ALBERTI, *Viaggio a Constantinopoli*, p.p. Alberto BACCHI DELLA LEGA, Bologne, 1889, p. 13.
(4) BELON DU MANS, *op. cit.*, p. 93 v°.
(5) *Ibid.*, p. 85.
(6) A. de Raguse, Diversa di Cancellaria 146, f° 46 v° 一五六一年一月八日。
(7) 一五六四年一月二十五日、二月三日、四月十日、四月二十七日、Simancas E° 1393.
(8) 一五六二年四月十六—二十二日、Simancas E° 1052, f° 26.
(9) A. d. S., Florence, Mediceo 2079, f° 212, 271, 274, 296, 297, 302, 304, 308, 311, 320, 323, 333, 405, 408. しかし一五九五年十二月のあるスペインの記録（B. N., Madrid, MS. 10454, f° 34）は、シチリアからアフリカまでは数時間で渡ると断言している。J・A・ドリアのガレー船団はファヴィニャーナ島からラ・グーレットまで一日で行く（本書〔原著〕第二巻、四二一頁参照）。しかしそれはガレー船の快挙である。
(10) N. de NICOLAY, *Navigations, pérégrinations et voyages...*, Anvers, 1576, p. 12.
(11) A. d. S., Florence, Mediceo 2079, f°s 305, 306, 345.
(12) カディス、一五六一年六月二日、Simancas E° 140.
(13) 一五六一年六月二日、Simancas E° 140. つまり一日八十キロメートルである。
(14) Dr. SOTTAS, *op. cit.*, p. 183.
(15) 本書二四三頁〔第I分冊〕を参照。
(16) すなわち船と荷物の到着に関する港の記録である。
(17) A. d. S., Florence, Mediceo 2080.

書簡の特別なケース

あまり満足できない以上のような近似値よりも、当然のことながら、尺度の等質的なシリーズの方がいいかもしれない。これは政府、大使、商人、個人の書簡がおびただしく提供していることである。一四九七年から一五三二年まで、つねにヴェネツィア政府の行状に通じていたマリノ・サヌードは、書簡やニュースの到着を正確に記録し、

ニュースの弾力性（ピエール・サルデッラによる）

I	II	III	IV	V	VI	VII	VIII
アレクサンドリア	266	19	89	65	55	17	323
アントワープ	83	13	36	20	16	8	200
アウグスブルク	110	19	21	11	12	5	240
バルセロナ	171	16	77	22	19	8	237
ブロワ	345	53	27	14	10	4 ½	222
ブリュッセル	138	24	35	16	10	9	111
ブダペスト	317	39	35	18	19	7	271
ブルゴス	79	13	42	27	27	11	245
カレー	62	15	32	18	14	12	116
カンディア	56	16	81	38	33	19	163
カイロ	41	13	10	7	8	3	266
コンスタンティノープル	365	46	81	37	34	15	226
コルフ	316	39	45	19	15	7	214
ダマスカス	56	17	102	80	76	28	271
フィレンツェ	387	103	13	4	3	1	390
ジェノヴァ	215	58	15	6	6	2	300
インスブルック	163	41	16	7	6	4	150
リスボン	35	9	69	46	43	27	159
ロンドン	672	78	52	27	24	9	266
リヨン	812	225	25	12	13	4	325
マルセイユ	26	7	21	14	12	8	150
ミラノ	871	329	8	3	3	1	300
ナポリ	682	180	20	9	8	4	200
ナフプリオン	295	56	60	36	34	18	188
ニュルンベルク	39	11	32	20	21	8	262
パレルモ	118	23	48	22	25	8	312
パリ	473	62	34	12	12	7	171
ラグーザ	95	18	26	13	14	5	280
ローマ	1,053	406	9	4	4	1 ½	266
トラーニ	94	14	30	12	12	4	300
トレント	205	82	7	3	3	1	300
ウーディネ	552	214	6	2	2	1 ½	400
バリャドリー	124	15	63	29	23	12	191
ウィーン	145	32	32	14	13	8	162
ザダル	153	28	25	8	6	1	600

I　ヴェネツィアと関係のある場所名を示す，II　観察された数，III　正常な場合の数，IV　最大時間（日数），V　荷重値を与えた算術平均（日数），VI　正常日数，VII　最小時間（日数），VIII　最小時間＝100をもとにして計算した正常な時間数，あるいは言い換えれば，最小時間と正常な時間数との関係。

図28・29・30　ヴェネツィアに向かうニュース

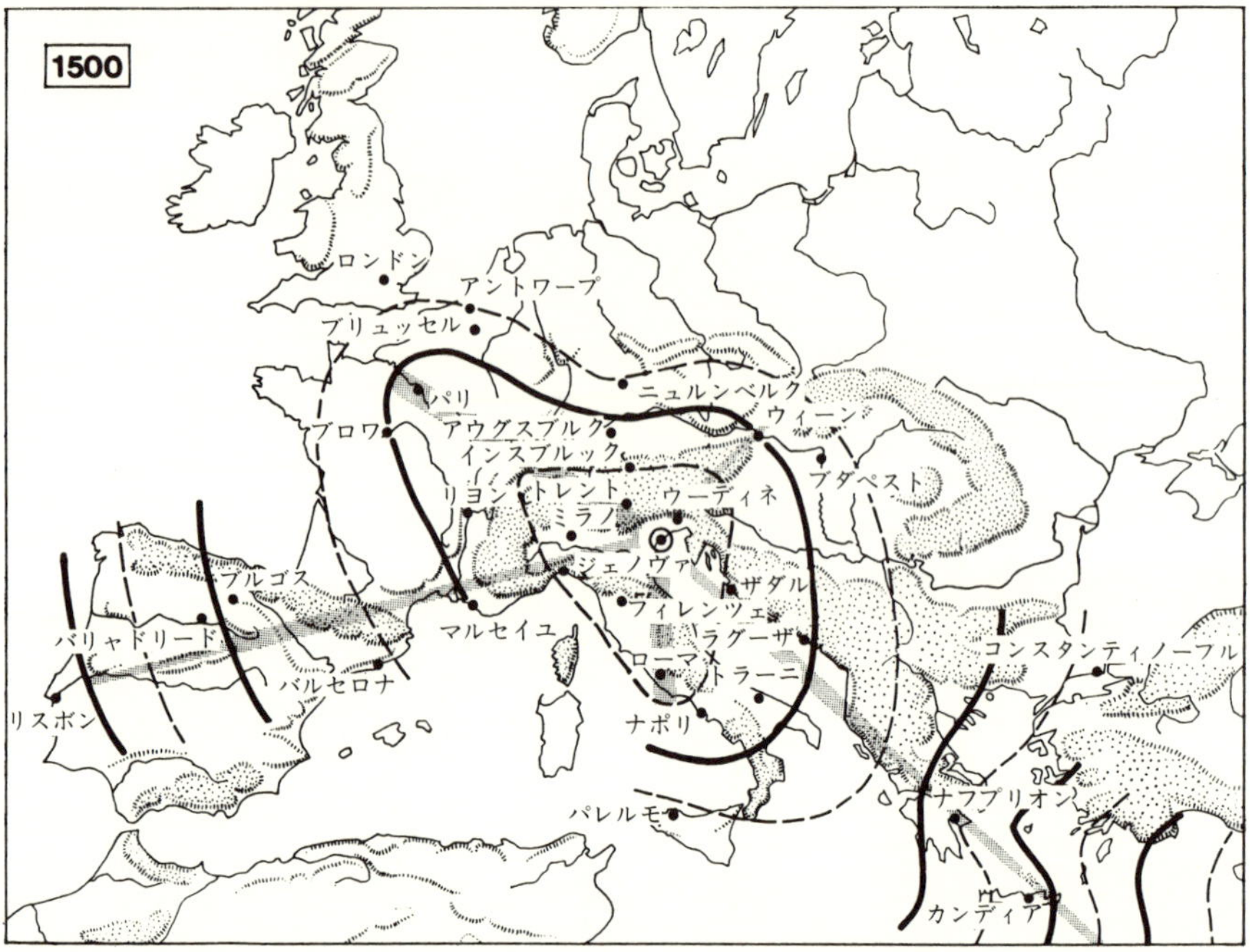

一週間ごとの等時性を示す線は，以下三枚の図ですべてヴェネツィアに向かって行く手紙の配達に必要な時間を大まかに示している。

一枚目の地図は，1500年，より正確に言えば1496—1534年に関するP・サルデッラ（*Nouvelles et spéculations à Venise*, 1948）の研究をもとに作成された。二枚目と三枚目の地図は，ロンドンの史料館に保存されている手書きのヴェネツィア便りをもとに作成した。資料調査はF・C・シュプーナーが私のためにおこなってくれた。

線影つきの線は平均速度が速ければそれだけ太くなっている。

地図ごとの差は，距離によって，非常に大きく見えることがある。それは時局の緊急性次第で手紙が多くなることによる。大まかに言えば，三枚目の地図の通信の遅さは一枚目と同じくらいであるが，二枚目の地図に関しては所要時間は場合によってははるかに少ない。この証明は反論の余地のないものではない。原則として，速度の比較は等時性曲線が囲んでいる面をもとにおこなわれるべきである。しかし十分正確に範囲が定められているわけではない。それでも地図の範囲を互いに重ね合わせてみようとすれば，非常に大まかに言って，ある方向への広がりは別の方向で線が引っ込んでいることで釣り合いがとれているので，ほぼ同じ広さであるようだ。平方キロメートルで示す面積から日々の速度への移行は，あらかじめ十分に用心しなければできないことは言うまでもない。

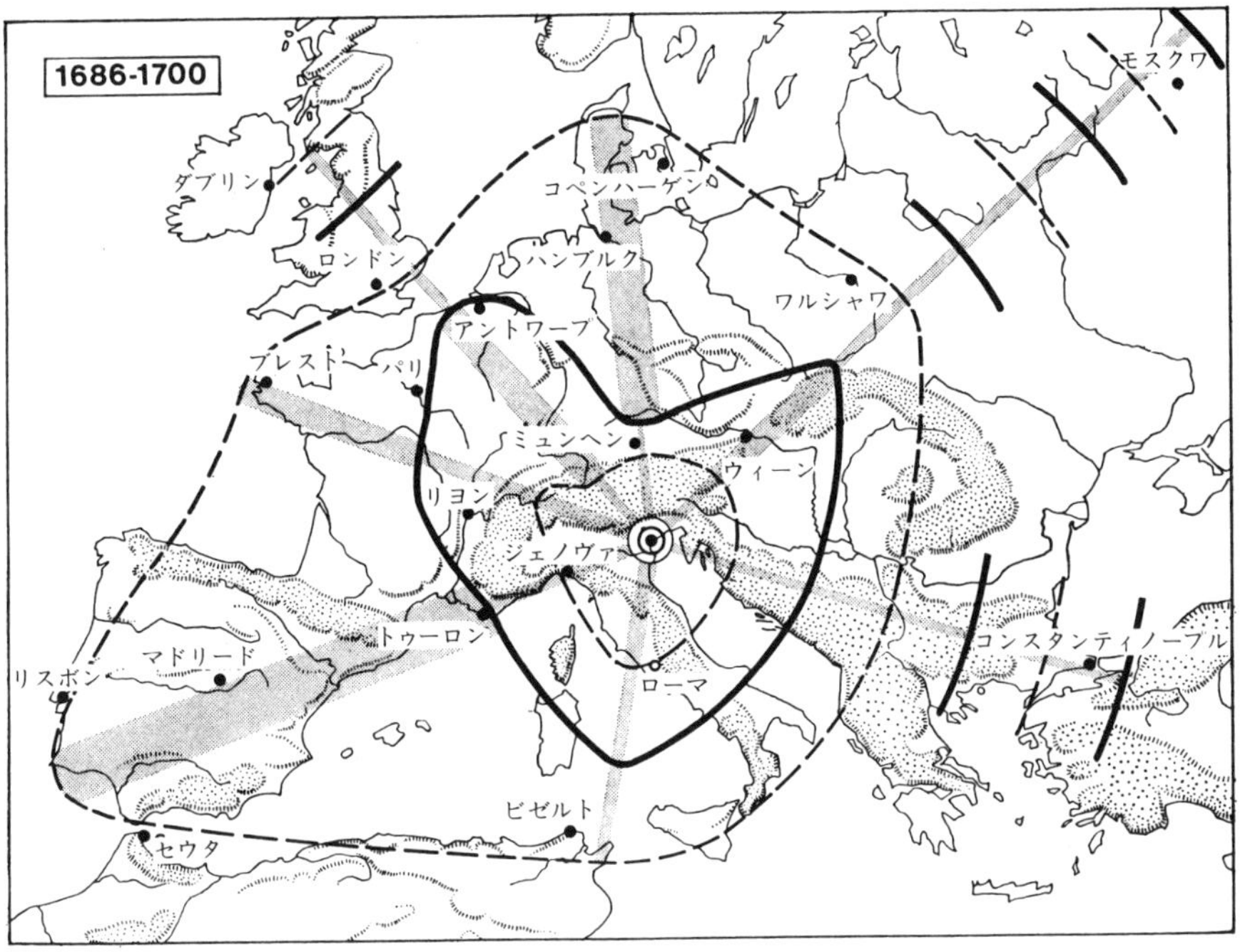
1686-1700
モスクワ
ダブリン
コペンハーゲン
ハンブルク
ロンドン
ワルシャワ
アントワープ
ブレスト
パリ
ミュンヘン
ウィーン
リヨン
ジェノヴァ
トゥーロン
コンスタンティノープル
マドリード
リスボン
ローマ
ビゼルト
セウタ

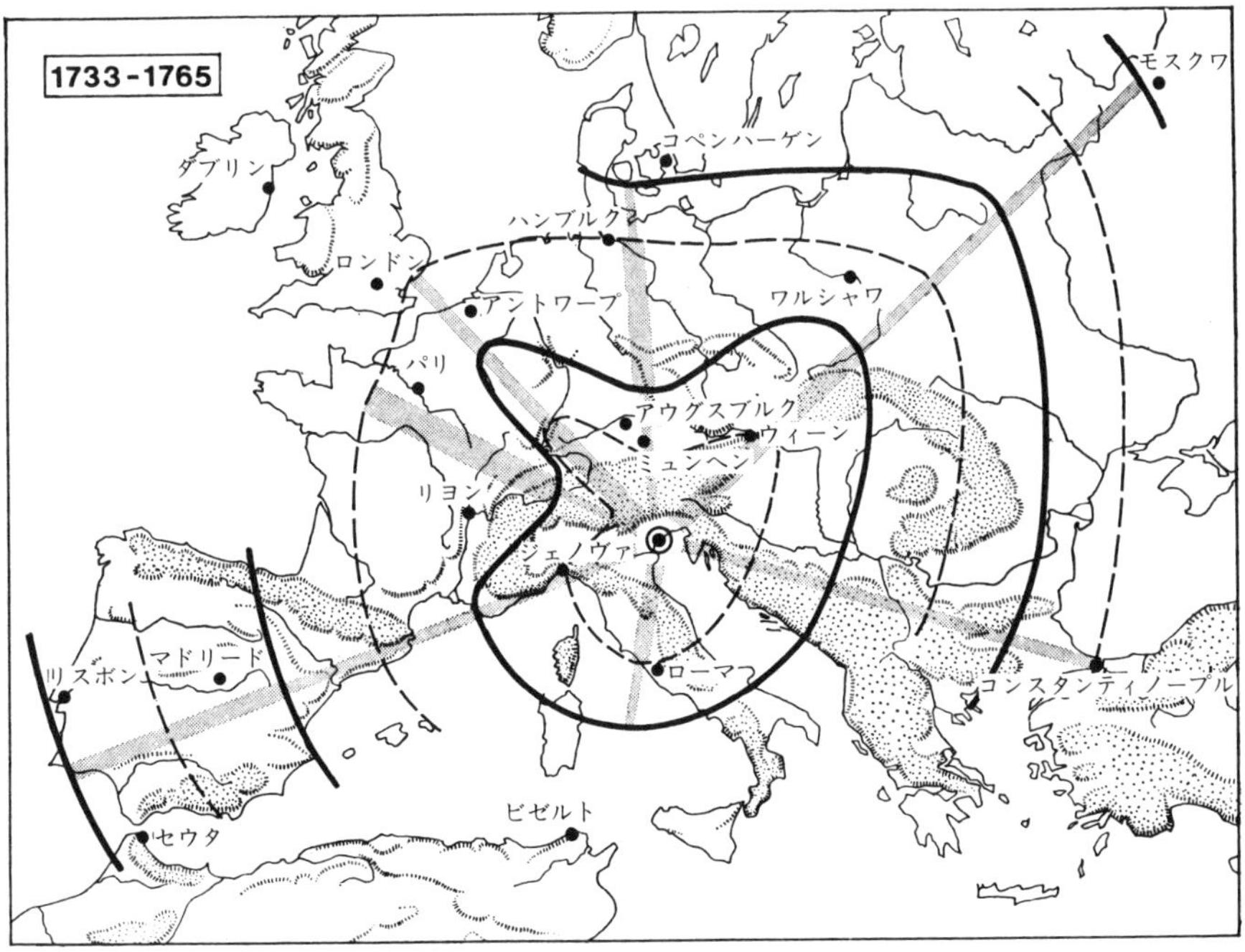
1733-1765
モスクワ
コペンハーゲン
ダブリン
ハンブルク
ロンドン
アントワープ
ワルシャワ
パリ
アウグスブルク
ウィーン
ミュンヘン
リヨン
ジェノヴァ
マドリード
リスボン
ローマ
コンスタンティノープル
ビゼルト
セウタ

およそ一万のデータが利用可能である。ピエール・サルデッラがこの膨大な資料の統計処理をおこなって、(1)二九頁のような一覧表を作成し、この表をもとに我々は地図(図28)を作成することができた。それでも、ヴェネツィアに向かって流れて行くこれらのニュースの証言を正確に解釈しなければならないが、それらのニュースに多くを求めすぎてはいけない。

明らかに、それらのニュースが広がる空間は不均質であり、等方性を欠いている。パリ―ヴェネツィア間の距離を半径として、ヴェネツィアを中心とする円を描けば、等方性の円形空間が出来上がり、この円形空間ではニュースは(緩慢な光のように)円周のあらゆる地点から円の中心に向かって一様に伝播していくだろう。しかし、もちろん、それは本当ではない。ニュースはアルプス山脈、パ・ド・カレー、海といった自然の障害を前に足踏みするのである。そして迅速さは人々の熱意、計算、必要性次第である。一四九七年から一五三二年まで、ヴェネツィアはフランス国王の決断に、つまりフランスからのうわさやニュースに依存していた。パリからは、このニュースという貴重な商品がヴェネツィアに向かって流れてくるのだ。

平均によっておとなしくされ、地図のうえに固定される、このような動いていくニュースは、策略によってそのようになるのである。実際には、ニュースの旅は恐ろしく変わりやすいのだ。非常に開きのある所要時間の幅は(Ⅷ欄の最小と正常の関係を見よ)最小と最大の比較をしてみればますます広がる。ちょっと驚くのは、不規則性という係数は距離に反比例しているらしいということだ。こうしてザーラ〔ザダル〕が記録を樹立し(一から六まで)、実際に、ヴェネツィアに近いということと、アドリア海によってヴェネツィアから隔てられて受入れが不確かであるという二つの条件を併合していることが説明される。

要するに、我々は、以上のような計算をもとに、全体的な構想、検証と比較のための基礎を得る。その唯一の欠点、ないし別の観察者が長所と言っているものは、このように定められた所要時間が比較的速いということである。

それは豊かなヴェネツィアの警戒心、手段そのものを表している。警戒体制に一致しているのだ。パリ、バリャドリード、コンスタンティノープルでなにが起こっているかを知ることは、ヴェネツィアにとって好奇心の問題ではなく、賢明さなのだ。

記録を取り替えると、もはや活気はまったく同じではない。たとえば、フェリーペ二世の執務室には、ヨーロッパのあらゆる都市から発信された手紙が山積みになっている。規則では、手紙の最後の頁（la carpeta）の裏に発信と着信の日付が書き込まれ、貴重でないものも珍しい手紙も、返事の日付が書き込まれる。[2] こうして数十万のデータが計算する人の根気に供される。フェリーペ二世は、コルドバ、リスボン、サラゴサ、バルセロナ、バレンシアへのよく知られている旅を除けば、一五五九年にオランダから戻って以来、カスティーリャ王国の中心からほとんど動かなかった。国王の通信員の立場や書簡の行程に関して不安定なことがあれば、そうした疑惑はただちに取り除かれる。

ヴェネツィアをふたたび連絡先の中心とすることによってピエール・サルデッラの取った措置と似たものをこうしたデータのなかに見出そうとするのは気をそそられることであった。マドリード―ヴェネツィアのルートに関して（これはサヌードの時代のバリャドリー―ヴェネツィアの行程に匹敵するとしよう）、つまり十六世紀末に記録された四〇通に関するこの行程では、ヴェネツィア駐在のスペインの代表団の書状によれば、最も短い所要時間は二十二日（サヌードの場合の十二日に対して）であり、最も長い所要時間は八十五日（一四五日という異常なケースは別にして）である。非加重算術平均は四十日になる（サルデッラの加重平均二十九日に対して）。コンスタンティノープル―ヴェネツィア間については、十六の記録があるが、この同じ十六世紀末に、最小二十九日間であり、最大七十三日間である。平均は四十一・五日前後になる。[3] 今度は我々の計算はP・サルデッラの数字（別な意味でもっと多くの例に基づいて計算された）により近いが、それでも相変わらずやや高い数字である。結論として、十六世紀末の地中海の枢軸の交流は、ヴェネツィアとスペインに関しては、世紀初頭と同じくらい難しく、また不安なものではないか。これを断言したりすれば、十分な証拠もなしに思い切って言うことになるだろう。

いずれにしても、我々の計算でもサルデッラの計算でも、ヴェネツィアは、非常におおざっぱに言って、マドリード（あるいはバリャドリー）とコンスタンティノープルの中間の地点にある。つまり我々の出した平均では四十ないし四十一・五日であり、サヌードの平均では二十九ないし三十七日である。すなわち全行程では八十ないし六十六日かかる世界であり、これは、いずれにしても、アレクサンドリア—リヴォルノの所要時間とリヴォルノ—カルタヘナの所要時間を足して勝手に得た五十二日という規模よりも大きい(4)。アレクサンドリア—カルタヘナの距離が、コンスタンティノープル—ヴェネツィア—カルタヘナの距離——これも再構成されたものである——と同じでないために、推理を簡単にすることはない。しかし、たとえ政治家や商人の貴重な書簡の助けを借りても、それほど正確に海を測れないことは甘受しなければならない。

（1） *Nouvelles et spéculations à Venise*, 1948.

（2） 章末の書簡ファイルの複製、一八三頁を見よ。

（3） 先の計算は、一五八九年から一五九七年までヴェネツィアに在住していたスペイン人の書簡をもとにしたもので、この史料は（昨日までは——第二次世界大戦前の意）Archives Nationales, K 1674, 1675, 1676 および Simancas E°1345 に保存されていた。私は Lettere Commerciali, 12 *ter* A. d.S. から一、二例を借用した。冬期のラグーザ—コンスタンティノープルの距離は一ヵ月かかるものであったことに注意していただきたい。夏期のコンスタンティノープルからカタロまでの旅は十六ないし十七日になるだろうという、当時の計算による平均は楽観的すぎる（A. d.S. Venise, Papadopoli, Codice 12, f° 26 v° 一五八七年頃）。「カタロからヴェネツィアまで普通の快速帆船を使って、天候次第ではあるが、八日である。」すなわち、合計で二十四ないし二十五日である。ヴェネツィア—マドリードの旅程に関しては、マドリード駐在の二人の大使、P・プリウリとP・グリッティの通信から得た次のような数字がある。一六一二年十一月十九日、P・プリウリは六十日前から便りがない。一六一二年十二月五日と九日にマドリードで受け取った手紙の所要時間は、二通ともヴェネツィアから速達で送られ、それぞれ十八日、二十七日かかっている——一六一六年と一六一七年にグリッティが受け取った手紙の所要時間は、三十三、四十五、二十一、二十七、二十六、二十、二十日……である。A. d. S. Venise. Senato Dispacci.

（4） 本書二七頁ならびに原注(17)を参照。

贅沢な商品としてのニュース

贅沢な商品としてのニュースは同量の金《きん》よりも価値がある。フェッラーラとヴェネツィアの両都市は近いのであるが、この二都市間では、「封書一通につき一ドゥカート以下の手紙はない」とフェッラーラ公はヴェネツィア在住の代理人に宛てて書いている(1)。十六世紀初め、ヴェネツィアとニュルンベルク間の郵便料金(2)は、その行程が短いか長いかにもよるが、さまざまである。四日で五八フローリン、四日と六時間で五〇フローリン、五日で四八フローリン、六日で二五フローリンである（P・サルデッラが記録した最高速度は六日よりも二日長いことに注目しておこう）。明らかなことだが、問題はきわめて迅速な連絡網であり、これは十六世紀初めには金持ちの商人が使っていた。十六世紀初めには、我々の思い違いでなければ、市場での価格の差はかつてないほど大きい。万一の場合、大急ぎで送られる命令に対する出費がどんなにかかろうとも、宿駅に停止しないで、手紙を運ぶのが得策である。少し後には、郵便事業は調整される。十六世紀半ばのシモン・ルイスの手紙を読んでも、迅速に命令や情報を手に入れることがかつてと同じほどに重要なことだという印象は得られない(3)。そのような贅沢をすることができるのは唯一大銀行家や政府だけであり、その費用は時代とともに絶えず上昇しつづけた。一五六〇年七月十四日(4)、当時フランス宮廷でフェリーペ二世の大使であったシャントネーは、シャルトルからトレドまでの往復郵便を至急便で出す。この至急便は、合計一七九の宿駅を通り、三五八ドゥカートかかった（つまり一宿駅につき二ドゥカートである）。膨大な額であり、これはパドヴァ大学やサラマンカ大学の教授の年俸よりもずっと高い！　こうした宿駅は約十ないし十二キロメートル毎にひとつあるはずで、郵便が一日につき十八里駆け巡る(5)とすれば、通常の記録よりもはるかに越えたものであることがわかる……。金持ちはこの非人間的な壮挙を金で買うことができるのだ。

結論として、手紙をもとにして地中海空間に固有の遅さを測ることは、逆説的であることが明らかである。この貴重な商品たる手紙はゆっくりと行くときでさえ、他の旅人よりも早く駆け巡る。

これはすでに、フェリーペ二世の官僚政治の郵便記録の徹底的な研究や、商人シモン・ルイスの手紙（約十万通）についておこなうことができる調査から研究の方向を変えるひとつの理由になるだろう(6)。実は、そのような計算をおこなっても新しいことを何一つ我々に教えてくれない危険があるのだ。実際、手紙は定期ないし不定期の郵便物次第であり、不定期の郵便物は統計的見地からすれば定期の郵便物ほど重要ではない。手紙を研究することは、この定期郵便物を少し早く見つけるか少し遅く見つけるかということなのだが、我々は定期郵便物の公式の所要日数はあらかじめ知っている。タシス家の事業は、ローマからマドリードまで、四月一日から九月末までは、手紙を二十四日で、別の六ヵ月の間、つまり冬期には、二十六日で運ぶことを請け合うことであった。商人や大使の手紙の平均所要日数ではなく(7)、正常の速度の上限がだいたいこの数字前後である（なぜなら郵便請負人の約束が守られるのはきわめて稀なことだからだ）。このような速度をもとにして、バレンティノ・バスケス・デ・プラダが(8)（マドリード―アントワープの行程に関して）おこなった調査のようなものによって、前もって実際の速度の幅を計算（予測）することができる。

第二の理由として、またこれはかなり重要だが、計算という大海に身を投げないためである。相変わらずヴェネツィアを出発点として、ヴェネツィアの都市が絶えずつくり出して広めるあの〈通知〉――この通知の手書きの長い記録は「ヴェネツィア国立古文書館」ならびに「サン・マルコ図書館」、そしてロンドンの「史料館」にも保存されている――によって、十七世紀および十八世紀に関して、サヌードが提供してくれている地図と類似の地図を作成することができる。これらの地図のうち二枚は、一六八一―一七〇一年ならびに一七三三―一七三五年の時期に関してはフランク・シュプーナーが作成したが、ヴェネツィアの好奇心の聴取範囲を画定している。(9) 情報の移動の速度は、大まかに言って、一四九七―一五三二年の速度であり、十七世紀にはそれよりも速く、十八世紀にはやや遅い。

結論はしたがって明瞭である。我々は、こうした記録のなかに、十六世紀特有の、空間の「変動局面の」尺度を求めていたが、分析そのものが完了する以前に、空間はほぼ恒久的な広さを持っているという推測を立てている。もう一度言うが、我々は長期の構造に対峙しているのだ。人間は好きなように空間に立ち向かい、強化したガレー船の櫂を粉々に吹き飛ばし、中継地の馬をくたばらせ、運良く海上を翔ぶという幻想を抱くことができるが、実際には、空間はその無気力によって人間に抗い、またそうした束の間の功績を乗り越えて、毎日人間に仕返しを繰り返しているのだ。もちろん、さまざまな記録的速度は、同時代の人々の好奇心をかきたてたように、相変わらず我々の好奇心を呼び覚ます。カール五世の死亡のニュースは、パリからクラクフまで十三日で伝えられる。これはシュリが我々に報告している通りであり、「ポーランド国王」はその翌日臣下を見捨てる……。(10) 一五四四年一月、フランソワ一世の孫の誕生の報せは、二日でフォンテーヌブローからリヨンまで（四二〇キロメートル）飛ぶように伝わる。(11) またあるトルコの伝令はイスタンブールからエルズルムまで〈たくさんの馬を乗り潰しながら〉十八日で行く。(12) こうした記録はすべてそれなりの価値があり、また引用することができるその他の記録はさらにそれ以上の価値があるが、そうした記録的速度を通常の平均と関連づけることによって速度を測定することは役に立つ……。(13) しかしそれは本質的なことではない。重要なことは、平均と記録的速度は、我々の扱っている世紀の前後でほぼまったく同じだということである。アヴィニョンの教皇の時代や十五世紀前半のヴェネツィアにおいても、(14)(15) ルイ十四世の世紀の間も、商品や船や旅人は、同じように速く、あるいは同じようにゆっくりと進むのである。記録の更新、つまり断絶が起こるのは、十八世紀末になってからでしかない。

（1） A. d. S. Modène, Cancellaria Ducale d'Este, Venezia 77. VI/10. J・テバルディからフェッラーラ公宛書簡、ヴェネツィア、一五二二年一月十九日。
（2） K. O. MÜLLER, *Welthandelsbräuche 1480–1540*, 2e tirage, 1962, p. 29.
（3） 規則を確認する例外として、ジェノヴァ人はマドリードからアントワープに特別便を送るが、それはアントワープで「気前のよさ」に会えるという利点があるからである。V. VAZQUEZ DE PRADA, *op. cit.*, I, p. 36.
（4） Simancas, *Consejo y Juntas de Hacienda*, 28. シャントネーの経費明細表では、一五六〇年七月十四日の日付である。
（5） フランセス・デ・アラバから国王宛書簡、一五六七年三月六日 A. N., K 1507, n° 70. H. FORNERON, *Histoire de Philippe II*, 1881, t. II, p. 219, note 1 に引用。この郵便はオランダの反乱軍から当時スペインにいたモンティニに至急便で送られる。V. VAZQUEZ DE PRADA, *Lettres marchandes d'Anvers*, 1960, I, p. 40 を参照。
（6） Henri LAPEYRE, 《El Archivo de Simón y Cosme Ruiz》, in : *Moneda y Credito*, juin 1948.
（7） British Museum, Add 14009, f° 38, Consulta de Consejo de Italia マドリード、一六二三年十月二日。
（8） V. VAZQUEZ DE PRADA, *Lettres marchandes d'Anvers*, I, p. 2412.
（9） 計算と地図作製は私の指示に基づいてフランク・シュプーナーがおこなった。リヨンを出発点とする十六世紀の空間の地図が可能であり、R. GASCON, *op. cit.*, 特に p. 308 でおこなわれている。
（10） *Mémoires du Duc de Sully* (nouvelle édition), 1822, I, p. 68.
（11） R. GASCON, *op. cit.* p. 318.（タイプ印刷）
（12） A. d. S. Venise 代官からドージェ宛書簡、コンスタンティノープル、一六〇五年八月八日。
（13） R. GASCON, *Ibid.*, p. 308 は、十六世紀に関して次のような（平均）速度を出している。商品については、一日あたり一七から四四キロメートル（アミアン経由のリヨン—オランダ・ルートでは四四キロメートル、フランスの中央山塊経由のブルゴス・ルートでは一七キロメートル）、ソーヌ川を北上する場合、一四から二五キロメートル、ローヌ川を下るときは、最高九〇キロメートルに達する。ロアンヌからトゥールまで、急送便で六五キロメートル。馬で旅をする場合は、四〇キロメートル。郵便では九〇キロメートル。イタリア向けの速達便は一七〇から二〇〇キロメートルである。
（14） Yves RENOUARD, 《Comment les Papes d'Avignon expédiaient leur courrier》, in : *Revue Historique*, 1937. 特に五九頁の図表（別刷）を参照。著者によれば、この速度は、「我々の知る限りこの時代で最も速いものである。」同書、二九頁の高い料金も参照。本書のこの節で展開したのと類似の考察としては、Armando SAPORI, *Studi di storia economica*, 3e éd., 1955, pp. 635-636.
（15） Frederic C. LANE, *Andrea Barbarigo, merchant of Venise (1418–1449)*, p. 199 et *sq*.

現在の比較

ある経済学者は次のように書いている[1]。「あらゆる要因を考慮すれば、古代ローマ時代の『世界』経済の空間は、最良の輸送手段を用いれば、およそ四十ないし六十日で駆け巡ることができると確認するに至る。その空間はヘラクレスの柱〔ジブラルタル海峡〕からパルティア王国〔カスピ海南東、北部イランにあった古王国〕の境界まで、またライン川の河口からアフリカ砂漠の縁まで広がっていた。ところで、今日(一九三九年に)、近代の世界経済の空間全体をカバーするためには、もし商品輸送の通常の方法だけを用いて、また経済的に重要でなく、輸送手段のない領土を無視するならば、同じようにおよそ四十から六十日かかる。」

私はみずからの責任においてこうした措置を取らないし、ローマ時代に道路を使った速度に関して同じ著者によって出された数字、つまり一日につき五〇キロメートル前後という数字も取り上げない[2]。しかし、問題になりうるのは、精密な測定ではなく、せいぜいのところおよその程度である。この次元では、十六世紀の地中海は、大まかに言えば、すでに千年以上の年月が過ぎ去ったというのに、相変わらず「ローマ時代の」規模である。あるいは、こう言ってよければ、十六世紀の地中海だけが、〈必要な変更を加えれば〉一九三九年の世界全体に一致している。したがって十六世紀の地中海は巨大であり、並外れて大きく、地中海は「人間的」であるという評判は、比較によってのみその評判に値する。なぜなら人間は、十六世紀には、太平洋は言うまでもなく、すでに他の怪物、つまり大西洋と戦いはじめているからである。怪物のそばでは、地中海は家畜のようなものであるが、もちろん二十世紀の「湖」、観光客やヨットのにこやかな部分ではない。つねに数時間で陸地に接岸できる湖であり、昨日のオリエント・エクスプレスが途中で止まらずにその輪郭を描くような場所である。あるがままの姿を理解するためには、心のなかで、できる限りその空間を大きくして、何ヵ月も、何年も、あるいは一生かかるような時代錯誤の旅のイメージに頼らなければならない。

都合のいい比較がないわけではない。たとえば、我々の同時代人であるタタールの商人の旅であり、この旅については オルダス・ハクスリーが『世界一周旅行』で書いているが、タタールの商人は、ハクスリーによれば、ロシア革命前の一〇ルーブルの金貨を財布にいっぱい詰めた後、ヒマラヤ山脈を越えてカシミア地方やインドまで進む。(3) なんとロマンチックな人物たちであろう！　タタールの商人たちは十六世紀のシリアへの旅を彷彿とさせる。この地中海の果てでは、互いに信用することができない別々の世界が敵対し、つながっている。そこでは為替手形は通用しない。すべて物々交換されるか、あるいは現金払いである。今日のタタール人と同じように、金貨ないし銀貨をいっぱい持って行かなければならない。

昨日の中国について、宗教戦争の時代のフランスを見た思いがすると言えば、読者は私がパラドックスを探していると思うであろうか。ついこの間の中国では、凄まじい内戦があり、外国の侵略があり、殺戮、飢饉があり、そして広大な空間のなかで、夜になれば門が閉鎖される城壁に囲まれた都市が互いに接近していた。こうした都市にパルチザンの軍隊がもぐり込んで、四川北部から山東に至るまで無事に道を切り開くことができた。このようにしてヴァロワ家最後のフランスは精根尽き果て、フランスには外国人やフランス人の冒険家の群れがまぎれ込んで来た。終いにはすべての富が使い果たされるが、この十六世紀には、フランスが豊かであることは間違いない。まさに豊かさの穀物倉であった！　ジョヴァンニ・ボテロ(4)は、公式に徴集されたにせよ、そうでないにせよ、この広大な国土、つまり十六世紀の広大なフランスをむさぼり食う兵士たちを養うことができるものをすべて計算して、驚嘆している。同じ時代のヴェネツィアのある史料（一五八七年）は、「当時フランスに入ってくる武装した外国人の氾濫(5)」について語っている。

奇妙な脱線である！　しかし地中海が話題になるとき、我々にとって想像しがたい、並外れて大きい空間という印象がこの脱線によってはっきり感じられる。ドイツの経済史家のまったく正当な表現、つまり〈世界劇場〉ないし〈世界経済〉という表現を繰り返すだけではいささかも十分ではない。ドイツの経済史家は、自己充足した世界、「経済－世界」としての地中海の総体が長い間自分自身の力で、六十日間の回路で生きてきたこと、そしてその他の世界、とりわけ極東との接触はもっぱら生活に不必要な贅沢品に関してだけであったことを示すために、歴史的ならびに現在の地中海の総体について進んでこうした表現を用いた。大事なことは、この世界の大きさを示すことであり、またいかなる点でその大きさが政治的ならびに経済的な構造を動かしているかを示すことである。その都度、想像力という努力が必要になるだろう。

（1）　Ferdinand FRIED, *Le tournant de l'économie mondiale*, 1942, pp. 67-68.
（2）　*Ibid*., pp. 66-67.
（3）　*Tour du monde d'un sceptique*, 1932, p. 37.
（4）　G. BOTERO, *op. cit*., II, p. 8 et *sq*.
（5）　A. d. S. Venise, Annali di Venezia, f° 185　一五七八年九月二十六日。

諸帝国と空間

距離の重要さを理解することは、十六世紀の諸帝国の管理が提起する諸問題を新しい角度から見ることである。まず第一に、広大なスペイン帝国。当時としては海陸輸送の大きな事業をおこなった。スペイン帝国は、軍隊の絶えざる移動のほかに、何百という命令や報せを毎日伝達することが必要である。フェリーペ二世の政治はこうした連絡網を必要とし、軍隊の移動、貴金属の移送、為替手形を必要とする。基本的な事柄すべてがフェリーペ二世のかなりの部分の挙動を説明し、またフェリーペ二世にとってフランスがいかに重要であったかを説明する。フランスについては、ハプスブルク家の所領に囲まれているとつねに言われてきた。しかしハプスブルク家の帝国がフランスを外部から脅かしているとすれば、フランスはハプスブルク家の帝国を内部から脅かす。この二つの危険のうちどちらが大きな危険であると言えるのか。フランソワ一世治下のフランス、アンリ二世治下のフランスは、ハプスブルク家に対して敵対し、閉鎖的であった。カール五世は、その生涯を通して、一五四〇年にフランスを足早に駆け抜けたときを除いて、守りの固いこの国の周囲を、かなり距離を置いて、往来した。反対に、一五五九年から一五八九年までの三十年間は、フランスへの道は、フェリーペ二世の政治参謀や財務官の仕事には半ば以上開かれていた。そして慎重王がスペインから動かず、自国の天幕の中心にずっといるのは、数々の必然性があったからであり、カスティーリャの財政的、経済的優位ならびにアメリカ大陸との死活にかかわる関係があったからばかりでなく、フランス国境がもはやスペインに対して完全に閉鎖されてはいないからでもある。

したがって、フェリーペ二世の傍らに座って、その書類を繰ることは、フランスというこの中間的空間を果てしなく計量することであり、フランスの郵便体制を知り、どこに中継地のある道があるか、また中継地のない道はどこかを知ることである。また郵便物の移動の際に、我が国の宗教戦争のためにあちこちで余儀なくされる中断を記録することであり、郵便の範囲、期間、相対的な重要度を測ることであり、さらには金銭のルートが、特に取引市場の中継地へ向かう為替手形がどのように迂回していくかを知ることである。

実は、ひとつの国家にとって、空間との戦いはひとつだけではなく、十指に余る戦いがある。スペイン帝国は、ヨーロッパならびに世界中に散らばっていたことを考えると、地理的には恵まれず、この空間との戦いに最良の力を使い果たした。それでも、この避けられない任務に他の国よりは巧みに適応し、その任務のために巧みに組織づくりをおこなった。輸送、移送、伝達に関して、人々が何と言おうと、スペイン帝国は最良の国に匹敵したばかりでなく、他の国よりもすぐれていた。一五六〇年代からは、軍隊と物資の輸送の専門官がスペインにいたことは、少なくとも、興味深いことである。フランシスコ・デ・イバラのような人物とその競争者たちをもっとよく知ることは興味深いことであろう。

歴史の文献はスペインの行政機構のこのとてつもない骨折りをあまりにも無視している。〈国王のお役所仕事〉の「遅さ」、「鉛の足をもった」官僚国王についてのみ語ってきた。すでに国王については、一五六〇年に、リモージュの司教が言っていたところによれば、(1)「国王みずから主人であると同時に秘書であり、秘書であることは美徳である……」が、「自分の仕事にすっかりかかりきりになり、日がな一日書類に囲まれて一時間も無駄にすることがない。(2)」仕事に疲れ果てた国王、そして四分の一世紀後、改革を望んだ枢機卿グランベラ(3)の諫言を聞き入れず、超人間的な任務を休もうとしない国王。(4)

したがってスペインの「緩慢さ」にはいろいろなものがあることを区別しなければならない。まず郵便物の遅さがある。情報の到着は遅いし、返事も命令もゆっくりと進む。世界のすべての政府が同じ困難に直面している。そしてスペインは他の国以上に遅いのだ。しかし、征服すべき空間、距離が同等であるなら、スペインは、大まかに言って、他の国々と同じようなものである。スペインの弱点はスペイン固有のものである。トルコ帝国もまた何から何まで遅い。コンスタンティノープルからアドリア海、カタロ、スパラトまで、急いでも十六ないし十七日の旅である。(5)黒海、〈マッジョーレ海〉は行程が変わりやすいが、行程の変動はほとんど予測できない。エーゲ海、つまりトルコ人の言う「白い海」の最も速い速度はひどく遅い……。一六八六年になってもまだ、トルコのガレー船はイスタンブールからネグロポンテまで八日かかって航海したことが記載されるにふさわしいのだ（これは十二月には本当だ）。(6)一五三八年、紅海を横断するのに、スレイマン大帝の艦隊は二ヵ月必要とした。(7)そこでは距離は短くすることはできず、距離にかみつこうとしたところでむだなことだが、言わば数世紀間距離は変わることがなかった。ペゴロッティは『商業実務』（一三四八年）のなかで、トレビゾンドからタウリスまで、商人がもし馬で行けば十二ないし十三日、キャラバンならば三十ないし三十二日かかると指摘している。一八五〇年、トレビゾンド駐在のオーストリア領事ゲーデルは、この同じ行程で、「道路の状態がいいとき」キャラバンで二十七ないし三十日かかると言っている。(8)

緩慢さの第二の理由は、審議が遅いこと、つまり命令を送るまでの所要時間が長いことである。ところで、同時代人の証言はこの点に関しては一致している。決定までに時間がかかり、また決定したことを隠すのが上手な、ちょっとしたことには動じない人々の国スペインでは、フランス人もイタリア人も自分たちとは気質が違うと感じる。もっとも、何度も描かれてきたこの肖像が正確であるという保証はない。外国人がある民族について抱いて広めたイメージは、たいていは間違っていると同時に直しようがない。それでも、政府の対応ののろさ、あるいはリモージュの司教が言っているように、「この国の長さ」(9)は明らかであるようだ。一五八七年、カディス湾でのドレークの武勲がローマに伝えられたとき、教皇は「国王陛下は、チャンスが到来したときは別として、いつまでも決心のつかない度量のない人物であった」と叫び声を上げた。パリでは、「この考察は誇張されたばかりでなく、英国女王の紡ぎ車のほうがスペイン国王の剣よりも価値があると言い足して公表された。」(10)

おそらく、中傷であろう。しかし、もう一度、外交文書を参照してみれば、たとえばフランス政府のほうが紛争への派遣においては迅速であるようだ。しかしそれは、マドリードで、すべての文書に目を通したがる国王の責任だろうか。スペインはフランスの（あるいはイギリスの）生活よりもはるかに広範囲にわたって帝国の生活範囲が広がっているので、フェリーペ二世は、決定を下すために、はるか遠くからやって来るさまざまな意見を待たなければならない。こうして我々は問題になる二つの遅さに合流するに至る。スペインの行政機構本来の遅さに大西洋、インド洋、そして太平洋を渡る航海の遅さが加わっている。事実、スペインの行政機構は既知の世界のすべてに広がっている最も重要な経済、最も重要な政治に対応しなければならない。これはスペインの心臓部が他のものよりも緩慢なリズムで脈打つ理由のひとつである。ポルトガル征服後の一五八〇年からは、このリズムはさらに遅くなる。一五八五年に東インド諸島に達したフィレンツェ人サセッティの傍らで夢を見てみよう。彼の貴重な手紙が残っている。彼は一五八五年一月二十七日コーチン〔インド南部〕からフィレンツェにずっといた友人のピエロ・ヴェットーリに宛てて、もしよく考えてみれば、つまり「飢え、渇き、船酔い、不快に苦しめられる八〇〇から九〇〇人の人々が乗った狭い空間のなかに閉じ込められて、乾パンと塩辛い水という節食で」七ヵ月航海しなければならないことをよく考えてみれば、インド諸島に行こうとする物好きはほとんどいないだろう、と書いている。[11] ただ、船が見えると、人は船に乗りたくなるだけなのだ……。ところが、スペイン国王の命令があればこの七ヵ月の航海やその他を耐え忍ばなければならない。

したがって、距離という障害に対するスペインの戦いが、厳しい戦いであることは疑う余地がないし、「十六世紀の尺度」をこれ以上によく明らかにする戦いはない。

(1) リモージュ司教からロレーヌ枢機卿宛覚書、一五六〇年七月二十七日、L. PARIS, *Négociations... relatives au règne de François II*, I, p. 49 所収。
(2) *Ibid.*, p. 562. リモージュ司教からロレーヌ枢機卿宛覚書、一五六〇年九月二十六日。
(3) Martin PHILIPPSON, *Ein Ministerium unter Philipp II. Kardinal Granvella am spanischen Hofe (1579–1586)*, 1895, p. 76.
(4) Memorie politiche dal 1576 al 1586, Marciana, 7299 一五八四年三月十八日。「スペイン国王にはグランベラ枢機卿〔グランベルのスペイン名〕やドン・ジョアン・ディ（イディアケス）のような新しいことを望む複数の大臣がいた。」
(5) A. d. S. Venise, Fonds Papadopoli, Codice 12, f° 26 v°. (1587). これは当時の統計学者によれば、イスタンブールからカタロ〔コトル〕までヴェネツィアの代官の手紙が届く平均日数である。
(6) Londres, P. R. O., 30/25, 21, ヴェネツィア、一六八六年十二月十四日。

(7) Florence, Laurentiana, Ashb. 1484.「令名高きヴェネツィアの統領殿の大帆船を留め置くこと……。」
(8) W. HEYD, *Histoire du commerce du Levant*, II, p. 120, note 3 にペゴロッティについての言及と詳細がある。
(9) 一五六一年七月三日、B.N., Paris, Fr. 16103, f° 3v°「どんな道を通っても遅いこと…… la tardità con quale caminano qua tutti i negotii」G・デ・ノビリから大公宛書簡、一五六六年三月二十日、A. d. S. Florence, Mediceo 4898, f° 41.
(10) B・デ・メンドサからJ・デ・イディアケス宛書簡、マドリード、パリ、一五八七年七月十六日、A. N., K 1448.
(11) *Lettere edite e inedite di Filippo Sasseti*, p.p. Ettore MARCUCCI, Florence, 1855, p. 279.

クロード・デュ・ブールの三つの使命(一五七六年と一五七七年)

小さな実例がそのことを明らかにしてくれる。フランスの冒険家、クロード・デュ・ブールにかかわることだ。食うや食わずでやせた人物で、かなりわかりにくい人物である。天才なのか、それとも単に常軌を逸した人物なのか。それについては国立図書館の数多くの未刊行の書類で調査をおこなう人がおそらく決定することになるだろう……。

ここで我々の関心をひくのは、この人物の個性よりもこの人物がスペインに派遣された三回のかなり風変わりな旅である。一回めは一五七六年五月、二回めは同じ年の九月—十月、三回めは一五七七年七月—八月である。最初の二回は、アランソン公の代理として、またおそらくこの代理業務に自分自身の利益を加えて、彼は王子の名においてフェリーペ二世の王女のひとりとの結婚の交渉をおこなった。この王女は持参金として夫にオランダを持ってくることになっていた。三回めは、話を信じるために文献を何度も読み直してみたが、クロード・デュ・ブールはアンリ・ド・ベアルンの代理として行動している。この人は妹とサヴォイア王子との結婚のためにカトリック王に対して借金と援助を請うのである。こうした常軌を逸した使命のそれぞれがたいへん複雑な問題を引き起こし、喜劇となるのだが、フランス大使サン゠グアールをかんかんに怒らせることになる。

一回めは、我が主人公はその主人のためにはどちらかと言えば曖昧模糊とした書簡を持って帰り、自分自身のためには四〇〇ドゥカードの金の鎖を持ち帰った。二回めの旅では、国王はこの人物に会うのを避けようとした。「とりわけ七月三十日ならびに八月十三日の手紙を受け取ったあとでは、私はクロード・デュ・ブールが戻ってくるとは思っていなかった」と国王は、一五七六年十月四日、パリ駐在の大使に書簡を送っている。しかしこの好ましくない人物は九月二日にはバルセロナにいた。彼を逮捕すること、書き物によってすべてを取り決めることによりフランス国王の大使と大きな紛争を起こすことを少なくとも避けること——これが命令発送において火急の問題であった。サヤスはたしかに二度ないし三度手紙を書いたが、クロード・デュ・ブールは耳を貸さず、包囲網をくぐり抜けた。フェリーペ二世が語るところによれば、「私がエル・エスコリアル宮殿からプラドへ行く途中、彼は、九月二十二日の朝、ガラパガールで私の行く手に立ちふさがり、八月十九日付けのアランソン公の自筆の手紙を私に手渡した。そして一回めよりもずっとあけすけにアランソン公と王女の結婚の交渉を私に申し出た。私はアルバ公を通して返事をさせた……。」ここでこの三面記事は我々の関心をひくのをやめる。

一匹狼、まして好ましくない人物がスペインの国内どこにでも忍び込み、取締まり当局の通報にもかかわらず、検問所と非常線をくぐり抜け、慎重王自身の前に突如として姿を現しえたこと、これこそはこの時代の速度と遅さだけが可能にした功績である。(1)

(1) この事件に関しては、シマンカスに多数の資料がある。一五七六年六月二日、K 1541；一五七六年十月三日、K 1542 n° 4 A；十月三日、*ibid.*, n° 3；十月四日、*ibid.*, n° 4；一五七六年十月八日、*ibid.*, n° 11；一五七六年十月十二日、*ibid.*, n° 15；十月十三日、*ibid.*, n° 16；十月十四日、*ibid.*, n° 17；十月十五日、*ibid.*, n° 19；十月十七日、*ibid.*, n° 20；十月十八日、*ibid.*, n° 21；十月十八日、*ibid.*, n° 22；十月二十一日、K 1542；十月二十三日、n° 30；十月二十五日、十月三十日、n° 35；十一月十八日、十二月十九日、一五七六年（n° 64）；アンリ（ド・ナヴァール）からフェリーペ二世宛書簡、アジャン、一五七七年四月三日、一五七七年四月二十九日、K 1543, n° 38 A；フェリーペ二世からM・ド・ヴァンドーム宛書簡、一五七七年四月八日、K 1542, n° 62；七月二日、n° 52；七月十二

日、n° 45；八月二日、K 1542；一五七七年八月四日、n° 59；八月十二日、n° 61；八月十七日、n° 62；八月十九日、n° 69.

空間と経済

いかなる活動も空間の抵抗につまずき、さまざまな拘束と妥協を見出す。遅さ、骨の折れる準備、どうしても避けられない故障を余儀なくされている地中海経済は、のっけからこの距離という角度で見なければならない。

特権的な商品である為替手形も遅鈍というこの一般法則をまぬがれてはいない。あらゆる市場にとって、手形そのものによって予定された支払いの遅延に道路事情による遅延が決まって付け加わる。世紀初め、そうした期間は、ジェノヴァから出発した場合、[1]ピサ行きは五日、ミラノ行きは六日、ガエータ、アヴィニョン、ローマ行きは十日、アンコーナ行きは十五日、バルセロナ行きは二十日、バレンシア、モンペリエ行きは三十日、ブリュージュ行きは二ヵ月、ロンドン行きは三ヵ月……である。現金の移動はもっとずっと遅い。十六世紀後半になってセビーリャに船団が到着することがヨーロッパ、地中海、世界の経済の支配的要素になると、毎年、新たに大量の銀貨が進んで行く道をたどることが可能になる。銀貨は通貨の在庫に加わり、ホセ・ヘンティル・ダ・シルバの作成した図が示すように、[2]間隔のあいた暦に従って西欧の市場から市場へと流通していく。商品にとっても同じ困難がある。商品はゆっくりと念入りにつくられ、いつまでも店に置いておかれ、他の人の手に渡るのはまずまずの早さである。フィレンツェに輸入されるスペインの羊毛は、刈り取った毛の購入から毛織物の仕上げまでには、何ヵ月もかかり、[3]織物になってからエジプトやニュルンベルクやその他の土地の客の手に届くまでには時には何年もかかる。我々はすでにポーランドの小麦とライ麦の特徴的なケースを引き合いに出した。それらは収穫のあと一年経ってから売られて、その後さらに六ないし十二ヵ月後に消費されるのであり、それらが地中海の道をとるときには場合に

よってはもっと遅くなる。(4)

さらに、商品はそれぞれ、あらかじめわかっている長旅が終わるのを待つことがある。アブルッツィ地方のラクイラでは、サフランの活発な商売は、毎年、商人のたいへんな競争を引き起こす。しかしサフランだけが集合場所にあるのではない。サフランは麻の袋に包まれているはずで（一回に運べる量としては八袋）、しかもそれらの袋は、四つずつ、革のケースに包まれているはずである。そのうえ、支払いはラクイラの造幣局が使う銅の棒、cavali および cavaluzzi と刻印してある小額でおこなわれる。したがってサフランは、ドイツからやって来る麻布と銅板、およびハンガリーから来る皮革の大包みが到着することによってしか運搬されない（逆も真なり、である）。(5)以上の商品の出会いがあるということだ。同様に、レヴァントでは、香辛料、胡椒、薬品、絹、綿は、西欧の銀貨および毛織物と出会う……。ラグーザからヴェネツィアまで、次いでヴェネツィアからアントワープならびにロンドンまで延びた道では、アンコーナ、ヴェネツィア（少し後にはメッシーナ）で、最後には取引の中心地であるロンドンで、ゴンドラ家、つまりラグーザに住み着いたラグーザ人の商人一族の生計を立てさせる商品の交換があったことがわかっている。レヴァントから輸入された乾しぶどう――英語に影響されたイタリア語で uve passe ないし curanti と、言われる――と、売れ行きの芳しくない〈ロザリオ〉をイギリスの田舎で製造されたカージーと物々交換するのである。輸送はアンコーナないしヴェネツィア経由で地上ならびに海上でおこなわれるが、一五四五年には商談成立に非常に時間がかかり、未決済の勘定を決済するためにサルヴィアティ家(6)の仲介によってリヨンの為替市場に頼らなければならなかった。

流通のこの遅さは一般的な病である。商品、現金、為替手形はあらゆる方向に旅をし、互いに交差し、出会い、あるいは互いに待機している。それぞれの商業市場は、商品、通貨、為替手形、正確には相互の補償の種々様々な、変わりやすい変動局面を絶えず経験している。この低速の流通は商品、通貨、為替手形を長い間途中に留め置く。

商人ができるだけ早く資本を回収したいと思うのは当然である。資本はいつでも再開できる状態にあるゲームの決定的な切り札である。十六世紀の個人銀行の悲劇が、客の預けた金をあまりにも遅い商品流通の回路にうかうかと投資したことに原因があるのは、疑いの余地がない。危機ないしパニックが突発的に起こっても、払戻は数日かかってもおこなわれない。なぜなら現金は空間の致命的な遅さにつかまって、旅の途中であるからだ。

時は金なりということは、果てしなく長い手紙を書いたために「指にインクのしみをつけた」それぞれの商人がよく知っていることである。この決まり文句はすでに広まりはじめている。一五九〇年三月に、フィレンツェに会社をつくったスペイン人バルタサール・スアレスは、〈商品到着にぐずぐずしている時間ゆえに[7]〉非常に高くつくガレオン船の遅れにひどく腹を立てている。したがって出資したもの（現金ないし商品）をさまざまな日程のいくつもの流通経路に分けるか、同じ行程のいくつかの船に分け、さらに大事なことは最も短い流通経路、つまり金と利益をできるだけ早く取り戻す経路を選ぶことが賢明なやり方になる。そういうわけで十七世紀初めには、商人たちはポー川の都合のいいルートよりもヴェネツィアの陸路の方を好んで利用する。あるヴェネツィアのおしゃべり[8]は、いかにも水路は「危険が多く、不便な、費用の高い陸路よりもつねに好都合で、有利である」と言っている。しかし川沿いでは、各地のあまりにも多くの権限があり、停船することもあり、荷物検査を受けたり強奪に遇うこともあり、それ以上に時間を浪費することがある。言い換えれば、結局のところ、費用は海路と陸路では釣り合いがとれることになる。

ところで時間は、誰ひとりとして無駄に使いたいとは思わない。ヴェネツィアのある商人が、十五世紀から、シリアの綿に投機するのを好んだのは[9]、そこでは六ないし七ヵ月で取引がおこなわれうるからであり、この取引の方がイギリスやフランドル方面への長旅よりも決済がずっと速やかだからである。この時代の最大の資本家、最も抜け目のない、最も幸運な資本家、つまりジェノヴァ人だけが、セビーリャから出発して大西洋を横断する支払いを組織することができたのである。[10] これはとてつもない操作である！ しかしリスボンとインド洋の定期的な商業関係を大々的に実施するためには、ポルトガル政府がその信用をもって介入し、国王が胡椒商人にならなければならなかった。もっともそれだけではこの任務には間もなく十分ではなくなる。必然的なことだが、商売が遠方でおこなわれるようになればなるほど、投資すべき額はますます大きくなり、金はますます長い間旅に出ていることになる。セビーリャからアメリカ大陸への、あるいはリスボンからアジアへの海路による交易は、十五世紀には、南ドイツとイタリアの事前の資本集中がなければ可能ではなかっただろう。[11]

しかもこうした遠距離の取引は、つねに数々の壮挙を含む。こうした取引を実行した者の壮挙として、一六〇二年七月にインド諸島の大型の船が、「金二〇〇万」以上を乗せて、リスボンから数里のところに接近するが、その船の乗組員のうち生存者は三〇人しかいない。イギリスの海賊が防衛ガレー船の面前で難なく拿捕するのは、この憔悴しきった船である。[12] 一六一四年九月、同じ出来事が起こる（間一髪のところでこの事件は悪い結果にはならなかった）。つまり「一〇〇万の金貨」を乗せて、一隻の船がリスボンの近くに「インド諸島」から到着するが、その船に乗っていたのは乗船した三〇〇人のうち十六人の生存者であった。[13] 太平洋で起こった極端なケースとしては、一六五七年五月にあるガレオン船がマニラからアカプルコに帰ったことだが、生存者はただのひとりもいず、[14] 宝物はすべて無事で、幽霊船がひとりで港に到着したのである。

銀の壮挙については、あとでもう一度見なければならないが、膨大な資金が投下されるはずであり、そのことは商業市場の急激な変動のリズムがずいぶん前から明らかにしていることだ。たとえば、一四六四年三月に、[15] ヴェネツィアはシリア行きのガレー船の出発で現金がなくなってしまった。ヴェネツィアの銀の在庫、ヴェネツィアのすべての〈銀〉はその時から海上に漂い、〈このシリア行きの船のために海上に流出し〉、町は一時的に活力を失い、したがって麻痺したままである。百年後にセビーリャはまったく若い力に満ちていたとはいえ、やはり同じ光景が見られる。「インド諸島」船団はまだ出発もしていないのに（この船団がサン・ルーカルの砂州を出るのは一五六三年三月二十四―二十九日でしかない）[16]、シモン・ルイスの通信員はすでに二月十五日にセビーリャからルイス宛に次のような手紙を書いている[17]。「当地においては数日前からいくら値を上げてもただの一レアルも借金できなくなっています。」為替市場は、発送すべき商品の買い付けのために空っぽになってしまい、現金の「気前よさ」をふたたび知るためには船団が戻るのを待たなければならない。前の年の一五六二年には、船団が遅れていたために、すでに借金を抱えた商人たちは、どんなに高利であっても借金をしなければならなかった。「一ヵ月前から、為替相場で四・五パーセント以上の損をしているが、これはすべて外国人の利益になっている……」と公式書簡は記している[18]。そして今や、メディナ・デル・カンポの定期市での支払いの時代がやって来る。国王陛下が支払いを延長し、商人を救うことができるのを願うばかりである！

(1) K. O. MÜLLER, *op. cit.*, p. 39. 所要日数は手紙の到着をもとに計算されている。
(2) J. G. DA SILVA, *Stratégie des affaires à Lisbonne entre 1595 et 1607*, 1956, p. 92, planche V.
(3) Federico MELIS, *Aspetti della vita economica medievale*, 1962, p. 455 et *sq.* は十四世紀末の問題を研究している。問題は十六世紀においてもほとんど変わっていない。
(4) 本書第I分冊を参照。〔バルカン半島からダンチヒへ〕
(5) K. O. MÜLLER, *op. cit.*, p. 49.
(6) A. de Raguse, Diversa di Cancellaria 131, f°s 1 à 6.
(7) B・スアレスからシモン・ルイス宛書簡、フィレンツェ、一五九〇年三月三十日、Archivo Ruiz, Archivo historico provincial, Valladolid.
(8) Arringhe varie, Museo Correr 1999（日付なし）
(9) F. C. LANE, *op. cit.*, pp. 101-113.
(10) 本書第I分冊五一三頁、注(4)を参照。〔十六世紀の大西洋について〕
(11) Hermann Van der WEE, *op. cit.*, II, p. 319 et *sq.*
(12) Museo Correr, Cicogna, 1933, f° 162 et 162 v° 一六〇二年七月三十日。

(13) A. d. S. Venise, Dispacci Spagna, F・モロシニからドージェ宛書簡、マドリード、一六一四年九月二十二日。

(14) *Diario de Gregorio Martin de Cuijo, 1648–1664*, p.p. M. R. de TERREROS, 1953, 2 vol., t. II, p. 76.「東インド諸島」に向かう長旅に関しては、フランソワ・ピラールは十七世紀初めに次のように書いている。「……ゴアには四隻の大型カラック船が到着した……。リスボンを出たときには五隻であったが、彼らはもう一隻がどうなったのか知らなかった……。それぞれのカラック船には一、〇〇〇人の乗組員が乗っていたが、ゴアに着いたときには各船には三〇〇人いなかったし、そのうえ半分は病気であった……。」(*Voyage de François Pyrard, de Laval, contenant sa navigation aux Indes orientales*..., 1619, II, p. 385 (*sic* pour 285)) これは別の版によって、やや異なる表現で、次の本に引用されている。Stefan STASIAK, *Les Indes portugaises à la fin du XVIe siècle d'après la Relation du voyage fait à Goa en 1546 par Christophe Pawlowski, gentilhomme polonais*, Lwow, 1926, p. 33, note 122. また *Lusiades*, V, 81-82 も見よ。

(15) A. d. S. Mantoue, A° Gonzaga, Série E, Venezia 1431, ジョヴァンニ・デ・ストリギからマントヴァ侯爵宛書簡、ヴェネツィア、一四六四年三月十七日。

(16) Huguette et Pierre CHAUNU, *Séville et l'Atlantique*, III, p. 36.

(17) ヘロニモ・デ・バリャドリーからシモン・ルイス宛書簡、セビーリャ、一五六三年二月十五日、A. P. Valladolid.

(18) Simancas, Consejo y Junta de Hacienda, 46, セビーリャ地方長官および領事から国王陛下宛書簡、セビーリャ、一五六二年七月二日。

定期市――経済生活の補足的ネットワーク

商業市場は経済生活の決定的な原動力である。空間の敵意を打ち破り、この時代に可能な速度で、どうにかこうにか距離に打ち勝つ、大規模な流通を進ませる。商業市場に別の活動が付け加わる。筆頭は定期市の活動であり、定期市については、まだ都市や一時的な商業市場であるかのように語るのがふさわしく、定期市は都市そのものに似て互いに非常に異なっており、ある市《いち》はあまりぱっとしないし、別の市は中ぐらいであり、いくつかは例外的に重要で、その頃商品の定期市から両替の定期市へと発展していく[1]。しかしこの領域で決定的なものは何ひとつない。シャンパーニュの定期市は十四世紀に消滅し、シャロン＝シュール＝ソーヌ、ジュネーヴ、そして後にはリヨンに再び出現する……。都市の活動が盛んな国である北イタリアおよびネーデルラントでは、十六世紀にまだ輝かしい定期市が没落しはじめる。そして定期市が、ヴェネツィアのように、存続しているところでは、せいぜいのところ舞台装置である。キリスト昇天の祝日のときにはサン・マルコ広場では、宗教的な祭りの名からまさに〈ラ・センサ〉(2)と言われる見事な定期市が開催される。これは海とドージェ〔ヴェネツィアの元首〕の有名な婚礼と祭りの機会である。しかしそこにはもはやヴェネツィアの心臓はない。ヴェネツィアの心臓はリアルト広場およびリアルト橋で鼓動を打っているのだ。

都市（あるいはこう言うほうがよければ商業市場）と定期市との対話において、絶え間なく働いている都市（フィレンツェでは両替は毎週土曜日に値が上がる）は、例外的な集まりである定期市にしまいには勝つはずである……。そのはずであるが、いかなる進展も一方通行ではない。さまざまな驚くべきこと、転覆がまだ可能である。一五七九年、北イタリアのピアチェンツァにいわゆる（両替の）ブザンソン定期市が設立されたことは、資本主義の歴史という観点からすると、この世紀の最大の事件である。長年にわたって、地中海および西欧全体の経済の気難しい「心臓」が置かれるのは、ここピアチェンツァにである。しかしこの大事件については後で触れることにしよう。事実、西欧の物質生活のリズムをつくるのは、都市のジェノヴァではなく、毎年約一〇〇人の実業家が四回の慎ましい会合を開くピアチェンツェである。そこでは手形が交換されるが、一リアルさえ現金は動かない、とあるヴェネツィア人はやや誇張して言っている。(3)それでもしかしすべては――新しい手形も不渡り手形の返付も、動脈の血も静脈の血も――この決定的な「極」に行き着くのである。この為替市場が手形振り出しも手数料も、借金も債権証書も、決済も返付も、金も銀も、均衡も不均衡も配分するのであり、それがなければ取引は意味も活気も失ってしまう。

しかし、日常生活のレベルでは、地方の定期市はそれなりの役割を果たしている。実はリヨン、メディナ・デル・

カンポ、フランクフルト・アム・マイン、やがてライプチヒといった最も華々しい商業定期市と同じ性質の役割を果たしているのだ。そしてこうした非常に多くの地方の定期市の歴史は、最近の研究の結果として、今日ではかなり明らかになっている。ナポリ王国のランチャーノ[4]、サレルノ[5]、アヴェルサ、ルチェラ、レッジョ・ディ・カラブリアの定期市、教皇領のレカナーティとシニガッリア〔セニガッリア〕、ヴェネツィアがベルガモやブレッシアに許可した定期市を勘定に入れずに、ロンバルディア地方の互いに関係のある定期市[6]、あるいはチロル地方の十七世紀にあれほど繁栄したボルツァーノの定期市[7]、あるいはシリアのジュバイルの海洋定期市、そしてダマスカス南部の一〇〇キロメートル内陸の砂漠の真っ只中にあるエル・ムゼイリブのキャラバン定期市[8]……などである。もちろんやっと一週間開かれる市場にほかならないあの小さな定期市は数に入れていないが、そうした市場は西欧やバルカン半島の空間[9]を爆発的に発展する場所にしているのである。一五七五―一五八〇年頃には、唯一新カスティーリャにおいて、二二の定期市[10]が活動を続けているし、ポルトガルには数十の定期市がある。すべての定期市[11]が、またどんなに小さな定期市も、まだ前日には、メディナ・デル・カンポのように、通りが一つ――ラ・ルア――と大きな広場が一つしかなかったところに、あるいはランチャーノのように、都市そのものからはずれた場所に広大な空き地があったところに大急ぎで建設された都市のものである[12]。熱気に満ちた活動は二週間とか三週間、最大一ヵ月である。アラゴンのダロカでは、主要な定期市は〈聖体祝日〉の日に始まる。これは三位一体の信者にとってはかつてキリストの血と肉に変わる奇跡のオスチア〔聖体拝領のパン〕を教会から外に出すいい機会である（一五八一年五月に、ヴェネツィアの若い旅人たちは確信をもって〈これは非常にはっきりと見える〉と言っている）。一週間続くこの定期市には、雌のラバ、耕作用の牛馬、鞍、引き綱を売る無数の人々が集まってくる。耕作用の牛馬は「スペインでは、つねに二輪だけの荷車」を引くことができる[13]（ついでにこのようなディテールも書き留めておこう）。

祭りが過ぎると、なにもかも元通りになる。解体された舞台装置は遠くへ運ばれる、つまり本物の村は戦艦ポチョムキン風に、ひとりでに動いていく。商人、商品、駄獣が、ある都市から隣の都市へと移動していく。ひとつの定期市が終わると、別の定期市が始まるのだ。「八月の」定期市に来ていた七ないし八人のフランドルの商人は、一五六七年九月にランチャーノを去っても、その月の二十一日に始まるソレントの第二回めの定期市には、望みどおり、まだ間に合う(14)。あるナポリの史料が一五六七年四月に指摘しているあの露天商スペランサ・デラ・マルカ(15)は、「自分の配下と連携をとって」〈王国を一巡りして〉、おそらくすべての定期市に出かけ、手芸材料、絹織物、ザガレッレ(16)、金糸ならびに銀糸、櫛、ベレー帽……を売り歩いた。彼は物真似の流行によってナポリに入ってきたスペインの帽子も売って、すべての客を満足させたことであろう。

こうした市にはつねに大商人がいて、彼らは為替手形と信用状のはたらきを知っているし（ランチャーノでは為替手形が何箱もそっくり発見された(17)）、香辛料、薬品、布地……を輸入している。しかし、リヨンでも、一五七八年三月には(18)、居酒屋の証言によれば、「馬で定期市にやって来て、金を持っていて、かなりいい宿屋に泊まる商人一人に対して、どこか小さな酒場の一部屋を見つけて満足している徒歩の商人十人がいる。」定期市はどんなにみすぼらしい行商人も歓迎するが、この行商人たちこそ田舎の生産物、家畜、豚の脂身、塩漬け肉の樽、皮革、毛皮、チーズ、新品の樽、アーモンド、乾しイチジク、リンゴ、並みのワイン、〈マンジアグエラ〉のような有名な特級ワイン、アンチョビやイワシの小樽、生糸を届ける田舎の生活のまぎれもない証人である。さまざまな彩りのイメージで我々の注意をひくこのナポリというどっしりとした王国において、大事なことは、主要な商業ルートと、こうした田舎の道、ラバの通り道、つまり「流れる水によってえぐられた窪地に従って」ランチャーノの後ろにある山から滑り落ちていく「細動脈」との間の出会いを組織することである。当然、これこそは交換と流通を、そして結局は現金での購入と物々交換の混じった市の行列を真面目に一押しすることである。この広範な動きは通行税の免除によって助長される。なぜなら空間は税関でもあり、物品入市税でもあり、障害物でもあるからだ。[19]

観察の場所がどこであろうとも、そのたびに同じ光景が見られる。新カスティーリャのグアダラハラ地方のテンディーヤ[20]という町は、一五八〇年頃には、それでもまだあまり有名ではない。この町を記憶で、シエラ・デ・ラ・カルデリナ山地の麓に位置づけることができる地理学者がいるだろうか。この町は、山地を北方に見て、シウダー・レアル、バダホス、そしてポルトガルに向かって流れているグアディアナ川沿岸にある。その当時、七〇〇軒の家があり、ここは約三、〇〇〇人の住民をかかえた領主保有の大きな町である。ところで、この町の定期市のひとつは、冬がまさに終わろうとする聖マチウ祭におこなわれ、一ヵ月にわたって大変な人出でにぎわう。幸福な巡り合いの定期市である。つまり〈冬の間ずっと、職人たちは毛織物を織って、これが一年の最初の定期市である。〉商人たちは近隣のあらゆる都市からここにやって来る。マドリード、トレド、セゴビア、クエンカの〈大商人〉さえやって来るし、ビスカヤの平織物と糸商人に加えて、「カスティーリャのどの定期市よりもここにはポルトガル人の数が多い。」こうした民衆の競争、店の氾濫はグラナダのアルカイセイリア[21]を思わせる——あらゆる種類の、またあらゆる地方からの毛織物、絹製品、香辛料、薬品、ブラジルの木材、象牙、金銀細工品、そして日用品など、何と多くの商品があることか。テンディーヤ伯爵は、自己の取り分として、〈売上税〉のうちから毎年一二〇万マラベディを受け取るが、それでもこの売上税は軽くて、わずか三パーセントである。これは四、〇〇〇万マラベディ(四〇クエント)の総売上高があったことを意味する。つまり一〇万ドゥカード以上である。こうして、通常は閉鎖的で、閉じ込もっている地方経済がむりやり破られて、「全国的な市場」の形成、あるいはもっときちんと言えばその兆しが可能になったのである。

(1) たとえばシャンパーニュの定期市、次いでその他の多くの定期市については、Robert Henri BAUTIER, 《Les foires de

Champagne》, in : *Recueils de la Société Jean Bodin, V, La foire*, 1953, pp. 97–145 を参照。

（2） このラ・センサの定期市については，M. SANUDO, *op. cit.*, I, colonne 959（一四九八年五月）が語っているし，マントヴァの便りが指摘しているが，ここには外国人の商人がやって来た。A. d. S. Mantoue, Venezia 1431, ストリギから侯爵宛書簡，ヴェネツィア，一四六一年五月十日。ヴェネツィアに関する歴史家はおそらくこの定期市を過小評価している。

（3） Museo Correr Donà delle Rose 181 f° 62,（リアルトの）〈銀行取引高日誌〉，ジョヴァン・バティスタ・ペレティ（?-），一六〇四年七月。原文は以下の通り。《et il più delle volte non vi è un quatrino le contatit…》私は本文では〈クワットリーノ銅貨〉quatrino を〈リアル〉liard とかなり自由に訳した。

（4） Corrado MARCIANI, *Lettres de change aux foires de Lanciano*, 1962.

（5） Armando SAPORI, *Studi di storia economica medeivale*, 1946, p. 443 et *sq.*〈一四七八年のサレルノの商品市〉について。

（6） Giuseppe MIRA, 《L'organizzazione fieristica nel quadro dell' economia della Bassa Lombarda alla fine del Medio Evo e nell' eta moderna》, in : *Archivio storico lombardo*, 1958.

（7） Giulio MANDICH, 《Istituzione delle fiere veronesi (1631–1635) e riorganizzazione delle fiere bolzanine》, in : *Cultura Atesina*, 1947.

（8） Robert BRUNSCHVIG, 《Coup d'œil sur l'histoire des foires à travers l'Islam》, in : *Recueils de la Société de Jean Bodin*, V, *La Foire*, 1953, pp. 58 et 59.

（9） J. CVIJIĆ, *op. cit.*, pp. 196–197 および MEHLAN, 《Die grossen Balkanmessein in der Türkenzeit》, in : *Vierteljahrschrift für Sozialegeschichte*, 1938.

（10） 注(20)を見よ。

（11） Virginia RAU, *Subsidios para o estudo das feiras medievais portuguesas*, 1943.

（12） Corrado MARCIANI, *op. cit.*, p. 4.

（13） フランチェスコ・コンタリーニの旅，一五八一年五月，P. R. O., 30, 25, 157, F° 66 v°.

（14） A. d. S., Naples Sommaria Partium 566, f° 216 v°, 217 一五六七年九月二日。

（15） A. d. S., Naples Sommaria Partium 528, f° 204.

（16） 小さなリボンのようなもの。

（17） Corrado MARCIANI, *op. cit.*, pp. 1, 9–10.

（18） R. GASCON, *op. cit.*, p. 284, A. Communales Lyon, BB 101 f° 58.

（19） Jacob van KLAVEREN, *op. cit.*, p. 198. REGLA : in : *Historia Social de España*, de J. Vicens VIVES, III, p. 351.

（20） Noël SALOMON, *La campagne en Nouvelle Castille à la fin du XVIe siècle, d'après les 《Relaciones Topográficas》*, 1964, pp. 119–120.

(21) J. Caro BAROJA, *Los Moriscos del Reino de Granada*, 1957, p.95, note 189, ベルムデス・デ・ペドラサによるアルカイセリアの記述、絹と織物の記述。

狭い範囲の経済圏

地中海は、実際には、半ば閉じた経済圏があちこちに種を蒔いたようにできている。つまり自分自身のために組織された狭い世界ないし広い世界であって、数え切れないほど多くのローカルな尺度があり、服装、方言がある。こうした経済圏の数は驚くほど多い。サルデーニャ島、コルシカ島は、全体としては、経済交流の大きなサイクルの周縁にある。サルデーニャ島の農民は、これまでより多く生産すること、新しい作物栽培をやってみること、今までやってきた自分たちのやり方をやめるように働きかけられたことは決してない。農民は〈焼畑〉を特に好み、休耕法を用いることはない。東海岸のオロゼイとポサーダ、もっと北のガルラ地方などのいくつかの地域は、一八六〇年になってもまだ、牛馬による荷車運送を知らないし、商売は「相変わらず荷物を馬の背中に乗せておこなわれている。」農耕というよりも多くが牧畜の島は、十六世紀に、貨幣を知らない。一五五七年以来カリアリに住み着いたイエズス会の神父たちは、家禽、パン、子山羊、肥育鶏、子豚、鳩、羊、上等なワイン、子牛など、現物払いの進物に圧倒される。「しかし、彼らが我々に送ってくる現金の施しは、一〇エキュに達することは決してない」と、神父たちの手紙のひとつは語っている。

コルシカ島では、それぞれの〈教区〉が大きな島のなかのひとつの島にあたり、山脈を越えて続いている谷とは関係がない。アジャクシオの後方のクルッツィーニ、ボコニャーノ、バステリカの人々は互いに関係がないから、彼らはすべてを生産し、必要な物の全部をカバーしなければならない(オリーブ油と並行してラードが用いられているのはそのためであろうか）。服は自家製の田舎風の毛織物でつくられ、ジェノヴァの商人がこの毛織物を店に飾ろうとすると、島の人々は抗議する。〈支配者ジェノヴァ〉が島内の取引を優遇しないことにも不満を述べる（が、これは支配者ジェノヴァの責任だろうか）。[5] 実は、地理、起伏、道路事情の困難がさまざまな絶えざる障害の責任を担っているのだ。島はほぼその全部が貨幣経済の網目の外にある。税金は、小麦、栗、蘓、油、豆類で支払いが可能である。読み書きを教える先生は、通常は一年につき二バチノ（二〇から四〇リットル）の穀類を受け取る。このような次第であるから、十六世紀のあるコルシカの歴史家は、一五八二年の飢饉について、次のような説明をおこなっている。「かくも高いので、穀類は一メラにつき四スクードを越えることはなかった。なぜなら島には貨幣が足りなかったからだ。価格が八スクード以上になったら、貨幣はあり余るほどであっただろう……。」[6]

豊かな島シチリアも、内陸地方では、コルシカ島以上に交通が便利なわけではない。シチリア島の島民は橋の建設のために税金を支払うが、政府は他の目的のために金を使う。したがってシチリアの内陸には十八世紀以前にはきちんと整備された道路がない。一七二六年になってもまだ、内陸部に店を開こうとするすべての商人にさまざまな特権が保証される。[7] 十六世紀に、民衆が消費する毛織物が、コルシカの場合と同じく、現地で製造された田舎風の毛織物であったとしても驚かないようにしよう。[8]

ハーカを中心とする北部アラゴンもまた、閉じ込められた経済地域として現れる。理想としては、小麦（灌漑された地域の小麦ないし〈山岳地帯〉の小麦）、ぶどう畑（土地の向き、土壌、そして特に土地の高さがぶどうの木を植えるのに適していようといまいと）、ひどい寒波ならびに山の霜の降りる寒さにもかかわらずオリーブの木、そして経済学者イグナシオ・デ・アッソが二世紀後に品質の良さと香りの良さをほめそやす必要不可欠な野菜など、必要な物はすべてそこで生産することである。服を着るために田舎風の毛織物は不足してはいない。この毛織物はアラゴンの〈羊毛〉で、評判がいいものだ。十八世紀にもまだ、こうした山岳地帯のいくつかでは、油と小麦の物々交換が存在している。ウェスカ〈地方〉では、料理の基礎は油であると同時に牝羊のバターである[9]。一五七五年および一五七七年にフェリーペ二世の命令でおこなわれたあの貴重な調査報告書『地勢報告書』[10]に見られるように、カスティーリャ地方そのものは、狭い範囲の経済圏の例を示している。村々にとって生活とは、自分たちが生産したものを食べることであり、隣村の油やワインや小麦……に頼ることはほとんどない。旧カスティーリャの農業制度に関する研究によって、十六世紀には、さまざまな作物栽培があったこと、また土壌や雨風を避ける場所によって可能な場合には、気候の厳しさにもかかわらずオリーブの木があったことがわかっている[11]。つまり自給自足が理想であって、現金が見られるのは稀であり、また現金はあってもすぐに消えてなくなる。

こうしたアルカイックな経済の自閉が通例となればなるほどますます金や銀はその時宜を得ない出現においては過大に評価される。一五五八年におけるサルデーニャ島の生活は、イタリアよりも物価が四ないし五倍安いと、あるヴェネツィア人は記しているが[12]、これは当然懐が暖かい人にとっての話である。同じく、思いがけない偶然でヴェネツィアの船が、一六〇九年の主の昇天の大祝日の日に、イーストラのポーラ〔プーラ〕の近くの小さな港ファザーナに寄港しなければならなくなったとき、旅行者も船員も上陸して、そこにすべてが豊富にあるのを見出す。子牛は五〇〇グラムにつき三ソルド、子羊は四〇ソルドで、油は三ソルド、パンとワインは非常に安い値段であり、〈要するに、生活しやすい〉と、ある旅行者は言っている[13]。実際、地中海の国々には〈ヨーロッパの国々と同じように〉こうした物価の安い地域が数多くあり、物価の安い地域は、全体の生活の周縁にある世界と同じ数だけある。

西ヨーロッパでは、こうした物価の安い地方は、一般には狭い範囲である。東の方では、経済圏は広く、たとえばバルカン半島では、自国で取れる収穫物、塩漬け食品、乾し肉などで、自力で生活を立てている[14]。ベルグラード〔ベオグラード〕で、一五五五年夏の間に、ビュスベックは次のように記している。「……この国では何もかも安い。人々が我々のために魚として出すものは、四〇人の人々に夕食を出すのに十分であろう。私は魚に二分の一タロイレしか払うことはなかった……。[15]」この物価の安さがラグーザ人、ヴェネツィア人、その他の国々の人々がこの巨大な、利益になるバルカン半島の市場を我が物にしようとする原因である。また誰かがこのゲームを妨害しにやって来れば、彼らの怒りが爆発する。一五八二年一月に、あるヴェネツィア人ファビオ・カナルは、スパラトの後背地において馬の値段が急騰したことを十人委員会に対して強烈に不満をぶちまける。フランス人の大量の買い付け（我がフランスの内乱のため）がこの新たな嘆かわしい事態の原因であった。[16]

狭いこともあるし広いこともあり、また互いに貨幣経済にうまく入り込んでいないこうした地域の多いことは、もっぱら地中海だけの特徴ではない。ドイツ、バルト海沿岸、エストニアのタリン、フィンランドでも、現実はまったく同じであり、多くの場合もっと際立っている。右記のヴェネツィア人は、一五九〇年十二月に、ポーランドに行く時には、ウィーンで何もかも買い揃え、セーターさえも買うが、[17]このヴェネツィア人の行動は正しかった。[18]フランスでは、旅行者の話によれば、多数の実例が意義深い。ブルターニュ地方以上に遅れた、不便な地方を想像できるだろうか。一五三二年二月に、フランソワ一世は、「地獄にも等しいこのブルターニュへの旅を嫌がる宮廷全体の意見に逆らって」、ブルターニュ地方に行く計画を立てる（そして実際にブルターニュに行くことになる）。[19]イギリスでも、同じ光景が見られる。クロムウェルの時代にも、[20]〈主要道路〉を離れさえすれば、アルカイックな、森の多い、あるいはヒースの生い茂ったイギリスに出会うし、このようなイギリスでは人々の放浪が続いている。またスコットランドやアイルランドについてはいったい何と言うべきか![21]我々が裁いているのは、したがって地中海ではなく、十六世紀であり、十六世紀の不十分な貨幣経済であり、すべてを調整すべき人々の無能力である。そして十六世紀を裁くというよりも、十六世紀とともにはじまるのでもないし、十六世紀とともに終わるのでもない経済の旧体制を裁いているのだ。

しかし、どんなに閉鎖的な経済からも小さな川が流れ出す。マルク・ブロックの忠告に従って、閉鎖的な経済という主題に関して性急な断言をしないように用心しよう。コルシカの〈教区〉さえ、羊飼いを介して、外部世界との交換があり、状況に応じて、豚や栗を油、織物、銀などと物々交換している。別の目的で島々について語ったとき、我々は大きなサルデーニャ島は地中海世界に対して完全に閉じてはいないことを論証したことがある。[22]小麦の穀倉地帯であるシチリア島や羊毛の国際的市場であるカスティーリャについて、同じことを長々と述べるのはむだなことである。

反対に、ウエスカ地方と北部アラゴン全体のように、完全に閉鎖的であるかのように見える辺鄙な地域に関して、この点を強調しておくのは有益なことである。ところで、中世以来、ギュイエンヌ地方〔フランス南西部〕のワインとイギリスのラシャのルートであった[23]カンフラン街道がこのウエスカ〈地方〉を通っているのを忘れることはできない。このルートは、十五世紀および十六世紀に、ドイツの商人たちがサフランの取引のためにサラゴサに行くときに、通っていた道である。またベアルン地方で神のリンゴと呼ばれる[24]アピ〔太陽にさらされた半面が深紅のリンゴ〕とドワイヤネ梨がハーカの果樹園にまでやって来たのは、おそらくベアルン地方からであり、したがってピレネー山脈の彼方からである。アラゴンの小麦はかつてはエブロ川を通ってトルトーサ方面に下っていたし、カタルーニャは、十六世紀にはまだ、この食糧補給に頼っていた。長い間〈ハーカの通貨〉が存在していたし、[25]〈羊毛〉[26]はアラゴンから遠いところにまで輸出されていた。そして、最後に、これはやはり重要なことだが、アラゴンは、十六世紀にカスティーリャに併合され、フェリーペ二世の同時代人のアラゴンの領主の一人は、台帳をカスティーリャ語で書いていた。[27]こうしたことを忘れることができようか。したがって、さまざまな道を通って――現在の我々はそのうちのほんのいくつかしか知らない――非常に貧しい、砂漠のように何もないアラゴンそのものが外海の風にわずかに開かれていたのである。

もっとも、先進国と発展途上の地域との間の対話は避けられない。今日と同じく昨日も、水準の違いのない、あるいはこう言ったほうがよければ、電圧の差のない経済生活は存在しない。ジェノヴァの商人は、まず初めは自分たちを拘束するが、結局のところは容赦する法律のために、コルシカの町々にいるが、それはヴェネツィア人がアレッポやホルムズに、ラグーザ人がユスキュプ、ソフィア、ティミショアラ、ノヴィ・バザールに、ニュルンベルクの商人がボヘミアやザクセンにいて、安い労働力や物価の安さから利益を得ているのと同じである。[28] 都市は都市の入り口にある貧しい地方なしには成り立ちえない（都市は、心ならずも、あるいは意識的に、こうした貧しい地方を貧しいままにしておくのだ）。それぞれの都市は、たとえどんなにすばらしい町であっても——フィレンツェは輝かしい——本質において、都市周辺約三〇キロメートルの輪のなかで食糧補給をおこなわなければならない。[29] フィレンツェは、農民が都市の城門のところに群れをなして売りにやって来る、想像もできないほどの量のワイン樽、野鳥類、獲物、木材、油、野菜、家禽などを自国を取り囲むこの輪から得ることになる。[30] したがってさまざまな経済の混淆があり、最も活発な経済と最も急を要しない経済とが並行して存在する。バリャドリーが安楽な生活を送っているのは、[31] 豊かなティエラ・デ・カンポスがバリャドリーの入り口のところにあるからである。セゴビアはメディナ・デル・カンポ、コカ、ゼブルロスといった近隣の地方から毎週木曜日の市に自国に足りない赤ワインと白ワインを持って来させて、この木曜の市場で市民たちは必要な物を買い揃える。どこでもこんな具合である……。ヴェネツィアの生活がうまく行っているのは、ヴェネツィアの水路網がロンバルディアのカザルマッジョーレまで日々の食糧と牝羊のチーズの食糧補給を可能にしているからである。[32] また海路は小麦、油、ワイン、魚、家畜にとって、さらに冬の寒さゆえに必要な薪にとっては一層好都合である。薪はイーストラ半島およびクヴァルネル湾から小船に満載されてやって来る。[33]

（1） M. LE LANNOU, *op. cit.*, p. 56.

(2) M. LE LANNOU, *op. cit.*, p. 13. (Alberto della MARMORA, *Voyage en Sardaigne ou description physique et politique de cette île*, 2e édition, 3 volumes, Paris et Turin, 1839–1860 による)

(3) Miguel BATTORI, 《Ensenyament i finances a la Sardenya cincentista》, in: *Hispanic Studies in Honour of I. González Llubera*, Oxford, 1959, tirage à part, p. 4 et 5.

(4) J. ALBITRECCIA, in: P. LECA, *Guide*..., p. 16.

(5) A. MARCELLI, *Intorno al cosidetto*..., pp. 415–416 一五七三年十二月。

(6) A. P. FILIPPINI, *Istoria di Corsica*, 1re éd., Turnon, 1594, 1 vol, 2e éd., Pise, 1827–1831, 5 vol. Livre XII, vol. 5, p. 382 (F. BORLANDI, *op. cit.*, p. 70, note 9 に引用)

(7) Hans HOCHHOLZER, 《Kulturgeographie Siziliens》, in: *Georg. Zeitschrift*, 1935, p. 290.

(8) E. ALBÈRI, *op. cit.*, II, V, p. 477 一五七四年。

(9) Ignacio de ASSO, *op. cit.*, pp. 53–58.

(10) この報告書に関しては、J. ORTEGA RUBIO, *Relaciones topográficas de España*, 1918 という全般的な書物ならびに特にグアダラハラ地方（J. C. GARCIA et M. VILLAMIL, 1903–1915）とクエンカ州に関する出版物（P. J. ZARCOS CUEVA, 1927）を見よ。これに次の重要な出版物を付け加える。Carmelo VIÑAS Y MEY et Ramón PAZ, *Relaciones de los pueblos de España ordeñadas por Felipe II*, I, Madrid, 1950 ; II, Toledo, 1951 ; III, Toledo, 1963. 全体については、ノエル・サロモンのすでに引用した書物を参照。本書五八頁、注(20)。

(11) Jesus GARCIA FERNANDEZ, *Aspectos del paisaje agrario de Castilla la Vieja*, 1963, p. 4 et *sq*.

(12) E. ALBÈRI, *op. cit.*, I, III, p. 267.

(13) Tommaso ALBERTI, *Viaggio a Constantinopoli, 1609–1621*, Bologne, 1889, p. 6.

(14) ブルガリアの国々については、I. SAKAZOV, *op. cit.*, p. 212.

(15) *Op. cit.*, I, p. 201. ほぼ一世紀後タヴェルニエは、ベルグラードで、まったく同様の豊かさを書きとめている。十四人分は一日につき二エキュである（それでも生活費は上がったであろう。パン、ワイン、肉などすべてが上等で、「この町ではほとんどいくらもしない」）。プレヴォーの翻訳ならびに続編執筆の *Histoire générale des Voyages de John Green*, X, p. 118.

(16) ファビオ・カナルから十人委員会宛書簡、スパラト、一五八二年一月二十一日、A. d. S. Venise, Lettere ai Capi del Consiglio dei Dieci, Spalato, Busta 281, f° 67.

(17) 本書第I分冊三三五頁、注(5)を参照。

(18) Léopold CHATENAY, *Vie de Jacques Esprinchard Rochelais et Journal de ses voyages au XVIe siècle*, 1957, p. 148. 旅人は「ポーランドの旅籠には……ベッドだけでなく……肉や飲み物やセーターまでも」持って行かなければならない。

(19) G・アントニオ・ヴェニエからドージェ宛書簡、ルーアン、一五三二年二月二十二日、B. N., Paris, Ital. 1714, f° 189, 写し。同様に、M. SANUDO, *op. cit.*, LVI, col. 244-245 一五三二年四月十五日も参照。

(20) John BUCHAN, *Oliver Cromwell*, Londres, 1934, p. 22.

(21) P. BOISSONADE, 《Le mouvement commercial entre la France et les Iles Britaniques au XVIe siècle》, in: *Revue Historique*, mai-sept., 1920.

(22) 本書第I分冊二四八頁を参照。

(23) *Col. de doc. ined. del Archivio General de la Corona de Aragon*, t. XXXIX, p. 281 ; Ignacio de ASSO, *op. cit.*, p. 384 ; Aloys SCHULTE, *op. cit.*, I, p. 308 et *sq.*

(24) Ignacio de Asso, *op. cit.*, pp. 57-58.

(25) *Ibid.*, p. 263.

(26) 十六世紀のハーカの毛織物製造については、I. de ASSO, *op. cit.*, p. 208.

(27) F. BELDA Y PEREZ DE NUEROS, *Felipe II*, *op. cit.*, p. 30 et *sq.*

(28) Laszlo MAKKAI, 《Die Entstehung des gesellschaftlichen Basis des Ablsolutismus in den Landern der österreichischen Habsburger》, in: *Etudes historiques*, p. p. la Commission Nationale des Historiens hongrois, 1960, tome I, pp. 627-668.

(29) Giuseppe PARENTI, *Prime ricerche sulla rivoluzione dei prezzi in Firenze*, 1939, 特に七六頁。フィレンツェの食糧補給の正常な地域は三〇ミリアより高くなく、場合によってはそれ以下である（九四頁）。

(30) A. d. S., Florence, Misc. Medicea 51.

(31) B. BENNASSAR, *op. cit.*, 特に第二部、第二章「経済のさまざまな手段」（タイプ印刷）。

(32) しかもこれは一四四四年からである。A. d. S. Venise, Notatorio di Collegio, 8, f° 1 一四四四年七月十日。〈小船〉が〈カザルマッジョーレ、ベッシロ、ロンバルディア地方からチーズや卵をもって、ヴェネツィアにやって来る……。〉

(33) Museo Correr, Donà delle Rose, 451.

ジェノヴァ、ミラノ、ヴェネツィア、フィレンツェの四辺形

我々は前進しない空間の経済組織を助長すると同時に阻害するもの、つまりいい面と悪い面を証明してきた。すなわち（単純な言い方をすれば）労働の地理的分業である。ところでこの分業は、海の次元全体において、かなりはっきりと目に見えるかたちで存在している。

この約六十日の世界は、おおざっぱに言って、たしかにひとつの〈経済—世界〉、それ自体としてひとつの宇宙である。この世界ではすべてが厳密に、強権的に組織されているのではなく、ひとつの秩序の大筋が描かれているのだ。したがってどんな経済—世界もひとつの中心を認める。つまり他の地域に衝撃を与え、問題になる統一性を独力で築き上げる決定的に重要な地域である。明らかに、この地中海の中心は、十五世紀においても十六世紀においても、ヴェネツィア、ミラノ、ジェノヴァ、フィレンツェの緊密な都市の四辺形であり、都市と都市の間には不協和、競合関係があり、それぞれの都市の重要度は異なったものである。はっきりと目に見える変化によって、世紀が始まったときにはまだ重心のあったヴェネツィアから、一五五〇年から一五七五年の間に華々しく築き上げられるフィレンツェへと重心が移動する。

十五世紀に、ヴェネツィアが内海の逞しい中心であることは[1]疑う余地がないし、ある種のヨーロッパが地中海に引き付けられたことから生まれたあの二重ないし三重の世界の中心でもある。明らかな中心ではあるが、いささかも排他的な中心ではない。ヴェネツィアは遠方ではブリュージュによって中継されなければならない。ブリュージュは、北のほうに伸びた海路、バルト海、北海、北西ドイツの〈後背地〉、さらにはイギリスに直面する海路の果てにあって、まずまずその任務にふさわしいもう一方の「極」である——この点については議論がおこなわれている。[2]同様に、ヴェネツィアは君臨するために、ミラノ、ジェノヴァ、フィレンツェといった近隣の強力な都市国家を頼りにもしている。もしこのことを証明するためにただひとつ資料が必要であるならば、一四二三年にヴェネツィアのドージェ、モチェニゴがおこなった有名な演説[3]だけで十分であろう。商業の豊かさの主要な経路が流れていくレヴァントの方に、ヴェネツィアはジェノヴァのビロード、ミラノの金糸織のラシャ、フィレンツェの高級な羊毛の毛織物を中継して伝達し、ヴェネツィアの方に流れてくる商業や工業で生計を立てている。

こうした種々様々な協力は必ず軋轢をひき起こす。嫉妬、対抗関係、戦争が世界のこの狭い中心を分裂させる。

そして歴史学は、こうした喜劇、割れ目、悲劇（悲劇は必ずあった）を少しずつ研究してきた。一四五四年四月[4]まで、つまりローディの和平の決定的な転換点まで、冒険好きで、都会的で、王侯にふさわしいイタリアは、こうした経済的、社会的、ならびに政治的な紛争をイタリアなりの仕方で体験してきたわけで、我々はその紛争を百年戦争というまことしやかなタイトルのもとにひとまとめにしているが、この時代は全般的な経済活動の景気後退によって陰気になり、時には粗暴になったのである。都市国家は別の都市国家や領土国家と衝突する……。そうした争いを、かすかに見えはじめたが、政治的に最も明敏な人々の野心の前に消えてなくなってしまうイタリアの統一という側面から見ること、それは平凡な年代記に敬意を表しすぎる。いずれにしても、ローディの和平の功労は、平穏無事を取り戻したことであり、すでに商売がうまく回復したことである。これは一四九四年九月のシャルル八世の思いがけない南下まで続くことになる。

この小康状態の間、「四大都市」の覇権は誰の目にも明らかである。そしてヴェネツィアが支配しているのだ。ヴェネツィアにおいては、政治はほとんど問題にならないが、銀、為替、織物、香辛料、航海が問題であり——しかもそれはごく自然におこなわれる、すなわち信じられないくらいである。一四七二年五月[5]、ヴェネツィアの十人委員会は、〈かつて〉おこなっていたように、「三十五〈業者委員会〉」と、毎日、絶えず討議をおこなう。これは一四七〇年に再開されたトルコとの戦争が問題ではなく、〈グロセッティ〉と〈グロッソニ〉という銀貨の、まず貨幣価値を下げ、次に流通を禁止することであるが、まず初めにヴェネツィアの〈造幣局〉によって鋳造されていなかった通貨が問題である。ヴェネツィアはあれほど多くの悪貨の流入を経験したので、悪貨の流入を防がなければならないし、また悪貨に対してはヴェネツィアはつねに容赦のない態度をとった。一四七二年六月[6]、ゴンツァーガ家の代理人が書いているように、〈悪貨が良貨を駆逐する〉ことは、トーマス・グレシャムよりもずっと前の、この時代に、すでに知られている。この同じ情報提供者は「ここでは、人々はもはやトルコの心配をしていないように見えることを別にすれば、何ひとつ新しいことはない。トルコに対しては何もおこなわれていない」と付け加えている。したがって、一四三〇年にサロニカを失い、一四七〇年ネグロポンテの小麦島をトルコに割譲したばかりのヴェネツィアは、自国のことだけを気にかけている。なぜならヴェネツィアは自国について自信を持ち、その富や優位な立場に自信を持っているからである。トルコ海軍はヴェネツィア海軍の模倣である。大砲を備え、造船所で定期的に保守点検を受け、補給をうけているヴェネツィアの要塞は並ぶものがない。しかもヴェネツィアは取引で大いに儲けている。地中海空間全体にわたって、また地中海を越えてフランドルまで、〈商用ガレー船〉の配分システムは、国家所有の船を賃借しする貴族の最大利益のために機能している。

ヴェネツィア政府が、サロニカ（一四三〇年）、コンスタンティノープル（一四五三年）――元老院のある文献は「ほんとうに我が国の町」と言っている――、ネグロポンテなど重要な拠点を失ったのは事実である。これにアゾフ海に面するターナ（一四七五年）を付け加えておこう。ここからヴェネツィアに向けてガレー船やナーヴェ商船が出発していたのであり、後の文献はこれらの船のうちのひとつは〈女奴隷と塩漬け食品を積んでいた〉[7]と言っている。これらすべてのショックは大きかったが、柔軟な貿易網は、カンディア島や、一四七九年からはヴェネツィアだけが支配者であるキプロス島など他の基地に頼ることができた。たしかに、どんな比較もごまかしではあるが、ジェノヴァ人を破ってキプロスを占領したことは、世紀単位の時計で言えば、プラッシー〔インド東部〕の勝利（一七五七年）の後、フランス人を破ったイギリス人によるインド占領ないしインド占領の始まりにあたる。そのうえ、世紀末にも、次の世紀にも、ヴェネツィアの商人ならびに船は、イスタンブールにも黒海にも相変わらず居る。ヴェネツィア人は、レヴァント貿易の二つの扉、シリアにもエジプトにもいる。エジプトは決定的に重要であり、シリアも重要である。一四八九年、アレクサンドリアは、おそらくヴェネツィアにとって、三〇〇万ドゥカートの儲けである。[8]一四九七年、ヴェネツィア政府は、シリアとエジプトに向けて、貴重な商品とともに、現金三六万ドゥカート以上を送る。その途端に、マール銀貨（すでに白銀が問題になっている）は一マールあたり五グロス以上も値上がりした。[9]こうしてヴェネツィアは手持ちの白銀を空にして、いつも通りの図式に従って、胡椒、香辛料、薬品、綿、麻、絹を自国に持ち帰るのである。こうしたことはすべて正規の手続き通りであり、きちんとおこなわれており（いったい誰がヴァスコ・ダ・ガマの周航の可能性を疑うだろうか）、政治的に保証されていたのである。つまりシリアとエジプトは、昔からの商業の伝統を持ったマムルーク王朝の国家に統一されている。ところで、一五一六年から一五一七年にかけて、カイロのスルタンに対するトルコ人の成功をいったい誰が予知しているだろうか。ヴェネツィアはこうして平穏に、つまり金持ちの安らぎを得て生きている。ヴェネツィアは、女性の身なりの行きすぎた贅沢や、祝宴に金を使いすぎることや、刺繡入りの男の服に対しては、たしかに反対する。しかし、貴族の結婚のならわしとなるあの豪勢な持参金、決して三、〇〇〇ドゥカート以下ということはなく、たいていは一万ドゥカート以上の持参金を、サヌードと同じく、心のなかではいったい誰が驚嘆しないだろうか。[10]ガレー船の漕ぎ手がドージェの宮殿前で俸給を要求する声を上げることが何度かあり、[11]〈絹組合〉や〈羊毛組合〉の貧しい人々の泣き言が聞こえることがあり、大型船舶の危機に関する悲観的な元老院の決議がおこなわれるが、[12]こうした小さな汚点は輝かしい一枚の絵のなかでは見えるか見えないかわからないほどである。

しかしながら、新しい世紀はあまりにも富める都市に対しては敵意を燃やすことになる。ヴェネツィアはアニャデロの嵐（一五〇九年）では奇跡的に難をのがれる。ジェノヴァ、ミラノ、フィレンツェは次から次へと取り返しのつかない不運に見舞われる。ローマの略奪（一五二七年）はこれに先立つすべての残酷な行為を越えたものではないとしても、一五二二年のジェノヴァの略奪[13]はまさに略奪の名にふさわしいおぞましい評判を得るだろう。占領された都市のなかでは、上官の命令に従って兵士たちが敬意を払った商人の為替手形を除けば——こういうディテールはそれなりの重みを持つ——何ひとつ無傷では済まなかった。結局、一五二八年に、ジェノヴァは自国の運命を確固たるものにする神聖ローマ皇帝カール五世と同盟を結ぶことになった。ミラノ人は、「フランス万歳」と叫ぶか、[14]「皇帝万歳」と叫ぶかを事と次第によってわきまえていたが、そうしなければならなかったのであり、その次には、少し前にスフォルツァ家と折り合いをつけ、またスフォルツァ家以前のヴィスコンティ家と折り合いをつけたと同じように、スペインと和解した。もっとも、スペイン当局の権威の影で、高級役人からなる地方の貴族階級は相変わらずミラノとロンバルディア地方の支配者であった。[15]何もかも変わったが、彼らは相変わらず高位にとどまっている。

要するに、生きている人々の世界ならびに強者の世界から都市が抹殺されることはありえないのであった。少なくとも一五三〇年までは、経済情勢は良好であった。セビーリャとリスボンがまったく新しい地位についた新しい世界においては、アントワープからヴェネツィアまで世界を支配しているのは都市のチェーンである。ヴェネツィアは東地中海におけるその地位を守っている。決して困難がなかったわけではない。なぜなら一五七四年以後にならないと長期にわたるトルコとの和平はないからである。ヴェネツィアはまた中央ヨーロッパにおける地位も維持している。それに対して、一五〇九―一五一一年のスペインの進出以来、[16]北アフリカにおいては、ヴェネツィアにとってはすべてが失われたか、あるいはもう少しでそうなるところであった。[17]あまりにも内海に没頭していたヴェネツィアは、大西洋方面では、大きな権威を獲得するには至らない。

ヴェネツィアがその産業の飛躍的発展――絹と高級羊毛の毛織物、ガラス製品、印刷機――世紀を越えて続く発展を遂げなければ、またなかんずくヴェネツィアが十六世紀「後半」[18]の全般的な景気の向上に、ヴェネツィアの予算の曲線と税関の数字が示しているように、一六二〇年頃まで、完全に、参加していなければ、収支決算は赤字であろう。毎年、〈造幣局〉は金貨「一〇〇万」と銀貨「一〇〇万」を鋳造することになった。[19]ヴェネツィアの商人は、ニュルンベルクからホルムズ海峡まで、つまりかなり広い範囲にわたって、世界中に散らばっている。彼らは自分たちの住む町に一種の「資本主義的帝国」を保ち続けるが、その重要さを測るのはかなり難しい。けれどもこれについてはかなり多くの予期せぬ出来事が我々を待ち構えている。一五五五年、ある社会的再編成の際に、セビーリャにおいて、アントニオ・コルノヴィ、アンドレア・コルナロ、ジョヴァンニ・コッレル、ロレンツォ・アリプランディ、ドナート・ルロ、バルド・ガビアーノなどのヴェネツィア商人の活動が明らかになる。[20] 一五六九年には、あるナポリの史料は[21]、プーリア地方、主にバリにオリーブ油と小麦の買い手である五〇〇人のヴェネツィア商人の名前を我々に提供している。一五七九年度からのアルジェのフランス領事館の未刊行の資料のなかには[22]、「ヴェネツィア商人」バルトロメオ・ソマという大物の金貸しの名がある。一六〇〇年頃には、ヴェネツィアの国庫には金があり余っている。[23] 我々の計算が間違っていなければ、ヴェネツィアの港には、毎年、七〇〇から八〇〇隻の船が出入りしている。[24] そしてとりわけヴェネツィアはあり余るほど豊かな現金市場であり続ける。[25] おそらくキリスト教国のなかで最も品物が豊富にある国である。あるヴェネツィアの文献は〈おそらくヨーロッパで、我が国よりも豊かな場所は他に見つからない〉[26]と言っているが、これは誇張ではない。もちろん、気難し屋や助言提供者は満足してはいない。彼らのうちの一人は、〈市場の取引の五分の四〉にあたる為替に課税すべきである、と言っている。[27] ある為替銀行、つまりヴェネツィア人ベルナルド・ナヴァジェロの銀行の収支決算のひとつが、一六〇三年五月二十四日から八月九日までの三ヵ月にわたって、実はほぼ三〇〇万ドゥカートに上る額の、当然一部分ではあるがわざとらしい動きを示したときに、人々はすぐには驚くことはない。[28] さまざまなショックがヴェネツィアを見舞うが、ヴェネツィアは繁栄しているし、十六世紀の終わりの数年ならびに十七世紀の初めの数年には、決定的に、生活と思索の幸福に身をゆだねている。その証拠は遅ればせのヴェネツィア・ルネサンスが見せてくれる。

しかしながら、こうした輝かしい色彩のすべてが我々の目をだますことがある。ヴェネツィアは、十五世紀よりもおそらく豊かになっているが、その相対的な重要性を失ってしまった。もはや内海の中心ではない。内海の重要な活動は、東から西へと傾くことによって、長い間富の主要な分配をおこなってきた東地中海ではなく、西の海盆をいやおうなく優遇するようになった。このシーソーの動きはミラノに利することはほとんどなかったが、フィレンツェとジェノヴァを最前面に押し出してきた。ジェノヴァは、スペインと、現にある最大の豪華な塊にほかならないアメリカ大陸をおさえた。フィレンツェはリヨンをつくり上げ、フランスを手に入れたが、それだからと言ってドイツにおける地位を失ったわけではない。フィレンツェはスペインにもかなり広範に入り込んだ。当時この二つの都市は、その役割を控え目な意味で商品だけに限らず、大規模に金融取引をおこなっているから、四大都市のなかで優位に立っている。世紀後半になるとジェノヴァが指揮権を握る。地理学者は河川をおさえたことについて語る。当時、ジェノヴァとフィレンツェの金融に有利にはたらく、貨幣の活発な流れによって、無数の交易がおさえられた。まず初めに国内をおさえること。つまりフィレンツェでは、我々歴史学者が以前よりも少しだけはっきりと見始めているように、信用貸しが日常生活の最もつつましい次元にまで下りて広がっていく(29)。外部をおさえることもきわめて重要なことで、東ヨーロッパや南イタリア、バルカン半島やフランス(30)やイベリア半島など、経済的に遅れた地域を食い物にする。この勝負では、足取りを速めない、ヴェネツィアくらいの規模の都市さえも、すでに述べたことがあるように(31)、やがて外国の搾取の巧妙な鎖につかまってしまうのである。

当然のことながらこうした勝負は今までになかったわけではないが、その規模の大きさだけは前例のないものであることが明らかになる。ヨーロッパにおいて金と信用貸しの証券のこのような流れはかつてあったことがない。この流通は十六世紀後半を支配するが、それは急速に増大し、成熟した後、一六一九—一六二二年の危機(32)、および一種の構造的爆発ないし構造的爆発と我々に見えるものによって、危機が反転する以前からたちまちしぼんでいく。いずれにしても、一五七九年のピアチァンツェの為替定期市の創設とともに、ジェノヴァの銀行家が国際支払いの、つまりヨーロッパと世界の財産の支配者、つまり一五七九年から、あるいはたぶん一五五七年から、スペインの政

図31・32　ヴェネツィアの商用ガレー船団の旅

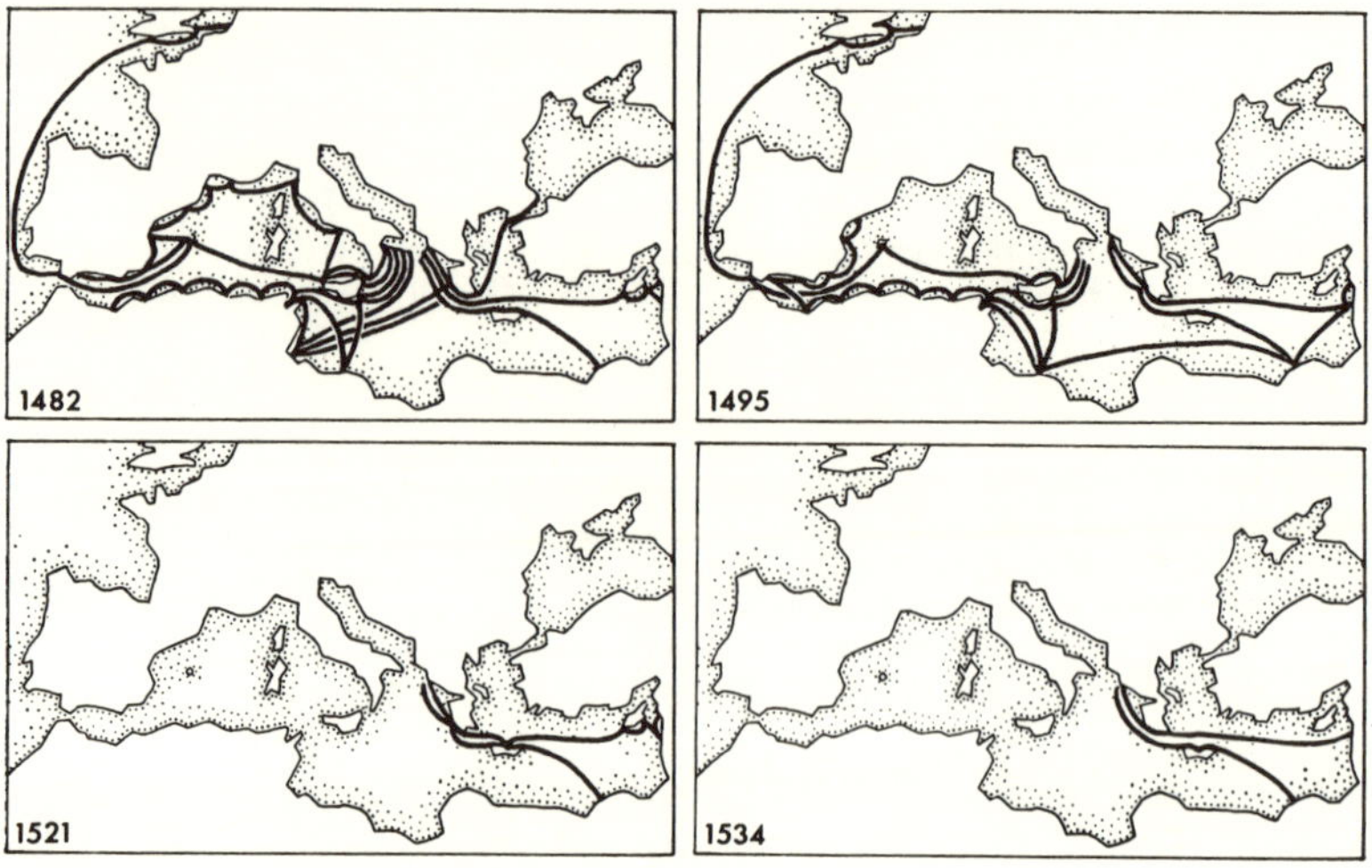

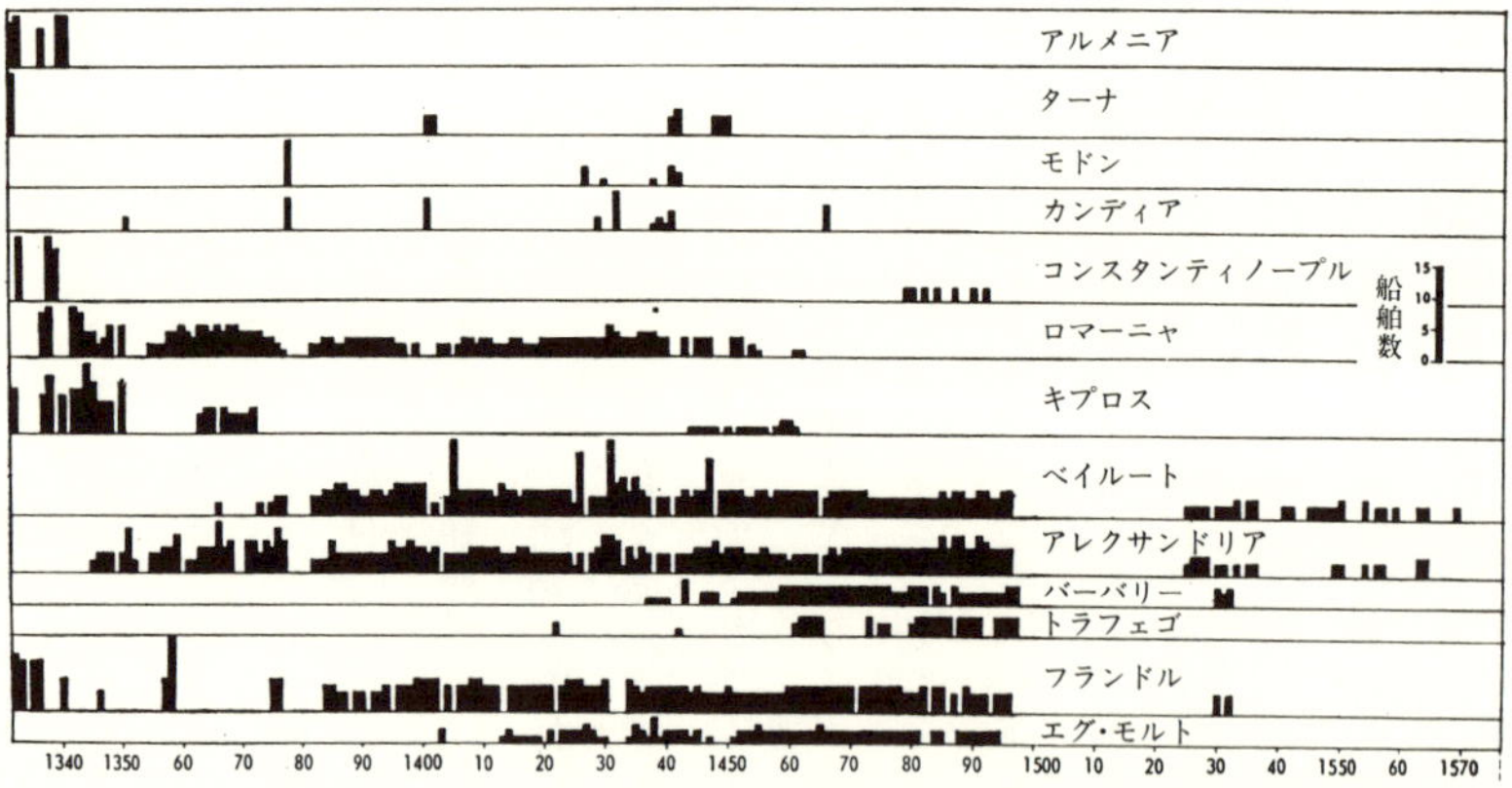

上の四枚の地図は，アルベルト・テネンティとコッラド・ヴィヴァンティが製作し、『アナール』誌1961年に発表された長編映画解説からの抜粋で，「商用ガレー船団」とその輸送船団（フランドル，エグ・モルト，バーバリー，「トラフェゴ」，アレクサンドリア，ベイルート，コンスタンティノープル）の古いシステムの悪化の段階の概略を示している。1482年にはこれらすべての路線が機能している。1521年ならびに1534年には，レヴァントとの実り多い関係だけが生き残っている。地図を単純化するために，行程はヴェネツィアから出発するのではなく，アドリア海の出口から記した。

下の図はこうした輸送船団の数量の歴史の概略である（15世紀末と16世紀初めには資料の欠如があるために空白になっている）。輸送船団の昔のシステムの悪化は，つねに存在していた自由航行によって補われ，自由航行は時とともに発展していく。

治的な銀の、異論はあるが抜きがたい支配者となる。ジェノヴァの銀行家は何にでも手を伸ばし、何もかも手に入れることができる。あるときには、ジェノヴァの銀行家は、一五九〇年に、競りに出ていたポルトガルの胡椒契約を差し押さえるだろうと人々は考えた。これについては、フィレンツェで商売を始め、ジェノヴァ人が好きではないスペイン人の商人は、「たしかに、この連中は世界全体が責任をほとんど任せることがないような人たちである」と言っている(33)。フッガー家の世紀は、あまりにも短く、たしかに終わってしまっている。そしてジェノヴァ人の世紀は始まるのが遅いが、一六二〇―一六三〇年代、ポルトガルの新たなキリスト教徒の財産とともに、アムステルダムの財が混じった資本主義の到来が確かなものになりつつあるときまでは終わらない。

今日、この広大な歴史の地平ははっきりと現れてきている(34)。ジェノヴァの資本主義が全力をあげて勝利を収めるのは、一五七五―一五七九年という決定的に重要な年の間(35)、つまりフェリーペ二世とその顧問たちとの劇的な力の比べ合いが終わるときである。一五七六年兵士たちによって略奪されたアントワープの失墜、メディナ・デル・カンポの定期市の難局と失敗、一五八三年以後リヨンの弱体化が進んだこと、こうしたすべての徴候がジェノヴァの勝利とピアチェンツァの定期市の成功に伴っている。したがって、ヴェネツィアとジェノヴァの間、フィレンツェとジェノヴァの間、ましてやミラノとジェノヴァの間では、対等とか釣り合いといったことはもはや問題にならない。ジェノヴァはすべての門を開けて(36)、隣国の諸都市を支配する。これら隣国の諸都市が雪辱――それもどうだか確実ではないが――を果たすのは、次の世紀になってからでしかない。

(1) Alberto TENENTI, *Cristoforo da Canal*, 1962, p. 176.
(2) J.A. VAN HOUTTE, 《Bruges et Anvers, marchés *nationaux* ou *internationaux* du XIVe au XVIe siècle?》, in: *Revue du Nord*, 1952.
(3) よく再録されるヴェネツィア史の古典的文献のひとつとして、たとえば *Bilanci Generali*, 1912, vol. I, tome I, p. 577 et *sq*.

(4) Corrado BARBAGLLO, *Storia Universale*, III, 1935, p. 1107.

(5) A. d. S., Mantoue. A. Gonzaga. B 1431, ヨハンネス・ディ・ストリギから侯爵宛書簡、ヴェネツィア、一四七二年五月十六日およびそれに続く書簡。

(6) *Ibid.*, 一四七二年六月六日。

(7) A. S. V. Venise, Brera 51, Cronaca Veneta, f° 105 v°, 一四四八年三月一日。ターナの破綻は、一四五三年五月二十二日、A. d. S., Venise, Senato Mar, 4, f° 181. また「ターナ領事」が一四六〇年三月二十八日に任命されたことについては、*ibid.*, 6, f° 163. カーファで買われる女奴隷の取引についての考察については、一四七四年七月二日、A. d. S., Mantoue, A. Gonzaga, Série E. Levante e Corte Ottomana, 795.

(8) A・グイドニからモデーナ公宛書簡、ヴェネツィア、一四八九年九月十二日、A. d. S., Modène, Venezia VII-54. II-8. これらの数字は噂である。アレクサンドリアとベイルートのガレー船については、ある通信は〈ヴェネツィア人によれば〉二〇〇万ドゥカートの儲けがあると語っている。ジョヴァンニ・ディ・ストリギからマントヴァ侯爵宛書簡、ヴェネツィア、一四七一年二月二十八日、A. d. S., Mantoue, Série E, Venezia, B 1431.

(9) M. SANUDO, *op. cit.*, I, col. 734.

(10) *Ibid.*, I, 885-886. 男性の服装の贅沢に関しては、Senato Terra 15, f° 86 v° et 87, 一五〇六年一月七日。食卓の贅沢のしすぎについては、*ibid.*, f° 42, 一五〇四年十一月二十一日。女性の身だしなみの贅沢への反対については、*ibid.*,f° 190 et 191, 一五〇八年一月四日。祝宴に対する反対は、M. SANUDO, *op. cit.*, I, col. 822. しかしサヌードはみずからがヴェネツィアの祝宴で味わう豪華な料理を得々として数え上げている。

(11) A. d. S., Venise, Senato Mar, II, f° 126, 一四四六年二月二十一日。

(12) 本書第I分冊五〇二頁以下を参照。

(13) ヤコボ・ディ・カポからフェッラーラ侯爵宛書簡、ジェノヴァ、一五二二年五月三十一日、A. d. S., Mantoue, A. Gonzaga, Série E. Genova 758 とJ・テバルディからモデナ公宛書簡、ヴェネツィア、一五二二年六月八日、A. d. S., Modène, Venezia 15-77, VI, 67.

(14) Jean d'AUTON, *Chronique*, I, p. 55, 1499.「さしあたりよきフランス人たるゲルフもジブランもいなかった。」〝ミラノは略奪されたばかりである。

(15) Federico CHABOD, 《Stipendi nominali e busta paga effettiva dei funzionari dell'amministrazione milanese alla fine del Cinquecento》, in : *Miscellanea in onore di Roberto Cessi*, Rome, 1958, pp. 187-363.

(16) F. BRAUDEL, 《Les Espagnols et l'Afrique du Nord de 1492 à 1577》, in : *Revue Africaine*, 1928.

(17) 図31を見よ。バーバリーへの旅は、一五二五年に、中断される。Jacques de MAS LATRIE, *Traités de paix et de commerce*, 1868, p. 273（一五一八年五月二十二日）。同様に、バーバリーとの貿易の悪化に関しては、M. SANUDO, *op. cit.*, XXV, col. 338.

(18) 本書第Ⅲ分冊図57のグラフを参照。

(19) Museo Correr, Donà delle Rose, 26, f° 191 et 194（一五八八年）比較として、一六七一年七月六日、Marciana VII, MCCXVIII, 18. 造幣局は銀貨で一〇〇万ドゥカート以上を鋳造している。

(20) Clemens BAUER, *op. cit.*, p. 151, および同書四八頁の注(47)。

(21) A. d. S., Naples, Sommaria Partium, 591, f° 225-235 一五六九年十二月二十二日。

(22) Archives des Bouches-du-Rhône IX B 171, f° 6 v°, アルジェ、一五七九年五月七日。

(23) 一六〇五年には、六〇〇万ドゥカート。一六〇九年には、〈造幣局〉の〈大倉庫〉の金庫には九〇〇万ドゥカートある。この問題については、〈造幣局〉の資料束のなかに数多くの典拠がある。F. BRAUDEL, in: *La civiltà veneziana del Rinascimento*, Fondazione Giorgio Cini, 1958, p. 101.

(24) 本書第Ⅰ分冊四八七頁を参照。

(25) 正確でないある文献を私が正しく解釈したとすれば、おそらく一五七五—一五八〇年からである。Museo Correr 161, f° 2, 一五九三年十二月十四日。外国の為替商人によって、つまり〈多くのフィレンツェ人によって〉ヴェネツィアの市場に導入された為替と戻り手形の振出のはたらきについて。

(26) E. MAGATTI,《Il mercato monetario veneziano alle fine del secolo XVI》, in: *Archivio Veneto*, 1914, pp. 289-292.

(27) Museo Correr, Donà delle Rose, 42, f° 27 v°（おそらく十六世紀末）

(28) *Ibid.*, 181, f° 61 et 65 v°, これは〈取引高日誌〉の抜粋で、総額は二九七万九、〇九〇ドゥカートと一七ディナーリである。別の日誌は、調査員に対して〈裏書きされていない〉、したがって〈空手形〉の為替一覧表を掲げている、と言われる。

(29) これは十七世紀のトスカーナに関してモーリス・カルモナが現におこなっている研究が示していることである。

(30) A. MONTEIL, *Histoire des Français*, VII, pp. 424-425 が伝えている十五世紀のフィレンツェ商人の言葉を参照。「フランス商人、諸君は小売商人、仲買人でしかない。」

(31) 本書第Ⅰ分冊五四二頁および注(1)を参照。

(32) Ruggiero ROMANO,《Tra XVI e XVII secolo. Una crisi economica: 1619-1622》, in: *Rivista Storica Italiana*, 1962, pp. 480-531 および《Encore la crise de 1619-1622》, in: *Annales E. S. C.*, 1964, pp. 31-37.

(33) バルタサール・スアレスからシモン・ルイス宛書簡、フィレンツェ、一五九〇年一月十五日、〈Cierto es gente que les parece todo el mundo es poco para barcarle〉Archivo Provincial, Valladolid.

(34) この「一ヵ所に集中することに」関する研究については、次のすぐれた論文を指摘しておこう。Federigo MELIS,《Il commercio transatlantico di una compagnia fiorentina stabilitata a Siviglia a pochi anni dalle imprese di Cortes et Pizarro》, in: V. *Congresso de historia de la Corona de Aragon*, 1954, 特に一八三頁以下。メリスが念頭に置いているのは十六世紀初めの世界の中心としてのフィレンツェである。……しかしリヨンでないのはなぜか。フェリーペ・ルイス・マルティンとJ・ヘンティル・ダ・シルバの未刊の研究も挙げておこう。

(35) 本書第2章二の「ジェノヴァ人の世紀」二四八頁以降参照。

(36) A. d. S., Gênes, Materie politiche, privilegi, concessioni, trattati diversi et negozioni 15-2734, n° 67. Trattato di commercio stipulato tra il Soltano Hacmet Han, Imperatore degli Ottomani e la Republica di Genova.

二　人間の数

当然のことだが、他のあらゆる問題以上に重要で、この世紀の尺度と方向を与える問題は、人間の数の問題である。人間は何人いるのか。これが最初の質問だが、難しい問いである。あらゆることが推測させるように、人間は増えているのか。これが第二の問いであるが、特に段階とパーセンテージを区別し、現にいる大量の人間を測ろうとすれば、これもやはり難しい問題である。

六、〇〇〇万ないし七、〇〇〇万人の世界

確実な数字を出すことはできない。ただ、近似値を出すことは可能であり、イタリアとポルトガルに関してはまずまずの数字だが、フランス、スペイン、オスマン・トルコ帝国に関してはあまり思いきった数字は出せない(1)。その他の地中海諸国についてはまったく情報が不足している。

西欧側の世紀末のもっともらしい数字は次の通りである(2)。スペイン八〇〇万人、ポルトガル一〇〇万人、フラン

ス一、六〇〇万人、イタリア一、三〇〇万人。合計三、八〇〇万人。ほかにイスラムの国々がある。ヨーロッパ側のトルコについては、コンラッド・オルブリヒト[3]は、一六〇〇年頃には、八〇〇万人と見積もることができると信じている。トルコ帝国では、アジア側とヨーロッパ側の二枚の絵が通常は均衡を保っているのだから（というよりもむしろヨーロッパ側のほうがアジア側よりも多い[4]）、トルコのアジア側部分に八〇〇万人を割り当てることができよう。広義の北アフリカについては、エジプトに二〇〇万か三〇〇万人を、そしていわゆる北アフリカにも同じ数を割り当てることができるだろうか[5]。とすればイスラム世界と地中海周辺でイスラム世界に属している民族としては二、二〇〇万人に達することになるだろう。結局、地中海世界としては、総人口は約六、〇〇〇万人である。

この計算において、三、八〇〇万人という最初の数字は比較的確実である。後者の数字ははるかに確実ではない。しかし全体としての見積もりは十中八九正確である。私は最初のグループの数字を少なくし、第二のグループの数字を高くする傾向があるかもしれない。時代を通じての人口統計学的比較から、実際に、ある対応関係がはっきりと浮かび上がり、それはおよそのところ有効である。すなわち地中海のイスラム世界（および十六世紀にイスラム世界に属している民族）は、イタリアの人口のおよそ二倍である。この比率が一八五〇年頃に正しいとすれば[6]、我々の言うAブロックは七、八五〇万人（フランス三、五〇〇万人、イタリア二、五〇〇万人、スペイン一、五〇〇万人、ポルトガル三五〇万人）であり、イスラム世界というよりもイスラム世界プラスバルカン半島の民族は五、〇〇〇万人になるはずである[7]。おおざっぱな検証をしてみると、およそこんな数字になる。いずれにしても、一九三〇年頃、一方は一一、三〇〇万人（四、二〇〇万人、四、一〇〇万人、二、四〇〇万人、六〇〇万人）であり、他方は八、三〇〇万人である。したがって比率は保たれている[8]。しかし当然のことながらこの比率が永久に同じである理由はひとつもない。それでも、いろいろな変動を考慮に入れてみると、この比率が大まかな尺度を与えてくれる。この尺度からすれば、十六世紀には、二、六〇〇万人という数字が出てくるが、これは我々が先ほど到達した二、二〇〇

図33　1548年のヴェネツィアの「陸地」の人口

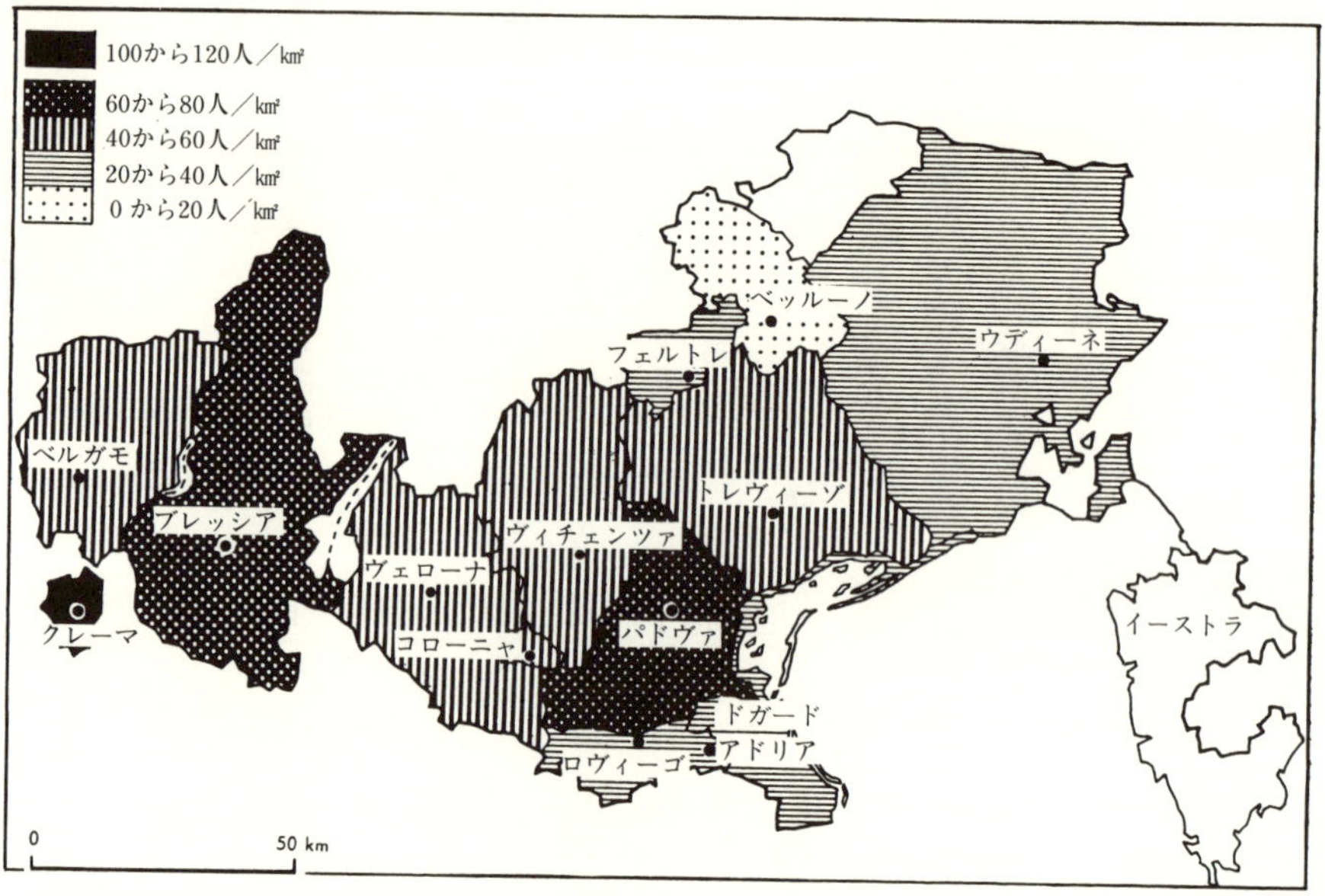

D・ベルトラミ『労働力と土地所有者』1961年，3頁による。人口密度はかなり広い地域ごとに計算してある。ドガードはヴェネツィアが陸地征服以前に所有していたヴェネツィアのすぐ近くの領土である。

万人からそれほど遠くはない。オメル・ルトフィー・バルカンとともに[9]、地中海のイスラム世界は三、〇〇〇万、ないしおそらく三、五〇〇万人の人口であると想像してみるのは許されることだが、それこそは楽観的な見方である。ともかくも、第一グループの数字を低くし、第二グループの数字を高くしても、約六、〇〇〇万人の人口というあの数からそれほど離れることにはならないし、十六世紀末に関しては約十パーセントの誤差での見積もりは許容範囲であると思われる。この数字からいくつかの帰結が生じる。

　この六、〇〇〇万人の世界では、地中海の空間に砂漠を加えなければ、一キロメートルあたりの人口密度は、一七人になる。この数字は驚くほど低い。もちろん、地域によって非常に多くの差異がある。一五九五年に、ナポリ王国の人口密度は五七人である。[10] これがヴェズヴィオ山周辺のカンパーニアでは一六〇人にも達する。[11] 一六〇〇年頃、イタリアの人口の重心があるティチーノとミンチオ川の間の一平方キロメートルあたりの人口密度は一〇〇人であり、この一〇〇人という数字を越えることもある（クレモーナとその地域では一一七人、ミラノとその田舎およびローディでは一一〇人、ベルガモ平野では一〇八人、ブレッシア平野では一〇三人）。この密度は東の方に行っても、西の方に行っても小さくなる（ピエモンテ地方では四九人、ずっと豊かなパドヴァ地方で八〇人……）。平均すれば、イタリア全土での人口密度は、四四人になるが、[12] これは大変な数字である。フランスでは、平均三四人[13]でしかないし、スペインとポルトガルではわずかに一七人である。[14]

以上は本書の初版で取り上げた数字である。初版以来、詳細な研究がいくつも発表され、新たな見積もりがおこなわれてきた。しかしながら先の計算は完全に修正する必要はない。ただひとつ問題になるのは、当然のことだが、イスラム諸国に関してである。モロッコの人口が、一五〇〇年に、五〇〇万ないし六〇〇万人であるという見積もりは、著者[15]のすぐれた能力にもかかわらず、棄却すべきであると思われる。オメル・ルトフィー・バルカン[16]が提案しているように全体として数字を高くすることは、合理的であることが明らかであるが、それでも二つの大きな集団、つまりキリスト教世界とイスラム世界が釣り合いを保っているとは私は思わない。補足的な小さな証拠を上げれば、キリスト教世界にとって、我々が到達した数字は、ただ単にジョヴァンニ・ボテロのような人だけでなく、[17] あの好奇心旺盛なロドリゴ・ビベロ[18]——この人については近々論文が発表される予定である——などの注意深い同時代の人々がすでに挙げた数字である。

(1) オスマン・トルコ帝国の人口動態に関するすべての問題はオメル・ルトフィー・バルカンとその弟子たちによって書きかえられた。十六世紀のトルコの人口調査に関する資料を綿密に調べるという大変な努力は終わりに近づいている。イスタンブールのこの同僚の好意により、私はまだ刊行されていない調査結果を利用することができた。調査結果の概略は本書第Ⅲ分冊図55の地図が示している。この研究の意味と段階については、Ömer Lütfi BARKAN, 《La Méditerranée de F. Braudel》, in: *Annales E. S. C.*, 1954, 《Quelques observations sur l'organisation économique et sociale des villes ottomanes des XVIe et XVIIe siècles》, in: *Recueils de la Société Jean Bodin*, VII, *La Ville*, 1re partie, 1955, p. 289 et *sq.* を参照。以上の研究にバルカン教授が高等研究院でおこなった授業の概要(タイプ印刷、一九六三年)を付け加えるべきであろう。

(2) この問題に関しては、次の論文が全体としては相変わらず最良のものであり続けている。Julius BELOCH, 《Die Bevölkerung Europas zur Zeit der Renaissance》, in: *Zeitschrift für Socialwissenschaft*, III, 1900. イタリアについては、ドイツのこの偉大な歴史学者の死後出版の次の著作で補うことにしよう。*Bevölkerungsgeschichte Italiens*, t. I, 1937; t. II, 1939; t. III, 1961. フランスについては、次の古い著作に替わるものが出ていない。LEVASSEUR, *La population française*, 1889-1892. ポルトガルについては、ルーチョ・デ・アゼベドと他のポルトガル人歴史学者は一〇〇万人の人口を認めている。G. FREYRE, *Casa Grande*, 1946, p. 166; R. KONETZKE, *op. cit.*, p. 271. きわめて論議の多いケースであるスペインについては、Konrad HAEBLER, Die wirtschaftliche Blüte Spaniens, 1888 (批判の余地があるが、J・ブロッホの論文の批判は不十分である)、Albert GIRARD, 《Le chiffre de la population en Espagne, dans les temps modernes》, in: *Revue d'Histoire moderne*, 1928. これは正確で、よく調べてあるが、結論については議論の余地がある。同じ著者の《La répartition de la population en Espagne, dans les temps modernes》, in: *Revue d'hist. écon. et soc.*, 1929, pp. 347-362. 私は Fuentes MARTIAÑEZ, Despoblación y repoblación de España (1482-1920), Madrid, 1929 の仕事の決定的に重要な価値を信じてはいない。カトリック両王時代のスペインの人口の数字は私には過大評価であると思われる。〈住民〉に関する難しい問題については、係数四・五はJ・ブロッホと同じように私には正しいと思われるというか、少なくとも説明のつくものであると思われる。十六世紀末に八〇〇万という数字は、フエンテス・マルティアニェスが出している数字である。ただカスティーリャについてだけは、私が図表に再録したトマス・ゴンサレスの古典的な数字が見られる。私はシマンカスで E^{o} 166, Consulta del Consejo de Guerra sobre la introduccion de la milicia de 30 U hombres en estos reynos 一五八九年一月十三日、写し、という資料を見つけた。この資料ではカスティーリャ王国の人口は一、五〇〇万人と見積もられている。係数四・五として六七五万人である。R. KONETZKE, *op. cit.*, pp. 260-261 の挙げている数字は低すぎる。

以上すべての人口統計の計算の基礎はあまりしっかりしたものではない。私の知る限り、あまり注目されることのない G. BOTERO, *op. cit.*, II, a, pp. 64-65 の計算(イタリア九〇〇万人以下、フランス一、五〇〇万人、シチリア島一三〇万人、ドイツ一、〇〇〇万人、イギリス三〇〇万人、イタリアはスペインより多い)以上の価値がない。G. BOTERO, *Dell'isole*, p. 62, 79 から私は二つの別の数字、つまりコルシカ島七五、〇〇〇人、キプロス島一六〇、〇〇〇人と、キリスト教世界とイスラム世界との対比(II, p. 119)、一方は人口が多いことに苦しみ、他方は人間の不足に苦しんでいるということを取り上げることにする。

S・プリエーゼに反対してA・ファンファーニが十五世紀のミラノのケースについて論証したように（*Saggi*, p.135)、古きよき時代については、カトリック両王の時代についても、見積もりが大げさすぎる点に危険がある。またK・J・ブロッホが示したように、我々の用いている人口調査は税金のための人口調査であることからも危険が生じるが、彼もまたやはり加算している。さらには不正の問題が残っている。一六一三年頃、Antonio SERRA, *Breve trattato delle cause che possono far abondare li Regni d'oro e argento... con applicatione al Regno di Napoli*, Naples, 1613, p.38 はナポリには〈正規の住民と流民を合わせて〉〈およその見積りで〉一〇〇万人いると考えている。

（3） Konrad OLBRICHT,《Die Vergrosstädterung des Abendlandes zu Beginn des Dreissigjährigen Krieges》, in : *Pet. Mit.*, 1939, p. 349, 文献表ならびに地図一枚が付いている。

（4） 行政上の区画の数や新兵、スパイ、漕ぎ手などを比較してみた場合である。この漕ぎ手については、「ナトリア」には一五九四年ガレー船の漕ぎ手の募集に応じた四七八、〇〇〇人がおり、ギリシャには三五八、〇〇〇人いる。E. ALBÈRI, *op. cit.*, III, V, p.402, マッテオ・ザーネの報告。一五九一年二月六―二十六日のコンスタンティノープル報告（A. N., K 1675）という書類は、一〇〇万人と言っているが、これがギリシャなのか、それともギリシャとアジアなのかはわからない。

（5） いわゆる北アフリカに関しては（しかしこの地方は十六世紀にはひどい損害をこうむったということを私は繰り返して言っておく）、エジプトについては最大と思われる十九世紀初めの数字を取り上げたとしても、あてずっぽうである。RICHARD et QUÈTIN, Guide en Orient, 1852, p.303（二、一一三、〇一五人）。エジプト、イコール北アフリカという等式をつくるのは間違っているだろうか。一八三〇年には、人々はアルジェリアだけに関して、確固たる証拠もなしに、二〇〇万人の人口と言っているが、比例計算をおこなってみれば、全体の人口としては四〇〇万ないし五〇〇万人になるだろう。J. C. RUSSELL,《Late ancient and medieval population》, in : *The American Philosophical Society*, juin 1958, p.131 は、北アフリカの人口としてエリー・ド・ラ・プリモーデ編の資料（*Revue Africaine*, 1877）をもとに三、五〇〇万人という数字を出している（そのうちの一〇〇万人はチュニジアである）。

（6） これらの数字は Adolphe LANDRY, *Traité de démographie*, 1945, p.57 による。

（7） リシャールとケタンの『ガイド』が挙げている数字よりも大きい数字で、私は近似値計算をして五、〇〇〇万よりも四、〇〇〇万人に近い数字を出した。

（8） A. LANDRY, *op. cit.* およびヴィダル＝ド＝ラ＝ブラッシュの数々の著作と GALLOIS, Géogr. Universelle による。

（9） *Art. cit.*《La Méditerranée...》, p. 193.

（10） J. BELOCH, *Bevölkerungsgeschichite*, I, p. 234. 旧論文では、五、四〇〇万人であった。

（11） *Ibid.*, p. 235.

（12） J. BELOCH, *op. cit.*, III, p. 379 et *sq.*

（13） J・ブロッホはフランスの人口の総計を多めに見積もった（*art. cit.*, p. 783.）フランスの人口に関するどんな見積もりもきわめて不確かである。

(14) *Ibid.*
(15) Vitorino MAGALHÃES GODINHO, *Historia economica e social da expansão portuguesa*, I, 1947, p. 145 et *sq*.
(16) *Art. cit.*, 《La Méditerranée...》, p. 193,「……オスマン帝国は二、〇〇〇万人ないし二、二〇〇万人(F・ブローデルの数字)ではなく、三、〇〇〇万人か、たぶん三、五〇〇万人でさえある。」
(17) *Op. cit.*, II *a*, pp. 64-65.
(18) B.M. Mss Add. 18287, Ps 5633.

地中海に人がいないこと(1)

じっさい、人口密度は我々の挙げた数字が語るよりずっと低い。なぜなら当時、空間は、人間の数からみれば、今日よりも広いのであるから。現在の人口よりも三ないし四倍少ない人口が今日よりもはるかに制御しにくい空間のなかに散っているのを想像しなければならない。

いくつもの無人地帯ができているのだ。そうした無人地帯は、都市への異常なほどの集中と自然の不毛ゆえに、人が住むことに対して今日なお地中海の特徴のひとつとなっているあのオアシス的性格を与えている(2)。人に親切でなく、敵対的である、時には非常に大きな無人地帯が地中海の国々を切断している。地中海の国々の河川は、海岸と同様に、都市立地の特権的な場所であり、そうした都市で旅人は、近くの障害を越える前に、たっぷりと休息を取ったり、少なくとも商人宿で何もしないで過ごしたりする。こうした荒れ果てたアラビアの国々やあらゆる大きさのアラビアの国々のカタログをつくれば果てしないものになるだろう。わずかにいくつかのイメージだけが我々を引き止めることができる。たとえば、エブロ川から遠くないところに、灌漑による耕作をおこない、木々の列がつづき、働き者の農民のいるアラゴンの荒涼たるステップがあるが、ここはヒースとローズマリーの単調な地域が地平線まで続いている。フィレンツェがカトリック王フェルナンドに急使として差し向けたフランチェスコ・

グイッチャルディーニは、一五一二年の春に、この地域を通る。〈砂漠のように人のいないこの国では隠れる所も見つからないし、木一本さえも見当たらない。しかしヒースとローズマリーが生い茂っている。なぜなら土地が荒れ果てているからだ。〉(3)ヴェネツィア人ナヴァジェロのような(4)（一五二五年）他の旅人にも同じ指摘が見られる。「ピレネー山脈の近くのアラゴンでは、何日も歩いたところで住んでいる人にはただの一人も会わない」と、一六一七年のあるフランスの文献は記している(5)し、アラゴンの地域のなかで最も貧しい地域は――というのも貧しさにいろいろな程度があるからだが――やはりアルバラシンの地域である。(6)アラゴンの真実であり、イベリア半島の真実である。G・ボテロは、スペインの土地がほとんど耕作されていないのは、スペインにはあまり人が住んでいないからだ、と記している。(7)セルバンテスは何も想像する必要がない。ドン・キホーテとサンチョ・パンサはふつうは誰も住んでいない場所を旅しているのだ。同様にポルトガルにおいても、人口は南の方のアルガルベ、アレンテージョ、ベイラの地域においてはまばらになる。(8)リスボンの近くにさえ野性の草木の強い匂いがいっぱい立ちこめている人の住まない地帯がある。(9)しかし地中海のすべての地域は、人の住まない地域で分断されて、うつろな音が響いている。プロヴァンスでは、人間は「収穫物、オリーブ栽培地、ぶどう畑ならびに装飾としての糸杉のオアシスとしての谷底にほかならないこの地方の四分の一を所有し、風景の四分の三は、赤茶色や銀灰色の岩山で、自然のままである。(10)」ここかしこで、こうした自然を回転の早い、移動農業に使うためには、「帯」のように細い土地、麓の傾斜地の狭い土地、段々畑に整備した小さな丘の斜面をこの自然から切り取らなければならない。(11)ほんのわずかしかないのだが、農民はどこでも狭い農耕地で生きているのだ。

このように人間がいない土地は、南や東に近づくにつれて、治る見込みのない傷として広がっていく。ビュスベックが小アジアで通るのは、まさに本物の砂漠のなかである。(12)モロッコから来たレオ・アフリカヌスは、トレムセンに到達する前に、ムルヤ川のある砂漠を横断するが、(13)この砂漠では羚羊の群れが旅人を見て逃げ出す。

村も家もないこうした縄張りでの動物の生活は天国である。山岳に文字通り野性の動物がいっぱいいるのは理由のないことではない。バヤールの生まれ故郷のドーフィネ地方〔フランス南東部〕にはクマがうようよいる。(14)十六世紀のコルシカ島では、家畜を保護するために、イノシシやオオカミやシカを大量に捕獲しなければならない。また島は大陸の王族の見世物用の動物として野獣を輸出している。(15)スペインでは、野ウサギ、ウサギ、鶉《うずら》が豊富で、こうした獲物はアランフエスの森の近辺では国王の召使たちによって念入りに監視されている。(16)しかしトレド周辺でさえ、キツネ、オオカミ、クマが第一位の座を占め、(17)フェリーペ二世は、生涯の終わりのときには、グアダラマ山脈に、オオカミ狩りに行く。(18)領主たちに異議を唱えるために、オオカミが来たぞと知らせるアンダルシアの農民の計略ほど自然なものはない。(19)また子供のディエゴ・スアレスが(20)バーバリーの海賊行為ならびにこの海賊行為への恐れから人がいなくなってしまった南スペインの海岸で家畜の番をしているときに起こった事故ほど平凡なものはない。つまり不幸な羊飼いの気づかぬうちに逃げ出した小ロバをある日オオカミが食ってしまったのである。グラナダでは、一五六八—一五七〇年の戦争が何もかも悪い状態にしてしまい、戦争の前夜まで豊かであったこの国に人の住まない地域をつくり出し、ウサギ、野ウサギ、イノシシ、シカ、ノロ〔小型のシカ〕（これは「大群をなして」）のほかに、オオカミとキツネなどの獲物が突如信じられないほど増えたのである。(21)

北アフリカに行ってみれば、同じ光景が、さらにずっとさまざまな彩りを添えて見られる。一五七三年に、ドン・フアン・デ・アウストリアはカルタゴの遺跡で野性のライオンと牡牛の狩りをする。(22)あるスペインの脱走兵は、ラ・グーレットの要塞に戻ろうとして、道連れがライオンに食われてしまったと語っている。(23)もっとも、十六世紀の北アフリカの村は、一般に、棘のある灌木の柵でハイエナやジャッカル……から守られている。(24)アエドは、アルジェ周辺では、大規模なイノシシ狩りがおこなわれると指摘している。(25)

十六世紀の豊かさを示す光景にほかならないイタリアそのものも、まだこうした人の住まない地域があちこちにある。ボッカチョの時代には森林、山賊、野獣があふれるほどたくさんである。[26] またバンデッロの描くある登場人物の死体は、埋葬されずに、犬とオオカミの餌食になるように、マントヴァの近くに、捨てられる。[27] プロヴァンスでも、野ウサギ、ウサギ、シカ、イノシシ、ノロがたくさんいて、人々はキツネやオオカミ狩りをおこなう。[28] これらの獣がクロー山の半分は人が住んでいない地域からいなくなるのは、十九世紀半ばになってからでしかない。[29]

野性の動物について一冊の大著が書かれるかもしれない。その本のなかで世界中の国々が第一位を奪い合うだろうが、地中海はきっと第一位にはならない。地中海が我々に提供する無数のイメージは、地中海の独自性のひとつでもなく、地中海だけが専有しているもののひとつでもない。地中海においては、他の地域と同じように、人間がすでに最も強者であるが、今日ほぼそうなっているような絶対的な主人にはまだなっていない。

そして人口の多い西欧がイスラムの国々よりもしっかりと持ちこたえるのは、当然のことである。イスラム世界は、何にもまして、自然の広大な砂漠や人間がつくり出した広大な無人地帯をかかえた動物の世界である。一五七四年にレスカロピエが記しているところによれば、セルビアの境界地帯では「国土は砂漠であり、そのためにキリスト教徒やその他の奴隷が逃げ出すことができない……。[30]」このように人がいない地域では、野性の動物が我先に繁殖する。ビュスベックは、コンスタンティノープルに滞在している間に、自分の家を動物園に変えることに無上の喜びを覚える。[31]

イスラムの国々に人間がいないことは、イスラムの国々の牧畜の重要性、したがって軍事力の説明にもなる。なぜならキリスト教世界のヨーロッパからバルカン半島や北アフリカを守っているのは、まず第一に、これらの国の大きさであり、また馬やふたこぶラクダのおびただしい数でもある。トルコ人の背後では、ふたこぶラクダが、バルカン半島から西はディナル・アルプスの起伏の端まで、そして北はハンガリーまで、広大な空間の征服を達成した。一五二九年に、ウィーンの手前で、ふたこぶラクダは、スレイマン大帝の軍隊に物資を補給する。「兵員輸送の」ナーヴェ（動物を積み込むために「扉」がついている大型船）が、アジアからヨーロッパへ絶えずふたこぶラクダと馬を運んでいる。こうした大型船の往来はコンスタンティノープルの港の日常的な光景になっている。(32) ラクダのキャラバンが北アフリカの遠大な行程を旅することも周知の事実である。バルカン半島やシリアやパレスチナの山々や、カイロからイエルサレムまでのルートでは、馬、ラバ、ロバが優位を占める。(33)

ヨーロッパに直面するハンガリーの国境沿いでのイスラムとその友好国の強大な力のひとつは、長きにわたり見事な騎兵部隊であって、キリスト教徒側の賛嘆と羨望の的であった。ジョヴァンニ・ボテロが語っているあのトルコ人と対峙したら、どんな騎兵部隊ものろまで下手くそに見えるだろう。「トルコ人が誓いを破ったら、きみは彼らから逃げおおせることはできないし、またきみの攻撃を受けて彼らが逃げ出したら、追いかけることはできない。なんとなれば彼らは鷹のようなもので、あるときはきみに飛びかかり、またあるときは全速力できみから遠ざかるのだ(34)……。」

量と質、この二つの富はよく知られている。ドン・ファン・デ・アウストリアの取り巻きのなかで、一五七一年十二月に、モレアとアルバニアに上陸することが問題になったとき、王子は馬の心配はしなくてもいいという考えであった。船には鞍と必要な馬はみと、馬を買うのに十分な金を持って行けば十分である。(35) 反対に、キリスト教世界では、たとえ牧畜で有名なナポリやアンダルシアのような地域でも、馬は油断なく監視される貴重品であり、何にもまして密輸入の対象になる商品である。フェリーペ二世は、アンダルシア馬の輸出の許可ないし却下の仕事を誰にも任せず、自分自身の目で申請書類を検討していたものだ。

したがって次のようにまとめておこう。一方では人間が多すぎて、馬が十分ではないが、他方では馬が多すぎて、人間は十分にはいない！　イスラム世界の寛容はおそらくこの不均衡に由来するのであろう。イスラム世界は自分の手の届くところに人間を見つけさえすれば、その人間がいかなる者であろうとも、その者を受け入れることができるのを幸せと思うのである。

（1） この一節で引き合いに出す実例のほかにいくつか注意書きと文献を挙げておく。〈非常に大きな無人地帯の〉トルコについては、E. ALBERI, *op. cit.*, III, III, p.387 (1594). 十五世紀北アフリカの野性の動物については、R. BRUNSCHVIG, *op. cit.*, I, p.267. シリアの無人地帯については、G. BERCHET, *op. cit.*, p.60（一五七四年四月十六日、国土の十分の八は人が住んでいない）; I. de ASSO, *op. cit.*, p.176; *Actas de las Cortes* ..., I, pp.312-313 (1548). プロヴァンスについては、G. BOTERO, *op. cit.*, p.35. G. NIEMEYER, *op. cit.*, p.51, 57, 62（一七六七年のアンダルシアの無人地帯の地図がある）。C. BERNALDO DE QUIRÓS, *Los reyes y la colonización interior de España desde el siglo XVI al XIX*, Madrid, 1929; Marc BLOCH, 《Les paysages agraires : essai de mise au point》, in : *Ann. d'hist. éc. et soc.*, mai 1935, p.47; ARQUÉ, *op. cit.*, p.172; ALBITRECCIA, *op. cit.*, p.18. 〈山々とその無人の土地〉によってトレドを得る背教者については、Inquisition de Tolède, L° 191, n° 1 (F. RODRÍGUEZ MARÍN, *El ingenioso Don Quijote*, 1916, IV, p.99, note 7 に引用)。

（2） A. SIEGFRIED, *op. cit.*, p.106. Jules SION, *France méditerranéenne*, p.159 et *sq.*

（3） Francesco GUICCIARDINI, *Diario del viaggio in Spagna*, Florence, 1932, p.79, 他の似たような注記については、p.54, 55, 56.

（4） *Op. cit.*, p.5 v°.

（5） DAVITY, *les estats, empires et principautez du monde*, Paris, 1617, p.141.

（6） I. de ASSO, *op. cit.*, p.180 et *sq.*

（7） *Op. cit.*, p.232.

（8） Fortunato de ALMEIDA, *História de Portugal*, III, pp.242-243.

（9） B.M. Sloane, 1572, f° 48 v° 一六三三年（六月か七月）。

（10） Louis GACHON, in : *Nouvelles Littéraires*, 10 février 1940.

（11） Roger LIVET, *op. cit.*, 特に四二八頁。

（12） *Op. cit.*, I, pp.138-139.

（13） Léon l'AFRICAIN, *Description de l'Afrique, tierce partie du monde*, édit. 1896, II, p.308 et *sq.*

（14） *Le Loyal Serviteur*, p.2.

（15） コルシカの野獣については、Giuseppe MICHELI, 《Lettere di Mons. Bernardi (1569)》, in : *Arch. st. di Corsica*, 1926, p.187.

（16） Fernand BRAUDEL, 《Dans l'Espagne de Charles Quint et de Philippe II》, in : *Annales E.S.C.*, 1951. セゴビアとプラドの森については、一五八一年九月、P.R.O. 30. 25. 57, f 87.

（17） Carmelo VIÑAS et Ramón PAZ, *op. cit.*, II, p.90, メナサルバスで〈一番多い動物はキツネとオオカミである〉。一五三四年三月、カール五世はトレド周辺で四日か五日の間狩りをして、〈イノシシとオオカミを殺した〉。A. d. S., Mantoue, Spagna 587, ジオ・アニェロから侯爵宛書簡、トレド、一五三四年四月三日。

(18) たとえば一五九七年八月にフェリーペ二世は何日かオオカミ狩りに出かける。A. d. S., Gênes, Spagna 12, チェーザレ・ジュスティアーノからジェノヴァ政庁宛書簡、マドリード、一五九六年八月七日。

(19) M. ALEMÁN, *Guzmán de Alfarache*, *op. cit.*, I, 1re partie, VIII, p. 140.

(20) アルジェリアのG・Gの手稿、f° 13 一五七四年頃。

(21) Pedro de MEDINA, *op. cit.*, p. 172.

(22) B.N., Florence, Capponi Codice, V, f° 343 v° à 344（チュニス占領の報告書）

(23) アロンソ・デ・ラ・クエバからフェリーペ二世宛書簡、ラ・グーレット、一五六一年五月十六日、Simancas E° 486.

(24) G. BOTERO, *op. cit.*, I, p. 185. もっとよい資料としては、Diego SUÁREZ, *op. cit.*, pp. 45, 49, 50.

(25) *Op. cit.*, p. 77.

(26) 『デカメロン』説話三。

(27) *Op. cit.*, III, p. 337.

(28) QUIQUERAN DE BEAUJEU, *La Provence louée*, Lyon, 1614, pp. 221, 225, 226, 261.

(29) F. BENOIT, *op. cit.*, p. 180.

(30) P. LESCALOPIER, *Voyage...*, p. 27.

(31) *Op. cit.*, II, p. 21 et sq.

(32) BELONS DU MANS, *op. cit.*, p. 135.

(33) *Ibid.*

(34) *Op. cit.*, II, p. 31.

(35) 〈いかにもドン・ファン・デ・アウストリアだ〉、メッシーナ、一五七一年十二月四日、Simancas, E° 113.

一〇〇パーセントの人口増加

十六世紀には、どこでも、人間が大量に増えた。一度ならず、エルンスト・ヴァーゲマンが粘り強く主張していることは正しいのだ。[1] 彼の主張していたところによれば、人口の大変な急上昇は、通常は人類全体の規模に広がる。

おそらく、十六世紀はこの普遍性の特権を得た。いずれにしても、この法則は地中海周辺の人類全体にたしかに当てはまる。一四五〇年から、またどんなに遅くとも一五〇〇年から、人間の数はフランスでもスペインでも、イタリアでもバルカン半島や小アジアでも、同じように増大しはじめる。人口増加の退潮は一六〇〇年以前には目立たず、最終期限の一六五〇年以後にしか一般的ではないし、また決定的でもない。もちろん、こうした大きな動きは、それを詳細に見てみると、他より早いとか遅いとかのずれがあり、一気に起こっているわけではない。これは二歩前進して、次に一歩後退する悔悛者の行列に似ているとはいえ、やはりいつも通りのコースに従って前進している。

ここでは、ためらいも慎重な態度も決して勧められる態度ではなく、大まかに言って、一五〇〇年から一六〇〇年までに地中海の人口は、たぶん二倍になった。地中海の人口は、三、〇〇〇万ないし三、五〇〇万人から六、〇〇〇万ないし七、〇〇〇万人になり、平均の上昇率は一年につき〇・七パーセントくらいである。十六世紀初め（一四五〇—一五五〇年）の非常な勢いの、革命的な上昇が、一般には十六世紀後半の間に、広くとって一五五〇年から一六五〇年までに弱まる。以上は、読者がこの後に続く不完全な証拠や議論のなかに迷いこまないようにするために、この人口論議の入り口で、保証はしないが、我々が提出する全体的なイメージである。読者は、ただちに、この動きが全般的であったこと、豊かな地域にも貧しい地域にも、平野の人間にも山岳やステップの人間にも、またすべての都市——都市の大きさを問わず——とすべての田舎に同時に起こったことを知ることになるだろう。この生物学的な大変化が、我々の関心を引くさまざまな運命のきわめて重要な事実であったこと、トルコによる征服や、アメリカ大陸の発見と植民地化や、あるいはスペインの帝国主義的な使命よりも重要であったことを、読者はやすやすと受け入れてくれるだろう。だいいち、こうした人間の増大がなかったとしたら、これらの歴史の輝かしい頁が書かれただろうか。この大変化は、価格の「革命」と同じくらい重要なことであり、アメリカから白銀が大量に到着する以前にも価格革命が起こったことの説明になる。(2) この人口増加は、人間がかわるがわる有能な労働者になり、次には人間が次第に大きな負担になっていった時代の勝利と破局の両方を同時につくりだす。一五五〇年からは、歯車が空回りしはじめた。その頃からは人間が多すぎて互いに押し合いへし合いする。一六〇〇年頃、この人間が多すぎることが発展をストップさせて、強盗行為とともに(3)、潜在的な社会危機の素地をつくり、社会危機によって十七世紀の苦い将来には、何もかも、あるいはほとんどすべてのことが悪い方向に進み出す。以上いささか早口に語ったので、今度はこの上げ潮の証拠や徴候について調べてみよう。

(1) F. BRAUDEL, 《La démographie et les dimensions des sciences de l'homme》, in : *Annales E. S. C.*, mai-juin, 1960 特に四九七頁。
(2) René GRANDAMY, 《La grande régression, hypothèse sur l'évolution des prix réels de 1375 à 1875》, in : Jean FOURASTIÉ, *Prix de vente et prix de revient*, 13e série, Paris, 1964, pp. 3-58 の論証の試みを参照。
(3) 本書第Ⅲ分冊、第Ⅱ部第5章三「窮乏と強盗行為」以降参照。

水準と指数

理想的には長期にわたる統計に依拠することであろう。しかし長期にわたる統計は我々の手元にはない。したがって我々の所有している不完全な材料を用いなければならないし、六ないし七つの答え――とはいえかなりはっきりした、照応する答えである――だけでよしとしなければならない。

1　十四世紀から十六世紀のプロヴァンスは、不完全ではあるけれども、我々の持っている最良の証拠のひとつを提供する。広義の、つまり後にはサヴォイアの支配下に入るニース伯爵領を含めたプロヴァンスは、十四世紀初めには八万戸、すなわち三五万から四〇万人の人口である。類似の運命に見舞われたラングドックの南仏と同じように、プロヴァンスは黒死病（一三四八年）によって急激な破局を体験する。つまり人口の三分の一ないし半分を失う。人口の回復は、一世紀以上遅れて、一四七〇年から明らかになってくる。「戸数は非常に早く増えたので、一五四〇年頃には、一四七〇年の水準の三倍に達した。[1]」プロヴァンスの人口は目に見えてペスト以前と同等になる。あとはこの人口が十六世紀後半と十七世紀にどのような経過をたどったかを知ることである。他の地域と同じように、おそらく人口増大があり、次には退潮があったが、これについて我々は確信をもって知っているわけではない。中世研究者と近代研究者は、多くの場合と同じように、この点については、互いに助け合うのをないがしろにしてきたのである。この問題は、重要ではあるが、根本問題ではない。根本問題は、十六世紀の人口の上昇が、ここでは、最良の意味で、取り戻し、埋め合わせであったということだ。またこの人口の上昇速度は、一五四〇年以前は大変速いが、十六世紀の後半になるとおそらく緩慢になったということである。

2　ラングドックでは、この変化はまったく同じである。つまり十五世紀は、野性の生命と木々の繁殖によって、人間が空っぽになった国の光景を呈する。十六世紀は、初期の急速な、革命的な人口拡大を経験するが、これは一五五〇年以後は緩慢になる。一六〇〇年頃には停滞が明白である。悲劇的、破局的な後退は一六五〇年以後に起こる。以上は、エマニュエル＝ル＝ロワ＝ラデュリの最近の確実な研究が教えてくれる年代的順序である。[2]

3　カタルーニャでも、同じ動きが描かれる。上げ潮、次には引き潮、そして一六二〇年頃には一方から他方への移行が生じる。[3]

4　バレンシアでは、人口上昇は緩慢であり、一五二七年から一五六三年まではほとんど目につかない。それに対して一五六三年から一六〇九年まではきわめて急テンポである（全体としては五〇パーセント以上であり、繁殖力の強いモリスコの民族については七〇パーセント近い[4]）。

5　カスティーリャでは、十六世紀の間に急激な人口上昇が立証されている。コンラッド・エブラー、アルベール・ジラール、およびその他の人々とともに、カトリック両王の時代のスペインの人口に関して前面に押し出された過大な数字にとどまらなければ、証拠はもっとはっきりと現れるだろう。十六世紀に、人口の上昇は続いているようだ。いずれにしても、一五三〇年から一五九一年まで、トマス・ゴンサレスの往年の研究が提供している数字[5]は、ゴンサレスに対して真面目に批判をおこなうことができるとはいえ、人口上昇を明確に立証している。[6]

こういう大きな計算の誤りは——じっさい誤りがあった——全体としての結果を覆すことはない。六十一年間に、カスティーリャの人口は、新世界への移住——その影響を大げさに考えてはならない——とさまざまな戦争の負担

カスティーリャ王国の各地の人口

	1530	1541	1591
ブルゴス	83 440	63 684	96 166
ソリア	29 126	32 763	38 234
バリャドリード	43 749	43 787	55 605
レオン	28 788	59 360	97 110
サモラ	31 398	86 278	146 021
トロ	37 117	41 230	51 352
サラマンカ	122 980	133 120	176 708
アビーラ	28 321	31 153	37 756
セゴービア	31 878	33 795	41 413
グアダラハラ	24 034	26 257	37 901
マドリード	12 399	13 312	31 932
トレド	53 943	80 957	147 549
ムルシア		19 260	28 470
クエンカ	29 740	33 341	65 368
セビーリャ	73 522	80 357	114 738
コルドバ	31 735	34 379	46 209
ハエン	24 469	35 167	55 684
グラナダ		41 800	48 021
戸数	686 639	880 000	1 316 237
人口	3 089 875	3 960 000	5 923 066

人口数は係数4.5で計算した。戸数調査は，現在の一戸あたりの調査にあたる。

にもかかわらず、ただ単に二倍になった（年率は一・一パーセント以上）(7)。ともかくも、ほとんど知られていない二つの全体的算定は、この全体としての変化に矛盾してはいない。ひとつは、一五四一年のもので、その年の人口調査に尾ひれをつけるもので、カスティーリャの〈住民〉の数を一一七万九、三〇三人と定めている(8)。したがってトマス・ゴンサレスの挙げた数字よりも大きい。もうひとつは、一五八九年一月十三日の日付のもので、〈軍事評議会〉の結果で、一五〇万人と語っている(9)。これらの数字は、その値については議論の余地があるものの、トマス・ゴンサレスの全体としての計算を放り出すものではない。

当然のことながら我々の好奇心は満たされてはいないし、シマンカスその他の膨大な資料を調べ尽くしたわけではない。たとえば、たまたま研究しているときに、シマンカスで、一五六一年におこなわれた大規模な人口調査について一を調べれば百のことが見つかるし、これはおそらくすべての都市と周辺(10)〈地域〉の〈人口調査簿〉になっている。こうした数字がよくわかれば、一五三〇年から一五九一年までの人口の変化にもっときちんと目印をつけることが可能になるだろう。上げ潮の頂点が正確に一五九一年――もっときちんとした情報を得ていないために我々はこの年を頂点としているが――にあるという証拠は何ひとつないし、ア・プリオリにはラモン・カランデの考えは正しい(11)。正確な転回点がスペインの運命の肝心かなめのときであることもまた当然であるが、この転回点をはっきりさせなければならない。結局のところ、我々としてはイベリア半島の人口が地域によってどのように分布していたかをより正確に知りたいと思う。すべて南の方に傾いていた(12)と今までは言われてきた。豊かさについてはその通りであり（そして今でもその通りだ）、悪い連中についてもその通りだが、人口は北の方に多く、世紀が終わるときにも相変わらず北の方が人口が多い(13)。

6　イタリアもまた、重要な、しかも調べるのが簡単な証拠を提供している。すべての数字はカール・ユリウス・ブロッホによって、著者の死後三十二年経って一九六一年に完成した重要な著作において、照合され更訂された(14)。

図34

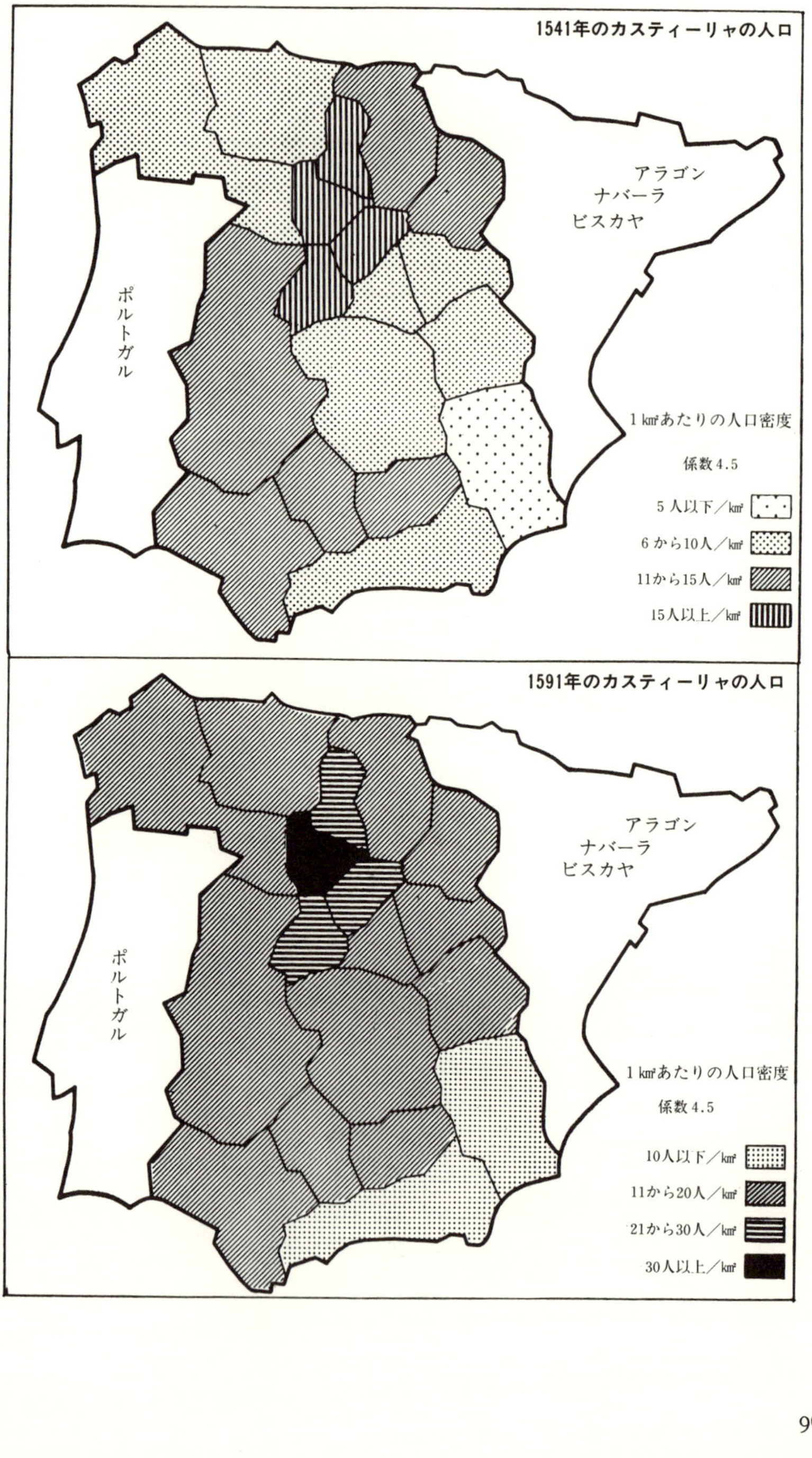

1541年のカスティーリャの人口
アラゴン
ナバーラ
ビスカヤ
ポルトガル
1㎢あたりの人口密度
係数4.5
5人以下／㎢
6から10人／㎢
11から15人／㎢
15人以上／㎢
1591年のカスティーリャの人口
アラゴン
ナバーラ
ビスカヤ
ポルトガル
1㎢あたりの人口密度
係数4.5
10人以下／㎢
11から20人／㎢
21から30人／㎢
30人以上／㎢

図35

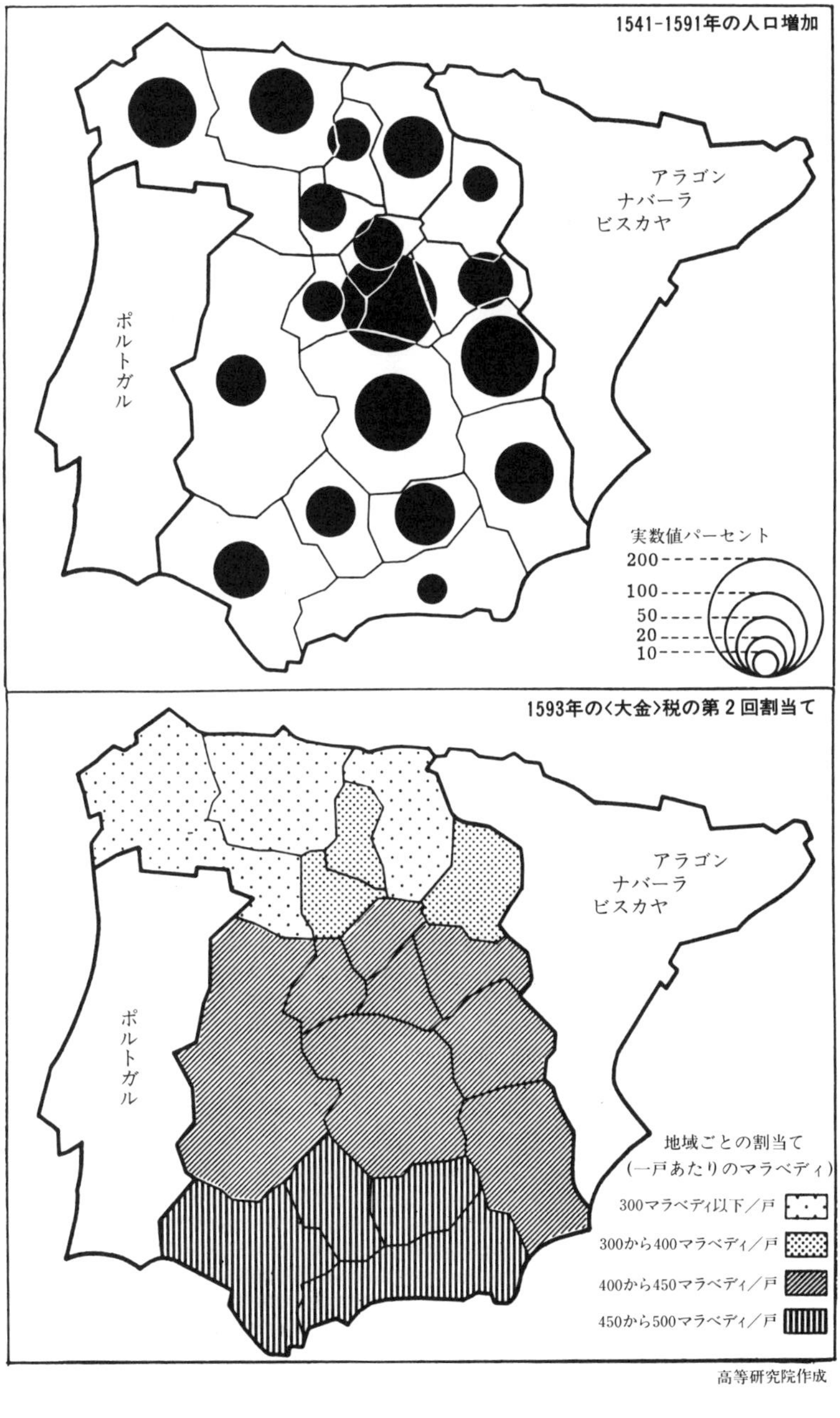
1541-1591年の人口増加
アラゴン
ナバーラ
ビスカヤ
ポルトガル
実数値パーセント
200
100
50
20
10
1593年の〈大金〉税の第２回割当て
アラゴン
ナバーラ
ビスカヤ
ポルトガル
地域ごとの割当て
(一戸あたりのマラベディ)
300マラベディ以下／戸
300から400マラベディ／戸
400から450マラベディ／戸
450から500マラベディ／戸

高等研究院作成

ところでこれらすべての数字は――個別のものであれ全体としてであれ――一致している。

まず初めに地域ごとの人口調査を見てみよう。シチリア島は、(15)一五〇一年に、六〇万人をわずかに上回る人口である。一五四八年、八五万人。一五七〇年には、一〇〇万人を越える。一五八三年、一〇一万人。一六〇七年、一一〇万人。この人口は十七世紀には変化がなく、一七一三年には、一一四万三、〇〇〇人になる。ナポリに関しても似たような曲線である。(16)スペインのおこなった一戸ごとの人口調査の記載に従えば、一五〇五年の二五四、八二三戸（すなわち一〇〇万人以上の人口）から一五三二年の三一五、九九〇戸、一五四五年の四二二、〇三〇戸、一五六一年の四八一、三四五戸、一五九五年の五四〇、〇九〇戸（これは人口調査のうち最も価値のあるものだ）へと人口が移り、それに対して一六四八年には、(17)五〇〇、二〇二戸、一六六九年には、三九四、七二一戸へと変わっているのがわかる。

一五〇五年の数字を一〇〇とすれば、ナポリ王国の人口は、一五三二年に一二四、一五四五年に一六四・九、一五六一年に一八七、一五九五年に二一二となり、一六四八年には一九〇、一六六九年には一五五と下がっている。したがって、我々の関心のある半世紀（一五四五―一五九五年）については、指数一六四・九から二一二への移行があった。つまり二八パーセント以上の増加であって、人口の後退は十七世紀になってからしか起こらない。シチリア島では、十七世紀には停滞していて、ナポリでは著しい人口減少である。一六四八年には一九〇、一六六九年には一五六、これはナポリ王国の一五四五年の状況より低いものであった（一六五対一五六）。教皇領もまた、一五五〇年の一七〇万人から一六〇〇年の二〇〇万人へと増えている。(18)フィレンツェでは、都市とその領土に関しては、人口は一五五一年の五八六、二九六人から一六二二年の六四六、八九〇人へと変化している。(19)ミラノとミラノ地方では、人口上昇は一五四二年の八〇万人から一六〇〇年の一二四万人へと進む。ピエモンテ地方は一五七一年には八〇万人であり、一六一二年には九〇万人である。(20)ヴェネツィアとそのイタリア国内の領土については、人口上昇は、

図36　1501—1716年のシチリア島の人口

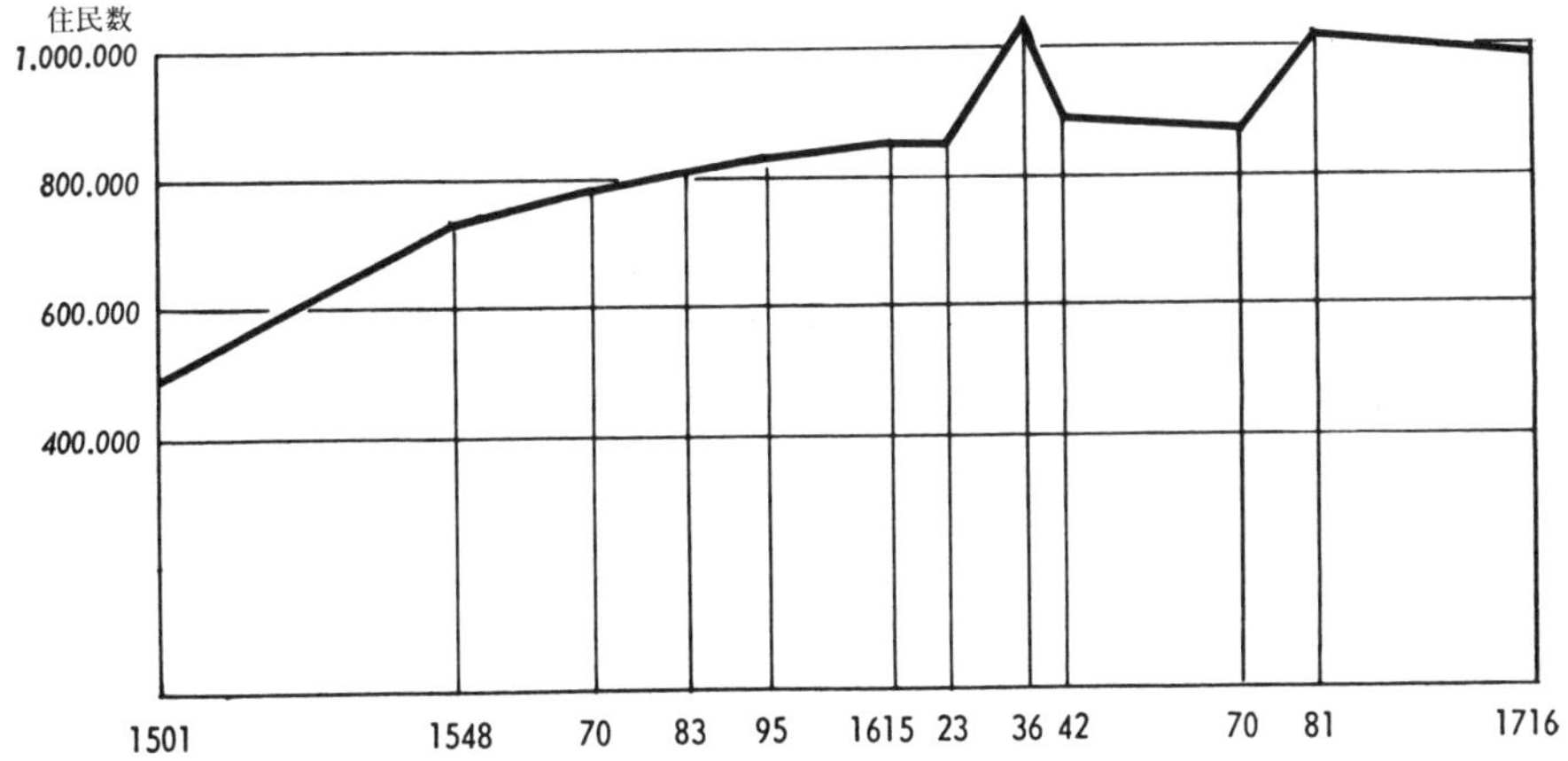

ユリウス・ブロッホによる。これらの人口調査は1636年から1670年の短い期間だけ人口減少を示している。

一五四八年に一五八万八、七四一人[21]、一六二二年に一八五万人となる[22]。

最後の特別なケースとして、サルデーニャ島の場合。税金を目的とした人口調査は、一部は欠けて、間違いや不正の余地がかなりあるとはいえ、人口が増加したことを示している……。一四八五年の人口調査では、二六、一六三戸であった[23]。教会の所有地は七四二二戸、封建領主の所有地は一七、四三二戸、国王所有地は七、九九〇戸であった。この三つのカテゴリーのなかで、一五、〇〇〇リラの〈寄進〉は次のように配分されている。二、五〇〇は教会の所有地、七、五〇〇は領主の所有地、五、〇〇〇は国王所有地である。全体の人口が戸数に対応する一〇万人以下であることは疑いの余地がない。ある歴史家は一五万人と言っている。六六、七六九戸という一六〇三年の人口調査は[24]、戸数から住民の数を割り出すために非常に低い四という係数を認めるとしても、文句なく、大変な人口増大が起こったことを意味する。一四八五年から一六〇三年までの人口増加は、これらの数字が正しいとすれば、約十万程度であり、これは島にとっては過大な負担であることを意味した。

すべての数字が全体としての上昇を示しているとしても、この上昇がどのようにして起こったのかを理解するのは難しい。階梯的上昇があったわけだが、我々はその輪郭を描くこともさまざまな理由の推察もおこなわない。全体として、いくつもの疑いが生じる。K・ユリウス・ブロッホが出くわしたような疑い[25]や、ブロッホとは別の方向で問題を解決したくなるような疑問である。たしかに、一五〇〇年頃のデータは、不十分であり、イタリアに関しては総人口をかなり低く見積もることになり、これは（おそらく不当に）K・ユリウス・ブロッホの気をもませていた。九五〇万人の人口、これはシャルル八世の南下に不意をつかれたばかりのイタリア半島にとって多すぎるのか、それとも十分ではないのか。我が先導者は、十分ではない、という結論を出して、少なくとも一、〇〇〇万人であると主張している。一五五〇年頃、総人口は一、一五九万一、〇〇〇人であろう（いわゆるイタリア戦争があったにもかかわらず増えている）し、一六〇〇年頃は一、三二七万二、〇〇〇人、一六五八年頃は一、一五四万五、〇〇〇人であろう。したがって増加があって、次に低下が起こった。しかしこの論議の初めから主張していた二倍になったというわけではない。他の国よりもイタリアの方が緩慢な上昇であると想像するのを妨げるものは何もないし、イタリアは初めは他よりも豊かな国ではないのか。もっともこの観点からすれば豊かさというものは悪い助言者である。しかしブロッホの水増しを認めるものも何ひとつない。人口の退潮がいつ始まるのか、正確には、わからない。新しい証拠が出るまでは、この大きな曲がり角が二度あったことは認めておこう。つまり半島の北部を荒廃させたペストの起こった一六三〇年と、ジェノヴァ、ローマ、ナポリを激しく襲ったペストのあった一六五六年の二回である。しかしこれらは他にもっといい目印がないために取り上げられる、遅い日付である。

7　オスマン・トルコ帝国の人口調査は、最近数年間におこなわれた歴史研究のうち最も貴重な成果のひとつである。[26]スレイマン大帝の時代（一五二〇―一五三〇年頃）の一、二〇〇万から一、三〇〇万人の人口は、一五八〇年頃には一、七〇〇万から一、八〇〇万人になり、一六〇〇年頃には三、〇〇〇万から三、五〇〇万人になっている。これらの数字は議論の余地があるとはいえ、まずまずありそうな数字である。議論の余地がないのは、人口増加が我がイスタンブールの同僚が言っている革命的な規模ではなかったにしても、誰の目にも明らかな点である。

もちろん、これらは見積もりであるが、現在研究が進行中の人口調査をもとにしている。また著者たちの許可を得てその研究の暫定的な結果をここで利用している。一度ならず肝心なことは、西欧とオリエントの一致、照応である。一五〇一―一五〇九年頃の五つの大都市――ヴェネツィア、パレルモ、メッシーナ、カターニア、ナポリ――の人口を足せば、三四九、〇〇〇人である。同じく一五七〇―一五七四年の人口総計は、六四一、〇〇〇人であり、八三・六パーセントの増加である。トルコの十二の都市の総計は、一五二〇年以前には一四二、五六二人、一五七一―一五八〇年頃には二七一、四九四人、すなわち九〇パーセント近い上昇である。[27] この二つの動きは比較可能である。

(1) Edouard BARATIER, *La démographique provençale du XIIe au XVIe siècle*, 1961, p. 121. この人口上昇がいかなる点で回復、埋め合わせであるかについては、Roger LIVET, *op. cit.*, pp. 147-148 が説明している。
(2) *Op. cit.*, 2e partie, chap. II.
(3) J. NADAL et E. GIRALT, *La population catalane de 1553 à 1717*, 1960, p. 198.
(4) Henri LAPEYRE, *Géographie de l'Espagne morisque*, 1959, pp. 29, 30.
(5) Thomás GONZALEZ, *Censo de la población de las provincias y partidos de la Corona de Castilla en el siglo XVI*, 1829.
(6) 特にグラナダ王国に関して。一覧表の最後の数字は、七一、九〇四〈戸〉ではなく、四八、〇二一戸に訂正した。この訂正は、間もなく出版されるフェリーペ・ルイス・マルティンとアルバロ・カスティーリョ・ピンタードの研究によって裏付けられるだろう。
(7) 本書一一二頁および注(7)、(8)を参照。
(8) *CODOIN*, XIII, pp. 529-530.
(9) Simancas E° 166, f° 3 一五八九年一月十三日。
(10) セビーリャに関しては、Simancas, Expedientes de Hacienda, 170.

(11) *Op. cit.*, pp. 43-44.
(12) Pierre CHAUNU, *op. cit.*, I, p. 247. et *sq*.
(13) アルバロ・カスティーヨ・ピンタードが現在おこなっている研究による。
(14) カール・ユリウス・ブロッホは一九二九年に亡くなった。彼の著作 *Bevölkerungsgeschichte Italiens* は三巻である。第一巻、一九三七年、第二巻、一九四〇年、第三巻、一九六一年。
(15) K. J. BELOCH, *Bevölkerungsgeschichte*, I, p. 152.
(16) *Ibid.*, p. 215.
(17) 私は同じ人口調査を Simancas, S.P. Naples 268 で見つけたが、日付は一六五二年である。
(18) K. J. BELOCH, *op. cit.*, III, p. 352.
(19) ならびに(20) *Ibid.*, p. 351. フィレンツェとトスカーナ地方については、一五六一年に八七万人である。Vicenzo FEDELI, *Relatione di sua ambasciata in Firenze nell'anno 1561*, f° 15, Marciana.
(21) Daniele BELTRAMI, *Storia della popolazione di Venezia dal secolo XVI alla caduta della Republica*, 1954, pp. 69-70.
(22) K. J. BELOCH, *op. cit.*, III, p. 352 は、一五五七年に一八六万三、〇〇〇人、一六二〇年に一八二万一、一四〇人という数字を出している。また前掲論文、一七八頁では、一五四八年に一六五万人である。
(23) Francesco CORRIDORE, *Storia documentata della popolazione di Sardegna*, 1902, 2e édit., p. 12.
(24) *Ibid.*, pp. 19, 20.
(25) K. J. BELOCH, *op. cit.*, III, p. 352.
(26) Ömer Lutfi BARKAN, *art. cit.*, pp. 191-193.
(27) *Ibid.*, tableau I, p. 292.

留保ならびに結論

我々の挙げた数字はすべて一致、照合している。それでもこうした数字が我々の目をごまかすことがありうる。ユリウス・ブロッホは一九〇〇年に発表した論文のなかで、この点をすでに指摘していた。つまりこのような段々に大きくなる数字は、過去よりもよく納税者リストを作成し、しかもますます多くの納税者を必要とする税制上の数字である。十七世紀になって、人口調査が改良されて明らかに正確になった結果でもある。[1] しかし以上のような留保をおこなったうえで、そうした誤りが十六世紀の人口上昇を引き上げ、それに対して十七世紀の人口減少にブレーキをかけたと認めるとしても、一五〇〇—一六〇〇年の時期は相変わらず人間が増えている徴候がある。これについては無数の証拠がある。ある証拠は素朴であり、別の証拠はどちらかと言えば残忍である。素朴な証拠として、トレドの農民たちは、[2] 我が村の人口は、一五七六年に、たしかに増えて、信者にとって教会は狭くなりすぎた、と言っている。証人たちはプエルト・デ・サン・ビセンテの住民について語りながら、隣村で、「信者が増えたのは、子供が生まれて、その子供たちが結婚したからだ」と言っている。[3] あるいは残忍な証拠として（この残忍なという表現はエローの戦いの晩にナポレオン一世に向けられたものだ）、「この前の戦争で（一五七〇—一五七三年）ヴェネツィア政府に仕えて殺された多くのカンディア人がいたが、何年かすればこの空白は埋められる（〈数は取り戻される〉）だろう。なぜなら十歳から十五歳の子供が沢山いるからだ。もちろんもっと小さい子供の数は考えに入れるまでもない……」と島から帰還した地方長官は言っている。[4]

これらは直接の証拠であり、こうした証拠はあり余るほどある。間接的な証拠もまたやはり重要である。一四五〇年から一五五〇年まで、地中海諸国について我々の知っているところによれば、年月が経つにつれて、次第に緊張の高まる状況であるように思われる。カスティーリャでもプロヴァンスでも、至るところで、そして他の土地でも、村ができ、小さな都市が次から次へと増えている。カスティーリャは一六〇〇年頃にはまだ空っぽであるように見えるが、そうであるならば、一四六五年から一四六七年までカスティーリャをある注意深い旅行者、つまりボヘミアの領主レオン・ド・ロスミタルの目で見れば、カスティーリャは砂漠のようなものである。[5] 同じく、都市の食糧補給としての穀物生産、小麦について語れば、一五五〇年から一六〇〇年までについて我々の知っていること、つまりあの絶えざる食糧不足は、これより前の時代には見当たらない。一五一三年に出版され、[6] 一六二〇年にもまだ再版されていたG・アロンソ・デ・エレラの農業書[7]であっても、ただ一冊の農業書を絶対的に信用することはできないことは私もよく知っている。彼は昔のローマ人農学者の考えをどれほど借りていることか！　そのうえ古きよき時代を弁護しすぎている。しかしその古きよき時代はまやかしではないのだ。というのも昔のカスティーリャは小麦を輸入する代わりに周辺地域に輸出していたのだから。カスティーリャの生活費が安かったこともまた事実である。少なくとも物価はそこではインフレ以前のものである。小麦と食糧に関して、似たような状況が一五五〇年以前の、あるいは一五〇〇年以前のイタリアで認められる。あたかもイタリアの人々はゆったりとした服を着てまだくつろいでいるかのようだ。都市はすでに食糧補給に関しては多くの問題をかかえているが、十六世紀後半の悲劇的な光景に慣れた歴史家の目には、これはまだ心配事としては軽いほうだ[8]……。

（1）　K. J. BELOCH, *art. cit.*, p. 767.
（2）　Carmelo VIÑAS et Ramón PAZ, *Relaciones des los pueblos de España ordenados por Felipe II, Reino de Toledo*, IIᵉ partie, t. 2, Madrid, 1963, p. 767.
（3）　Carmelo VIÑAS et Ramón PAZ, *op. cit.*, *passim* et II, p. 299.
（4）　Luca Michiel, A. d. S., Venise, Relazioni Ba 63, fº 286 verso.
（5）　いろいろな版がある。G. García MERCADAL, *Viajes de extranjeros por España y Portugal*, t. I, 1952, pp. 259-305 : *Viaje del noble bohemio Léon de Rosmithal de Blatina por España y Portugal hecho del ano 1465 a 1467*.
（6）　Alonso de HERRERA, *Libro de Agricultura*, 1513, 特に，fº 3, vº と fº 5.
（7）　他の版としては一五三九年、一五九八年。一六二〇年の（マドリード）版は，B. N., Paris, Rés. 379.
（8）　イタリアにおける小麦の価格の急激な変動は，一五五〇—一六〇二年の時期の特徴である。Dante ZANETTI, *Problemi alimentari di una economia preindustriale*, 1964, p. 93.

確認と提案

バリャドリー[1]、バレンシア[2]、パヴィア[3]、ボローニャ[4]、ウーディネ[5]、およびヴェネツィア[6]に関する重要な研究がいくつもの確認と提案をもたらす。最も重要な確認は、当然のことながら上昇〈傾向〉に関するものである。洗礼、結婚、死亡の動きは我々の見積もりと一致している。歴史家のB・ベナサールは、バリャドリーとその周辺の豊かで活気のある村々に関してこの上昇傾向を明らかにしている。それでもベナサールは、上昇機運が一五四〇年から一五七〇年までは停止し、世紀半ばに小休止があったこと、そしてきわめて重要な傾向の方向転換はおそらく一五八〇―一五九〇年頃に位置づけられるとはっきり言っているが、これはすでに古くなったアール・J・ハミルトンの研究[7]が打ち立てた最初の目印よりも早い。したがってこの十年間は無敵艦隊以前の、そしてセビーリャの貿易の後退（これは一六一〇―一六二〇年以前ではない）よりもずっと前のスペインの偉大さの生物学的転回点となる。ポルトガルが強大な隣国に屈し、コルドバ、トレド、セゴビアの繁栄が鈍りはじめ、消費税の〈アルカバラス〉がほんとうの上昇を中断し、さまざまな疫病が増える時代に、この一五八〇年代はますますスペインの運命の転回点であるように見える[8]。バリャドリーの時間がスペイン全体の時間になれば、すべてが解決される可能性があるが、これはまだこれから証明しなければならないことだ。

この図式は、大まかに言えば、パヴィーア、ボローニャ、ウーディネで観察されることと似ている[9]。十六世紀には目を見張るばかりの人口上昇が見られるのだ。パヴィアでは、一五五〇年から一六〇〇年までに、人口は一二、〇〇〇人から二六、〇〇〇人になり、一六五〇年頃にはふたたび一九、〇〇〇人に減る。ボローニャでは、洗礼数の曲線は一五一五年頃には約一、〇〇〇で、一五八五年には三、五〇〇である。しかしこうした一致する実例をたくさん挙げたところでいったい何になるだろうか。もっと重要な全体的な別の問題が我々の注意を引くはずである。

（1） すでに引用したベルトロメ・ベナサールの未刊の博士論文、第八章「世紀の人間たち」。
（2） Guilhermo HERRERO MARTÍNEZ DE AZCOITIA, *La poblacion palentina en los siglos XVI y XVII*, 1961.
（3） Giuseppe ALEATI, *La popolazione di Pavia durante il dominio spagnuolo*, 1957.
（4） Athos BELLENTTINI, *La popolazione di Bologna dal secolo XV all'unificazione italiana*, 1961.
（5） Ruggiero ROMANO, Frank SPOONER, Ugo TUCCI, *Les prix à Udine*（未刊の研究）
（6） D. BELTRAMI, *op. cit.*, 本書一〇二頁注(21)を見よ。
（7） Earl J. HAMILTON,《The decline of Spain》, in : *The Economic History Review*, 2 mai 1938, pp. 169, 171, 177.
（8） *Ibid.*, p. 177. 一五六〇—一五七〇年、一五九九年、一六〇〇年、一六四八—一六四九年、一六七七年のアンダルシアの疫病については、G. NIEMEYER, *op. cit.*, p. 51.
（9） R・ロマーノ、F・シュプーナー、U・トゥッチの未刊の研究。

いくつかの確信

ここで我々が問題にしなければならないすべての人口は、ちょうど「アンシアン・レジーム」について言われるように、十八世紀の新たな均衡以前のものである。それは不規則な揺れによって特徴づけられる。死亡率が生存率に対して急激に勝利を収め、そして生存率は辛抱強く巻き返しをおこなう。フィレンツェの洗礼数の長期にわたる曲線は(1)、それだけで、裕福な一都市における「自然の」生物学的変動局面の変化を示している。これはおそらく純粋に経済的な変動と相関関係がある。「アンシアン・レジーム」、つまり出生率、死亡率の係数は、よく知られているとはいえ、大まかに言って昨日だけでなく今日の発展途上国の人口係数に、すなわち約四〇パーミルに一致している。

図37　1551―1600年のフィレンツェの洗礼数

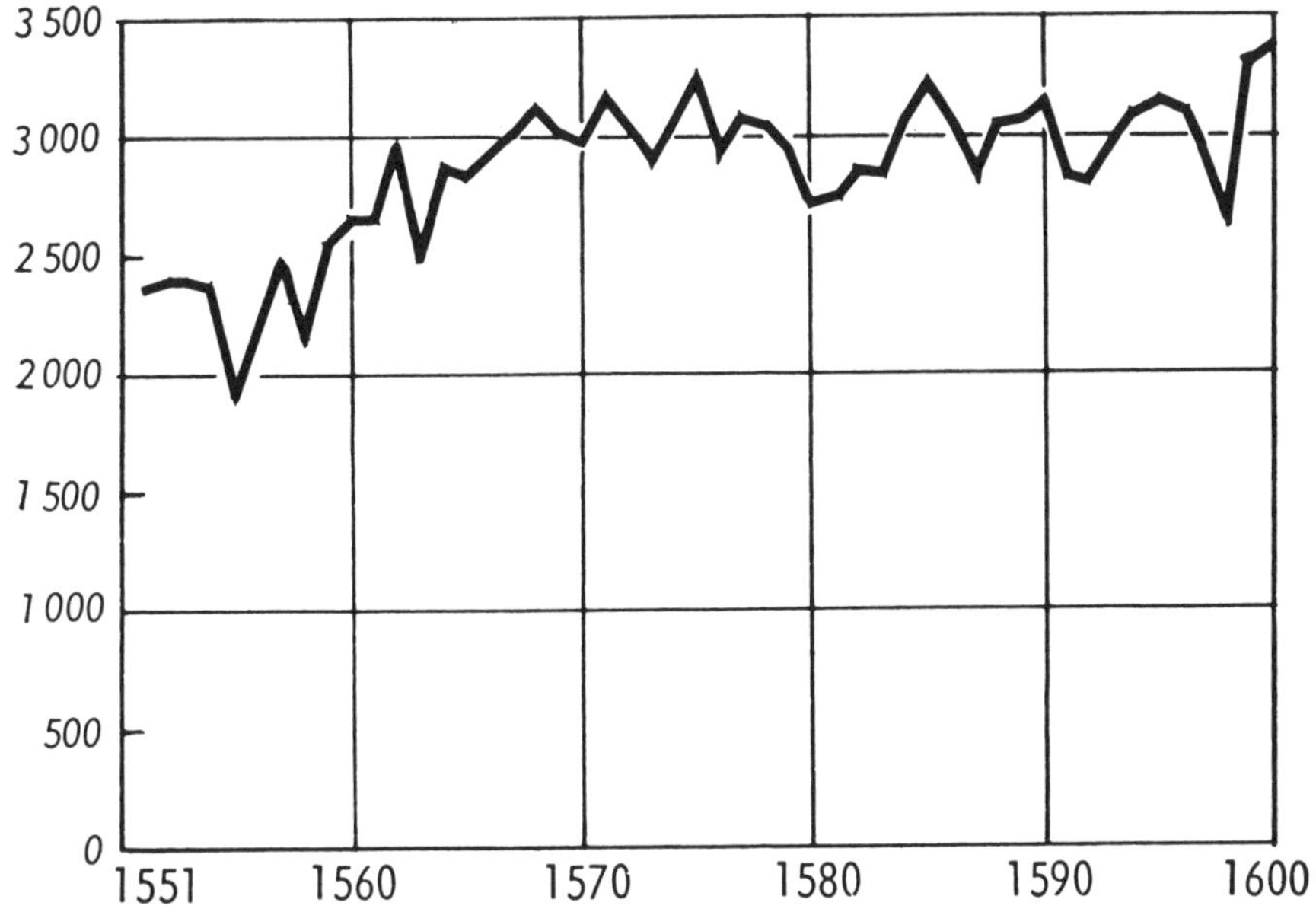

この曲線は1570年までの上昇を示し、次には1600年まで約3000の年間出生数で一定の落ち着きを示している。

バリャドリー[2]の近くにあるぶどう栽培の大きな村トゥデラ・デ・ドゥエロでは、一五三一年から一五七九年までの出生率は、四二・七から四九・四パーミル、四四・五、五四・二、四四・七パーミルへと変動している（一五三一―四二年、一五四三―五九年、一五六一―七〇年、一五七二―七八年、一五七八―九一年の時期によって）。記録的な出生率五四・二パーミル（一五七二―七八年度について）は、「作為的」であるが、以上の数字は「自然な」出生率、正常の四〇パーミルをはるかに越えている。これに対して、カスティーリャのパレンシア[3]では、一五六一年から一五九五年まで、出生率は三四・八一から三七・四八パーミルの間で揺れている。しかしパレンシアが都市であるのは事実である。ボローニャで似たような数字が見つかる（一五八一年、三七・六、一五八七年、三七・八、一五九五年、三五・八、一六〇〇年、三六・四パーミル）が、ヴェネツィアではわずかに低い数字である（一五八一年、三四・一、一五八六年、三一・八パーミル）。しかし出生率は豊かさに反比例しているのだろうなどと言わないようにしよう。なぜならフィレンツェの農民の出生数は反対のことを示しているからである（一五五一年、四一・一、一五五九年、三五・六、一五六一年、四六・七、一五六二年、四一・九パーミル）(4)。

しかしバリャドリー周辺の村々に話を戻してみよう。ビラバニェスの婚姻率（一五七〇―一五八九年）は八パーミル、子供の生まれる間隔は三十三ヵ月、出生／婚姻関係は四・二、あるいは「もう少し低い」。シマンカス（一五六五―一五九〇年）の死亡率は三八・三パーミル。その理由は前もって知られている。つまり他のどの地域でもそうであるように、幼児の死亡率が非常に高いのだ。一五五五―一五九〇年の期間には、二、二三四人の洗礼をおこなったのに、九一六の〈クリアトゥラ〉すなわち幼児の埋葬がおこなわれる。幼児は全死亡者の四一パーセントである。結婚年齢、これは第一級の重要さを持つ「指標」であるが、ビラバニェスの村にとってはやや限定されてはいるが、有効な巡り合わせで計算される。女性は二十歳少し前、男性は二十三歳から二十五歳の間に結婚する。もちろんここで約五十のケースに限定される調査(5)をもとに何か説を立てることはできないのだが、これは我々の知っている数字ないし他の地域で推測される数字よりも早婚であると指摘してもいいだろうか。

したがってはかない寿命の世界であり、生まれたときに平均寿命は短いのである。このことはこうした数字を知る以前にわかっていた。また女性の寿命の方がふつうは男性の寿命よりも勝っていることもわかっていた。一五七五―一五七七年のカスティーリャの村々の調査で数多くの未亡人がいることだけでもそれがわかる(6)。ヴェネツィアでは、一五五二年七月に(7)、四八、三三二人の男性に対して、五五、四二二人の女性がいる（子供は、男の子、女の子を併せて四九、九二三人である）。人口統計学者はおそらく一五九三年のザーラの四つの数字の方が好きだ(8)（都市ザーラ五、六四八、隣の島々のザーラ五、四一九、陸地のザーラ二、三七四、そして〈都市周辺部に出稼ぎに〉来たモルラキアの移民のザーラ二、〇〇〇)。合計一五、四四一人の〈住民〉。初めの三つの数字だけが〈老人〉〈成人男性〉〈女性〉〈子供〉に分けられる。歳をとった人は非常に少ない。それぞれ一八一人、一九〇人、九四人、合計して一三、四四一人のうち三六五人である。子供は男の子——一、〇四八人、五五九人、一、一七〇人と女の子——八九三人、五五三人、一、二二五人に分けられる。合計男の子が二、七七七人、女の子が二、六六一人。わずかに男の子の数が優勢である。〈成人男性〉(十八歳から五十歳まで)に関しては、女性が四、八五四人(二、三七〇人、一、八二一人、六六三人)であるのに対して、それぞれ一、一五六人、一、〇二三人、五〇五人で、合計二、六八四人である。圧倒的に女性が優位である。ある標本によれば、カンディア島でも同じ状況であり[9]、この島の全般的な人口曲線はおよそ次の通りである。一五二五年、サヌードの見積りでは(ただしこの見積りはやや低めである)、一〇万人。一五三八年、一九八、八四四人。一六〇六年、二一二、〇〇〇人。一六〇八年、二二万人。一六三六年、一七六、六八四人。しかし島の一部、すなわちカンディアの町の固有の領土だけをとってみよう。一六三六年に、人口は九八、一一四人。うち男性(十八歳から五十歳まで)は二三、一六九人、男の子と老人は二一、三六二人、女性は四八、八七三人である。男性の数を得るためには、当然、最初の二つの数字を足さなければならず、合計すると女性四八、八七三人に対して男性四四、五三一人である。これは一五八一年にボローニャの人口に関する最も古い〈記述〉——男性一九、〇八三人、女性二二、五三一人……に見られる比率である。十五年後の一五九六年にも女性が同じく優位である[10]。

以上の数字は労働力人口の高い比率を示している。男も女も子供もすべて、ないしはほとんどすべての人が働いているのだ。これは若い人口の唯一の利点であり、こうしたところでは年寄りや無用者、とりわけ年寄りには働き口はほとんどない。一人ひとりが日常の糧を稼いでいるのだ。

我々のおこなった指摘と、この指摘を支えるいくつかの数字が女性人口と男性人口との比率という問題を解決するどころではない。数のうえで女性人口が男性人口に優っているのは通例であると認めるとしても、いくつかの例外が現れてくる。まさにこの法則を一五四八年に我々が確認するヴェネツィアにおいて、ダニエレ・ベルトラミの古典的書物の数字[11]は、ただちに我々の見解に異を立てる。一五六三、一五八一、一五八六年には、男の方が数が多いのだ（それぞれ全体の五一・六、五一・三、五一パーセントである）。次には、一六四三年に、あるいはたぶんもっと早い時期に、状況は逆転して男性が少なくなる（四九・三パーセント）。ヴェネツィア、つまり若い男性の移民が大きな役割を果たす都市は、自国のためだけに、あるいは発展が相変わらず続いていて、男性優位であるようなすべての都市のために有利に証言しているのだろうか。あるときはある方向に、次には別の方向にと、そこに揺れ動きがあるのを見てみたい。

（1）図37を参照。
（2）以下に挙げるすべてのディテールは、すでに引用したB・ベナサールの未刊の研究から借用したものである。
（3）G. HERRERO MARTÍNEZ DE AZCOITIA, *La población palentina en los siglos XVI y XVII*, 1961, p. 39. ペストの過ぎ去った一五九九年からは、係数は五〇パーミル以上に、場合によっては六〇パーミル以上にも急激に上昇し、最大は六六・八七パーミルである。
（4）先のパーセンテージは Athos BELLETTINI, *op. cit.*, p. 136 による。
（5）再びB・ベナサールの未刊の著作による。
（6）『報告書』の全体については、N. SALOMON, *op. cit.*, 本書五八頁、注(20)を参照。
（7）文献カードが紛失してしまった。
（8）Correr, Donà delle Rose 192.
（9）SANUDO, *op. cit.*, XL, 25, コンスタンティノープル、一五二五年八月二十四日。Correr, Donà delle Rose 21（一五四二年）。A. d. S., Venise, Capi del Cons° dei X, Lettere B^a 285 f° 88, カンディア、一五五七年九月三十日、大公、船長および顧問官から十人委員会宛書簡。カンディア〔クレタ島〕の人口は大いに増えた。コッレル美術館、一五八六年。P. D. 75, 一六三六年。
（10）Athos BELLETTINI, *op. cit.*, p. 9, note 9. Galiani, *Cronaca di Bologna* (Marciana 6114. C III-5) によれば、一五九六年のボローニャの人口は、五八、九四一人で、そのうち修道士、修道女が四、六五一人、男一五、五九五人、女一八、〇七九人、男の子七、六二六人、女の子六、一六六人、召使二、七六〇人、女中四、〇六四人である。
（11） *Op. cit.*, p.80 et sq.

別のテスト——移住

地中海は四方八方に、とりわけ西の大西洋に開かれていなかったとしても、人口過剰という大問題を自力で解決し、あの余分な人間を吸収したにちがいない。言い換えれば人間の塊を地中海そのものの空間により適切に配分したにちがいない。じっさい、地中海はそのようにやってきたのである。

地中海ヨーロッパの人口過剰の証拠は、十五世紀末から何度も繰り返されるユダヤ人の排除である。ユダヤ人は一四九二年にカスティーリャとポルトガルから追放され、一四九三年にはシチリアから、一五四〇年および一五四一年にはナポリから、一五七一年にはトスカーナから、そして最後に一五九七年にはミラノから追放された。(1) こうした不本意な移民のなかで最も数の多いイベリアのユダヤ人は、トルコのサロニカ、コンスタンティノープル、および北アフリカにまで行き、そこに住み着く。おそらくカトリック両王の時代のイベリア半島がすでにそうであったように、資源から見て人口の多すぎる国においては、宗教は迫害の原因であるとともに口実でもあった。これよりすこし後には、数の掟がフェリーペ三世のスペインにおいてモリスコ排撃にはたらく。さらに後には、ずいぶん前にジョルジュ・パリセ(2)が指摘したことがあるように、ルイ十四世時代のフランスのプロテスタント排除にはたらく。

別の証拠として、山岳地域の住民が大量に平野や都市に下りてくる。これについてはすでに十分に語った……。同じく多数の人がキリスト教からイスラム教に改宗する。これは補償の様子を呈している。「アメリカ風に」大きくなったアルジェは移民の町である。イタリアからの移民は職人、芸術家、商人、砲兵といった資格のある労働力を遠く北ヨーロッパやイスラムの国々、両インドにまで広げていく。世紀末に、ヴェネツィアの四、〇〇〇ないし五、〇〇〇家族が中近東で生活していると言われる。[3] ここかしこに、こうした移民の姿が見られ、たとえばコモ出身の労働者は、十六世紀末には、ドイツならびにモラヴィアにいる。[4] あるいはリグリアの農業労働者は、一五八七年頃には、[5] コルシカ平野に行く。およそどこにでも行く、なかでもフランスに行く「技術者」[6]は、イタリア半島の製造法を移植する。つまり金糸織の絹の機織り、ムラーノのヴェネツィア・グラスの秘密、[7] アルビソラ風のマリョルカ陶器などの製造法を導入する……。[8] イタリア人の発明家、芸術家、石工、商人がヨーロッパのあらゆる街道を走る。[9] しかしこうした個人の冒険のリストをどのように作成すべきか、また反対の方向で、ドイツからイタリアに向かって執拗にやって来る移民をどのように判断すべきか。いずれの場合にも、少数の個人だけであったと思い込む習慣が我々にはあった。少数の人々が、次から次へと付け加わっていけば、少なくとも十六世紀全体の規模では、結局はかなり多くの数になる。この時代に、十万人のスペイン人がアメリカ大陸に向かってイベリア半島を去った。[10] 一世紀で十万人であるから、一年につき千人である。現在の我々の基準からすれば、大した数ではない。ところで、一六三二年頃、ロドリゴ・ビベロがこの移民についてどんなに心配しているかを見ていただきたい。「この調子で事態が進めば、スペインには人がいなくなる」と書いているし、西インド諸島はこの新たにやって来た怠け者たちとともに身を滅ぼす恐れがある（ビベロはヌエバ・エスパーニャ〔メキシコ〕で生まれ、西インド諸島については偏見を持っている）。移民がやって来るとすぐに、「靴直し職人であった人が領主でありたいと願うようになり、また土方はもうつるはしをつかわないでもいい気になる……。」[11] たしかにこの問題は同時代の人々も、またセビーリャを見て、自分の生きている時代のスペインの運命に思いをこらす人々も誇張している。

反対に、最近の研究[12]によって十六世紀におけるその重要さが明らかにされたばかりのフランスからスペインへの移民の流れについては、ほとんど何も言われてきていない。典型的な人口過剰の国であるフランスは、職人や行商人や水運び人や農業労働者を絶えず隣のイベリア半島に送り出している。特に南フランスが問題になるわけだが、南フランスだけではない。カタルーニャはこうした労働者のかなり多くの割当を引受け、こうした移民労働者はしばしば最終的にはカタルーニャに定住する。すでに一五三六年八月に、あるスペインの文書は、ペルピニャンの人口の半分以上がフランス人であると指摘している。[13] 十七世紀の初めに、カタルーニャの人口の大多数がフランス人になるように、一六〇二年に、ある旅行者は、「現地の人間よりもフランス人のほうが三分の一多いのはたしかであると聞いた」と言っている。[14] この旅行者、つまりバルテレミー・ジョリは、カタルーニャには「ルエルグ、オーヴェルニュ、ジェヴォーダン、ガスコーニュの」人々が「毎日」やって来ると指摘している。[15] カタルーニャ人が貧しいフランス人移民に付ける〈ガバッシュ〉[16]というあだ名は、このジェヴォーダンという名からできたものであろうか。それはあまり正しいとは思われない。[17] いずれにしても、ここで問題なのは、大量の移民であり、それが絶えないということだ。こうした新参者はアラゴンにも行く。職人は「スペインの手工業製品は高いから」[18] 高賃金に引かれて行くし、特にこれといった手に職がなく、小姓として雇われる人々は、「その主人がこのような見栄を大いに好むから」すぐにも「お仕着せを着せられる。」[19]――あるいは農民は、「現地の人間が怠け者であるから」、もっと歓待される。これは当然あるフランス人が語っていることであり、次のようにも付け加えている。「可能な場合には主人の未亡人と結婚し」[20]、いずれにしてもフランス人の重すぎる「人頭税」をのがれる。そして全員がスペインの公娼に誘惑される。「あの美しい御婦人方は、フランスの王女様たちのような匂いをつけ、お化粧をして、異様な身なりをしているのだ。」[21]

カタルーニャとアラゴンだけが問題になるのではない。バレンシアでは[22]、どこからどういうふうにしてやって来たかわからないフランス人が、昔からのキリスト教徒の村々の羊飼いや作男のなかにいる。カスティーリャでは、フランス人の職人について軽はずみな発言や、職人たちが歌う旧約聖書の詩篇や、どういう道を辿ってきたかとか、ふだん会合場所に使う居酒屋などについて宗教裁判所が豊富に情報を提供してくれる。投獄されると、彼らは互いに密告しあうのである……。そういう機会に、ありとあらゆる職業が通報される。織物職人、剪毛工、鍋釜修理職人、シャベル製造職、鍛冶屋、金銀細工師、錠前師、料理人、焼き肉商人、外科医、庭師、農民、水夫、船長、商人あるいはどちらかと言えば本の行商人、浮浪者など……。多くは若くて、二十歳か二十五歳以下である。我々はこうした若者たちの旅がフランス全体に及んでいることを知ってびっくりする。ちょうどルーアンを出たトランプの印刷屋にとって、トレドで悲劇的な運命が待っているようなものである。(23)

前に述べたように、こうした移民が一六二〇年代に途絶えたことがあるとしても、(24)後になって確実に再開するのである。一六四〇年のある著作(25)によれば、ベアルン地方から「毎年、干し草刈りや麦刈りに来る人、家畜の去勢をする人、そして他の労働者が大量にやって来る。彼らは自分たちの家の食いぶちの負担を軽くし、家族にいくらかの稼ぎを持ち帰るのである……。」ついこの間まで信じられていたように、スペインの働き口ならびに高賃金に応えてこうした一時的ないし恒久的な移民がやって来たのは、オーヴェルニュ地方からだけではない。(26)このようにしてイベリア半島は、イタリアや西インド諸島に向けて出ていった人々の穴を十分に埋めることができたのだと断言してもよい。

（1）シチリアからのユダヤ人追放は一四九二年一月三十一日（九月十八日の行政命令の実施は十二月十八日）。ナポリからは一五三九年である。Giovanni di GIOVANNI, *L'ebraismo della Sicilia*, Palerme, 1748, in-8°, 424 p. 特に Felipe RUIZ MARTÍN, 《La expulsion de los judios del Reino de Nâpoles》, in: *Hispania*, t. XXXV, 1952; Leon POLIAKOV, *Les banchieri juifs et la Saint-Siège du XIIIe au XVIIe siècle*, 1965.

（2）G. PARISET, *L'Etat et les Eglises de Prusse sous Frédéric-Guillaume Ier*, 1897, p. 785.

（3）本書三〇五頁、注(12)および(13)を参照。これはこの数字が決して大きすぎないという意味ではない。

(4) G. ROVELLI, *Storia di Como*, 1803, III, 2, pp. 116–117, 145–147 (A. FANFANI, *op. cit.*, p. 146 に引用)
(5) F. BORLANDI, *Per la storia della popolazione della Corsica*, 1940, pp. 66, 67, 71, 74, 82 (A. FANFANI, *op. cit.*, p. 146 に引用)
(6) U. FORTI, *Storia della tecnica italiana*, 1940.
(7) イギリスでも流行る。(A. FANFANI, *op. cit.*, p. 146 に引用)
(8) 一五五〇年からのニヴェルネ〔フランス〕の陶器の始まりについては，Louis GUÉNEAU, *L'organisation du travail à Nevers aux XVIIe et XVIIIe siècles*, 1919, p. 295.
(9) 世界中にイタリア人が散っていったことについては，膨大な印刷物ならびに未刊の資料がある。二つの研究によってその広がりが判断できる。一つはリスボンの方向への移民 (PERAGALLO, *Misc. di st. ital.*, 1944)，もう一つはジュネーヴへの移民 (PASCAL, 《Da Lucca a Ginevra》, in: *Rivista storica italiana*, 1932)，二つともすばらしい研究である。国外からの兵士の移住については研究はこれからである。バロック芸術におけるティチーノ渓谷の住民とコモ地方の人々の役割については，すでに引用したブルックハルトの指摘を見よ (J. BURCKHARDT, *Die Renaissance*, *op. cit.*, pp. 16–17)。イタリアの技師，建築家については，たとえば DOUAIS, *op. cit.*, II, 110 などのジャン＝バティスト・トリエッロやフラティノといった名前で索引を見よ。
(10) WILHELMY, in: *Geographische Zeitschrift*, 1940, p. 209.
(11) B. M. Add. 18287.
(12) G. NADAL et E. GIRALT, *La population catalane de 1553 à 1717*, 1960.
(13) A. N., K 1690, F・ド・ボーモンから女王宛書簡，ペルピニャン，一五三六年八月二十日。〈この町はフランス人でいっぱいです。フランス人は現地の人よりもずっとたくさんいます。〉同じ情報は (B. M. Add 28368 f° 23 v°) フランコ・デ・サラブランカから陛下宛書簡，マドリード，一五七五年六月十六日。ペルピニャンは〈すべての貧しい人々と大部分のフランス人〉の住民を失う。
(14) 《Voyage de Barthélémy Joly en Espagne, 1603–1604》, p. p. L. BARRAU DIHIGO, in: *Revue Hispanique*, 1909, tirage à part, p. 29.
(15) *Ibid.*, pp. 21 et 29.
(16) *Ibid.*, pp. 21 et 29.
(17) リトレは gavache はスペイン語の gavacho から来たとしている。したがって問題ははっきり解決していない！
(18) 《Voyage de Barthélémy Joly...》, p. 82.
(19) *Ibid.*
(20) *Ibid.*
(21) *Ibid.*
(22) T. HALPERIN DONGHI, 《Les Morisques du Royaume de Valence au XVIe siècle》, in: *Annales E. S. C.*, 1956, p. 164.

(23) Ernst SCHÄFER, *Geschichte des spanischen Protestantismus*, 3 t. en 2 vol., 1902, vol. 1, t.2, pp. 137-139.
(24) J. NADAL et E. GIRALT, *op. cit.*, p. 198.
(25) P. de MARCA, *Histoire du Béarn*, 1640, pp. 256-257 (Henri CAVAILLÈS, *La vie pastorale et agricole dans les Pyrénées des Gaves de l'Adour et des Nestes*, Bordeaux, 1932, pp 137-138 に引用)。
(26) *Response de Jean Bodin à M. de Malestroict*, éd. Henri HAUSER, *op. cit.*, p. 14.

三 地中海型経済の「モデル」をつくることができるか?

地中海全体を計測し、すべてをひとまとめにとらえ、(できることなら)計算できるような一般的な「モデル」をつくり上げるために必要なあらゆる要素を我々は手にしているだろうか。そうであるなら全体は、空間のなかで地中海と並んで進んでいるか、または地中海を中継している他の「経済―世界」と比較、照合することができるだろう。一番いいのは、このような規模で、栄光の程度や全体的なガイドラインが探究されることだ。実は、それは説明の仕方の問題である。そのような「理論モデルをつくること」は一年とか特定の期間とかを対象とするのではなく、一時的な作動停止や繁栄を越えて世紀全体を対象とするのである。モデル化は、もしそれが可能であるならば、そのような相次ぐ経験の平均、喫水線を対象とすることになるだろう。もちろん、すべてが可能であるわけではない。しかしこの企ては、それが前提としているさまざまな困難やあらかじめ予想される多くの障害にもかかわらず、やってみる価値がある!

たとえば、地中海はそれ自体として首尾一貫した地域なのであろうか。地中海を取り囲む大陸の厚みの面でも、地中海の海の境界、つまり黒海、紅海、ペルシャ湾、ジブラルタル海峡、そして大西洋の面でも、境界は不確かで、特に変わりやすいということはあるものの、おそらく一貫性がある。我々がすでに論じたすべての問題、しかも解決できないままの問題がある。(1)

私は、本書の初版で、実例を多く挙げることや、あれやこれやの重要な、かつ示唆的なディテールを提示すること(2)で、十六世紀の地中海のさまざまな意義を示すことができると昨日までは考えていた。つまり七〇万人の人口を抱える都市、イスタンブール。よい年も悪い年も一〇〇万キンタルの小麦やその他の穀物を運ぶ小麦船団。一五八〇年にリヴォルノの埠頭に陸揚げされる三、〇〇〇トンないしそれに近い量の羊毛。(3) トルコ軍とキリスト教軍の戦いで、一五七一年十月七日、レパント湾に集結した十万人の兵士。チュニスに対して一五三五年にカール五世が送った六〇〇隻の軍船（合計するとおそらく四五、〇〇〇トン）。たぶん数字が大きすぎるが、リヴォルノの最大の取引量として、一五九二―九三年にリヴォルノに入港した一五万トン。ナポリの年間の取引高として、為替の事業高一三〇万ドゥカートに対して、保険は六万ないし七万ドゥカート。(4) しかしこれでは生彩あるいくつかの小さな点の間に大きな白い面を残すことになる。非常にうまくいったところで、過去のものとなった十六世紀の世界と現代世界との間に認めなければならない距離を言うだけだろう。

ところで我々の気を引く言葉遣いは、経済学者の言う「国民経済計算」が言わんとする表現である。我々は十六世紀の地中海の「収支計算」をやってみたいと思う。それは地中海の相対的な平凡さや近代性を判断するためではなく、地中海の多数の活動の相互の基本的な関係を究明するため、要するに地中海の物質的生活の大きな骨組みをとらえるためである。これは難しい作業であり、不確かな作業である。これは、今日、貨幣経済が国全体に決して浸透していないのに、発展途上国の経済を帳簿に記載しなければならない経済学者がよく知っていることである。事情は十六世紀にはどこでも同じである。しかも、実質的であれ名目上であれ、貨幣の多様さのためにどんなに正確なデータ[5]をもとにしても計算は必ず複雑になってしまうし、またデータは当然のことながら不足している。またこの時代の文書がスペインのドゥカード金貨ないしエキュ金貨、フィレンツェのドゥカート金貨、エキュ金貨あるいはフローリン金貨を扱うぞんざいさも考慮に入れなければならない。フィレンツェでも〈一スクード金貨につき七リラの金貨で一、〇〇〇ドゥカート〉と書かれることがある。ここで大事なことは、七リラ金貨[6]が基準になっていることである。

（1）本書第I部第3章を参照。

（2）『地中海』初版、三四二頁以下。

（3）F. BRAUDEL et R. ROMANO, *Navires et marchandises à l'entrée du port de Livourne*, p. 101. この種の情報は引用するにふさわしいのが何百もある。ナポリワインの〈王国外〉輸出の、一五六三年から一五六六年までの平均は、〈ラテン・ワイン〉二三、六六七ブスティ、〈ギリシャの甘口で美味のワイン〉二、三一九ブスティ（Sommaria Consultationum 2, fº 223 一五六七年十月二日）。毎年平均して、プーリアでは約八万ルッビオの羊毛が売れる」（*ibid.*, fº 75 一五六四年八月八日）。十七世紀初めのレヴァントでのフランス商業はサヴァリ・ド・ブレーヴの見積りでは三、〇〇〇万リーヴルであるが、一六二四年には半分に減少した（E. FAGNIEZ, *op. cit.*, p. 324）。ジェノヴァの大商人が財をなしたこと、多くは五〇万ドゥカートを越し、トマソ・マリノはもっと多く、アダモ・チェンツリオーネはほぼ一〇〇万ドゥカートに達した（Museo Correr, Cicogna..., fº 2 et 2 vº）。スペイン国王の全収入は、一五七二年に、一、一〇〇万ドゥカード金貨である（Marciana 8360 XVIII-3, fº 11 vº）。十五世紀末ヨーロッパでの貨幣の流通は、一〇億（リーヴル）である（R. RAVEAU, *L'agriculture et les classes paysannes*, 1926, p. II, note 1 ——残念なことに単位ははっきりと示されていない）。

（4）A. d. S., Naples, Sommaria Consultationum, 1, fº 216 一五五九年四月二十八日。

（5）ここで我々のおこなう概算が〈ドゥカート〉だけであるのを見て憤慨しすぎないように読者にお願いしたい。ドゥカートには、ヴェネツィア、ジェノヴァ、フィレンツェ、ナポリ、スペインといったいろいろな種類があるのだ。それぞれが固有の一時的な価値を持っている。これらのドゥカートはすべて、遅かれ早かれ、計算貨幣単位になる。したがって、特定することなく、ドゥカートについて話さず、金ないし銀で等価値を計算するのが理に適っているだろう。同時代の人々は、算定にあたっては、「金数百万」とだけ言っているが、それは数百万ドゥカートの意味である。スペインの財政当局の資料では、ドゥカードは三角形の略号、つまりギリシャ文字のΔであり、実質貨幣のエスクード金貨は逆三角形∇で表されている。ドゥカードとエキュ［エスクード］の比は、スペインでは、長い間、三五〇マラベディ（ドゥカード）から四〇〇マラベディ（エキュ）である。当然実業家はドゥカード（それぞれのドゥカード同士）とエキュの相互的な価値に注意深く、特に両替は、売りと買いによって、相場付けの変動を記録している。しかし、我々のきわめて近似的な計算においてドゥカードをその地方の価値や相場付けを考慮せずに有効な単位として認めることは、不正な操作ではない。間違いは我々の尺度の不確実さのなかに飲み込まれてしまう。〔イタリアおよび地中海全般についてはドゥカート、スペインについてはドゥカードと表記する〕。

（6） Maurice CARMONA, 《Aspects du capitalisme toscan aux XVIe et XVIIe siècles》, in : *Revue d'histoire moderne*, 1964, p. 85, note 5.

主要産業としての農業

一人あたりの小麦（その他の穀物）の年間消費量はおよそ二キンタル（現在の二〇〇キログラム）であると誰もが認めている。[1] これは、明らかに、やや多めの消費量である。しかし十六世紀地中海全域に関して、平均消費量はだいたいこんなところかもしれない。地中海の人口が六、〇〇〇万人であるとすれば、この率で考えれば、地中海は小麦あるいはパンをつくる穀物をおよそ一億二、〇〇〇万キンタル消費している。他の食品として肉、魚、油、ワインは、必要不可欠なものの補充である。一六〇〇年頃、一キンタル〔約一〇〇キログラム〕の平均価格として五ないし四ヴェネツィア・ドゥカート[2]であるとすれば、地中海の消費は（生産に見合ったものとしたうえで）、毎年四億八、〇〇〇万ないし六億ドゥカートに達する。すなわち、よい年も悪い年も、セビーリャにやって来る「金六〇〇万」とは比較にならないレベルである。[3] 小麦だけで、他のすべての農産物に対して絶対的な優位にあるのだ。農業は内海の最も重要な産業であり、そしてもちろん穀物は農業収入の一部でしかない。

先の計算は下限しか示していない。資料調べのときにたまたま見つかる数字は、ふつうはもっと大きい。たとえばヴェネツィアは、[4] 一六〇〇年頃、よい年も悪い年も、およそ五〇万スタイオの小麦（プラス米、黍、ライ麦）を消費している。当時ヴェネツィアの人口は一四万人である。これに属国（ドガード）の少なくとも五万人を加えなければならないから、合わせて二〇万人の人口であり、個人消費はヴェネツィアだけが問題であれば四キンタルであり、ヴェネツィア圏全体を含めれば三・一キンタルである。一人あたり二キンタルであれば、食糧補給は三〇万人の住民を養うに十分である。たぶん我々の挙げた数字の背後にそうした大量の消費者がいるのだろう。あるいは高賃金の都市であるヴェネツィアは、他の都市よりも消費量が多いのだろう。

別の計算の例。マドリードからのヴェネツィア人のある通信（一六二一年二月）[5]は、あるニュースを繰り返し伝えているが、それによれば小麦について〈ファネガ〉（〈およそ二分の一ヴェネツィア・スタイオ〉）〔五五・五リットル〕あたり二レアルの税金が粉挽き場で粉にされる前に取り立てられ、〈そしてこの税金の総額は一年に金九〇〇万になる。〉金九〇〇万、すなわち九〇〇万ドゥカード（一ドゥカードは三五〇マラベディ、一レアルは三五マラベディ）、つまり全人口六〇〇万に対して四、五〇〇万ファネガであり、一人あたり七・五ファネガ、切りのいいところで七ファネガ消費したことになる。なぜなら人口を示す数字は理論的なものだからである。一ファネガ五五・五リットルであれば、三八八リットルという膨大な数字になり、これは税金の計算が楽観的であることを示しているか、またはこの一六二一年という年にカスティーリャの消費がきわめて大きく、事実上カスティーリャからは一粒も小麦が輸出されていないことを示している。

相変わらずカスティーリャの別の例。一五七六年、[6]トレド地方の一〇の村は、全部合わせて二、九七五〈戸〉、すなわち一二、〇〇〇ないし一三、〇〇〇人の住民がいて、その大部分は農民である。申告された穀物生産高は一四三、〇〇〇ファネガ（すなわち約六四、〇〇〇キンタル）である。住民一人あたりの平均は、約五キンタルであるから、都市に向けて輸出する余裕があり、これらの村の最も恵まれない人々さえも（ワイン生産者であるから）一人あたり二キンタルは自由に使える。

以下の吟味は、決定的な論拠ではないが、右の論拠よりも説得的な論拠を示している。最初に問題になるのは、一五八〇年一月に、アドリア海およびターラント湾方面のナポリ王国の穀物生産地域、つまりアブルッツィ、バリ地方、カピタナタ、バジリカータである。第二は、〈一七九九年のスペインの領土ならびに産業資源の調査〉[7]であり、この調査結果に見られる比率は十六世紀に関して参考資料として、また過去に関する検査として我々の研究の役に立つことがある。

『審議要覧』のある貴重な史料によって我々が手に入れたナポリの総人口（王国の重要な部分）は、一五七九―一五八〇年の冬に、一七三、六三四戸ないし家族（王国全体では四七五、七二七戸）[8]であり、すでに採用した係数（四ないし四・五）によれば、七〇万人から七六万人の住民である。公式の調査によれば、収穫量は小麦一〇万カッロ以上である（カッロは荷車一台分）。八、五〇〇カッロについては〈トラッタ〉（輸出許可）を与えるので、住民が手にするのは九二、〇〇〇カッロ、すなわち現在の一二〇万キンタルということになり、個人割当は明らかに二キンタル以下である。それにこうした量からさらに種蒔き用の分を差し引かなければならないだろう。しかし、以上のような数字を提供している『審議要覧』は、一人あたりの年間消費量は六トモロ（農地面積の単位）、つまり約二二〇キログラムであると言っている。これは矛盾しているだろうか。そんなことはない。なぜなら〈常食用については、実際に収穫されたすべての穀物を明らかにしていないからであり〉、『審議要覧』が必要な食糧補給を補充するために計算しているのは、この申告されない余分にもとづいているからである。[9]

一七九九年の〈調査〉は、当然のことながら、我々の扱っている時代よりもずっと後のものであるが、それが明らかにしている比率は、十六世紀の比率とほぼ同じである。人口一、〇五〇万人のスペインにおいて、小麦生産高は一、四五〇万キンタル（端数切捨て）に上る。生産と消費を等しいものとすれば、一人あたりの分け前は年間一・四キンタルをわずかに下回る。しかしこれに他の穀物と豆類を付け加えれば、この最初の量に一、三〇〇万キンタル以上を付け加える必要がある。[10]こうして全体の量は二倍になり、またこうした二次的な穀物のすべてが人間の食糧に役立つことはないとしても、我々が挙げた一人あたり二キンタルというレベルには確実に達するか、またはそれを越える。乾燥野菜、つまり豆類はすでに十六世紀においても確実に重要なものとなっている〔六〇万キンタル以上〕(11)。ヴェネツィアの史料は、夏の暴風雨の結果、風で遠くに飛ばされてソラマメやレンズマメがなくなってしまったことが、いくつかの村にとってはいかに大変なことであったかを繰り返し伝えている。

しかし全体の数字に関してはほぼ確実なのだから、そうしたことを吟味するのは放っておこう。そしてここでは少なくとも結果を見ておくことにしよう。

1　海路によって輸入される小麦は、多くとも、一〇〇万キンタル、すなわち消費量の〇・八パーセントである――これはこの世紀の尺度では膨大な取引量である〔一〇〇万人の人を養うことができる〕と同時に、消費全体と比べてみれば雀の涙ほどである。したがってジーノ・ルッツァット(12)が低く見積もったのは正しく、また我々が過日〔本書初版で〕この取引量を大きく扱ったのも間違ってはいない(13)。あの悲劇的な一五九一年の危機――これにはまた後で触れる予定である――のためにスペイン、イタリアに、そしてヴェネツィアにも、北欧の小麦が一〇万から二〇万キンタル輸入されることになった。貿易量の面では多いが、日常の食糧という面ではわずかである。それでもこうした都市全部を救うには必要な量であった。

しかし、地中海は、この危機以前も以後も、基本的には地中海自身の農業による生産物で生きてきた。オランダのアムステルダムの場合に見られることや、もちろんずっと後のことだが、自由貿易のイギリスで遂行されることと比較すべきものは何もない。都市世界は食糧調達に関しては他人に頼ることはないのだ。「海外の小麦」はあくまでも窮余の策であり、貧乏人のための食糧であり、金持ちは近隣の地方でできるおいしい小麦のほうを好むのである。リスボンではアレンテージョ地方の評判のいい小麦(14)。マルセイユではプロヴァンス平野産の小麦(15)、ヴェネツィアでは〈ノストラーレ〉〔我が国の〕と呼ばれる小麦である。一六〇一年にヴェネツィアのパン屋は、「今日我々に与えられるのは、外から来た小麦で、これでは我が国の小麦と同じパンはできない」と言っている。これらの小麦は〈パドヴァ〉、〈トレヴィーゾ〉、〈ポレージネ〉、〈フリウリ〉の小麦を指す。[16] それにしてもこうした〈よその〉小麦は、たいていは、地中海産である。

2 農業は内海に対して毎日の生活を保証するだけでなく、一連の高額輸出品を保証している。時にはサフランやヒメウイキョウのようなものは量が限られているが、いわゆるコリント〈乾しぶどう〉、高級ワイン――たとえばポルトやマラガ酒やマデイラ酒が飛躍的に発展しない限り流行が続いているマームジーワイン――のようにかなり大量に輸出されるものもある。あるいは島でできるワインや毎年ぶどうの収穫後にドイツがアルプス山脈の南側麓で購入する並みのワインである。やがて蒸留酒[17]を輸出するわけだが、油、南国の果実、オレンジ、レモン、生糸……は言うまでもない。こうした超過分が工業製品の輸出に加わって、小麦や乾し魚や大西洋の砂糖（さらに北欧の鉛や錫や銅）の買い付けを相殺しているのだが、一六〇七年になっても、ヴェネツィアとオランダの収支のバランスは、〈五人委員会〉の言い草では、まだヴェネツィアの利益になっている。[18]

3 したがって地中海は、柔軟さのない構造を持った農民や土地所有者の世界でありつづける。耕作の仕方、さまざまな穀物の栽培分布、貧弱な牧草地、次第に増えつつあるぶどう畑やオリーブ園（たとえばアンダルシア、ポルトガル、カスティーリャ、さらにはヴェネツィア領の島々で）に対して穀物全体の占める場所、つまりやり方も順序もほとんど変わらない。あるいは時のたつにつれてさまざまな交流が変化を要求していかなければならない。アンダルシアに油とワインの発展を引き起こすのは、アメリカ大陸の需要である。そして、バスク地方やモロッコに時期尚早と思われるトウモロコシの侵入が起こる以前には「内部の」大変革は起こらない。[19] トウモロコシの出現はよそでは遅く、ヴェネツィアの農村では一六〇〇年までは見られないし、[20] 北チロル地方では一六一五年頃[21]である……。桑の木のもたらす大変化は、もっと早かったが、根底までは揺るがさない。

4　土地は誰もが欲しがるものであり続ける。地中海ならびに地中海外のどの農村地帯も、土地所有における数え切れない相続人の代襲とともに、地代、〈国勢調査〉、借金、小作料、納付金などのごたごたに巻き込まれ、都市と農村部の間では金を貸したり返済したりが続いていく。至るところで、同じ単調な話である。この問題についていくつかの知見が得られているジュネーヴ近郊の農村部[22]では、非常に短期の金の動きが、十五世紀から明らかになっている。都市の人々がおこなっている高利貸しが（プロテスタントの国では）隠れ蓑としての地代とか年貢といった遠回しなやり方をとる必要がない「外部との接触のない閉回路の、絶えず息切れしている経済においては」重要な要因である。スペインでは、十六世紀の〈夢想的な政治家〉ミゲル・カハ・デ・レルエラ[23]が、都市近郊の土地やぶどう畑に金が投資されるのは自然な傾向であると指摘している。「誰もが二、〇〇〇ドゥカードで一年に二〇〇ドゥカードの利益を収めることになるのが分かっていたし、また資本は六年経てば返済されることが分かっていたので、これは彼らには有利な投資と見えたのである。」実業家、国家が金貸しにこれに匹敵する地代を支払うことはめったになかった。こうして土地が彼らの投資対象となり、しっかりとした、目に見える抵当となっていた（農民が利子を払わないか、または返済をしない場合には、土地は差し押さえられる）。そして金貸しは、いつも自分自身の目で、自分の金がこれこれのぶどう畑やこれこれの家で利益を生むのを見ることができたのである。こうした安全策にはそれなりの長所がある。結局、この農地収入が大部分であるから、総額では大変な富になる。したがって、スペインでは〈地代にドゥカードで〉[24]貸し付けた一〇〇万ドゥカード以上があったと言う、一六一八年のバレ・デ・ラ・セルダの言葉を疑う理由はない。

5　四億から六億ドゥカートに上るこの膨大な穀物の重量は、我々の秤にかけてみると、軽すぎるとも見えるし重すぎるとも見える。十八世紀フランス[25]と一七九九年のスペイン[26]の農産物に関して最近明らかにされた比率を認めるならば、穀類は農業「生産物」の半分でしかない。したがって、今現在の総量をきわめて大まかに計算すれば、農業生産の章では、八億から一二億ドゥカートであると言えるだろう。もちろんこれはこの総量をきわめて大きく見積もることである。この話の出発点としたヴェネツィア市場の価格は高く、豊かな都市国家の経済にとってしか意味がない。次に、これは特に大事だが、消費される小麦は完全に市場経済を通るわけではない。したがって我々の見積りはきわめて根拠のないままであり、またそのことは論理的である。右に挙げた一五七六年のカスティーリャの村の例に話を戻すと、これらの村は二六、〇〇〇から六〇、〇〇〇キンタル、すなわち生産量の約五〇パーセントを消費しているにちがいない。しかし残りの半分は必ずしも市場を通らず、一部は十分の一税徴収者や都市の土地所有者の穀物倉に直行する。地中海の総生産量の六〇か七〇パーセントは、こうして貨幣交換をまぬがれているわけであるが、我々の「帳簿」ではこれを誤ってむりやりに市場経済に入れてしまっている。

6　貨幣経済網ならびにそれによって得られる比較的柔軟な経済の埒外での農業のこのような広がりは、地中海においてもよその土地においても、この過半数を占める経済活動の弾力性の欠如を増大させる。そのうえ技術も収益もぱっとしない。プロヴァンスでは、[27] 十八世紀になってもまだ、蒔いた種の収益率は一対五であり、この率は、おおざっぱに言えば、我々の扱っている世紀にとっても有効であるかもしれない。年間一億二、〇〇〇万キンタルを得るためには、地中海は少なくとも二、四〇〇万ヘクタールの耕作地を必要とするにちがいない。膨大な面積であって、この一年につき二、四〇〇万ヘクタールということは、ある土地が収穫をもたらす間別の土地は休むという二圃制として、少なくとも四、八〇〇万ヘクタールを前提とするのである。一六〇〇年頃、フランスの耕作可能な総面積が三、二〇〇万ヘクタールであるということを思い浮かべていただきたい。[28]

以上の計算はきわめて近似的なものであり、提示された数字は低すぎる。なぜなら小麦（とその他の穀物）はどこでも二圃制であるわけではないからである。いくつかの土地は、三年に一度とか四年に一度、さらには十年に一度耕作される。一対五よりも大きな収益が記録されていることもまた事実である。

土地の二〇分の一が耕作されているキプロスでは、小麦は一対六、大麦は一対八の収益である。[29] 遊牧生活が時々見捨てるプーリア地方の新しい土地では、穀類の収益は一対一五とか二〇である。だがこれは例外である。[30] そしてもちろん不作の時もあり、惨憺たる場合もある……。すべてを支配しているのは気候の偶発的条件であり、どんなに人間が頑張ったところですべていい方向に運を向けることはできない。したがって弾力がないのである。我々の知っている農産物の輸出の数字、これはかなり長期の系列をとってみれば、生産量と一定の相関関係があるわけだが、スペインからイタリアに向けて輸出される羊毛にせよ、またシチリアから外国の市場に出る小麦と絹にせよ、[31] たいていは一定している。図式で示せば横座標を軸に(もちろん大まかな意味で)平行の直線である。

さまざまな進歩がありうる。技術的に言えば、カスティーリャで犂を引くのがラバから牛に替わったことで[32] 耕作のスピードアップがあったし、また小麦の収益は耕作の回数次第である。しかしこの交替はきわめて不完全であった。北の犂は十六世紀にラングドックに出現するが、[33] ラングドックにおける犂の役割はわずかであり、また北イタリアにおいてもおそらくわずかであった。[34] しかし土を返すのも風を入れるのも十分にできない無輪犂が相変わらず一般に多く使われる道具である。

すでに土地改良を指摘したことがあるが、[35] 土地改良はかなり重要な土地征服と改善を表している。十五世紀にほとんど人間をかかえていない地中海が農民に新しい土地を提供しなかったのは、疑いの余地がない。飛躍的な発展、というよりもむしろ昔の繁栄、つまり十三世紀の繁栄の回復があった。農業の大変化は、たしかに、十六世紀のあらゆる飛躍的発展に先立ち、農業そのものの動きですべての発展を担うのである。ルッジェロ・ロマーノがこの点を主張するのは正論である。しかし結局はこの発展は農業の非柔軟性そのものゆえに、また十三世紀末と同じ条件で、止まってしまう。新しい土地は多くの場合収益が芳しくない。養うべき人間の数が資源よりも早い速度で増加するのであり、マルサスが口に出すよりも前に、正しいのだ。

世紀全体が、一五五〇年頃に、もっと確実には一五八〇年頃に、徴候の変化を示す。銀の革命とは言わないでおくことにするが、銀の流通がまさに加速されるときに、ある潜在的な危機が始まる。スペインに注意を払う歴史学者たちの考えでは、もう少し前か、もう少し後に、農業への投資は苦境に陥り、農民たちは以前ほど簡単には貸付を得られず、金を払わない金貸しは抵当を押さえられ、[36] 結局は大土地所有者自身一五七五―一五七九年度の財政危機で被害を受ける。[37] あとで適当な折りに述べることになる通り、ジェノヴァ人はその損失を金貸しに跳ね返らせたのである。以上のような説明と、ラングドックのケースが示す他の説明が[38] ともにありうるし、またどちらも有効である。しかし、鍵となる説明とは、まさしく重要な問題である農業生活の非柔軟性である。天井に達してしまっているのだ……。この乗り越えがたい状況から十七世紀の「再封建化」、逆さまの農業革命が生まれてくる。

（1）特に、J. GENTIL DA SILVA, 《Villages castillans et types de production au XVIe siècle》, in : *Annales E.S.C.*, 1963, pp. 740-741 を参照。この論文はカスティーリャの村の年間小麦消費量は二キンタルであると認めている。この平均値に関する議論は長くなる可能性がある。スントボルグによれば、一八九一―一八九三年の消費は、イタリアで〈一人頭あたり〉一・二、スペインで一・五、フランスで二・五キンタルである。Dr Armand GAUTIER, *L'alimentation et les régimes chez l'homme sain et chez le malade*, 1908, p. 296 を参照。André WYCZANSKI, *Kwartalnik historii Kultury materialej*, VIII, 1960, pp. 40-41 は一五七一年のコルツィナというポーランド国王直轄領に関してライ麦の消費は二・二キンタルであると語っている。I. BOG, *Die bäuerliche Wirtschaft im Zeitalter des Dreisigjährigen Krieges*, Coburg, 1952, p. 48 はニュルンベルクの消費量を二・五キンタルとしている。十六世紀のナポリの消費量を一・九キンタルとしているのは、W. NAUDE, *Getreidepolitik der europäischen Staaten vom 13. bis 18. Jahrhundert*, Berlin, 1896, p. 156. フランスについては、ヴォーバンは三・四キンタル（三スティエ）、エクスピリ神父（一七五五―一七六四年）は二・七キンタル、などである。
（2）本書第Ⅱ部第3章のヴェネツィアにおける小麦の価格（四〇二頁）参照。
（3）F・ルイス・マルティンの計算による。
（4）Museo Correr, Donà delle Rose, 217, f° 131 一六〇四年七月一日。同上、218, f° 328〔一五九五年〕、四六八、〇〇〇スタイオ。
（5）A. d. S., Venise, Dispacci Spagna, アルヴィゼ・コッレルからドージェ宛書簡、マドリード、一六二一年二月十一日。
（6）Carmelo VIÑAS et Ramón PAZ, *op. cit.*, II, pp. 99, 132, 140, 169, 272, 309, 397-398, 342-343, 348, 408, 426, 470.

(7) 一九六〇年の再版。
(8) G. CONIGLIO, *op. cit.*, p. 24.
(9) A. d. S., Naples, Sommaria Consultationum 7, f° 204 一五八〇年一月十八日。
(10) *Censo*, p. XIII.
(11) *Ibid.*
(12) G. LUZZATTO, 《Il Mediterraneo nella seconda metà del Cinquecento》, in : *Nuova Rivista Storica*, 1949.
(13) 『地中海』初版、一九四九年、四五〇頁以降。
(14) L. MENDES DE VASCONCELLOS, *Do sîto de Lisboa*, 1608, éd. Antonio Sergipe, p. 114.
(15) これは十八世紀にもまだ当てはまる。R. ROMANO, *Commerce et prix du blé à Marseille au XVIII*^{e} *siècle*, 1956, pp. 76-77.
(16) Museo Correr, Donà delle Rose, 217.
(17) たとえばカンディアの蒸留酒については、A. d. S., Venise, *Cinque Savii* 1, f° 14 一六〇一年十月六日と一六〇二年三月十四日。蒸留酒とレモンジュースは〈いつも西方から伝えられた〉。蒸留酒がヴェネツィアの関税表に登場するのは、十六世紀の終わりの数年になってからでしかない。
(18) 本書第I部第5章の「道路から銀行へ」注(11)(第I分冊五三五頁)を参照。
(19) V. MAGALHÃES GODINHO, 《O milho maiz—Origem e difusao》, in : *Revista de Economia*, vol. XV, fasc. I.
(20) すでに引用したロマーノ、シュプーナー、トゥッチのウーディネの物価に関する未刊の研究による。
(21) Hans TELBIS, *Zur Geographie des Getreidebaues in Nordtirol*, 1948, p. 33.
(22) J.F. BERGIER, *op. cit.*, p. 82 et *sq.* 引用は八二頁。
(23) Miguel CAXA de LERUELA, *Restauración de la abundancia de España*, 1713, p. 50.
(24) Luis VALLE DE LA CERDA, *Desempeño del patrimonio de S. M. y de los reynos sin daño del Rey y vassalos, y con descanso y alivio de todos*, 1618 (J. VICENS VIVES, *Historia economica de España*, 1re partie, s. d., p. 300 に引用)。
(25) J.C. TOUTAIN, 《Le produit de l'agriculture française de 1700 à 1958》, in : *Cahiers de l'Institut de Science Economique appliquée*, n° 115, juillet 1961, 特に二一二頁。
(26) 上記注(7)を参照。
(27) René BAEHREL, *op. cit.*, p. 152. 以下の計算は一ヘクタールあたり一キンタルの種を蒔くことをもとにしている。
(28) J.C. TOUTAIN, 前掲論文、三六頁。
(29) Biblioteca Casanatense, Rome, Mss 2084, f° 45 et *sq.*
(30) A. d. S., Naples, Sommaria Consultationum, n° 2, f° 140 一五六三年三月十三日。収益は一対二〇である。
(31) 本書四〇五頁図51と四一五頁図52を参照。

(32) 本書第I部第5章の「一六〇〇年頃は陸路が優勢であった?」〔第I分冊四七五頁〕を参照。
(33) E. LE ROY LADURIE, *op. cit.*
(34) Carlo PONI, *Gli aratri e l'economia agraria nel Bolognese dal XVII al XIX secolo*, 1963 という素晴らしい本は、残念ながら十八世紀からしか始まらない。一六四四年から（四頁）記録されているピオという犂が出現したのはもっと早かったにちがいない。しかしこの点に関して文献はあまり明確に言っていない。
(35) 本書前述。第I部第1章の「平野の土地改良」〔第I分冊一〇四頁以降〕を参照。
(36) B. BENNASSAR, *op. cit.*
(37) これは Felipe RUIZ MARTIN, *Lettres marchandes échangées entre Medina del Campo et Florence*, *op. cit.* の重要な序文における説明である。ジェノヴァ人は借金を〈永代所有権〉で決済することができるようになると、自分の損失を他に転嫁した。ジェノヴァ人の客のなかには、当然のことながら数多くの土地所有者がいた。
(38) E. LE ROY LADURIE, *op. cit.*

産業のバランスシート

ジョン・U・ネフ[1]は十七世紀初めのヨーロッパについて語りながら、七、〇〇〇万人の人口に対して、ヨーロッパには二〇〇万から三〇〇万人の職人がいたと考えている。この見積りは我々の扱っている地中海という六、〇〇〇万から七、〇〇〇万人の世界においても当てはまる。都市にはおよそ人口の一〇パーセント、すなわち六〇〇万から七〇〇万人がいるとすれば、都市の全人口のうち職人が二〇〇万から三〇〇万人、すなわち全人口の三分の一から二分の一であることはたしかにありうることだ。特別なケースとして、ヴェネツィアの場合に、似たような計算をしてみることは難しいことではない。つまり国立造船所に三、〇〇〇人の労働者[2]、五、〇〇〇人の〈羊毛職人〉[3]、五、〇〇〇人の〈絹織物商〉[4]、合計一三、〇〇〇人の職人がいて、その家族と合わせると、町の全人口一四万人のうち五万人が職人である。そして、もちろん、名前も仕事の内容もわかっている数多くの民間の造船所のすべての職人[5]

を勘定に入れなければならないし、さらにヴェネツィアの町は絶えず建築され、建て直しがおこなわれ、木を石や煉瓦に取り替え、泥に埋まりやすい〈潟〉をきれいにしているのだから、石工（ムラトリ）の大群も数に入れなければならない。ヴェネツィアの近くの、たとえばメストレでは、布地の縮絨工も勘定に入れなければならない(6)。少し遠くには、ヴェネツィアのために穀物を挽く水車小屋の労働者、紙料に必要なぼろの布切れを破る人、板や厚板を鋸でひく職人がいる。鍋釜製造業者、鍛冶屋、金銀細工師、砂糖精製の専門家、ムラーノのガラス職人、廃牛馬屠殺解体業者、およびジュデッカの皮革労働者(7)を数に入れなければならない。この他にもたくさんの職人がいる。加えて、印刷屋がいる。十六世紀のヴェネツィアは、ヨーロッパのすべての印刷物のかなりの部分を占めている(8)。

おそらく、ジョン・U・ネフは職人仕事で生活している人、つまり実際に職人として働いている人だけでなく、親方、労働者、妻および子供を含めて二〇〇万から三〇〇万人としているのだという点を明確にしたうえで、彼の挙げた数字を認めるべきである。これはヴェネツィアでの計算の仕方でもある。つまり世紀末には、羊毛に関するさまざまな仕事で二万人が生活していた、と言われている(9)。

こうした全体的な数字に、地方の職人の数を加えるべきである。どんなに仕事が地味であっても、職人のいない村、あまり重要ではない手工業活動のない村はない。しかしこうした領域では、すべて、ないしほとんどすべてが、計算してみようとする歴史家の目をまぬがれている。そのうえ、こうした計量をおこなう歴史家は、既成の習慣に屈してしまえば、目立たないが、貧しい農村地帯ではきわめて重要な職人仕事を過小評価する傾向がある。ところが職人仕事は貧しい農村地帯では、多くの場合、貴重な貨幣流通に接する唯一の手段なのだ。公の歴史の史料編纂は今日まで都市の手工業の高貴さしか見てこなかった。しかし農村の手工業はずっと前からアラゴン、ピレネー山脈、セゴビア周辺(10)、カスティーリャ(11)やレオン(12)の恵まれない村、あるいはバレンシアの国(13)に存在しているのだ。ジェノヴァの周辺に農村の手工業を見ないでいることはできない(14)。アレッポ周辺(15)の村は絹と綿の仕事をしている。

実際、都市の近く、あるいは遠方に、都市が必要とするのだが、場所がないとか、原料がないとか、動力がないために、市中に付属してつくることができない産業を起こさないところはひとつとしてない。ジェノヴァ後方の山のなかに鍛冶屋、水車小屋、製糸工場ができたのはそのためである。[16] ナポリ王国の、特にカラブリアのスティロ付近には、さまざまな鉱山、鍛冶屋、粉挽き場がある。[17] ヴェローナの入口のアーディジェ川には製材所がある。ここは密輸に理想的な場所であるだけに板材や厚板を載せた船が止まるのである。そして近くの都市（ヴェネツィアから八〇キロメートル以上）の食糧となる小麦を挽く挽き臼がつねにある。タホ川〔スペイン〕沿岸とタラベラ・デ・ラ・レイナの下方には延々と水車・風車小屋があり、[18] あるいは地中海のもう一方の端にはカンディアからも見える風車小屋が三〇もある。[19] ラングドックには都市産業があるが、近くの中央山塊とセヴェンヌ山脈に入ると数多くの手工業の村が見えはじめる。[20] 同じくリヨン周辺の広範囲にわたって、[21] 手工業の村があり、都市は近隣および遠方の農村地帯のこうした安価な労働で生計を営んでいる。

しかし、地中海における田舎の産業はイギリス（カージーの織物工場ゆえに）や北ヨーロッパと同じ力を持っていないらしい。地中海の田舎の産業は、十八世紀のフランスの場合のように、都市の商人によって遠方から管理される広大な田舎の列島のかたちでは決して現れない。[22] 十六世紀のリヨン周辺に田舎の産業が点々と散らばっているのは、少なくとも新しい証拠が現れるまでは、地中海にこれに匹敵するものはないとさえ私は思う。まさにこの考察が正しければ、次の二つの事柄を証明するだろう。第一に、地中海の田舎はその固有の生活において数多くの北の田舎よりもバランスがとれている（そしてこれはほんとうだと思われるが、ぶどう畑やオリーブ園はたいていは北の国々の田舎の産業に匹敵するものである[23]――果樹栽培は農民の家計に均衡を取り戻させている）。第二に、都市の産業、つまり大都市ならびに中都市の産業は、それだけで、巨大な市場の需要にだいたい応える力を持っている。しかし十六世紀末と十七世紀初めには、大都市から中規模都市ならびに村へと何度も手工業の移動が起こる。[24]

こうしてこの移動は、十九世紀初めになってもまだ残っている、田舎および準田舎の現実や潜在的な能力を強調する。ナポリでミュラが王国を手にいれたとき、彼は軍隊に（イギリス人の値段の高い赤いラシャを買うのを避けるべく）農民の黒いラシャ地の服を着せる。この布地は農村の人々の普段着であったものだ。(25)

上でちょっと見た比率を認めるならば、十六世紀の田舎の産業は、質や収入の総額という点では都市の労働と同じとはいかないにしても、人間の数の点では同じであるかもしれないと考えなければならない。これを証明するものは何もないし、また否定するものも何もない。最大に見積もって三〇〇〇万人の農村人口と三〇〇万人の貧しい都市住民が市場経済と関係のある手工業の世界全体を表しているのであろう。このうち一五〇万人が実際に仕事をしている人であろう。彼らの平均的な給料は、ヴェネツィアがアゴルドに所有している銅山で働く見習い坑夫の給料と同等である、つまり一日につき一五ソルド、あるいは年俸二〇ドゥカートである（祭日は仕事がなくて休みであるが、有給である）と推定してみよう。となれば給料の総額は約三、〇〇〇万ドゥカート金貨ということになる。これはわずかである。というのは都市における給料はもっとずっと高いからである（そして都市の産業がしばしばだめになるのは、このけた外れの給料の高さゆえである）。ヴェネツィアでは、〈羊毛組合〉の職人は、世紀末には、一年に一四四ドゥカートもらっているが、それでも賃金値上げを要求している。(27) その結果、我々の挙げた数字は、四、〇〇〇万ないし五、〇〇〇万ドゥカート金貨にかさあげされなければならないか、あるいは少なくともかさあげされる可能性がある。最後に、思い切って、工業生産の数値を給料の総額の三倍か四倍で算定してみれば、全体の数字は最大二億ドゥカートに達する。(28) たとえこの数字が水増しされたものにちがいないとしても、理論的に農業に割り当てられる八億六、〇〇〇万ないし一二億ドゥカートからはほど遠い。（ヨーロッパ共同市場に関する議論において、ある時期に、わがヨーロッパの国々のような高度工業化した国の専門家たちが、肉の商品化は今日では世界最大の事業であると発言しえたことに驚く必要があるだろうか。）

十六世紀の産業に関しては、工業生産物の総量が穀物や油やワインよりもずっと一般的に――そこでもまた自給自足の重要さを考慮に入れなければならないとはいえ――市場経済に入ってくる……。それでも自給自足は減る傾向にある。トマス・プラッター[29]は一五九七年にユゼスについて次のように記している。「各家庭は自分の家で毛糸を紡ぎ、それからその紡いだ毛糸をさまざまな用途に用いるために織ったり染めたりさせる。人々は我が国と同じように（バーゼルのトマス・プラッターはモンペリエで医学の勉強をしている）紡ぎ車を使っているが、紡錘竿（つむざお）はまったく見られない。なぜなら麻を紡ぐのは貧しい人たちだけだからだ。布は商店で購入される。そのほうが家で紡いだ布よりも結局は安くつくのだ。」織物産業と織物販売の発展は、人口の増加にも、仕事場の集中にも、また自給自足がおそらく後退したことにも関係があったと断言してもよい。

（1） John U. NEF,《Industrial Europe…》, p. 5.
（2） R. ROMANO,《Aspetti economici degli armamenti navali veneziani nel secolo XVI》, in: *Rivista Storica Italiana*, 1954.
（3） Museo Correr, Donà delle Rose 42, f° 77 v°〔一六〇七年〕。二人の労働者につき一人の親方の割合であるから三、三〇〇人が織工である。
（4） 〈羊毛職人〉の数と同じであるが、この見積りはたしかに楽観的すぎる。
（5） R. ROMANO,《La marine marchande vénitienne au XVIe siècle》, in: *Actes du IV Colloque International d'Histoire Maritime*, 1962, p. 37 を参照。
（6） A. d. S., Venise, Senato Terra 53 一五六九年五月七日。
（7） A. d. S., Venise, Senato Terra 2 一五四五年九月十七日。
（8） Lucien FEBVRE et Henri Jean MARTIN, *L'apparition du livre*, 1958, pp. 280, 286, 287, 293.〔リュシアン・フェーヴル他『書物の出現』上・下、関根素子他訳、筑摩書房〕
（9） 下記注(12)および *Cinque Savii*, 140, f°s 4-5 一五九八年三月十一日。〈家族と息子たちの労働を計算に入れると二〇、〇〇〇およびそれ以上の人々の数になる。〉
（10） J. van KLAVEREN, *op. cit.*, p. 182〔一五七三年〕。
（11） Carmelo VIÑAS et Ramón PAZ, *op. cit.*, II, p. 217. たとえば貧しい村であるペニャ・アグイレラには、炭鉱労働者、石切り工、

〈および羊毛で働いているかなりの人々〉がいる。

(12) ラ・マラガテリアの村々における樽の側板づくりと農民の布地工場については、本書後述（一六三頁、注(2)）を参照。

(13) T. HALPÉRIN DONGHI, *art. cit.*, in: *Annales E. S. C.*, 1956, P. 162 の絹、陶器、ズック靴製造、エスパルト工芸品用植物でつくった日用品、麻でつくったフィラーなど。

(14) Jacques HEERS, *op. cit.*, p. 218 et *sq.*

(15) 本書三一八頁注(8)を参照。

(16) A. d. S., Naples, Sommaria Consultationum（引用されている史料は無数である）13, f°s 389-390; 21, f°s 51; 31, f°s 139-146, 180-184; 37, f° 4 v°, 42 …

(17) A. d. S., Venise, Senato Terra 30 ヴェローナ、一五五九年三月一日。

(18) Carmelo VIÑAS et Ramón PAZ, *op. cit.*, II, p. 448.

(19) S. SCHWEIGGER, *op. cit.*, p. 329〔一五八一年〕。

(20) E. LE ROY LADURIE, *op. cit.*

(21) R. GASCON, *op. cit.*

(22) 明解な例として、François DORNIC, *L'industrie textile dans le Maine et les débouchés internationaux 1650-1815*, 1955.

(23) Roger DION, *Histoire de la vigne et du vin en France, des origines au XIXe siècle*, 1959, p. 26.

(24) 『地中海』初版、三四五頁以降。Giuseppe ALEATI, *op. cit.*, p. 125 は物価高の悲劇を、パヴィーア、クレモーナ、コモ、ミラノ……の場合に見ている。

(25) R・ラモンが提供してくれた情報である。

(26) Museo Correr, Cicogna, 2987 一五七六年八月。アゴルドでは三〇人の人が働いている。

(27) A. d. S., Venise, *Cinque Savii*, 1, 139 一六〇三年四月二十日。

(28) *Censo*, tableau 3 一七九九年のスペインにおける自然の産物〔農産物〕と工業生産物の割合は一対四、四四八である。

(29) *Op. cit.*, p. 328.

「問屋制度」と都市産業の興隆

一五二〇―一五四〇年から地中海の都市産業の決定的に重要な興隆があった。これは地中海とヨーロッパの関心を引く資本主義の二番めの風である。ジョン・U・ネフが一五四〇年からのイギリスだけについて述べた第一次「産業革命」[1]、あるいはJ・ハルトゥング[2]がずいぶん前に一五五〇年からのドイツ[3]だけについて指摘した「大規模な産業資本主義」の発展――これらの発展と革新は、おおざっぱに言って、専門化が不十分であるから、ヨーロッパと地中海全域にも当てはまる。今後の研究は、こうした産業の発展は、少し早い時期にか遅い時期に、十六世紀の発展を二分するかなり急激な後退の埋め合わせになったのだとおそらく証明することになるだろう。商業資本主義の栄光の日々が過ぎ去って、産業資本主義への交替があったのであろうが、産業資本主義がほんとうに花開くのは世紀後半の「金属の」勢いに乗じたときでしかない。産業が補償の価値を持つことになる。

（観察が可能なところであれば）ほとんどどこでも、このような産業は資本主義的であり、ドイツの歴史家の言う〈問屋制度〉[4]というお馴染みの図式にかなったもので、この問屋制度（Verlagssystem）という単語を私は「前貸し制度」と訳すことにする。商人、出資者、あるいは〈発注者〉は職人に商品を前貸しして、職人はこの商品を加工して給料を得るのである。この制度は十六世紀に始まるのではないが、この制度が知られていなかったところ（たとえばカスティーリャのように）や、まだほとんど実行されていなかったところ（ヴェネツィアのように）で広がる。この制度は導入される都度、職人集団、イタリアのartiやスペインのgremios〔いずれも同業者組合の意味〕を揺るがす。またこの制度の導入の度に、生産の緩慢なプロセスに財政援助をし、販売と輸出において利益を専有する商人に特権を与える。〈仕事をさせる〉商人の役割は、昔からある毛織物をつくる仕事よりも絹の仕事（比較的新しい）においてはるかに重要である。当然のことながら、織機の集中は広い仕事場で目に見える。たとえばジェノヴァではこの集中を妨げるものは何もないようであるし[5]、織機が集中することに対してすでに国家からの抗議と介入があったヴェネツィアでも明らかである。一四九七年十二月十二日の法律はすべての絹織物業者に対して仕事場に六台以上の〈織機〉を持つことを禁じていた[6]。この問題は一五五九年に蒸し返されて、この時には「二〇ないし二五台の織機を動かして、誰の目にも明らかな損害を引き起こしている何人かの人々の強欲さ[7]」が指摘されている。

原材料を前貸しし、給料の銀を用立て、製品の商品化を専有するというこの図式は、次のような重要な意味をもつディテールから再構成される。一五三〇年の冬の間、カール五世の大使ロドリゴ・ニーノ[8]はヴェネツィアに滞在して、主君から緑や青や赤や深紅のダマスクス風紋織物、深紅のビロードなど絹製品を購入する任務を与えられていた。ニーノによれば、見本を送って、値段の交渉をするのだが、いずれにしても注文を出したときに一、〇〇〇ドゥカード前払いし、残金の支払いは仕事が完了したときにおこなわれるのである。実際、織物職人は、商人がトルコからかせで取り寄せて、その後で商人の出す費用で加工される絹を買わなければならない。この場合買い手は商人の代わりになっているわけであるから、この買い手が原材料を銀で前払いするのである……。一五五九年八月に、カタロで起こったささいなトラブルは、もっとはっきりしている。[9]この辺鄙な一角では、〈織物職人〉は、〈自分の費用で〉加工してはならないとする一五四七年の正式な法に逆らって、自分で直接生糸を買って加工する習慣があった。元老院はすべてが正常な状態に復するように決定する。独立した〈織物職人〉に適当と思われる値段で商人が織り糸を買わなければならなくなるのを防ぐために、〈織物職人〉は商人の持ってくる絹を紡ぐことになる。これははっきりしている。別のイメージとして、次の証言はジェノヴァのある職人が一五八二年に別の職人について述べたものである。[10]「なるほど、彼は自分が何を言っているのかよくわかっている。というのは〈織物工〉アゴスティーノ・コスタの職人をしていて、このアゴスティーノの店で何度もバティスタ・モントリオ（商人）に会っているからだが、このモントリオという商人は生糸をアゴスティーノの店に持って来て、加工された絹をアゴスティーノから買っていた。」これより十年前の一五七〇年、スペインのセゴビアでは、アナ王妃（フェリーペ二世の最後の妻）の到着の折りに、同業者組合のパレードがおこなわれる。まず初めは造幣局の労働者、次に〈羊毛商人〉、その次に「民衆が不適切にも商人（mercaderes）と呼ぶ毛織物業者」と十七世紀のある歴史家は言っている。

「このとき自分の家のなか、あるいは家の外で、他人の手で非常に種類の多い高級な毛織物をつくりながら非常に多くの人々(ある人は二〇〇人、別の人は三〇〇人まで)を養っているのが、本物の家長である……。[11]」

(1) カスティーリャに関するF・ルイス・マルティンの革新的な研究、前掲書、John U. NEF, 《The progress of technology and the growth of large scale industry in Great Britain, 1540-1660》, in: *The Economic History Review*, 1934 およびアンリ・オゼールの論評(*Annales d'histoire économique et sociale*, 1936, p. 71 et *sq.*)を参照。

(2) J. HARTUNG, 《Aus dem Geheimbuche eines deutschen Handelshauses im XVI. Jahrhundert》, in: *Z. für Social-und Wirtschaftsgeschichte*, 1898.

(3) 技術の違い(イギリスにおける石炭)と手段の違いにもかかわらず、大まかに見れば同一性のほうがまさる。

(4) この難しい単語(Verlagssystem)の翻訳に関しては、M. KEUL, in: *Annales E. S. C.*, 1963, p. 836, note 3 を見よ。

(5) 『地中海』初版、三四二頁。H. SIEVEKING, 《Die genueser Seiden-industrie im 15. und 16. Jahrhundert. Ein Beitrag zur Geschichte des Verlags-Systems》, in: *Jahrbuch für Gesetzgebung, Verwaltung und Statistik im Deutschen Reiche*, 1897, pp. 101-133 による(これは実に見事な研究である)。

(6) 次の注を見よ。

(7) A. d. S., Venise, Senato Terra 30 一五五九年十一月十一日。これは一四九七年十二月十二日の〈部分〉の反復である。

(8) ロドリゴ・ニーノからカール五世宛書簡、ヴェネツィア、一五三〇年十二月一日、Simancas, E° 1308.

(9) A. d. S., Senato Terra 29 一五五九年八月十六日。

(10) Archive Communale, 572 ジェノヴァ、一五八二年。

(11) Diego de COLMENARES, *Historia de la insigne ciudad de Segovia*, 2e édit, Madrid, 1640, p. 547.

制度の繁栄

問題は商人や企業家の優位だけではなく、制度の経済的成功でもあり、状況が有利ではなくなったときにこの制度が抵抗力を示すことができることである。企業の集中があり、興隆があり、以前よりも効率的な仕事の分業があジェノヴァ……そしておそらくヴェネツィア、トレド、コルドバ、セゴビア、これは、生産の向上がある。これらの都市の活気は、世紀末には、示していることである。これらの都市の活気は、互いにかなりの間隔を置いて、フィレンツェのような古い工業都市と対照をなしている。フィレンツェでは贅沢な毛織物や絹の昔からの技術はある種の不振に陥っているだけでなく、「卑劣な行為」に走っている。ここで問題になる、したがって我々の説明に例外としての関心を引く要素をもたらすのは構造であろうか。これはある炯眼の歴史学者の主張していることである。[1] あるいは、ア・プリオリに考えられるように、フィレンツェはおそらく物価高の犠牲になっているのだ。フィレンツェは、他のどんな都市（ジェノヴァを別にして）よりも、貴金属の登場とそれが引き起こした物価の急騰に打撃を受けた。銀行、農村は〈同業者組合〉と競合し、〈同業者組合〉は、戦争ばかりしているヨーロッパにおいて、スペインを除いて、高級品の販路を見つけるのに苦労する。いずれにしても、フィレンツェの産業活動は、一五八〇年から衰退しはじめる。

反対に、他の都市、なかんずくヴェネツィアは、勢いに乗って次の世紀まで発展しつづける。これには労働力の豊かさ、新しい技術などすべてが寄与した。ヴェネツィアのラシャは、セゴービアのラシャやトレドとコルドバの絹がスペインないしアメリカの市場に合うようにつくられたのと同じく、ヴェネツィアの得意先でありつづけたレヴァントの客の好みに合わせて、二流品のスペイン産羊毛をもとにつくった並みの品質であった。これに企業を率いる「新しい人々」の性質が加わる。少なくともヴェネツィアでは、こうした企業家はたいていは外国人であり、十五年か二十年誠実な勤めをした後で、ある日、政府に市民権を請求するのであるが、彼らは何百枚、何千枚もの毛織物を製造させたのだから十分に市民権があると思っている。[2] 要するに、新しさは種々多様である。企業家の段階でも職人の段階でも、技術導入の新しさ、方法の新しさ、人の新しさがある。なぜならもはや産業労働力ほど流動性のあるものはないからである。

（1）この説明は Felipe RUIZ MARTIN, *Lettres marchandes de Florence, op. cit.* の序文による。
（2）たとえば A. d. S., Venise, Senato Terra 74 一五七八年四月十三日、106 一五八四年三月七日、112 一五八九年十一月二十四日。ネグリン・デ・ネグリニは一五六四年以来一、八八四枚の毛織物を製造させてきた。何人かの企業家の革新的精神については、*ibid.*, *Cinque Savii*, 15, f° 21〔一六〇九年〕二月七日。

移動する労働力

十六世紀の職人の世界はいろいろな民族が混じり合っていて、その土地の人々だけであることはめったにない。フィレンツェの同業者組合は、十四世紀には、フランドルやブラバント〔現在のオランダとベルギー〕の労働者を利用した[1]。十六世紀に、フィレンツェの〈羊毛組合〉の徒弟は、すでに述べたことがあるように[2]、トスカーナ地方の境界を越える広い範囲で募集されている。ヴェネツィア政府から〈黒いビロード〉の製造権を獲得したヴェローナには、一五六一年に[3]、二五人の親方がいるが、ヴェネツィア人は一人もいない（これではヴェネツィア政府が黙認しなかっただろう）。ジェノヴァ出身が一四人、マントヴァ出身三人、ヴェローナ出身二人、ブレッシア出身二人、ヴィチェンツァ出身一人、フェッラーラ出身一人である〔残る二名にはブローデルは言及していない〕。〈彼ら親方を働かせる〉商人は四人しかいない。ヴェローナ出身が二人、ジェノヴァ出身が二人である……。これが職人暮らしと商人生活の移動に開かれた小さな窓である。

同じ光景がブレッシアにも見られる。甲冑や白兵〔刀剣・銃剣〕や鉄砲製造をおこなっている〈武具組合〉は、状況に応じて絶えず大きくなったり、次には減少したりするが、近隣の都市に労働者を取られたり、次にはその労働者を取り戻したりという具合である。世紀末には、フランチェスコ・モリノという新しい〈隊長〉の力で[4]、町は多くの〈職工〉を連れてサルッツォに行っていたブレッシアの親方の一人を取り戻す。ピストイアからもミラノからも労働者が回収される（三一人はミラノの出した金で）。そのために親方の「仕事場」の数は二三に回復する。次いで鉄の調達の困難と商人の数が不足したために新たな危機に見舞われる。商人はさらに一人か二人必要であった……。

なぜなら産業は商人、すなわち資本の後に続くからである。一六一〇年春に、[5]ヴェネツィアを代表してイギリスに行くトンマーゾ・コンタリーニは、ヴェローナに立ち寄り、次いでトレント街道を通って、ロヴェレートを横切る。この小さな地方にかなり多くの〈織物工〉と三〇〇種以上の〈服地見本〉をかかえた活気のある〈商店〉を見つけて彼の驚きはいかばかりであったことか。ここの労働者はヴェローナを見捨ててきたばかりなのだ……。それから四年後の一六一四年五月、ヴェネツィア政府は次のような奇妙な申し出を認める。[6]ヴェネツィアの町の重要な産業部門の活動に携わっている労働者や親方、特に〈絹織物組合〉で〈仕事をやめてよそに行くと耳にした人〉を警察に密告する人はその任務を果たすという条件で、報酬として〈盗賊〉、つまり追放されたか、牢に入れられている山賊の釈放を勝ち取るというのである。同じ時期に、同じ考え方で、ヴェネツィアは、ヴェネツィアの町を離れてよその土地で技術を生かそうとする〈砂糖精製の労働者と親方〉を身柄と財産を押さえて処罰すると脅している。[7]

職人の旅や逃亡は経済情勢に支配されている。人手の埋め合わせをしたり、代理を探したりすることは、かなり広範な範囲にわたっておこなわれる。こうして大都市から中小の都市へと移動することは、十六世紀末にはごく当たり前のことである。あるいはもっと長い行程で、十五世紀および十六世紀全体にわたって、絹の産業がヨーロッパ中に普及していくことを考えてみよう。十七世紀のイタリアでは、イタリア南部の絹織物産業の発展があり、イタリア南部は新しい産業の発展期にあるが、次には一六三〇年代[8]にはどこでも一挙にこの繁栄がストップし、北の小都市が次から次へと急激に財を成していく。つまり北の小都市が、絹の仕事に関しては、南の都市を引き継いだのである。これは当然のことながら職人の転勤を含む。

(1) Alfred DOREN, *Wirtschaftsgeschichte Italiens im Mittelalter*, イタリア語訳、1936, p. 491.
(2) モーリス・カルモナによる。本書第I部第5章の「特権的な金融都市」注(1)参照。一六〇八年にある疫病〈点状出血〉の病気のため労働者が大量に死亡し、王子の結婚式に必要な豪華な毛織物製造のためにミラノの労働者が呼び寄せられる。Haus-Hof-und Staatsarchiv, Staatskanzlei Venedig, Faszikel 13, f° 359 ヴェネツィア、一六〇八年五月九日。
(3) A. d. S., Venise, Senato Terra, 35 一五六一年十二月十五日。
(4) Museo Correr, Donà delle Rose 160, f°s 53 et 53 v°.
(5) A. d. S., Venise, Senato Secreta Signori Stati, トンマーゾ・コンタリーニからドージェ宛書簡、ボルツァーノ、一六一〇年三月二十三日。
(6) A. d. S., Venise, *Cinque Savii* 1, 200 一六一四年五月二十七日。
(7) *Ibid.*, 16, f° 53 一六一一年十一月十五日。
(8) ヘンティル・ダ・シルバの十七世紀イタリアの定期市に関する未刊の研究による。

全体の動きと個別の動き

以上のように急速に進展を遂げる産業活動が全体として同じリズムであるかどうかは我々はア・プリオリには知らない。埋め合わせがあり例外があることを想像するならば、同じリズムということもありうる。実際には、こうした産業活動の全体は我々にはつかまえられない。織物産業――建設産業と並んで、あるいは建設産業に続いて最も重要な産業であるが、これだけが重要なのではない――に関して、産業全体にかかわるひとつの解答が可能である。実際、我々はスペインならびに教皇領から明礬《みょうばん》の輸出があったことを知っている。したがって、布地の染色に不可欠な、少なくともこの染色の準備に欠くことのできない色止め料の総使用量を知っている。「この指標」は決定的に重要であり、またその答えは明白である。変動は、一五九〇年から一六〇二年までを天井として全般的な経済情勢に伴って起こる。(1)

しかしあらゆる産業がこうした全般的なリズムに従っているかどうかを知らなければならないが、それはありうることでもあり、またおそらくその通りである。これは産業活動と商人の需要との関係を強調しようと気を配る歴史学者が繰り返し述べていることだ[2]。商人は演出家である。それでも、産業は埋め合わせでもあり、代理でもあるのだから、長期ないし短期において、いろいろな例外がありうることは認めよう。「建設業」は時にはこうした全体の動きと逆方向に進んで行くことがあるようである[3]。また個別の、地方ごとの経済変動があるらしいことは、我々はじかに知りはじめている。実際、織物生産のいくつかの曲線はわかっている。面白いのは、この曲線が描かれる時期がいつであれ、生産曲線は奇妙なことに互いに似通っているということである[4]。どんな産業の発展も矢のように一直線に進み、衰退は垂直に下降する。オンドスコートのセイエテの生産の上昇と下降を示す曲線はロケットの軌道の形である。レイデン〔オランダ〕のそれも二重の曲線を簡単に描くことができる。ヴェネツィアの曲線は（ピエール・サルデッラ[5]とドメニコ・セッラ[6]によれば）古典的な放物線の形である。フィレンツェでは、我々の持っている不十分な数字は似たような曲線になる[7]。小さな例として、マントヴァ[8]では、通則が確認される。それはブレッシア[9]とカモニカ谷の毛織物産業の場合に当てはまる。セゴビア、コルドバ、トレド[10]、クエンカ……に関してはまったく明白である。これは一般的な通則であるのだろうか。

いずれにしてもこの通則はどんなに地味な産業にも当てはまるようである。たとえばヴェネツィアは、アドリア海東岸では、船にせよ手工業にせよ商人にせよ、いかなる競争も避けようとする。ヴェネツィアはこれに必ずしも成功するわけではない。ヴェネツィアから出港した「ガレー商船」や他の船は、イーストラのプーラに寄港して乗組員、漕ぎ手、食糧を補充するのが常である。プーラは、すでに乗船しているかこれから乗り組む人々にとって、島々の目の粗い羊毛をもとにつくられた布地、つまりすでに話題にしたことがある、イーストラやダルマーチアの後背地からやって来る〈ラシャ〉や〈グリジ〉[11]が最も豊富に在庫のある市場となった。一五一二年頃には、こうした生地は〈アドリア海岸側地帯〉、セニガッリア、レカナーティ、ランチャーノの定期市に出され、大変よく売れたので、プーラからこのお馴染みの商品が消えていくことになる。これは一五二五年頃にヴェネツィア政府が秩序を回復させるときまで、約十年か十五年続く。したがって上昇の期間があり、次には下降の期間があったのである。

オスマン・トルコ帝国においても類似の傾向があったと推測される。そこでの産業はたいていは移民の行為であり、移民はコンスタンティノープルやその他の土地で多くは親方となり[12]、高級布地を製造する[13]キリスト教徒の捕虜に加えてユダヤ人の職人である。ユダヤ人の職人はコンスタンティノープルとサロニカ[14]に毛織物産業の技術を導入した。サロニカに関しては、一五六四年からは毛織物の部門の生産が下降し、ユダヤ人共同体の指導者であるラビ〔祭司〕がさまざまな措置（羊毛の自由購入禁止、都市内で製造された服を着ることとの義務づけ）をとって転落を食い止めたことを我々は知っている。こうした情報によって意義深い生産曲線のピークが一五六四年頃に置かれる。これはティベリアス湖〔イスラエル〕のほとりにあるガリリーの首都サフェド〔ゼファト〕という小さな都市によって確認されることだ。この町はユダヤ人の移民と彼らがもたらした手工業によって、一五二〇年代から一五六〇――一五八〇年代まで、毛織物産業が急速に繁栄する[15]。一五三五年に、ある旅行者は次のように記している。「織物産業は日毎に繁栄している。その年サフェドでは、カージーよりも厚手の布地は別として、一五、〇〇〇枚以上の〈カージー〉がつくられたと言われる。あるものはヴェネツィア製のものと同じくらい良質である。男でも女でも、羊毛に関係のある仕事をしている者は誰でも、かなり暮らし向きがいい……。私は何枚かの〈カージー〉と他の織物を購入して、転売したところ、かなりいい儲けになった……。」トルコの税金収入はこの小都市の発展を確認している。一五二五―二六年に染物屋が払う税金は三〇〇アスプルである。一五三三年頃には、一、〇〇〇アスプルになり、一五五五―五六年には（たった四軒の染物屋で）二、一三六アスプルに達する……。この頃に上昇が止まる、すなわち、おおざっぱに言えば、サフェドの衰退とサロニカの危機が同時に起こるのである。一五八四年、ユダヤ人がサフェドを離れると、没落は早まる（一五八七年には十年前に創設された印刷所が閉鎖される）。一六〇二年には、もはや織物はまったく製造されなくなる。

この証拠は中近東のユダヤ人社会の貧困化の書類に記入すべきであるが、それでもやはり世紀半ば以降のオスマン・トルコ帝国の全般的な健康状態の判断材料になる。こうした不振な状況に羊毛調達の困難が加わり、一五八〇年代になると、イギリスの織物がイギリスの船で直接レヴァントにやって来る。イタリアの産業の発展に加えて、オスマン・トルコ帝国を連続的にインフレの大混乱に陥れるあの貨幣、経済的危機も考慮に入れなければならない。[16]

いずれにしても、産業活動自体の曲線の「ピーク」はそれなりに興味深い。

1　一五二〇—一五四〇年頃に全般的な飛躍がほぼどこにでも見られるのを確認しておくことは重要である。

2　活動のピークは一五六四、一五八〇、一六〇〇年頃である。

3　もちろん産業は、十八世紀に予告され、十九世紀には完全に力をつけることになる、あの競争相手がいないほどの経済力はまだないが、すでに例外的な活力を持っている。成功はまたたく間である。

4　それでも没落は人目を引くほどであり、また初期の発展よりも時間的に位置づけるのは比較的容易である。[17] たとえばヴェネツィアでは、羊毛産業は一四五八年頃に華々しく始まり、一五〇六年頃には少なくとも〈陸地〉にとっては明らかな不振があり、一五二〇年からは景気が回復して長続きする。[18] この並外れた発展が息切れしはじめるのは一六〇〇—一六一〇年代である。[19] ところで、おそらくこの同じ時期、すなわち一六〇四年頃に、プロテスタントのオランダで毛織物産業の全国的な発展が認められるのである。[20][21]

したがって躍進と衰退の間隔は極端に変わることがあるが、空間的には呼応している。産業——というよりも前産業と言ったほうがいい——は、絶えざる往復運動の領域であり、たゆまぬ〈新しい取引〉の場、トランプのカードの絶えざる配り直しの場である。トランプのカードが一通り配られるとゲームが再び始まる。負けている人も、もう一回チャンスに巡り合うことがある。ヴェネツィアはこのことを証明しているように見える。しかし最後にゲームをする者がつねに有利である。十六世紀のイタリアとスペインにおいては新興都市の勝利がすでにそのことを語っている。そして十七世紀の北欧の勝利は、オランダという四つ辻における織物産業の古さがいかなるものであれ、若い競争相手の勝利である。

歴史家があらかじめ産業があることを発見していないような平凡な都市にも、またナポリのように人々が太陽の光りで暖をとってなにもしないでいるような都市にも、産業は存在していて、至るところで突如として姿を現してくる。[22] 産業は、広大な干し草畑のなかで、火力は弱いけれども[23]、いっぺんに火をつけられたようなものである。こういう火は燃え広がることもあるし消えることもあるが、消えてもまた少し離れたところで再び火がつく。風がどちらからか吹いて来るだけで十分であり、それまで守られていた草に炎が届くだけで十分である。一九六六年の今日でもなお、事情はだいたい同じである。[24]

(1) Jean DELUMEAU, *op. cit.*, 特に一三二および一三三頁のグラフを参照。
(2) R. GASCON, *op. cit.*, p. 89. ゴリスおよびストリダーの後に来たアントワープについては、Clemens BAUER, *op. cit.*, p. 9.
(3) Andrej WYROBISZ, *Budownictwo Murowane w Maloposce w XIV i XV wieku (Les métiers du bâtiment en Petite-Pologne aux XIVe et XVe siècles)*, 1963 (résumé en français, pp. 166-170).
(4) Emile COORNAERT, *op. cit.*, p. 493 et *sq.* および図表V—2。
(5) Pierre SARDELLA, *art. cit.*, in: *Annales E. S. C.*, 1947.
(6) Domenico SELLA, *art. cit.*, in: *Annales E. S. C.*, 1957.
(7) Ruggiero ROMANO, 《A Florence au XVIIe siécle. Industries textiles et conjoncture》 in: *Annales E. S. C.*, 1952.
(8) Aldo de MADDALENA, 《L'industrie tessile a Mantova nel 1500 et all'inizio del 1600》, in: *Studi in onore di Amintore Fanfani*, 1962.
(9) A. ZANELLI, *Delle condizioni interne di Brescia...*, p. 247 は織物産業の頂点（一八、〇〇〇枚）を一五五〇年頃に位置づけているが、私は一五五五年頃に位置づけたいと思う。すべてヴェネツィアの税関の評価で決められてきた（Senato Terra 1 一五四五年五月二十日)。それに出ていった親方は戻っては来ないという状況は変えることができない。

(10) フェリーペ・ルイス・マルティンの未刊の研究による。

(11) 本書第I部第2章の「アドリア海」および Senato Mar 7, f° 26 v° 一四六一年八月二十一日。

(12) オメル・ルトフィー・バルカン学部長の高等研究院における講演。

(13) A. d. S., Florence, Mediceo 4279 あるユダヤ人商人はビロードやダマスクの技術を持っているキリスト教徒の奴隷をトリポリに買いに行く。

(14) I. S. EMMANUEL, *Histoire de l'industrie des tissus des Israëlites de Salonique*, 1935.

(15) S. SCHWARZFUCHS, 《La décadence de la Galilée juive du XVIe siècle et la crise du textile du Proche-Orient》, in : *Revue des Etudes juives*, janvier-juin 1962.

(16) 本書第II部第2章の「貨幣価値の下がった通貨と贋金」(三〇五頁以降)参照。

(17) A. d. S., Venise, Senato Terra 4, f° 71 一四五八年四月十八日。〈今日この町では羊毛工業がはじまり、あらゆる種類の毛織物と布地を一生懸命につくった……。〉

(18) *Ibid*. Senato Terra 15, f° 92 一五〇六年一月二十三日。〈……我が土地の多くの人々の糧となってきた羊毛産業は今ではこれ以上に縮小されることはないほど大きくなった……。〉

(19) P・サルデッラの注ならびにD・セッラがよく引用する論文を参照。ヴェネツィア自体の困難については、Senato Terra 15, f° 93 et *sq*. 一五〇六年二月九日、およびもっとはっきりした証拠については、A. d. S., Venise, Consoli dei Meranti, 128 一五一七年九月二十九日。

(20) *Ibid*.

(21) Emile COORNAERT, *op. cit*., p. 48.

(22) A. d. S., Naples, Sommaria Consultationum, 7, f°s 33 à 39 一五七八年二月二十八日。一五七六年の生産量は絹織物二六、九四〇カンネ〔巻き〕である。

(23) 羊毛に関する税関検査で危うくされたブレッシアの織物産業の脆弱さでもあり、ヴェルチェッリでは調達できなくなった(Senato Terra 1 一五四五年五月二十日)。

(24) これはフランソワ・シミアンの指摘である。François SIMIAND, *Cours d'Economie Politique*, 1928-1929, II, *passim* et p. 418 et *sq*.

商取引の総量

商業は、種々様々な活動であり、点検や計算がしにくい。農婦が市場に売りに来る果物や貧しい人が金持ちのぶどう酒倉の戸口で飲むグラス一杯のワイン〔金持ちはしばしばこの種の小売をおこなっている〕も、ヴェネツィアの〈商用ガレー船〉やセビーリャの〈カサ・デ・コントラタシオン〉のおこなう貿易も商業である。扇は大きく広がっている。そのうえに、十六世紀にはすべてのものが商品化されているわけではなく、またそれどころではない。市場経済は経済生活のほんの一部である。物々交換や自家消費といった初歩的な形態がどこでも市場経済からはみ出している。商業は生産の最終段階であるというあの公式(1)——商業は、商業が輸送する商品に剰余価値を付け加えるという意味——を認めるならば、一見してよく知られている実例に関して見たところで、この剰余価値、とりわけ利益は、計算しにくいものだと言うことができる。一五六〇年代には、インドおよび東インドからヨーロッパに向けて、約二万キンタルの胡椒が輸送された。この胡椒は、カルカッタでは軽量キンタル〔約五〇キログラム〕あたり五クルザード〔銀貨〕で購入され、リスボンでは六四クルザードで売られる。つまり優に十二倍以上の価格である。もちろん、買う人と売る人は同じではない。輸送費、税金、危険は高くつき、さまざまであるが、販売時にほぼ一三〇万クルザードのものについて商人の儲けがいったいどれほどかは言うことができない。

そのうえ、商人の帳簿ないしひっきりなしに起こる破産の結果が示しているように、商品は、十六世紀の「商人」の活動のひとつでしかない。あらゆる取引と投機がごちゃごちゃになっている。つまり土地や家の購入、産業の企て、銀行、海上保険、宝くじ(2)、都市の地代、農民の年貢、牧畜、〈公営質屋〉の前貸し、為替への投機などである。商品のほんとうの取引と金の不自然な取引とが混ざり合っている。あらゆる複雑化のきっかけとなる不自然な取引の割合は、大商人が増えるにつれて、また比較的恵まれた十六世紀末の数年が経つにつれて、絶えず大きくなる。商人の取引がほとんど奇蹟的に定期市に変わっていくことがあるのはますますよく知られてきている。一五五〇年に、ド・リュビスは「時には……一ソルも現金で支払うことなく、午前中だけで一〇〇万リーヴルが支払われる」[3]リヨンの定期市について語っている。それから五十年後、リアルト広場銀行の両替日誌をつけているジョヴァン・バティスタ・ペレティは、ヴェネツィア政府宛のある報告書で、ピアチェンツァの定期市では毎回三〇〇万から四〇〇万エキュが取引されていること、またたいていは〈そこの市には現金は一クワットリーノもない〉[4]ことを説明している。両替および戻り手形の振り出し、証書の数が増えていく〈約束手形〉[5]――十七世紀には必ずしも公正な業務ではなかった――は、もっとずっと早く、十五世紀に、ジェノヴァで始まり[6]、十六世紀末にはほぼどこにでも見られ[7]、リヨンでも見られたが、一五八九年一月[8]には、次のような典型的な実例があったことを我々は知っている。二人のイタリア商人がラングルの司教とその二人の兄弟に金の前貸しをすることに同意する。そしてその総額は第三番目の商人の「グイッチャルディーニという紳士」によって「両替および戻り手形の振り出しで」引き受けられた。

それでもやはり判断を下してみることにしよう。結果はたしかに間違っているだろうが、判断に至るやり方は教えるところがあることが明らかになるだろう。

まず初めに開いているドアは、カスティーリャの税務史料である。この史料の不完全さは、当然のことながら、詳しく言うまでもない。しかしながら補助税にあたる〈売上税〉は景気によって変動しているのだから、まったく無視してもよい「指標」ではない。これはまた、都市や地域によって活動の違い、富の違い、収入の違いがあることをはっきりさせている。バリャドリーでは[9]、一五七六年に、二、二〇〇万マラベディの徴収（〈売上税〉は原則としてあらゆる売上の十分の一である）は、大まかに言って、二億二、〇〇〇万マラベディの総売上高に相当する。また都市の四万人の住民の一人ひとりにつき、割当額は五、五〇〇マラベディ、すなわちわずかに一五ドゥカードを越える額になる。これは各住民が実際におこなわれた商取引でこれだけの利益を得ることができたという意味ではない。これは原則として住民の手を通した事業のフローである。読者は、このようなしばしば閉回路になっている交換には、埋め合わせ、投機、幻想があったと推測できよう。おそらくこの二億二、〇〇〇万という数字は低すぎる。実際、各都市は税金を収入として当て込んでいるのであり、見積りの数字を支払って、その次に立替え金を返済してもらうわけだが、利子がないわけではない。しかし一五八〇年代以降は、都市は予定納税を中止し、昔日の利益の出なくなった〈売上税〉は税の直接徴収に移行していくのだと言ってもよかろう。[10] いずれにしても、一五七六年に、二億二、〇〇〇万という数字、個人あたり一五ドゥカードという数字は、比較的高い水準にある。一五九七年の[11]セビーリャにはもっといいのが見つかる。セビーリャはバリャドリーよりもはるかに豊かで、一五七六年から一五九八年まではインフレが続いた。結果として、セビーリャ人一人あたり、一五、九〇〇マラベディ（人口一〇万人、〈売上税〉は一億五、九〇〇万マラベディ）、すなわち一五七六年のバリャドリーの数字の三倍である。[12]

しかしカスティーリャの巨万の富を明らかにする地理を描くこうした地方の数字は、脇に置いておこう。さしあたり重要なことは、取り扱われた総事業高を見積もることである。一五九八年のカスティーリャ全体では、〈売上税〉（残念ながら〈歩兵連隊〉の増強で引き上げられた）の総収入は一〇億マラベディに上る（〈歩兵連隊〉は教会に対して支払われるある種の十分の一税の三分の二に等しいので、これは当然我々の計算から外しておかなければならない）。しかし国内の取引の量を見積もるにあたって我々の概算は一〇〇億マラベディである。この概算を各住民に割り当てると、一、五〇〇マラベディ、すなわち四ドゥカードとなる。この計算がバリャドリーの（一五七六年の）水準ないしセビーリャの（一五九八年の）水準以下になったところで、驚くにはあたらない。都市経済は相変わらず電圧が高いのである。

外国貿易の関税をもとに計算をおこなうことが可能である（確実ではないにしても）。取引される商品の価値に対して関税を十分の一として任意に外国貿易の計算をおこなうと、三六億三、〇〇〇万マラベディという数字（輸入）になる。収支のバランスはスペインには不利になって均衡が崩れているけれども、三六億三、〇〇〇万マラベディの輸出があったと想定するのはまったく恣意的であるわけではない。これに貴金属の輸入として七億を付け加え、過度に自己正当化をおこなうことなく、一〇〇億〈売上税〉に相当する）と外国貿易の七九億六、〇〇〇万を付け加えよう。つまり約一八〇億、言い換えれば人口一人あたり九ドゥカードである（カスティーリャは五〇〇万人の住民）。外国貿易と国内商業との関係はおよそ一対三であることにお気付きになったことであろう。

第二の入口は、一五五一―一五五六年度のフランスである。フランスに関しては、ただひとつ確実な数字、つまりフランスの輸入の総額(13)三、六〇〇万トゥール・リーヴルがわかっている。計算をおこなった人によれば、そのうちの一、四〇〇万から一、五〇〇万リーヴルは贅沢品、実用的でない「屑」である。この三、六〇〇万は（一エキュは二リーヴル三ソルとして）一、五七〇万エキュに相当する。我々としては輸入と輸出の総額を得るために、この数字を二倍にして三、一四〇万エキュとし、国内取引の数字としては三倍にして四、七一〇万エキュとする。そうすると全体は七、八五〇万エキュである。フランスの人口が一、六〇〇万人であるとすれば（周知の通りすべての歴史学者に認められている数字だが、立証されてはいない）、人口一人あたりの割当額はほぼ五エキュになる。この数字をスペイン・ドゥカードで概算で表せば、約五・六ドゥカードということになる。当然のことながら一五五一―一五五六年に関して有効なこの数字は、世紀末のスペインの数字には及ばない。しかしカスティーリャはフランスよりも豊かであり、そのうえ一五九八年のスペインの数字はインフレで水増しされたわけで、結局我々はフランスの場合の一、六〇〇万人という約数については自信がない。こうした不確定な要素がすべて結集したところでスペインとフランスの二つの「指標」がひとつの比較を受け入れるのが見られるという満足感を我々から奪うものではない。

二つの指標のうち低いほうは地中海の全体の規模に役立ち得るだろうか。そうだとも言えるし、そうでないとも言える。それならばフランスの指数の小数点以下を切り捨てて〔五ドゥカードと計算して〕、確信はないけれども、六、〇〇〇万人の地中海人にとっての商取引の総量はおよそ「三億ドゥカード金貨」であると結論を下すことにしよう。

この数字はたしかに確固たるものではない。いかなる経済学者もこの数字を受け入れないかもしれない。それでも我々としては次のように言うことができる。（1）この量は利益、商人の収入よりもはるかに大きい——商人の収入は総事業高のおそらく一〇から三〇パーセントである。（2）商取引の対象になるのは、我々の数字が正確だとして、生産量の三分の一でしかない。（3）遠方貿易、〈遠隔地通商〉、つまり商業資本主義の核心をこのおそらく不完全ではあるが、意味深長な文脈に置き直すことは重要である。この問題はもちろんいくつか解説を要する。

（1）L. F. de TOLLENARE, *Essai sur les entraves que le commerce éprouve en Europe*, 1820, p. 3. ひとつの製品は「それが消費者の手に届かない限り、完全ではないし、可能性としてあるいかなる交換価値も持たない。製品に最後の仕上げをするのは商業である。」

（2）賭けは貴族の生活において（特に世紀末に）だけでなく、商人の暮らしにおいても重要な位置を占めている。昇進の対象になる枢機卿の数、有名な人物の死や生存、生まれてくる子供が男か女か……など、すべてが賭けの口実である。ヴェネツィアでは、二五パーセントの割増金でパヴィーアがフランス人に占領されるかどうか賭けているときに、あるスペイン人カルセランはあくまでも反対のほうに賭けようとする。おそらく彼はラノワおよびペスカラと交際があり、いずれにしても一財産儲ける。A. d. S., Modène, Venezia 8. 16. 77. VIII, f° 66, J・テバルディから公爵宛書簡、ヴェネツィア、一五二五年五月十五日。

（3）Claude de RUBYS, *Histoire véritable de la ville de Lyon*, 1604, p. 499 (R. GASCON, *op. cit.*, p. 177 に引用)。

（4）Museo Correr, Donà delle Rose 181, f° 53 一六〇三年七月。

（5）Giulio MANDICH, *Le pacte de ricorsa et le marché italien des changes*, 1953.

（6）Jacques HEERS, *op. cit*, pp. 75, 79 et *sq*.

（7）F. BRAUDEL,《Le pacte de ricorsa au service du Roi d'Espagne…》, in : *Studi in onore di Armando Sapori*, II, 1957.

（8）A. d. S., Florence, Mediceo 4745, 番号なし、一五八九年一月。

（9）Modesto ULLOA, *op. cit.*, p. 108.

（10）フェリーペ・ルイス・マルティンの考えによる。

(11) Modesto ULLOA, *op. cit.*, p. 132.
(12) Alvaro Castillo PINTADO, 《*El servicio de millones* y la población del Reino de Granada in 1591》, in : *Saitabi*, 1961.
(13) Albert CHAMBERLAND, 《Le commerce d'importation en France au milieu du XVIe siècle》, in : *Revue de Géographie*, 1894.

遠方貿易の狭さと重要性

遠方貿易とは、買い付けが安い値段でおこなわれる国と、販売は高価である別の国とのまずまず無理のない接触である。よく知られている実例を挙げてみれば、イギリスのコッツウォルド丘陵でカージーを買い付けたり製造させたりして、それをアレッポやペルシャで売ること、あるいはボヘミアで布地を買い付けてブラジルで売ること、あるいはカルカッタで胡椒を買い付けてリスボンやヴェネツィアやリューベックで売ることである。こうした長距離の通商路は経済の電圧の非常な違いを前提とする。実際に十六世紀初めにはこの違いは大変なものであり、特にリスボンでは商人の利益は温室で伸びているようなものであった。十七世紀のバルト海交易について、B・ポルシネフ[1]がこの点を述べたのは正しい。つまり大事なことは、貿易の総量ではなく、最終的な儲けの率である。きわめて動きの素早い資本主義（それゆえ最も近代的で最も油断のない経済力）は高収益と利益を早く「蓄積すること」へと向かう。長期的には、価格間のいかなる高低差も、特に経済的に好況な場合には、埋められる傾向があることは当然である。その場合には遠方貿易はその選択を変えさせるはずである。こうして縁起のいい時期もそうでない時期も経験することになる。十六世紀前半は、きわめて幸運であり[2]、十六世紀後半には利益が鈍化し、十七世紀にははっきりと好景気が回復した。十六世紀後半の間に、おそらくあれほど多くの事業家を各国政府への貸付と両替へ、つまり一種の金融資本主義へと動かしたのは、商業の相対的な活動停止である。交換の悪化を診断することが問題なのではないということは了解しておこう。なぜなら交換は増えているからである。問題になっているのは大商人の利益だけである。

ある歴史家、ジャック・エールス(3)は、十六世紀には香辛料と薬品が他のすべての貿易よりもはるかに優位であったかのように香辛料と薬品の貿易に対して一般に認められている過度の重要性に異議を唱えている。「明礬《みょうばん》の歴史(4)のあと、ワイン、小麦、塩、綿、砂糖、そして絹の貿易の歴史が書かれたときには……我々は地中海世界のもう一つの経済史を手にすることになるが、そこでは胡椒と薬品は、特に十四世紀からは、ほんの小さな位置しか占めなくなるだろう」と彼は書いている。すべてはどう見るかという見方次第である。経済地理学が問題であるなら、ジャック・エールスの言っていることは正しい。初期の資本主義の興隆の研究、つまり利益の研究ということであれば、彼は間違っている。B・ポルシネフの指摘を思い浮かべなければならない。この領域では利益率および利益が楽に上がること、つまり資本の蓄積だけが大事なことなのだ。小麦の総取引量が胡椒の総取引量よりも多いことは、疑いようがない。それなのにシモン・ルイスは進んで小麦の買い付けをしない。小麦は商人にとって儲け損なうことがあるからである。小麦は胡椒や臙脂のように比較的取り扱いが確実な「堂々たる商品」ではないのだ。小麦を扱う場合には、輸送業者の要求や都市国家ならびに領土国家の警戒と衝突する。一五二一年(5)、一五八三年(6)のように相場が高騰したときや一五九〇―一五九一年度の大量買い付けのときを除いて、大規模な資本主義が、少なくとも世紀前半の間、穀物の取引(7)に持続的に加わることはない。またあまりにも取締りの厳しい塩の取引にも必ずしも加わらない。

したがって大規模な商業の大変繊細な変動局面がある。ジェノヴァの支配下にあったカスティーリャ地方の経済史全体は、フェリーペ・ルイス・マルティン(8)がそのメカニズムを分析してみせてからこの点をはっきりと示している。ジェノヴァ人がアンダルシアの明礬、羊毛、オリーブ油、さらにはワインを買って、これらの商品と引換えにネーデルラントやイタリアで彼らの必要とする現金を手に入れるのは、アメリカの銀をスペインから思いのままに輸出できなくなるときである。ヴェネツィアでの最後の羊毛ブームはこうした策略と関係があるらしい(9)。ナポリ王国においてもサフラン、絹、オリーブ油だけでなくプーリアの小麦の買い付けがある場合には、上部が主導権を握る同じシステムが働いていることは間違いがない。ミラノ、フィレンツェ、ジェノヴァ、ヴェネツィア（特にベルガモ出身）の商人の一群がナポリ王国の各都市に居住している。彼らが与えられている使命の重要さ、つまり彼らの所有するオリーブ油や小麦の大量の在庫にもかかわらず、たいていは身分の低い人々である。彼らがそこにいるのは長年にわたって現地で手に入れた特権や免税の恩恵を雇用主や駐在員に浴させるためでしかない。しかも彼らは命令通りにしか働かない。アレッポやアレクサンドリアで現金を大量に動かして(10)買い付けをおこなうマルセイユ人が、市場の変動に従って、影で長い糸を引っ張っているリヨン商人の命令だけを実行しているようなものである。同じくスペイン商人は外国の大商人に仕えている(11)。

　したがって有力な商業資本主義とは注意深い選択のことである。あるいはこう言ったほうがよければ、確実に、たっぷりと儲かるという望みがあるときにしか働かない監視と管理のシステムである。ある「戦略」がそっくり見抜かれ、価格の高低差と安全性によってはある時には一方に、またある時には他方に有利に働いて、時には完全に明るみに出てしまう。たいていは儲けのほうが多いが、為替市場よりも商品のほうがリスクが大きいこともある。信頼できる情報提供者ジョヴァンニ・ドメニコ・ペリは、「一万エキュを元手に為替で儲けるよりも一、〇〇〇エキュを元手に商品で儲けるチャンスのほうが何度もある」(12)と言っている。しかし為替市場では、周知の通り、実業家は自分の金よりも他人の金のほうを多く投入し、またこうした膨大な金はほんの数人の手のなかを動くだけである。同様に、ヨーロッパに到着するアジアの胡椒が表しうる一〇〇万ドゥカートよりも、世紀末の地中海における小麦の海上貿易が意味しうる五〇〇万ドゥカートのほうが、利益の総額は大きいということはありうる。しかしある場合には何千人もの受取人がいるし、別の場合にはいくつかの権勢のある商会がゲームを取り仕切っている。資本の蓄積はこうした商会のためにおこなわれる。一六二七年に、ジェノヴァの銀行家を排除するポルトガルのマラーノ〔カトリックに改宗させられたユダヤ人〕は、なんと言おうと、もともとは胡椒と香辛料の商人である。

同じように、ジェノヴァの最も羽振りのいい銀行家と金融資本家は、その栄華の時代にも、スペイン帝国の経済生活の大部分ではなく、一部門しか握っていないのである。しかし彼らは少数であるがゆえにスペインで大いに儲けるのである。同時代の人々はたいていはこの相対的な重要性を理解していた。一五九八年六月に、ジェノヴァの「金融資本家」はメディナ・デル・カンポの定期市の期間を延長したいと考える。なぜならこの定期市はジェノヴァ人にとっては貸付を受けた金をもう少し長く手元に取っておくいい機会だからである。しかしブルゴスの商人たちは、かつてはジェノヴァ商人に忠実な人々であったが、今は敵意を燃やす競争相手となって、そんな申し出には応じない。そして彼らの説明によれば、定期市で取り扱われる総売上高において、国王に金を貸す〈御用商人〉の取引量は通常の商人のおこなう取引よりも少なく、事実上ふつうの商人の取引量とは同じ尺度では測れない。「実のところ、政令に含まれていない人々による定期市での支払い総額は、この同じ政令が関わる商人が払わなければならない額よりもはるかに多い[13]」と告訴人たちは説明している。その政令とは一五九六年十一月二十九日の政令であり、かいつまんで言えば次のようになる。〈政令のなかに含まれていない人々は、政令に関わっている人々よりも定期市で多く支払わなければならない。〉この証拠は明白であるが、我々の関心を引いている問題を脇にそらすことはない。事業の集中が明らかに定着した部門がいくつかあり、これは重要なことなのだ。

(1) B. PORCHNEV, Congrès des Sciences historiques de Stockholm, 1960, t. IV, 137.
(2) G・フォン・ブラウにとって、この時期は、経済生活と芸術の輝きゆえに、ひとつの頂点である（*Über historische Periodisierungen mit besonderem Blick auf die Grenze zwischen Mittelalter und Neuzeit*, Berlin, 1925, pp. 51-52)。リュシアン・フェーヴルにとっては一五六〇年以後の「陰気な人々」に先立つ幸福な時代である。Franz LINDER, 《Spanische Markt-und Börsen-

wechsel》, in: *Ibero-amerikanisches Archiv*, 1929, p.18 は、一五五〇—一六〇〇年代は〈為替取引再来〉の時期であるとさえ言っている。

（3） Jacques HEERS, in: *Revue du Nord*, janvier-mars 1964, pp. 106-107.

（4） J. FINOT, 《Le commerce de l'alun dans les Pays-Bas et la bulle encyclique du Pape Jules II en 1506》, in: *Bull. hist. et philol.*, 1902; Jean DELUMEAU, *L'alun de Rome, XVe-XIXe siècle*, 1962; 《The Alun Trade in the fifteenth and sixteenth Centuries and the beginning of the Alun Industry in England》, in: *The collected papers of Rhys Jenkins*, Cambridge, 1936; L. LIAGRE, 《Le commerce de l'alun en Flandre au Moyen Age》, in: *Le Moyen Age*, 1955, t. LXI (4e série, t. X); Felipe RUIZ MARTÍN, *Les aluns espagnols, indice de la conjoncture économique de l'Europe au XVIe siècle* (à paraître); G. ZIPPEL, 《L'allume di Tolfa e il suo commercio》, in: *Arch. soc. Rom. Stor. patr.*, 1907, vol. XXX.

（5） 数多くの史料がある。A. d. S., Naples, Sommaria Partium, 96: *1521*, f°s 131 v°, 133 v°, 150, 153, 〈速やかに彼らの旅をおこなうことができた船〉（ジェノヴァの船）、166 v°（カタルーニャ行き）、177（オランダ行き）、175; *1522*, f°s 186 v°, 199, 201, 221, 224-5, 228 v° et 229, 232, 244, 252 v°.

（6） フェリーペ・ルイス・マルティンによる。本書第Ⅱ部第3章の「最初の危機——リスボンとセビーリャに輸入された北欧の小麦」注(21)を参照。

（7） 本書第Ⅱ部第3章の「最後の変化——一五九〇年以後の北欧の小麦」を参照。

（8） 近刊の研究において。

（9） 同上。

（10） 本書第Ⅱ部第3章の「香辛料のレヴァント・ルートの永続性」注(28)を参照。Micheline BAULANT, *Lettres de négociants marseillais: les frères Hermite, 1570-1612*, 1953.

（11） F. RUIZ MARTÍN, *Introduction aux lettres de Florence*, XXXVI-XXXVII.

（12） Maurice CARMONA, 《Aspects du capitalisme toscan aux XVIe et XVIIe siècles》, in: *Revue d'histoire moderne*, 1964, p. 96, note 2 に引用されている。

（13） Archivo Ruiz, 117 (Felipe RUIZ MARTÍN, *El siglo de los Genoveses* に引用)。

資本家の集中

企業の統合は十六世紀にはかなり頻繁に起こることであった。しかし企業の統合は経済情勢によっては遅れることもあったし急激に早まることもあった。なにもかもが非常に早い速度で進む十六世紀前半において、家族経営の大商会、つまりフッガー家、ヴェルザー家〔ドイツの南アメリカ開拓をおこなった商会〕、ホーホシュテッター家、アファイタティ家の支配が発展する。(1) 世紀半ばの景気後退以後は、数はもっと多いが、一様に規模の小さい会社のために違った状況が現れてくる。そのとき商才と賭けの可能性が広がる。ヴィルフリッド・ブリュレ(2)はこの点をフランドル地方に関する研究において力を込めて指摘したことがある。そうした小さすぎる会社が広大な世界に向けて仕事をはじめるためには、輸送会社が独立を獲得し、歩合で仕事をする委託業務が広まり、仲買業者の役割が正常なものとなって拡大し、信用取引がいっそう容易になり、また必然的にリスクの多いものにならなければならない。もっとも一連の破産は一五五〇年以後の景気変動の波を示している。

地中海において、我々には資本主義のこの上層部が十分明らかには見えてこない。ジェノヴァの古文書が語らないがゆえに我々は不完全な説明をせざるをえない。商業、金融、銀行の上層部門がどれほど並みの商人や数多くの素朴な客という下層に頼っているかを見てみるのは興味深いことであろう。経済生活の根っこである小さな取引がなければ、ナポリやその他の地域で、銀行は生きてはいけない。身分の低い人々のための荷物の積み込みがなければ、新世界の船団そのものが苦境に陥るだろう。結局フェリーペ二世の〈御用商人たち〉が最初に取引可能にしたスペインとイタリアの貯金がなかったなら、彼らは膨大な額の金融操作に決して成功することはなかっただろう。

地中海における通則とは、基盤においても頂点においても家族経営の事業であり、めったに更新されることはない短期の企業提携である。ある尺度で見た場合、企業提携、離婚、次いで再婚はそれなりの効果を上げている。たとえばカトリック王〔フェリーペ二世〕に金を貸すジェノヴァ人は、一五九七年の〈メディオ・ヘネラル〉〔支払停止令〕以前には形式的にはいかなる法的な手続きも両者を結びつけてはいないとはいえ、スペイン常駐の団体である。彼らは二人ずつとか三人ずつとか組になって働き、不景気のときやうまい取引のときにはたいていは一緒である。

彼らジェノヴァ人の数が少ないこと、同じ階級という連帯感が彼らをしっかりと結びつけている。彼らについて人々はふつうは〈コントラタシオン〉〔契約〕と言う。これは、必要とあらば、彼らがひとつの集団であった証拠である。必要性ゆえにひとりでに集まってきたのではない会社については、取引に関する協定はやはり役に立つ。たとえば、ヘルマン・ケレンベンツが綿密におこなった年代的研究は、アムステルダムからリスボン、ヴェネツィア、ポルトガル領インドに至るまで結婚、親戚関係、友情、そして共犯関係が作用していることについて見事な照明を当てている。彼らは十六世紀と十七世紀のつなぎ目の時代に世界の富の地理的な大逆転を準備しているか、または、その大逆転に従事しているのだ(3)。

おそらくこのような家族経営の商会の習慣と解決法が、地中海が北欧のように〈大会社〉、つまり未来に出来上がる〈株式会社〉の必要性を感じなかった理由を説明することになる。

(1) これらの問題については、すでに引用したクレメンス・バウアーの立派な本を参照。
(2) *Op. cit.*, p. 580 et sq.
(3) 特にインドに対抗するスペイン・ポルトガルの前線とドイツならびにフランドルの商人のために働く情報機関の役割については、Hermann KELLENBENZ, *Studia*, 1963, pp. 263-290.

地中海の船の総トン数(1)

地中海の船の総トン数を測るために、我々の手にはいる算定はほとんど信頼するに値しない。イギリス、フランス、暴動を起こしたネーデルラント、スペインは、一五八〇年代頃に、それぞれ二〇万トンの船を持っているが、ネーデルラント(2)はたしかにそれ以上（一五七〇年の概算は二二五、〇〇〇トン）であり、他の三国は間違いなくそれ以下であって、スペインは一七五、〇〇〇トンくらい（一五八八年の概算）[3]、フランスとイギリスはそれよりもずっと少ないのだが、どれくらいかは正確には言うことができない。フランスの船の実数としてサン・グアール[4]の出した総計四、〇〇〇隻という数字を認め（彼は四、〇〇〇から五、〇〇〇隻と言っている）、一隻あたり四〇ないし五〇トンであると認めれば、結果は、最も少なく見積もっても、一六万トンになる。一五八八年に[5]、イギリスの船に関して二、〇〇〇隻であるとすれば、最も大きく見積もったところで一〇万トンである。事実、一六二九年には[6]、イギリス海運の飛躍的発展が見られるのだから、同じ計算表に従って、二〇万トンという数字を認めなければならないだろう。したがって、北欧の他の船団を考慮に入れずに、またフランスやスペインという地中海の港に向かう船の数を差し引いて、大西洋には六〇万から七〇万トンの船があったことになる。どうでもいいことなのだが、大西洋の関心を引く数字は我々の扱う問題の外にあると言ってもいい。

もし今十六世紀後半の三十年間の地中海の船の総トン数を計算してみようとすれば、まず初めに、最も順調にいって、スペインの船の三分の一、つまり六万トンが総トン数に割り当てられる。一六〇五年[7]のヴェネツィアにとって、かなり確実な数字は大型帆船の一九、一〇〇トンであり、大型船と小型船の合計は三万から四万トンである。この四万トンという同じ数字をそれぞれラグーザ、ジェノヴァ、マルセイユ、ナポリおよびシチリア島に計上し、トルコ帝国には二倍の数字を書き込んでみると、合計は最大で二八万トンとなり、この二八万トンにスペインの六万トンを加えても、地中海全体のトン数はむしろ三五万トン以下になる。しかし結局、地中海と大洋の不均衡は、およそ一対二で、一方には三〇万ないし三五万トン、他方には六〇万ないし七〇万トンというわけで、べらぼうな数字ではない。一方は広大な地中海であり、他方は大西洋と世界の七つの海である。また地中海の航海のほうが大洋の長い行程の航海よりも必然的に数が多い。ラグーザの大型船は一年に二、三回の航海をやすやすとおこなっている。

地中海の資産に一五七〇―一五八〇年代以後地中海に侵入してくる北欧の船を加えなければならない。おそらく一〇〇隻くらいで、一隻あたり一〇〇ないし二〇〇トンとすれば、一万から二万トンであろうか。いずれにしても、北欧の船のトン数は地中海のトン数に対して一対一五、あるいは一対三五の割合である。最高に見積もっても大したことはない。バーバリーの海賊の約一〇〇隻の丸型船も考慮に入れなかったが、これは十七世紀初め頃に、たぶん一万トンに達する。

我々の計算は、三〇万から三五万トンと不確実ではあるが、それでも次のような点が明らかになる。(1) 地中海はまず第一に地中海の船と乗組員のものである。(2) 北欧人の出現は偶然の出来事であり、北欧人がいても地中海の構造を変えることはなく、我々の計算はこの構造の厚みを示している。(3) そのうえこうした北欧人の、少なくとも半分は、地中海の都市や経済のために働いているし、町から町へと積み荷を集めながら、地中海をぐるぐると回り、一、二回ジブラルタル海峡を通って地中海を抜け出し、そのあとまた同じ道を通って地中海に戻る。したがってこうした北欧の船の役割を誇張することも矮小化することもしないようにしよう。北欧の船は実際には豊かすぎる都市に仕えているので、都市を通してすべてをおこなおうと望むことはできないのだ。

ラグーザの船の総トン数――一五七〇年頃には五五、〇〇〇トン、一六〇〇年頃は三二、〇〇〇トン――三二、〇〇〇人から五、〇〇〇人の乗組員、ラグーザの船の扱う総額(一五四〇年頃二〇万ドゥカート、一五七〇年頃七〇万ドゥカート、一六〇〇年頃六五万ドゥカート)、そして最後に一八万から二七万ドゥカートの年間収入について、ある歴史家[8]は確信をもって詳細な説明をおこなっているが、ある確固たる史料が裏付けているこれらの数字を内海全域に広げてもいいだろうか。いいとすれば、この船団全体の貨幣価値は大まかに言って約六〇〇〇万ドゥカートであり、その収入は二〇〇万ドゥカートくらい、乗組員は三万人である。ラグーザの場合のように、少なくとも傭船料の半分は乗組員のものになり、残りは「出資者」である所有者たちに行くのであれば、船員一人あたりの年間収入は約三〇ドゥカートであって、薄給である。それでも船員の給料は所有者たちの利益を減少させる。船の所有者たちはあるときには舵を、また別のときにはいつも手に入れにくいマストを、また時には櫓や小舟などを手入れしたり、修理を必要とする船を維持しなければならないのだ。商船のオフィサーや船員の食糧も供給しなければならない。また船体および傭船の保険はたいていは五パーセントであり、元の資本より多いこともある。船員とオフィサーの取り分が上昇し、たとえばリスボン(9)やヴェネツィア(10)で船の建造（あるいは販売）の一トンあたりの単価が上がれば、「資本家の」商人はほとんど利益の上がらないこの事業部門から手を引く恐れがある。二〇〇万ないし三〇〇万ドゥカートの収入はたしかに大きいが、それが一万隻の船に分散しているなら、一隻あたりはほんの僅かである。ヴェネツィアでは、もし我々の計算の基準が正しいとすれば、船舶は一八万ないし二〇万ドゥカートの利益をもたらしている。大きなパン一口にはちがいないが、それ以上ではない。

以上の計算はすべてあてずっぽうである。しかし我々が知っているのは、ほんの僅かな船の勘定書、何枚かの不十分な計算書、ヴェネツィアの〈国立古文書館〉にある一冊の手帳(11)、ヴェネツィアの大型ガリオン船〈サンタ・マリア・トッレ・ディ・マール〉号に関する遅ればせの明細書（一六三八年）(12)だけである。そのような史料が存在しているはずだが、やはりそうした史料に幸運にも巡り合わなければどうにもならない。最後に、我々の計算は沿海航行の取引よりも遠方貿易のほうをよくおさえているということはありうる。それだけでもこれは重大なあやまちである。しかし、十六世紀末の海上輸送は（何人かの富裕な所有者を別にして）貧しい人々ならびに非常に貧しい人々に任された仕事であるという証明はおこなわれている。ガリオン船がナポリで武装する場合、必要な乗組員を集めるためにはプーリアの各港に何人かの募集係を送るだけで十分である(13)。ある船が少なくとも二十年間の立派な勤めを終えて船の生涯を終わるとき、その地位はたいていはもっと貧弱な、もっと小さい船に奪われるのである。

(1) 役に立つ比較としては、R. ROMANO, 《Per une valutazione della flotta mercantile europea alla fine del secolo XVIII》, in : *Studi in onore di Amintore Fanfani*, 1962.
(2) J. KULISCHER, *op. cit.*, II, p. 384 による。
(3) R. KONETZKE, *op. cit.*, p. 203.
(4) サン・グアールから国王宛書簡、マドリード、一五七二年五月二十一日、B.N., Fr. 16104, f°s 88 *sq.*
(5) S. LILLEY, *Men, Machines and History*, Londres, 1948, p. 72. J. U. NEF, *The Rise of the British Coal Industry*, Londres, 1932, I, p. 173.
(6) S. LILLEY, *ibid.*, p. 72.
(7) Museo Correr, Donà delle Rose, 271, f° 46 v 一六〇五年三月七日。また Alberto TENENTI, *Naufrages, corsaires et assurances*, p. 563 et *sq.* も見よ。
(8) Iorjo TADIĆ, 《Le port de Raguse et sa flotte au XVIe siècle》, in : Michel MOLLAT, *Le navire et l'économie maritime du Moyen Age au XVIIIe siècle. Travaux du Deuxième Colloque International d'Histoire Maritime*, 1959, pp. 15-16.
(9) B.M. Add. 28478, f° 238 一五九四年四月〈……物価が上がっていることを考慮に入れなければならない。〉
(10) 本書第I部第5章の「ヴェネツィアの二重の証言」(四八五頁以下) 参照。
(11) 調査にあたってウーゴ・トゥッチの友情に負うところ大である。
(12) A. d. S., Venise, Senato Zecca, 39 一六三八年六月十二日。
(13) A. d. S., Naples, Regia Camera della Sommaria, Reg. 14 一五九四、一六二三―一六三七年。

陸上輸送

陸路と海路の輸送量の比はおよそ一対三であろうということは、スペインの比率をもとにすでに指摘したことがある。[1] 海上輸送の量が三〇〇〇万ドゥカートであるとすれば、陸上輸送は、それだけで、また地中海の規模では、一〇〇〇万ドゥカートになる。私はこの比率が一般的に価値をもつことを一瞬たりとも信じない。しかし、二つの交通を平等としてみれば、総計六〇〇〇万ドゥカートは、まだきわめて不十分であり、ばかげたほど低いように見える。実際、他の多くの特徴の後、内海の大きな特徴のひとつと我々が考えた地中海の交通路の多様な動きをこの僅かな貨幣の量のなかに納めることが大事である。

我々の勘定の仕方には必然的にいくつか間違いが紛れ込む。運送業者の貧困、質素な生活に関しては疑う余地がない。一方は船乗りであり、他方は生活の半分は馬方、半分は耕作者である農民、飼育者、職人である。たとえば、十六世紀末頃のレオン王国のアストルガ付近のマラガテリア地方の〈馬方〉に関する詳しい情報がある。(2) このマラガテリアの人々は非常に貧しく、後に十八、十九世紀になって財をなしたときにも貧しい身なりをしている。フェリーペ二世治世の末期に、彼らの仕事はカンタブリアの港での魚運び、特にイワシ運びで、それをカスティーリャに持っていって、カスティーリャからは小麦とワインを持ち帰ることである。彼らは今日のトラック運送業者の仕事をしているのであって、十六世紀に、魚の配達は、すでにカスティーリャのすべての町で目立っている。(3) 一五六一年と一五九七年の詳細な人口調査を研究して、〈運送業者〉traginero がこの運送という仕事と家畜の飼育、農業、職人仕事、商業から得る収入を合わせて兼業していることに気がつけば、問題はすべてはっきりする。運送業だけをしている者は貧しい。たとえば若きフアン・ニエトは魚を運んでいるが、e mas vezes traia alquilado que por sus dineros「自分の金で払うよりもたいていは借金している。」自分が運ぶ魚を自分で買って、販売する〈運送業者〉は生活にゆとりがある。

いつも食うや食わずの運送業者は輸送だけをしているのではなく、農民でもあり、職人でもある。これは地中海全域で、ヨーロッパ全体で、また我々の扱っている十六世紀が過ぎても同様である。十七世紀に、ペカイス沼沢地帯からローヌ川を通ってスイスの各地に行く塩船はセセル付近で止まる。そのあとは馬車がジュネーヴまで塩を運ぶ。しかしこの輸送は種蒔きや刈り入れ次第である。農民は自分たちの本来の仕事が中断したときにしか運搬を保証しない。(4) したがって運送業は、運送を手伝う農民の暮らしと切離しえないし、運送で大いに儲けている小都市の生活からも切離しえない。カルタヘナは、フェリーペ二世の治世の初めには、基本的には馬車運送 acarateo の都市として存在している。[5]

要するに、荷物運びは多様な活動形態で保証されている。その報酬は陸上ならびに海上に少しずつ分け与えられ、水夫もラバ引きも交換から得られるわずかな儲けに奮い立って働いている。なぜなら荷物運びをする人はだれでも自分の利益のためにおこなっているからである。その意味で、多くは原始的な経済に関わっている運送業者が貨幣経済に関わるのである。その中間業者という立場は、自分の住んでいる村の取引のほうへ仕事の向きを変えるときには、必然的に有利である。それでも、我々の抱えている諸問題の全体的な規模からすれば、十六世紀の運送が廉価であるのは事実で、運送業者の報酬は物価の動きについていかないので、[6] 運送料が比較的安いということが年とともに目立つようになる。おそらくそのために交換は恵まれた状況にあったのだ。

（1）本書第Ⅰ部第5章の「交通と統計――スペインの場合」（四九〇頁以下）参照。
（2）José Luis MARTIN GALINDO, 《Arrieros maragatos en el siglo XVIII》, in : *Estudios y Documentos*, n° 9, 1956.
（3）Pedro de MEDINA, *op. cit.*, p. 209, アルカラ・デ・エナレスの場合。
（4）Archives de Brigue, Papiers de Stockalper, Sch 31 n° 2939 ジュネーヴ、一六五〇年七月一〇日および n° 2942 一六五〇年七月十四日、収穫期のために仕事中断。以上の情報はM・クウルから提供を受けた。種蒔きのための中断については、同上、n° 2966 一六五〇年九月十八―二十八日。
（5）この情報はフェリーペ・ルイス・マルティンによる。
（6）B. BENNASSAR, *op. cit.*

領土国家は世紀最大の企業家である

領土国家は、十六世紀には、利益の大収集家ならびに再配分者としてますます強固になる。領土国家は税金、公職の売却、地代をおさえ、財産の没収、さまざまな「国内製品」の膨大な分け前にあずかる。景気変動で予算が大きく揺れて、物価の上昇についていくのだから、このようにさまざまな財産をおさえることは効果的である。[1] したがって領土国家の興隆は経済生活の直線上にあるのであって、偶然の出来事ではなく、またヨーゼフ・A・シュンペーターがやや性急に考えたように時宜を得ぬ力でもない。[2] 望もうと望むまいと、領土国家は世紀最大の企業家である。人員面でも出費面でも絶えず増大する近代の戦争は、この領土国家次第である。同様に経済的に最大の企業である。セビーリャから出発する〈インディアス航路〉、つまりリスボンと東インド諸島を結ぶ定期航路は、〈インド会社〉、すなわちポルトガル国王が責任を持っている。

〈インディアス航路〉は、〈必要な変更を加えれば〉ヴェネツィアの〈商用ガレー船〉のシステムであり、これは国家的資本主義がその最初の試験段階にまで達していないという証拠である。しかし国家的な資本主義はきわめて活気がある。ヴェネツィアの国立造船所[3]とその模倣であるガラタの二倍の大きさの造船所は、当時世界最大の国立工場である。キリスト教世界においてもイスラム教世界においても稼働しているすべての造幣局[4]もまた国家の所轄である。キリスト教世界においてはたいていは国家による直接管理である。造幣局は下請けに請け負わせてはいるが、トルコ帝国においてもアルジェのトルコ大守統治地区においても厳しい統制下にある。あとでまたふれる機会があるが、世紀末に栄華の時が来る国有銀行もまた国家の所轄である。しかしここでは都市国家、あるいはこう言ったほうがよければ支配的な都市国家的性格をそなえた領土国家こそが、先頭に立って進むのである。領土国家はまだしばらくの間待つことになるが、領土国家の所有する銀行の最初は、実は、イギリス銀行（一六九四年）にちがいない。[5] フェリーペ二世は、一五八三年に、フランドル人ペーター・ヴァン・ウデゲルステ[6]が国有銀行創立を勧めたのに耳を貸さなかった。

そうした事業がおこなわれなくても「公共」事業のリストは長くなる。ある歴史家が言っているように、明礬《みょうばん》鉱山開発のために教皇庁政府がトルファとアルミエレに設置した大きな施設は紛れもない「産業コンビナート」である[7]。他のいかなる政府よりも国家統制経済主義のトルコ政府自体数々の施設を立派につくり、広大な敷地にスレイマニエ・モスクを短期間に〔一五五〇年着工、一五五七年完成〕建造したのはその見事な一例であり[8]、これについては最近すばらしい研究がおこなわれている。我々が扱う西欧における国家的資本主義をエル・エスコリアル宮殿の建設[9]——そこに活用された技術ゆえに大変見事である——のような資本家と国家の混合形態の業務にまで広げてみれば、こうした形態によるさまざまな実現のリストはさらに拡大されるだろう。このような活動を通して、国家は国庫に入ってくる金をふたたび流通させ、戦争のために必要な場合には、歳入を越えてまで支出するのである。したがって戦争、建設事業、国家事業は、考えられている以上に、経済を刺激するものである。金が国庫に溜め込まれるとき、すなわちシクストゥス五世が聖天使城（カステル・サンタンジェロ）につくった金庫[10]、ヴェネツィアの造幣局の金庫、国立造船所のスリの金庫などにしまいこまれるときこそ経済の破局である。

以上のような指摘をしておいて、諸国の富を計算してみようとすれば、困難はさほど大きくはない。我々は諸国の予算に関しては多くのことを知っているし、またそれほど苦労せずともさらに多くのことを知ることができよう。十六世紀末頃によくわかっている予算として次のような数字、つまりカスティーリャに関しては九〇〇万ドゥカード金貨[11]、アンリ四世時代のフランスは五〇〇万[12]、ヴェネツィアとその帝国は三九〇万[13]、トルコ帝国は六〇〇万[14]、すなわち約三、〇〇〇万人の国民に対して合計二一、四〇〇万ドゥカード金貨という数字を取っておき、内海の六、〇〇〇万人の人口という目印に達するためにこの数字を二倍にしてみれば、四、八〇〇万ドゥカード金貨というおそらく不自然な水準に達する。この計算表では、毎年一人につき一ドゥカードも君主に納めていない（加えて自分の領主におそらくは一ドゥカードを納めている）。

先に見た莫大な見積りのあとでは、この数字が非常に低く見えるのは確実である。諸国家は、非常に厄介な代物で、国家のためだけに歴史の舞台をそっくり要求するのに、たったそれだけなのか！　ところが上に挙げた数字は我々のおこなった計算のなかでおそらく最も正確なのだ。しかし国家は、たとえトルコ帝国であっても、非貨幣経済からすべて脱却しているということに注目しておかなければならない。国家が毎年おこなう租税の取り立ては、「現生《げんなま》」の流通の「早い血」にもとづいておこなわれる。それに対して我々がこれまで出してきた概算は、多くは市場経済に入らない取引を貨幣経済の言葉で言い換えたものである。このようなわけで国家は近代経済の敏捷さを身につけている。近代国家は生まれたばかりであり、武装していると同時に武装解除してもいるのだ。というのも近代国家は満足にその任務を果たせないからである。戦争をおこない、税金を徴収し、国家のかかえる問題の行政をおこない、裁判をおこなうためには、国家は社会的昇進を求める実業家やブルジョワを頼りにしなければならない。だがこのこと自体国家の新たな力を示すしるしである。カスティーリャでは――ここで事態がよく見えるわけだが、商人も大領主も〈法律家〉も皆が国家の事業に手を出す。名誉と利益のためにレースがおこなわれるのだ。苦労の競争でもある。〈国家財政諮問委員会と国家財政評議会〉の最も地位の低い書記官の報告書、手紙、国王ならびに公務への忠誠の証拠もあるし、また彼らの利害関係のある要求書や告発状もある。

国家のこうした興隆が有利であったか否かの論争の材料はそろった。いずれにしても、国家の台頭は大商人の機敏な資本主義と同じく必然的であった。比類なき資本の集中が君主のためにおこなわれる。四、〇〇〇万ないし五、〇〇〇万ドゥカード（我々の計算を可能にするための推定の金額ではなく、実際の金額）は大変なてこである。

（1）本書第Ⅱ部の図56、57、58を参照。
（2）*Op cit.*（イタリア語版）I, p. 174.
（3）Ruggiero ROMANO, *art. cit.*, in: *Rivista Storia Italiana*, 1954.
（4）アリ・サヒリ・オグリュのトルコの貨幣刻印についての未刊の研究。

（5）私はストックホルム銀行（一六七二年）の前身やアムステルダム銀行（一六〇九年）の前身を忘れているわけではない。そこで問題なのは特に都市の銀行である。事実イギリス銀行はロンドンのものである。
（6）最初の試みは一五七六年である。これについてはフェリーペ・ルイス・マルティンがある重要な資料の存在を教えてくれた。Simancas E° 659, f° 103.
（7）Jacques HEERS, in : *Revue du Nord*, 1964.
（8）Ömer Lutfi BARKAN, 《L'organisation du travail dans le chantier d'une grande mosquée à Istanbul au XVIe siècle》, in : *Annales E. S. C.*, 1961, pp. 1092–1106.
（9）私が念頭に置いているのは、石の加工や鉛の利用や起重機など、このエル・エスコリアル宮殿と宮殿の建設を記念する博物館を訪れて得られるすべてのディテールである。
（10）Paul HERRE, *Papsttum und Papstwahl im Zeitalter Philipps II*, Leipzig, 1907, p. 374 の指摘を参照。
（11）計算と図表（本書第Ⅱ部の図58）はアルバロ・カスティーリョ・ピンタードによる。
（12）A. POIRSON, *Histoire du règne de Henri IV*, 1866, IV, pp. 610–611.
（13）*Bilanci Generali, op. cit.*, vol. I, t. I, p. 466. および Museo Correr, Donà delle Rose 161, f° 144.
（14）Ömer Lutfi BARKAN, 《Le budget turc de l'année 1547–1548 et le budget turc de l'année 1567–1568》（原文トルコ語）in : *Iktisat Fakültesi Mecmuasi*, Istanbul, 1960.

貴金属と貨幣経済

歴史学者の仕事にかかわるものでも他の学問的な仕事にかかわるものであっても、古典的な説明というものは何度も繰り返されたために新味を失ってしまう。我々は昨日のフランソワ・シミアンの時代[1]と同じように十六世紀を貴金属と価格の波瀾に富んだ時代とは見ていない。フランク・シュプーナーと私[2]はアメリカ大陸発見以前のヨーロッパと地中海において流通していた貨幣の総量を計算しようと試みた。単純だが確実とは言えない方程式をもとに得られた我々の数字は、およそ金五、〇〇〇トンと銀六〇、〇〇〇トンである。一五〇〇年から一六五〇年までの一世紀半にアメリカ大陸からやって来た金銀は、アール・J・ハミルトンのおこなった計算[3]では、銀一六、〇〇〇トン、金一八〇トンである。確信があるわけではないが、以上の数字はすべて大まかに言えば正確であると仮定してみよう。この数字はいくつかの問題を立て直し、他のいくつかの問題を確認する。

(1)このようにして我々は一五〇〇年以前の状況を、したがって十五世紀を一括して評価するが、十五世紀はすでに歴史家のなかに弁護人がいる(4)。それゆえ十五世紀の功績として西欧における貨幣経済の著しい伸びを記載しておこう。貨幣経済は、一五〇〇年以前に、君主に払うべき税金のすべてに広まり、また領主や教会に対して支払われる賦課の一部にも広まったのである。

(2)フランソワ・シミアンにとっては、鉱山のあるアメリカ大陸がすべてを決定したのかもしれない。貨幣の在庫は一五〇〇年から一五二〇年までに倍になり、一五二〇年から一五五〇年までにふたたび倍になり、一五五〇年から一六〇〇年までには倍以上になったらしい。「これは十六世紀全体にとっては五〇倍以上の増大である。それに対して、十七世紀、十八世紀、そして十九世紀前半においても、約一〇〇年の単位でかろうじて在庫は二倍である(5)」とシミアンは書いたことがある。このイメージはほとんど容認できない。十六世紀は、このような特異な激しさで歴史のなかに投げ込まれたのではない。人口の増大、貨幣価値の低下、経済生活の確実な躍進、硬貨の流通の速度が加速されたこと、さまざまな支払い方法といったことともまた、十六世紀のあの物価の値上がりと価格革命ないし疑似価格革命の説明になる(6)。しかしこの問題はあとでもう一度取り上げることにする。

(3)いずれにしても、地中海は、十六世紀に、信用取引がどれほど拡大しようとも、毎年六、〇〇〇万人という大量の人々がおこなう交換と賃金をただの一瞬たりとも帳簿に記載できるような通貨も所有していないないし手形も持っていない。この通貨不足は慢性的である。ヴェネツィアでは、一六〇三年に——都市の金庫には銀貨が一杯あるというのに——労働者の賃金を払うための銀貨が足りないという事態が生じる(7)。至るところで物々交換がおこなわれ、物々交換がなければ必要な仕事が達成されないような、およそ閉鎖的な、遅れた経済については、何と言うべきなのか。もっとも、物々交換にはある種の敏捷さがないわけではない。物々交換は市場経済の下準備をおこなうが、現金による支払いだけが市場経済を活気づけ、促進するのだ。バルト海沿岸では、ハンザ同盟加盟都市ならびに西欧の商人が投資する金がほとんどないということが未だに原始的な経済を促進している。もちろん世紀末になると為替手形が多くなり、おそらく、十七世紀の二十年代ないし三十年代にアメリカ大陸からの貴金属の入荷が減速（減速があるとして）[8]するのを埋め合わせている。一六〇四年に[9]、あるヴェネツィア人はピアチェンツァの定期市では毎年一、二〇〇万から一、六〇〇〇万エキュの取引がおこなわれていると語り、ドメニコ・ペリは一六三〇年頃は三、〇〇〇万エキュの取引があったと伝えている。[10] しかしこうした数字は確実ではない。しかもこうした交換は経済生活の頂点でのみの流通を活気づけている。

（4）間違いなく貨幣経済の進歩はあった。この進歩は、トルコ帝国においては、一連の貨幣価値急落現象によって、革命のような様相を呈した。歴史家はトルコの現実がどうであったかを毎日発見している。あらゆる価格が上昇した。昔からの社会的関係はすべて断ち切られ、西欧の悲劇がまるでひとりでに起こるかのようにトルコにも延びてくる。同じ原因があれば、同じ結果が生じる。[11]

（5）しかし重要ではあるが別に驚くこともない結論とは次のようなものだ。貨幣の流通（貨幣と言う場合、最も価値の低いものも含めてすべての貨幣を意味する）は、人間の生活の一部分だけにかかわっている。河川の生きた流れはどんなものでも重力の影響で低い地域に向かって流れていく。貨幣の流れはどちらかと言えば経済生活の高い段階のほうへ行く。こうして貨幣の流通はさまざまな絶えざる格差を生み出す。つまり電圧の高い地域――都市――と貨幣のない地域あるいはほとんど田舎、近代的な地帯と旧習を維持している地域、先進諸国と後進諸国（後進諸国にもすでに二種類あり、一方は前進している国、他方は進歩の途上にある国で、たとえばトルコはトップグループに追いついていない）という格差ができる。さまざまな活動の分野では、運輸、工業、そして特に商業と金の流れのすぐそばにある国家の税制との間に不均衡があり、ごく少数の金持ち（おそらく五パーセント）と大多数の貧しい人々の間に格差があり、この少数の人々と圧倒的な多数の人々の差はどんどん大きくなっていく。社会革命の目についた試みが失敗したり、はっきりと口にされることもないのは、相対的に多数の人々がますます貧しくなっていくからだと思う。

（1） *Op. cit.*, p. 128.
（2） *Cambridge Economy History*, vol. IV への寄稿。
（3） *Op. cit.*, p. 42.
（4） J. A. SCHUMPETER, *op. cit.*, I, 特に p. 476, note 1 やジャック・エールス、レーモン・ド・ローヴェールなど。
（5） *Op. cit.*, p. 128.
（6） Carlo M. CIPOLLA, 《La prêtendue révolution des prix. Réflexions sur l'expérience italienne》, in : *Annales E. S. C.*, 1955, P. 513 et *sq*.
（7） Museo Correr, Donà dlle Rose, 181.
（8） オランダの情報はこの重要な時期の非合法な輸入増大を語るかもしれないとモリノーは私に教えてくれた。
（9） Museo Correr, Donà dlle Rose, 181, f° 62. 一回の市で三〇〇万から四〇〇万エキュである。
（10） Gino LUZZATTO, *Storia economica dell'età moderna e contemporanea*, I, 1932, p. 179 et *sq*.
（11） オメル・ルトフィー・バルカンの口頭の説明による。

貧民は人口の五分の一か？

例として（もっともどちらかと言えば恵まれた例として）上げるマラガでは、[1] 教区の司祭の助けを借りて確認された人口の算定は、一五五九年には、三、〇九六戸（vecinos）、すなわち一戸あたり四人として、一二、〇〇〇人強である。収入によって、三つの階級の区別がおこなわれる。ひとつは〈妥当な暮らしをしている人々〉、もうひとつは

〈細々と暮らす人々〉、最後は〈貧しい人々〉である。この貧しい人々のなかには、七〇〇人以上の寡婦と三〇〇人の労働者がいる（寡婦は二分の一戸、労働者は一戸と数える）、言い換えれば約二、六〇〇人の貧民がいるわけで、これは人口全体の二〇パーセント以上である。「妥当な暮らしをしている人々」（これは金持ちを意味するのではない）は三〇〇戸、したがって一、二〇〇人（一〇パーセント）であろう。〈細々と暮らす人々〉は人口の大半、七〇パーセントで、約八、五〇〇人である。この比率の正確さはおそらく間違いない。二〇パーセントの貧民、これは地中海においても地中海の外においても大変な数であるが、まず間違いのない数である。[2] そのうえ、数々の観察者が、どんなに豊かな都市のなかにも恐ろしいほどの貧窮に苦しむ人々がいることを指摘している。ジェノヴァでは、冬になるたびに窮乏は悪化し、[3] 大変繁栄してはいるが社会的には不均衡のひどいラグーザでは、一五九五年には、ある証言によれば、「食らや食わずの人が多くいる。[4]」……もちろん、マラガの調査がそれよりもずっと恵まれた都市や恵まれない都市にも通用するという証拠は何もないし、また特に、金銭で評価すれば収入はわずかであるが、生活は都市よりも粗野であるとはいえ、時には都市よりも均衡がとれている農民階級にこの基準表が効力をもつという証拠もない。この比率が認められるならば、地中海には、一、二〇〇万から一、四〇〇万人の貧民がいるということになる。この膨大な数字は無視すべきではない。[5]

実際、我々は完全雇用の経済には一度も出会ったことがない。労働市場には未就職の大量の労働者、放浪者ないし半放浪者が重くのしかかっている。この人たちは、少なくとも十二世紀以来ヨーロッパと地中海の生活の定数のひとつ、つまり「構造」のひとつである。[6] 農民の生活水準に関しては、我々はほとんど何も知らない。それゆえ我々はいくつかの調査を上手に使うわけだが、当然それらの調査はいかなる一般的な価値も持たない。

ブレッシア地方のある村が、一五五五年五月八日、大火災で壊滅した。[7] アルプスのコリオ・デ・ヴァルノピアという町の属領であるティッツォというこの小村は、それでも一周半里あり、二六〇軒の家がすべて焼き尽くされて、調査をおこなった者には家の壁しか見つからなかった。小さなことだが、この村はヴェネツィア政府に年間二〇〇ドゥカートの税金を払っていた。この二六〇軒の家に二七四家族が住み、それだけで二、〇〇〇人である（これは、数字が正しいとすれば――数字が正しいと推定させる理由があるように――一戸あたり七人以上ということである）。家の価格は計算に入れずに、損害は六万ドゥカート、つまり一人あたり三〇ドゥカートと見積もられる。この同じ一五五五年の七月に、平野のトレヴィザーノ地方の二軒の農家が火災で全焼した。一軒は二五〇ドゥカート、もう一軒は一五〇ドゥカートの損害と見積もられる。前者の場合、家具、乾し草、小麦が二五〇ドゥカートであり、後者については、干し草、穀物が約九〇ドゥカートであり、家具は入っていない（家具は難を免れたのだろうか）。この二軒の罹災者は、その嘆願書では、みずから〈貧乏人〉と称し、〈裸〉と言っている。これはたぶん援助を求める人にとっては自然な言い方ではあるが、いずれにしても控え目の見積りと矛盾するはずのない言い方である。したがって、こうした個々の数字が測定価値を持つと仮定することにしよう。そしてティッツォに話を戻して、災難の決算を補ってみることにしよう。一軒あたり二〇〇ドゥカートと見積もられ、すなわち資産として五二、〇〇〇ドゥカートの追加で合計一一二、〇〇〇ドゥカートに達し、したがって住民一人あたりの蓄積した資本は三〇ドゥカートではなく五六ドゥカートになる。一家族あたりの収穫を上に挙げた二軒の罹災者のうち恵まれていないほうの収穫に近い、つまり約一〇〇ドゥカートと想定すれば、村全体の年間の総収入は二七、四〇〇ドゥカート、すなわち一人あたり一三・七ドゥカートになる。この計算の結果、悲惨な人々と言ったほうがより正確なのだろうが、「貧しい人々」の境界がどの辺にあるかがわかる。しかしその正確な境界を見つける自信は決してない。

私はナポリの〈ソンマリア〉、フランス語で言えば「会計法院」の史料を発見したが、その驚くべき豊かさを十分に利用するには遅すぎた。ところでこの税務史料を読むと、貧窮ならびにきわめて困難な生活ぶりがあらゆる角度からわかる。アドリア海に面したペスカーラは(8)二〇〇戸から二五〇戸、したがって約一、〇〇〇人の人口のひどく貧乏な小さな町で、住民は〈ロマーニャ人、フェッラーラ人、コモ人、マントヴァ人、ミラノ人、スラヴ人〉などすべてよそ者である。この約一、〇〇〇人の移住者のうち「五〇家族（二〇〇人）は自己所有の家、ぶどう畑があり、またなんらかの工業に携わっている。他の者はみすぼらしい小屋や藁束を別にすればまったく何も持っていない。彼らは塩田で働いたり、土地を開墾したりしながら、そこではその日暮らしをしている……。」運のいい農民が土地を耕すための牛を買うことだけでもできたら、とこの文献は付け加えているが、それは彼らが牛を所有していない証拠である。ひどい貧乏、と思われる。それでもこの町には港があり、店があり、三月には〈聖母マリアへのお告げ〉の定期市さえある。

「会計法院」史料は、財産相続の成り行きで、会計法院が領主地代の購入者に売ったり、転売したりする村についても詳しく記録している。ふつう住民一人はさまざまなかたちで領主に対して一ドゥカート支払い、この領主地代は「五ないし一〇パーセントで」、すなわち収入が一ドゥカートであるのに対し二〇ないし一〇ドゥカートで売られる。一人あたり一ドゥカートというこの慣例は、私はやや性急に推論しているが、およそ有効である。別の通則として、農民一人あたりの収入は一〇ドゥカート程度である。しかしここにひとつ特殊なケースがある。オートラント地方のスペルティノ[9]は、一五四九年五月に、三九五戸の村であり、したがって大きな村で、ほとんど町と言ってもいい。この村はペスカーラよりも人口が多い。村の富は特にオリーブの木でつくられた。領主地代は一人あたり一ドゥカートという慣例はこの村ではむしろうまく当てはまらない。実際、約一、六〇〇人の住民がいるのに、領主に対する支払いは九〇〇ドゥカートである。ところで、今度は、現物払いの領主十分の一税の明細書があり、生産高と現金での収入を計算できるかもしれない（ワイン三〇〇樽、小麦一一、〇〇〇トモロ、大麦四、〇〇〇トモロ、燕麦一、〇〇〇トモロ、ソラマメ一、二五〇トモロ、エジプトマメとレンズマメ五〇トモロ、麻五五〇ガラトリ、油二、五〇〇スタイオ――合計現金にして、八、四〇〇ドゥカート）。収入のリストが完璧で、十分の一税がほんとうに十分の一であるなら、住民一人あたりの収入は五ドゥカート強となる……。

しかしながら、一五七六年と一五七八年の調査の『地勢報告書』[10]によれば、カスティーリャの村々はもっと高い数字を示している。ある標本抽出に基づいて計算した生活水準[11]は一家族あたり一五、五二マラベディ、つまり四四ドゥカードになる。一家族四人として計算すれば、一人あたりの収入は一一ドゥカードである。

もちろん他の計算もありうるだろう。同業者組合の豊かな古文書はまだ十分に調査されたことがない。税務帳簿を調べれば、もっと広い範囲で、ヴェネツィア所有の各島、コルフ島、カンディア島、キプロス島の「国民生産」の計算ができるようになるのは間違いない。シチリア島に関しては、パレルモにもシマンカスにも、史料が揃っているということは例外的である。私の思うには、ヴェネツィアやトスカーナの国民総生産を、容易ではないが、計算できる。

あるとき、私は、奴隷やガレー船の漕ぎ手の値段とか、ガレー船を漕ぐ志願徒刑囚の俸給とか、兵士そのものの俸給とか、召使の報酬……などを副次的に取り出すことでこうした問題を解決できると思っていた。しかしこうした人間の価値がほんとうに二義的であるという自信はない。シチリアやナポリの奴隷は、世紀前半では一人につき約三〇ドゥカートで売られる[12]。一五五〇年以降は、奴隷の値段は二倍になる[13]。奴隷の値段についてはいかなる結論も下すことができない。というのも奴隷市場はきわめて狭いからである。もしあるとき奴隷があり余るほどいれば、値崩れが起こる。一五八七年六月、ピエトロ・ディ・トレド（有名なナポリ副王の息子）は、ガレー船で略奪遠征から帰ったとき、自分が捕らえた奴隷を三〇ドゥカート金貨で譲った[14]。ほとんどびた一文出さずに奴隷の労働力を手に入れることが可能である場合が多いということを付け加えておこう。十六世紀末、十二年前から鎖につながれていた〈西洋諸国の〉ガレー船の漕ぎ手の解放が我々に教えるのは、彼らはケファリニーア島の地方監督官の手で裁判にかけられることもなくガレー船の漕ぎ手にされ、そのあとは〈ガレー船からガレー船へとたらい回しにされた〉[15]ということである。身代金を払って捕虜を釈放する際にも同じ期待外れがある。[16]書類に記録されているのは金持ちや恵まれた人々だけである。つまり身代金を払って捕虜を釈放するのは人間のふつうの売値によるのではなく、主人が捕虜にはこれだけの値打ちがあると考えることによるのである。ガレー船に乗船して給料をもらい食事を与えられる志願徒刑囚については、修道騎士ジロン[17]の一言だけで事情が明らかになる。刑期の終わるまでガレー船に乗せられている不幸な者も「志願徒刑囚」（あるいは完全には志願ではない）と言われるのだ。その場合彼らには一ヵ月一ドゥカートが与えられるが、イタリアでは二倍の給金が与えられる、と我が情報提供者は述べている。それだけの高給を出せば、スペインなら容易に志願者が見つかる、とジロンは説明している。したがって兵士はつねに高すぎる給料をもらい、奨励金に魅力があった。というのも兵士は、一四八七年に、すでに一ヵ月三ドゥカートもらっているからである。[18]要するに、私は、志願徒刑囚も、奴隷自身も、兵士や召使（たとえばラグーザの[19]）も、社会によって責任を引き受けられ、食事を確保されている人々とその他の人々という具合に人間を基本的に分割する際必ずしも一番悪いほうにはいないと考えるに至るのである。この分割線は以上のような大変貧しい人々の下にあり、またこの分割線が動くのはさらに時代に逆行する場合だけである。

（1） Simancas, Expedientes de Hacienda, 122 一五五九年。メディナ・デル・カンポの例（一五六一年）と B. BENNASSAR, 《Medina del Campo, un exemple des structures urbaines de l'Espagne au XVIᵉ siècle》, in: *Revue d'histoire économique et sociale*, 1961 という見事な論文から話を始めることもできたかもしれない。ヴェネツィアでは、公式の文献は poveri（貧乏人）、mendicanti（乞食）、miserabili（非常に貧しい人）をつねに区別している。窮乏にもいろいろな段階があるのだ。Ernst RODENWALDT, *Pest in Venedig*, *art. cit.*, p. 16.

（2） 私がここで念頭に置いているのは、次の本の見積りである。Hektor AMMANN, *Schaffhauser Wirtschaft im Mittelalter*, 1948 三〇六頁の図表。

（3） 本書第I部第4章の「冬の苛酷さ」（四二九頁注（2））を参照。

（4） Museo Correr, Donà delle Rose 23, f° 23 v°.

(5) Heinrich BECHTEL, *op. cit.*, p. 52, note 6. エアフルトでは、一五一一年に、有産階級の最下層の貢租献納者の五四パーセントは〇から二五フローリンで、一五パーセントの人々は、〈まったく資産がない。〉

(6) *L'Untersicht*, colloque franco-allemand de 1962 参照。

(7) A. d. S., Venise, Senato Terra 22 トレヴィーゾ、一五五五年七月二十二日、トレヴィーゾ、一五五五年七月三十日、ティッツォの火災については、ブレッシア、一五五五年八月十一日。

(8) A. d. S., Naples, Sommaria Consultationum 2, f°s 68 v° et 69 一五六四年七月二十七日。

(9) *Ibid.*, f° 59 v° 一五四九年五月二十二日。

(10) Noël SALOMON, *La campagne en Nouvelle Castille à la fin du XVIe siècle, d'après les《Relaciones Topográficas》*, 1964 という全体的な著作を参照。

(11) J. GENTIL DA SILVA,《Villages castillans et types de production au XVIe siècle》, in: *Annales E.S.C.*, 1963, n° 4, pp. 729-744.

(12) A. d. S., Naples, Notai Giustizia 51, f° 5 一五二〇年十月十七日、三六ドゥカートを真新しい毛織物で払わなければならない。*ibid.*, f°s 177 v° et 178 一五二一年八月二十四日、十二歳の黒人奴隷は三三ドゥカート。

(13) *Ibid.*, Sommaria Partium, 595, f° 18 一五六九年一月二十八日、三十歳の黒人奴隷はレッチェで六〇ドゥカートで買われた。

(14) *Ibid.*, Sommaria Consultationum 9, f° 303-305 ナポリ、一五八七年六月十八日。

(15) A. d. S., Venise, Senato Mar 145 一六〇〇年三月二十四日。

(16) J. MATHIEX,《Trafic et prix de l'homme en Méditerranée aux XVIIe et XVIIIe siècles》, in: *Annales E.S.C.*, 1954, pp. 157-164 を見よ。

(17) Simancas Napoles, E° 1046, f° 25 修道騎士ジロンから陛下宛書簡、ナポリ、一五五四年九月十七日。

(18) Museo Correr, Donà delle Rose, 46, f° 65 一四八七年三月十一日。モレアでヴェネツィアに雇われている〈ギリシャ人およびアルバニア人の傭兵〉のことである。カール五世の感想については、本書第Ⅱ部第5章の「強盗と領主」を参照。一五二二年に、トルコの近衛歩兵は一日につき三アスプルから八アスプル、したがって一ドゥカートを五〇アスプルとすれば、一ヵ月につき二ドゥカート弱から五ドゥカート弱の給料となる (Otto ZIERER, *op. cit.*, III, p. 29)。ザーラでは、一五五三年に、砲撃手は一年に四〇ドゥカート取るが、砲撃手は専門職である。

(19) ラグーザの古文書によって確認できる事柄はいささかの曖昧さもない。〈公文書局の雑録〉(たとえば九八、一二二、一三二、一四六、一九六巻) に保存されている主人と召使の非常に数多くの契約書によって私は迅速に調査をおこなうことができた。見習いについては、カテゴリーを別にして、見習い期間の終わりに報酬が予定されることはいっさいないが、職に携わることによって、新人の職人は洋服一着、新品の靴、道具を受け取る。他の者については、現金での報酬は契約 (二年から五、六、七、十年まで) の終わりに与えられ、これは現物支給（住居、衣服、食料、病気の場合の手当て）に加えておこなわれる。奉公の年ごとに計算されるこの報酬はおよそ、一五〇五―一五〇六年には一から二ドゥカート、一五三五年には二・五ドゥカート、一五三七年と一五四七年には三・四および四・五ドゥカート、一五六〇―一五六一年には三ドゥカート（をわずかに越えることもあるし、満たないこともある）、一六〇七年には四ドゥカート、一六〇八年には八および一〇ドゥカートである。ドゥカートの貨幣価値低下を考慮に入れると、状況は年とともにほとんどよくなっていない。そこには構造的上限がある。

暫定的分類

以上のような尺度ならびに計算、あるいはこれからおこなわなければならない計算がどのようなものであれ、労働人口については、過去の価値の規模で次のような相場を定めてもほとんど間違うことはない。つまり年間二〇ドゥカート以下は貧民であり、二〇から四〇ドゥカートは「細々と暮らす下層民」、四〇から一五〇ドゥカートは「妥当な暮らしを送る人々」である。この尺度はさまざまな物価の地域変動を考慮に入れていないし、またインフレ時に重要な、年毎の変動も考慮に入れていない。この尺度に我々が与えているのは、非常に大まかな「格子」[1]としての価値だけである。

したがって、パドヴァ大学教授が年俸六〇〇フローリンの給料をもらっていると知れば、我々にはただちに、教授は事実それ自体によって金持ちの側であるとわかる。その際に、教授が〈民法の第一教授職〉にあるとか、コッラド・デル・ブスキオのような人であるとかを知らなくてもいいし、一五〇六年夏に給料が全般的に高かったことを考慮しなくてもいい[2]。いつでも、我々の手にしている史料が引き合いに出す無数の俸給を先程の格子に基づいて位置づけるのが得策であろう。ヴェネツィアの〈造幣局〉では低いほうでは監督を担当する少年のごく僅かな報酬（一五五四年に年間二〇ドゥカート[3]）、高いほうは金と銀の仕分け係〈パルティドール〉（一五五七年[4]）の給料は六〇ドゥカートと給料の幅が広がっているのを見ておくのがいい。報酬が妥当になるのは、一八〇ドゥカートの会計係[5]にとってである（だれでも知っている一五九〇年の賃上げ[6]の後である）。また国立造船所では労働者は一五三四年にはまだ薄給の水準にあり[7]、三月一日から八月三十一日までは日給二四ソルド、九月一日から二月末日までは二〇ソルドの稼ぎである。熟練工であるかしめ工は、この同じ年に、夏期には四〇ソルド、冬期には三〇ソルドもらっている。こうしてヴェネツィアは、国立造船所と〈造幣局〉[8]というヴェネツィアの権力の二つの中心において、薄給の労働力に頼っているのだ。十人委員会が月給を払っている書記官でさえ、平均して年に一〇〇ドゥカートしか受け取っていない[9]。それと対照的に、政府に仕えるファン・ヒエロニモ・デ・サン・ミケーレという「役人」は、一五五六年三月に〈一ヵ月につき〉給料を二〇から二五ドゥカートへ上げてくれるように政府に頼んだが、うらやましく思われるだろう。彼は労働者が一年かけて稼ぐ給料を一ヵ月で稼ぐのである[10]……。

　要するに、多くの貧しい人々、多くの貧民がいるわけだが、広範なプロレタリアートに対して歴史は、研究には困難があるものの、少しずつ場所をあけている。プロレタリアートはこの世紀のすべての活動に重荷となり、時代が経つにつれてますます重くのしかかってくる。プロレタリアートは執拗に続く山賊行為の供給源となり、長く続く、無益な、本当の意味での社会革命の源となる。全体的な窮乏が紛争の決着をつけ、貧しいものや恵まれない人々を容赦なく生活のゼロ平面へと投げ出すのである。スペインでは、昔から続いている金持ち階級が、人口の後退が目立つようになって、十七世紀にはある奇妙な社会階級、つまりローマ帝国時代の平民に似たプロレタリアートをつくりだす。紛れもない貧乏人、ピカレスク小説によって有名になる都会の不良少年、雲助、偽の乞食と本物の乞食、〈ならず者〉、〈ごろつき〉、この極貧の人々は労働と縁を切るのだが、まず初めは労働、勤め口のほうが彼らとの縁を切ったのである。彼らは、昨日のロシア皇帝時代のモスクワの貧乏人のように、悲惨な無為の暮らしに身を落ち着けた。修道院の入口でスープの配給がなかったら、この〈施しで食べ物を得る人々〉、〈貧しい人のためのスープ〉を食べる人々は生きていけるだろうか。ぼろ着を着て、街角でトランプや骰子で賭けをしている人々は、裕福な家のあり余るほどいる召使の供給源でもある。若きオリバレス伯爵は、サラマンカで学業に励んでいるときに、執事一人、召使二一人、そして宿舎から大学まで本を運ぶためにラバ一頭を抱えていた。(11)

これがスペインの本当の姿であり、宗教戦争時代のフランス、シクストゥス五世時代のイタリア、あるいは世紀末のトルコの本当の姿である。つまり大変貧しい者たちの数が増えて重荷になり、それだけでも経済的変動局面の急激な変化を予告しているのだが、貧民は、地中海の端から端まで、その変化から何も獲得するには至らない。

(1) 本書前出、ヘクトール・アマンの図表を参照(一七六頁注(2))。
(2) A. d. S., Venise, Senato Terra 15, f° 106.
(3) Museo Correr, Donà delle Rose 26, f° 46 v°.
(4) *Ibid.*, f° 48 v°.
(5) *Ibid.*, f° 100 v°.
(6) 一五七二—一六〇一年の期間はパン屋の要求により安定した。その間に俸給は二倍になった。Museo Correr, Donà delle Rose, 218, f° 302.
(7) A. d. S., Senato Mar 23, f°s 36 et 36 v° 一五三四年九月二十九日。すなわち年間六三ドゥカート強である。
(8) Museo Correr, Donà delle Rose, 161, f° 80 一六〇六年。造幣局には七四人の賃金労働者(五四人は銀、一八人は金)がいる。合計すると年間に五、二八〇ドゥカート、賃金労働者一人あたり平均ほぼ七二ドゥカートである。平均すると銀の仕事をする人は給料をもらいすぎである。時には一人が二つのポストにつくこともある。
(9) Museo Correr, Donà delle Rose, 161, f° 208 v° 一五八六年。書記官は二八人で、俸給の合計は二、七六四ドゥカートである。
(10) A. d. S., Venise, Senato Terra 23 ヴェネツィア、一五五六年三月二十日。
(11) Juan REGLA, in: J. VICENS VIVES, *H. Social de España*, III, p. 300.

悪い基準としての食べ物——公式にはスープはいつでもおいしい

以上のような計算や調査はもう一度やり直さなければならない。大いに改善される余地がありうる。それに反して、食べ物についておこなった調査に関してはあまり多くの幻想を抱かないようにしよう。(1)これに関して、資料がないわけではない。資料を見つけようとするなら探せば事足りる。しかし資料の伝える証言こそは、生活水準の低さに関する我々の研究において、疑わしく見える。実際、その点について資料を信じるならば、何もかもが最善の方向に向かっているようだ。スピノラ家〔一五六九―一六三〇年、ジェノヴァ出身のスペインの将軍〕の食卓がバラエティに富み、量が豊富だとしても別に驚くにはあたらない。貧乏人の献立がパンや乾パンといった安価な食べ物であっても、これほど自然なものはない。貧乏人の食事にチーズや肉や魚もあった。全ヨーロッパおよびおそらく地中海において、肉の消費が少なくなる緩慢な変化が始まったが、まだそれほど進んだわけではない。しかしこうした過去の調査で我々が驚かされるのは、兵士、船乗り、ガレー船の漕ぎ手、施療院の貧乏人のための食事がカロリーの秤で計られていることである。調査が明らかにしているのは、一日のカロリー摂取量は約四、〇〇〇カロリーである。

したがって、公式の食事は、例外なしに、公式にはつねにおいしいのだということしか知らないのであれば、すべては最善の世界において最善の方向に向かっている。責任ある当局に対して伝えられるか公にされている食事に関しては、すべてはよい。すべて非常によいのだ。そしてガレー船乗船中に配給をめぐっていくつかの争いがあることは、我々の気持ちに疑いの念が沸き起こるには必ずしも必要ではない。それでも数字が厳然とそこにあり、あるいは何年も前から食糧補給を担当して、〈会計法院〉の調査官に対して自由に自分の考えを述べるナポリのガレー船の〈検査官〉の所見がある。(2)トルコのガレー船に乗船の場合にも、通常の食事には乾パンのかなりの量の配給が含まれる。(3)それゆえ基本的な点、すなわち多くの史料が明らかにし確認しているバランスのとれた食生活は認めることにしよう。このバランスのとれた食生活はガレー船の漕ぎ手や兵士は貴重な下僕であるから健康管理がおこなわれているということだけを意味するのである。そしてただちに、きっぱりと、こうした食事は恵まれた人々のものであるということを言っておこう。なぜならいかなる史料もこの点については前もって知らせてくれたことがないからである。スープや〈塩漬けの牛肉〉や〈乾パン〉、ワインや酢などの配給管理者のいる人はだれでも救われる……。ディエゴ・スアレスは、若いときに、エル・エスコリアル宮殿の工事現場で働き、そこでの〈食事はおいしい〉と思った。ほんとうに貧しい人々とは、戦争の場合にせよ慈善団体にせよ、食事の配給管理をしてくれる人が見つからない人々である。貧しい人々は多数である。彼らはこの世紀の劇的な背景であり、その背景が時々暴力的な場面となって見えることがある。ある年代記によれば、一五九七年五月二十七日、エクス・アン・プロヴァンスで、「サンテスプリ〔精霊〕教会の修道院長や代理人が、貧しい人々にパンを配ろうとしたところ、この貧しい人々が殺到したために、五人か六人の人が死んだ。一、二〇〇人以上の貧しい人々がいて、男の子も女の子も女も地面に倒れ、足で踏まれて窒息したのである。」[4]

（1） Frank C. SPOONER, 《Régimes alimentaires d'autrefois, proportions et calculs en calories》, in: *Annales E. S. C.*, 1961, n° 3, pp. 568–574.
（2） A. d. S., Venise, Sommaria Consultationum, 3, f°s 204 et *sq.* 一五七一年三月八日。
（3） Piri RE'IS, *Bahrije*, éd. par Paul Kahle, 1926, *Introduction*, II, p. XLII.
（4） Foulquet SOBOLIS, *Histoire en forme de journal de ce qui s'est passé en Provence depuis l'an 1562 jusqu'à l'an 1607*, 1894, p. 245.

計算は立証されるか？

さまざまな種類の収入を合算してみれば（もちろん収入を合算したものが不確かなものであり、また一部では重

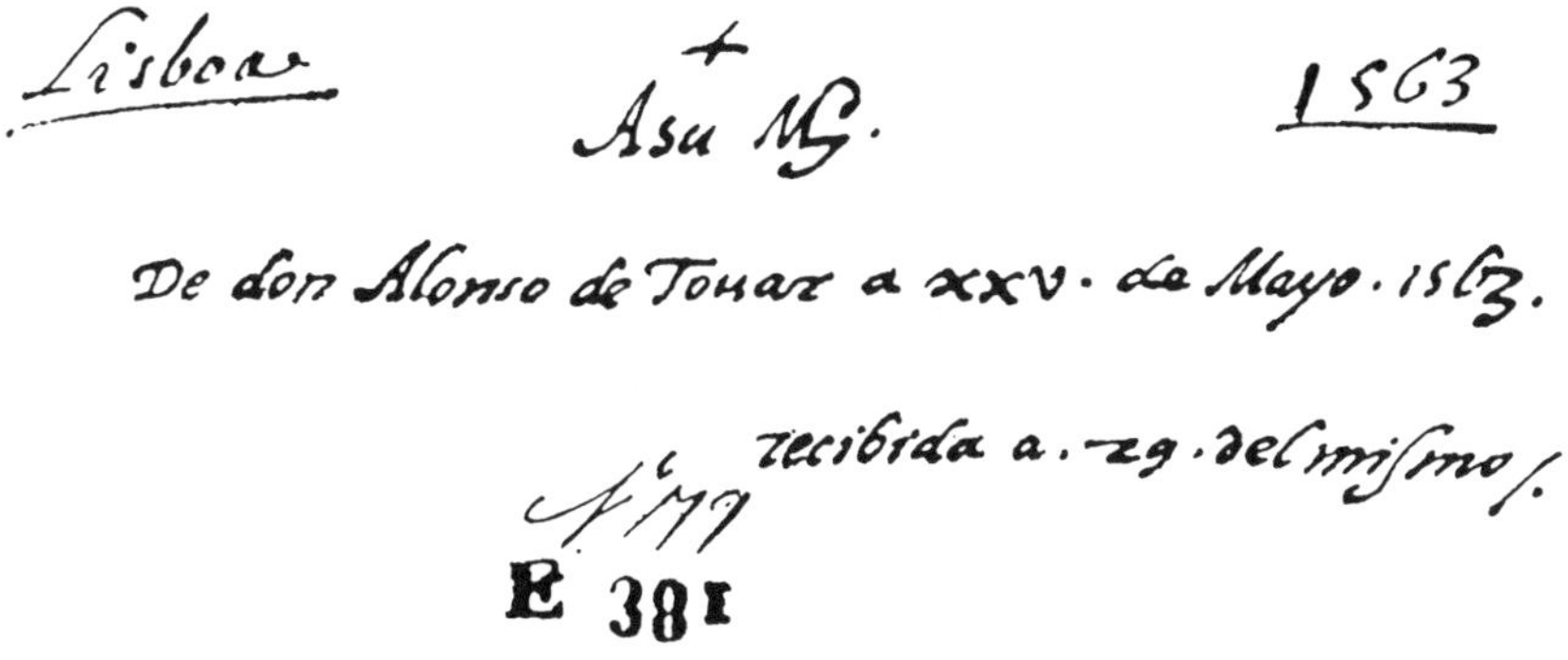

リスボン駐在フェリーペ2世の大使の手紙の〈ファイル〉のファクシミリ。発信の日付と受信の日付が入っている。

なっているけれども）、地中海における総収入は、一兆二億ドゥカート金貨から一兆五億ドゥカート金貨ぐらいであろう。そうなると〈一人頭あたり〉二〇から二五ドゥカートの取り分となる。これらの数字は不確実であり、たしかに大きすぎる。平均的な水準はこのレベルの高さには達しえない。誤りが生じるのは、我々がやり方を間違えてすべてを貨幣で見積もったからであるが、他のやり方でおこなうことは不可能であった。これはもしすべてが市場経済を経由するならば、その場合の平均水準であろう。ところが実際にはそうではない。それでもこうした理論的な数値はばかげてはいないし、まして無益ではない。地中海という風景の近づき難い大きな塊を相互の関係で位置づけるために、我々は素描を描いたのであり、またそれが必要であった。このことを言ったうえで、有効な数字が我々の目の前からそっと逃げていってしまうときには、頁をめくって、このような期待外れの計算の仕方を放棄することにしよう。今から十年もすれば、ここで切り開かれた道がもう一度検討し直されて実りのある調査がおこなわれ、本章を何から何まですっかり書き直さなければならないだろう。

第2章　経済——貴金属、貨幣、物価

貴金属の役割が十六世紀以上に大きかったことは今までに一度もないと思われる。十六世紀の同時代人は、ためらいなく、貴金属に第一位の重要さを割り振り、次の世紀の経済の専門家はそれに輪をかけて重要度を強調している。前者にとっては、貴金属は「民衆の糧」(1)であり、後者にとっては、我々人間は「金や銀で生活の糧が得られるほどには商品の交易では生活の糧が得られない。」そしてこのヴェネツィアの弁舌家は、金や銀は「あらゆる政府の神経であり、金や銀の金属は政府に脈や運動や精神や魂を与え、政府の本質であり生命そのもの（l'essere et la vita）である……。金や銀はあらゆる不可能な事柄を乗り越えていく。なぜなら金や銀はあらゆることの主人であり、親方だからだ。金や銀とともにあらゆるものの必然性を持ち去り、金や銀がなければ、すべてはひよわで動きがない」とまで言っている(2)。

〈あらゆることの主人〉、これはまさしく議論の余地があることは明らかである。貨幣は人々が喜び勇んで話しているような普遍的な原動力ではない。貴金属の役割は前の時代の保有量次第であり、また過去の不測の事態にもよるし、貨幣の流通の速度、国と国との関係、経済摩擦、諸国家や商人の政治的駆け引き、そして「庶民の世論」(3)によってもやはり左右される。そして多くの場合、経済学者の言うように、貨幣はさまざまな現実、つまり財産や仕事や交換……を隠蔽する暗幕でしかない。結局、金や銀（銅も）は単純に互いに付け加わって同種の金属の保有量を構成するのではない。貨幣に用いられる金属は互いに衝突し、競争するのである(4)。

こうして、（白いお金、つまり銀に対して）金貨の価値上昇が人を金貨のほうへと走らせ、金貨はただちに悪貨の役割を演じて、勝手に恵まれた扱いを受け、良貨、この場合には銀貨を駆逐してしまう。その都度、この駆け引きはまったく偶然というわけではない……。こうしたことがヴェネツィアでしつこく繰り返されるのは、レヴァント向けのヴェネツィア政府の貿易に活気を与える銀の大量輸出を容易にするためではないのか。そこにはある種の猛烈な経済攻勢があり(5)、それに伴うさまざまな帰結と限界がある。金の値上がりは、自動的に交換の価格上昇であり、生活費が高くなることである。それはまた、一六〇三年に、トルコ帝国から二五万スカン〔ツェッキーノ金貨〕がまったく変則的に戻ってきたことでもある。あるいは、同じ頃、ある名義貸与人を介して、二〇万エキュ金貨をヴェネツィアの〈造幣局〉に売って、危ない橋を渡らずに一二、〇〇〇エキュを儲けたトスカーナ大公の投機であるが、これは「我々が無知であった結果だ」と、あるヴェネツィア人は述べている。このヴェネツィア人は、小麦粉の価格が小麦の価格と正当な釣り合いのとれたものであるように、ヴェネツィアの町において、一度だけでもいいから金が銀と正当な釣り合いのとれたものになることを願っている。(7) その後のことは容易に察しがつく。つまり相対的な銀貨不足が、通常以上に、銀の含有量の少なくなった、軽い、低品位の銀貨製造につながるのであるが、ヴェネツィアはその後でこの低品位の銀貨の流通を駆逐するのに大変苦労しなければならなくなる……。(8) こうした災難はすべて、部分的には、レヴァント向けの銀貨輸出の必要性に由来するのだろうか。

これは、同時代人のおこなった説明ではないが、それでもシチリア島の奇妙な状況を説明することになるだろう。つまりシチリア島では、少なくとも一五三一年からは、金は銀に比べて（一対一五の割合で）一貫して過大評価されている。この「不均衡」ゆえに、シチリア島は銀を失いつづけ、金と引換えに銀を買い、次には銀貨を改鋳することになるわけだが、これはナポリの造幣局がおこなって儲けを得ていたのと同じである。(9) あとはこの絶えざる不祥事を理解し、だれが儲けているのか、そしてなぜこのような不祥事が続いているのかを見なければならない。

他の地域では、金と銀のゲームはもっと変化に富んでいるが、(10) 人々が良貨対悪貨、強い通貨対弱い通貨、金貨対銀貨、あるいは金貨対黒い貨幣（銀を混ぜた銅貨、そしてやがて純粋な銅貨）、後には硬貨対紙幣といった相互の動きとさまざまな貨幣の性質に注意深くなってからは、観察の目をまぬがれることはほとんどない。富あるいは財産という一般的な意味での「お金」は、決してただひとつの同じ性質のものではない。

(1) Mathias de SAINT-JEAN, *Le Commerce honorable...*, 1646, p. 102. 金と銀は、W. PETTY, *Polit. Arithm.*, 1699, p. 242 によれば「自然の富」である。

(2) Museo Correr, Donà delle Rose, 161, f°s 239 v° et 240 一六〇〇年頃。

(3) A. de MONTCHRESTIEN, *op. cit.*, p. 94.

(4) J. van KLAVEREN, *art. cit.*, p. 3 は誤って反対の考えを述べている。

(5) Museo Correr, Donà delle Rose, 161, f° 2 一五九三年十二月十四日。

(6) 時代の流れに逆らった、突飛な動きで、ファン・バティスタ・ポレティが政府への報告書のなかで驚きを表明している。Museo Correr, 181, f° 53 v° 一六〇三年。

(7) *Ibid.* Cicogna 1999（日付なし）。ヴェネツィアに対する関税は銀貨で支払われる。

(8) *Ibid.*

(9) Antonio della ROVERE, *La crisi monetaria siciliana (1531-1802)*, p. p. Carmelo TRASSELLI, 1964, 一般的に、また特に、三〇頁以下を参照。金の絶えざる猛攻に加えて、たとえば一六〇二年から一六〇六年までフェリア公の時代には、銅貨の時ならぬ発行がある。L. BIANCHINI, *op. cit.*, I, p. 336.

(10) ファン・バティスタ・ポレティが認め、指摘しているように（上記注(2)参照）、金の値上がりが銀貨を駆逐し、その結果物価は銀次第であったから日々の物価がすべて上昇するのを食い止めることになる。これはフランク・C・シュプーナーが近刊の『ケンブリッジ経済史』への寄稿論文で出した仮説である。ポレティは、金と関係のある為替レートは金とともに上がるにちがいないし、実際に上がると主張している（f° 53）。実際、ヴェネツィアの為替相場は、計算貨幣であるドゥカート金貨をもとにつくられ、ドゥカート金貨は金（この場合にはスカン〔ツェッキーノ〕）の値上がりとともに銀行紙幣のように価値が下がり、したがって「ブザンソンの」定期市でマール金貨を手に入れるためにはより多くのドゥカート（為替の上昇）が必要になる。そのうえに、為替取引で購入されるすべての商品（スペインの羊毛、染料）が値上がりしていく。

一　地中海とスーダンの金

貴金属の東方への流出

しかしながら、一見したところ、地中海における貴金属の流通ほど簡単に見えるものはない。何世紀も時が過ぎても地中海では何ひとつ変わらない。貴金属の産地がどこであれ、つまり旧セルビア、アルプス山脈、サルデーニャ島の銀山からであれ、北アフリカやエジプトを中継して来るスーダンやエチオピアだけでなく、ソファーラ〔ノバ・ソファーラ〕の砂金採集であれ、イン川渓谷沿いのシュヴァッツの銀山からであれ、ハンガリーのノイゾール、ザクセンのマンスフィールド、プラハの近くのクーテンベルク、あるいはエールツ・ゲビルゲの鉱山(1)からであれ、十六世紀前半からは新世界の鉱山からであれ、貴金属は、いったん地中海の生活のなかに入ったら、東方に向けて流出が年中続くのである。黒海、シリア、エジプトで、地中海貿易のバランスは、ずっと前から赤字続きであった。地中海貿易が極東にまで到達しえたのは、もっぱら地中海自体の貴金属の保有をそっちのけにして金と銀を輸出したことによる。この貴金属の国外流出がローマ帝国を解体させたのだと言われたこともあるが、これは議論の余地があるものの、ありうることだ。ユリウス・クラウディウス時代の貨幣が遠くセイロンにまで見つかるのは事実である(2)。

しかし地中海はこのように国を破滅に導く輸出を制限しようと絶えず試みたようだ。ローマ帝国時代のアレクサンドリアは、極東での買い付けは部分的にはガラス製品で支払っていた。(3) 中世には、西ヨーロッパは金と銀の代わりに奴隷を送り出していた。ビザンツ帝国は、ユスティニアヌスの時代に養蚕を始めて、貨幣がオリエント方面に流れ出すのを制限するのに成功した。(4) こうした試みは、地中海に向けて多くのものを輸出するが、ほとんど輸入をおこなわない極東で繰り返される支払いの必要性、しまいには地中海を疲弊させる支払いの必要性を強調するだけである。

十六世紀ならびに次の世紀には、したがって、ヴェネツィア、ジェノヴァ、フィレンツェで鋳造された貴重な金貨、特に銀貨が、そして少し後では非常に有名なスペインの八レアル銀貨が、香辛料や薬品や絹の生産者である広大なアジアの空間を流通することになる。こうした貨幣は東方を経由して地中海の回路から出ていくわけで、地中海では、多くの場合、貨幣を投入するには大変な忍耐が必要であった。大まかに見れば、地中海は貴金属を集める機械のようなものであるが、地中海は決して十分に所有したことがない。(5) 地中海は貨幣を蓄えて、結局は一文無しになり、インドや中国やマレー諸島……が利益を得る。地理上の大発見が航路や価格を急変させることもありえたが、実際にはこの基本的な現実を何ひとつ変えることはなかった。おそらく、西欧人にとっては、オリエントからの貴重な商品、なかんずく胡椒を手に入れることで大きな利益が上がるからである。あるヴェネツィア人の言葉によれば、胡椒は「他のすべての香辛料を引っ張ってくる。」またおそらく、かつてと同じく十六世紀には、オリエントの入口を越えるとすぐに、貴金属の購買力はキリスト教国よりも大きくなるからである。アントニオ・セッラ〔一六一三年頃に活躍した経済学者〕によれば、一六一三年頃、ヴェネツィアは通貨保有量を蓄えるために、ラシャ、彩色ガラス細工品、鏡、金物、銅……を輸出してはいるものの、まだ毎年レヴァントに向けて硬貨で五〇〇万ドゥカート以上を輸出していた。(6) ヴェネツィアの商人がレヴァントおよびシリアからペルシャ湾までの「各地の港に」(7)

置いている代理人および現地駐在員の役割は、情報を収集し、「説諭をおこない」[8]、得になる取引を狙うことだけでなく、毎日、商品の物々交換をすること、dar a baratto あるいは barattare すなわち財布の紐を解かずに売買をおこなうことである。現金での取引のほうが儲けになるときには、こうした回り道を縮めて、現金に頼ろうとする誘惑はやはり大きい。一六〇三年に、リアルト広場銀行の専門官はまだ次のように書くことができる。[9]〈資本（現金）はレヴァントからはつねに商品のかたちで帰ってきた。〉「レヴァントから現金を持ち帰る習慣はほとんどなく、むしろ現金は利益の上がるはずのよい商品に用いるのがふつうである」と、タヴェルニエは一六五〇年頃に記している。[10]一六六八年のヴェネツィアのある報告書は、エジプトに〈スペインの八レアル銀貨〉を導入することで、[11]三〇パーセントまでは儲かる、と明言している。

このような商取引は、大まかに言えば十六世紀と十七世紀においてほぼ同じで、いかなる信頼関係も排除した、一方的な状況の重圧を示している。全キリスト教世界を通じて、あちらこちらで通用する為替手形が、イスラム世界を旅するのは例外的でしかない。めったにないのだから、イスラム世界には為替手形は存在していなかったと結論を下すことができるだろうか。[12]キリスト教国の商人は、いつも支払いの金に困って、レヴァントでは四〇パーセント、あるいはそれ以上にまで達する大変な高利でしか借金の道が見つからない。一五七三年のラグーザの書類は、エジプトのユダヤ系ポルトガル人によってこのような高利の貸付がおこなわれたことを指摘している……。[13]シリアでは、一五九六年に、ヴェネツィアの商人はいかなる値段でも先を争って買い付け、結局は「トルコ人」から三〇ないし四〇パーセントの率で借金している。その結果、一国全体の不名誉になる破産は一人にとどまらない。[14]もっとも、鋳造貨幣の闇市は、西欧の各都市で、初めから、存在していた。ヴェネツィアでは、ドアも窓も閉め切った小さな両替屋、つまり banchetti が、十人委員会が時たまおこなう厳しい措置[15]にもかかわらず、通貨の非合法な取引をおこなっていた。[16]

十六世紀の後半四分の一世紀とともに、フランス人、イギリス人、フランドル人（言い換えればオランダ人）が昔からのレヴァント貿易にかなり大きな場所を占めるようになる。なぜなら彼らはすべてを現金で買ってくれるからである。彼らは伝統的な習慣を覆し、ヴェネツィアの古い商会を苦境に陥れ、価格を際限なくつり上げる。新参者の不慣れな身振りである！　その後フランス人はこの現金払いの取引に忠実でありつづけるが、[17]イギリス人とオランダ人は自分たちの持ってきた商品、〈カージー〉、鉛、銅、錫を代わりに押しつけることにたちまち成功した。一五八三年には、イギリス人はもはや貨幣による支払いでは四分の一しか買い付けをおこなわなかった。[18]

それでもこの貨幣を手に入れなければならなかった。ジェノヴァ、リヴォルノ、ヴェネツィア、アンコーナ、そして時にはナポリといった地中海の大きな商業市場は、商品やサービスと引き換えに貴重な通貨をいくらかは供給していた。実際は、こうした泉はすべてちょろちょろと出てくる湧き水でしかなかった。お金はスペインから、つまりセビーリャからむしろ直接の経路で地中海にやって来ていたのだ。またイギリス人がこうした寄港よりもイタリアの港に直接行くのを好んだのは、一五八六年から一六〇四年までスペインはイギリス人には近づきにくかったからである。

セビーリャを経由して、つまり初めは金が豊富にあり、次には銀が豊富にあるスペイン、そして鍵をかけておこうとするのだが、貴金属の流出を許してしまうスペインを通して、地中海と当時の世界の貿易全体が活気を帯びるのである。ところで、この貴金属の補給はひとつの新しい事実であり、革命的なことであり、また実際に、大発見の年表によって考えられる以上に最近のことなのである。

（1）　後半のほうの情報については、John U. NEF,《Industrial Europe》, *art. cit.*, p. 7.
（2）　André PIGANIOL, *Rome*, p. 389.
（3）　G. I. BRATIANU, *Etudes*..., p. 80.

（4） W. HEYD, *op cit.*, I, p. 1 et *sq.*
（5） この主題に関しては次のすぐれた指摘を参照。Giuseppe MIRA, *Aspetti dell'economia comasca all'inizio dell'età moderna*, Côme, 1939, p. 244 (1587).
（6） *Op. cit.*, p. 165. もちろんこの数字はかなり誇張されている。
（7） BELON DU MANS, *op. cit.*, p. 100 v°.
（8） *Ibid.*
（9） Museo Correr, Donà delle Rose, 181, f° 53 v°.
（10） *Op. cit.*, I, p. 270.
（11） Marciana 5729, *Relazione d'Egitto*, 1668.
（12） この主題に関しては、イディアケスからモンデハル侯爵宛書簡、ヴェネツィア、一五七九年三月二十六日、A. N., K 1672, G 1, note 33 を見よ。単なる転売に関してもヴェネツィアでコンスタンティノープルに対する信用貸しの書類を見つけることはできない。この二つの都市の間ではほんのわずかな額のものにしか為替手形は使われていない。N. IORGA, *Ospiti*..., p. 38, 46, 62, 79, 80, 84-85, 88, 90, 92, 97-98, 100, 109, 121（一五八七年から一五九〇年までのヴェネツィアにおけるワラキアの両替）。ラグーザ人はコンスタンティノープルにおける税金をバルカン半島から来るラグーザの商品、つまりトルコ帝国のヨーロッパの部分に散らばった同国人所有の商品によって都市の入口で支払われる関税の支払いに認められている為替手形で支払う。メディナ・デル・カンポやジェノヴァの定期市の手形交換所の存在を説明するのは、通貨の欠如ないし通貨不足である。J. KULISCHER, *op. cit.*, II, p. 345.
（13） A. de Raguse, Diversa de Foris, XI, f° 75 et *sq.* ユダヤ人金貸し用にG・ボンダとステファン・ディ・チェルヴァによって作成された支払い明細。全部で一〇回の支払いが一五七三年三月三日から十月十日までに分割払いされている。貸付の期間は一ヵ月から四ヵ月である。
（14） 一五九六年二月十六日。G. BERCHET, *op. cit.*, p. 87.
（15） Museo Correr, Donà delle Rose 26, f° 54 一五六二年五月二十六日。〈商店でも家でも〉こうした両替を禁じることについては、一六〇五年十二月二日、*Cinque Savii*, 12, f°s 105-6.
（16） A. d. S., Venise, Busta 105 C. 838 一五八五年十一月二十四日。
（17） J. B. TAVERNIER, *op. cit.*, I, p. 73.
（18） ジョン・ニューベリーからロンドンのレオナール・プア宛書簡、アレッポ、一五八三年五月二十九日。R. HAKLUYT, *op. cit.*, II, pp. 246-247.

スーダンの金――先例

十六世紀以前――アメリカ大陸の金と銀以前――には、地中海はあちらこちらで、つまり地中海沿岸から遠いところや近いところで（一般にはかなり遠いところで）貿易に不可欠な貴金属を見つけていた。それには長い歴史があり、それはだいたいかなりよく知られている。ただその歴史の最後の章、つまり十六世紀半ばに間違いなく完成された章――これを簡略に述べるためにスーダンの金の時代と呼ぶことにする――は、それほど明らかにされてはいないか、または少なくとも昨日まではまだ明らかでなかった。(1)

大胆な歴史家はサハラ砂漠の貿易の始まりを十世紀に位置づけている。しかしあらゆる点からそれがはるか昔の過去に遡ると考えられるし、紀元後二世紀に砂漠にふたこぶラクダが登場するよりも前であったとも考えられる。というのは二世紀以前には「グアダラマ山脈の馬と牛がリビアの砂漠の荷車を引いていた(2)」からである。スーダンからやって来る砂金が十世紀以前に小アフリカに達し、一〇〇〇年以降は(3)、南の方ではニジェール川の迂曲部にまとまりのいい見事な国家形成をもたらし、一方北の方のマグレブでは、貴金属はオランやアルジェのような新しい都市の建設に役立った。イスラム支配のスペインの主人たちは、十世紀には、セウタという重要な場所に住み着いていたが(4)、このスペインは金貨の〈ディルハム〉の材料を北アフリカに見出していた。

しかしスーダンの金は、たんに北アフリカとイスラム教スペインの繁栄の基盤であるだけでなく、十二世紀になって主要な海路を切断されて、自給自足の生活を強いられた西欧のイスラム圏の繁栄の基盤でもある。この金は地中海の大きな歴史と関係がある。十四世紀から、おそらくマリ国王マンサ・ムーサの一三二四年のメッカへの大仰な巡礼(5)から、金は地中海全体に流通しはじめる。金の補給者である北アフリカが、少しずつ、地中海全域の原動力になってくる。十五世紀には、キリスト教徒の商人が北アフリカに侵入する。(6) 彼らはセウタ、タンジール、フェズ〔フェス〕、オラン、トレムセン、(7) ブージー〔ベジャイヤ〕、コンスタンティーヌ、(8) チュニスにやすやすと居を定める。これより前の数世紀には、向こう見ずな兵士や、一三五四年に「金の豊かな都市」(9) トリポリに攻め入ったフェリーペ・ドリアの襲撃のように、海賊がやって来た。あるいはアラゴン人やカスティーリャ人のように、征服大計画があった。(10) 十五世紀には、すべて商人の手に戻る。歴史はもはや通商条約や特権や買い付けや交換しか語らない。トルコの勃興でオリエントでの仕事を妨害されたキリスト教徒の商人は、北アフリカに補償を見出す。(11) マグレブはカタルーニャ人にも、マルセイユ人にも、プロヴァンス人にも、(12) ラグーザ人にも、(13) シチリア島人にも、(14) ヴェネツィア人にも開かれているという利点がある。これらの国の定期航路はトリポリ、チュニス、アルジェ、ボーヌ〔アナーバ〕、オランへの寄港を含んでいる。ジェノヴァ人に対しても港は開かれているが、一五七三年に、勝利者スペインがチュニスにおいて見つけるのは〈商品置き場〉ではなく、ジェノヴァ人の使った貯水槽である。「誠実な商人の都市」トレムセンには、キリスト教世界のあらゆる「国民」が来ている。ゴンツァーガ家〔イタリアのマントヴァを一三二八年から一六二七年まで支配した貴族〕の現地駐在員はサラブレッドの買い手で、チュニスにもオランにも、またジェノヴァにもヴェネツィアにもいて、為替手形を持ってバーバリーへの往来を繰り返し（為替手形はバーバリーに住み着いたキリスト教徒の商人の信用貸しで）、あるいはかさばる旅の道連れである馬をヴェネツィアのガレー船に乗せて戻って来る。(15) 一四三八年、飢饉のために困っているトリポリとチュニスをシチリアの小麦で食糧補給をおこなったアルフォンソ大度王〔一三九六―一四五八年〕は、弁済で手に入れた金でナポリとの戦いの資金調達をおこなうために二四、〇〇〇ヴェネツィア・ドゥカートを鋳造させた。(16)

金と奴隷の助けで、商人のアフリカ大陸侵入は非常に遠くまで延び、南方のトゥワトやニジェール川まで進む。(17) キリスト教世界が提供しうるものすべて、また北アフリカの商業地区に見られるものすべて、つまり織物、〈カージー〉、金物、安物がサハラ砂漠を横断し、マグレブは政治的にはほとんどまとまりがないためにますますこの侵略ならびに通過に手を貸すのである。原則として、マグレブは三つの地域（マグレブの歴史の地理的、文化的、政治的な三つの地域）に分かれる。マリーン朝のモロッコ〔十三世紀から十五世紀初頭〕、ハッハーブ派〔ムワッヒド朝〕のトレムセン王国〔一二三〇―一二六九年〕、ハフス朝のイフリキア（チュニジア）である。しかし、これらの空間のそれぞれにおいて、何と多くの自治独立地域、反乱部族、未開の山岳地帯、独立都市があることか！　オランとセウタは真の都市共和国である。小アフリカを農村地方の集合とみなしたりすれば間違いである（が、最もすぐれた学者もこの誤りを犯している）。十四、十五世紀に、小アフリカで都市が発達するが、時には都市を取り囲む国々とまったく釣り合いがとれないこともある。各都市は内海の方に向いて暮らしているだけでなく、南の方の黒人の国々〈スーダンの内陸部〉に向いて暮らしている。サハラ砂漠の境界地域からギニア湾岸まで、こうしたつながりは、ヴィットリノ・マガリャニェス＝ゴディニョが書いているように、「地理的・経済的に不変の条件をそなえた」いいいい構造化された古いシステムを形成している。(18)

砂金（チバール）(19)、黒人奴隷、銅、塩、布地の五つの商品が取引の対象である。黒人は最初の二つを所有している。交換は北のふたこぶラクダのキャラバンと南の荷担ぎ人や丸木舟の列が出会う所でおこなわれる。全体として、北の方が、言い換えればイスラム世界と、その彼方の西欧の商人が優位である。一四五〇年に、塩はマリでは同じ重さで金と交換されたと言われている。(20)いずれにしても、レオ・アフリカヌスによれば、一五一五年に、ヴェネツィアの織物がトンブクトゥでは目玉の飛び出るような値段で売られ、貴族はレヴァントやマグレブの商人に対して大変な借金をしている。(21)これが一般的な経済情勢である。しかしこの地方の経済情勢もまたそれなりの役割を果たしている。結局、金については、いささかも不思議ではないし、また今日でもなおよく知られている(22)三つの砂金採集地域、つまりセネガル北部、ニジェール北部、ギニア海岸における生産の弾力性にすべてはかかっている。

（1） この問題は V. MAGALHÃES GODINHO, *L'économie de l'Empire portugais aux XVIe et XVIIe siècles*, 1958（タイプ印刷による博士論文、ソルボンヌ大学）、t. I, pp. 1-241 によって見事な研究がおこなわれた。
（2） J. CARCOPINO, *Le Maroc antique*, 1943, p. 139.
（3） Roberto S. LOPEZ, *Studi sull'economia genovese nel medio evo*, 1936（マルク・ブロックによる書評、*Mélanges d'hist. soc.*, I, 1942, pp. 114-115).
（4） 九三一年。もっと早く八七五年にはアンダルシアの船乗りが「アルジェリア」海岸にテネスを築いた。
（5） P. BÉRAUD-VILLARS, *L'Empire de Gao*..., 1941, p. 220.
（6） 有名な参考文献として、Jacques de MAS-LATRIE, *Traités de paix et de commerce divers concernant les relations des Chrétiens avec les Arabes, en Afrique septentrionale au Moyen Age*, 1866.
（7） E. COUDRAY,《Les étrangers à Tlemcen》, in : *Journal de l'Algérie nouvelle*, 1897. 同じ著者の、同じ主題に関する原稿を読み、利用する機会を得た。
（8） たとえば一四七〇年にはコンスタンティーヌには羊毛と亜麻布の買い付け人としてジョルジョ・グレゴーリオ・ステッラがいる。Robert BRUNSCHVIG, *La Berbérie*..., I, p. 269.
（9） Laurent-Charles FÉRAUD, *Annales tripolitaines*, 1927, p. 16.
（10） カスティーリャのサンチョ四世とアラゴンのハイメ一世征服王〔在位一二一三—一二七六年〕の征服計画。ムルヤ川の両域。エンリケ三世の計画。一四〇〇年頃テツアン〔モロッコ北部〕の破壊……など。R. KONETZKE, *op. cit.*, p. 84.
（11） Robert BRUNSCHVIG, *La Berbérie Orientale sous les Hafsides des origines à la fin du XVe siècle*, 1940, I, p. 269 は、この重要な方向転換を指摘している。またヴェネツィアが一四四〇年にバーバリー行きの「ガレー船」定期航路を開いた事実も考慮すべきである（*Ibid.*, I, p. 253)。モロッコでのポルトガルの行動を考慮に入れなければ、これは平和的な侵入である。
（12） R. GANDILHON, *op. cit.*, p. 29.
（13） この主題に関しては、ラグーザの古文書館に一九三五年には未刊の史料がそっくりあった。
（14） G. LA MANTIA,《La secrezia o dogana di Tripoli》, in : *Arch. st. sic.*, XLI, pp. 476-477, note 1, 一四三八年のトリポリの〈ドゥプラエ〉ないし〈ドゥブレ〉について。〈今日でも銀と商品はその大部分がバーバリー方面に送られているので、ドゥプラエがそこから来るが、お分かりのように、資産価値によって相場が一定しないので、我が国民にとって大損害となっている。〉（これは国王アルフォンソからメッシーナの「司令官」宛書簡である）したがって、〈ドゥカート貨幣の鋳造によって〉取引の基礎がつくられる。〈ドゥブレ〉は、北アフリカのイスラムの国々では、十六世紀になっても金貨である。R. HAKLUYT, *op. cit.*, II, p. 176, 1584.
（15） たとえば、A. d. S., Mantoue, A° Gonzaga, Genova 757 一四八五年一月五日、一四八五年七月七日。Spagna 585 一四八六年十二月六日、一四八六年十一月七日。Genova 757 一四八七年七月二十一日（フェデリコ・クリヴェッリの為替手形）、一四八七年八月二十五日（チュニスへの為替手形）、一四八七年八月二十五日、一四八七年九月十一日、チュニスの二〇〇ドビーは二二〇ドゥカートの価値がある。一四八七年十月十五日、など。
(16) C. TRASSELLI, 《Transports d'argent à destination et à partir de la Sicile》, in: *Annales E. S. C.*, 1963, p. 883.
(17) Richard HENNIG, *Terræ incognitæ*, III, 1939; LEFÈVRE, 《Il Sahara nel Medioevo et il viaggio a Tuat del genovese Malfante》, in: *Riv. delle Colonie*, 1936; C. DE LA RONCIÈRE, 《Découverte d'une relation de voyage du Touat décrivant, en 1447, le bassin du Niger》, in: *B. de la Section de Géogr. du Comité des Travaux Historiques*, 1919. この主題に関してはG・ピエルサンテッリ、P・スキアリニ、R・ディ・トゥッチの研究も参照。
(18) *Op. cit.*, I, p. 194.
(19) 「チバールの金」と言うのは贅語法である。本書二〇七頁、注(10)参照。
(20) R. HENNIG, *op. cit.*, III, p. 286.
(21) LEON L'AFRICAIN, *Description...*, III, p. 300 および P. BÉRAUD-VILLARS, *op. cit.*, p. 90.
(22) G. BALLANDIER, *L'Afrique ambiguë*, 1957, p. 67 et *sq*.

ギニアのポルトガル人——金《きん》は相変わらず地中海に届く

ポルトガル人がアフリカの大西洋岸沿いに前進していったことは重要な出来事である。発見者とバーバリーの〈白いモーロ人〉の接触はブラン岬の緯度からおこなわれたが、わずかな砂金がすでに大西洋に向かって流れ出していた。ポルトガル人はギニア湾には一四四〇年頃に到達し、派手な色の織物、ほとんどは品質の悪い織物と引換えに、また指輪、ブレスレット、銅製のたらい、目の粗い羊毛の服地、さらには小麦と馬と引換えに、奴隷や金や象牙の〈買い受け〉が河口付近の定期市でおこなわれた。一四四四年には、黒人奴隷の最初の輸送船団がポルトガルのラゴシュに着いた。一四四七年には、ポルトガルの最初の金貨〈クルザード〉がつくられた。一四六〇年、エンリケ航海親王が亡くなるときには、すべてはギニア海岸にほぼ定着している。征服は、一四八二年一月に、サン・ホルヘ・ダ・ミナ城の予期せぬ建設によって完成する。この城はポルトガルから持ってきた材料、特に前もって切り刻んだ石を用いて、数週間で建造された。

交換（金、奴隷、象牙、マラゲッタなど胡椒に代わるもの）から即座に得られる繁栄はいささかの疑いもない。金《きん》に関しては、採掘は国王の名においても個人の名においてもおこなわれる。一五〇〇―一五二〇年の期間は、おそらく[1]、金の年間の輸出量は約七〇〇キログラムである。一五二〇年以降、衰退は著しく、長期の危機が一五五〇年頃に始まり、この危機は一五八〇年代まで、あるいは一六〇〇年代まで続き、一六〇五年からはオランダによる採掘が始まる。したがって三つの時期がある。一四四〇年から一五二〇―一五五〇年までの活動が明らかな時期、次いで一五五〇―一六〇〇年の長期の後退、最後に新しい世紀とともに景気回復の時期である[2]。

難題となるのは、時代を広くとって一五二〇年から一六〇〇年までの長期の後退である。三つの説明が妥当と思われる。景気減速のこの年代にはイギリス、フランス、スペインの競争があった（そしてこの点では証拠はいくらでもある）。ポルトガルの大艦隊と駐屯部隊のために採掘費の値上がりがあり、金が高くなりすぎた（しかもこの理由は妥当である）。最後に、アメリカ大陸の金という競争相手があった。まず初めに新世界はヨーロッパに金を供給した。一五五一年から一五六〇年まで公式にはセビーリャに四三トン、すなわち大西洋岸のアフリカから最大七〇〇キログラムであるのに対し一年に四トン以上である。

しかし一四四〇年から一五二〇年までの大西洋による採掘が、サハラ砂漠経由で金がアフリカおよびその彼方の地中海に到着するのを中断させることがなかったということを確認しておくことは重要なことである。その証拠はシチリア島の貨幣鋳造、ならびに硬貨、金塊のかたちで島から金が再輸出されることによって提供される。一四八九年に[3]、一四五五年と同じように、シチリアの小麦が大量にアフリカに発送されたこと（七五、〇〇〇キンタル）は見返りとして約半トンの金が届いたことになる。別の証拠として、ヴェネツィア人の活動がある。実際、〈バーバリー行きガレー船〉は相変わらずマグレブへの寄港をしばしばおこない、そこで金を荷積みした。一四八四年十二月に、こうしたガレー船のうちの二隻がカトリック両王の艦隊に拿捕される。ヴェネツィア側の苦情は〈一隻は莫大な金を積んでいた〉[4]と言っている。一五〇五年と一五〇六年に、あるヴェネツィアの商人、ミキエル・ダ・レーゼ[5]はバーバリー行きガレー船に乗船した代理人に指示を与える。二度の航海のそれぞれに代理人には銀貨と織物を委託する（一回目は銀貨つまり〈造幣局の貨幣〉で二、〇〇〇ドゥカートと深紅のラシャ。二回目は〈造幣局の金貨で〉三、〇〇〇ドゥカートに加えてアレッポ産のキャムロットとカージー）。帰路は〈たくさんの時間をかけて、恵まれたものを持って〉おこなわれるはずである。これはガレー船がスペインに着いたときに、代理人がバレンシアの造幣局で鋳造させ、可能ならば羊毛の買い付けに用いる砂金のことである。

それから約十年後、取引は維持されている。一五一九年七月十五日、三隻の小型ガレー船に、コルフ島を離れチュニスからザーラに〈我が国のガレー船でバーバリーの金と商品ならびに他の上等な物〉すなわち金と高価な商品を持っていくよう命令が下る。[6]一五二一年六月にも同じ指示が与えられる。商人が要求するのは〈チュニスに見つかる金〉をヴェネツィアに持ってくることである。[7]古文書館はこうした貿易の他の多くの証拠を保存している。[8]遺物、と人々は言うだろう。しかしながら、大西洋のルートがポルトガル商業の利益のために開かれたのはほぼ四分の三世紀前である。フランス側についても、年代的順序はほぼ同じである。モンペリエの造幣局に対して「バーバリー貿易はもうだめになった」と人々は言うが、一五一八年には、「そこからのパイヨル（砂金）はここの造幣局とは別のところに運ばれている」と付け加えている。さらに「バーバリーの地域からは戦争のためにもはや金は運ばれて来ない」と言われるが、この指摘は一五二六年十月十日の日付である。[9][10]〈バーバリー行きガレー船〉の最後の旅は一五二五年におこなわれる。したがって、もし我々が後の十人委員会の決定を正しく解釈するならば、ヴェネツィアが金の入荷が数少なくなったとか鋳造し直すべき金貨が乏しくなったと見るのは、だいたいこの頃、つまり一五二四年頃である。それでも、一五二四年から一五三一年まで、[11]金貨は二九、六一七マール、すなわち年間四、二

図38　ヴェネツィア・ツェッキーノ金貨の相場

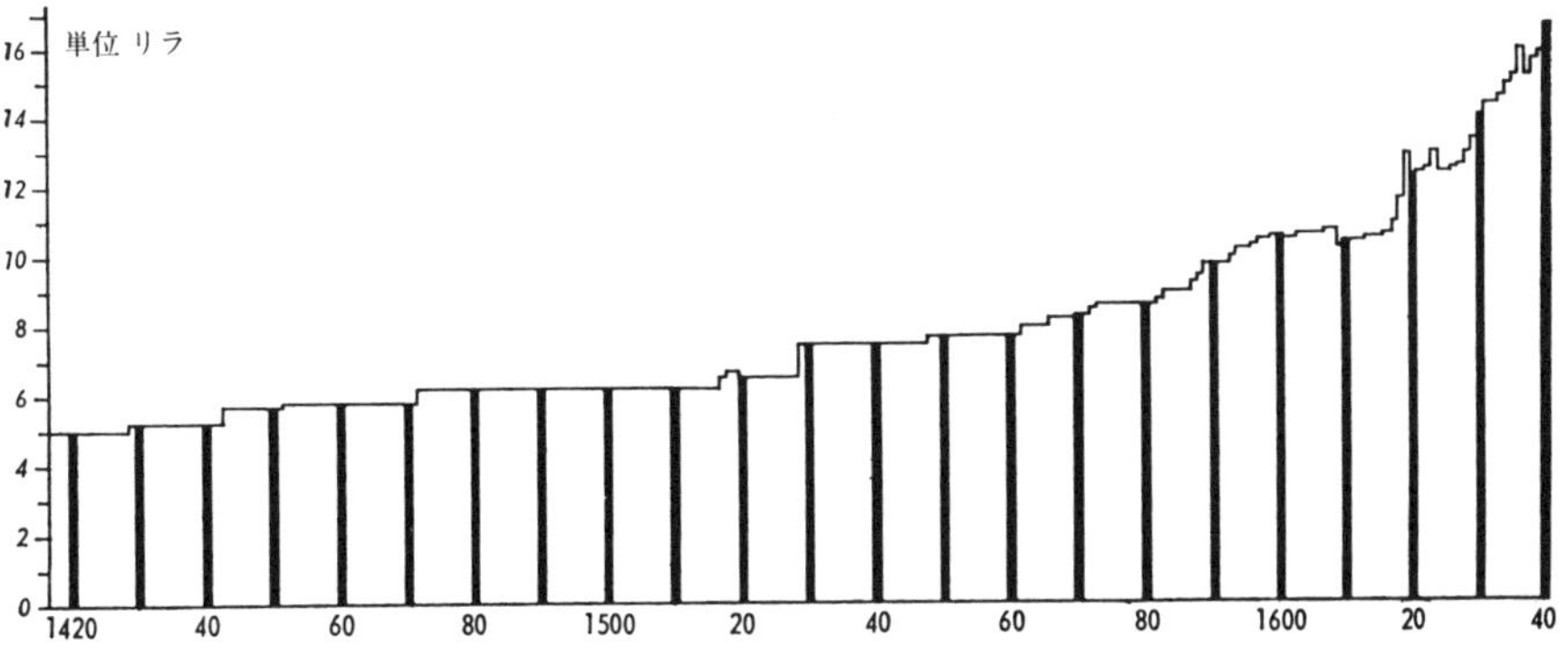

三一ドゥカート鋳造されている。スーダンの金《きん》の大西洋側の採掘の三倍である。ヴェネツィアには金は北アフリカの市場からだけやって来たのではないのだ。

　しかしながら、明白な資料がないので、さまざまな種類のドゥカート金貨の背後に正確にはいったい何があるのかと問うことも可能である。一五一七年、ドゥカートは実体貨幣ではなくなり、そのときから六リラ四ソルドという変わらぬ率で、もはや計算貨幣でしかなくなる。計算貨幣は今日の銀行紙幣と比較しうる（もっともこれは場合によっては正しい理解の仕方である）し、一五一七年の状況は今日の種々多様なインフレのひとつに比較しうると考えて、ヴェネツィアの通貨はこうして金から切り離されたのだなどと言わないようにしよう。現用の硬貨であるドゥカートは単にリラとかソルドという名目上の貨幣に移行したばかりであり、こうした計算貨幣の筆頭になっていく。実体硬貨である〈ツェッキーノ金貨〉は、一五一七年には、六リラ一〇ソルドに相当する（したがってドゥカートより六ソルド多い）。十年後の一五二六年には、七リラ一〇ソルドの価値がある。[12] これは単に金を吸い寄せるための過剰支払いだろうか。

(1) V. MAGALHÃES GODINHO, *op. cit.*, IIe partie, chap.1, p.671 et *sq.*（タイプ印刷）。
(2) おそらくもっと早い。A. d. S., Venise, Senato Dispacci Spagna, ザーネからドージェ宛書簡、マドリード、一五八三年二月十四日。カトリック王は一五〇人の兵士を乗せた〈船に大量の大砲を〉搭載して〈ポルトガルの王国領に〉あるかなりの量の金を奪うべくミーナに送る。
(3) Carmelo TRASSELLI, 《Un aureo barbaresco battuto in Sicilia》, in: *Numismatica*, 1963.
(4) Simancas, Venecia, E° 1308, f° 2 ヴェネツィアのドージェからカトリック両王宛書簡、ヴェネツィア、一四八四年十二月二十三日。
(5) 一四九七—一五一一年のこの貴重な書簡は、新たに分類されている。A. d. S., Venise, *Lettere Commerciali*, XV, 9.
(6) *Ibid.*, Senato Mar 19, f° 101.
(7) *Ibid.*, f° 166 v°.
(8) *Ibid.*, f° 152 v° 一五二〇年九月十七日。
(9) R. GANDILHON, *op. cit.*, p.254 の適切な注解を参照。北アフリカとマルセイユの町の取引が数人の商人の手に集中したことについては、Jacques Raymond COLLIER, *Histoire du Commerce de Marseille*, 1951, t. III, p. 123.
(10) Museo Correr, Donà delle Rose, 26, f° 23 v° et *sq.* 一五三二年七月十六日（*Consiglio di X con le Zonta* 所収）。一五三二年七月十六日の手紙は一五二四年に貨幣鋳造を急がせる〈造幣局監督官〉をつくったことに言及している。借用すべき銀が足りないことについては、A. d. S., Mantoue, A° Gonzaga, Venezia, 1456 ヴェネツィア、一五三三年九月十四日。一五二六年のヴェネツィアにおける金の値上がりについては、ジアンバティスタ・マラテスタから侯爵宛書簡、A. d. S., Venise, Senato Zecca, 36.
(11) Museo Correr, Donà delle Rose, 26, 前の注を参照。
(12) A. d. S., Venise, Senato Zecca, 36.

経済情勢の責任者

以上のような金《きん》による繁栄と金の危機は関係がある。ギニアの金は、リスボンに到着すると、そこで大きな商業回路に入る。アンヴェルス〔アントワープ〕で、金はドイツ鉱山の銀と出会い[1]、地中海で国際貸借に均衡を取り戻させる。同じようにしてアメリカ大陸からセビーリャに最初に入荷した金はこの強制的な回路に巻き込まれ、地中海はその分け前を受け取る。セビーリャでは、新世界発見以前に、ジェノヴァ商人がすでにアフリカの金を仕入れていた。後になって彼らはアメリカ大陸の金を仕入れる。大西洋と地中海という二つの海面で注目される一五二〇年代の金の危機は、たぶんアメリカ大陸からの金の入荷の結果であるらしい。またバンブークの金はそのとき外部の得意先の一部を失い、北アフリカ――〈広義の〉――への供給しか残していないが、北アフリカにバンブークの金があったことは世紀全体にわたって証明されている。

しかし、二つのすぐれた研究、ひとつは出版され(2)、もう一つはまだ未刊の研究(3)のおかげで今日我々が昨日よりもよく知っているアメリカ大陸の砂金採集は、長い間その仕事にふさわしいものではなく、世紀半ば以前、おそらく一五三〇―一五三四年からだめになる。予測される反動は、一五三七年にグラナダの〈エスセレンテ〉に替わる〈エスクード〉(あるいはコロナ、あるいはピストレテ)が出来たときのカスティーリャの平価切下げである(4)。カスティーリャ・ドゥカードは、二十年前のヴェネツィアの場合と同じく、計算貨幣になる。こうして一五二〇年代から認められた危機が十年ないし二十年後に確実になる。ところで、ジョン・U・ネフの説を信じれば(5)、同じ時期に、ドイツにおける銀の生産は、一五四〇年頃に、頂点に達する。とすればこうした鉱山活動のすべては互いにつながりがあり、共に上昇し、共に後退する。いったい何が起こったのだろうか。フランク・C・シュプーナーの想像と推論を借用すれば(6)、それまでは、経済は金の相対的なインフレに引っ張られていたのである。銀と銅は金との関係で価値が増していたので、金が豊富にあることが銀山や銅山の発展を間接的に助長していたのだ。奇妙なインフレであり、歴史家はみずから全責任を引き受けてこのようなインフレの「モデル」を想像しなければならないのだが、これは社会や経済の頂点にいる金持ちや特権階級や権力者だけの投機の対象である。しかし、一五三〇年代ないし一五四〇年代から一五六〇年代にかけての困難な時代には、比較的豊富な金への投機が停止する。その結果、あらかじめ予測可能な激動とともに、銀が大量に激増する日まで長期にわたる変動が続く。ある種の言い方を認めるな

図39　金 対 銀

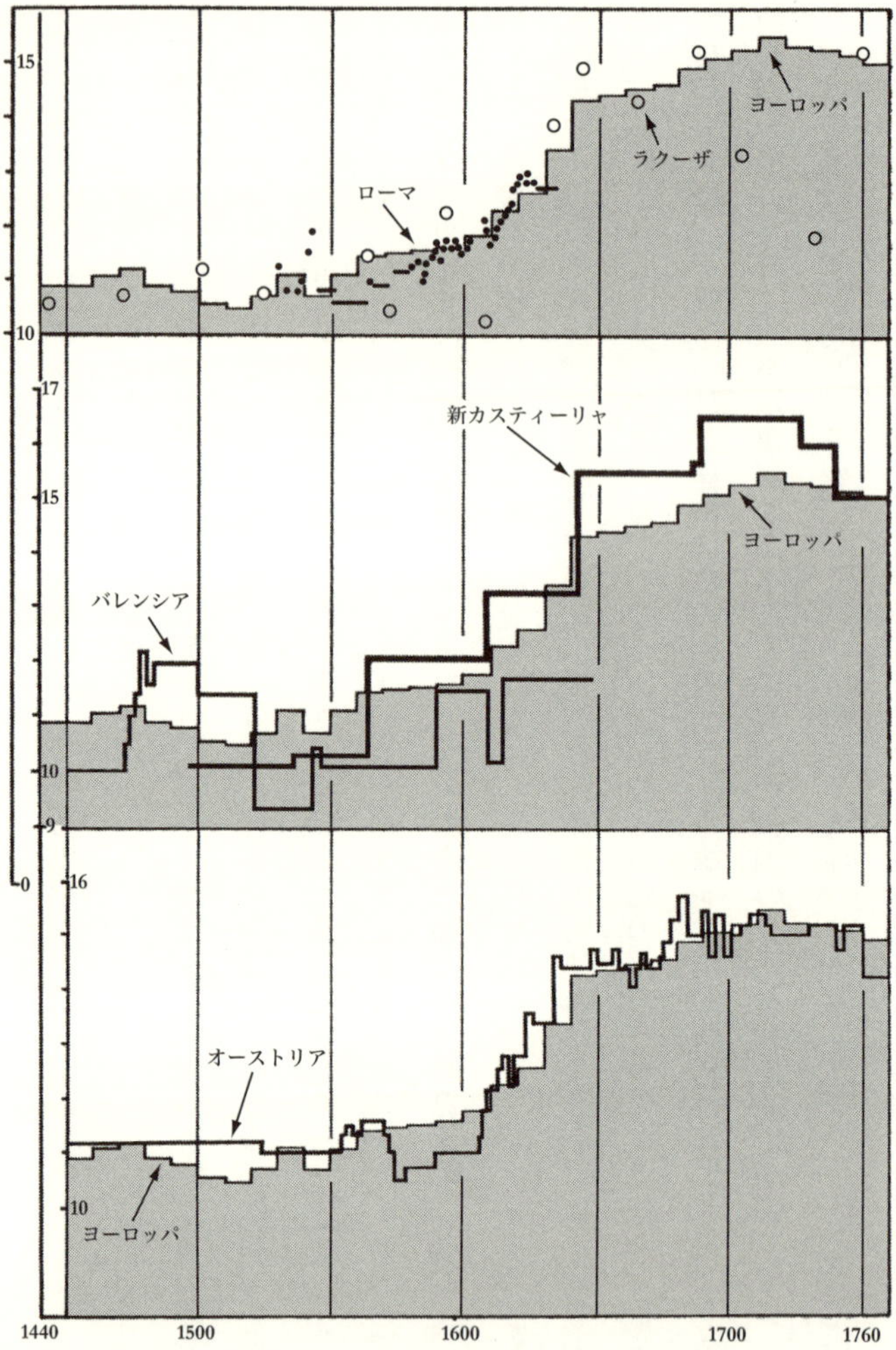

『ケンブリッジ経済史』第4巻（F・ブローデルとF・C・シュプーナー執筆）に掲載予定の図表。金属比率（金一銀関係）のヨーロッパの平均は，大まかに言えば，灰色面を境とするグラフがはっきりと示しているように，18世紀初めまで絶えず悪化している。この平均線（ヨーロッパ）と比べて，第一のグラフでローマとラグーザ（いくつかのデータは散逸した）での実際の相場付けの差が明らかになる。第二のグラフではバレンシアと新カスティーリャ，第三のグラフではオーストリアにおける差が明らかになる。こうした高低差が，自然であれ意図的であれ，投機の動きによって，通貨――場合によって金であることもあるし銀であることもある――の変動を引き起こす。17世紀における金の急激な上昇に注目せよ。

らば、「金中心の景気」[7]に代わって、「銀中心の景気」がやって来て、これは一六八〇年代まで[8]、ならびにブラジルの金の最初の発展[9]まで続く定めにある。

(1) Vitorino MAGALHÃES GODINHO, *op. cit.* H. van der WEE, *op. cit.*, II, pp. 124-127.
(2) Jean-Pierre BERTHE, 《Las minas de oro del Marqués del Valle en Tehuantepec (1540-1547)》, in: *Historia Mexicana*, 1958, note 29.
(3) Alvaro JARA, 未刊の研究。
(4) Henri LAPEYRE, *op. cit.*, p. 257.
(5) John U. NEF, 《Silver production in Central Europa》, in: *The Journal of political Economy*, 49, 1951.
(6) *L'économie mondiale et les frappes monétaires en France, 1493-1680*, 1956, pp. 8-9.
(7) この表現は Jacob van KLAVEREN, *op. cit.*, p. 3 による。
(8) *Ibid.*
(9) Roberto SIMONSEN, *Historia economica do Brasil, 1500-1820*, São-Paulo, 1937, 2 vol.

北アフリカにおけるスーダンの金

括弧を開いて脇道にそれてみよう。一五二〇―一五四〇年代という決定的に重要な時期に北アフリカで正確には何が起こったのか、また西欧とバーバリーの貿易危機の正確な原因が何であるのかはわからない。スペインによる侵略[1]（一五〇九年のオラン占領、一五一〇年のトリポリ占領、一五一八年のトレムセン占領[2]）がそれなりの役割を演じたかもしれないし、さらにはトルコおよびエジプトから広がってきたイスラムによる再征服の「波」があり、そしてこの再征服の波ゆえにマグレブが、当時実際にありえたように、「ヨーロッパの市場に」変わることができなくなる[3]。いずれにしても、西地中海への金の輸出が事実上停止したとしても[4]、スーダンの金は相変わらず北アフリカの諸都市への供給が続き、特にある一定の秩序が北アフリカに取り戻されてからは、トルコ人とシャリーフ〔モロッコ人〕の利益になる。十六世紀末にアエドの語る〈ルビアス、ジアナス、ドブラス〔ドブロン金貨〕、ソルタニアス（あるいはツェッキーノ）〉といった金貨が鋳造されるのは、サハラ砂漠の金を材料としてのことである。(5) これらの金貨は、アルジェでは、良質の貴金属でつくられ、他の金貨はトレムセンでかなり純度の落ちる金でつくられる。〈もちろん金である〉と、あるイギリス人は指摘しているが、(6) アルジェの女性たちのブレスレットの材料となるのと同じ〈銅の混じった質の落ちる金(7)〉である。トレムセンの金は東ではチュニスまで、南では黒人の国にまで通用する。それはカビリア山地のなかにまで浸透し、「オラン地方」で流通する。ディエゴ・スアレス(8)は世紀末に、「こうした地方の金貨は、トルコ人がこの王国を占領してからに比べて、かつてはずっと純度が高かった」と書いたことがある。一五八〇年頃、アルジェのさまざまな貨幣市場でもてはやされるモロッコの〈モティカル〉もまたスーダンの金を用いて鋳造される。(9) 一五七三年、ドン・フアンはチュニスを占領した。彼はチュニスにとどまる決意をして、マドリードに長文の報告書を届けさせた。この報告書にはかなり珍しいことだがチュニスのハフス朝支配者のすべての収入が列挙されている。関税、税金、通行税のほかに、チヴァールの砂金についての記載がある。このチヴァールの砂金という表現が贅語法であることはあまり大事なことではない。おそらく、あらゆる魅力に囲まれたチュニスを紹介しようとするドン・フアンの弁護の論拠を文字通りに受け取ってはならない。それでもディテールが何から何までそっくりでっちあげられたものであるとは思われない。(10) それはともかく、サハラ砂漠の貿易によって黒人奴隷が相変わらず運ばれて来るトリポリに（一五六八年の証拠を我々は手にしている(11)）、同時に砂金が到着するのは確実である。(12) 十七世紀のチュニス、実り多い出会いの都市、地中海の「上海」(13)に、金が同じように到着していないという証拠は何もない。その反対であればむしろ驚くべきであろう。

最後の証拠として、サハラ砂漠方面の遠征も一五四三、一五八三および一五九一年(14)のシャリーフ〔モロッコ人〕の遠征も（周知の通り、この最後の遠征はトンブクトゥ占領によって終結する）、あるいは一五五二年のサラ・レイスのウアルグラに対する進出計画も、[15]黒人の国からやって来る金と奴隷の魅力を考えなければ理解不可能であろう。V・マガリャニェス＝ゴディニョの説は、モロッコの「ショルファ」の発展と金の貿易の回復とを関連づけているが、重要なことである。十六世紀末になると、スーダンの金が大西洋方面にも[16]マグレブ方面にもふたたび出現する。マグレブはキリスト教諸国との関係を増大させる、おそらく付随的な理由をそこに見出すわけだが、こうした徴候がすべて間違っていなければ、このときマグレブは一種の復活を体験する。[17]

（1） F. BRAUDEL, 《Les Espagnols et l'Afrique du Nord, 1492-1577》, in : *Revue Africaine*, 1928.
（2） 前の注を参照。R.B. MERRIMAN, *Carlos* V, p. 210 ; Francisco LOPEZ DE GÓMARA, 《Crónica de los Barbarrojas》, in : *M. H. E.*, VI, pp. 371-379.
（3） J. DENUCÉ, *L'Afrique au XVIe siècle et Anvers*, p. 9.
（4） たとえば一五三三年にヴェネツィアと北アフリカの間にまだ商業関係があることは、G. CAPPELLETTI, *Storia della Repubblica di Venezia*, 1852, VIII, pp. 119-120 によって伝えられるある紛争が暗に示している。しかし小さな徴候に見られる景気減速がある。A. d. S., Mantoue, Genova 759 ジェノヴァ、一五三四年三月三日、ステファーノ・スピノラから侯爵宛書簡によれば、ジェノヴァの市場にバーバリーの果物がなくなっている。
（5） D. de HAEDO, *op. cit.*, p. 24 et 24 v°.
（6） 一五八四年。R. HAKLUYT, *op. cit.*, II, p. 184.
（7） D. de HAEDO, *op. cit.*, p. 27 v°.
（8） B.N. de Madrid, ch.34.
（9） D. de HAEDO, *op. cit.*, p. 27 v°.
（10） Relacion que ha dado el secretario Juan de Soto... 写し、一五七四年六月二十日、Simancas E° 1142.〈チバール〉ないし〈チヴァール〉が金であることは周知の通りである。
（11） 一五六八年十一月四日および八日、Simancas E° 1132.
（12） しかしキリスト教徒による占領時代には、トリポリは金の都市ではなくなっていた。M. SANUDO, *op. cit.*, XI, col. 112 ; ROSSI, *op. cit.*, p. 17.

(13) この表現は Carmelo TRASSELLI,《Note preliminari sui Ragusei in Sicilia》(近刊の論文)による。
(14) Emilio GARCIA GÓMEZ,《Españoles en el Sudan》, in : *Revista de Occidente*, 1935.
(15) D. de HAEDO, *op. cit.*, p. 27 v°.
(16) D. de HAEDO, *op. cit.*, p. 27 v°; J. GENTIL DA SILVA, *op. cit.*, p. 89. 多くのオランダの船がギニア海岸沿いで金の〈買い受け〉をおこなう。
(17) 私が念頭に置いているのはマグレブ方面に向かうスペイン、リヴォルノ、ヴェネツィアの商人の関係であり、これについては豊富な資料が残っている。コンスタンティノープル駐在のヴェネツィアの〈代官〉を介してアルジェとヴェネツィアの交渉がおこなわれた点に注目せよ, *Cinque Savii* 3, f° 721 一六〇〇年五月二十九日および六月二十二日。アルジェの「副王」は、羊毛や蠟や毛皮を積んだヴェネツィアの八ないし一〇隻のマルチリアネ船に対する通行許可証を出す。トスカーナとモロッコ国王との通商条約については、A. d. S., Florence, Mediceo 4274 一六〇四年。

二　アメリカ大陸の銀

地中海においてアフリカの金の資源に取って代わったアメリカ大陸は、はるかに大規模なかたちでドイツの銀山に取って代わった。

アメリカ大陸とスペインの財宝

アメリカ大陸の貴金属がスペインに入ってきたことについて公式の数字や史料が我々に教えてくれるものはすべて、アール・J・ハミルトンの研究によって明らかにされたのである。初期の入荷は、かなり控え目で、十六世紀に始まる。一五五〇年までは、アメリカ大陸から送られるものは金と銀の両方である。金が相対的な重要性をすっかり失うのは、十六世紀半ばになってからにほかならない。そのときからは、ガリオン船はセビーリャにはもはや銀しか運んで来ないのであるが、膨大な量であることは間違いない。なぜならアメリカ大陸において、新しい方法によって、水銀による銀鉱の処理が始まったからである。アマルガムというこの革命的な技術は、一五五七年にスペイン人バルトロメ・デ・メディナによりヌエバ・エスパーニャ〔メキシコ〕の鉱山に導入され、一五七一年からはポトシ(1)〔ボリビア南西部〕の鉱山に適用され、輸出を十倍に増大させた。輸出は一五八〇年から一六二〇年までに頂点に達し、こうしてスペイン帝国主義の栄光の時代と一致する(2)。一五八〇年一月、D・ファン・デ・イディアケスはグランベル枢機卿に次のような手紙を書いた。「皇帝はおのれの企てのために国王陛下と同じだけの銀を集めることは決してなかったと国王陛下が仰せになるのはもっともです(3)……。」モンクレチアンの言葉によれば(4)、西インド諸島はその豊かさを「吐き出し」はじめていたのである。

この銀の波が税関で固く閉ざされた保護主義の国へ流れ込む。貴金属の輸入と輸出を厳しく監視する疑い深い政府の同意がなければ、スペインからは何も出ないし、またスペインには何も入らない。したがって、原則として、アメリカの膨大な財産が閉じた壺のなかに入ってくる。しかし囲いは完璧ではない……。そうでなければ、コルテス〔議会〕はあれほど頻繁に、つまり一五二七年、一五四八年、一五五二年、一五五九年、そして一五六三年(5)にも、貴金属の流出についてぐちをこぼすことはないだろう。貴金属の流出は、議会の考えでは、国を貧しくするのだ。あるいは、一般に言われるように、スペイン王国は「他の外国の王国のインド諸島」であるのだろうか(6)。

事実、貴金属はスペインの金庫から絶えず流出し、世界を駆け巡る。いったん外に流れ出すと貴金属はただちに価値が増大することを意味するからである(7)。しかも何人かの売手は売値の希望価格を出している……。モンクレチアンは、十七世紀に、スペイン人が貴重な帆布ゆえにフランス人を頼りとしなければならない必要性のことを念頭

図40　アメリカ大陸の銀の二つの繁栄時代

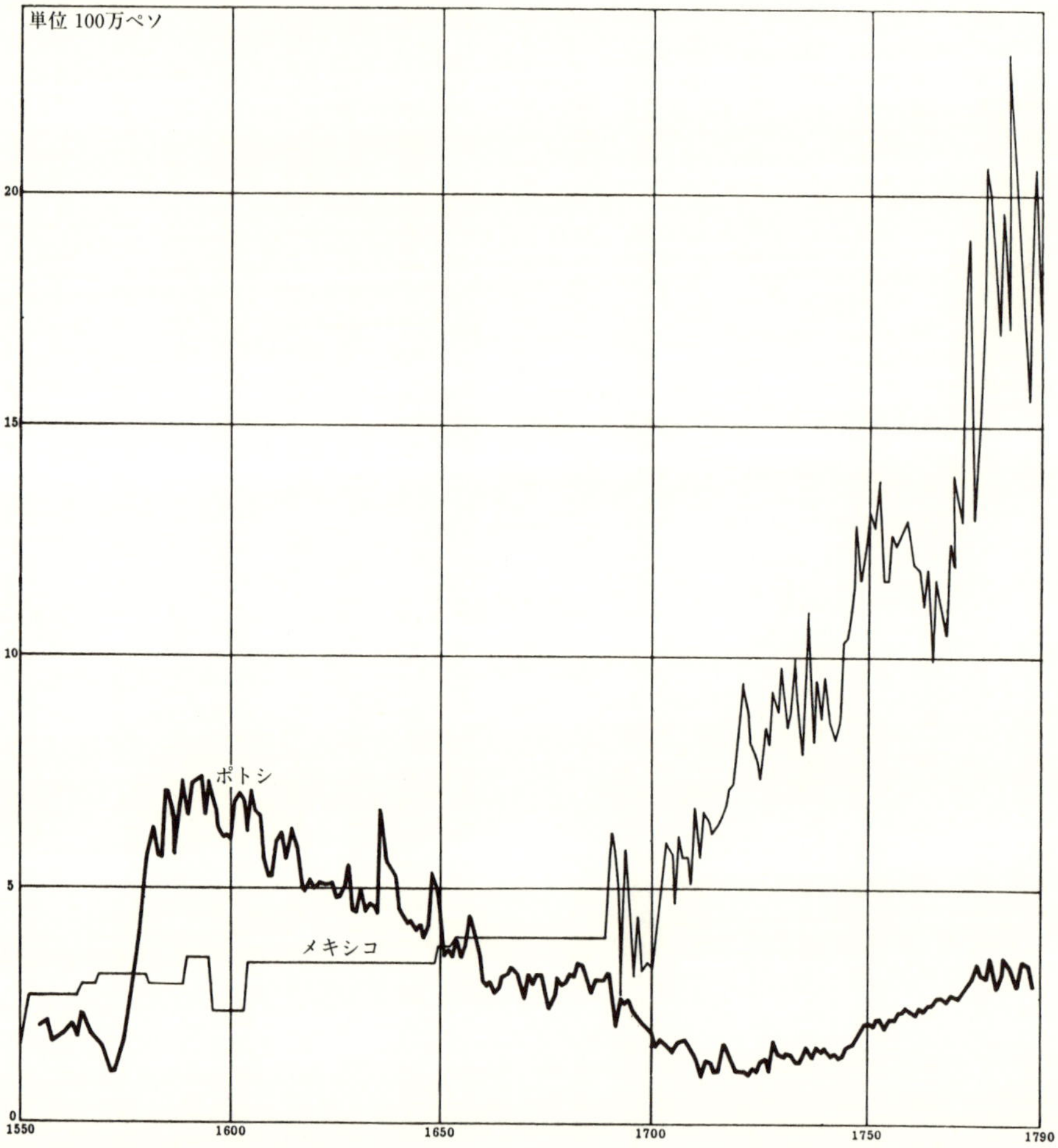

ポトシの曲線は，M・モレイラ・パス・ソルダン「植民地鉱山における五分の一税と貴金属鑑定税の計算」『歴史』第9巻，1945年による。

メキシコにおける貨幣鋳造曲線は，W・ホウ『ヌエバ・エスパーニャの鉱山ギルド，1770―1821年』1949年，453頁以降による。

アメリカの最初の銀の決定的な発展を示すのはポトシである。18世紀末のメキシコの鉱山の発展はそれまでに決して見られないほどの急上昇を示す。

図41　ヨーロッパにおけるスペインの「政治的」銀，1580—1626年

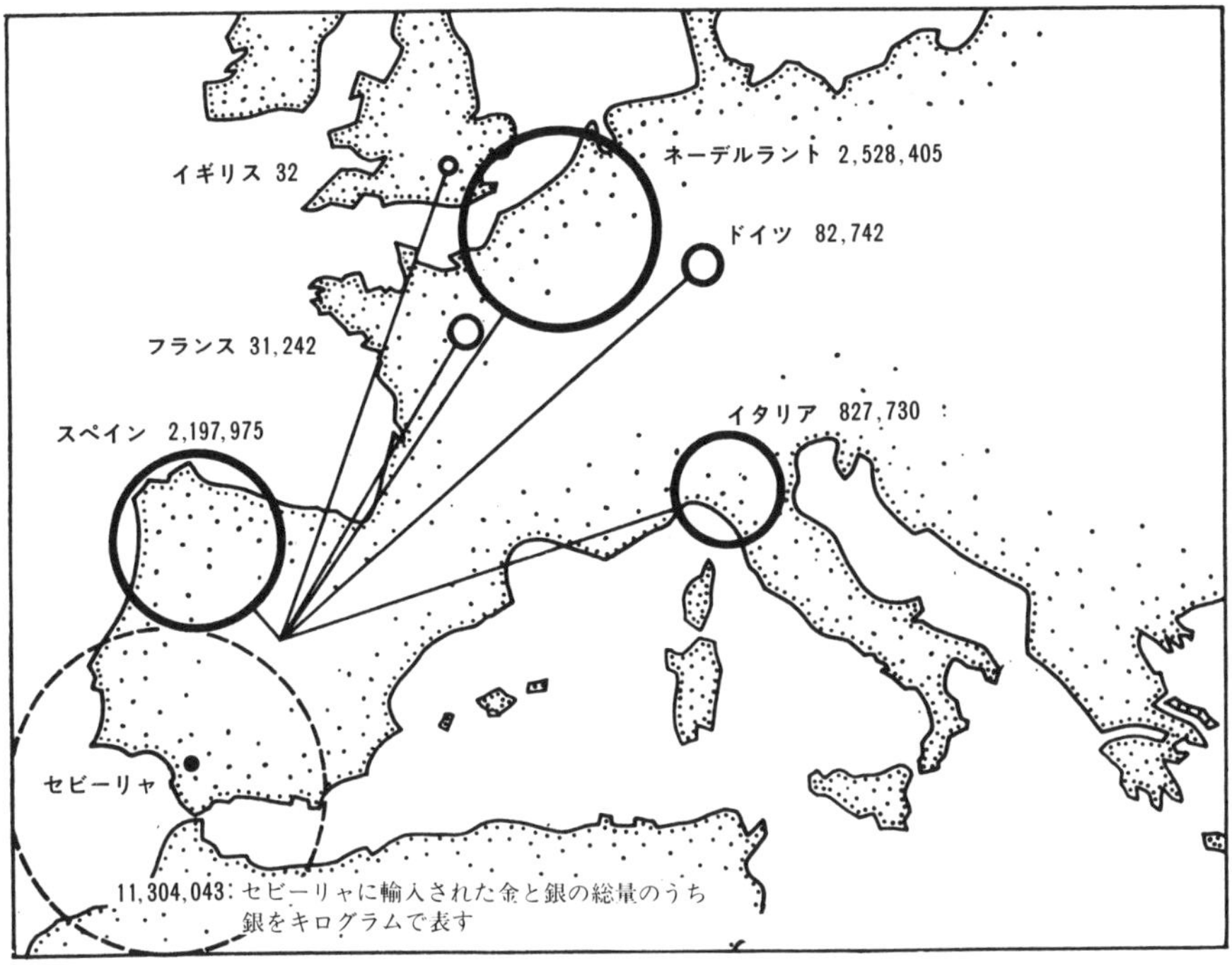

これは商人たちと締結された〈アシエント契約〉を通してカトリック王が使った銀のことである。この図からはっきりとわかるのは，最大の出費は，周知の通り，オランダでおこなわれたということである。次に，これはあまりよくわかっていなかったことだが，順番から言えば，スペイン王室と防衛のための出費が来る（1580年は大西洋をめぐる戦争の始まりであり，半島の海岸を防衛しなければならない)。次は，比較的わずかなイタリアでの出費。そしてほとんどないに等しいフランスに関する出費。フランスはスペインに身売りせず，フランス自身の情熱に身を委ねた。当然のことながら，これらの支払いはスペイン政府の支払いであり，ヨーロッパ向けの貴金属の全体の動きには一致していない。作図はF・C・シュプーナー。アルバロ・カスティーリョ・ピンタードの計算と統計による。

に置いて、「彼らが船を持っているとすれば、我々は帆を持っている」[8]と書いたことがある。ところで、他の例を引き合いに出すまでもなく、帆布や小麦は、現金による支払いでなければ手に入れられない商品である。地中海の商人ならびに他の商人は貨幣を手に入れる緊急の必要があるので、外貨に関しては、不正が数え切れないほどであっても驚くにはあたらない。ある日フランスの船、サン・マロの「ル・クロワッサン号」が銀の不正取引のためにアンダルシアで拿捕される。[9]別のときには、マルセイユの二隻の小舟がリヨン湾で捕らえられるが、舟にはスペインの貨幣が積んであった。[10]フランセス・デ・アラバは、一五六七年に、フランスに向けて大量の銀が流出したことを報じている。[11]「リヨンからの便りによると、リヨンの町の税関報告書では、ある人物がスペインからリヨンに九〇万ドゥカード以上――そのうち四〇万ドゥカードは金貨――を持って入国したことが確認された……これらの金貨はアラゴンから来たもので、毛皮の包みに隠されていた……しかもすべてカンフランを通って来る。国王陛下の認可なしに大量の貨幣がパリにもルーアンにも来ている……。」一五五六年、あるヴェネツィア人、ソランツォは、毎年フランスにエキュ金貨で五五〇万まで持ち込んだと言っていた。[12]スペインに在住の外国商人たちは鋳造貨幣を絶えず本国へ還流させていた。[13]一五五四年[14]、ポルトガル大使の語っているところによれば、D・ファン・デ・メンドサは、あるときフェリーペ王子の秘密の命令を受けて、ガレー船がカタルーニャからイタリアへ運ぶ乗客の荷物検査をおこなった。その結果、七〇万ドゥカードを没収したが、大部分はジェノヴァ商人からであった。したがってスペインの財宝はそれほどしっかり守られていない。しかも公式の監視機関（歴史家としての我々の手に入るのはたいていはこれしかない）は、我々が知らなければならないことをすべて言ってはくれない。

不正輸出のほかに合法的な流出がある。[15]たとえば穀物がスペインに入るときには、納入者にとっては自由に輸出可能な貨幣で支払われる明文化された税があった。しかし銀の最大の流出は国王自身とスペインの世界政策が原因であった。フッガー家がシュヴァッツの鉱山の銀をアウグスブルクで利殖を図ったように、スペインのハプスブルク家は、自国の銀を国内で使って、さまざまな新しい事業を起こして銀を増やす代わりに、国外の出費に注ぎ込んでしまった。カール五世時代にすでに膨大な額であり、フェリーペ二世時代にはべらぼうな額である……。しばしば、無分別な政治、と言われてきた所以である。帝国はそれだけの代価に値したかどうか、また帝国の存在、あるいは帝国の単なる防衛がそれほどの犠牲を必要としていたかどうかを知らなければなるまい。歴史家カルロス・ペレイラはオランダに対するスペインの狂気について語っている。オランダはすべてではないにしても、少なくともアメリカ大陸の大部分の宝を呑み込んでしまったのである。しかしスペインはオランダを放棄することはほとんどできなかった。さもなければひとりでに戦争を早めることであった。

ともかく、イベリア半島は、財宝で動きが鈍くなり、望もうと望むまいと、貴金属用の貯水池の役割を果たしたのである……。貴金属がどのようにして新世界からスペインにやって来たかがわかっている今、歴史にとっての問題は、貴金属がどのようにしてスペインから出ていったかを見ることである。

(1) Jean CASSOU, *Les conquistadors*, pp.213-214. アマルガム技術の方法以前には、〈ウアイラ〉つまり穴のあいた小さな炉を使っていた(*ibid.*, p.211.)。Gerolamo BOCCARDO, *Dizionario universale di economia politica e di commercio*, 1882, I, p.160. P. RIVET et H. ARSANDAUX, *La métallurgie en Amérique précolombienne*, 1946, p.21. 一五七一年という日付については、主な文献として、LIZÁRRAGA, *Hist. de Indias*, II, p.556.

(2) この指摘はL・フォン・ランケによる(PLATZHOFF, *op. cit.*, p.17 に引用)。

(3) *Correspondance de Granvelle*, éd. Piot, VII, p.2 (R. B. MERRIMAN, *op. cit.*, IV, p.430, note 2 に引用)。

(4) *Op. cit.*, p.159.

(5) *Actas*, I, p.285.

(6) B.N. Madrid, 9372, fº 41.

(7) 一五六九年頃、PARIS, *op. cit.*, I, pp.339-340.

(8) *Op. cit.*, p.66.

(9) P. de SÉGUSSON de LONGLÉE, *op. cit.*, p.128, 129 ; Requête…, 1585, A.N., K 1563.

(10) 一五八八年三月十八日、Simancas E° 336, f° 153 ならびに（日付なし）E° 336, f° 154.
(11) F・デ・アラバからフェリーペ二世宛書簡、パリ、一五六七年五月六日、A.N., K 1508, B 21, note 6.
(12) E. ALBERI, *op. cit.*, II, p. 405.
(13) たとえば、古くはドイツの〈サフラネロス〉、A. SCHULTE, *op. cit.*, I, p. 354. 不正はリスボン方面で起こる。
(14) ローマ、一五五四年六月二十日、*Corp. dip. port.*, VII, p. 360. ジェノヴァの他の不正（一五六三年）については、Simancas E° 1392, イギリスの不正については、一五七八年六月十日、*C.O.D.O.I.N.*, XCI, pp. 245-246.
(15) 輸出許可を求めることはつねに合法的であった。たとえばジョルジオ・バドエルの願いを参照、一五九七年四月、A.N., K 1676. 通常、認可は通行費を払うことで与えられた。

アントワープへの道をたどるアメリカ大陸の宝

十六世紀前半の間、スペインからの輸出はアントワープ〔アンヴェルス〕に向かっておこなわれる。アントワープはリスボンやセビーリャと同様に——それ以上ではないにしても——大西洋のまぎれもない首都である。アントワープの数々の史料はエスコー川の町と遠い大洋の地域、つまり西アフリカや生まれつつあるブラジルとの関係を指摘している。シェッツ家は、サン・ヴィセンテ〔ブラジル南東部〕の近くに、〈エンゲンホ〉つまり砂糖工場を所有していないだろうか。一五三一年に、アントワープの取引所が創設される。この時代から、スペインの通貨が、ビスカヤの大型サブラ船で運ばれて、アントワープならびにブリュージュに達する。一五四四年には(1)、相変わらずビスカヤの船便を利用し、その年にはビスカヤの船はスペインの歩兵隊も輸送する(2)。一五四六—一五四八年(3)、一五五〇—一五五二年(4)にも同様である。

これこそは周知の事実である。一五五一年春に、ヴェネツィアの大使たちは、ペルーから来た八〇万ドゥカートの銀がネーデルラントで一五パーセントの利益で貨幣に鋳造される予定である、とヴェネツィア政府に報告している。それと引換えに、ネーデルラントはスペインに対して大砲と火薬を提供する。(5)一五五二年、インスブルックの奇襲の年、カール五世の悲劇的な状況はスペインの用心深い門のせき板をすべて大きく開けることになる。(6)そのとき個人による通貨の輸出は削減されるが、国庫からの輸出は奇妙にも増進された。これはスペイン駐在の外国の商会が――外国の商会にとって貴金属の持ち出しは死活問題である――たいていは政府の輸出の代理人であるという立場を利用して、本国への還流を続けるのを妨げない。(7)一五五三年、銀は、フッガー家のために、公式ルートでアントワープに届く。(8)

思いがけない機会に、イギリスもその分け前に与かる。未来のフェリーペ二世が一五五四年におこなった旅は、イギリスにかなり多くの額を持っていった。それによって一五五〇年に最低の相場にあったイギリスの通貨の立て直しが可能になった。(9)この一五五四年からスペインに帰国する一五五九年の間に、フェリーペ二世は、イギリス、次いでネーデルラントにおいて、絶えず大西洋ルートで銀の補給を受けていた。(10)一五五七―一五五八年戦争の苛酷な時代に、貴金属を積んだ船の入港は、アントワープ港の大事件であった。本日、一五五八年三月二十日、スペインの四隻の船が十日間の旅を終えてアントワープに到着した、とある報告書は記している。船は現金で二〇万エキュ、為替手形で三〇万エキュを運んで来た。(11)「ペロ・メレンデスのサブラ船に乗せてスペインからネーデルラントにやって来た最後の銀は、丁度いいときに到着したので、我々が現在動員しているドイツの歩兵隊と騎兵隊への俸給の支払いが可能になった……」と、エラソは六月十三日にカール五世宛てに手紙を書いた。(12)

このスペインの銀の流通に関しては無数の史料を引き合いに出すことができよう。最も有益な史料は、おそらく、カール五世とフェリーペ二世が金貸しと締結した〈アシエント契約〉、十六世紀のフランス人が「金融組合」と言っていたものである。インスブルックの危機からは、初めはフッガー家、次いでジェノヴァの銀行家が、契約には〈持ち出し許可〉、すなわち彼らがおこなう前貸しに相応する通貨の持ち出し許可が付いていることを要求して、許可を得た。たとえば、一五五八年五月に[13]ジェノヴァの銀行家ニコロ・グリマルディならびにジェンティレと締結した二つの〈アシエント契約〉は、さまざまな約定のなかでも特にラレード〔アメリカ南部〕からフランドルへの銀の搬送を予定している。

仇敵フランスから適度な距離を置いて、海路で貨幣と金塊が流通することは、ヴァロワ家とオーストリアのハプスブルク家との十六世紀の最後の戦いを扱う歴史家にとってのみ大変興味があるものではない。これはネーデルラントがカール五世の帝国にとって単に武器市場であるだけでなく、銀市場でもあることを強調している。この銀市場を通してアメリカ大陸の金属はドイツ、北ヨーロッパ、イギリス諸島に向けて分配し直されるのである。この再配分の役割はヨーロッパの経済活動において決定的に重要である。ヨーロッパの経済活動はやはりひとりでに生まれたのではないのだ。エスコー川の港から高地ドイツ、イギリスに向けて交換、流通、銀行設立のシステムが組織化され、リヨンにまでも達するわけだが、リヨンは長年にわたって北の大市場との連携で暮らしを立ててきた。

このアントワープの中心としての役割をよりよく示すためには、程度の差こそあれ重要な、そして必ずしも時間通りとは限らない貴金属の補給を子細にたどる必要があるだろう。一五五四年頃[14]、たとえば著しい品不足があり、イベリア半島自体銀が不足する。戦争がその全責任を負っているわけではない。イギリス金融界の黒幕トーマス・グレシャム〔一五一九―一五七九年、王室財務官として外国借款に携わる〕は、一五五四年に、貴金属を求めてスペインへの風変わりな旅をおこなう。彼の要求、ないし画策は、すでに危うくなっていた信用貸しを悪化させることになった。セビーリャの銀行は支払いを停止するまでになった。「私は銀行の破産に責任があるのではないかと心配した[15]」とグレシャムは書いた。経済情勢は、トーマス・グレシャム以上に、この難局の働き手である。

ともかく、完璧であろうとなかろうと、イギリス経済にもネーデルラント経済にも不可欠のこの銀の流通が、長い間スペインと北方諸国の関係が異常なまでに平和であったことをおそらく説明してくれる。エリザベス女王とイギリスの商人がアントワープ市場での借金[16]によってアメリカの尽きざる宝庫に参加することができる限りは、フェリーペ二世とエリザベス女王の協調政策は可能であった。ところがこうした秩序、こうした均衡は一五六六年の危機ならびに一五六七年にアルバ公がネーデルラントへ威嚇的に到着したことによってまったく危うくなっている。一五六八年、「女王の商人」グレシャムが平常の住まいとしていたアントワープを離れる。このとき大西洋の広大な領域においてすべてが変わる。それまではイギリスの海賊はスペインの船や領土を頻繁に攻撃していたが、もっと頻繁に示談による海賊行為、すなわち本物の海賊行為というよりもむしろもぐりの取引をおこなうことになった。ホーキンズ[17]はしばしば地方のスペイン当局者と談合していた。ところが一五六八年からは、容赦ない海賊時代が始まる。[18]イギリスの船はアルバ公の補給のために銀を積んだビスカヤのサブラ船を攻撃する。[19]もちろん、この日から、エリザベス女王は自国の信用が崩れさったアントワープ市場でのすべての借金をあきらめ、国内の商人の援助を得て[20]新たな財政編成策を採用しなければならなかった。この民族主義的政策[21]が一方ではとりわけグレシャムの望んだものであり、他方では周囲のさまざまな状況ゆえにやむを得ないものであったか[22]どうかは誰にわかるだろうか。

ビスカヤのサブラ船の拿捕は戦争にはつながらなかった。イギリスは船上で没収した金属を保存して、それを新しい貨幣の発行のために使った。[23]羊毛を積んでいると称する船で非合法的に銀を送っていたスペイン商人の不正をイギリスは利用しさえした……。イギリスにとってはこうした「闇」の商売はすべて臨時の余禄であった。[24]反響の大きい事件は詳しく追求されるのが望ましいのであろうが、我々の関心を引くのは、ウィリアム・セシル〔一五二〇—一五九八年、七二年に大蔵卿〕の責任でもなく、役にも立たぬ非難や小田原評定でもなく、[25]一五七〇年のある一時期に好戦的であった——アルバ公の慎重さだけが戦争をやめさせる[26]——フェリーペ二世の決定でもない。外交的な危惧は紛争の経済的な原因を隠すはずがない。

スペインと北の貴金属の貿易は、たぶん一五六六年から、[27]ネーデルラントの反乱の始まりとともに混乱に陥り、一五六八―一五六九年度からは事実上凍結される。これはこの古くからのルートを通してほんのわずかな量の貨幣ももはや流通しなくなるという意味ではない。しかし、貨幣の輸送はその容易さと重要性を失った。輸送は、たとえば一五七二年にメディナ・セリ公が率いる船団のような、特別に編成された船団によってしかもはやほとんどおこなわれない。すなわち海上封鎖を破ることに等しい。海路は危険になったのである。アントワープ駐在のジェノヴァ領事ラザロ・スピノラとスピノラの補佐官グレゴーリオ・ディ・フランキならびにニコロ・ロメッリノは一五七二年七月にジェノヴァ共和国宛てに海路の危険を書いている。[28] 国はさまざまな借金をかかえ、しかもこの借金を帳消しにするすべを知らない。〈戦争の動きがあるために（特にフランスとの緊張を指す）すべての商品が一時的な脅威にさらされている間は、海上封鎖されているスペインでは通商ができないし、またイタリアとの通商も困難である。〉

一五七二年のメディナ・セリの船団は比較的小規模であった。一五七三―一五七四年には、ビスカヤにもっと大きな船団を集めたいと人々は思った。それは最初の無敵艦隊と呼ぶよりもむしろ船団の重要さを誇張することであろう。この船団は卓越した司令官ペロ・メレンデスの指揮下に置かれていたが、この司令官は一五七四年に死亡した。次いで、資金が不足し、それに疫病が加わって、船団は港を離れることなく自滅した。[29] こうして一五七四年という年は、ガスコーニュ湾から遠くネーデルラントに至るまで、スペインの活力に決定的な打撃を与えて終わった。その後もイベリア半島とエスコー川の国との間にはたしかにいくらかの関係があった。一五七五年には、レカルデの率いる小さな船団がサンタンデールからダンケルクまで航海し、ダンケルクには十一月二十六日に到着した。この船団は途中でワイト島に寄港した。このことはイギリスとの協調関係がまだあったことを示している。しかし、結局のところ、レカルデの船団が通貨を運んでいたという確証はひとつもない。[30]

いずれにしても、この船団はそのような任務を果たすにはまったく十分ではなかった。大西洋航路でおこなわれる銀の輸送がいかに常軌を逸したものであるかを確認することは容易である。フェリーペ二世に有利になるようにおこなわれた一五七五年の破産宣告の翌日、フェリーペ二世は現金で数百万エキュを所有している。外見上これほど単純なものは何もない。というのもネーデルラントは、通貨をラレードやサンタンデールで手に入れて北の方へ持っていくよりも、現金を必要としているからである。ところが商人はだれひとりとしてこの仕事を引き受けたがらない。七〇万エキュをリスボンまで送ってくれるようにフッガー家に懇願しなければならない（税関で検挙されないように国王の封印をした木箱に入れて配達された）。リスボンではそれと引換えに、市場のマラーノ〔カトリックに改宗を装ったスペイン・ポルトガルのユダヤ人〕の仲買人を通して、アントワープの為替手形を十分に手に入れる。この仲買人たちはポルトガル領のインド諸島方面の取引のためにこの通貨が必要であった。このあまり多くない額のためにも、フッガー家の代理人トーマス・ミューラーは、ポルトガル経由の道と北の紛争においてほぼ中立の商人を利用するほうを選んだ。この奸策のおかげで、お金はイベリア半島を離れることなく運ばれて来た(31)。

場合によっては、お金が実際に運ばれることもある。一五八八年秋、バルタザール・ロメッリニとアグスティン・スピノラは、フランドルでパルマ公への支払いを確保するために、〈武装した三隻のサブラ船でかなりの額の金を運ぶ〉危険を冒す(32)。一年後の一五八九年には、ブルゴスのスペイン人商人マルベンダ家(33)がガレアス船〔戦闘用大型ガレー船〕で送った二〇万エキュがル・アーヴルの口座に記入されている(34)。この同じ年、相変わらず大西洋経由で、アグスティン・スピノラはみずからの手で武装した二隻の小型ガレアス船――この二隻の船は彼の責任において銀をネーデルラントまで輸送する(35)――を急いで差し向けて前年の手柄を繰り返す。しかしこうした例外は通則を確認するのだ。事実、一五八六年のあるヴェネツィアの新聞が言っているように、大西洋航路はきわめて困難になって(36)、輸送量は少なくなったのである。ところがこの航路こそ、スペインにとっては、重要であった。

(1) Cambios para Flandres, Simancas E° 500.
(2) *Ibid.*
(3) Simancas E° 502.
(4) Simancas E° 504.
(5) モロシニとバドエルからドージェ宛書簡，一五五一年三月五日，G. TURBA, *Venet. Depeschen...*, t. I, 2, p. 517, note.
(6) この事実は R. EHRENBERG, *op. cit.*, I, p. 63, 160 によって指摘されている。
(7) K. HÄBLER, *Die wirtschaft. Blüte...*, p. 53, R. EHRENBERG, *op. cit.*, II, p. 63, 150, 155, 155 note 92, フッガー家の古文書にあるフッガー家の〈銀の動き〉について。
(8) R. EHRENBERG, *op. cit.*, I, p. 158.
(9) SALZMAN, *op. cit.*, p. 5.
(10) Moderacion de cambios, 1557, Simancas E° 514-515. Correspondancia del factor Juan Lopez del Gallo sobre cambios y provision de dineros, *ibid.*
(11) H. van HOUTTE, «Les avvisi du Fonds Urbinat», 926, pp. 369-370.
(12) ブリュッセル，一五五八年六月十三日，A. E. Esp. 290, 写し。
(13) B. N., fr. 15 875, f°s 476 et *sq.*
(14) R・ゴメスからフランコ・デ・エラソ宛書簡，一五五四年十月六日，A. E. Esp. 229, f° 85.
(15) 一五五四年五月，R. EHRENBERG, *op. cit.*, II, p. 64.
(16) *CODOIN*, LXXXIX, p. 32 一五六四年九月四日。エリザベス女王は一五六八年末にもアントワープで借金する，*CODOIN*, XC, p. 152 ロンドン，一五六八年十一月六日。
(17) Antonio RUMEU DE ARMAS, *Piraterías y ataques navales contra las islas Canarias*, 1947, I, p. 335 et *sq.* という立派な本で論証されたばかりである。
(18) *Documents concerning English Voyages to the Spanish Main*, p. p. I. A. WRIGHT, 1932, p. XVII.
(19) 一五六八年十二月十八日，*CODOIN*, XC, p. 160.
(20) W・セシルは自分のため込んだ金をハンブルクに投資する，*CODOIN*, XC, p. 227 ロンドン、一五六九年五月九日。
(21) グレシャムからW・セシル宛書簡，ロンドン、一五六九年八月十四日，R. EHRENBERG, *op. cit.*, II, p. 34. 同様の措置として一五七六―一五七七年のスティールヤードの閉鎖。しかしこの民族主義は外国の市場，たとえば一五七五年のケルン市場を頼りにすることを排除するものではない，*CODOIN*, XCI 一五七五年十二月十日。
(22) *CODOIN*, XC, p. 184 一五六九年二月十四日。
(23) *Ibid.*, p. 185 一五六九年二月十四日。

(24) *Ibid.*, p. 254 一五六九年七月一日。

(25) *CODOIN*, XC, p. 173 et *sq.*, p. 178 et *sq.*; *CODOIN*, XXXVIII, p. 11.

(26) O. De TÖRNE, *Don Juan d'Autriche*, I, p. 109 et *sq.* 商人の生活、拿捕、一五六八年の第一回アントワープ封鎖、一五七二—一五七七年の第二回封鎖に関するディテールについては、V. VÁZQUEZ de PRADA, *op. cit.*, I, p. 55 et *sq.*, 58 et *sq.*

(27) 一五六七年からアルバ公が軍隊、ドゥニエ貨幣、為替手形を持って、ジェノヴァ、サヴォイア、フランシュ＝コンテ (Lucien FEBVRE, *Philippe II et la Franche-Comté*, p. 520 et *sq.*)、ロレーヌ、ルクセンブルクを経てネーデルラントに達したのは、時代の徴候をよく示している。啓示的なディテールとして、一五六八年に、アルバ公宛ての一五万エキュがライン川でパラティヌ伯爵により押収された。輸送の責任者であるジェノヴァ人、ルキアーノ・チェンツリオーネとコンスタンティーノ・ジェンティレは、賠償金を払って没収された金を返還してもらった。シャルル九世からフールクヴォー宛書簡、一五六八年三月二十四日、一六九頁。フールクヴォーからシャルル九世宛書簡、マドリード、一五六八年四月六日、C. DOUAIS, *op. cit.*, I, p. 345. ブリュッセルからの報告、一五六八年三月七日、H. van HOUTTE, *art. cit.*, p. 437.

(28) アントワープ、一五七二年七月三十一日、A. d. S., Gênes, Olanda, Lettere Consoli, 1 265.

(29) Armada reunida en Santander para ir a Flandes, Simancas Eº 561; C. DURO, *Armada española*, II, p. 288 et *sq.*

(30) アントニオ・デ・グアラスからサヤス宛書簡、ロンドン、一五七五年十一月二十九日、*CODOIN*, XCI, p. 108.

(31) R. EHRENBERG, *op.cit.*, I, pp. 180-181, 213, 215.

(32) フェリーペ二世からパルマ公宛書簡、サン・ロレンソ、一五八八年九月七日、A. N., K 1448, M.

(33) R・エーレンベルクは一五七七年以来ブルゴスの商人は参加していないと主張しているが、これは間違っている。*op. cit.*, I, pp. 362-363.

(34) フェリーペ二世からB・デ・メンドサ、マドリード、一五八九年三月十七日、A. N., K 1449.

(35) フェリーペ二世からB・デ・メンドサ、サン・ロレンソ、一五八九年五月六日ならびに一五八九年六月十四日、*ibid.*

(36) Bart. BENEDETTI, *Intorno alle relazioni commerciali... di Venezia e di Norimberga*, Venise, 1864, p. 30.

フランス経由の道

ラレードないしサンタンデールからアントワープまでのルートが利用できなくなったので、このルートに替わるものが必要であった。フェリーペ二世はフランス経由のルートに頼った。このルートは短いけれども、フランス国内の混乱ゆえに途中で妨害されやすいので、輸送のためには長い隊列と数多くの護衛が必要であった。一例として、フィレンツェからパリまで一〇万エキュだけを輸送するのに、(1)世紀末に、一七台の荷車が必要で騎兵五中隊と二〇〇人の歩兵に護衛されている……。重量を減らすためには、金《きん》だけを持っていくことができた。一五七六年頃には、スペインに仕える何人かの信頼できる人々が、一人ひとり金五、〇〇〇エキュまでを服に縫い付けてジェノヴァからネーデルラントまで運んでいくということが、何度かおこなわれた。(2)しかしこれは例外的な、一か八かの、危険な解決策でしかなかった。(3)

スペインのために貴金属の大量輸送がおこなわれたのは、聖バルテレミーの大虐殺のあと、一五七二年の終わりであった。(4)アルバ公は、ネーデルラント到着後すぐに資金不足になり、絶望的な状況に追い込まれていた。一五六九年の初めに、アルバ公が五〇〇万ドゥカード金貨をすでに使ったという噂が流れていた。(5)二年後の一五七一年、アルバ公の置かれていた「資金不足」estrecheza del dinero について史料は力をこめて語っている。商人たちはもはやアルバ公と取引したいとは思わなかった。(6)現金がなく、信用が落ち目になったアルバ公は、為替手形に頼る可能性が減少していくのがわかった。ちょうど銀行の顧客が銀行にはもはや現金の蓄えがないと疑うとき蓄えを必要としない銀行のようなものである。一五七二年には、状況は非常に悪かったので、(7)アルバ公は、四月には、トスカーナ大公の貸付にすがる決意をした。その働きかけは成功したが、スペイン政府は、トスカーナ大公と仲違いしていて、大公がフランスおよびフランスの外でスペインの利益に反する陰謀を企んでいると疑っていたために、アルバ公は非難され、認められた借款は利用されず終いであった。(8)

その間に、フェリーペ二世はフランス経由で現金五〇万ドゥカードの移送を終えていた。フェリーペ二世は大使ディエゴ・デ・スニィガに宛てて次のように書いた。(9)「我々は我がスペイン王国からアルバ公に金ならびに銀で五〇万ドゥカードまで送ってやりたいと思う。現時点では、航路は実際に狭められているので、五〇万ドゥカードを安全に海路で運ぶことはできないため、最良の、しかも最も都合のいい策はフランス王国経由で送ることであろうと思われた。ただし我が兄弟たるフランス国王がこれに許可を与え、金が安全に通過できるように命令を下すのをよしとすればである……。」許可は与えられ、金は数回の旅で運ばれた。一五七二年十二月二十五日、五〇万エキュの通過に対して与えられた許可によって、ニコラス・グリマルディがレアルで（したがって銀で）七〇万を、そしてロレンソ・スピノラがカスティーリャ・エキュで（すなわち金で）四〇万を運び終えた……とサヤスはフランス大使サン・グアールに通知した。[10] この移送だけではなかった。一五七四年三月には、モンドゥーセはネーデルラントから次のような手紙を書き送った。「当地で公にされていることを信じるならば……カスティーリャ・ドゥカードがフランス経由で歩き回り、あらゆるよい計画を乱しております。[11]」もっとも「政治的な」金だけがフランスの道を駆け抜けるわけではない。商人たちの金もあったし、不正の金についてはいうまでもない（これはたいていは同じひとつのことである）。

一五七六年、フェリーペ二世とその機関はナント・ルートの利点を検討した。このルートではスペイン商人アンドレス・ルイスのしっかりした信用が「ノルマンディーとフランス」を通って移送をおこなう際の軸として役立ち得た。この提案をおこなったディエゴ・デ・スニィガにとっては、フランス側の要求、なかんずく通過する金の三分の一を「凍結する」案を指摘するいい機会であった。スペイン大使にとっては、〈信用〉、〈協定〉、〈取引〉に関するフランス側のひどい体制を嘆く絶好の機会でもあったが、[12] これは間違いなくその通りであった。

この同じ時期に——リヒアルト・エーレンブルクが言っているところによれば——銀はサラゴサから出て、リヨンを経由して、フランドルにまで行っている。[13] フッガー家の代理人トーマス・ミューラーは、フィレンツェとリヨンの中継を利用する。一五七七年には、あるヴェネツィア人の手紙[14]がパリ経由でドン・ファアン・デ・アウストリアへの二〇万「クラウン金貨」の送金を指摘している。この同じ年、ブルゴスのマルベンダ家は一三万エキュを一部はミラノに向けて、一部はパリに向けて、要するに全額をフェリーペ二世のために融通する。[15] この同じ一五七七年、フランスでは、金貨にせよ銀貨にせよスペイン貨幣――〈スペインのエスクード金貨、ドブロン金貨、およびレアル銀貨〉――の紛れもない侵入が話題になる。外貨の侵入を役立たせるために、フランス政府がこの外国貨幣に価値を与えようと考えるほど大量であったが、[16] もしそうすれば通過する外貨を手放さないやり方であっただろう。

金の通過は翌年も続けられる。一五七八年七月、アンリ三世はスペイン兵とスペインの金（一五万ドゥカード）[17]に対してフランス通過の認可を与えた。しかし、新たな時代の徴候として、バルガス大使[18]はアランソン公に雇われている泥棒たちが金の通過を狙っているときにこのような送金をおこなうことは安全ではないと思った。大使は、一番いい方法は「商人の警備組織」に頼ることであろう、と付け加えている。[19]

スペインの貨幣は、この一五七八年以後もずっと、カトリック王によってフランス人自身宛に送られる金、ギーズ家[20]ならびにその他の人に支払われる金だけでも、フランス国内を相変わらず流通した。一五八二年、ある史料[21]はフェリーペ・アドルノの手で一〇万エキュがパリとリヨンに送金されたことを指摘している。この金はこの二つの市場のそれぞれでアレッサンドロ・ファルネーゼ〔一五四五―一五九二年、スペインの軍人〕が自由に使えるものであった。一五八五年には、二〇万エキュがバルトロメオ・カルボとバティスタ・ロメッリニによってリヨンに送られた。[22] しかしこの金が現金であったかどうか、そしてリヨンから先、この金がフランドルまでの道をたどったかどうかを確認することができるものは何もない……。新しい証拠が出現するまでは、フランス・ルートを頼りとしたのは一五七八年頃までであり、またこれは窮余の策でしかなかったと考えることにしよう。たぶんフランス・ルートでの送金は、一五七五年から一五七七年までにフェリーペ二世とジェノヴァの金貸しとの間に突如浮上してきた仲違いがなかったとしても、もっと早い時期に放棄されたことだろう。彼らが一五七七年に締結した協定――〈メディオ・ヘネラル〉〔債務支払い令〕――はバルセロナからジェノヴァに至る海路に優位を与えようとするものであった。

（1） L. BATIFFOL, *La vie intime d'une reine de France au XVIIe siècle*, Paris, 1931, p. p. 18.

（2） イディアケスからモンデハル侯爵宛書簡、ヴェネツィア、一五七九年三月二十六日、A. N., K 1672. G 38, 写し。イディアケスはジェノヴァ駐在大使時代の思い出、この時期の不安定さを語っている。

（3） 一五九〇年、イタリアからの六台の郵便馬車がアントワープのアンブロジオ・スピノラ宛の五万エキュのためにバーゼル付近で略奪される。それぞれの郵便馬車は金貨で一万エキュを運ぶことができる。V. VAZQUEZ de PRADA, *op. cit.*, I, p. 37.

（4） Memorial de Ysoardo Capelo en que dize de la manera que se podra llevar a Flandes dinero de contado pasandolo por Francia, 1572, A. N., K 1520, B 33, note 49, 写し。

（5） フールクヴォーからシャルル九世宛書簡、マドリード、一五六九年一月十三日、C. DOUAIS, *op. cit.*, I, p. 46.

（6） アルバ公からフェリーペ二世宛書簡、ブリュッセル、一五七一年六月七日、A. N., K 1523, B 31, note 78.

（7） C. de MONDOUCET, *op. cit.*, I, pp. 71-72, ブリュッセル、一五七二年十月二十一日。

（8） デル・カッチアから王子宛書簡、マドリード、一五七二年九月二十一日、A. d. S., Florence, Mediceo 4903. G. MECATTI, *op. cit.*, II, p. 750. したがって LAVISSE, *op. cit.*, VI, 1, p. 123 の間違いである。

（9） フェリーペ二世からディエゴ・デ・スニィガ宛書簡、マドリード、一五七二年九月二十五日、A. N., K 1530, B 34, note 65.

（10） サン・グアールからシャルル九世宛書簡、マドリード、一五七二年九月二十六日、B. N., Paris, fr. 16 104.

（11） *Op. cit.*, II, p. 136, note 1, B. N., fr. 127, f°s 181-182.

（12） ディエゴ・デ・スニィガからフェリーペ二世宛書簡、パリ、一五七六年十二月一日、A. N., K 1542, B 41, orig. D.

（13） *Op. cit.*, II, p. 215.

（14） C. *S. P. Venet*, VII, p. 565, 一五七七年十月十九日。

（15） R. EHRENBERG, *op. cit.*, I, pp. 362-363.

（16） バルガスからフェリーペ二世宛書簡、パリ、一五七七年十二月十二日発信、二十一日受信、A. N., K 1543, B 52, note 113, D.

（17） バルガスからフェリーペ二世宛書簡、パリ、一五七八年七月十一日、A. N., K 1545, B 43, note 9, D.

（18） バルガスからフェリーペ二世宛書簡、パリ、一五七八年七月二十七日、*ibid.*, note 22, D.

（19） *Ibid.*

（20） O. de TÖRNE, «Philippe II et les Guises», in: *Revue Historique*, 1935.

（21） フェリーペ二世からJ・B・デ・タシス宛書簡、リスボン、一五八二年八月二十日、A. N., K 1447, p. 186.

（22） ロングレからアンリ三世宛書簡、サラゴサ、一五八五年五月三日、*Dépêches de M. de Longlée*, p. p. A. MOUSSET, p. 186.

バルセロナからジェノヴァへの重要なルートとアメリカ大陸の貴金属の第二のサイクル

このルートが正確にはいつ重要になったのかはわからない。地中海におけるトルコ人との大戦争の始まりにあたる一五七〇年代になってからであろう。結果として、スペインの資本がイタリアに向かって流れ出していく。たしかに、〈何もないところ〉から新しくできたものではなかった。一五七〇年よりもずっと以前から、アメリカ大陸の金と銀はすでに地中海の中心に達していた。それでもアントワープに供給されていた大量の流れに比較しうるほどの量では決してなかった。一五三二年十月、何隻かのガレー船がジェノヴァ宛の四〇万エキュを積んでスペインからモナコに到着した(1)。一五四六年、カール五世はジェノヴァ人から一五万ドゥカードの借金をした(2)。この前貸しによって〈ジェノヴァ共和国〉に向けて代償として金属が流出することになったと思われる。あるポルトガルの通信(3)は、一五五一年に教皇のためにジェノヴァに現金が送金されたことを、明確に、示している。R・エーレンベルクは、一五五二年には大量の銀がジェノヴァとアントワープに同時に到着したことを指摘している(4)。一五六四年一月、バルタザール・ロメッリニからエラソ宛の手紙は、前年の十一月に、ミラノの市場でバルタザール・ロメッリニの義父ニコロ・グリマルディの口座に一八、〇〇〇ドゥカードに上る支払いがフェリーペ二世の命令でおこなわれたことについて語っている(5)。一五六五年、フランドルで支払うべき四〇万ドゥカードの貸付がフィレンツェの商人たちによって承諾された。彼らはフィレンツェに貴金属を送ることを要求したか、それとも要求しなかったのか(6)。一五六六年、スペイン駐在のフランス大使フールクヴォーはジェノヴァ人による二件の貸付、ひとつは一五万、もう一つは四五万エキュの貸付(7)を指摘し、トスカーナ大使ノビリは、五月に、ジェノヴァ宛の一〇万エキュの送金について語っている(8)。スペインのアルバ公が一五六七年にジェノヴァに立ち寄ったときには、軍隊と銀の輸送を伴っていた。[9] 結局、時々は、シチリアとナポリに備えをしておく必要があった。もっともこれはたいていは、ジェノヴァやフィレンツェの市場で締結された〈為替〉によってであるが、これは見返りとして必然的にアメリカ大陸の宝を少しジェノヴァやフィレンツェに引き寄せたのである。[10] 一五六六年十二月に、フールクヴォーは「この数日、我々はバルセロナでイタリア行きの銀の荷積みを一八回やった」と書いている。[11] 一五六七年夏の間、ノビリはカトリック王に仕えるトスカーナのガレー船の俸給用の銀の一部を送金することに成功した。困難がなかったわけではない。教会収入のうちノビリに認められていた割当はスペイン全国に散らばっていたからである。[12] ノビリは、自分が受け取ったもののうち二五、〇〇〇「エスクード」を送ると五月に申し出て、[13] 六月には、二八万「レアル」入りの大型木箱八つの発送を通知した。[14] 結局九月には、すべてガレー船にきちんと積み込まれたものと思っていた[15]……が、これといったはっきりとした報せはなかった。

こうした例は、いくつ併せても、定期的な流れという印象を与えることはない。〈現金〉がフランドル・ルートをたどる限り(ジェノヴァの金貸しによって一〇〇対一の割合で利用される)、地中海はほんのわずかな現金しか吸い寄せなかった。否定的な証拠は山ほどある。

したがって、ラグーザで流通する通貨に目をつけることができる。ラグーザでは、貿易会社はバルカン半島やレヴァントでの買い付けのために会社の代理人のだれそれに託した硬貨の一覧や、ある借金の返済のため、さらにはある会社の資本の設定のために貿易会社が支払う額の一覧を〈公文書局の雑録〉という公式の登記簿に登録することがある。金貨は、ヴェネツィア、ハンガリー、ロードス島、キーオス島、アレッポのどこで鋳造されようと、長い間独占的な役割を果たしている。そしてこのことはある特別な角度から見ると金の影響下でラグーザとレヴァントの諸関係のなかで通貨問題をひき起こす。[16] ジュリアーノ・ディ・フロリオは、一五五一年六月五日、ある商船の船長アントニオ・パラパーニョに〈金で〉六五〇エキュを託した。この六五〇エキュは、トルコ・ツェッキーノ四〇〇〈スルタニニ〉とヴェネツィア・ツェッキーノの二五〇〈ヴェネツィアニ〉に分けられた。[17] 同様にナポリからアレクサンドリアへ、そしてアレクサンドリアからジェノヴァへの旅のために、ラグーザ人ヨハンネス・デ・ステファーノには一五五八年十一月に〈金で〉一〇〇エキュが託された。[18] ヒエロニムス・ヨハンネス・デ・ババリスは、一五五九年六月に、アレクサンドリアへの旅のために金で五〇〇エキュ受け取っている。[19] 多くの場合、これらの金貨はトルコ・ツェッキーノである。最後に銀が使用されるとき、一五六〇年八月にはトルコ・アスプルであって、アンドレア・ディ・ソルゴの共同経営者ジョヴァンニ・ディ・ミロがレヴァント行きの旅の初めに受け取るのは、一、五〇〇アスプル（小額貨幣）である。[20] さらに、特に一五六四年以後の通貨は〈タレッリ〉、つまりトルコないしハンガリーのターレル銀貨である。[21] スペインのレアル銀貨、つまり〈八レアル銀貨〉は、もっと遅く、一五六五年から一五七〇年にならないとラグーザには入って来ないからである。[22]

実際、地中海の市場では通貨は不足している。一五六一年、バルセロナ滞在中のフェリーペ二世は、三月二十六日付けの手紙で、十月と五月の定期市のために一〇万ドゥカード用立ててくれるようカタルーニャ副王ドン・ガルシア・デ・トレドに依頼するが、副王は五月五日の手紙で、それはできない、と答えている。[23]「市場は大変な資金不足であり、商人たちはほんのわずかの財産しか持っておりません！ ……私の申し上げることを陛下には是非信じていただきたい。私が当地で兵士の援助をするために見つけた八、〇〇〇ないし一万ドゥカードに対して、我が国の商人の保証を与えなければならなかっただけでなく、そのうえに私の所有している銀製品を抵当に入れなければなりませんでした。こうしたことすべてのほかに、商人たちはさらに九から一〇パーセントの利子をとりました。」

一五六六年のナポリでは、四月にジェノヴァで締結された〈イタリアの金《きん》で〉一〇万ドゥカートの〈借金〉契約をかかえている[24]［イタリア語ではドゥカート、スペイン語ではドゥカードと表記する］。これはふつうのタイプの〈アシエント契約〉であり、もっと正確に言えば君主政体が銀行家と締結したさまざまな約款のある契約条項のうちのひとつである。フェリーペ二世は、ジェノヴァ市場で支払われる一〇万ドゥカードと引換えに、翌年からの返済に対して、ナポリの〈贈与〉についての支払い指定、あるいは支払い不能の場合には王国の税金についての支払い指定をおこなった。ナポリは返済帳場として役立ち、スペイン大使フィゲロアの世話でジェノヴァで締結された〈契約〉は、ナポリ副王の署名をもらうべく送られる。ナポリ副王は財務官と一人の専門官に契約条項と返済方式を検討させる。すべての吟味がおこなわれて、金は二一・三/五パーセントという途方もない利率で貸付けられる。「利子は高すぎると思われるけれども、降伏条約に署名せずにはいられなかった」とアルカラ公は書いている。これはジェノヴァの為替市場の「金不足」の証拠ではないのか。あらかじめわかっていたことだが、この議論のディテールはスペインよりジェノヴァの方が現金は高いということを示している。したがって、支払いがジェノヴァでおこなわれるのだから、商人の儲けから二パーセントの手数料を差し引かなければならない。このような貨幣価値の切上げは輸送費ならびに保険料よりわずかに大きい[25]。

したがって一五六六年にジェノヴァでは現金不足である。ナポリでは、同じ時期に、状況はもっと華々しくない。この一五六六年の初めに、ナポリの〈贈与〉を支払い指定とする四〇万ないし五〇万ドゥカードの〈アシエント契約〉を締結することが問題になっていたが[26]、私の思い違いでなければ、この交渉は、先程考察した一〇万ドゥカードの〈為替〉に行き着いた。ところで、この問題について、アルカラ公はひとつのことしか勧告していない。少なくとも、「両替」はナポリではおこなわれないものとする、ということであった。なぜならナポリ市場は一〇万ドゥカードの規模の融資をするのに向いていないからである。つまり商人たちが合意すれば、彼らは要求額をつり上げるからである。この取引はスペインかまたはジェノヴァでおこなうほうがよかったのである。

しかし一五七〇年代になると、新しい状況が現れてくる。スペインの国家機構は、地中海の膨大な軍事費をまかなうために、過去に為替手形ないし現金で送金していたのとは別のやり方に方針を変えざるをえなくなる[27]。ジャン・アンドレア・ドリアは、一五七二年四月に、ジェノヴァ商人が陸路でバルセロナまで行くよりは——というのは陸路は安全ではなかったので[28]——むしろカルタヘナで船に積み込むのがいいとして、カルタヘナに金を受け取りに行くとジェノヴァ共和国に対して指示した。送金は一五七五年のスペイン国家の第二回破産宣告によっても中断されなかった。この破産はジェノヴァをその土台から動揺させたが、アントワープの回路で存続していたものを倒すことにもなった。一五七六年四月には、フェリーペ二世は〈現金で〉六五万ドゥカードをジェノヴァに送らせた。[29]この同じ年、フェリーペ二世はフッガー家にガレー船でイタリアまで〈金で〉一万エキュを彼ら自身のために運ぶよう申し出た。[30]この同じルートで、一五七五年から一五七八年まで、フッガー家の代理人はネーデルラント行きの〈クラウン金貨〉を二〇〇万まで送ることになる。[31]一五七七年七月に、フェリーペ二世がジャン・アンドレア・ドリアにバルセロナに行くよう命令を下すとき、それはバルセロナでイタリア行きの金を船に積み込むためである。船への積み込みが終わったら、船長はこの旅に加わる予定のカスティーリャ提督がいようといまいと早く出航しなければならない。なぜならイタリアでは金が緊急に必要であるからであり、また「金がただ一隻のガレー船で運ばれるということを海賊たちがたまたま知ることにならないようすること」が肝要だからである。[32]もう少しはっきりさせておこう。新しいルートはイタリアで終わるわけではない。つまりジェノヴァは北方向けの現金の移動と為替手形の調整をおこなう駅、手形交換所になったのである。しかし反対に、このことは、一五七六年以後スペインのお気に入りに戻ったトスカーナ大公を始めとして、イタリアがその分け前を受け取るのを妨げることにはならず、またフェリーペ二世は、一五八二年には、フランドル対策の四〇万ドゥカードの貸付をトスカーナ大公に頼むことになる。[33]

一五八〇年以降、セビーリャへの銀の入荷の増大に伴って、この流通回路はふくれあがる。よく知られている史料の膨大な山のなかで迷子にならないためには、[34]一五八四—一五八六年の間については、スペイン駐在のフランスの代理大使、つまり書記官ロングレの事情通の手紙ほどよくこの期間の事情を示すものは何もない。

一五八四年。一月十八日、二隻のガレー船がジェノヴァに金を持っていくためバルセロナから出航する。一月十二日、一〇〇万ドゥカード金貨が「フランドル向けにミラノに」送られる。これとは別に、さらに一〇〇万がミラノ城に蓄えられる。[35] 三月二十二日、フランドル事件のためイタリアに大量の銀が送られる。[36] 五月二十六日、ジャン・アンドレア・ドリアは六月十八日か二十日に二〇隻のガレー船と他に数隻の軍艦を率いてバルセロナにて乗船予定。[37] この船団でカトリック王のために二〇〇万が積み込まれ、うち一〇〇万は「エスクス・ピストレ」、あとの一〇〇万は「レアル銀貨」、他に「フークル家」〔フッガー家のフランス語読み〕およびジェノヴァ商人の為替手形で約一〇〇万が積まれていく。六月一日、ジェノヴァ人は四、五ヵ月後に「イタリアに四〇万エキュを供給するための契約をまた」おこなう。[38] ジャン・アンドレア・ドリアはカトリック王のためにガレー船に二五〇万以上を積んでいる。そのうち「約一〇〇万」はトスカーナ大公を含む個人所有のものである。三〇万エキュはドリア自身の所有であり、三〇万ないし四〇万エキュは他のジェノヴァ人のためであり、これに「イタリアの三〇ないし四〇人の領主ならびに紳士が引き出して、ガレー船に乗ってイタリアに帰る彼ら自身が持っていくもの」を付け加えなければならない。「その他に、スペインから出ていく銀の記録簿で私が目にしたように、国王の口座から支払われたドイツのフークル家のための五〇万エキュがある。[39]」実際、六月三十日には、このフッガー家の銀がまさにフッガー家のものであることを我々は知る。「カトリック王はこれらの銀をスペインから出すために国王の名において彼らに貸し付けたのである。[40]」ミラノの積立金は一二〇万エキュになった。八月十七日、大使J・B・デ・タシスのために八万エキュの貸付がJ・B・コルヴァティを含むイタリアの銀行家によって同意された。[41]

一五八五年。四月四日、国王のためにミラノとジェノヴァに大量の送金。[42] 四月二十五日、四〇万エキュがバルセロナでイタリアに向けて船積み。おそらくもっと大金であろう。[43] 五月十四日、ジェノヴァとサヴォイアのガレー船一九隻、ナポリのガレー船八隻、スペインのガレー船二五隻が、乗組員不足のまま、バルセロナで五、〇〇〇人の軍隊を乗り組ませる。これらの船はイタリアに一二〇万エキュを運ぶ予定。「その他に」銀七七箱がバルセロナに向けてサラゴサを通過した。(44) 六月九日、ガレー船の船団にはサヴォイア公宛の五〇万エキュ。(45) 六月十五日、船団はイタリア行きの一八三万三、〇〇〇エキュを搬出したが、そのうち一〇〇万エキュ以上は正式に届け出がおこなわれていなかった。(46) 九月二十日、イタリアに向けて四〇万エキュを積んだガレー船の出発。三〇万エキュは当時フェリーペ二世のいたモンソンに到着したばかりであった。(47) 九月十八日、「ドイツに五〇万エキュを返済する」ためにフッガー家との契約を結ぶ。

一五八六年。三月二十五日、フランドル事件のためイタリアに一二〇万エキュ送金。(48) 五月三十一日、相変わらずフランドル事件のため、七隻のガレー船がジェノヴァに六〇万エキュを運ぶ。(49) 九月二十九日、一週間前に一五〇万はフランクフルトで、二五万はブザンソンで、二五万はミラノで支払うというフークル家との「契約」を締結。(50) 十月十一日、イタリアで七〇万から八〇万エキュを支払うための別の「契約」を交渉中……。(51) このあとの数年のうちに、貴金属の相場はさらに高くなっていく。その点について確信を得るためには、フェリーペ二世の統治の晩年の十二年間に、〈アシエント契約〉がどれほど値上がりしたかを見るだけで十分である。一五八六年に、フッガー家はイタリアおよびドイツで支払い可能な一五〇万エキュ金貨をおそらくフェリーペ二世に貸し付けた。(52) 一五八七年には、アゴスティーノ・スピノラはフェリーペ二世に一〇〇万〈スクード〉を前貸しした。(53) 一五八九年には、フィレンツェ人たちが六〇万エキュを前貸しした。この同じ年、ジェノヴァ商人はネーデルラントのために二〇〇万の〈為替〉の契約を結んだ。翌年、アンブロシオ・スピノラはネーデルラントで二五〇万支払った。(54) 一六〇二年には、オッタヴィオ・チェンツリオーネが九〇〇万あるいはそれ以上を前貸しするが、このことを慎重な歴史家たちは疑っているけれども、(55) それはたしかに間違っている。(56) 私も、一五八七年にアゴスティーノ・スピノラが締結した、九三〇、五二二〈エスクード〉に上るある契約の証拠を見つけたが、エーレンベルクが言っていたこととは反対に、この契約はイタリアのために締結されたのではなく、ネーデルラント宛の為替手形のかたちでパルマ公のためのものであった。(57)

諸々のディテールはほとんど重要ではない。記憶にとどめるべき事実は、西地中海全域にわたって鋳造貨幣と信用取引の貿易がとてつもなく膨れ上がったことであり、西地中海が銀の帝国街道の役割を果たすまでになったことである。貨幣入りの木箱や樽を積んだガレー船の絶えざる航海が果たした歴史的に重要な意義にはだれも異議を唱えることはあるまい。アメリカ大陸の金ならびに銀について語るとき、大事なことは、西インド諸島の船団をなすあの有名なガリオン船と、やはり重要度の劣らぬビスカヤのサブラ船とナーヴェ船ならびに御存知のガレー船とを結びつけておくことである。ガレー船は、地中海に平和が戻ると、戦闘員を運ぶ代わりに、旅行者や銀貨の山を運ぶのに驚くほど忙しいのだ。(58) もちろんさまざまな事故がある。一五八二年四月には、あるガレー船は、バルセロナとジェノヴァの間で、時化に襲われて、貴重な積み荷の一部を放り出さなければならなかった。五六箱のレアル銀貨、〈エスクード〉入りの一箱全部といくらかの金貨が海に投げ捨てられた。(59) しかしながらこのような事故は稀であったし、一・五パーセントの保険料率からわかるだけでも事故が稀であったことを物語っている。陸路での事故もまた、海上以上に多くはないにしても、よく起こった。一六一四年一月には、(60) ジェノヴァ人所有の一四万エキュが約一〇〇人の盗賊によってバルセロナから六里のところで略奪された。

(1) A. d. S., Mantoue, Série E, Genova 759 一五三二年十月十五日。
(2) R. EHRENBERG, *op. cit.*, I, p. 343.
(3) 大司教から国王宛書簡、ローマ、一五五一年十一月一日、*Corpo dipl. port.*, VI, p. 38.
(4) *Op. cit.*, I, p. 155.
(5) ジェノヴァ、一五六四年一月二十八日、Simancas E° 1393.
(6) フェリーペ二世からペドロ・デ・メンドサ宛書簡(一五六五年)、Simancas E° 1394.

(7) 一五六六年二月四日、C. DOUAIS, *op. cit.*, I, p. 50.

(8) 王子宛書簡、マドリード、一五六六年五月十一日、A. d. S., Florence, Mediceo 4897 *bis*.

(9) アルバ公からフェリーペ二世宛書簡、カルタヘナ、一五六七年四月二十七日、A. E. Esp. 4, f° 357.

(10) ガルチェスから公爵宛書簡、マドリード、一五六五年六月十五日、Mediceo 4897, f° 122 v°. ナポリ副王からフェリーペ二世宛書簡、一五六六年四月三十日、Simancas E° 1055, f° 116, 137, 184.

(11) *Op. cit.*, I, p. 153.

(12) ノビリから王子宛書簡、マドリード、一五六七年六月十八日、A. d. S., Florence, Mediceo 4898, f° 68 v° et 69.

(13) 同上、一五六七年五月三十日、*ibid.*, f° 60 v°.

(14) *ibid.*, f° 64.

(15) *ibid.*, f° 99 v° 一五六七年九月二十日。

(16) A. de Raguse, Diversa di Cancellaria, 127, f°s 106 et 106 v° 一五三九年十月三日。

(17) A. de Raguse, Diversa di Cancellaria, 139, f°s 23 et *sq*.

(18) *Ibid.*, 146, f° 34.

(19) *Ibid.*, 145, f° 23 v°.

(20) *Ibid.*, 146, f° 145 一五六〇年八月二十日。

(21) Vuk VINAVER, 《Der venezianische Goldzechin in der Republik Ragusa》, in: *Bollettino dell'Istituto della Società e dello stato veneziano*, 1962, pp. 140-141.

(22) *Ibid.*, p. 141.

(23) バルセロナ、一五六一年五月四日、Simancas E° 328.

(24) Simancas E° 1055, f° 137.

(25) 一五七二年に銀のための傭船料は一・五パーセントである。ジャン・アンドレア・ドリアからジェノヴァ共和国宛書簡、マドリード、一五七二年四月二十七日、A. d. S., Gênes, L.M. Spagna 5.2414.

(26) ナポリ副王からフェリーペ二世宛書簡、ナポリ、一五六六年二月七日、Simancas E° 1055, f° 29.

(27) フェリーペ二世からグランベル宛書簡、マドリード、一五七二年三月二十五日、Simancas E° 1061, f° 208. グランベルからフェリーペ二世宛書簡、一五七二年四月二十一日、Simancas E° 1061, f° 27. G・デル・カッチアから王子宛書簡、マドリード、一五七二年十二月十九日、Mediceo 4903, ジェノヴァ宛為替手形で五〇万エキュである。

(28) 出典は前の注を参照。Mediceo 4903.

(29) R. EHRENBERG, *op. cit.*, II, p. 215.

(30) *Ibid.*, p. 214.

(31) *Ibid.*, p. 179. 一五七六年にバルセロナのガレー船によってジェノヴァにいるドン・ファンに一〇〇万を送金したことについては、O. de TÖRNE, *op. cit.*, II, p. 30.
(32) フェリーペ二世から修道院長D・エルナンド・デ・トレド宛書簡、サン・ロレンソ、一五七七年七月十六日、Simancas E° 335. 提督が乗船して船長の代わりを務める。船長は四隻のガレー船を率いて一緒に航海をおこなう。修道院長デ・トレドからフェリーペ二世宛書簡、バルセロナ、一五七七年八月二十七日(三十一日受信)、Simancas E° 335, f° 402.
(33) フェリーペ二世から大公宛書簡、リスボン、一五八二年十二月二十三日、Simancas E° 1451.
(34) もっと詳しくは Felipe RUIZ MARTIN, *Lettres marchandes...*, *op. cit.*, p. LXXXIV *et sq.* を参照。
(35) *Dépêches de M. de Longlée*, p.p. A. MOUSSET, Paris, 1912, p. 9.
(36) *Ibid.*, p. 19.
(37) *Ibid.*, p. 42.
(38) *Ibid.*, p. 77.
(39) *Ibid.*, pp. 76-77.
(40) *Ibid.*, p. 87.
(41) 当時フランドル軍の〈総括管理官〉。イタリアに送られた六九二、七二二エキュのうち一〇万エキュが一五八五年七月二十三日J・B・デ・タシスに送金された。A. N., K 1583.
(42) *Dépêches de M. de Longlée*, *op. cit.*, p. 120.
(43) *Ibid.*, p. 129.
(44) *Ibid.*, p. 139.
(45) *Ibid.*, p. 147.
(46) *Ibid.*, p. 149.
(47) *Ibid.*, p. 175.
(48) *Ibid.*, p. 242.
(49) *Ibid.*, p. 269.
(50) *Ibid.*, p. 312.
(51) *Ibid.*, p. 315.
(52) ジェノヴァ大使から共和国宛書簡、マドリード、一五八六年三月二十九日、A. d. S., Gênes, L. M. 9-2418.
(53) フェリーペ二世から大公宛書簡、サン・ロレンソ、一五八九年六月十七日、Simancas E° 1452.
(54) R. EHRENBERG, *op. cit.*, I, p. 351. 一五九〇年三月三日、ロングレの注釈のなかのA・スピノラに関する指示を比較すべきである。*op. cit.*, p. 391.

(55) Antonio Dominguez ORTIZ, 《Los estrangeros en la vida española durante el siglo XVII》, in: *Estudios de historia social de España*, 1960, p. 304, note 10.

(56) Ralph. de TURRI, *Tractatus de cambiis*, Disp. 3. Qu. 13. No. 78 にはっきりと見られる。S・コンタリーニからドージェ宛書簡、バリャドリー、一六〇二年十二月十六日および三十日（A. d. S., Venise, Senato Dispacci Spagna）。*Lettres missives de Henri IV*, VI, p. 16. 国王からM・ド・ボーモン宛書簡、一六〇三年一月十八日、「スペイン国王は金一、一〇〇万の契約を得たが、これにさらに一〇〇万を追加したと私に書いてきた……。」契約は三年にわたる。毎年フランドルのために三〇〇万、それに加えて王家のためにさらに二〇〇万である。この数字は現実にかなり近い。一六〇二年十二月三十一日、バリャドリーで締結された〈アシエント契約〉は、正確には七二〇万エスクード（三六パガスでフランドルで支払い可能）と二四〇万ドゥカート（三六パガスでマドリード、セビーリャ、リスボン、シマンカスで支払い可能）に上る（Simancas, Contadurias Generales, 1° 96）。私が一九五一年に個人的に調査をおこなった〈アシエント契約〉の完全なコレクションはこのシリーズに見つかるが、この研究の続きはアルバロ・カスティーリョ・ピンタードに残し、彼が研究を最後まで続けた。本書第Ⅲ分冊の図59を見よ。この図は数字が完璧であるので、以上のような文献をすべて挙げるのは無用であり、またこの大きな問題をただ導入しただけの私の研究の古いテクストを修正するのも無用であると私は考えるに至った。

(57) フェリーペ二世からファン・デ・ラスツル宛書簡、サン・ロレンソ、一五八七年四月四日、A. N., K 1448, minute.

(58) Amedeo PELLEGRINI, *Relaz. inedite di ambasciatori lucchesi...*, Rome, 1901, pp. 13–14, 一五九二年のコンパーニョ・コンパーニの航海、つまりガレー船一隻の難破があった冬の航海について（一二〇人のガレー船の漕ぎ手が溺れた）。船団は六〇万から八〇万エキュと硬貨数箱を運んでいた。スペインの銀をジェノヴァにガレー船で送るこのジェノヴァ人およびカルタヘナにおけるガレー船の好機についてのセルバンテスの指摘の正確さに注目せよ（*La Gitanilla*, I, p. 64）。合法的または非合法的に、商船によっても運ばれるスペインの銀は、たとえばアリカンテとイビサで船積みされ、一五八五年三月三日にリヴォルノに到着したサン・フランシスコ号には二一、七〇〇レアルが積まれていた。A. d. S., Florence, Mediceo 2080.

(59) シモン・ルイスからB・スアレス宛書簡、メディナ・デル・カンポ、一五八三年四月十七日。

(60) A. d. S., Venise, Senato Dispacci Spagna, フランコ・モロシニからドージェ宛書簡、マドリード、一六一四年一月十八日。

スペイン貨幣に侵略された地中海

このような地中海の富は、大西洋貿易の枯渇、アントワープの凋落、そしてアントワープ以後、取引の中心としてのアントワープの正常な機能に依存していたすべての市場と経済活動の衰退のまさしく裏返しであった。アントワープとネーデルラントの没落は一五八四―一五八五年という歴史の大転換期〔オランダ独立戦争〕――その重要性は否認できない――以前、一五七六年のアントワープの町の略奪以前、一五七五年のスペインの第二回破産宣告以前であると私は信じたい。A・ゴリスがやったように、(1)一五六七年に、あるいはむしろ一五六九年に立ち戻ることができると私は思う。この一五六九年には、繁栄の盛りにあり、しかも世界的な重要性がありながら、羊毛の中心地オンドスコートの操業停止だけであっても、はっきりとした操業停止がある。(2)アルバ公が到着したときには、織物産業は大変打撃を受けていたので、アルバ公は現地では自分の屋敷の者たちのための青い布地を十分に見つけられない。(3)たしかに、一五七六年十一月の略奪は、アントワープにおいて、生気潑剌たる一都市を破壊し尽くすことはなかった。(4)一五七三年のあるポルトガル人による断言は、少なくとも一五七二年からフランドルとの貿易はすっかりだめになっていたことを示している。(5)すでに一五七一年、(6)アントワープに戻ってきたあるスペイン商人は自分が別の都市にいるような印象を抱いた。商品取引所そのものも〈もはやかつての活気はない……。〉

リヨンの衰退もほぼ同じ時期である。リヨンの重要な金融機能のうちでリヨンに残っていたものも七〇年代から八〇年代までにパリに移されてしまった。(7)一五七七年、かつて本物の村の広場であった「両替市場」に、草が生えはじめた。(8)

同じ頃、メディナ・デル・カンポの両替大市の終わりが見てとれた。歴史家によって判で押したようにスペイン国家の第二回破産宣告の頃(一五七五年)とされている。メディナの北方のブルゴスとビルバオの両方にほぼ同時に起こる金銭的不如意は、通常、あまりよく知られていない。事実上、その頃、ブルゴスの領事館の重要な海上保険登記所が閉鎖されたのである。(9)これによって壊れたのは、メディナからビルバオを通ってフランドルに至る枢軸である。つまりフェリーペ二世統治の始まりのスペイン帝国の基本線のひとつが断ち切られたのである。

こうして地中海は、世界の貨幣の流通の大部分を自分の利益のほうに向きを変えさせた。新しい時代の徴候として、繁栄した暮らしに再生しつつあるバルセロナは、一五九二年に両替大市を再編成し、世紀末には、バルセロナの交易範囲の極限を示すと思われたサルデーニャ島、ナポリ、そしてシチリア島を越えて、数々の帆船をラグーザやエジプトのアレクサンドリアにまで送り出すようになった(10)。そのうえ、イタリア全土がその頃貴金属に侵略されている。非常に長い間ヴェネツィアにおけるフランス代表であったデュ・フェリエ大使は、イタリアやレヴァントの経済状態によく通じていたが、一五七五年には(11)、スペイン人がジェノヴァの国内紛争につけこんでジェノヴァの町を占領し、それとともにイタリア全土を占領するだろうかと、イタリア半島を圧迫している戦争の脅威を懸念していた。このイタリアは、「かつてこれほど金がたくさんあったことはない」と、フランス国王宛の一書簡で大使ははっきりと述べている。それではその後数十年のイタリアについて何と言うべきなのか。フェリア公爵ほど事情通の人も、一五九五年頃に、ある長文の報告書で、イギリスにとって最善の道は、「ナポリ、シチリア、ミラノが、現在の政府のもとで、かつてないほど繁栄している例にならって(12)」スペインの権威に相変わらず従うことであろうと書いている。十六世紀初めから地中海は衰退しはじめたとあわてて語る人々にこの一節を捧げることにしよう。

事実、地中海の海の空間全体を通じてスペインの貨幣の侵入が次第に増えてきた。スペイン貨幣はやがて毎日の生活にかかわってくる。一五八〇年頃、アルジェの市場の通貨は金のスペイン・エキュ〔エスクード〕、八、六、四レアルの硬貨、特に〈八レアルの〉銀貨である。こうした貨幣が市場で幅をきかせ、トルコ向けの重要な商品のひとつであり、トルコにはレアル銀貨が木箱ごと発送される(13)。一五七九年に開設されたアルジェのフランス領事館の記録(14)、一五七四年に開かれるチュニスのフランス領事館(15)の記録は、スペイン貨幣の圧倒的な優位を示している。通常このスペイン貨幣で買い戻し価格が定められる。一五七七年二月、アルジェの商船に乗っていた捕虜たちがテトゥアンで反乱を起こす。トルコ人は急いで海に飛び込む。彼らが海に飛び込んだのはまずかった。レアル銀貨や金を持っていたために、多くの人が海底に引きずりこまれてしまった[16]……。

リヴォルノでは、公式の大型船の到着のほかに、ジェノヴァやスペインから直行してやって来る小型帆船が、商品の包みのなかに混ぜて「レアル銀貨」の木箱を持ってくる[17]。ラグーザでは、世紀末の一五九九年に、ロードス島およびアレクサンドリア行きの貨幣の二つの記録のうち、ひとつは〈ターレル銀貨〉と〈レアル銀貨〉を含み[18]、二つ目はもっぱら〈スペインのレアル銀貨、わけても八レアル銀貨〉だけである[19]。前の年に、ラグーザの商船がチェリゴ〔ギリシャのキーテラ島〕で乗組員から見捨てられたことがある。乗組員はチガラの手に落ちないように小舟で陸にたどり着いた[20]。船長ならびに逃亡者は〈八レアル銀貨〉一七、〇〇〇を持ち去った。別のディテールとして、一六〇四年五月に、あるマルセイユ人は、ラグーザで、あるフィレンツェ人に〈あらゆる種類の貨幣のなかでも八レアル銀貨で二六三枚[21]〉借りがあることを認めている。したがってラグーザはこの時代に、スペイン貨幣の侵入に大いにかかわっている。しかしいったいどんな都市が、またどんな地方がスペイン貨幣の侵入をまぬがれているだろうか。トルコには、先程述べたように、レアル銀貨が入ってきているし、リボフとイスタンブールを結ぶ大型馬車を使ってポーランドからさえもスペイン貨幣が入ってくる[22]。当然のことながら、イタリア、ラグーザ、マルセイユ、イギリスのあれほど多くの商用の手紙が前もってだれにでもわかる光景を我々に示しているレヴァントに実例を探しに行くまでもない。

こうしたディテールの数を増やすことは容易であるが、そのために肝心な事柄を見失ってはならない。一五八〇年からは、スペインと同程度かそれ以上に銀の分散の本当の中心地は大都市をかかえたイタリアであることを認めるならば、事態はもっとはっきりと見えてくる。イタリアはスペインのあり余るほどの銀貨の一部をレヴァントに向けて搬出する役目を引き受けて（これは容易なことでもあり利益にもなる）、この中心地としての役割から膨大な利益をひきだす。また銀貨および為替手形、そして手に入れにくい金貨を供給の少ないネーデルラントの市場に補給する役目も引き受けている。ネーデルラントではスペインはスペイン帝国の維持とカトリック世界の運命を守るために戦い、現金の流れはスペインに忠実な軍隊と臣下、反乱を起こしたネーデルラントのプロテスタントの双方を同じように養っている。こうしてイタリアはさまざまな国際関係や同時発生や非対称をつくりだすひとつのシステムの核心にいる。

(1) これと反対の方向の考え方として、すでに引用したことのあるエミール・コールネールの『北方雑誌』所収の書評を参照。

(2) Emile COORNAERT, *op. cit.*, pp. 28–29 は一五六九年にまで遡っている。「一五八〇年にすでに多くの人々が出発したときには……。」(三〇頁)。

(3) R.B. MERRIMAN, *op. cit.*, IV, pp. 285–286. 一五八五年のネーデルラントにおける貨幣の変造は、ひとつの帰結、衰退の最後の段階のひとつではないのか (Emile COORNAERT, *op. cit.*, p. 46)。

(4) 一五七九年には、アントワープには、重要なスペインの商会は一社しかないし、ルッカは四社、ジェノヴァは五社、イタリアは一四社、ポルトガルは一〇社しかない。R. EHRENBERG, *op. cit.*, II, p. 192.

(5) A. Vaticanes Spagna 27, *Le cause per le quale il sermo Re di Portugallo*…, 1573, f°s 161 à 162. 一五六五—一五六七年のセビーリャの銀行の取り付け騒ぎ。

(6) V. VÁZQUEZ de PRADA, *op. cit.*, I, p. 28, note 30.

(7) A. von REUMONT, *op. cit.*, I, p. 355 によれば、リヨンにとどまっていたフィレンツェのいくつかの会社がリヨンを見捨ててブザンソン、シャンベリー、アヴィニョン……に行くのは一五七五年のことである。R. EHRENBERG, *op. cit.*, I, p. 306 にとっては、一五七五年には、リヨンには何人かのイタリア人しか残っていない。他の人はパリに行ってしまった。一五九二年に唯一残っていたカッポーニ銀行は、有名なルッカ人ザメッティが一五九四年に引き継ぐ。この大きな問題については、パリに行ったイタリアの銀行家を論じた L'HERMITTE DE SOLLIER, *La Toscane française*, Paris, 1661 を参照。トスカーナの枠組みで考えれば、リヨンの凋落は一五七六年以降のスペインとトスカーナの接近が原因になっていないだろうか。トスカーナの経済生活がスペインの方向に傾いていくことについては、R. GALLUZZI, *op. cit.*, III, p. 505 et *sq*.

(8) R. EHRENBERG, *op. cit.*, II, p. 191.

(9) *Ordenanzas del Consulado de Burgos de 1538*, p. p. Eloy GARCIA de QUEVEDO Y CONCELLON, Burgos, 1905. 長い序文がある。一五五六年から衰退か (七一頁)。この日付は私には正確すぎるように思われる。マリー・エルメールが一九六五年三月二十一日付けの文書で彼女の見解を明らかにしたところによれば、衰退の徴候は一五六六年頃に現れる。危機は一五六八年、一五七〇年、一五七二年にピークを示す。一五七三年には没落はすでに起こってしまったことであり、その結果は取り返しのつかないものである。

(10) A. de CAPMANY, *op. cit.*, IV, p. 337 (1594). バルセロナに一六〇九年に〈ヌエボ・バンコ〉が〈両替帳場を拡大して〉新しくできたことについては、A.P. USHER, *op. cit.*, p. 437.

(11) デュ・フェリエからアンリ三世宛書簡、ヴェネツィア、一五七五年五月八日―十三日、E. CHARRIÈRE, *op. cit.*, III, p. 595.

(12) Simancas E° 343（一五九五年）。

(13) D. de HAEDO, *op. cit.*, p. 24 et 24 v°; R. HAKLUYT, *op. cit.*, II, p. 176（一五八四年）。

(14) R. BUSQUET, 《Les origines du consulat de la nation française à Alger》, in: *Inst. hist., Provence*, 1927.

(15) たとえば、P. GRANDCHAMP, *op. cit.*, I, pp. 17, 18, 23, 87, etc. この事実はすでに A.E. SAYOUS, *Le commerce des Européens à Tunis depuis le XIIe siècle*, 1929 によって指摘されている。

(16) D. de HAEDO, *op. cit.*, p. 177 v°.

(17) A. d. S., Florence, Mediceo 2080 一五七八年七月二十六日、一五八五年三月三日。

(18) A. de Raguse, D. de Foris, VIII, f° 172 一五九九年八月二十四日。

(19) *Ibid.*, f° 113 v° à 115 v°.

(20) A.N., K 1676, イニィゴ・デ・メンドサからフェリーペ二世宛書簡、一五九九年一月二日。

(21) A. de Raguse, D. di Cancellaria, 192, f° 139 一六〇四年五月三十日。

(22) 本書第I分冊三三一頁参照。

〈おびただしい貨幣〉の餌食となったイタリア

スペインからやって来るガレー船がジェノヴァに運んでくる貴金属の量は一五八〇年から増大しつづけて、おそらく一五九八年六月に最高に達する[1]。一度に二二〇万エキュ（金貨で二〇万、銀塊で一三〇万、レアル銀貨で七〇万）が荷揚げされたのである。一五八四年六月二十日、三〇〇万から四〇〇万エキュを運んだらしいJ・アンドレア・ドリア指揮下の二〇隻のガレー船の到着によってこの記録が樹立されたのでなければ、我々の手にしている情報は十分に正確ではない[2]。この送金が膨大であったことだけを記憶にとどめておこう。一五九四年の〈コンタドゥリア・マヨール〉〔会計大検査院〕のある計算によれば、スペインには毎年金一、〇〇〇万が入荷し、国王のために三〇〇万、個人のために三〇〇万、合わせて六〇〇万が国外に出ていく。残りの四〇〇万は、スペイン国内に残っているか、郵便、旅行者、船乗り……などによる闇の輸出の犠牲になるかのどちらかである。ある歴史家[3]は、世紀末には、毎年、金六〇〇〇万がイタリアに送られて、そのあとイタリア半島を通して、またイタリア半島の外へと、あらゆる方向に散らばっていったと考えている。このような大量の金《かね》はジェノヴァ（あるいはヴィルフランシュ、ポルトフィノ、サヴォーナ、リヴォルノ）に達する以前にもそれなりの役割を果たしている。金が近々到着するという知らせだけでイタリアの市場では「気前よさ」が生まれる。ちょうどセビーリャ、マドリード、メディナ・デル・カンポにインディアス航路の船団が到着するという知らせが入るのと同じである。こうしたガレー船はインディアス航路の第二の船団である。間もなくイタリアでは「気前よさ」が頻繁に繰り返され、場合によっては命取りになる。至るところに安い現金、〈おびただしい貨幣〉があふれ、これが数多くの計算を欺くのである。信用取引は〈おびただしい貨幣〉が引き続き豊富にあることにうまく適応しない。信用取引は転変を経験する。借金をしようと思う者によって為替手形が売りに出されるが、現金が豊富にあるときにいったいだれが借りるだろうか。次の単純なメカニズムをしっかり理解しておこう。つまり現金があり余るほどたくさんある。これは各人がまずまず自分の分け前に与かっているという意味である。その結果、借り手、すなわち為替手形の売り手が消えるか、少なくとも市場では数が少なくなる。為替手形が非常に数少なくなって、非常な高値になる。反対に現金が不足する状況では、為替手形がどこからでも提供されるので、金貸しは為替手形を安値で買いたたく。シモン・ルイスは途方に暮れ、見掛けは非常に楽なこの数年に不満である。彼は大きな取引の代理人という仕事に、金貸し、つまりメディナ・デル・カンポの市場での為替手形の買い取り人という仕事を付け加える。スペインで買い付けた羊毛がフィレンツェで決済されるのは何ヵ月も後のことであるから、ふつうルイスの売主は前貸し金を受け取らずには商売をやっていけなかった羊毛商人である。シモン・ルイスは自分の信用を表す手形を安く買い取って、それをフィレンツェにいる同郷の友人、後に結婚によってトスカーナ大公の義弟となるバルタサール・スアレスに送る。為替手形は目的地に着くと、現金に換金され利益が出る。しかしこの金は、フィレンツェで買った新たな為替手形でメディナ・デル・カンポ宛に送り返されなければならなかった。市場が気前よければ、この為替は高価で買い取られるので、シモン・ルイスはこの二度目の取引で儲けることはない。話を単純にすれば、銀行家は投機で損をするか、もっと正確に言えば六ヵ月では銀行家の慣れている五パーセントの儲けにはならない。儲けが出ないこと、それは損をすることであり、「自分の会社の金を」誤ってつぎ込むことである。メディナ・デル・カンポの老人の繰り言やフィレンツェの友人の説明や弁明ほど明解なものはない。[4]「今日、銀を手にしている者は買い手が望む値段で銀を売らなければならない……[5]」と、フィレンツェの友人は説明している。流れに逆らって進むことほど危険なものはない、とこの古い友人は説明を加えている。「フィレンツェの市場で大暴れしたい（violentar la plaza）と思った者たちは、市場でほとんど利益にありつけなかった」と、一五九一年九月九日に記している。[6]潮のように押し寄せてくる銀貨と銀塊に逆らって、いったいどうすることができようか。両替の基本的な働き、本来の働きがそのために損なわれてしまった。それが正常に機能するためには両替率が上がったり下がったりして、儲けが出るようにならなければならない。

「現金」によるイタリアの洪水については、イタリア半島の造幣局における貨幣鋳造の研究をすることで、別の観点を得られるかもしれない。いかなる造幣局もフルに操業している。『審議要覧』の史料によれば、ナポリの〈国営造幣局〉のおこなったいくつかの買いを再現することもおそらく可能であろう。[7]一五九九年から一六二八年まで、[8]ナポリの造幣局では一、三〇〇万枚の硬貨が鋳造されることに注目しておこう。パレルモ、メッシーナ、[9]あるいはジェノヴァ[10]でも同じである。貨幣は、発行されるとすぐに流通し、特に十七世紀ではたちまちのうちに発行地から離れていく。ヴェネツィアでは、〈造幣局〉[11]は絶えず鋳造している。都市の繁栄にかかわっているのだ。平均すれば、毎年金貨一〇〇万、銀貨一〇〇万である。貨幣あるいは〈金の延べ棒〉を窓口に持ってくる商人を介しての通常の補給だけでは十分ではないので、〈造幣局〉は契約に基づいた買入れをおこなう。こうした契約はしばしば非常に高い。一五八四年には、五〇万ドゥカート（カッポーニ家との契約、六月二日）、ヴェネツィアにおけるフッガー家の代理人オット家との契約は一四万マール。一五八五年にはまたもオット家と一〇〇万ドゥカート。一五九二年にはアゴスティーノ・セネストラロ、マルカントニオならびにジョヴァンニ・バティスタ・ジュディッチと一〇〇万。一五九五年十二月には、オリヴィエロ・マリニおよびヴィチェンツォ・チェンツリオーネと一二〇万ドゥカート。一五九七年三月二十六日には、ヒエロニモならびにクリストフォロ・オットと一〇〇万……の契約である。その後、契約は少なくなるが、それでも一六〇五年三月には、一二〇万ドゥカートの契約がジョヴァンニ・パオロ・マルフォ、ミケーレ・アンジェロ、ジョヴァンニ・ステファーノ・ボルロッティと締結された……。我々の意図はヴェネツィアの〈造幣局〉の買入れの一覧表を作成することではなく、主としてアメリカ大陸のスペイン所有の銀が満足させる造幣局の食欲、底知れぬ危機を示すことである。

もっとも、遠い新世界の生産高をア・ポステリオリに管理することができると期待して、貨幣鋳造の数を足す必要はない。事態はそれほど単純ではないのだ。こちらで鋳造された貨幣は、よそでふたたび鋳造し直される。数ヵ月ないし数年が過ぎると、貨幣は別の国の造幣局の窓口にある。一五四八年から一五八七年の初めまでに、ナポリの造幣局は一五〇万ドゥカートを鋳造した。この活動が終わったとき、〈王国全部で七〇万ドゥカート残っていない。[12]〉それでもイタリアでは貨幣が以前よりも早い速度で流通しているからますます貨幣が豊富にあることには変わりない。

もちろんイタリアがこの特権を享受しているのは、イタリアがスペインの銀の帝国街道の途上にあるという単純な事実によるのではない。この偶然はイタリアを助けるが、それ以上にイタリアの経済活動を助ける。このことを歴史家たちはあくまでも過小評価しているが、イタリアの経済活動は、世紀末の数年で、十分にたくましくなって、ドイツ、東ヨーロッパ、ネーデルラント、フランス、そしてスペインとの貿易において貿易収支が黒字になっている[13]（カスティーリャの羊毛購入のためにフィレンツェにとっては赤字になっている貿易収支は考慮に入れない）。この黒字残によってイタリアはみずからのために富を蓄積することができ、レヴァントやトルコ方面の赤字を清算することができる。トルコについてはすでに詳しく語ったが、トルコからの見返りは実り多いために、イタリア半島の商業ならびに工業活動全体が推進される。こうしてイタリア半島は貴金属と為替手形の取引の中心になり、事実上すべてが互いにつながっているひとつの回路の支配者である。銀がインフレのときには、金《きん》は安全な価値になり、資本蓄積や国際決済の価値になった。不利な契約を除けば、為替手形は金で支払い可能である。またフランドルの兵士たちは、全額ではないにしても、少なくとも一部は金での給与支払いを要求する。結局、すでに述べたように、金だけが郵便で移動することができる。したがってイタリアがスペインを必要とするのは、スペインがたいていの場合ジェノヴァを通してフランドルで金で清算しなければならない南北の支払いのためにイタリアを必要とするからである。アントワープにいるスペイン軍隊の出納官の手に届く金貨や為替手形を供給することができるのは、イタリア半島の金融市場である。

したがってイタリアは、ひとつはスペインの政治およびジェノヴァ経由の〈アシエント契約〉が維持している南北の軸、もう一つは緯線に沿ってレヴァントに行き、さらには極東にまで達する軸の交差するところにある。言い換えればジェノヴァからアントワープへの金の道と、遠く中国にまで引かれている銀の道の交差点にある。

後者の道については、驚くことは何もない。銀は東方の道を優先的に流通し、トルコ帝国はエジプトおよびアフリカの金の入ってくる地域であるから、レヴァントから先では銀の価値が上がる。銀はペルシャ、インドを越えて東に向かうとさらに価値が上がり、時にはフィリピン諸島の十字路や中国にまで達する。ヨーロッパでの金銀交換比率が少なくとも一対一二であるのに、中国の金は「金二マール対銀八マール」の割合で、つまり一対四で交換される。アメリカ大陸に始まって、地中海経由にせよ、喜望峰経由にせよ、地球を一周するこのイタリア―中国の軸は、二十世紀初めになってしか消え去ることのない世界経済の構造であり、永続であり、特徴である。反対に、ジェノヴァ―アントワープの軸は長期の変動局面の範疇にしか入らない。それはスペインがネーデルラントを握っている限り、すなわち一七一四年まで続き、またスペインが支配下に置いている銀のインフレが続く限り、すなわち一六八〇年まで続く(14)。したがって、イタリアは、十七世紀の間、以上二つの軸の交差するところにある。カディスの停泊地から、イギリス、オランダ、サン・マロ、そして時にはジェノヴァの帆船――「軍船」であることもあればそうでないこともある――がジェノヴァやリヴォルノに八レアル銀貨を運んでくる。当時この銀貨は一般にはピアストルと呼ばれている(15)。この貿易はすべて「アレクサンドリア、カイロ、スミルナ〔イズミール〕、アレッポ、およびレヴァントの他の市場」に達する。ピアストルは「そういった場所では引っ張りだこである。上述のすべての市場においても、ペルシャにおいても……」と、有名なリカルド〔リカード、一七七二―一八二三年、イギリスの経済学者〕の祖父サミュエル・リカード(16)は書いているが、彼の本は一七〇六年にもまだ印刷されている。銀貨のピアストルであって、金貨ではない。これよりもずっと前の（一六六八年）ヴェネツィアのある報告書によれば(17)、もちろん、エジプトでは〈ハンガリー金貨ウンガリ〉や〈ツェッキーノ金貨〉を使うことができるし、〈使っても何も損をするわけではないが、自分のなすべきことを心得ていなければならない。〉銀について言えば、八レアル銀貨を使えば、三〇パーセントまで儲けることができる。南北の軸については、在来の地位に変わりはない。おそらくジェノヴァの優位は一六二七年以後落ち目にはなるが(18)、一六五〇年になってもまだ、ジェノヴァの銀行家たちは、スペインのためにネーデルラントに向かって送金をおこなっている(19)。

（1） A. d. S., Florence, Mediceo 5032, ザノビ・カルネセキからピサ大司教宛書簡、ジェノヴァ、一五九八年六月二十七日。
（2） Felipe RUIZ MARTÍN, *Lettres marchandes...*, p. XLVIII.
（3） Tanteo general B. N., Madrid, 1004 (Felipe RUIZ MARTÍN, *ibid.* に引用)。
（4） フェリーペ・ルイス・マルティンのすでに引用した本のなかにあるシモン・ルイスとフィレンツェの駐在員との間で交わされた手紙を参照。バルタサール・スアレスの手紙のなかで一五九〇年二月二十四日の手紙（リヨンのボンヴィジ家について）を挙げておこう。〈彼らは信用貸しは望まなかったが、借金は望んだ……というのはこの頃は為替は現金を持っている者が手形名宛人の思い通りになるほどだからである。〉また一五九一年九月九日の手紙なども興味深い。
（5） 同上。一五九〇年三月三十日の手紙。
（6） バルタサール・スアレスからシモン・ルイス宛書簡、フィレンツェ、一五九一年九月九日。
（7） A. d. S. Sommaria Consultationum, 22, f°s 9-10 一六〇八年二月八日。
（8） TURBOLO, *Discorso...*, p. 3, 4, Naples, B. di Storia Patria XXVIII, D. 8 による。一五四八年から一五八七年まではわずかに一、〇五〇万ドゥカートだけ、すなわち端数を切り上げた数字で年間二六万ドゥカート（A. d. S., Naples, Sommaria Consultationum, 9, f° 168 一五八七年一月二十九日）。それに対して一五九九年から一六二八年までの年平均は四〇万ドゥカートであり、これはドゥカートの貨幣価値の切下げを考慮に入れても、それでも加速があることを意味している。
（9） Antonio della ROVERE, *op. cit.*, p. 43, note 40 *bis*.
（10） Ubaldo MERONI, *I《libri delle usate delle monete》della Zecca di Genova, dal 1589 al 1640*, Mantoue, 1957（これは編著）。
（11） 以下続けて挙げる出典は、このあとのパラグラフの数字に一致する。Marciana 7299［一五八四年六月二日］。Correr, Donà delle Rose, 26, f° 93 一五八四年六月二日。*ibid.*, f° 93 v° 一五八四年七月十三日。*ibid.*, f° 95 一五八五年十二月五日。*ibid.*, f° 104 一五九一年六月十四日。A. d. S., Venise, Senato Zecca 2（一五九一年）。*ibid.* 一五九五年十二月四日、一五九六年一月三日。*ibid.*, 5 一五九七年三月二十六日。*ibid.*, 5 一六〇五年三月十九日。
（12） A. d. S. Sommaria Consultationum, 9, f° 168 一五八七年一月二十九日。
（13） この主張はほぼ間違いがない。フランス側については、本書一五二頁注(13)のA・シャンベルランの古典的な論文を参照。ドイツとネーデルラントについては、ヴェネツィアとフィレンツェが北方への送金を自由におこなっているという事実、フィレンツェとスペインの不均衡については、Felipe RUIZ MARTÍN, *Lettres marchandes...* を参照。国際貸借という概念は十六世紀には縁がないけれども、スペイン政府宛の実業家たちの返事のなかに次のような重要な文句が見られる。〈……この王国で大事なことは出ていく商品よりも入ってくる商品のほうが多いことであるが、この不都合はほとんど考慮するには及ばない。〉（一五七五年、B. M. Harl. 3315, f° 155）
（14） これは J. van KLAVEREN, *op. cit.*, p. 3 が言っている日付である。Jean MEUVRET,《La conjoncture internationale de 1660 à 1715》, in: *Bulletin de la Société d'Histoire Moderne*, 1964 は短期の高値の動きの始まりしか見ていないようである。「ほんとうの景気

回復だったのだろうか。」一六〇四年—一六〇九年以後、アメリカ大陸の銀の一部がヨーロッパ北部の道を進みはじめることに注目せよ。

(15) この単語はサミュエル・リカードによる。次の注を参照。

(16) Samuel RICARD, *Traité général du Commerce*, 2ᵉ édit., 1706, p. 371.

(17) Marciana 5729, Relazione d'Egitto, 一六六八年。

(18) これは Felipe RUIZ MARTÍN, *Lettres marchandes*… の意見である。

(19) A. d. S., Gênes, Spagna 38, 一六四七年から一六五〇年までの史料。

ジェノヴァ人の世紀(1)

以上のような予備的説明は、偉大な資本主義の時計で言えば、一五五七年から一六二七年まで、つまりフッガー家の短い世紀の後、アムステルダムの混合資本主義の世紀以前に挿入されるジェノヴァの銀行家たちの世紀をよりよく位置づける助けになる。私は正直なところ一六二七年と言うよりも一六四〇年か一六五〇年と言いたいが(2)、そんなことはどうでもいい！　ジェノヴァ人の富が一五五七年の魔法の杖で、スペイン国家の奇妙な破産の翌日に、一挙につくられるのではなく、また一六二七年カスティーリャの第五回または第六回の破産の際に、つまりオリバレス伯公爵がポルトガルのマラーノたちをカスティーリャ・クラウン金貨の金貸しの筆頭に推すときに、すっかり達成されるのでもないことは明らかである。ジェノヴァはそのあとも長期にわたり国際金融の中心地のひとつであり続ける。

アンダルシアおよびセビーリャに早くから進出したこと(3)、スペイン・西インド諸島の貿易——これはアンドレ・E・サユーの研究以来よく知られている——だけでなく、セビーリャ・ネーデルラント間の貿易——この貿易は一方的な供給である——にも参加したことと並んで、ジェノヴァの昔からの富、一五二八年の政治的豹変がジェノヴァの繁栄をあらかじめ準備したのである。リヒアルト・エーレンベルク[4]によれば、ジェノヴァ人がアントワープで優位に立つのは遅く、一五五五年以前ではないが、世紀初めからエスコー川の市場で活躍していて、一四八八年から一五一四年まではイタリア商人のなかでは最も重要な商人であったこと[5]に私は注目している。その後、ジェノヴァ人は南北関係の資金調達をおこない、これは少なくとも一五六六年までは続いたようである。

いずれにしてもフッガー家ならびにフッガー家と手を組んでいた者たちの弱体化と疲弊によって、ジェノヴァ人に絶好の機会が提供される。フッガー家は世紀半ばの厳しい景気後退で大打撃を受け、〈アシエント契約〉の危険な賭けから（一五七五年と一五九五年の短期のカムバックを除いて）手を引くからである。

〈アシエント契約〉とはカスティーリャの政府と〈実業家〉の間で締結された数多くの約款のある契約である。これは何よりもまずセビーリャに貴金属が入荷したときに返済可能な短期の前貸しである。この貴金属の入荷は不規則であるが、国王にとっては定期的な資金繰りに代わるものであり、特に、毎月、ネーデルラント駐在のスペイン軍の俸給やその他の支出をたいていは金貨で支払うことを意味する。一五五七年からのジェノヴァ人の巧妙さとは、カトリック王のカスティーリャ国内ないし国外のさまざまな収入源に助けを求めるだけでなく、ジェノヴァ人のおこなった膨大な融資額を集めて保証するために、スペインやイタリアの国庫金を利用することである。実際国王は（一五六一年から一五七五年まで）ジェノヴァ人に〈担保所有権[6]〉を譲与する。これは原則として借金の保証として預けられる公債証券であるが、〈アシエント契約者〉は好きなように利用する権利がある。彼ら調達契約を結んだ者はこの証券を友人や知り合いに、さらにはこの証券を先を争って買う予約者に売る。もちろん、ジェノヴァ人はそのあとでこの権利書を国王に返すためには〈権利書〉を買い戻さなければならないが、それは国王が借金を返済した場合だけである。第二の巧妙さとして、一五五九年から一五六六年まで[7]、つまりカスティーリャの財政再建がおこなわれている間は、通貨の〈持ち出し〉は禁じられた。それまでの負債はすべて〈カサ・デ・コントラタシオン〉〔インディオ通商院〕にまわされ、この通商院は一種の〈カサ・ディ・サン・ジョルジョ〉[8]〔ジェノヴァ通商院〕になり、〈カサ〉に「置かれていた」〈権利書〉の支払いを確保するためにその収入を利用する。これは一五六〇年十一月のトレドの大決済の目的であるが、歴史家たちはこれを一五五七年の第一回破産と同じように実業家との暗黙の合意に基づいておこなわれた臨時の破産と見なしている。[9]実業家たちは以前からの借金の大部分に相当する額を〈権利〉として獲得したが、この金で債権者に支払いをすることができた。この決済の際に、ジェノヴァ人はフッガー家ほど被害を受けなかった。ジェノヴァ人は自分たちの利益を通貨のかたちでは持ち出すことができなくても、スペインの商品、つまり明礬《みょうばん》、羊毛、オリーブ油、絹などに容易に投資することができた。そしてこれらの商品は、イタリアやネーデルラントに輸出されると、こうした遠方の国でジェノヴァ人が必要とする流動資産をジェノヴァ人に供給する。当然のことであるが、一五六六年以後、[10]フランドルの騒乱のために、ジェノヴァ人がふたたび銀貨ならびに銀塊を、言わば好きなだけ輸出する許可を得るときには、すべてはもっと好都合になる。

決定的に重要な問題は相変わらずネーデルラント方面への金の輸送と支払いの問題であった。この問題の解決のために、カトリック王は国際資本家、つまり世紀半ば以前の高地ドイツのドイツ人や一五五七年以後のジェノヴァ人を頼みとせざるを得ない。フェリーペ二世はカール五世以上にこの頼みの綱に頼らざるを得なかった。彼は銀の国際市場の鍵を握っていたが、銅や為替手形や金の市場では支配者ではなかった。銅は端役でしかない。しかし十七世紀にならないうちにドイツ、スウェーデン、日本で使われたこの控え目な貨幣は、イベリア半島には縁がない。スペインは支払いと引換えに銅貨をやすやすと手に入れるが、東インド諸島の需要があるために一五五〇年まで途方もない銅の値上がりが起こる[11]ポルトガルにおいてのみ状況は緊迫している。ポルトガルでは国王ドン・マヌエルの時代には銅貨は金貨よりももてはやされていたと一六四〇年になっても語られていた。[12]為替手形に関しては、時には度を越しておこなわれる信用取引を表すものと、貿易収支の黒字になる手形とを区別しなければならない。ところでアメリカ大陸の富に圧倒されたスペインはあらゆる面で収支は赤字である。黒字の国はネーデルラントであり(少なくとも過去において黒字であった)、イタリアの市場である。この黒字国の手形を買わなければならないのだ。というのも原則として金で支払い可能な為替手形は、金貨の複雑な流通回路を支配しているからである。ところがヨーロッパの金供給は新世界から十分におこなわれていない。したがってしばしば古くからの在庫に頼って生活しなければならない。

ジェノヴァの資本主義は、あらゆる方向に、たちまちその優位を確立していくが、この優位はイタリア全体の助けがなかったら可能ではなかったことをしっかり頭に入れておこう。この助けが取引の成功を保証するのである。銀の売り手であるジェノヴァ人は、自国において、さらにはイタリアにおいて、金貨と為替手形を見つける。一六〇七年に、(13)〈五賢人会議〉はこの点を簡潔に説明している。というのも事態は当然の成り行きだからである。つまり銀貨(ならびにリスボンでの砂糖と胡椒の買い付けのための貸付金)の供給者ジェノヴァ人は、〈このヴェネツィアの町から彼らの望むだけの金を引き出す確実な方法を持っている。〉またドイツおよびネーデルラント宛の為替手形も同様である。アンブロジオ・スピノラとジョヴァンニ・ジャコモ・グリマルディが一五九六年の破産の翌日の状況をジェノヴァ共和国に対して説明するとき、彼らがネーデルラントにおいて(フェリーペ二世の要請により、また〈コントラタシオン〉——組合と言ってもいい——の他のジェノヴァ商人の名において)おこなうと約束した資金調達の困難とは、「通常そうした資金調達がおこなわれるフィレンツェとヴェネツィアの市場が」破産のすさまじい結果によって「ほぼ全面的に大混乱に陥ったことである」(14)と言っている。フィレンツェとヴェネツィアの市場がなければ、レアル銀貨と銀塊の定期的な買い手を見つけることができないし、またあまりにも大量のかさばる銀貨を北に輸送しないで、どうしても必要な金貨を送ることのできる貸付金と金の供給者を見つけることができない。どうしても必要だということは繰り返し言っておこう。ネーデルラントにいる兵士たちは俸給の大部分を金貨でもらうことをつねに要求し、彼らは金貨のほうが有利であり好都合であると思っている。金貨は引っ張りだこで、しかも少量で輸送が容易である。こうしていつも銀貨を金貨に変えることがどうしても必要になる。商人たちが、兵士への支払いの一部として銀貨を、もっといいのは布地を強制的に支払うことにして、この金のかかる義務から解放されようと努めるのは事実である……。これについてはゆっくりとした変化があった。銅貨の出現の初期を画した銅貨の激増があったために、銀貨はフェリーペ三世の治世以前には、またスペイン・レアル銀貨が誰からも認められる国際通貨の地位にまでゆっくりと上昇していく以前には、兵士の支払いにおいて強制されることはほとんどない。さらには世紀末と次の世紀の初めに平和が戻る以前には変化がない。平和は兵士の要求を価値のないものとし、兵士の効果的な脅しに終止符を打った。

しかしそれまでは、金貨は兵士の要求するものであったし、要求が非常に強かったので、金貨はこの世紀の貨幣流通の大きな特徴のひとつ、フェリーペ・ルイス・マルティンが力をこめて論証してみせたように[15]、十六世紀の構造的特徴のひとつとなったほどである。思わぬ事件がこの点を時々明らかにして見せる。たとえば一五六九年二月、アルバ公はカトリック教徒の救援のためにマンスフェルトの派遣軍をフランスに送った[16]。軍隊の主計官ディエゴ・デ・ゲイネスの三頭立て馬車に金貨を補給するためには、ルーアン、パリ、リヨンの商人の援助を得て、〈商人から受け取った銀貨をエスクード金貨に〉手数料なしで変えなければならなかった。この些細な事実によって我々は日常的な現実に実際に手で触れることができ、しかも広い展望を得ることができる。一五七九年にピアチェンツァの定期市創設とともに組織化が完了し、世紀末以後も続くジェノヴァ人の一般的なシステムとは、ネーデルラントから見れば、金の膨大な吸い上げであり、これは商品、銀、為替手形、一言で言えば西欧の全財産を対象とするそれまでの流通回路を前提としている。この勝ちを収めるゲームはいくつかの絶対的な規則を尊重することで成り立っている。

(1) この節ではルイス・マルティンの次の二つの研究から力を借りた。Felipe RUIZ MARTÍN, *Lettres marchandes échangées entre Florence et Medina del Campo.* これはシモン・ルイスが、次いでその甥コスメ・ルイスが一五七七年から一六〇六年までフィレンツェ宛に送った手紙とフィレンツェ発信の手紙であり、これらの手紙の前に長文の見事な序文が付いている。近々刊行される予定で刊行前に私が読むことのできた第二の著作は *El siglo de los Genoveses en Castilla (1528-1627): capitalismo cosmopolita y capitalismos nacionales* であって、この本は、私の思うには、ラモン・カランデの古典的研究以来、十六世紀のスペインに関する最もすぐれた本である。

(2) 実際、世紀末になっても、ジェノヴァに大量の銀貨が入荷していることに私は驚いている。一六七〇年からのジェノヴァ駐在フランス領事コンパンの通信を参照。A.N., Affaires Etrangères B 1511, Gênes. またU・メロニの出版によるジェノヴァの造幣局の貨幣鋳造量の曲線も参照（本書一九七頁、注(14)）。

(3) Ramón CARANDE, 《Sevilla fortaleza y mercado》, in: *Anuario de Historia del Derecho español,* II, 1925, pp. 33, 35 et *sq.*（抜刷）Jacques HEERS, *op. cit.,* 索引に〈セビーリャ〉という語に関する数々の文献指示がある。

(4) フランク・シュプーナーはジェノヴァ人が金の価値上昇のこの転機に利益を上げることができたことをたしかに指摘した。Frank SPOONER, *op. cit.,* p. 21.

(5) Renée DOEHAERD, *Etudes anversoises,* I, 1963, p. 33.

(6) F. RUIZ MARTÍN, *Lettres marchandes...,* p. XXIX et *sq.* および Alvaro CASTILLO PINTADO, 《Los juros de Castilla apogeo y fin de un instrumento de credito》, in: *Hispania,* 1963 というすぐれた論文を参照。〈抵当権〉は売れない。実業家は、譲渡可能な証券（juros de resguardo）またはよく言われるように〈担保〉（resguardo）を手に入れることで、スペイン国内においてもスペイン国外、特にイタリアにおいて公的な貯蓄に近づく。貯蓄をおこなう者に売られる〈担保〉は〈アシエント〉の〈決済〉の際に同じ利権を持つものとして返済される。したがってジェノヴァ人は、利率、種類、割当からしてもまだまとまりのないさまざまな公債の市場を支配している。しかしいろいろなリスクがある。たとえば一五七五年には、サレルノの大公ニコロ・グリマルディが〈担保〉に投機をしたために、王子は破産をして、その影響は大きかった。Alvaro CASTILLO PINTADO, *art. cit.,* p. 9.

(7) Felipe RUIZ MARTÍN, *Lettres marchandes...,* p. XXXII.

(8) Simancas Consejo y Juntas de Hacienda, 37, Decreto sobre la paga de las mercedes y otras deudas, トレド、一五六〇年十一月十一日。

(9) *Ibid.*

(10) Felipe RUIZ MARTÍN, *Lettres marchandes...,* p. XXXII.

(11) V. MAGALHÃES GODINHO, *op. cit.,* p. 420. 一四三五年にはキンタルあたり三、〇七二レアイスであったが、一五六四年には三三、四二一レアイスであった。一五六八年には暴落した。

(12) B.N., fr. 9093, f° 78〔一六四〇年〕。

(13) A. d. S., Venise, *Cinque Savii*, Riposte 1602–1606, f°s 189 v° à 195 一月十六日〔一六〇七年〕。

(14) 一五九七年四月二日、A. d. S., Gênes, Spagna 12.

(15) 特に『商人の手紙』第二章「金の臣下としての銀」LIII 頁以降を参照。

(16) 一五六七年三月十二日から〈フランドル派遣軍主計官〉のフランシスコ・デ・リクサルデが印刷させた会計簿による。この本の手書きのタイトルは *Tanteos tomados en Flandes al pagador Francisco de Lixalde hoja de catorze meses antes que falleciese*, Simancas, p. 26. この本はラテン語の写本をもとにM・F・ラクファルによって出版された。*Le registre de Franciscus Lixaldius, trésorier général de l'armée espagnole aux Pays–Bas, de 1567 à 1576*, 1902, 187 p., 8°.

ピアチェンツァの定期市

ジェノヴァ人の勝利が誰の目にも明らかになるのは一五七九年十一月二十一日からである[1]。つまりいわゆるブザンソンの定期市がピアチェンツァに移されるときであって、このピアチェンツァでは定期市は、ごく稀にあった中断を除いて、ジェノヴァの管理下で一六二一年まで続く[2]。ブザンソンの定期市の起源はたぶん一五三四年にさかのぼる[3]。ジェノヴァ商人は、フランス国王が一五二八年の裏切りを許さなかったために、リヨンで大変な困難に遇っていた。そのあとシャンベリーに退散したが、サヴォイア公とうまくいかず、サヴォイア公はフランス国王にそそのかされてジェノヴァ人を領土から追放した。そのためにジェノヴァ人は実業家とその駐在員の集合地を別の場所に定めなければならなかった。一五三五年の初めの公現祭の定期市〔一月六日〕にはまず初めはロンス・ル・ソーニエに定め、次いで次の復活祭の定期市としてはブザンソンに定めた。これは長く続く定期市の最初のものであった。この移動を組織したのはカール五世ではなく、ジェノヴァ共和国そのものであって、一五三六年にはフランス人がサヴォイアとピエモンテを占領し、ブザンソンはロンバルディア、スイスの各州、およびフランシュ＝コンテ経由でまっすぐに行くことができただけにジェノヴァはますますこの新しい集合地に愛着を覚えた。またこの遠くにあって「健康に有害で退屈な」集合地は、それでもリヨンの近くにあるし、定期市が金や商品の集合を誘発するという利点があった。そして定期市の開催されるリズムはブザンソンでは長いこと正確に守られていく。[4] リヨンは、地中海とアントワープの中間地点にあって、相変わらず世界の富のまぎれもない首都であった。これはジェノヴァ人がブザンソンで我々のよく知らない困難に出会って、おそらく一五六八年[5]に市をポリニに移転させ、次にシャンベリーに移したことの説明になる。こうして南に近づきながら、それでも相変わらずリヨンの勢力範囲内にある。リヨンから出発してサヴォイアへの道中にある最初の重要な村モンリュエルでおこなわれた数々の支払いが証明しているように、近いということはぜひ必要なことであった。[6]

定期市がパルマ公の領土のピアチェンツァに移ったことは、したがって決定的に重要なことである。それはリヨンとの断絶であり、アルプス山脈という障害がこの新しい集合地からリヨンを切り離す。このピアチェンツァに定期市ができたことは、それに先立つ四年間にわたる長期の危機の終局でもあるが、これについては今日歴史家たちがほんとうの理由を解明しはじめている。[7] それこそはジェノヴァの幸運の最大のエピソードである。

〈担保所有権〉の付いている〈アシエント契約〉のシステムは、本書の図60（第Ⅲ分冊）のグラフだけでもわかるように、大西洋ルートの断絶があったけれども、一五六六年以来のフランドルの騒乱ならびに〈輸出許可証〉[8]の増大とともに広範に発展していった。重要な契約の調印がおこなわれ、ジェノヴァ人がアルカラ・デ・エナレスと組んで為替市場をつくった新しい首都マドリードに白日堂々と住み着いたジェノヴァ人の人もうらやむほどの幸運は、スペインの世論のなかに激しい嫉妬をかきたてずにはすまないし、もっと重大なことには、フェリーペ二世の取り巻き連中のなかにも嫉妬する者が現れたことである。コルテス〔議会〕は、一五七三年から一五七五年まで、こうした外国人に猛烈に反対した。[9] 外国人をたたくだけでなく、彼らに取って代わらなければならなかった。フェリーペ二世の顧問と国王自身スペインの商人と他の外国市場の商人に呼びかけをおこなうことは時期尚早だと思った。したがって一五七五年九月一日の政令によって、一挙に、問題とされたのはジェノヴァ人の財産である。一五六〇年十一月十四日以後締結されたすべての〈アシエント契約〉は無効とされ、「違法」ならびに不正な契約とみなされた。一五七五年十二月に出た国事詔書で(九月一日の日付がついているけれども)一方的に定められた基準に従って、すべての勘定書はもう一度書き直されなければならなかった。これはジェノヴァ人にとっては膨大な損失であった。ジェノヴァ人は交渉をおこなって、カスティーリャの〈議会〉の裁判所に助けを求めたが、なかでも彼らはフランドル方面の金《きん》の支払いシステムを効果的に凍結した。このときジェノヴァ人がネーデルラントのプロテスタントによる反乱を支持したことは大いにありうる。しかし、この悲劇的な年の十二月に、ジェノヴァは、もっぱら銀の取引に従事する〈旧貴族〉とふつうの商人であり、〈同業者組合〉が支持する〈サン・ピエトロの新貴族〉とが対立して、きわめて深刻な政治的、社会的革命に巻き込まれて(残念ながら革命の根本的な原因はよくわからない)、国内で反乱が起こっていた。反乱軍が勝利を収め、指導権を手にして、賃金を上げた。銀行家たちは郊外に退散し、「ある者はミラノに行く途中のノヴィ近くのセッラヴァレ周辺のバティスタ・スピノラの領地」(10)やサヴォイアに身を引いた。しかし勝利者側は都市を本当に管理することはできず、ましてフェリーペ二世の九月の政令でがたがたになってしまった巨大な金融機械をふたたび動かすことはできず、リヨン在住のブオンヴィジ家が、一五七五年十月に、「ブザンソンの復活祭の定期市が開けるかどうか、また市はどこで開かれるだろうか」(11)と不安になったほどである。したがって、この始まったばかりの大きな勝負は、一五七五年の終わりには、あらかじめきっぱりと決着がついているようには見えない。ジェノヴァでの争い、スペイン国内の争い、ヨーロッパのすべての市場におけるジェノヴァ商人とそれ以外の商人の競争、これらはただひとつの闘いである。

ジェノヴァの銀行家の勝利は、一五七七年十二月五日スペイン国王と調印した、一五七五年のきわめて厳しい措置を廃止する〈メディオ・ヘネラル〉〔債務支払い令〕という妥協まで、さらに二年遅れる。この勝利が得られたのは、もっぱらカスティーリャの商人と、ハプスブルク家の「絶対的な召使」フッガー家を含めて争いに身を投じたすべての商人の無能力と未経験のためである。投入された資本は不十分であったし、回収は早すぎるのに資本の流れは緩慢すぎた。そのうえに、ジェノヴァ人が為替手形および金《きん》を凍結したのは効果的であった。ジェノヴァ人が非常に多くの手段を手に握っていたために、敵は思い通りに行動することができなかった。リスボン、フィレンツェ、リヨン、さらにはパリとフランスの街道を経由して、何ひとつ思い通りの速度ではおこなわれなかった。その結果、俸給をもらえないスペイン軍は反乱を起こし、一連の騒動のあと、一五七六年十一月にはアントワープを占領し、ひどい略奪をおこなった。(12) この悲劇的な事件について、ジェノヴァの実業家たちはいかなる点でも手を貸さなかったと考えるのは軽率であろう。それは一五七五年十二月のジェノヴァの蜂起にスペイン人がまったく責任がないと考えるのが軽率であるのと同じである。この悲劇的な事件のために国王は和解せざるをえなくなる。それまでは国王は、ジェノヴァ人のある通信が言っているように、(13)〈政令の厳しさを軽減する意向はほとんど〉見せていなかった。しかし、内心では気に入っているこの厳しい政策をいったいどうやって続けることができるのか。一五七七年三月からは真面目な交渉が始まる。交渉は一五七七年十二月になってやっと実を結び、〈実業家たち〉はジェノヴァ、ミラノ、場合によってはナポリやシチリアで支払い可能な五〇〇万エキュ金貨をただちにカトリック王に融資した。

一方ジェノヴァでは、秩序はすっかり回復し、ミラノやトスカーナの商人兼銀行家の支援を得て、新しい解決策が形をとりはじめていた。つまりパルマ公の領土のピアチェンツァに定期市を開くというものであった。いくつかの違反（たとえば一五八〇年の復活祭には、市はリヨンの近くのサヴォイアのモンリュエルで開催される）を除けば、定期市はこの市が体現しているシステムと同じく、ジェノヴァの管理下で一六二一年までここで開かれる。地中海は、ジェノヴァを通して、長い間、世界の富の管理を自分のものとしていたのである。

ピアチェンツァでは、(14) この定期市の成功の光景は見掛けは地味である。これはリヨンの喧騒でもなく、フランクフルトやライプチヒの民衆市でもない。合言葉は、控え目、であった。

年に四回、御告げの定期市（二月一日）、復活祭の定期市（五月二日）、八月の定期市（八月一日）、万聖節の定期市（十一月二日）には、約六〇人の実業家が集まった。この人たちは〈著名な銀行家〉で、何人かのジェノヴァ人、ミラノ人、フィレンツェ人であり、全員一種のクラブの会員である。このクラブに入るためには現会員の投票とかなり多額の保証金（四、〇〇〇エキュ）が必要である。この会員たちこそが市の開催三日目に〈会計〉すなわち為替相場を定めるのであり、この相場の重要性は言うまでもない。こうした〈著名な銀行家〉のほかに、保証金（二、〇〇〇エキュ）を払って市に通い、市で支払いをおこなうこと（収支決算をすると言われていた）を許された両替商、あるいはよく言われるように〈カンビアトリ〉〔両替商〕がいる。第三のカテゴリーとして、〈ヘロルディ〉あるいは〈トラッタンティ〉つまり商会の代表者や代理人がいる。最大二〇〇人であって、その厳しい規則が規律を確保し、異議申立てがある場合には、最高決定権は最終的には全権をもつジェノヴァ元老院にある。

この定期市は、サヴァリの本にある言葉で言えば[15]「振替または会談」に属するものであり、イタリア語では〈リスコントロ〉〔検査〕と言う。一人ひとりの商人がこの市では綴じた帳簿——支払いをしなければならないかまたは現金化しなければならない為替手形の全部、つまり手形と割引きが入っている〈仮綴じの帳簿〉——を提示する。最初に入念におこなうのは、簿記を整理し、手形引受けを入手することであり、次に市の取引すべてがつき合わせられ、取消しや手形交換に至る。最終的には、当初決済すべき支払いの途方もない数字とはもはや何の関係もない貸方や借方が残る。太陽が出て雪が溶けるようにすべてなくなってしまう。定期市の慣行に従って、金《きん》で清算される差額に関しては、ほんのわずかな現金があれば十分である。しかも多くの場合、債権者はどこかの定期市に対する債権の繰延べを受け入れる。こうして債務者に有利な信用貸しが出来上がる。取引の詳細はもちろんもっと複雑であり、ジェノヴァ人ドメニコ・ペリ著『商人』という一六三八年にジェノヴァで出版された[16]古典的な書物を参照してみれば、前もって準備された両替表があっても、実際におこなう際には深刻な困難があることに気付く。係争の的になるケースがいっぱいあるのだ。取引の慣習に慣れていない参加者のために、市の責任者は五日目に為替手形のモデルを回し、手形の空欄に書き込むだけでよかった。

こうしてこのてきぱきとした定期市では膨大な額の支払いが決済されていた。ダヴァンツァティによれば[17]、一五八八年からは、〈マール金貨で〉三、七〇〇万エキュ以上が取り引きされ、それから数年後には、ドメニコ・ペリに[18]よれば、数字は四、八〇〇万に達していた。為替の相場付けは、我々の手にしている商人の手紙によって再現可能である。しかし少なくともジェノヴァの銀行家のうちの一人の簿記や通信を自由に使えるようにならない限り、我々は事態を外から見ているしかない。実際、ジェノヴァ人の全財産はかなり巧妙にできているうえに実に巧妙に操作されるメカニズムに依存している。一五七七年に「現金よりもたくさんの紙を持っている」mehr Papier als Baargeld[19]と言ってジェノヴァ人を責めたスペインにおけるフッガー家の代理人がユーモアをこめて言ったように、ジェノヴァ人の支配とは紙すなわち手形の支配である。

（1） L. GOLDSCHMIDT, *Universalgeschichte des Handelsrechtes*, 1891, p. 127.
（2） G. LUZZATTO, *op. cit.*, p. 180.
（3） リュシアン・フェーヴルが教えてくれた話では、ブザンソン市の記録（ブザンソン市行政官宛のトマ・ドリアの請願、一五六六年七月二十七日）によると、「リヨンとモンリュエルに居所を構えるのを見捨てて、ロンス・ル・ソーニエの町に身を置いていた」ジェノヴァの銀行家たちを神聖ローマ帝国直轄都市が招き寄せたのは、一五三四―一五三五年であった。この定期市については、CASTAN, 《Granvelle et le Saint-Empire》, in : *R. Historique*, 1876, t.I, p. 113, note ; P. HUVELIN, *Droit des marchés et des foires*, 1907 ; A. LATTES, *La libertà delle banche a Venezia*, Milan, 1869, p. 121 所収の一五八四年のコンタリーニの演説。R. EHRENBERG, *op. cit.*, I, p. 342, II, p. 227 ; Jacques SAVARY DES BRUSLONS, *Dic. universel de Commerce*, Copenhague, 1760, V, 《Foire》, II, pp. 679–680 ; L. GOLDSCHMIDT, *op. cit.*, p. 237.
（4） これより前のことについては、Domenico GIOFFRÈ, *Gênes et les foires de change : de Lyon à Besançon*, 1960, pp. 115–119.

（5） Lucien FEBVRE, *op. cit.*, p. 22, note 4, p. 110, note 3. 私はジェノヴァの銀行家がポリニでの定期市開催の許可を求める一五六八年八月十三日付けの請願書を見つけた（Archives du Doubs, B. 563）。E. EHRENBERG, *op. cit.*, II, p. 227.
（6） J. SAVARY DES BRUSLONS, *Dictionnaire universel de Commerce*, II, p. 227.
（7） 私が念頭に置いているのはフェリーペ・ルイス・マルティンとホセ・ヘンティル・ダ・シルバの研究である。
（8） 以下の一節はすべてフェリーペ・ルイス・マルティンのすでに引用した二冊の本の説明に依拠している。本書二四七頁注（10）参照。
（9） *Actas*, IV, pp. 225–226, 316, 411.
（10） ホセ・ヘンティル・ダ・シルバの近刊の本の原稿による（二四頁）。
（11） 同上、二一頁。
（12） Henri PIRENNE, *Histoire de Belgique*, IV, 1927, p. 78.
（13） A. d. S., Gênes, Spagna 6. 2415, サウリならびにレルカロからジェノヴァ共和国宛書簡、マドリード、一五七六年七月十七日。
（14） 以下のディテールはヘンティル・ダ・シルバの未刊の研究の説明による。
（15） *Op. cit.*, à l'article《Foire》, tome II, Copenhague, 1760, colonne 68.
（16） 少なくとも第一巻。Kress Library のカタログ、二三頁参照。私は一巻本の一六八二年のヴェネツィア版（ジョヴァンニ・ジャコモ・ヘルツ）を利用した。
（17） Gino LUZZATTO, *op. cit.*, p. 180.
（18） *Ibid.*
（19） R. EHRENBERG, *op. cit.*, I, p. 350.

紙の世紀

紙すなわち手形の世紀は一五七九年のピアチェンツァの最初の定期市とともに始まるのではない。世紀全体が手形の時代を準備してきたのだ。しかし一五六六年以後、あるいはむしろ一五七九年以後、手形が大きな位置を占めるので、多かれ少なかれ事業に携わる人々はみな手形の存在を認めるようになる。仕事の違いがはっきりしてきて、銀行家という職業が出資者あるいはむしろ金融業者といった商業活動とは別のものになる。というのは銀行の仕事は当初は王侯の銀を対象とするからである……。これは我々歴史家が不思議に思う職業であって、その結果多くの同時代人の驚きも理解できる。賢人ないし誠実な人は、金は商品のあとを追うものと考えている。彼らは「ほんとうの交換」とはこの正々堂々とした取引から生じるものと理解しているのだが、金と商品が別々の取引として金が商品から離れるとなると、これを認めることに苦労する。あるいはピアンチェンツァで多くの場合簿記の操作ですべてが解決されるのを認めることに難儀する。フェリーペ二世自身為替のことは何もわからないと告白していたし、[1]またたぶんこの無理解のためにフェリーペ二世はジェノヴァ人に対してあんなにもつっけんどんなのだ。

ヴェネツィアでは、半分は過去に漬かったままであって、手形は長い間目立たない訪問者である。一五七五年のヴェネツィアのある史料[2]は、対トルコとの戦いのときに戦争用の多額の借金の総額は五五〇万ドゥカート以上であると証明している。この総額のうち支払いのために手形の署名人が渡した〈為替手形の全額〉は二一六、八二一ドゥカートに上る、つまり全体の四パーセントをわずかに下回る額である。このテストだけでは当然のことながら結論を下すことはできない。こうした借金は為替市場でおこなわれ、借金を金塊(五七、七七二)や銀塊(一八七万二、三四二)や硬貨(三一九万八、四二〇)で支払うのは当然である。しかし、ヴェネツィア人は、万一の場合には、手形の増大と手形によって可能になる合法的ないし非合法的な取引に対して相変わらず抗議する。一五七三年に[3]マドリードからヴェネツィア政府宛に手紙を書くヴェネツィア大使と同じように、ヴェネツィアの判事は厳しい。ジェノヴァの〈アシエント契約者〉は本物の誠実な商業に他ならない商品をうっちゃって置いて、もっぱら〈為替の取引〉だけに従事し、商品を扱うのは〈裸足のルンペンや最も低い階級の人々の仕事〉だと考えていると大使は書いている。一五七三年には、このような意見はまだ理解される。しかし三十年後のヴェネツィアでは、一瞬姿を現してたちまち泡と消える〈啓蒙の世紀〉のようなものがあり、レオナルド・ドナのようにたくさんの人が経済の問題に関心を持ち、商業や政治や貨幣に関していささか華麗ではあるが明晰に論じたすぐれた「論文」がいくつも見られるわけだが、〈現金でおこなわれる〉代わりに今では為替でおこなわれる支払いの新しさ、つまり手形の急激な増加に直面した人々が相変わらず驚いているさまは理解されなくなっている。飛躍的に成長した〈戻り手形の振出〉は、これもまた外国の、つまりフィレンツェやジェノヴァの銀行家の提唱でヴェネツィアに導入されたばかりであるが、ヴェネツィア人には〈数限りない商人の才能を一人で持つ特別な銀行家が商人と商人の間を絶え間なく行き来する有害なもの〉(4)と見えた。したがって仕方なくヴェネツィアの商人も金持ちも〈ブザンソンの定期市〉という常軌を逸した世界に組み込まれていくことになる。

それでもこの手形の世界は未来が約束されていたし、手形のことが何もわからない人々がどんな批判をしようともその取引は頭のいい取引であったのだから、「合理的」である。手形の誕生は別にして、この手形が登場してきたこと、手形が最初に発展したことは、なるほど経済生活の新しい構造の始まりであり、今後経済生活に付け加えていかなければならないもう一つの次元の始まりである。その点ではジェノヴァ人は先駆者であり、しかもジェノヴァ人は最も進んだ技術から非常に早い時期に利益を得ていた。ジェノヴァ人の誤りとは、この優越性を全面的に信頼したことであり、財政の手柄を挙げることに没頭して、一五六六年にジェノヴァの地位がまだ非常に大きかった大西洋の商品から気持ちが離れたことである。この大西洋という世界は、半分は大西洋そのものに残されているが(5)、発展し、成熟し、大西洋の商人を前面に押し出し、やがて大西洋みずからの財政家を生み出してくる。ジェノヴァ人の失敗とは、人々が早合点したように、財政や手形の破綻、伝統的な商業に忠実であり続けた商人の勝利ではなく、地理上の革命によるもう一つの資本主義の興隆である。この新しい資本主義はアメリカ大陸の発見以来予告されてはいたが、それが成就するのに一世紀以上もかかったのである。結局、それは新しい金融資本家の勝利であり、一六二七年にマドリードに介入してくるのはポルトガルの金貸しであり、ポルトガル人の背後には北欧の非常に重要な金貸しがいる。これは実はオランダの資本主義の発展段階のひとつであり、オランダの資本主義は、少なくとも一六〇九年から、最も近代的な信用取引の上部構造を含めて資本主義の上部構造を持ち、地中海の資本主義に取って代わっていく。しかし辛抱強く形成されてきた地中海の資本主義は、そのすべてのモデルをオランダの資本主義に提供したのである。

（1） J. GENTIL DA SILVA, 《Réalités économiques et prises de conscience》, in: *Annales E. S. C.*, 1959, p. 737（日付は一五八〇年二月十一日）。
（2） Museo Correr, Donà delle Rose, 26.
（3） F. RUIZ MARTÍN, *Lettres marchandes*..., p. XXXIX に引用。
（4） Museo Correr, Donà delle Rose, 181, f° 53.
（5）『アナール』に掲載予定のH・ヴァン・デル・ウェーの見事な論文を参照。〔《Anvers et les innovations de la technique financière aux XVIe et XVIIe siècles》, *Annales E. S. C.*, vol. 22, 1967, p. 1067.〕

フェリーペ二世の最後の破産からフェリーペ三世の最初の破産（一六〇七年）まで

一五九六年のフェリーペ二世の最後の破産と一六〇七年のフェリーペ三世の最初の破産は、ちょうどいい時にこの大変大きな問題に我々を導いてくれる。最近の研究によって大いに改善された説明図式を検証するためには、資本主義の目まぐるしい展開を述べるよりもその原動力と絶えざる働きを理解することのほうが我々歴史家には重要である。

事態をはっきりと見極めるためには、あまりにも近くで定期的に観察された劇的な歴史に目を眩まされないようにして、政治的、経済的、社会的、文化的であろうと、どんな支配にもそれなりの始まりがあり、最盛期があり、衰退があるということ、また資本主義の発展段階にも言わば断絶があり変動があって、他の断絶や変動と似ていることを思い浮かべ、次に同じことを繰り返して言うだけで十分である。フッガー家の世紀と同じように、ジェノヴァ人の世紀、少しあとではアムステルダムの世紀は、わずか二、三世代続くにすぎない。

このことを言っておいて、これから扱う主題の核心に入るためには、ただちに次のことを指摘しておくのがよい。

（1）カスティーリャ国家と実業家の紛争は、争いと和解の二つの時間をつねに示している。たとえば一五九六―一五九七年には冬に長いこと言い争いがおこなわれ（少しも急ぐことはない）、そのあと夏とともに国家の緊急の必要がふたたび生じたので、おのおのあわてて合意をとりつけ、妥協案は〈メディオ・ヘネラル〉〔債務支払い令〕と名付けられる。一五七七年に〈メディオ・ヘネラル〉が一回、一五九七年に一回、一六〇七年に二回、一六二七年に一回ある。争い、というかむしろ破産は、つねに〈政令〉と名付けられる。

（2）その度にカスティーリャ国家が損をしたとすれば、それは国家が〈実業家たち〉に対して必要な力量を持たず、実業家のほうが国家よりも数世紀進んでいるからである。ジェノヴァ人に対するフェリーペ二世の怒りは国王の頑固さ、確固たる意思を物語っているのであって、明敏さを示しているのではない。明敏であれば、フェリーペ二世は、一五八二年に提案されたような国立銀行や、一五九六年に示唆されるようなイタリア方式の〈抵当銀行〉をつくっていたはずである。あるいはインフレ政策を導入していたはずである（しかしインフレ政策を抑制することができただろうか）。結局、フェリーペ二世はいつもきまって、生産物や鉱山やプランテーションは豊かであるが、それだけにますます国際金融に対しては無防備であった十九世紀の南アメリカのどこかの政府の立場にいたと私には思われる。当の政府が腹を立てるのも、行動に訴えるのも自由だが、そのあとで政府は降伏し、自国の資源や指導的地位を引き渡し、「物分かりのいいところを」見せなければならない……。

（3）破産、要するに暴力的な清算がおこなわれる都度、損をして、一挙に落とし穴に落ちて消えてしまうか、舞台の袖のほうにそっと去っていく、大きな取引に賭けていた投資家が何人もいる。一五五七年には高地ドイツの商人、一五七五年にはジェノヴァ人を除いたイタリアの商人、一五九六年と一六〇七年にはスペインの商人、一六二七年にはジェノヴァの商人自身が犠牲者だが、ジェノヴァの商人は、一五五七年のフッガー家と同じく、完全に舞台から去ったわけではない。それでも規則ははっきりしている。

（4）　破産の都度、損害は広範に影響を及ぼし、財政的負担に押しひしがれていたカスティーリャの納税者に損害を与え、またスペインとイタリアの貯蓄家と有産階級の人々に損害を与えた。銀行家がいる限り、必ず「ロシアのように大きな資本を持っている人」がいる。

すでに一五九〇年から、さらに一五九三年と一五九五年には、あらゆる点でカスティーリャ国家の次なる破産が予想される。国の支出は際限がなく、収入は税収入の明らかな減少とともに少なくなっている。うっとうしい経済の動向のために破産する会社が増え、借金のかどで投獄される人が増える。こうした困難のなかにあって、唯一アメリカ大陸の銀の入荷だけが上昇し、その結果セビーリャ、バルセロナにおいてもジェノヴァ、ヴェネツィアにおいても、またオランダ方面への輸送のために利用されるライン川の河川航行を通して、貴金属の流通はすべて順調であり、きちんと機能している。この貴金属が順調に流通しているということがさまざまな幻想を生むことがある。スペインがヨーロッパの大部分に対して始めた戦いがとてつもなく大きく、通常は慎重であり、また一五八九年からの〈銀貨の持ち出し〉停止が一度ならず窮屈な思いをさせているのに、実業家たちのなかにも見かけは何の心配もない様子を生み出している。最も憂慮すべき徴候は、おそらくカスティーリャにおいて桁外れとなった財政的緊迫である。すべての納税者が、つまり大貴族、上流貴族、教会、都市、そして「実業家」を除いた商人が苦しめられ、膨大な額の〈公債〉がまだ比較的買い気分の市場に投じられる。すなわち大出資者の眼よりもさまざまな出来事の連続でいろいろなことを知っている歴史家の眼にいっそう危険と見える状況であった。大出資者は十一月中旬の国王の〈政令〉に文字通り不意をつかれる(1)。この勅令でフェリーペ二世はすべての支払いを停止し、それによって歳入を回復し、実業家の手にあった現金を回収する。(2) まったく予測不能の決定、と十一月末のリヨンでは考えられた。(3) なぜならこのときインディアス航路の船団が大西洋を横断して、かつてない速さで到着していたと言われるからである。(4) 予測可能であったにせよそうでないにせよ、この措置はスペインの市場を始めすべての市場にただちに影響を及ぼした。ヨーロッパでは、恐怖と判断の誤りから状況はただちに好き勝手に歪められていった。フェリーペ二世のヴェネツィア駐在大使ドン・イニィゴ・デ・メンドサは次のように主張した。(5)「この支払い停止により、陛下は、剣に手をかけることなく、すべての敵を打ち負かします。敵の神経と力は銀に由来するものではありましたが、陛下はこれを屋敷の外に投げ捨てなければなりません……この銀こそは、経験が示しておりますように、トルコ人、フランス人、そして他のすべての国の者が取り扱っているものであります……。」もちろん、カトリック王がセンセーションを巻き起こした後では、状況は国王に有利であるどころではないし、またそれ自体単純なものではない。国王は、国王なりの方法で、大量の現金(たぶん四〇〇万から五〇〇万ドゥカード(6))をイタリアに向けて発送したのだが、このような輸送には大変な困難と予期せぬ出来事があった。時には突拍子もない予期せぬ出来事であるが、ほんとうに思いがけない出来事があった。たとえば、あるときバレンシアの当局は国王の所有である一〇〇万ドゥカードをイタリア行きのガレー船に積み込むことを阻止する。というのは国王の出港許可証が届いていなかったからである。この許可証を大急ぎで送らなければならない。(7) なぜならネーデルラントの爆発寸前の地域で支払いシステムが作動停止しないことを望むならば、急を要したからである。国王の性格を非常によく示す強情にもかかわらず、国王の抱え込んださまざまな困難、そこから国王は抜け出せないし、またその強情さゆえに国王はふたたび、自分の好きではない実業家たちに反対する行動をとる。しかしこの実業家たちにとっても困難があった。政令は、一五七五年の政令とその後の政令がジェノヴァで引き起こした厳しい結果を実業家一人ひとりに思い起こさせた。それで「旧貴族」は「食卓の銀食器類、金製品、真珠、妻たちのすべての宝石……(8)」を売り払わざるをえない。この一五九六年末には、〈アシエント契約者〉一人ひとりが過去二十年にわたる取引が問題になることを恐れ、一方決済しなければならないとか他人から払ってもらわなければならない支払いの悲劇は絶えず続く。[9] 週ごとの猶予、メディナ・デル・カンポやその他の定期市での「延長」(借金すべき一レアルも見つからない)は束の間の解決であって、絶えず更新されなければならない。

フェリーペ二世の政府は、この力比べの初めは、接触、圧力、会話を避けることができないとしても、いかなる契約も回避する。「ただひとつの決定もおこなわれず、すべて未決定のままであり、〈非常に混乱している〉[10]」と、あるフィレンツェ人は記している。マドリード駐在ジェノヴァ大使は、「現在までのところ〔接触はあったが〕まだ何ひとついい知らせはない[11]……」と記している。国王と国王顧問たちが〈アシエント契約〉のシステムと、ふつう〈コントラタシオン〉と言われる権勢のある実業家の集団を打ち倒すこと metter per terra la contrataione[12] は望んでいないのは明らかなようである。政令発布以前から知られていたことだが、彼らが望んでいるのは、実業家の要求を制限することであり、〈アシエント契約者〉の利益を削ることであり、「インディアス航路の船団が到着しない[13]」場合にも有効な、長期にわたる、少なくとも三年間の大きな契約をとることである。これは明らかに要求しすぎである。というのはこのインディアス航路という不可欠な源泉からしか為替手形と現金の木箱の流通は可能にならないからである。実業家はこの流通を促進し、先取りし、速めるが、すべての取引は非常に高くつく。検査官、つまり見積り(スペイン語ではタンテオ)を点検した国王の〈コンタドリ〉は、フランドル宛にアンブロジオ・スピノラと締結した四〇万エキュの〈アシエント契約〉は、国王には費用の三五パーセントがかかったと言っている。[14]〈見積り〉の細部に異議をはさむ〈アシエント契約者〉の答えはこうした取引が重荷になっていることを認めていないわけではないが、国王の損失が商人の儲けになるどころではない。この点については実業家の言は少なくとも半分はほんとうだと信じることにしよう……。

要するに、関係の修復は早いのだが、フッガー家が参加しなかったとすれば、おそらく本心からの修復ではない(いったい国王と国王に金を貸す商人との間で誠実ということがありうるだろうか)。したがって、年表を正しく作成してみれば、彼らはポルトガル人の後について行くか、少なくともポルトガル人と一緒に行動する。ポルトガル人とは新たなキリスト教徒のことであり、ポルトガル人はネーデルラントで彼らの財産のうち二五万エキュ[15]を商品のかたちでフェリーペ二世に前貸しした。おそらくもっとたくさん、つまり四〇〇万エキュを提供したという噂であったが、ポルトガル人が本物の資力がなかったためか(ポルトガル人の時代はもっと後にやって来る)、それともポルトガル人の要求が過大であったため[16]か、協定は結ばれなかった。非常口はフッガー家によって開けられた。もっと正確に言えばスペインにおけるフッガー家の三人の代理人のひとりトーマス・カルクによって、十二月初めから非常口が開けられた。カルクは他の二人に相談せずに、カトリック王と十二ヵ月払いで三〇万エキュの協定を結んでいた。融資総額の半分を毎月ネーデルラントの「海外代理店経由で」現金で支払うというものであり、それに加えて間近の支払い指定[17]と途方もない借金の未払い分を払う約束があった。初めジェノヴァ人はこの駆け引きが成功することを信じない。ジェノヴァ人をだまそうとしているのだ。これは「策略」であり、〈根拠のない〉調達契約である[18]。それにジェノヴァ人は国王にもっといい条件、しかももっと長期の条件を出していた。少なくともジェノヴァ人は外見上は誠実に国王を支持していた[19]。二月頃、ジェノヴァ人は、この策略が本気であり、決済されるためには、もはやアウグスブルクのフッガー家の同意さえあればいいのだということを知った[20]。このちょっとした問題は、ここではたいへん面白いのだが、内部分裂したこの大商会の不和と陰謀をたどり、一五九七年四月アントン・フッガーの波瀾に富んだマドリードへの旅を追ってみることである[21]……。我々の関心を引く問題に関して言えば、フッガー家の介入はフェリーペ二世の政府に一年の猶予を与えたし、役にも立たぬ交渉や〈商人〉同士の裏切りという一連の期待外れの説明になる。ある商人は計画の概略だけを示し、また別の商人は、バティスタ・セッラの場合のように、計画を達成した[22]。しかし一五九七年の末になると、フッガー家の中休みは終了し、協定は比較的早く締結されることになる。カスティーリャの政府はもはやこれ以上待つという贅沢が許されなくなっている。

フェリーペ二世の二人の「大臣」と実業家四人との間で交わされた協定は、一五九七年十一月十三日から、その同じ月の二十九日の〈メディオ・ヘネラル〉〔債務支払い令〕となった。一五九六年の政令の犠牲者（decretados）は、一五九八年一月末から一五九九年六月末までに、フランドルで四五〇〇万エキュとスペインで二五〇〇万エキュを十八ヵ月払いで国王に前貸しした。国王の側としては、商人たちに一連の実質的な利益を与えた。特に膨大な額の〈年金〉、七〇〇〇万ドゥカード以上を支給した。まさにこの終身年金をめぐって、議論は沸騰していたし、さらにはこの年金の利子をめぐって議論がかまびすしかった。実業家たちはこの債券や他の〈為替手形〉をスペインの民衆により有利な条件で転売するためにできることなら利子を上げたいと思っていた……。これこそは、できることなら、〈公債〉へのさまざまな投機に実業家たちを巻き込んでいったのだが、この公債については細部よりも全体的な規則のほうがむしろよく知られている。つまり安い値段で買い、高い値段で転売すること、これは言うは易くおこなうは難しである……。比較的相場が安定していたために大きな取引がしやすい（それでも利子引き上げのあったいくつかの債券については一四パーセント程度の損失があったことが知られている[23]）。当然のことながら、ジェノヴァ人とジェノヴァの実業家たちは現金を出したのだから、現金で受け取りたいという声を上げたけれども、実際には債権者にこうした債券で支払いをおこなった。しかし、銀行家たちは、初めから、〈国王陛下が彼らに提供したのとは別の金で[24]〉支払うのを拒否する。要するにごくありきたりの危機であって、一五七五年の暴力的な衝撃とは比較にならない、と読者は考えるだろう。しかし、この苦境のつらい一年（ほぼ同じ日に）は取るに足りないと考えるのは不正確であろう。実際、この年は実業家の集団、つまり現代風に言えば一五九六年の〈政令の犠牲者〉の「組合」の締め直しで終わった。これは四人の商人、つまりジェノヴァ人三名（エットーレ・ピッカミリヨ、アンブロジオ・スピノラ、ファン・ジャコモ・デ・グリマルディ）とスペイン人一名フランシスコ・デ・マルベンダの指導の下に数年間にわたってつくられた本物の団体であった。それこそは〈政令の犠牲者〉と彼らのなかでも最も金持ちの商人の利益のために事業を集中することであったのは疑いの余地がない。一五九六年の政令そのものが指摘した信用貸の額は次のように配分されていた。ジェノヴァ人に対しては、一〇〇万マラベディ単位で、二、〇五〇、フィレンツェ人には九四、ドイツ人には四・五、スペイン人には二、五二三。したがって大部分はスペイン人に配分されていた。スペイン人が一番多かったのである。それゆえスペイン人は他国の商人よりも被害を受けたのであり、特に、〈為替〉によって簡単に儲かることに食指をそそられたヴェネツィアの金貸しを犠牲にしたジェノヴァ人のように、たぶん損失を他人にはね返らせることができなかった。〈メディオ・ヘネラル〉以後の新たな配分は次の通りである（エスクードまたはドゥカードで）。ジェノヴァ人には五五八万一、〇〇〇、フィレンツェ人二五六、〇〇〇、ドイツ人一三、〇〇〇、スペイン人二二〇万。ジェノヴァ人三名、スペイン人一名という指導部の構成がこの点を完全に反映している。前者には獅子の分け前があった[25]。

それから約十年後、まるでシステムはある程度長い間隔を置いて構造的に破産が必要であるかのように、すべて再開した。ここで一六〇七年十一月九日の政令と一六〇八年五月十四日の〈メディオ・ヘネラル〉を詳しく述べる必要はないと思われるし、またフェリーペ二世の最後の破産からわずか十年後に、レルマ公の和平政策にもかかわらず、スペインがどうして新たな危機を経験するのかを示す必要もないと思われるが、それは新たな治世の贅沢のためであり、国庫収入の横領のためであり、一五九五年以来の経済の全般的後退のためである。一六〇八年の決済は、もっぱらジェノヴァ人の利益のために、一時借入金を返済する複雑だが頑丈なシステムをつくった。借金の証書はジェノヴァの実業家の手にあった。このジェノヴァの実業家たちは〈一六〇八年のメディオ・ヘネラルの委員会〉という名前の新しい組合をつくった。重要なことは、破産が続くごとに事業の集中が増大していったことである。スペイン商人は一六〇一年[26]のアギラルの破産とシモン・ルイスの甥で後継者のコスメ・ルイス・エンビトの破産[27]、一六〇七年のペドロ・デ・マルベンダの破産[28]といった反響の大きい破産のあと〈契約〉から姿を消した。したがってジェノヴァ人だけになり、それだけにますますジェノヴァ人は嫌われる。そして一六二七年には、すでに一五九六年に予感され、一六〇七年には懇願され、そのあと一六二七年に争いに巻き込まれたポルトガル商人の攻勢に耐えるのはジェノヴァ人だけである。その間にジェノヴァ人はカスティーリャのさまざまな都市で（特にセビーリャで）重要な商業的地位を得ていた。ジェノヴァ人の勝利はこれに先立つ成功の最後を飾るものとなり、国際資本主義の歴史の転回点でもあり、手厳しく確固たる異端審問による数えきれぬほどの苦境の目前に迫った序曲である[29]。

（1） J. GENTIL DA SILVA, *Stratégie des affaires à Lisbonne entre 1595 et 1607*, 1956, p. 50. リスボンでは一五九六年十一月二十二日、リヨンでは二十七日に。
（2） Felipe RUIZ MARTÍN, *El siglo de los Genoveses*. しっかりした根拠があり、まったく新しいルイス・マルティンの見事な分析に依拠して話を進める。
（3） J. GENTIL DA SILVA, *op. cit.*, p. 51 一五九六年十一月二十七日。
（4） *Ibid.*, p. 50. および Victor von KLARWILL, *The Fugger News-Letters*, Londres, 1926, II, p. 283, n° 573 ヴェネツィア、一五九六年十月二十五日。
（5） A. N., K 1676 (G. S.) ヴェネツィア、一五九七年一月四日、イニィゴ・デ・メンドサから陛下宛書簡。
（6） Felipe RUIZ MARTÍN, *El siglo de los Genoveses*.
（7） A. d. S., Gênes, Spagna 11. 2420 チェーザレ・ジュスティアーノからドージェ宛書簡、マドリード、一五九七年一月二十日。
（8） A. d. S., Gênes, *Relazione delle cose di Genova*, 1597, f° 26.
（9） J. GENTIL DA SILVA, *op. cit.*, p. 52 一五九六年十二月三十日。
（10） 正確な出典を紛失した。
（11） A. d. S., Gênes, Spagna 11. 2420 H・ピッカミリョからドージェ宛書簡、マドリード、一五九六年十一月二十五日。しかしC・ジュスティアーノの一五九六年十二月二十五日の手紙には早急に決済がおこなわれる望みが書かれている（同上）。

(12) *Ibid.*, これは一五九六年十二月七日にピッカミリョの言った言葉である。
(13) チェーザレ・ジュスティアーノからドージェ宛書簡、マドリード、一五九七年一月三十一日。
(14) チェーザレ・ジュスティアーノからドージェ宛書簡、マドリード、一五九七年一月二十日。
(15) チェーザレ・ジュスティアーノからドージェ宛書簡、マドリード、一五九六年十二月二十四日。
(16) J. GENTIL DA SILVA, *op. cit.*, p. 53 ローマ、一五九七年一月二十五日。
(17) A. d. S., Gênes, Spagna 11. 2420 チェーザレ・ジュスティアーノからドージェ宛書簡、マドリード、一五九七年二月五日および二月二十二日。トーマス・ケルケ（カルグ）の役割については、チェーザレ・ジュスティアーノからドージェ宛書簡、マドリード、一五九七年三月二日。
(18) チェーザレ・ジュスティアーノからドージェ宛書簡、マドリード、一五九七年一月五日、同様に一五九七年二月二十二日。
(19) チェーザレ・ジュスティアーノからドージェ宛書簡、マドリード、一五九七年二月二十二日。
(20) 同上。
(21) たとえば Ernst HERING, *Die Fugger*, Leipzig, 1940, p. 301 et *sq*.
(22) J. GENTIL DA SILVA, *op. cit.*, p. 55 一五九七年六月十二日。
(23) 私はすでに引用したフェリーペ・ルイス・マルティンのテクストに従っている。
(24) この決済についてはチェーザレ・ジュスティアーノの貴重な通信をそっくり引用すべきであろう。
(25) フェリーペ・ルイス・マルティンの教示による。一六〇七年の破産に関しては、ジェノヴァ人の手紙（A. d. S., Gênes, Spagna 15. 2424）が当然重要であるが、カスティーリャの経済、財政の歴史の枠組みのなかに危機をしっかり位置づけることですぐれているフェリーペ・ルイス・マルティンの本に付け加えるものは何もないか、またはほとんど何もない。
(26) 同上。
(27) 同上。
(28) 同上。
(29) 本書第Ⅱ部第6章の「他のすべての文明に抗う文明——ユダヤ人の運命」〔第Ⅲ分冊〕を参照。

三　価格の上昇

十六世紀に全般的に見られる価格の上昇は、特に一五七〇年代以後、地中海諸国をたいへん悩ませた。価格の上昇はいつも通りいくつもの重大な結果を引き起こした。この価格「革命」の暴力、持続期間――実際は十七世紀まで続く――は必然的に同時代の人々の注意を引いた。彼らにとっては貨幣の複雑な問題や金銭の持つ新しい革命的な力や人々と国家の全体的な運命などのことを考えるいい機会であった。歴史家は唯一ないし複数の犯人を探し、たいていは問題を解決したと思い込んだのだが、数々の新しい事実が日々明らかになり、またどうしてもこれは言っておかなければならないが、過去を振り返る経済学〔経済史〕が強固になる限り、問題はますます複雑になっていく。

いろいろな人から注意を受けたけれども、(1)必要な場合には私は「価格革命」についてこれからも話すつもりである。価格革命の攻撃的な新しさについてではなく、原因や真の原動力や規模の大きさについては意見が分かれるかもしれない。ある歴史家は、(2)価格革命の点では、我々二十世紀の人間のほうがよく理解していると主張した。問題の立て方が悪いのだ。肝要なのは、一五五〇年よりも前に始まる世紀を通して、価格が絶えず上の方に動いていくことに人々が驚いていることである。人々は前例のない経験をしているという印象を持った。すべてが安い値段で売られていた古きよき時代に代わって、高値の非人間的な時代になったのであり、高値はもはや消え去ることがない。複雑な貨幣経済をもつ古い国イタリアについて革命という語に異議を唱えるのはまあよかろう。しかしバルカ

図42　地中海・ヨーロッパの小麦の価格

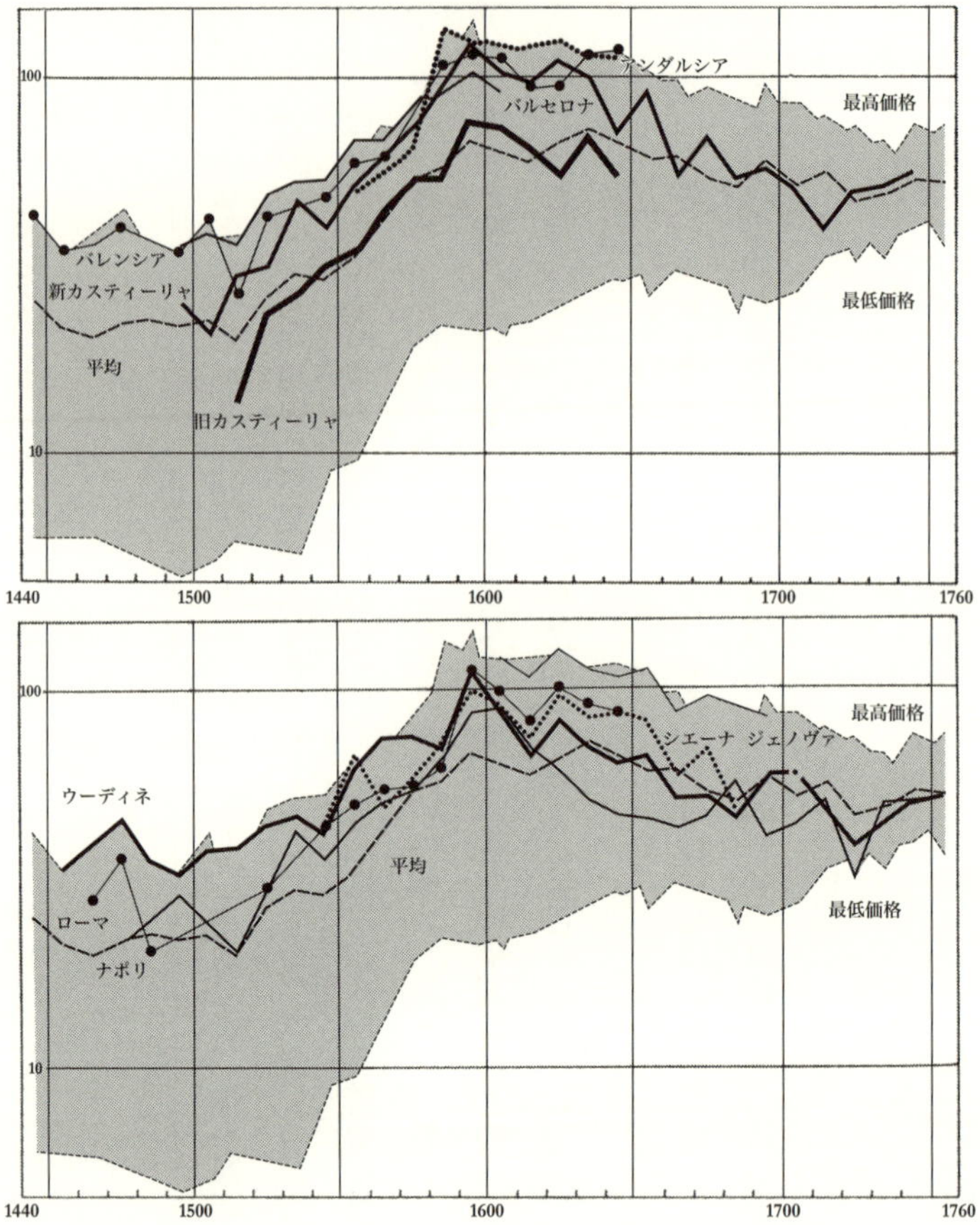

フェルナン・ブローデル，F.C.シュプーナー執筆『ケンブリッジ経済史』第4巻による。100リットルあたりの銀のグラム数で計算した小麦価格曲線約50によって，ヨーロッパ全体の穀物の変動の「包路線」を作成し（最高値と最低値が灰色のゾーンを画定する），すべての価格の計算上の平均（点線）を引くことができた。上昇は，もちろん，16世紀には全般的である。この基本的な表に，読み取りを容易にするために，二つのグラフ上でさまざまな地中海の曲線を重ねてみた。ヨーロッパの価格の計算上の平均と旧カスティーリャの曲線が一致しているのがわかる。その他の地中海曲線はすべて，少なくとも1620年までは，場合によってはもっとずっと後まで，平均よりもずっと上にある。地中海，というか少なくともキリスト教地中海（というのは地中海の東側については価格のデータ系列がないからだが，東地中海では物価はたしかにもっと低かった）は，パンの高い地域で，高水準に近い。17世紀半ば以後，最高価格と最低価格は平均からの開きがはるかに少なくなるが，灰色のゾーンの著しい狭まりがはっきりと示しているように，その頃ヨーロッパの物価が一致する傾向が広がっていたことに注目しなければならない。18世紀になると最低と最高の差はますます小さくなってくる。

図43　ブルサの物価，1489-1633年

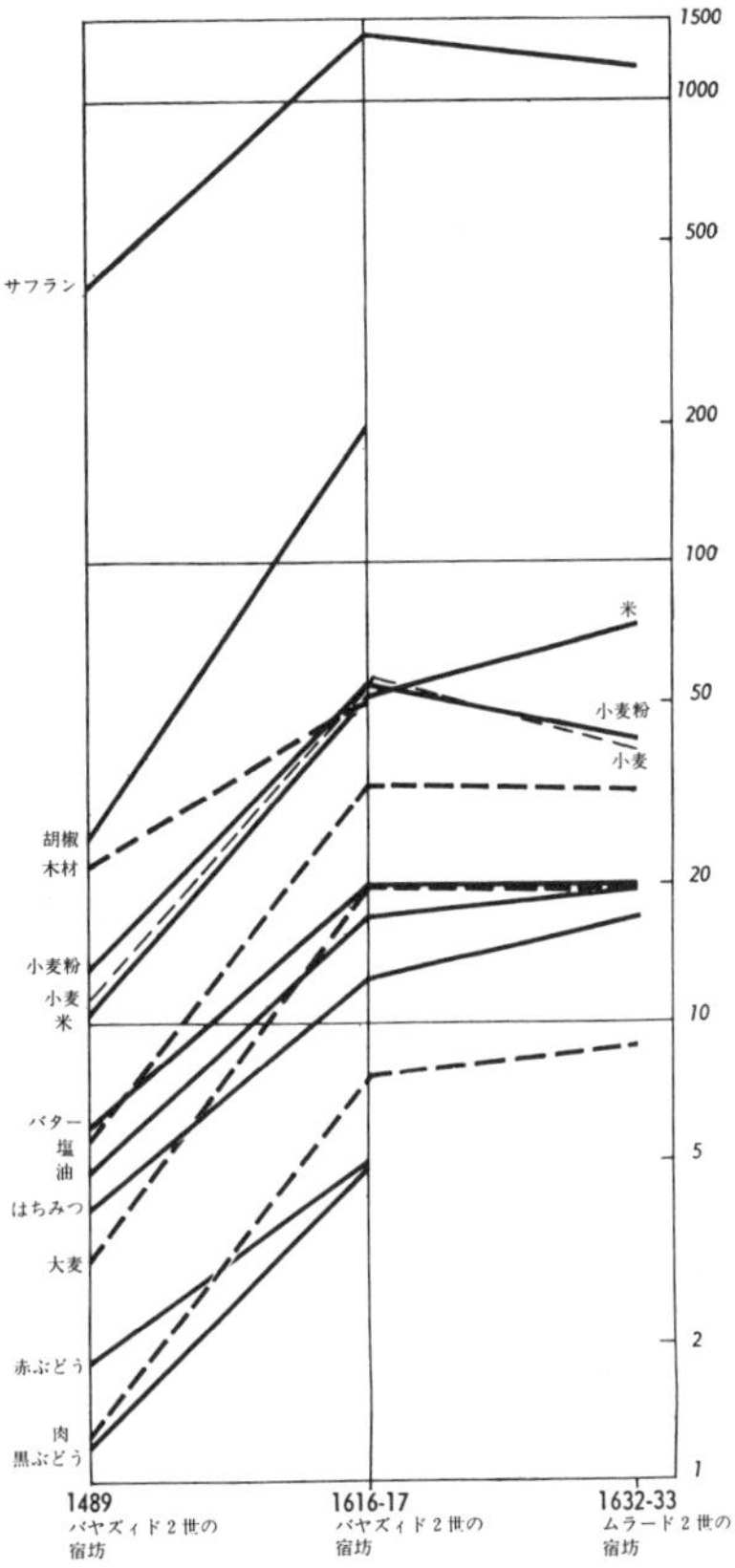

16世紀の物価上昇がトルコに及んだことを証明するトルコのさまざまな物価はオメル・ルトフィー・バルカンによる。〈イマレ〉〔宿坊〕は宗教的な公共施設であり，貧乏人や学生の食事を賄っている。物価の単位はアスプルである。地中海世界の全体的な変動を知るために決定的に重要な物価のデータ系列をトルコの古文書のなかに見つけるという希望は失われてはいない。ここに掲げた「名目上の」物価はアスプルの貨幣価値の低下は考慮に入れていないことに注意していただきたい。

ン半島、アナトリア、トルコ帝国全体において、連鎖的に大変動が起きているのに直面して、価格の革命について語らないでいられるだろうか。劇的であった事柄は劇的に物語らなければならないのだ。

（1）なかでも最も好意的な見解は次のものである。Carlo M. CIPOLLA, 《La prétendue "révolution des prix", réflexions sur l'"expérience italienne"》, in: *Annales E. S. C.*, oct.-déc., 1955, pp. 513-516.
（2）Gaston ZELLER, *La Vie économique de l'Europe au XVIe siècle*. Cours de Sorbonne, p. 3 et *sq*.

同時代人の不平不満

物価の上昇に関する証言は数え切れないほど多い。それらの証言に共通に見られるのは、証人たちが唖然としていることであり、各地の現実のなかに見られる現象の理由を理解することができないことである——それだけに十

五世紀末に高賃金であったことと十六世紀の最初の三分の一が幸福な時期で、ポーランド[1]でさえ比較的生活費が安かったことを古きよき時代とますます容易に対比してみせる。フランスでは、シャルル九世の同時代の人が、一五六〇年に次のように書いている。「父の時代には、毎日肉があった。料理は豊富で、まるで水みたいにワインを飲んでいた。[2]」気難しくおしゃべりのスペインの農学者G・アロンソ・エレラもまったく同じようなことを言っている。「今日では（一五一三年）羊五〇〇グラムは羊一頭分の値段であり、パン一個は小麦の一ファネガ〔五五・五リットル〕と同じであり、蠟や油五〇〇グラムは昨日の一アローブ〔一〇ないし一六リットル〕と同じであり、以下同様である[3]……。」

カスティーリャのコルテス〔議会〕の不満は世紀中何度も繰り返される。しかしこの味わい深いが偏狭な大きな声が一般の人々にまで達することはめったにない。穀物の値段が高いこと、金の輸出が惨憺たる状態であること、子牛や子羊をむやみに屠殺すること、値上がりの原因に絶えず毒づくのである。あるいは毛皮の外国への輸出をのしる。これはたしかに靴の値段の上昇の原因であった。また外国人の投機家に対して怒りを爆発させる。外国人の投機家こそ肉、馬、羊毛、織物、絹……の値段をつりあげているのだ。[4]一五四八年のコルテスは、アメリカ側の要求にたじろいで、植民地産業の発展を促進し、破綻をきたしていると判断されたイベリア半島から新世界向けの輸出をやめるように皇帝[5]に提案するほどである。一五八六年のコルテスは（バリャドリーで）「まるでスペイン人がインディアンであるかのように、生活に不要な物であろうとも、金と交換されるために外国からやってくる物、蠟燭、ガラス細工品、宝石、刃物類などの輸出をこれからは許可しないように[6]」国王に要求する。思慮分別のある人々はこんなふうに話すのであるが、彼らはいつも間違っていたわけではない。[7]

あるヴェネツィア人は、一五八〇年に、ナポリの物価は三分の二以上値上がりしたと記している。このことを言うか言わないうちに、このヴェネツィア人は値上がりの原因は役人の不当徴収、大量の買い付け、そしてポルトガ

図44　救済院の古文書によるパリの物価の動き

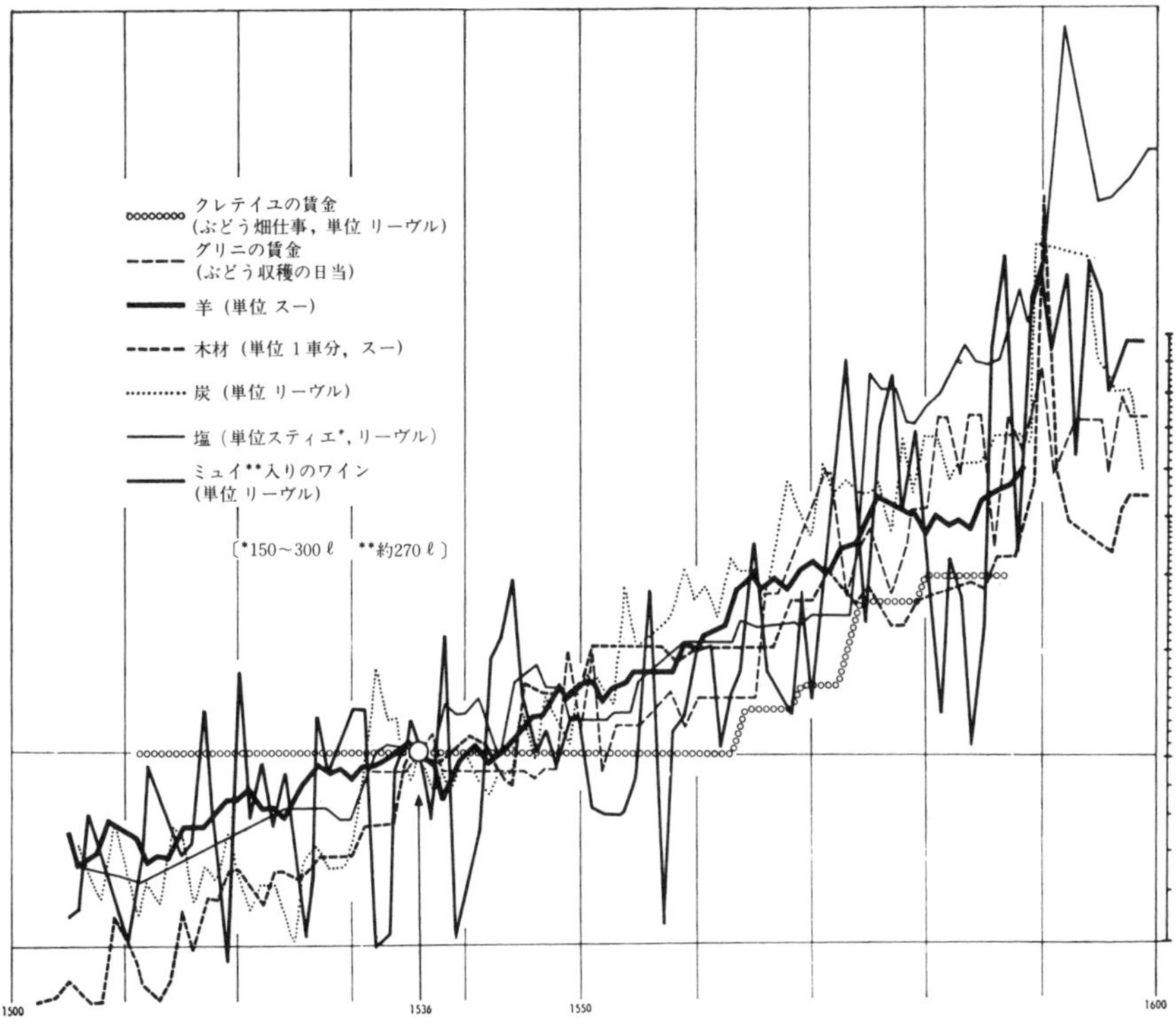

物価の動きと賃金のずれや塩の急激な値上がりに注目せよ。羊の値段は全体の平均を表している。救済院の古文書によるミシュリヌ・ボーランの未刊の研究から。

ル征服のためにカトリック王が膨大な買いだめをおこなったことにあるとしている……。[8] ビスカヤでも物価が上がる。一五八八年の公式報告書によれば、それは低地（tierra llana）の人々が料理店で慎みなく食べたり飲んだりするからであり、もはや畑を耕さず、果樹園の果物を収穫することもせず、怠惰という堕落した習慣を身につけたからである。シードル〔りんご酒〕がめったになく、しかもとんでもない高い値段で売られていても、驚くことはない！ ここでは高値は貧しい人々のせいなのだ……。[9]

ゼートベール〔一八一四―一八九二年、ドイツの統計学者〕は、古い著作[10]において、物価の全般的な上昇について、まずまず的確に議論をおこなった著者を一六〇〇年以前には三三人、一六〇〇年から一六二一年の間には三一人引き合いに出しているが、全員が物価上昇の証人であり犠牲者であった。その人たちに発言させるのは退屈かもしれない……。著者の数を増やすことは、簡単なことなのだが、それでも問題の大きさと悲壮さを自覚していたことを明らかにできるという利点があるだろう。

（1） St. HOSZOWSKI, *Les prix à Lwow* (*XVI*ᵉ – *XVII*ᵉ *siècles*), 1954, p. 60. 一五二一年から一五二五年までのほうが一四五一年から一五〇〇年までよりも生活費は安い。
（2） G. d'AVENEL, *Hist. économique de la propriété*..., 1898, III, p. 246.
（3） C. Alonso HERRERA, *op. cit.*, fº 353.
（4） Earl J. HAMILTON, *op. cit.*, p. 283 et *sq.* に要約がある。
（5） *Actas*..., V, pp. 472-474 (Earl J. HAMILTON, *op. cit.*, p. 286 から引用)。
（6） 詳しくは K. MARX, *Contribution à la critique de l'économie politique*, trad. Molitor, 1954, p. 179 に引用されている。
（7） コルテス〔議会〕の不満については、F・ルイス・マルティンが値上がりする物価は特にジェノヴァ商人が買い付ける商品の価格であると指摘している。
（8） E. ALBÈRI, *op. cit.*, II, V, p. 470.
（9） *Gobierno de Vizcaya*, II, p. 406.
（10） *Literaturnachweis über Geld-und Münzwesen*, pp. 9-14.

アメリカ大陸の責任について

十六世紀の前半までは、私の知る限り、全体的な説明がおこなわれたことがない。一五五六年と一五五八年の数量的理論の最初の二つの説明は、両方とも同時代の人々にはほとんど無視された。サラマンカ大学教授でヴィトリアの弟子のマルティン・デ・アスピルクエタの著作がローマで公刊されたのは、歿後四年経った一五九〇年であった。[1] 同じことがカール五世〔カルロス一世〕の年代記作者フランシスコ・ロペス・デ・ゴモラにとっても、一五五八年にあった。彼もまた物価の上昇とアメリカ大陸の貴金属の入荷には相関関係があることに気づいていた。[2] しかしこの人の書いた本が出版されるには、なんと一九一二年まで待たなければならなかったのである！

おおやけに問題が提起されたのは、一五六六年から一五六八年までジャン・ボダン〔一五三〇―一五九六年、『国家論』など〕とM・ド・マールストロワの論争によってである。[3] 同時代の人々はジャン・ボダンに軍配を上げたが、ボダンは論争の相手が主張していた計算通貨の価値低下をやや性急に過小評価していた。このときから数量的説明はごく当たり前のことになっていく。一五八五年に、ノエル・デュ・ファイユは『ウートラペルの物語と演説』[4] のなかで、この点を簡潔に説明している。「……これは新たに発見された国と金、銀の鉱山のためであり、スペイン人とポルトガル人は金と銀を売り歩き、また彼らは結局はフランスの昔からの鉱山を無視しているが、フランスの小麦や産物なしですますことはできない……。」マルク・レスカルボは『新しいフランスの歴史』（一六一二年）でもっと具体的な言葉遣いを用いる。[5]「ペルーへの旅の前には、ほんのわずかな場所に多くの富をしまうことができた。ところが今日では金と銀が多量にあるために価値が下がったので、小さな金庫に入れておくことができたものを引き出すためには大きな木箱がいくつも必要である。かつては袖に財布をひとつ入れて長旅をすることができた。ところが今日では旅行鞄ひとつと特別の馬一頭が必要である。」貿易問題の専門家のイギリスの商人ジェラード・マリネス（一五八六―一六四一年）は、一六〇一年に、[6] 物価の全般的な上昇はインド諸島からやって来る「銀の大海」のせいだと述べた。「銀の大海は尺度を小さくしてしまった。そのために数字を大きくして均衡を回復することにしたのだ。」

数量的理論は結局それほど大きく変化せずに今日に至った。それはアール・J・ハミルトンの記念碑的な仕事によって若返ったし、ハミルトンは数量的研究には十分な根拠があることを相変わらず主張している。最近ではアレクサンドル・シャベール[7]が数量的理論を擁護した。彼は昔日の経済を思い起こさせる今日の発展途上国における貨幣にかかわる現象を説明できるものと判断している。彼の目からすると、一番大きな問題点はセビーリャへの貴金属の入荷とスペイン国内および国外の物価の上昇が一致していることである。理論的には、フランソワ・シミアン[8]が貴金属の輸入に関して、五年毎の平均によるのではなく、累積度数分布曲線を要求したのは正しい――これは現象の特別の見方を前提としている。しかし価格と五年毎の平均が一致しているということは、この貴金属の入荷が貨幣の大量流通を促す連続的な圧力としてはたらき、貨幣の動きを速めるが、ついにはこの大量流通が重荷になりすぎて、通貨の急増が不十分なため値上がりを維持することができないということの証明になる。アメリカの金属〔銀〕は到着する度にたちまち拡散し、言うなれば爆発するのである……。

（1） Josef HÖFFNER, *Wirtschaftsethik und Monopole*, 1941, Berlin, 1892, p. 110.
（2） E. J. HAMILTON, *op. cit.*, p. 292.
（3） Henri HAUSER, *La response de Jean Bodin à M. de Malestroit...* ならびに *Paradoxes inédits du Sieur de Malestroit touchant les monnoyes*, édition de Luigi Einaudi, Turin, 1937.
（4） 一五八五年、一一五頁。
（5） 四三頁。

(6) E. HECKSCHER, *Melicantilism* という古典的な著作から引用。スペイン語版 *La época mercantilista*, 1943, p. 668. ドイツ語版 1932, II, P. 207.

(7) 《Encore la révolution des prix au XVIe siècle》, in: *Annales E. S. C.*, 1957, p. 269 et *sq.* ならびに *Structure Economique et théorie monétaire*, 1956.

(8) *Recherches anciennes et nouvelles sur l'histoire des prix*, 1932, pp. 403-420, 457-478, 492, 546...

アメリカ大陸の責任をめぐる賛成、反対の議論

ルイジ・エイナウディ大統領〔一八七四—一九六一年、イタリア共和国初代大統領、経済学者〕[1]は、M・ド・マールストロワに関する研究のなかで、一四七一年から一五九八年までのフランスで計算して、六二七パーセントの物価上昇率のうち二九九・四パーセントは金属〔銀〕の急増であるとしている。この計算が正しいかどうかはだれにもわからない。しかし金属の急増は明白である。それでもいくつかの留保を記しておこう。

(1) インフレの要因であるアメリカ大陸の鉱業生産は必ずしも〈第一の原動力〉ではない。アメリカ大陸の鉱業生産はひとりでに動いているのではない。ヨーロッパの発展や必要が砂金採集夫や銀鉱山のインディアンの仕事をもたらし、遠方から操っているのだ。こうした大量の金、とりわけ銀については、十八世紀前半のある史料が新世界の膨大な富について述べていることを繰り返し言っておこう。「(ヨーロッパの)貿易は商品を売ることによってアメリカの人々を大地の奥から引っ張り出す必要があったとしても、アメリカ大陸の果実は地中に隠されたままである。[2]」極端な場合には、この方向で、ヨーロッパの経済情勢が遠方からすべてを決定したのだと主張してもいいだろう。

(2) 一五〇〇年以前には、貨幣の在庫はつい昨日まで言われていたよりもずっと多かったことを認めなければ

図45　ストラスブールのほうがバレンシアよりも先に物価が上がる

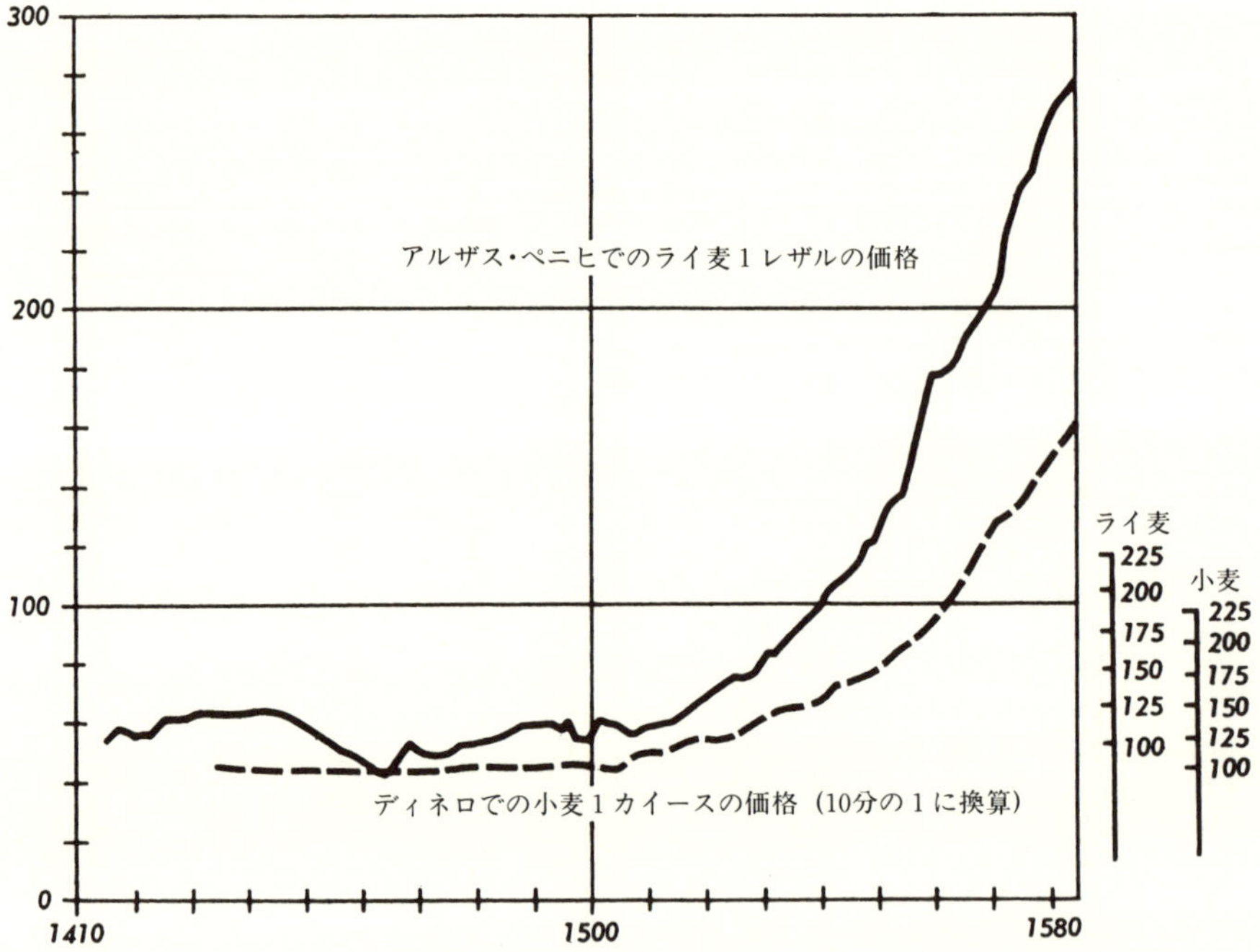

Ｊ.フーラスティエ『販売価格と原価』第13巻，26頁所収のルネ・グランダミ論文による。

実線でストラスブール〔ストラスブルク〕のライ麦の価格曲線，破線でバレンシアの小麦の価格曲線を示す（30年の変動平均，1451-1500年を100とする）。右にあるのは，パーセンテージの目盛り。ストラスブールの曲線がバレンシアの曲線よりも早く上昇しているのがわかる。ところで，アメリカの銀の急増だけが物価上昇の原因であったとしたら，明らかにさかさまの順序になったはずである。

ならない。それでも十五世紀には、近代国家、金で雇った軍隊、給与を受ける「将校」、現金払いの税金が出現し、いくつかの特権的な場所（何よりもまず海洋国、つまりイタリア、スペイン、ポルトガル、イギリス、ネーデルラントといった大陸の活動的な周辺部）では貨幣経済の完成が見られた。こういったことはすべて莫大な貨幣の流通を前提としている。それほど信憑性があるわけではないが、私は金五、〇〇〇トン、銀六〇、〇〇〇トンという数字を出すことにする。これは現に流通している金と銀の均衡ならびに一五〇〇年から一六五〇年までの金属の〈比率〉が一二から一五へとわずかに変化したこと[3]を根拠にしている。とにもかくにも、一六〇〇年頃にわかっている流通量もしくは概算の流通量をもとに、前世紀から相続した金属の総量を計算してみれば、相当な大きさ[4]になるだろうし、数量的説明はその大きさに満足するはずである。アメリカの金属、「無償の投資」はそれでもやはり物価の上昇と同じリズムで貨幣の流通を促進したのである。この金属〔銀〕は掛け算の乗数の役割を果たしたのだ[5]。

（3）　しかし他の説明の余地もある。計算貨幣の貨幣価値低下はそれなりの役割を果たした。読者は本書二九二頁の図48を参照していただきたい。別の論証としては、ジャン・フーラスティエとその弟子たちの論証がある[6]。イタリア、イベリア半島、ネーデルラント、イギリスといった特権的な国々よりも早く、ドイツでは物価上昇は一四七〇年から始まっているし、フランスの各地では十五世紀末以前に始まっている。名目上の価格曲線だけにとどめておくならば、この点についてはいささかの疑いもない。貧しい国々は、人口の動きにおいては、他の国々よりも、そして特に地中海よりも先に進んでいたらしい。ヨーロッパの国々の中心においては、物価革命はコロンブス以前に始まっている。それが地中海に達するのは一五二〇年頃でしかないが、物価革命が明らかになるのは一五五〇年頃である……。

（4）　セビーリャへの銀の輸入を示すグラフは工業生産曲線の典型的な形をしているが、パス・イ・ソルダンの統計によれば、ポトシ鉱山の曲線に似ている。それは急速に上昇し、急速に下降し、一六〇一―一六一〇年に頂点に達する。このときに地中海の運命だけでなく、世界の運命が変わるのだ。

（1） *Paradoxes inédits...*, p. 23.
（2） B.N., Paris, fr. 10766, f° 100（日付なし）。
（3） 一五〇〇年に金と銀の量を x と y とし、金と銀の間に x（銀のトン数）＝12 y（金のトン数）という均衡があるとする。一五〇〇年から一六五〇年までの成長はおよそ銀一八、〇〇〇トン、金二〇〇トンであるとすれば、第二の方程式は、

$$x+18,000=15\ (y+200)$$

（4） 概算から出発して、概算を一定の人口に関係づけて、他の貨幣の総量に対するおよその大きさを比例的に計算することである。一五八七年の初めに、ナポリには三〇〇万人以上の人口がいるから、七〇万ドゥカートの在庫があることになり、この率でいけばヨーロッパは二、〇〇〇万ドゥカート以上、地中海は一、四〇〇万ドゥカート……ということになる。この見積りは、出発点において、少ないようだ。経済学者はたいていは在庫は世紀末の三十年の貨幣鋳造の総量に等しいと考えている。P・ボワソナードはイギリスに関して十六世紀には四〇〇万リーヴル・スターリングと言っている（BOISSONNADE, *art. cit.*, p.198）。ルネ・ベーレルは十八世紀末のフランスについて二〇〇万リーヴルと言っている（René BAEHREL, 《Economie et histoire à propos des prix》, in: *Hommages à Lucien Febvre. Eventail de l'histoire vivante*, Paris, 1953, t. I, p. 309, n° 72）。数字は少なすぎるし、あまり信頼できるものではないから、我々の計算はすべて基本において欠陥があるが、それでも過去の経済をよりよく思い描くことやモデルを調整し、現実をはっきりさせることには役立つ。説得力には欠けるが刺激的なベーレルの議論を参照（*op. cit., passim* et p. 40, note 26）。できることなら小額貨幣、つまり貧しい人々の使う硬貨の数量的研究がおこなわれなければ、いかなるモデルも有効ではない。ところで小額貨幣鋳造は金貨や銀貨の鋳造に比べて取るに足りない。年間貨幣鋳造が二〇〇万ドゥカートにのぼるヴェネツィアで、〈ベッツォ〉〔銀または銅貨〕は一六〇四年に六万ドゥカート、〈ガゼッタ〉およびグロセートは一六〇六年に一五、〇〇〇ドゥカートである。A. d. S., Venise, Senato Zecca, 9.
（5） Pierre CHAUNU, *L'Amérique et les Amériques*, 1964, p. 93 et *sq.*
（6） 本書二八六頁図47参照。

賃金

物価の上昇はどこにでも見られ、物価の上昇に伴ういつもの結果を繰り広げた。

図46　バレンシアにおける物価と実質賃金

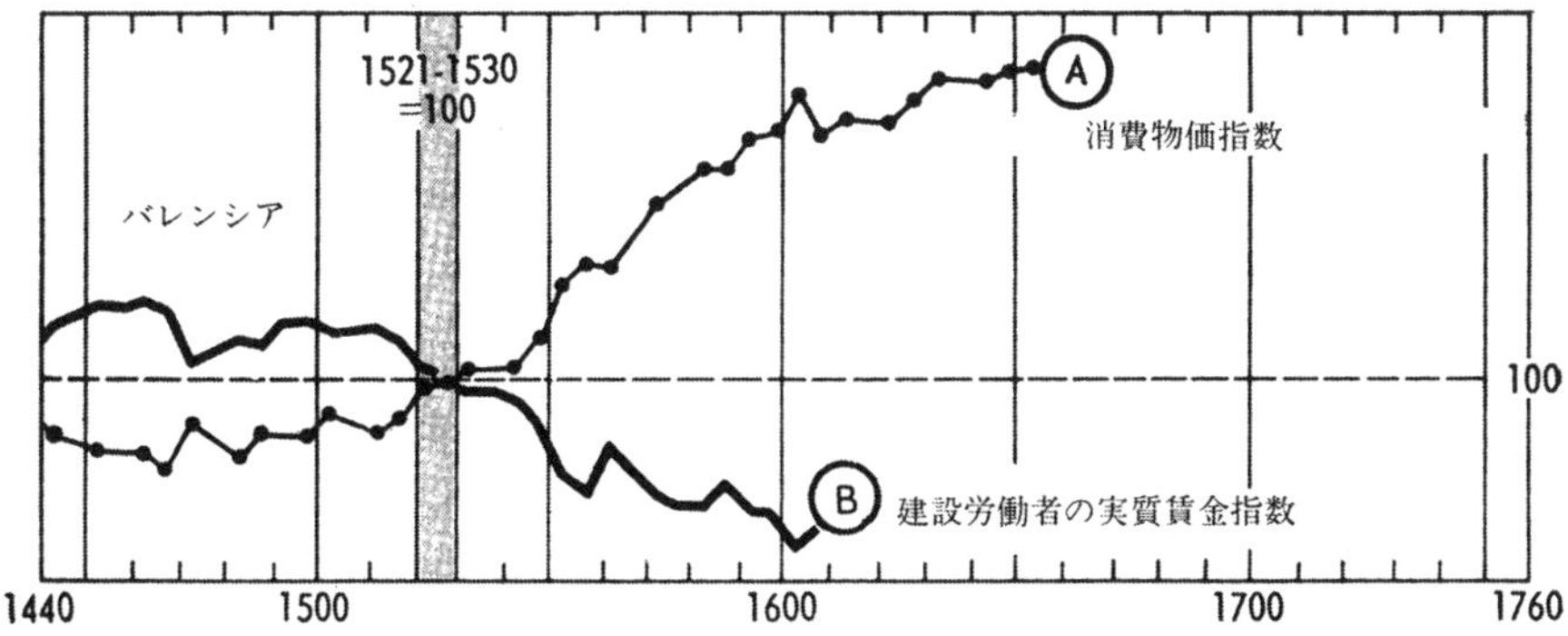

E・H・フェルプス・ブラウンとシェイラ・ホプキンズの方法の実例。「買い物籠」の上昇とそれに伴う実質賃金の低下を示す。

物価の速い動きはそれよりも遅い賃金の荷車を後ろに引きずってきたし、場合によっては賃金の荷車はまったく前進しない。貧しい人々の暮らしが困難であることの証拠はすでに挙げた。名目賃金は物価の上昇につれてまずまずの速さで膨張し、景気後退の際には一瞬高いところにあるが、実質賃金に置き換えたすべての統計は同じ言葉遣いで、貧しい人々の悲惨さを語っている。スペインでは、一五七一―一五八〇年を一〇〇とした実質賃金は、一五一〇年には一二七・八四の指数であるが、一五三〇年には九一・三五に下がっている。上下動を繰り返したあと、一五五〇年には九七・六一、一五六〇年には一一〇・七五、一五七〇年には一〇五・六六、一五八〇年には一〇二・八六、一五九〇年には一〇五・八五、そして一六〇〇年には九一・三一である。賃金が、銅貨の激増とともに、一六一〇年に一二五・四九、一六一一年に一三〇・五六と矢のように回復するのは、一六〇〇年の危機とイベリア半島の人口を減少させた大規模な疫病の過ぎ去ったあとである。価格革命は、フランス、イギリス、ドイツ、ポーランドの職人よりもスペインの賃金労働者にとって有利であったとはいえ、[1] スペインの賃金労働者の暮らしを豊かにすることはほとんどなかった。[2] 状況はフィレンツェでも同じく不利で、[3] フィレンツェで

図47　ストラスブール，リボフ，バレンシアにおける穀物の実質価格

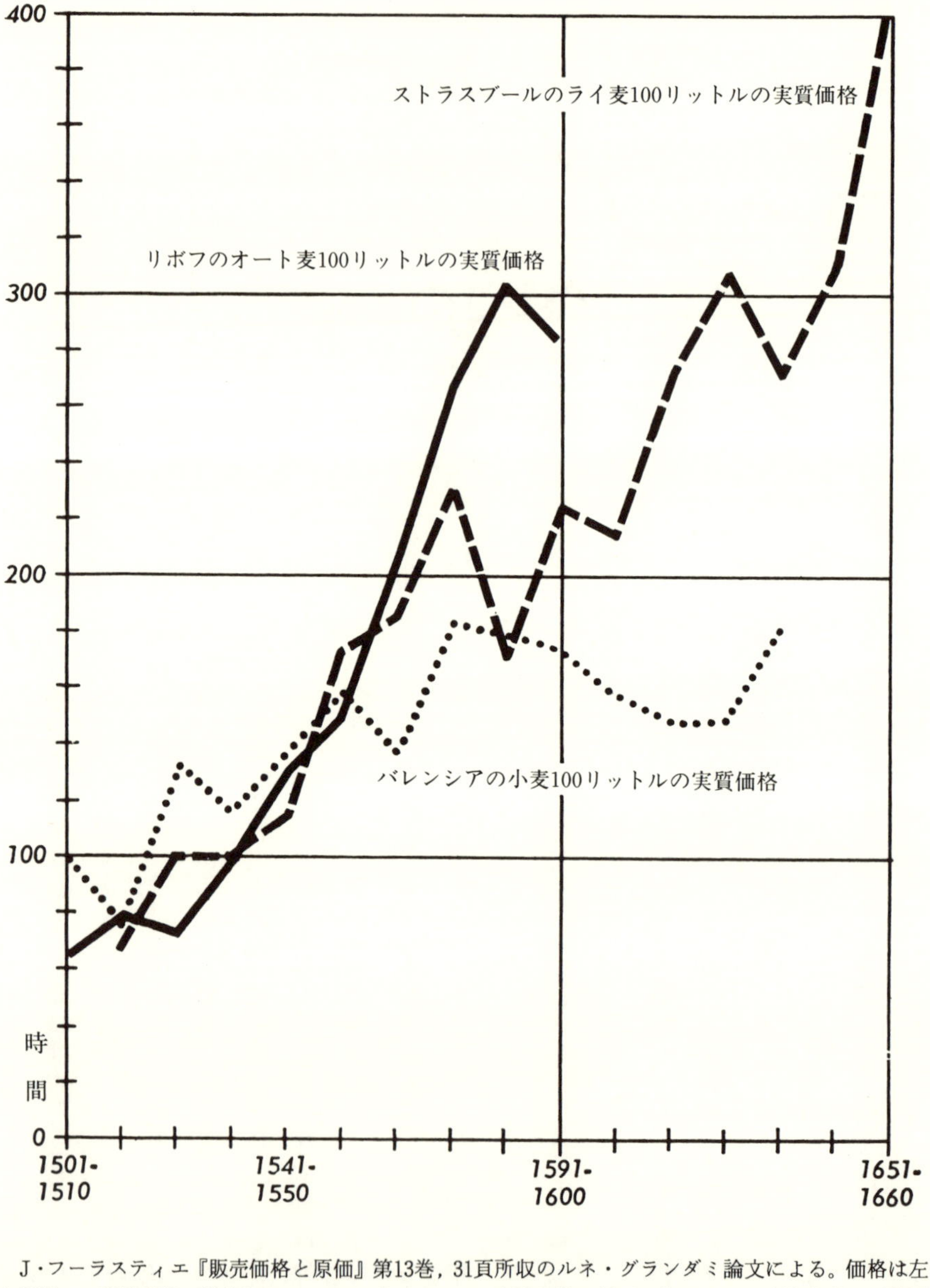

J・フーラスティエ『販売価格と原価』第13巻，31頁所収のルネ・グランダミ論文による。価格は左官見習いの労働時間で計算されている。バレンシアの生活水準の低下は他の二つの大陸都市ほど強烈ではない。

は実質賃金は物価上昇の期間徹底的に下落した。

貨幣の特徴は明白である。なぜなら貧しい人々の賃金、出費、日常生活は、言わば金貨には絶対関係ないし、銀貨にもほとんど関係なく、たいていは銅貨と青銅貨に依存している。言い換えれば、銀の白い貨幣との対比で、フィレンツェで〈黒い貨幣〉と呼ばれていたものである。貧乏人に関係があるのは銅貨である、とダヴァンツァティは説明しているし、農学者アントニオ・エレラは彼なりの単純化した言い方で次のように述べたことがある。「一国の豊かさと資力を最もよく判断できるのは、小額貨幣を通してである。というのは小額貨幣を使って日常生活に必要なものをその日その日小売で買うからである……。」[4] このあと彼なりの小額貨幣理論が続くが、それは我々の主題から遠く離れてしまう。

実際、二種の金属使用についてではなく、三種の金属使用について語らなければならないのである。銅貨や青銅貨を調整するために、それらは絶えず流通から引き抜かれて、造幣局に回されるよう命令が出る……。そこで、銅貨や青銅貨は鋳造され、ますます軽量になって、ふたたび流通する。銅貨のこのような絶えざる価値低下は、貨幣の必要な調和とは均衡がとれていないことが明らかになる。その都度、国家は儲けるが、民衆、特に貧乏人は損をする。スペインの場合にはこうした操作は時期的に早かったし、シチリア島では〈小銭〉は一五六三年、一五六八年から改鋳されていた[5]……。

（1） J. KULISCHER, *op. cit.*, I, p. 281.
（2） *Ibid.*, pp. 280–281.
（3） G. PARENTI, *op. cit.*, p. 224.
（4） *Op. cit.*, pp. 351 v° à 352.
（5） L. BIANCHINI, *Della storia economico-civile di Sicilia*, Naples, 1841, I, p. 331 et *sq*.

土地収入

インフレは金持ちにも貧乏人にも打撃を与えるが、すべての金持ちに打撃を与えるわけではない。また「実業家」、商人、金融業者にも打撃を与える（やや時代錯誤の、こうした便利な用語を用いるのを許していただきたい）。インフレは、直接、間接に、通貨の危険な流れで身動きできなくなった人々にも打撃を与える。しかし土地所有の領主に打撃を与えることは少ない。これは「スペインの支配下にある都市と城の財政」(1)に関するカルロ・M・チポラの精密な研究が論証していることだ。この研究は十六世紀末ならびに十七世紀初めに、パヴィーア司教の元の封土であるアレクサンドリアの近くのテジオレ城を問題にしている。この特殊なケースについて、現物納めの租税と賦役はすべてが現金払いになったわけではないことが確認される（また現金払いがあるときには、総額を再評価する権利はつねに領主ないしその代理人にある）。結局ほとんど価値のない封建的性格のある収入のほかに、〈城〉は、近代的と言ってもいいような、賃貸料に相当する別の収入がある。土地の賃貸料として、〈農民〉からは小麦やオートト麦やソラマメ入りの袋、ワインの大樽、乾し草を積んだ荷車の引き渡しを受ける……。ところでこうした現物による収入が〈城〉の予算の主たるものである。

こうした細部から出発して、スペイン大使ベルナルディノ・デ・メンドサ(2)のことを考えてみれば、大使不在のときには妹が領地を管理し、毎年夏には小麦を売っているし、ナポリ副王のアルカラ公爵を思い起こせば、公爵は一五五九年に国王直轄地の一、五〇〇人の封臣の買い手になった(3)。また小国の支配者であるアラゴンの領主たちや、土地、家畜、小麦畑の所有者であるカスティーリャの大領主たちや、穀物、ワイン、絹の売り手であるシチリア島の領主たちのことを思い浮かべてみれば、印象はまったく同じである。つまり土地は、互いに非常に異なるこうした領主たちに定期的な収入をもたらしている。物価上昇の不安定な時期に、土地は領主たちをインフレのどん底に落ちないように支えているのだ。この領主の世界が十七世紀初めのヨーロッパを支配しているのは、通常言われている以上に領主階級は土地を手放すことがなかったからである。したがって多くの商人や都市の金持ちが土地や領主権を買うのはばかげたことではない。トスカーナの金持ちやジェノヴァの成り金がナポリで領地や称号を買うことに熱中するのは、おそらく虚栄からであるが、一家の父としての慎重さ、計算、賢明さでもある。

最も恵まれていない者でさえこうした確実な価値に魅力を感じる。ベンヴェヌート・チェリーニは生涯の終わり頃（一五七〇年に死亡する）、フィレンツェの近くの小さな領地の所有者になった。彼は一五六〇年三月にまずまず正直者の農民たちから終身年金払いで領地を購入したのである。この農民たちがチェリーニを毒殺しようとしたかどうかは、チェリーニは想像力豊かで、やや誇張癖があったので、本当は決してわからない。しかし興味深いのは、彼が、土地によって、人生の終わりの日々の平穏を確保したいと思ったことである(4)……。

（1）*Bolletino Stor. pavese*, VIII, 1945 所収。
（2）Alfred MOREL FATIO, *Etudes sur l'Espagne*, 4e série, 1925, p. 373.
（3）フアナ王女からフェリーペ二世宛書簡、一五五九年七月十三日、Simancas Eº 137, fº 22 セビーリャの近くの一、五〇〇人の封臣を一五万ドゥカードで購入。
（4）*Vie de Benvenuto Cellini*, édit. Crès, II, p. 598 *et sq.* まったく別の地域——アルルの農耕地——では、十六世紀の間、折半および四分の一の分益小作農法があったことを参照（QUIQUERAN DE BEAUJEU, *op. cit.*, pp. 400-401）。

銀行とインフレ

土地を除いて、すべての「事業」部門が揺さぶられた。特に銀行が打撃を受けた(1)。すべての銀行業務は実体貨幣ではなく、計算貨幣でおこなわれているので、銀行はインフレの有為転変にさらされている。というのはヴェネツィアやジェノヴァの〈リラ〉、シチリアの〈オンチ〉や〈タリ〉、スペインの〈マラベディ〉とドゥカード、フランスの〈トゥール・リーヴル〉といった名目上の通貨は固有の価値を絶えず失うからである。一五四六年にまだ一八六六年のイタリア・リラ九一・〇九に相当したシチリアのオンチは、一五七二―一五七三年にはもはや二〇・四〇リラの価値しかなかった。同じくトゥール・リーヴルは、〔共和暦〕ジェルミナル・フランで表すと、一五一五年の四フランから一五二一年の三・六五フランへと下がった（この平価切下げは外国通貨、とりわけカスティーリャ金貨をフランスに引き寄せる方法のひとつであった）。一五六一年には三・一九フラン、一五七三年には二・九四フラン、一五七五年には二・六四フラン、一六〇二年には二・四六フランであった。[2] こうして実体貨幣と計算貨幣の対話は続けられるが、二つの賭け金台のうち一方、つまり前者がいつも賭けに勝つ。賭けに負けた人の負債はまだわからない。数年の間隔を置いて、計算貨幣で預け入れた銀行預金が元の預金の率で返済されるならば、預金の所有者は損をする。同じ条件で所有者に戻ってくるのが銀行家の前貸しであれば、損失は銀行家の口座に記入される。帳簿に記入された金が少しでも動かなくなれば、時間はこの帳簿に記入された金に逆らって働くのだ。

十六世紀には、したがってあらゆる銀行、あらゆる取引に高利貸し行為があったとマリオ・シリは考えている。理論的には、彼の言うことは正しい。つまりあるときには一方に、またあるときには他方にある損失はすべて、ひとつの同じ部門、商人や金融業者の業務に記入されている。個人にとって、損失と利益が釣り合っているかどうか、これは別の問題である。いずれにしても、事業のリズムというものがあり（私が念頭に置いているのは三ヵ月毎に行ったり来たりする定期市での両替のことである）、金利があり、ほとんど下り勾配にならないインフレ傾向があるのだから、その日その日にこうした内部的消耗が何ひとつ認められないはずがないのに、いかなる商人の帳簿もそのことを語っていない。しかしこれはこのような緩慢な骨折り仕事が時の経つにつれておこなわれなくなったという意味ではない。ふつうは、商人や銀行家の破産はむしろ短期の景気変動と関係がある。銀行は数多く、時には輝くばかりに健康であるように見える——ピサニ・ティエポロ銀行は、破産の前年、一五八三年の三月に、[3] スペイン・レアル銀貨で二〇万ドゥカードをいっぺんにヴェネツィアに取り寄せた。しかし銀行という銀行がすべて、融資するのは間違っているし、預金された金の一部を回収までに時間のかかる事業に注ぎ込むのはさらに間違っている。一五八四年のときと同じように、短期の景気後退が突如生じ、融資した金は戻らず、預金は引き出され、突然危機に見舞われて取り返しがつかない。こうして一五八四年三月十七日にピサニ・ティエポロ銀行は破産する。[4] しっかりとした大地の上を進むためには、ナポリの〈国立古文書館〉に保管されている〈古い銀行家〉の膨大な帳簿を研究し、A・シルヴェストリのきわめて重要な研究[5]を踏まえたうえで先に進めて、帳簿を解釈しなければならないだろうが、その仕事は膨大なものになるだろう。

それはともかくとして、銀行の破産は一五五〇—一五七〇年以降増加し、「金の堂々たる循環」とともにますますひどくなるが、それはまたインフレの堂々たる循環でもある。病気があまりにも悪いので治療薬が国立銀行とともに突如出現する。まさにこの時代に、国立銀行が次から次へと出現する。こうした公共機関のなかで、パレルモ市の元老院の監督ならびに保証のもとにつくられたパレルモ銀行だけが、時期的に早く、一五五一年に生まれる。[6] パレルモ銀行は〈ラ・ロッジア〉と言われる場所で開業した。[7] おそらくこの銀行は、その発端からして、十五世紀末に始まったトラーパニの〈市立銀行または総督銀行〉と関係があった。[8] このことはその創立の日付からして例外的なパレルモ銀行が、銀行の性格からしても例外的であったことの説明になる。イタリア南部の公立銀行と同じように——パレルモ銀行はしばしばそのモデルとして役立った——この銀行は税金の徴収、国庫収入ならびに国庫支払いの管理を専門としていた。フェリーペ三世の治世になって、この銀行はシチリアの通貨を安定させるというあまり金儲けにならない任務を負わされて、ついには政治的、行政的な厄介な仕事の重みに押しつぶされてしまう。

図48　計算貨幣の価値低下

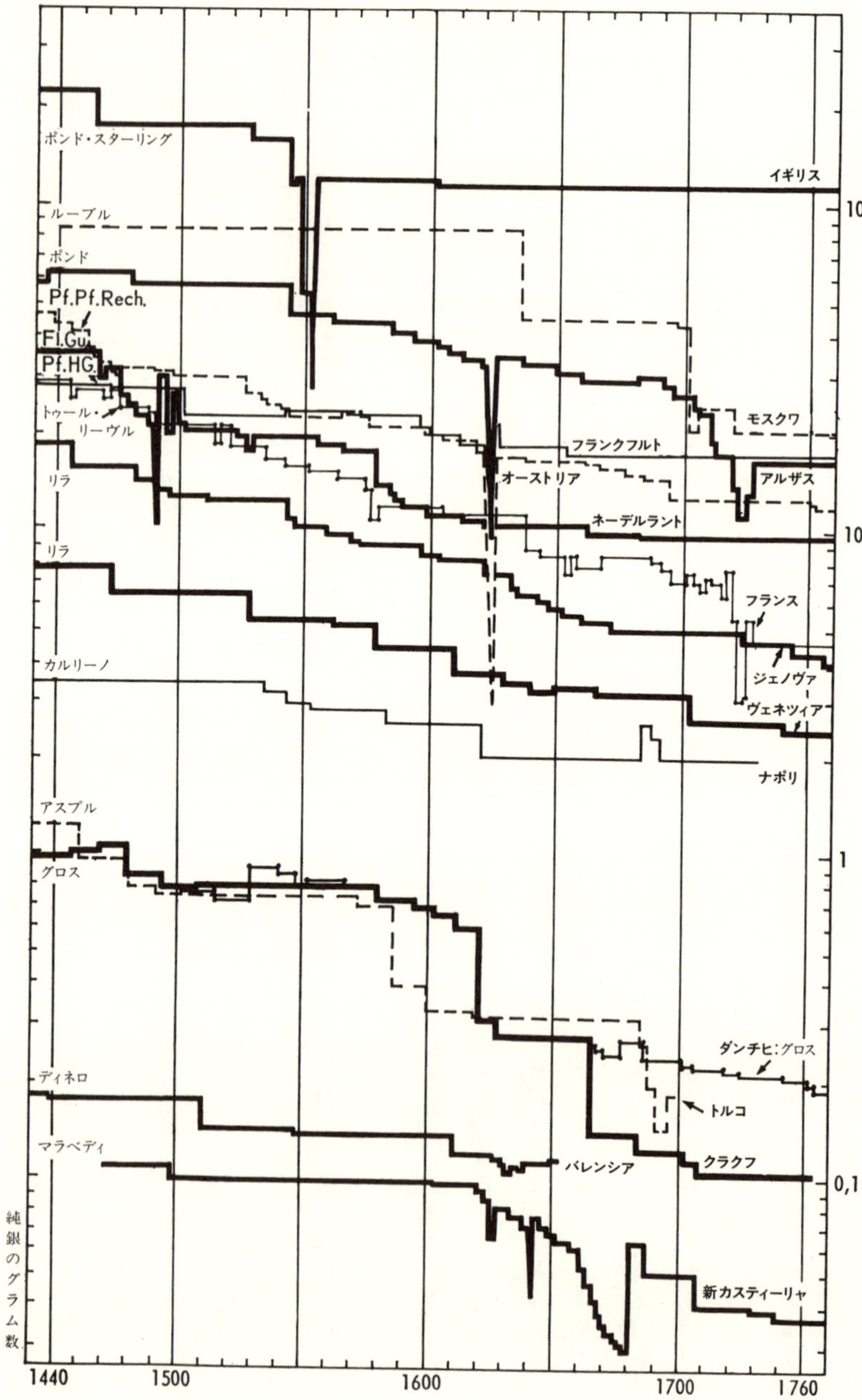

公立銀行創設という重要な時期は、パレルモ銀行設立後約三十年経ってやっと始まる。〈サン・ジョルジョ通商院〉は、一世紀以上も前の一四四四年、金の危機の時代に放棄した銀行業務を一五八〇年に再開した。一五八七年九月二十三日、〈メッシーナ市立銀行〉が設立されたが、その地位がフェリーペ二世によって承認されたのは、やっと一五九六年七月一日になってからである。この銀行によって、それまで何度も繰り返された破産や国庫収入の〈収税官〉の不正に終止符を打つことができるものと人々は期待していた——それにはそれなりの理由がある。新しい銀行は預金として国家行政の資金を受け取るという特権を当然持っていた。この銀行はメッシーナ市の保証と管理下に置かれていた(9)。一五八七年に(10)、ヴェネツィアに有名な〈リアルト広場銀行〉が設立されたが、一六一九年にはやはり有名な〈振替銀行〉がこの銀行を吸収することになる。一五九三年には、〈サン・アンブロジョ銀行〉がミラノに設立されたが、〈振替銀行〉と同じく独立した経営をおこなっていた。同じ頃、ナポリには公営質屋と〈サンタ・カーサ・デラヌンツィアタ〉病院付属の銀行がつくられ、ローマには聖霊病院付属の銀行ができた……。一定の時間にかなり広範に広がった銀行設立の動きは証言としての価値がある。

しかしこの動きは単純ではない。特に北部では、国立銀行の機能は公共財政の厳密な領域をたちまちはみだしていく。たとえば〈リアルト広場銀行〉は、禁止されていたのにもかかわらず、顧客の預金を利用して、ただちに無担保で貸付けをおこなった。金属貨幣よりも幅をきかす銀行貨幣を広範に発行していた。そのようにすることで、銀行は新しいことを試みていたのではなく、単に昔の私設銀行の方式を真似ていただけである。銀行の独

このグラフはF・ブローデル，F・C・シュプーナーの参加した『ケンブリッジ経済史』第４巻に出る予定である。さまざまな通貨が銀のグラム数で評価された固有の価値に従って分類されており，重い通貨もあり軽い通貨もある。リーヴル・スターリングのようないくつかの通貨は比較的安定しているが，ポーランドのグロス，トルコのアスプル，そしてトゥール・リーヴルのような他の通貨は非常に不安定である。ルーブルとアスプルの数字は概算である。 ▶

Pf. Pf. Rech＝ポンド・ペニヒ・グルデン金貨，Fl. Gu＝フローリン，1579年からはギルダー，Pf. H. G.＝ポンド・ヘラー・グルデン金貨

自性とは、それまで経験したことのない規模で融資をおこなったことである。しかし、公立銀行のこの突然の発生をもたらしたのは、たしかに私設銀行の破産、不完全さ、不確実さである。ここまでの議論で我々はジーノ・ルッツァットから多くの情報を借用したわけだが、彼は次のような結論を出している。「こうした公立銀行が何も新しいものをつくらなかったとしても、銀行にやって来る非常に多くの客に、私設銀行がたいていは与えることができなかった安全感と安心を少なくとも保証したのである……。」(11) 実際、一五五二年のプリウリの破産から一五八四年のピサニ第二銀行の破産までの、(12)ヴェネツィアの銀行破産の長い歴史や、ジェノヴァ人ラヴァスケスの財政破綻（実は準破産）から一五八〇年に実現をみなかったとしても、長いこと議論された銀行縮小（一一行から四行へ）(13)に至る、ナポリの財政破綻の長い歴史を考えてみればいい。

たぶん、ナポリでもヴェネツィアでも、こうした銀行の破産はたいていは公権力が時宜を得ぬ介入をしたためであった。たとえば一五五二年、(14)ナポリでは、副王がラヴァスケスの金の蓄えを没収し、それを鋳造されたばかりの価値の低い新しい金貨と取り替えてしまった……。ヴェネツィアでは、政府は銀行に対して国の借金には愛国主義的に特別の便宜を計ることをつねに要求していた。それでもやはりどちらの国の秘密の病もおそらくインフレであった。インフレはどこの国でも国家の介入を必要とした。〈サン・ジョルジョ通商院〉の新たな銀行化の細部にわたる経緯は、重たげにさまよわせておくのか、それとも決定的なポイントをおさえるいい機会なのか、よくわからない。一五八六年に、銀行は預金者に〈金―口座〉を開設し、一六〇六年には、〈銀―口座〉を、そして一六二五年には、たぶん最も奇妙な口座、つまりスペインの八レアル銀貨のための口座を設けた。これはどういう意味なのだろうか。預金者が自分の預けた通貨そのもので貸方に記帳され、その同じ通貨で支払いを受けた場合、万一の場合には、貨幣価値低下に対して金ないし銀の保証を受けられるということなのか。(15)〈銀行〉そのものは、預金者と同時に、計算貨幣の危険から安全に保護されていたし、金属貨幣の強い立場に支えられていた。

(1) このことをマリオ・シリ以上に巧みに指摘した者はいない。Mario SIRI, *La svalutazione della moneta e il bilancio del Regno di Sicilia nella seconda metà del XVI secolo*, Melfi, 1921, in-16, 22 p.
(2) Albert DESPAUX, *Les dévaluations monétaires dans l'histoire*, Paris, 1936, p. 362 による。
(3) A. d. S., Florence, Mediceo 3083, f° 417 v° 一五八三年三月二十七日。
(4) Marciana, Chronique de Girolamo Savina, f° 361 v°.
(5) A. SILVESTRI, 《Sui banchieri pubblici napoletani nelle prima metà del Cinque-cento》, in : *Bolletino dell' Archivio storico del Banco di Napoli*, 1951, 《Sui banchieri pubblici napoletani dall'avvento di Filippo II al trono alla costituzione del monopolio 》, *ibid.*
(6) L. BIANCHINI, *op. cit.*, I, p. 340 ; G. LUZZATTO, *op. cit.*, p. 183 は設立を一五五三年としている。
(7) G. LUZZATTO, *ibid.*
(8) *Ibid.*
(9) L. BIANCHINI, *op. cit.*, p. 341.
(10) 私はG・ルッツァットの出した一五八七年という日付を採用する。私の作成したカードには銀行は一五八四年六月二十八日に元老院から認可されたとある。
(11) G. LUZZATTO, *op. cit.*, p. 188.
(12) H. KRETSCHMAYR, *op. cit.*, III, p. 187 は一五八二年と言っている。
(13) Simancas, Napoles, S. P. 4 マドリード、一五八〇年十月七日。
(14) マルタ騎士団分団長から国王宛書簡、ローマ、一五三二年九月二十四日、*Corpo diplo. port.*, VII, pp. 172-173.
(15) G. LUZZATTO, *op. cit.*, p. 186. 同じ考え方で、マルセイユ人ジル・エルミットから弟宛の書簡（ジェノヴァ、一五九三年四月、Fonds Dauvergne, note 47）は、小舟の船長を通して八レアル銀貨を三〇〇枚送金したことを報告している。船長は「我々の合意した通り、別の通貨で同じ価値の金を払うことができなくとも、八レアルもしくは四レアル銀貨の同じ金で払うはずである。」

「企業家」

物価上昇のもう一人の犠牲者は「企業家」である。企業家についての我々の無知は、ジュゼッペ・パレンティの本によって幾分か消えた。彼がフィレンツェについて述べていること、十六世紀末と十七世紀初めのイタリアに敷衍して言っていることは、試論にすぎないが、それでも明らかに価値がある。フィレンツェおよびイタリアの工業都市における価格上昇は、職人の名目賃金を膨張させた。フィレンツェでは、一五二〇―一五二九年の期間を一〇〇とした指数から、一五五〇―一五五九年には指数九九・四三へ移り、一五九〇―一五九九年には一六二・六三、一六一〇―一六一九年には一七八・九五に達した。この賃金上昇はスペインの賃金上昇(一五二〇―一五二九年を一〇〇として、一六一〇―一六一九年には三〇九・四五)よりもずっと低い。しかしフランスの賃金上昇(一五五〇―一五五九年を一〇〇として、一六一〇―一六一九年には一〇七・四)、あるいはイギリスの賃金上昇(一五二〇―一五二九年を一〇〇として、一六一〇―一六一九年には一四四)よりははるかに高いし、またおそらくオランダの賃金上昇よりもはるかに高い。フィレンツェでは、この賃金上昇は労働者の幸福な暮らしを意味したのではなく、また「企業家の」利益は限られている――全般的な上昇のなかで企業家の利益は停滞しているのではないだろうか。[1] 企業家の利益は、恐ろしく低いスペインの利潤以上ではあるとしても、同じ時期のフランスやイギリスの儲けとは比較にならない。こういうわけで物価の上昇は、イタリア産業の心臓部にまで弱点をもたらしたのである。イタリアの産業が、十七世紀初めに、オランダの勝ち誇る競争力や後のフランスのやはり危険な競争力と太刀打ちできないのはこのためであろうか。

(1) G. PARENTI, *op. cit.*, p. 235.

国家と価格の上昇

国家はごくわずかな被害で切り抜ける。国家の財政には三つの項目がある。収入、支出、負債である。この三番目の項目は、必ずしも最も重要でないわけではないが、価格の上げ潮によって自動的に軽減される。それでも支出と収入は同じリズムで増加する。国家はすべてその収入を増やし、価格の急騰の核心にいることに成功した。もちろん、国家はありえないほど莫大な出費を抱えるが、それだけでなくこの世紀の規模からすれば、徐々に大きくなっていく膨大な財源も持っている。

かなり前にリヒアルト・エーレンベルクは歴史家に対して、たいていは大使たちが提供する予算見積りを信用してはいけないと忠告したことがある。他の算定も信用してはいけないと我々としては付け加えておきたい。予算という言葉は、現代的な意味を帯びているので、十六世紀の現実にはそぐわない。それでもしかし不正確な数字がおよその規模を示すことはできる。数字は予算の全般的な上昇を十分に示している。四分の一世紀の間隔を置いて、シチリアの二つの予算を取り上げてみよう。一五四六年に、収入は三四万スクード、支出は一六万六、〇〇〇スクードであり、これは黒字残になるが、以前からの負債の償還がある。一五七三年には、収入は七五万一九四スクード、支出は二一万一、〇三二スクードである。この「貸借対照表」の黒字残に一連の臨時出費が付け加えられる。その結果シチリアのスペイン人の大臣は、出費と収入のバランスを保つために、一四パーセントから一六パーセントで借金をせざるをえなくなる。(1) ナポリでも似たような進行である。(2) スペインでは、カール五世の収入はその治世の期間に三倍になり、(3) フェリーペ二世の収入は一五五六年から一五七三年までに二倍になった。(4) 一五五六年には、一、〇九四万三、〇〇〇ドゥカード、(5) 一五七七年には、一、三〇四万八、〇〇〇ドゥカードである。(6) 半世紀飛び越えて、一六一九年頃には、フェリーペ三世の収入は二、六〇〇万ドゥカードであろう。(7)

フェリーペ二世の予算では、公債によって保証されたにせよそうでないにせよ、莫大な額の負債が推察されるし、実際そのように見積もられる。盲目的に信用すべきではないのだが、一五六二年の予算では、(8) 次のような項目が見つかる。カスティーリャの〈公債〉の利子として五〇万ドゥカード、フランドルの〈公債〉の利子として三〇万ドゥカード、アラゴン五万ドゥカード、シチリア一五万ドゥカード、ミラノ二〇万ドゥカード、大西洋の島々三万ドゥカード、利子の合計は一二三万ドゥカードで、これは全体の利子を一〇ないし五パーセントで計算してみると[9]、一、二〇〇万から二、四〇〇万ドゥカードの名目資本に相当する。この資本を約二、〇〇〇万ドゥカードとしておこう。ところで一五七一―一五七三年に、負債は、その内訳を区別できないが、約五、〇〇〇万ドゥカードに達してい る[10]。一五八一年[11]に、あるヴェネツィア人は負債は八、〇〇〇万ドゥカードであると言っている。二十年も経たないうちに、フェリーペ二世の負債は四倍になったらしい。

シマンカスの非常に豊富な史料のなかに、もっと数多くの、もっと正確な数字が、探せばあるはずだ。その材料を集めて、慎重王の貸借対照表によって、国王の収入、支出、負債ならびに負債の利子をまだこれから計算し、できることなら実際の予算曲線を作成しなければならない。そこでもまた、賃金の場合と同じように、数字の膨張は見せ掛けだけである。マリオ・シリは、シチリアの予算に関して、数字を貴金属の量に変えることで、実際には予算毎に増加があったのではなく、減少があったのだということを論証した。

予算の記述的研究は本当の問題をうっちゃっておく。本当の問題はすべて物価の上昇に対するなんらかの措置を必然的に前提としている。おおざっぱに言えば、国家は徐々に増大する生活費に直面して次第に無防備になっていった。その結果、財源をつくり出し、物価の上昇傾向を建て直そうという国家の貪欲さが生じる。十六世紀の国家の歴史の大部分は税金獲得の苦闘である。ネーデルラントの戦争は信仰の自由のため、自由を愛する人々の擁護のために起こった悲劇だけであったのではなく、商業の大十字路から生じる経済的幸運に実り多いやり方でスペイン国家を参加させようとする企てでもあったわけだが、実際にはこの企ては挫折した……。

フェリーペ二世の帝国がヨーロッパの所領をひとつずつ失うことは帝国にとって確実な収入源がなくなることだと見ていたのは事実である。ネーデルラント、ミラノ、ナポリ、シチリア島において、フランスで言われていたように、「善良なる幽霊」が次第に現地で吸収されていった。残っていたのはスペイン、というよりもむしろカスティーリャであった。半島にフェリーペ二世が存在していることで、一五六九年までは国内の平和が保たれたことも手伝って、大貴族を含む納税者を命令に従わせることができた。一五六一年にリモージュの司教[12]は、次のように書いた。「カトリック王はますます倹約家になり、将来の備えをしようと願って、自国の財政や領地に関して体制を整えている。私が申し上げるのは、これほどの用心をしているのだから、非常にけちけちした財政が大きな被害をこうむる危険はありえないということである……。」これは国王が絶えず専門官に相談しているということである。財政面できわめて大変だったフェリーペ二世の長期の治世の間、専門官の助言が足りないということは決してない。私はトレドの大会議と一五六〇年十一月十四日の大会議の決定をすでに指摘した。[13]この決定によって、カスティーリャの税金の目録は絶えず増大し、新しい項目の追記や現行の税金の内部的修正によって変質していく。〈アルカバラ〉つまり消費税は、あらかじめ都市の取り分が定めてあるのだが、原則としてすべての売り上げ価格の十分の一であった。この〈アルカバラ〉に一〇〇分の一が四回追加され、パーセンテージは一四パーセントになった。一五六一年に一、二〇〇万ドゥカードであった〈アルカバラ〉の総額は、一五七四年には、三、七〇〇万ドゥカードに達した。[14]一五七七年には、この消費税を一〇〇万ドゥカード減額しなければならないほどであった。

もちろん、納税者はぐちをこぼす。一五六三年に、[15]カディスは、一五六〇年以来の取引に対する課税によって、貿易は破綻したと宣言する。何度も何度も表明された〈議会〉の不平不満は、憂慮すべき物価上昇を前にして、アメリカ大陸産の銀の通貨を問題にすることは思いもつかないが、目の前にあるもの、すなわち徐々に増大する、化け物のような国王政府の税制は問題にしている。「その結果負担が増えることになり、人々の生活に必要なすべてのものの値段が非常に高くなったので、困難なく生活できる人はほんの一握りの人だけであった……」と、一五七一年の〈議会〉は言っている。[16]

この莫大な税金が、平等に配分されず、この時代の方法によって徴収される。言い換えれば税金のほんの一部だけが国庫に届くということである。カスティーリャはたしかに帝国のなかで最良の納税国であり、時には進んで気前のいいところを見せた——〈議会〉の愛国主義的言動には事欠かない。それはまた国王の意向に非常に近いために従わないでいることができなかったからでもある。そのためにカスティーリャの生活が窮屈になり、産業が不利になり、生活の実質的な率が増大したとしても、[17] 驚くにはあたらないが、その反対の場合だけは驚きである。ところでこのような努力、犠牲的行為、気苦労の結果はどんなものなのか。多くの場合不確実な、いくらかの剰余は帝国の全体的な赤字に消え失せてしまう。もっとも剰余が出るのは束の間である。カスティーリャにおいても、フェリーペ二世の権威に屈したヨーロッパの他の国においても、赤字は当たり前になっていく。[18]

こうしてすべての国の財務行政は悪戦苦闘している。人々が進んで行政の見本と考える国フィレンツェで、一五八二年には税金による搾取がひどかったので、同時代の人々の言いぐさによれば、人口の流出が生じた。[19] ポルトガルでは、フェリーペ二世による征服の直前に、売上税が二〇パーセント、海産物の税が五〇パーセント引き上げられた。[20] フランスでは、国王政府は、一五八七年の初めに、パリの税金を二倍にすることを本当に考えた。このとき大変ひどい飢饉が王国を悲嘆に暮れさせているというのに、王国のすべての都市にこの措置を広げるつもりであった。[21] それこそトルコやペルシャのやり口である。

敵意に満ちた一世紀との対決では、国家はほとんど手段の選択の余地はない。話をスペインに戻せば、政府は公債の利率を少なくとも三度、つまり一五六三年、一六〇八年、一六二一年に政府に有利になるように変えた。[22] 政府は支払い期限を何度も遅らせ、ネーデルラントで言うように、「定期市に継ぎ足しテーブル」を置いた。[23] 一五六六年には金《きん》の価値を増大させた。カール五世が一五三七年につくったエスクード金貨は、三五〇マラベディから四〇〇マラベディに上がった。[24] 一六〇九年には、四〇〇マラベディから四四〇マラベディにふたたび上がる。[25] 結局スペイン政府は短期の負債に対して、一五五七—一五六〇年、一五七五年、一五九六年、一六〇七年、一六二七年、一六四七年……という具合に、一連の支払い停止をおこなった。スペインは都市、大貴族、教会の財産を果てしなく汲み上げ、いかなる不当な徴収にもひるむことがなかった。

十六世紀に関してイギリスの支出と収入について我々の知っているものに匹敵するような、十六世紀の予算に関する完璧な研究がおこなわれれば、この物価の嵐のなかで、地中海諸国あるいは地中海周辺の諸国は他の国々よりも激しく揺すぶられたのかどうかという重要な問いに答えを出すことができるようになる。スペインに関しては、特にこの広大な帝国にとって戦争という莫大な出費を考えてみれば、肯定の答えが出ると思われる。一五九七年のフランスのある風刺文書[26]は、次のように書いている。「戦争は彼には（フェリーペ二世には）大変費用のかかるものであり、海軍の例をとってみれば、他の君主よりもずっと金を食っている。フェリーペ二世は自国から遠い外国から（乗組員の）大部分を呼び寄せなければならず、この海軍が実にたくさんの財政を食いつぶすのである。しかも地上戦については、低地国〔ネーデルラント〕の戦争のように、主な戦争は、敵国よりも六倍も多い費用がかかるばかりである。というのもスペインで兵を上げ、アルトワ〔フランス北部〕の国境でフランス人と戦う用意をする以前に、一〇〇ドゥカードもかかるのだが、アルトワの国境でフランス人兵士はフランス国王にとって一〇ドゥカードしかかからない……。」

同様に、大西洋の戦いと地中海の戦争の両方の要請に同時に答えなければならない海軍の装備は、スペインには有利ではない。ここでもまた物価が上がり続ける。トメ・カノは、『航海術』のなかで[27]、五〇〇トンの船は、カール五世の時代には四、〇〇〇ドゥカードであったが、今日一六一二年では、一五、〇〇〇ドゥカードかかると説明している。フランドルの一キンタルの帆船は、かつては二・五ドゥカードであったが、今では八ドゥカードで購入される。私は一トンあたり一四ドゥカードでインド諸島からカルタヘナへ商品を運んだ、と彼は付け加えている。しかし今日では五二ドゥカードが要求される。「こういうことを全部合わせても、船はかつて儲けていた儲けにはまだ達しない。」こうした物価の動きのなかで、賃金だけでなく、経営の利益も多くの場合縮小されている。しかもこれは、十六世紀末のスペインの大西洋海運の苦境を、少なくとも部分的に説明してくれる。大西洋の大型船舶にあてはまることは、まったく同じように地中海の小型ガレー船にもあてはまる。一五三八年に、(28) スペインでは、大砲なしの小型ガレー船一隻を装備するために二、二五三ドゥカードかかった（ガレー船の船体は一、〇〇〇ドゥカードに達していた）。ところで、一五八二年、J・アンドレア・ドリアにとっては、ガレー船を一隻あたり一五、〇〇〇エキュで売ることが問題である。この数字は当然のことながら根拠なく出されたものである。これがガレー船の漕ぎ手と大砲付のガレー船一式であったかどうかはわからないが、価格の差はとてつもなく大きい。

（1） M. SIRI, *art. cit.*, 本書二九五頁注（1）参照。
（2） L. BIANCHINI, *Della storia delle finanze del Regno di Napoli*, 1839, p. 315 et *sq*.
（3） R. KONETZKE, *op. cit.*, p. 197.
（4） R. B. MERRIMAN, *op. cit.*, p. 443 ; HÄBLER, *op. cit.*, p. 122.
（5） R. KONETZKE, *op. cit.*, p. 199.
（6） *Ibid.*
（7） J. de SALAZAR, *Politica Española*, 1617, p. 18.
（8） Memoria de las rentas y patrimonio del Rey de España de 1562, A. E. Esp. 234.
（9） 一五六三年、一六〇八年、一六二一年には利子の引き下げがある。*Nueva Recop, libr.* X, XIV.
（10） R. B. MERRIMAN, *op. cit.*, IV, p. 443.
（11） E. ALBERI, *op. cit.*, I, V, p. 294.
（12） マドリード、一五六一年九月五日、写し、B. N., Paris, fr. 16103, f° 45.
（13） 本書二五〇頁参照。
（14） R. KONETZKE, *op. cit.*, p. 199.
（15） 会計官からフェリーペ二世宛書簡、マドリード、一五六三年九月十三日、Simancas E° 143, f°s 59, 60.
（16） *Actas*, III, p. 357.
（17） C. PEREYRA, *Imperio español*, pp. 27-31.

(18) 一五八一年には、フェリーペ二世のイベリアの収入は六五〇万、支出は七〇〇万ドゥカードであろう。E. ALBERI, *op. cit.*, I, V, p. 294.
(19) A. SEGRE, *Storia del commercio*, I, p. 492, note 3.
(20) Jerónimo CONESTAGGIO, *Dell'unione del regno di Portogallo alla corona di Castiglia*, Gênes, 1585, p. 14.
(21) バルタサール・デ・メンドサからフェリーペ二世宛書簡、パリ、一五八七年一月八日、A. N., K 1566.
(22) 本書二四九頁、注(5)参照。A. CASTILLO, *art. cit.*, p. 14 et *sq.* (抜刷)。
(23) H. LONCHAY, *art. cit.*, p. 945.
(24) Earl J. HAMILTON, *op. cit.*, p. 62.
(25) *Ibid.*, p. 65.
(26) *Placcart et décret*..., 1597, B. N., Paris, Oc 241, in-12.
(27) 一六一二年、四三頁。
(28) Simancas, *Guerra Antigua*, IV, f° 108 〔一五三八年頃〕。

アメリカ大陸の「財宝」の価値低下

十七世紀初めの十年以後、さらには二十年以後、アメリカ大陸の「財宝」の輸入は鈍化した。徴候であれ帰結であれ、あるいは原因であれ、この停止は世界の歴史のある時期を示している。おおざっぱに言って、もっぱらアメリカ側の原因によるこの「出来事」を、この場合、あたかもアメリカ大陸が〈第一の原動力〉であるかのように説明するのは、間違っている。生産性は徐々に落ちるという法則に従えば、鉱山の採掘費の値上がりがあったにちがいない。不正行為とかアメリカ大陸自身が貨幣を必要とするために、アメリカ大陸そのものが、前より多くの生産量を天引きしていたのであろう。[1] 金属の一部は、投機のために、マニラのガリオン船でヌエバ・エスパーニャから極東や中国方面に進路を変えられた。[2] 相変わらずアメリカでは、人口の激減のために、銀の抽出に不可欠なインディオの労働力の募集に困難があり、人手不足であった。[3]

以上のような説明はすべてそれなりに真実であるが、セビーリャの古文書館だけでなく、シマンカスの古文書館、さらにはアメリカ大陸の文書保管所において、まだこれからおこなわなければならない研究をおそらく先取りしている。人口の後退は、特定の部門、鉱山のように特権的な部門に人手を提供することができないということは、ア・プリオリには論証されていない。ラプラタ地方経由のかなり大がかりな不正行為は、一六二三年前後の鉱山活動の全般的な後退とともになくなるようである。(4) マニラのガリオン船を使った貴金属の輸出も一六三五年代以後中断される。(5) しかしこうした説明の基本的欠陥は一目瞭然である。たとえばあたかも不正行為は出発時にも到着時にも同じく存在していないかのように、説明の主眼がアメリカ大陸に置かれている。特に、今までの説明は、スペイン帝国を通じて、ヨーロッパの原動力となる活動と新世界とを結ぶ経済全体を考慮していない。言葉を換えれば、まず一五八〇年、次に一五九五年、最後に一六一九―一六二二年以後にヨーロッパにおいて目につくあの経済状況の低下、つまり経済変動への言及がない。この経済変動は、ついには一六四〇年代の大断層に達し、カタルーニャおよびポルトガルにおける、少しあとでは一六四七年のナポリにおけるスペインの不運に至り、この同じ年のバルロベント〔風上〕船団の廃止、(6) アンティル諸島の保護……と続く。

経済変動を語ることは、物価、原価、賃金、利益を語ることである。新世界をよく知っているロドリゴ・ビベロ(7)は、一六三二年頃には、アメリカの機械が故障するなどとは思ってもいないが、この点こそ明らかに彼の間違いである。また年間生産量二、四〇〇万ドゥカード金貨――そのうち二、〇〇〇万はセビーリャに向けて輸出される――について語るのも間違いである。だが鉱山経営者が不景気の渦に巻き込まれて「全員借金だらけである」のを示すのは正しい。「というのは塩も小麦も高値になって、インディオ労働者の給料が二倍になり、植民地の支配者は労働者を見つけ、〈レパルティミエント〉〔スペイン人入植者への土地やインディオ労働力の分配授与〕を得るために泣きついているからである。ところがこれは鉱山労働にはほとんど向いていない労働力なのである。」また賭博台もあって、

「鉱山労働者の金をしぼり取る寄生虫」、金貸しがいて、この連中はついには白銀に代えて「織物や他の商品で払うのだが、それでもまだ彼らはこれらの品物で儲けているし、もっとひどいのはワインで支払っている……。」しかし、はっきりと見極めるためには、スペインとヨーロッパの側も見なければならないし、問題を一番大きな文脈のなかでもう一度取り上げなければならない。

(1) 引き合いに出されたすべての理由については、Earl J. HAMILTON, *op. cit.*, p. 36 et *sq.*
(2) *Ibid.*, p. 37.
(3) François CHEVALIER, *La formation des grands domaines au Mexique. Terre et Société aux XVIe et XVIIe siècles*, 1952, p. 235.
(4) Alice PIFFER CANNABRAVA, *O commercio português no Rio de Plata 1580–1640*, São Paulo, 1944.
(5) Pierre CHAUNU, *Les Philippines et le Pacifique des Ibériques XVIe – XVIIIe siècles*, 1960, p. 41.
(6) Albert GIRARD, *Le commerce français à Séville et à Cadix au temps des Habsbourgs*, 1932, p. 7.
(7) B.M. Add. 18287, PS 5633.

貨幣価値の下がった通貨と贋金

いずれにしても、十七世紀半ばには、アメリカ大陸の銀の偉大な一章が確実に終わる。そのとき贋金が非常に広範囲に登場する。十六世紀にはまだ贋金はなかった。しかし十七世紀には、低品位の硬貨が地中海の主要な流通回路に入り込み、金《かね》の流れる電線を通ってレヴァントにまで運ばれていく。それより前の五十年間は、そのような低品位の硬貨はこの流水からは遠ざけられていたのだ。

悪貨はその頃北ヨーロッパとイスラム諸国、すなわち内海の周縁にしかなかったし、そのうえこの二つの地域において、悪貨が登場したのは遅かったのである。北方では、エリザベスによって建て直されたイギリスの通貨はもはや悪化するはずがなかったが、反乱を起こしたオランダの通貨は一五八五年十一月の平価切下げに至るまでかなり大きな変化を経験していた[1]。この措置以前にも、少なくとも一五七四年から、贋金つくりが、特にリエージュで、仕事を始めていたが[2]、この年には、贋金はスペインの戸口まで達していた。正貨と贋金を不正に交換することは[3]、スペインの独占に穴を開け、貴金属の一部を抜き取るやり方のひとつであった。一六〇九年の〔オランダとの〕十二年の休戦協定の調印後、各港における取引は大いに発展した。このときオランダ人は小額貨幣を大量に持ってきた。そのときまでこうした取引はリューベックやハンブルクの船舶を介してか、またはイギリス人によって（イギリスは一六〇四年にスペインと和平条約を結んでいたので[4]）、あるいはフランス人を介してしか可能ではなかった。混ぜ物の少ない小額貨幣は木箱または樽入りでやって来た。帰路には、塩やその他の商品の下に金貨や銀貨を隠しておいた。一六〇七年に、ボルドーとその近郊では、四つの「造幣局」が実にさまざまな手段で手に入れたスペイン貨幣を鋳造し直すのに追われていた。スペイン貨幣は、ただ単にるつぼに入れるだけで、一八パーセント以上の利益をもたらした[5]。

　当時は、まだほぼ適法の取引であった。この比較的誠実という次元での取引は長く続かなかった。一六一三年から問題になるのは、スペイン貨幣を真似た贋の銅貨である。一年に二〇〇万ペソ以上の贋金がつくられ、その後も生産量は増大していく。専門家によれば、こうした貨幣の偽造での儲けは五〇パーセントに達した。オランダ以外では、似たような貨幣偽造はデンマーク、イギリス、イタリアでおこなわれた。〈贋クワルティーリョ〉が船でカンタブリアの海岸やサン・ルーカル・デ・バラメーダに届いたのである[6]。

　大西洋にすでに存在していた贋金が、少しあとで地中海に入ってくる。一五九五年に、ピオンビーノ公爵夫人は自分の所領の小国で〈低品位の〉通貨を鋳造させていた[7]。十七世紀初めの十年で、「低品位の通貨」がレヴァントの入口まで来ていた。したがって海の中毒は全面に広がっていた。一六一一年のあるヴェネツィアの報告書は、[8]アレッポの驚くべき通貨の混乱の際には、ふつう通貨よりも四ないし五パーセント増しの価値がある良貨が、その年には、三〇ないし三五パーセントの高値で買われていたと指摘している。この話の続きはポール・マソンの『十七世紀レヴァントにおけるフランス商業』[9]という著作で探索していただきたい。

本書の扱う時代には、純粋な意味での地中海の貿易がこの驚くべき激動の被害をこうむることはほとんどないとしても、アルジェからエジプトあるいはコンスタンティノープルに至るトルコ支配の国々においては重大な危機が起こっている。人々はトルコの変わることのない見事な財政について語りすぎた。たぶんトルコの財政はスレイマン大帝の長い治世の間（一五二二―一五六六年）はこの見事な特徴を持っていた。しかし、ハマーの古い本に[10]書き留められている情報が正しいとすれば、スレイマン大帝の栄光の治世が終わる年、マルタ島包囲失敗のすぐあとで、金貨が鋳造されていたトルコ唯一の「造幣局」のあるカイロでは、金貨の三〇パーセント価値低下が起こった。それは銀の価値低下によって調整が必要になったということかもしれない。実際にどういうことであったのか、またトルコ帝国の疲労の最初の徴候であるマルタ島包囲の大変な努力のあと、一五六六年に貨幣価値低下が目についたかどうかが分かれば興味深いことだろう。

一五八四年には、これはいささかの疑いの余地もない。通貨の深刻な危機が起こった。[11]トルコの通貨は小額の銀貨で、丸いというより四角で、[12]純銀からつくったアスプル（トルコ語では〈アクチェ〉）であり、「混じり物のない純化された」銀貨であるとブロン・デュ・マンははっきりと述べたことがある。[13]ある旅行者は、[14]人々はこのアスプル銀貨を真っ赤に熱した鍋に投げ込んで試した、と言っている。重さの点では、それは銀四分の一ドラクマ〔ドラクマは三・二四グラム〕であり、価値は〔フランスの〕一〇ないし一一トゥール・ドゥニエ、[15]ヴェネツィアの七・五クワットリーノ、ドイツの二ないし二・二五クロイツァー、ローマの一バイオッコあるいはヴェネツィアの旧マルケットに相当した。[16] アスプル銀貨は「我々にとって一カロリュス〔銅貨〕と同じ価値がある」とブロンは書いた。[17] 世紀初めには、アスプル銀貨はツェッキーノあるいは〈スルタニ〉の一三五分の一であった。スルタニは純金で、[18] ヴェネツィアのツェッキーノよりわずかに劣る〈適正な鋳造の良貨〉であるが、ドイツの最良の貨幣〈オンガリ〉〔ウンガリ〕と同等かまたはそれ以上であった。[19] セリム一世〔在位一五一二―二〇年〕が登場したとき、〈スルタニ〉は公式の相場で六〇アスプルであり、これは一五八四年まで変わることがなかったようである。そういうわけで、一五六六年に平価切下げがあっても、新ツェッキーノの銀の価値には影響がなかった。オーストリアの〈クローネ・ターレル〉やイタリアの〈エスクード〉にわずかに劣るトルコの銀貨〈ターレル〉は、四〇アスプルであったが、〈クローネ・ターレル〉や〈エスクード〉は五〇アスプルであった。こうした貨幣価値は史料によって確認されている。[20] 一五四七年には三〇〇アスプルは六エキュの価値がある……。[21] 一五六四年にヴェネツィアの代官は、三ヵ月間の日常の出費は三四、四八七アスプル、つまり五七四ドゥカートと四七アスプルにのぼったと報告している。これによって一ドゥカートの平均的為替相場は六〇アスプルであることがわかる。そのあと彼は九、一七〇スクードの為替手形を切って、一エキュ〔スクード〕あたり五〇アスプル相当の金を得た。[22] 一五六一年に、別の代官は、金詰まりのために、一エキュにつき四七アスプルの為替レートしか得られなかった。[23] 一五八〇年にふたたびこの為替レートは五〇アスプルに回復する。[24]

オスマン・トルコの通貨の一覧表を完成するためには、一番新しい貨幣のひとつ、アラブの貨幣を提示しなければならない。これはエジプトやシリアで流通し、地中海、ペルシャ湾、紅海に囲まれた空間に広まっている〈マイディン〉で、一・五倍の純銀を含むアスプル銀貨の一種である。[25] したがって一ツェッキーノにするためにはこの〈マイディン〉貨が約四〇枚、一エキュまたは一クローネ・ターレルには〈マイディン〉貨が三五枚必要である。[26] イギリスの旅行家ニューベリーが言っているように、一五八三年には、[27]〈四〇マイディンで一ドゥカートになる。〉

一五八四年の実質的な平価切下げ[28]はペルシャの平価切下げに続いておこなわれた。これは戦争で軍隊の俸給が増大したために出費が膨大になった結果である。このときエジプトはスルタンにツェッキーノ金貨を四三マイディンの為替レートで譲っていたのだが、一五八四年にスルタンは自国の支払いのために八五マイディンに引き上げることを押しつけた。したがってツェッキーノは六〇アスプルから一二〇アスプルへと上がった。もちろん、ツェッキーノ自体は変わらないので、アスプル銀貨が軽くされたのであり、純銀の一部が銅に代えられたのである。一五九七年、銀一ドラクマから四アスプルをつくる代わりに、一〇ないし一二アスプルをつくることになる。一五九〇年の反乱のあと、ツェッキーノは一二〇から二二〇アスプルへと値上がりしていく。したがって、アール・J・ハミルトン[29]が一六〇〇年から一六五〇年までカスティーリャで起こったインフレのメカニズムと被害を論証してみせたのとまったく同じ銅貨のインフレが、この粗悪な貨幣とともに、トルコで起こる。しかし十七世紀中頃まで続く運命にある危機は、これより約二十年前に始まっていたのである。危機が広がるのをせき止めることは困難であった。一六二五—一六三〇年頃、新たな値上げが必要になった。ツェッキーノは二四〇アスプルに、ターレルは一二〇アスプルに達していたが、当局による五〇パーセントの下げによって、一六四二年に、ツェッキーノは一五一—一五七アスプルに下がった(一二〇アスプルにはならない)。しかし、一五六一年以後新たな値上がりが起こり、対ヴェネツィアの長期にわたるカンディア戦争が混乱をもたらした。一六六〇年にツェッキーノがセルビアでまだ二四〇アスプルの価値がありうるとしても、一六六三年にソフィアではツェッキーノは三一〇アスプルの相場が付けられる[30]。

こうした貨幣価値低下の影響は、アスプルが実体貨幣と計算貨幣の役割を同時に果たしている[31]オスマン帝国の経済的健康面で驚くほど大きかった。以上がトルコ通貨の混乱の最も目立つ側面であった。他の側面もあり、なかでもアルジェ人の小額貨幣政策が必要になった。アルジェの市場では、スペインの金と銀が幅をきかせている。これはどうしても必要な外貨を引き寄せ、罠にかけるやり方である。一種のスライド制のようなものさえあり、一五八〇年に、ジャフェル・パシャは為替レートが不十分であると考えて、スペインのエキュをアルジェの一二五アスプルから一三〇アスプルへと上げた。[32] スペインのマヌエル・ガラルド・イ・ビクトールという学者の考えるように、この平価切下げは一五八〇年のセルバンテスの身代金支払いに関係があった可能性がある。[33] しかしコンスタンティノープルのトルコ・ツェッキーノの平価切下げ以前には、トルコ・ツェッキーノは六六トルコ・アスプルの相場であったが、それがアルジェでは一五〇アスプルの価値があった。このことはスペインのエキュと同じ資格でアルジェの方に引き寄せられたスルタンの金貨が驚くほど高値がついていたことを示している。[34] スペインのエキュについては、我々の計算が正しいとすれば、アルジェの両替所では三〇パーセントの割増が予定されている。

（1）Emile COORNAERT, *op. cit.*, p. 46. 私は一五九一年の *Baja de la moneda*, Sim. E° 601 は読んでいない。
（2）フェリーペ二世からカスティーリャの騎士分団長宛書簡、一五七四年二月十日、Sim. E° 561, f°s 16, 65.
（3）Sim. E° 561, Moneda falsa que venja de Flandes en España.
（4）国務諮問会議から国王宛書簡、一六〇九年一月十三日、A. N., K 1426, A 37, n° 110.
（5）国務諮問会議から国王宛書簡、一六〇七年十一月二十七日、A. N., K 1426.
（6）一六一三年四月二十六日、A. N., K 1428, A 39, note 28; *ibid.*, K 1478, A 78, note 173; *ibid.*, K 1479, A 80 一六二四年; *ibid.*, K 1456, 一六二二年; Sim. E° 628 Valor de la moneda en Flandes 一六一四年。
（7）B. N., Paris, Esp. 127, f°s 8 v°, 9.
（8）G. BERCHET, *op. cit.*, p. 133.
（9）四九二頁以降。
（10）*Op. cit.*, VI, p. 213.
（11）Ami BOUÉ, *op. cit.*, III, p. 121; M. SIRI, *art. cit.*, ; J. W. ZINKEISEN, *Op. cit.*, III, p. 798 et *sq.*
（12）Philippe de CANAYE, *op. cit.*, p. 42, note 4.
（13）*Op. cit.*, p. 158 v°.
（14）G. d'ARAMON, *op. cit.*, p. 42.

(15) *Ibid.*
(16) CANTACUSCINO, *Commentaria*, II, p. 102, Luigi Bassano di Zara, in : Francesco SANSOVINO, *Dell'historia universale dell'origine et imperio de Turchi*, Livre 3, Venise, 1564, f° 43, r° et v°; S. SCHWEIGGER, *Reissbeschreibung*..., *op. cit.*, p. 267.
(17) *Op. cit.*, 158 v°.
(18) *Ibid.*
(19) Germiniano MONTANARI, *Zecca in consulta di stato*... (1683), p. 253.
(20) J. W. ZINKEISEN, *op. cit.*, III, p. 800.
(21) J. von HAMMER, *op. cit.*, VI, p. 5.
(22) ダニエル・バドエルからドージェ宛書簡、ペラ、一五六四年四月二十一日、A. d. S., Venise, Senato Secreta, Cost. Filza 4/D.
(23) H・フェロからドージェ宛書簡、ペラ、一五六一年五月六日、A. d. S., Venise, Senato Secreta... 3/C.
(24) 日付のない史料（一五七七年）、Simancas E° 1147, 写し。
(25) コンスタンティノープル、一五八〇年三月十六日、Simancas E° 1337.
(26) J. W. ZINKEISEN, *op. cit.*, III, p. 800.
(27) R. HAKLUYT, *op. cit.*, II, p. 247.
(28) 本書第Ⅲ部第6章の「トルコの財政危機」参照。
(29) *Op. cit.*, p. 211 et *sq.*
(30) B. VINAVER, 《La crise monétaire turque 1575–1650》, in : *Publications historiques de l'Académie des Sciences de Belgrade*, 1958 による。
(31) トルコの貨幣鋳造に関するアリ・サハリ・オグリュの未刊の博士論文による（フランス語訳進行中）。
(32) D. de HAEDO, *op. cit.*, p. 24 v°.
(33) *Memoria escrita sobre el rescate de Cervantes*..., Cadix, 1876, 8°, 23p.
(34) R. HAKLUYT, *op. cit.*, II, p. 176.

金属の三つの時代

もっと詳しい説明をしないのを容赦していただきたい。図やグラフが、簡略すぎるとはいえ、すでに長くなった説明を補完してくれるし、経済変動という難しい問題に立ち帰る機会があるだろう。それはともかく、かなり明解な図式がすでに姿を現している。歴史家たちは金属の三つの時代が次から次へと重なっていることに立ち会っている。まずスーダンの金――アメリカ大陸の金と銀、そのあとで銅貨と贋金の時代。贋金は公に認可されたものにせよそうでないものにせよ、十六世紀末におずおずと登場し、それから十七世紀初めの数十年であらゆるところに広まっていく。単純な図式である。というのもこうした金属の時代はどれかが他の金属の時代を越えて、おとなしく配置されているのではないからだ。重なり合うことがあり、ずれることがあり、混乱していることがある。当然のことながらこれからそうした時代の一覧表を作成し、説明をおこなわなければならない。

金の時代。すべての支払いが好んで金貨でおこなわれる。一五〇三年、バヤールは、バルレッタの近くで、スペイン軍の出納係を捕らえた。「彼らが到着すると、いかがわしい酒場が開かれ、そこには見事なドゥカード金貨があった」と、『忠実なる家臣』は書いている。これこそは通則を確認するものである。(1) あるいはフランス国王は兵士たちに（一五二四年）「国王がスペインから得た金で」支払いをする。(2) ハプスブルク家とヴァロワ家との紛争の初期におけるすべての戦いは、金貨でおこなわれる。大事な支払いがおこなわれるためには一人の男が移動するだけで十分である。一五二六年五月、カール五世の大使は心配している。「教皇の通貨を任された四人の騎士……」がミランドラを通過するとなれば、当然警戒しなければならないからだ。

少しあとの長く続く銀の支配の時代には（たぶん一五五〇年から一六五〇年または一六八〇年まで）、金銭の動きは別のかたちで目につくものになる。というのは銀は場所ふさぎの旅人であり、護衛の人間は言うまでもなく、馬車や船や駄獣が必要であり、一五五一年十二月に、ジェノヴァからフランドルへ銀を輸送するにあたっては、少なくとも五〇人の火縄銃兵が必要だからである。(3) 金《きん》の大量輸送はふつうは秘密にされ、関係者以外は、誰も金の輸送を知らない。しかし、一五八六年九月に、フェリーペ二世が金貨で一〇万エキュをイタリアに送ったことが知れると、銘々この件について議論し、いったいいかなる国内的必要性ゆえにフェリーペ二世はこのような常ならぬ行動をとらなければならなかったのかを問題にする。というのは金《きん》は、ふつうなら、イベリア半島からは出て行かないからである。[4] 稀少であるがゆえに、金は価値があるので、金が動き出す都度、金は「領主としてすべてを決済する。」造幣局の親方や専門官は、自分たちの話に耳を傾けようとする人に対して、伝統的な知恵が望むように金一マールが銀一二マールの価値があれば万事順調であると頁を費やして説明しているが、ヴェネツィアでは金の価格が絶えず上昇し、正確な計算が示すところによれば、旧体制は意味がない。したがって一五九三年十一月に〈造幣局〉の責任者はそんなふうに考えるのだが、うれしくはない。[5] 彼らの説明によれば、金一マールは六七四リーヴル〔リラ〕九スー〔ソルド〕の価値があり、銀一二マールは六三三リーヴル一六スーである。すなわち銀に対して金のほうが四〇リラ一三ソルド優位にある。わずかではあるが、はっきりと金が上である。

　時代が過ぎて、ヨーロッパの貨幣の暦では、今は銅貨の時代である。銅貨はハンガリー、ザクセン、ドイツ、スウェーデン、日本の鉱山の発展とともに他を圧倒する。ポルトガルには銅貨があふれ、スペイン国境付近ではインフレが最高潮に達するが、ポルトガルはインドの捌け口を持っている。ポルトガルは、この不幸な時代にも、いつも銅貨不足である。第三の金属はポルトガルでは幅をきかせているが、一六二二年には、銅貨の小額貨幣で支払われる一ドゥカードに対して一二レアルではなく一三レアル出さなければならない。[6]

　しかしやがて金《きん》がふたたび顔を見せるようになる。十七世紀末に、ブラジルから送られた金が、リスボン、イギリス、ヨーロッパに達する。地中海はその分け前に与かるが、長い間銀急増の中心にいたようには、金急増の中心にはいない。

(1) *Le Loyal Serviteur, op. cit.*, p. 34.

（2） R. B. MERRIMAN, *El Emperador Carlos V*, p. 131（これは広翰な著作 *The rise of the Spanish Empire in the Old World and in the New*, 4 vol., 1918-1919 の第三巻の翻訳である）。
（3） Simancas E° 504 一五五一年十二月十七日。
（4） A. d. S., Venise, Senato Dispacci Spagna 一五八六年九月二十七日。
（5） Museo Correr, Donà delle Rose 161 一五九三年十一月二十六日。
（6） V. MAGALHÃES GODINHO, *op. cit.*, p. 422.（タイプ印刷）。

第3章　経済——商業と運輸

地中海の商業は複雑な様相を呈しているが、我々は地中海商業のすべてを記述するつもりはない。我々の関心があるのは、全体的な構図である。最終的には、胡椒の危機、小麦の危機、大西洋の船の地中海への侵入という三つの問題を取り上げることにした。これらの問題は海の経済生活のすべての側面とかかわっている。これらの問題は互いに関連させていくと、一方の端をインド洋まで延ばし、他方の端は大西洋までと英仏海峡、北海、バルト海……といった北の地中海まで広がっている広大な円をかなりくっきりと浮かび上がらせる。

一　胡椒貿易

喜望峰周航が地中海の胡椒貿易を一挙に終わらせることはなかった。この点を明らかにしたのはドイツの歴史家が最初であった(1)。ドイツがヴェネツィアから香辛料や胡椒の供給を絶えず受けていたこと、したがってポルトガル人がこの貴重な取引の流れを完全におさえてはいなかったことに気づかないでいることができただろうか。

おそらく、ポルトガル人の成功のあと、ヴェネツィアでは恐るべき危機が起こって、悲観的な予言が流行だった。人々はポルトガル人による発見がもたらすさまざまな結果を思い描き、悲惨な結果は手のほどこしようがないように見えた……。サン・マルコの都市〔ヴェネツィア〕にとって、香辛料を失うことは、「乳と食物がたまたま乳児に不足する事態に等しい」と、ジロラモ・プリウリは一五〇一年七月の日記に書き記した(2)。ただちに、驚くべき物価の変動が起こり、特にポルトガル国王ドン・マヌエル〔マヌエル一世〕が一五〇四年に胡椒の公定価格を定め、二年後に「香辛料販売店」をリスボンに集めて王国の独占とした後では(3)、数え切れないほどの困難が生じた。一五〇四年に

は、ヴェネツィアのガレー船は、航海中に、アレクサンドリアやベイルートで香辛料を見つけられなかった。(4)

この新たな納入業者たるポルトガルは、すみやかにヨーロッパ市場の一部を奪った。大陸の大西洋岸では大した困難もなく勝利を収めた。一五〇一年からはネーデルラントで、(5)一五〇四年一月にはイギリスで勝利を収めた。このときファルマス〔アメリカ〕にはカリカット〔インド〕から胡椒と香辛料三八〇トンを積んだポルトガルの船が五隻入港した。(6)ポルトガルは低地ドイツにも高地ドイツにも介入した。ドイツではアントン・ヴェルザーおよびアウグスブルクのコンラート・フェリン大商会が、すでに一五〇三年から、日の出の勢いのリスボンの方に向かっていた。(7)ラーフェンスブルク〈大商会〉は、一五〇七年に、ポルトガル市場の中継地であるアントワープで胡椒と香辛料の買い付けをおこなうことに決めた。(8)ウィーンの仲買人たちは、一五一二―一五一三年に、胡椒と香辛料の必要な量をヴェネツィアでは手に入れることができないと愚痴をこぼし、外国の商人がアントワープやフランクフルトやニュルンベルクから胡椒と香辛料を持ってくるのを許可してくれるように皇帝に嘆願した。(9)新規の納入業者はフランス西部およびカスティーリャでも勝利を収めていた。メディナ・デル・カンポは、証言によれば、一五二四年には、ポルトガルの胡椒を転売していた。(10)この同じ胡椒がポルトガルの帆船が重要な役割を果たしている地中海に間もなく入ってきたこともまたいささかの疑いの余地もない。たぶん一五〇三年からはジェノヴァに入っていた。ヴェネツィアは、その年の六月に、(11)ジェノヴァ産の産物（しかも金糸、銀糸織物、羊毛、香辛料、砂糖……と明記されていた）に対しても、他の外国の産物に対しても陸地側の国境を閉鎖していた。ヴェネツィアは陸地側の各都市はヴェネツィアで必需品を仕入れなければならないという命令を出していた。レヴァントから胡椒と香辛料の輸入を増大させるために、ヴェネツィアは、一五一四年五月に、(12)もはや〈商用ガレー船〉――競争が激しくなっていた――だけでなく、どんな船でも輸送を許可した。(13)そのうえヴェネツィア入港の関税を廃止した。それでも翌年の一五一五年には、ヴェネツィア政府は必需品補給に必要な不足分をリスボンまで荷積みに行った。(14)一五二七年には、ヴェネツィアの元老院はポルトガル国王ジョアン三世にポルトガル国内の消費を差し引いてリスボンに到着する胡椒を全部即金で買うと申し出た。この計画は実現するに至らなかったが、一五二七年にヴェネツィアがどんな状態であったかを示しているし、リスボン市場の勝利に満ちた上昇を表している。(15)

(1) J. KULISCHER, *op. cit.*, II, p. 235; Johann-Ferdinand ROTH, *Geschichte des Nürnberger Handels*, Leibzig, 1800-1802, I, p. 25; Carl BRINKMANN, 《Der Beginn der neuren Handelsgeschichte》, in: *Historische Zeitschrift*, 1914; A. SCHULTE, *op. cit.*, II, p. 117 et *sq.*; W. HEYD, *op. cit.*, II, pp. 525-526; J. FALKE, *Oberdeutschlands Handelsbeziehungen zu Südeuropa im Anfang des 16. Jahr.*, p. 610.

(2) H. KRETSCHMAYR, *Geschichte von Venedig*, II, p. 473 から引用。

(3) A. SCHULTE, *op. cit.*, II, p. 118.

(4) サヌードによれば、一四九九年と一五〇〇年にはトルコ・ヴェネツィア戦争のためにベイルートおよびアレクサンドリアでヴェネツィアの船荷積み込みはなく、一五〇四年にも、一五〇六年にもまったくなかった。一五〇六年の品不足については、J. MAZZEI, *op. cit.*, p. 41. 一五〇二年からは、W. HEYD, A. FANFANI, *Storia del lavoro...*, p. 38 によれば、ガレー船はベイルートで胡椒四包みしか見つけられない。一五一二年のヴェネツィアの貿易の縮小については、A. FANFANI, *op. cit.*, p. 39. こうした難しい問題はすべてふつうは問題の立て方が悪く、断定的に解決されている。この一節を書くために私はマガリャニェス＝ゴディニョの作成した一覧表を利用した。V. MAGALHÃES GODINHO, 《Le repli vénitien et égyptien de la route du Cap》, in: *Hommage à Lucien Febvre*, II, 1953, p. 287 et *sq.*

(5) E. PRESTAGE, *Portuguese Pionners*, Londres, 1933, p. 295.

(6) TAWNEY and POWER, *Tudor Economic Documents*, II, p. 19 (L. F. SALZMAN, *English Trade in the Middle Ages*, Oxford, 1931, pp. 445-446 に引用)。Dr SOTTAS, *op. cit.*, p. 135.

(7) A. SCHULTE, *op. cit.*, II, p. 118.

(8) *Ibid.*, I, p. 279.

(9) J. KULISCHER, *op. cit.*, II, p. 234.

(10) A. NAVAGERO, *op. cit.*, p. 36.

(11) A. d. S., Venise, *Cinque Savii alla Mercanzia*, Busta 2 一五〇三年六月二十日。

(12) A. d. S., Venise, Senato Mar 18 一五一四年五月三日。

(13) Dr SOTTAS, *op. cit.*, p. 136. 一五二四年にガレー船の独占が向こう十年間回復されたが、その後最終的に廃止された。

(14) W. HEYD, *op. cit.*, I, pp. 531, 538 ; GORIS, *op. cit.*, p. 195 et *sq.* ; J. KULISCHER, *op. cit.*, II, p. 234.
(15) Visconde de SOVERAL, *Apontamentos sobre as antigas relações politicas e commerciaes do Portugal com a Republica de Veneza*, Lisbonne, 1893, pp. 6, 7.

地中海の雪辱——一五五〇年以降の紅海の繁栄

ヴェネツィアと地中海のために状況はいつ回復したのか(1)。状況が好転したことは間違いないが、いつであるかを言うのは難しい。たぶん一五四〇年以降の物価の退潮を考慮しなければならないし、また物価が下がったためにリスボンの順調な商業にブレーキがかかったと仮定しなければならない。玄人の言い方によれば、長い船旅のために香りを失ったポルトガル商品の品質の悪さも考えなければならない。この噂は、ヴェネツィアによって広められたのだが、まったく根拠がないわけではなかった。スペインはヴェネツィアに敵意を持っていたが、同じことが一五七四年のスペインのある史料にも見つかる(2)。アラブの仲買人と関係の深い地中海の商業は、ポルトガルよりも高い金を払って、品質のいい製品を地中海のために残しておくすべを心得ていたらしい。ポルトガル人は、アジアにおいて、きわめて安い仕入れ値を維持することによって、おそらく節度をなくしていい気になっていた(3)。なるほどポルトガル人は長い船旅の費用や頻繁に起こる船の遭難やたいていは航海の途中で損傷する船荷そのものの赤字を清算しなければならなかった。反対に、地中海商業は、ポルトガルよりも短い、何世紀も前からよく知られている行程で、数多くの仲買人に中継されて、危険はずっと少なかった。ヴェネツィア人にとって、リスクはエジプトからの航海に限られ、しかもオリエントと西欧の間では価格の差が驚くほど大きかったので、実り多い儲けでリスクはカバーされていた。「彼らヴェネツィア人は、ここではほとんど価値のない商品で、一〇〇パーセントあるいはそれ以上儲けている(4)」と、一五一二年にテノーは記している。胡椒不足のときでさえ(胡椒は大量の取引の口実を与えた唯一の商品で、ポルトガル人は他の商品よりも好んで胡椒をおさえた）、贅沢な香辛料、薬品、その他のレヴァントの産物で商売をすることができた。オリエントの商人たちとしては、貴金属の緊急の必要があったのである。エジプトの金《きん》あるいは西欧の銀は、香辛料ならびに香辛料と一緒に地中海への道をたどるものによってしか、インド洋方面に下って行かなかった。インドと極東は、地中海産の珊瑚、サフラン、エジプトの阿片、西欧の毛織物、紅海の水銀、茜染料を好んだ。こうした昔からの貿易を続けながら、インド洋周辺に、強力な、組織的な商会がいくつも残っていた。ポルトガルの進出はこれらの商会の邪魔をしていたが、つぶすことはなかった。商会はかなり迅速に対応することができたのである。

オリエント方面の地中海商業は仲介者にとってメリットは何ひとつ失われていないので、ただひたすら力のみが、すなわち補給源を監視することが地中海商業を阻止できたのかもしれない。ポルトガル人は補給源を絶つことに何度も成功し、また補給源を絶とうと望む都度、たとえば紅海の優先的な取引に打撃を与えた、ポルトガル人の侵入の始まりにも、(5)それよりあとにも成功した。一五四五―一五四六年の冬の間、マラバル海岸沖合で、「ポルトガルの艦隊は非常に効果的な作戦行動をおこなったので、胡椒のいかなる密輸も避けられた。(6)」少なくとも密売は著しく減少した。しかしこのような厳しい措置は一時続いただけで、監視はひとりでにゆるやかになった。ポルトガルの勢力は、地域間の貿易の必要からも冒険精神ないし金儲けをしようとする気持ちからも、インド洋全体に、またインド洋を越えて、素早く遠くまで広がり、巨大ではあるが脆弱な帝国の建設に行き着いた。ところでポルトガルは、この広大な組織網、要塞、費用のかかる艦隊、役人を養うことができるほど金持ちではなかった。帝国は大領土を養わなければならなかった。

この劣勢ゆえに非常に早い時期にポルトガル人は税関吏になったわけだが、税関が利益を上げるのは、商品が流通している限りでしかない。だとすれば、不正あるいは我々が不正と名付けるものは有利な立場にあった（しかも不正は必然的であった)。必然的だというのは、ホルムズ海峡の重要な十字路を占領することはできなかった(一五〇六年)し、またホルムズ海峡への入口を閉めることもできなかったからである。二番目の必然性として、トルコ人がシリア(一五一六年)、エジプト(一五一七年)、イラク(一五三四年)に進出していた。トルコ人に対抗するために、ポルトガル人はペルシャを当てにしなければならなかった。その結果、インドとペルシャの重要な関係を大事にし、可能な限り、シリアならびに地中海方面へのペルシャの貿易を保護しなければならなかった。そこには自分の懐を肥やすことにやっきとなり、遠く離れた政府からの命令に耳を傾けない、ポルトガルの役人の腐敗という単純な側面とは別のものがたしかにある。役人の腐敗は存在したが、それがこの勝負を引っ張っているのではない。

しかしながらこうした慎重さと現実的な政策が一夜のうちに勝利を収めたのではない。ポルトガル帝国にとって本物の土台を見つけるには時間が必要であったし、またトルコ帝国にとっても、インド洋方面で、おのれの弱点、限界、ほどほどの利害を計算し、レヴァントの貿易をイスタンブールにすべて集中させるという当初の計画を断念し、結局は南方と東方に本気で進出する準備をするには時間が必要であったが、ポルトガルがこの恐るべき勢力を敵としないようにあらゆる手を尽くしたので、実際にはトルコ帝国はこの計画を断念した……。トルコは征服されたエジプトから行動を起こすまで十年以上も待つのである。ナイル川と紅海の間の水路工事が始められたのは、やっと一五二九年になってからであるが、その準備は地中海で敵に立ち向かう必要から中断される。一五三二年は〔アンドレア・ドリアによる〕コロン〔占領〕の年である。[7] スレイマン将軍の船団派遣までに新たに六年の休戦がある。スレイマンは一五三八年にアデン〔南イエメン〕を取るが、この同じ年にディウ〔インド〕を目前にして破れる。[8] 一五四二年、[9] ポルトガル人はキリスト教国のエチオピアをぎりぎりのところで守った。一五四六年[10]には、ふたたび攻囲されたグジャラート半島の要塞であるディウを奇蹟的に救った。インド各地から、また遠くスマトラから、大使たちが絶えずコンスタンティノープルにやって来て、ポルトガル人に対抗するためにスルタンの援助を要請し、スルタンにこのうえなく珍しい贈り物を持ってくる。たとえば実に見事な色のオウム、香辛料、香水、芳香性樹脂、黒人奴隷、宦官などである。[11] しかし一五五一年には、紅海の出口で、ピリ・レイス[12]の指揮するガレー船団がまたもや敗れた。一五五三年には、ペルシャ湾の出口で、[13]『国の鏡』の詩人シディ・アリが新たな敗北を喫した。それでも、この年を過ぎると、ポルトガル人とトルコ人の関係の緊張緩和が見られる。この緊張緩和は地中海向けの貿易を助長した。

香辛料の古いルートがふたたび活気を帯び、実際、世紀半ばには、繁栄する。このときから地中海の胡椒の地域が海の西側に広がり、リスボンの商業王の胡椒を大西洋に向かって押し返していく。とはいうもののはっきりとした境界線ができているわけではない。こういうわけで地中海の胡椒は、十六世紀前半の間、[14]またたぶんもっと後までも、アントワープに絶えず届いていた。一五一〇年には、一隻の船がアレクサンドリアとアントワープを直接に連絡していた。[15] 一五四〇年頃、地中海の胡椒はエスコー川の市場の価格に影響を及ぼしていた。この同じ年、イベリア人は、フランスに対して胡椒封鎖を試みて、[16]競争相手のマルセイユの取引に恩恵を与えたが、フランソワ一世はマルセイユの貿易を保護したいと考えていたようである。というのも、一五四一年に、フランソワ一世は香辛料に関するポルトガルの約束と申し出を断っているからである。あるヴェネツィア人の報告によれば、〈トルコ人に〉満足を与えようと思ったが、フランドル人を助けたくなかったのである。「アントワープが世界一の都市になってしまうから」[17]ということらしい。いずれにしても、一五四三年のマルセイユの輸出一覧表は、トゥールーズ方面ならびにリヨンまで——たぶんそれよりも先まで——の発送を示している。[18] 一五六五年には、マルセイユの輸出はルーアンに達していたし、トゥールーズではボルドーから転売されたリスボンの胡椒と張り合っていた。[19] 世紀中頃には、フランス人とイギリス人は、特にルーアン、ラ・ロシェル、ボルドーで、胡椒を交換する。[20] もちろん、原産地の異なる別々の産物である。状況によってあるときは一方、またあるときは他方に有利である。そんなわけで一五五九年には、一〇パーセントの〈従価税〉という関税の設定はカスティーリャの市場でルシタニア〔ポルトガル〕の胡椒を不利にしたが、それでもポルトガルの胡椒は、たぶん近かったせいで、イベリア半島から排除されることはなかったようである。(21) 世紀末のリヴォルノの輸入もフランスとイギリスの交換と同じ印象を残している。すなわち二つの胡椒は別々の商品であり、互いに競争しているのだが、互いに排除しあうことはない。実際は、十六世紀末まで、およびそれ以降も、ヨーロッパの胡椒市場はひとつだけあるのだ。(22) ここにたまたま、〈インディアスの船〉がリスボンに到着しないというニュースがあれば、その年には、香辛料の価格が上がったという、フィレンツェで開業していたあるスペイン人商人の言葉がある（一五九一年十一月二十九日）。「胡椒だけが値段が変わらなかった。というのも胡椒はレヴァントからヴェネツィアへ大量に届いていたからである(23)……」と、この商人は注記している。

否定しようもないこととして、地中海は胡椒貿易の大部分を、実際には最多量を取り戻したのである。レヴァントの商業は繁栄している。数多くのキャラバンがレヴァントの商業を活気づけ、あるものはペルシャ湾から、別のキャラバンは紅海からやって来る。しかもこうしたルートの果てでは、地中海に面した四つの都市がこのレヴァント貿易で生計を立てている。一方はアレッポならびにトリポリの活発な港であり、もう一方はカイロならびにカイロの港であるアレクサンドリアである。アレクサンドリアは、大きすぎる、巨大な首都と近いために実体がないかのようである。西欧側では、貿易の復活が特にこの時代の支配者であるヴェネツィア人に利益となり、マルセイユ人やラグーザ人がヴェネツィア商人の分け前にわずかに与かっている。ヴェネツィアの商人たちは奇妙にも内陸部まで、つまりアレクサンドリアからカイロまで（一五五二年）(24)、またダマス〔ダマスカス〕からバビロニアのキャラバン・ルートの出口にあるアレッポまで前進していく（ダマスカスは下り坂にあり、そのうえイタリア語で〈ガルブリ〉という個人的な陰謀がヴェネツィアの植民地の商売を悪い状態にしてしまった）(25)。エジプトでは、移動の動機は仲介者つまりカイロのユダヤ人仲買人や商人を厄介払いしたいということである。この大金持ちの競争相手は、放っておけば、キャラバンの大都市における商業の不動の支配者になるだけでは満足せず、キリスト教国向けの海上貿易も独り占めしてしまうかもしれない。もっとも、多くの場合、ヨーロッパの商人は彼らユダヤ人と協力して働かざるをえない。(26) こうした局地的な組織の問題とは関係なく、ヴェネツィア商人がアレッポにもカイロにもやって来たことは、これら内陸の市場の繁栄、ヴェネツィアの資本家、キャラバンによる取引の繁栄を意味するし、またキャラバンによる取引ばかりでなく、インドや東インド諸島におけるアラブ人商人の効率的な買い付けがうまく行っていることも意味している。地中海はインド洋においてその財宝を取り戻したのである……。

(1) V・マガリャニェス＝ゴディニョによれば、回復は少なくとも一五一四年からである。一五一七、一五一九、一五二三、一五二九年に半分だけ中断があったが、一五三一年には好転して十分な船積みがあった。

(2) Simancas E° 564, f° 10.

(3) R. HAKLUYT, *op. cit.*, II, pp.223-224. ロレンツォ・ティエポロの報告書、一五五四年、二一頁。

(4) G. ATKINSON, *op. cit.*, p. 131 より引用。Père Jean THÊNAUD, *Le voyage...*, s. d., B. N., Rés. O², f° 998. また次のものも参照。Samuele ROMANIN, *Storia doc. di Venezia*, VI, p. 23 (1536) ; A. d. S., Venise, *Cinque Savii alla mercanzia*, Busta 27 一五三六年一月二十六日。

(5) 本書第I分冊三〇〇頁以降「金と香辛料のキャラバン」参照。

(6) V. MAGALHÃES GODINHO, *Os descobrimentos e a economia mundial*, II, 1963, p. 487 et *sq.* は、これらの問題を新たに取り上げている。

(7) R. B. MERRIMAN, *Carlos V*, 2e éd. 1949, p. 182 を参照。

(8) A. B. de BRAGANÇA PEREIRA, *Os Portugueses em Diu*, pp. 2, 83 et *sq.* N. IORGA, *op. cit.*, II, p. 365 ; A. S. de SOUZA, *Historia de Portugal*, Barcelone, 1929, p. 129 ; F. de ANDRADA, *O primeiro cerco que os Turcos puzerão na fortaleza de Dio, nas partes de India*, Coïmbre, 1589.

(9) *Corpo diplomatico port.*, VI, pp. 70-71.

(10) A. B. de BRAGANÇA PEREIRA, *op. cit.*, p. 2 ; J. CORTE REAL, *Successos do segundo cerco de Dio*, Lisbonne, 1574 ; J. TEVINS, *Commentarius de rebus in India apud Dium gestis anno MDXLVI*, Coïmbre, 1548.

(11) 一五四七年。J. von HAMMER, *op. cit.*, VI, p. 7.

(12) *Ibid.*, pp. 184-186.
(13) *Ibid.*, p. 186.
(14) J. DENUCÉ, *L'Afrique et Anvers*, p. 71 ; M. SANUDO, *op. cit.*, LVIII, col. 678 一五三三年。
(15) J. DENUCÉ, *op. cit.*, p. 71.
(16) Prohibicion de introducir especeria en Francia, Simancas Eº 497 et 498.
(17) ドナートからドージェ宛書簡、アンボワーズ、一五四一年五月二日、B. N., Paris, Ital., 1715（写し）。
(18) A. des Bouches-du-Rhône, Amirauté de Marseille, IX *ter*.
(19) Paul MASSON, *Les Compagnies du Corail*, 1908, pp. 123-125.
(20) P. BOISSONNADE, «France et Angleterre au XVIe siècle», *art. cit.*, p. 36.
(21) R. B. MERRIMAN, *op. cit.*, IV, p. 441.
(22) Mediceo 2080 およびグイッチャルディーニ・コルシ古文書の書類も参照。
(23) バルタサール・スアレスからシモン・ルイス宛書簡、一五九一年十一月二十九日、Archivo Ruiz.
(24) WILKEN, p. 44 (F. C. LANE, *op. cit.*, p. 582 に引用)。
(25) 一五三八―一五四〇年のトルコ・ヴェネツィア戦争は数に入れない。シリアおよびダマスの困難については、A. d. S., Venise, *Cinque Savii*, Busta 27 一五四三年一月二十三日、一五四三年七月、一五四四年六月十四日、一五四八年十二月七日、一五四八年十二月十九日。
(26) Lorenzo TIEPOLO, *Relatione…* (1554), p. p. CICOGNA, pp. 15-16.

レヴァント商業がたどる道

無数の史料がこの地中海商業の景気回復を立証している。しかしながら、一般に流布しているのは反対の考え方であるから、いくつかのディテールが誤解を招くことがあるということを指摘しておこう。道に迷わないためにも、アレッポとカイロに行き着く二つのルートはずっと前から互いにライバルであるということを知っておかなければならない。つまり一方のルートが閉鎖されるとき、他方のルートが開かれるのだ。ところでアレッポは、この全般的な景気回復の時代に、ペルシャへの途中にあるということで被害を受け——特に一五四八―一五五五年の戦争の間は被害が大きい――、またホルムズ海峡への途中にあるためにポルトガル戦争の被害を受ける。一五六〇年から一五六三年までのトルコ・ポルトガル戦争の際には、バスラからのキャラバンは取るに足りない数になる。[1] アレッポがある日栄えていても、[2] 翌日には物価の異常な上昇によって痛めつけられることがあっても何も驚くことはない。[3] 一五五七年七月、ラグーザの仲買人クリストファノ・アレグレッティは、がっかりしたので、エジプトに行くことに決めたと公言した。「思うに、このアレッポという土地がかつてこれほど商品不足になったことはない。今や石鹸と灰のほかにはアレッポでは何ひとつ見つからないほどなのだ。没食子《もっしょくし》〔染色の材料〕がアレッポでは一三ないし一四ドゥカートもするし、フランスの船が四隻（トリポリに）到着したから、価格が天まで届くくらい上がることは間違いがないと思う。なぜなら当面八隻以上のフランス船が来ていて、どんな値段であっても買い始めたらすべての人を破滅させるからである。」[4] これより二年前の一五五五年、たぶんトルコ・ペルシャ戦争の終結の際には、アレッポのモーロ人ならびにヴェネツィア人の数多くの商人が〈インドに行ってしまった。〉[5] もちろん、すべての商人が我がラグーザ人やこの旅行者たちと同じように行動して、この土地を去ったのではない。一五六〇年に、ロレンツォ・ティエポロ[6]がアレッポに来るとき、彼は馬に乗った二五〇人の商人に迎えられる。一五六三年十一月には、ペラのヴェネツィア代官が〈大ガレー船団〉がシリアからヴェネツィアに向けて出発したと知らせている。[7] 前年のヴェネツィアのある報告書は、アレッポには五、〇〇〇人の織物労働者がいると言っている。[8] 危機がどんなものであろうと、この都市は商業と工業の大中心地でありつづけた。またアレッポの困難はこの都市独自のものであった。それは東地中海全体には必ずしも関わりがない。

とりわけ、唯一無二の紅海にはたいていは関係がないが、極東方面の商業の道としてはどんなにか重要な道であったことか。世紀中頃に紅海の両岸を見たブロン・デュ・マン[9]は、「この紅海は、狭い運河ではないにしても、アルフルールとオンフルールの間のセーヌ川ほどは広くなく、危険を冒してやっとの思いで航海することができるとところである。というのも暗礁がいっぱいあるからである」と書いている。多数の小型帆船が紅海を移動する。この帆船は釘で留めてないが、「ココ椰子の樹の繊維でつくった縄で板を継ぎ合わせ、魚の油に漬けたなつめ椰子の繊維で船体を塡隙《てんげき》した」不思議な船である。[10] 大型の「ウルク船」もガレー船も見られる。[11] ガレー船は船体をばらしてカイロからスエズまで運ばれて行く。スエズは砂漠の真ん中にあって風避けができない[12]「不都合な」悪い港である。[13] 小型船も大型船も、アデンかアビシニア海岸を通って、インドやスマトラやマルク諸島の財宝に加えて、アジアのイスラム世界全体の巡礼者を北の方に連れて行く。ひどい時化《しけ》を避けなければならないという必要性ゆえにこうした険しい海岸に港の数が増えていった。スアキン〔スーダン北東部〕、アデン、ジェッダ〔ジッダ〕——これはメッカの港である——スエズのライバルであるトル〔アカバ〕などである。この長期の航海をする船の数が最も多く集まるのはジェッダである。文献の言う通りの言い方では、「ジュダ」あるいはジデンである。したがって、メッカの近くに、膨大な数のキャラバンが集合し、その数は一度に二〇万人の人間と三〇万頭の動物になる。小麦が不足することはしょっちゅうあっても、聖なる都市に肉が不足することは決してない。[14] ジェッダから船および小舟がトルに向けて出発し、トルからはキャラバンは九日か十日でカイロに着く。[15] インド洋の海上輸送大船団の出発地によって、つまりスマトラ、カンベイ（インダス川地方の出口にある）、マラバル海岸、カリカット、ブル、カナモール〔カナノール〕、その他風下の国々によって、香辛料は毎年五月か十一月に紅海に届く。[16]

したがって紅海の気難しい扉は広く開いている。広範な取引が紅海に流れ込んでくる。ブロンは遠い「インド」から本当に来たのだということを信じようとしないけれども、間違いなく中国製の値段の張る磁器があるということだけで広範な取引があったことを立証するには十分である。[17] こわれやすい磁器は大量の他の商品と一緒に持って来るしかないからである。香辛料に関して言えば、なかでも胡椒が圧倒的に第一位を占めているのだが、一五五四年から一五六四年まで年間の流れは二万から四万軽キンタルである。[18] 一五五四年には、ヴェネツィア人だけがアレクサンドリアから六〇〇梱[19]、すなわち約六、〇〇〇キンタルの香辛料を買っていく。ところでヴェネツィア人はアレクサンドリアの取引の一部しか、つまりせいぜいのところ半分しか占めていないのだから、西欧の商業にオリエント諸国の相変わらず大きい消費を付け加えなければならない。一五六〇年から一五六四年まで、カイロの領事館史料のある写しは、ヴェネツィア人の買い付けだけに関して、年間一二、〇〇〇キンタルという数字を挙げている[20]。これはかつて、つまりヴァスコ・ダ・ガマ以前と同じくらい高い数字であり、アレクサンドリアの香辛料貿易の総量を四万キンタルと見積もっていたローマ駐在ポルトガル大使の概算とぴったり合う[21]。一五六四年十月に、ポルトガルのために働いているあるスパイはこの貿易を三万キンタル、そのうち二五、〇〇〇は胡椒である[22]、と見積もっている。またカイロ駐在のヴェネツィア領事は、一五六五年五月に、二万キンタルの胡椒がジェッダに到着したと語っている[23]。その頃、人々はグジャラート、カリカットおよびその他の地域からの輸送船団をまだ待っていた（その他の地域からの輸送船団はふつうは冬に到着する）。そして八月には一三隻の船がジェッダに積み荷をおろした[24]。したがって我々はまた三万ないし四万キンタルという数字に戻るのだが、これはエジプトの取引しか含まず、シリアの取引は考慮に入れていない。

三万か四万キンタルと言っておくことにしよう。この数字は統計的な価値は持たない。このことから、かつて通過したことのないほどの量の香辛料と胡椒が、つまり同じ時期にリスボンに届く量と同じか、フレデリック・レインが言っているようにリスボンよりも多い量の香辛料と胡椒が紅海を通過するのだということだけ結論として引き出しておこう[25]。要するに、膨大な量の香辛料が地中海に届くのである。当時言われていたように、香辛料は「金貨で数百万」である。また、胡椒と香辛料と一緒に、阿片、抗毒剤としてのバルサムのような薬品、浮き彫り模様のある陶器、絹、香水、化粧品、ブロンが語っている「ベゾアール石」や鹿の眼下腺の分泌液[26]、宝石、真珠……などがやって来る。贅沢で、不必要な貿易であるが、不必要なものは、本能的に、人間にとって「最も必要なものに見える」ものではないだろうか。[27] 香辛料の貿易は、まだ十八世紀ではないにしても、十七世紀には世界中のあらゆる貿易のなかで最も重要なものである。[28]

したがって、通貨や取引しやすい商品を積んだ大型船がアレクサンドリアやシリアに向かって急ぐ。一五五二年一月には、三隻のヴェネツィア商船が、二五、〇〇〇〈ドーブラ〉と一〇万ちょっとのエキュ金貨を載せて、トリポリに行く。この金に関する噂はローマ駐在のポルトガル大使に危惧を抱かせる。[29] 大使は金の使い道については疑っていない。一五五四年春に、一隻のラグーザの船がアレクサンドリアで見かけられる。[30] 一五五九年秋には、ラグーザの商船一隻、キーオスの船一隻、ヴェネツィアの商船二隻、いずれも香辛料を積んでいた船が、アレクサンドリアの「船長」に拿捕される。[31] そのなかの一隻、「コンタリーナ号」は、一月に香辛料と胡椒を積んでヴェネツィアに戻ってきた。[32] また、ヴェネツィアの五四〇トンの帆船「クロセ号」の積み荷から、こうした船が何を運んでいたかおよそ判断することができる。この「クロセ号」は、一五六一年に、銅の原石、延べ棒、加工した銅、毛織物、羊毛、絹、カージー、ベレー帽、珊瑚、龍涎香《りゅうぜん》、装飾品、紙、それに現金をオリエントに運んでいた。帰りには、さまざまな原産地の胡椒と生姜、シナモン、ナツメグ、クローブ、香《こう》、アラビア糊、砂糖、白檀の木、その他無数の商品を持ち帰った。[33]

やがて不安がリスボンを覆う。リスボンには間違った知らせも正しい知らせもたくさん入ってくる。この同じ年の一五六一年、トルコ人の港の方に貿易が自然に流れていくだけでは十分ではないかのように、トルコ人がインド洋でポルトガルの胡椒約二万キンタルをおさえ、それをアレクサンドリアへ向かわせたという知らせがリスボンに入ってきた……。[34] ポルトガル領インドの副王が君主に反旗をひるがえして、国王船団の胡椒をエジプトに送ってしまったという噂さえも流れた。[35] こうした問題の専門家であるローマ駐在のポルトガル大使は、情報提供者の報告に基づいて、一五六〇年十一月に、膨大な量の胡椒と香辛料がアレクサンドリアに入荷したのだからリスボンにほんのわずかしか入荷しなくても驚くにはあたらないという結論を下した。[36] ポルトガル駐在のフランス大使ジャン・ニコは、一五六一年四月に、この知らせを聞いて率直に喜んだ。[37] 大使は次のように書いている。「紅海経由のこの胡椒貿易が再開されるならば、ポルトガル国王の在庫は非常に悪くなる。これはポルトガル国王が最も恐れていることであり、それを防ぐために国王の軍隊はかくも長きにわたって戦ってきたのである。」

胡椒の著しい品不足はポルトガルの客である国々を苦しめた。やや大げさである危険を冒して、モスクワからカスピ海まで、さらにその先のペルシャまで進出しようとするイギリス人の企てを思い起こそう。ジェンキンソンの最初の旅は一五六一年である。[38] フランスでは、フランス人に対して固く閉じられているポルトガルの「店」の扉を無理矢理に開けることができないことがわかっていたので、[39] フランス人はニコからギニア海岸に胡椒の代わりのマラゲッタを探しに行くべきだという助言を受けていた。この胡椒の代用品は長い間とりわけアントワープで売られていた。[40] フッガー家は、一五五九年から、フューメ〔クロアチアのリエカ〕とラグーザの中継地を通してアレクサンドリアとの通商を組織し、アレクサンドリアに代理人を派遣していた。[41] スペインでは香辛料の価格が急騰していた。一五二〇年から一五四五年まではほぼ安定しているが、その後一五四五年から一五五八年までは全般的な物価上昇によって一定の値上がりがあり、一五五八年から一五六五年までは、他の食料品よりもずっと速いリズムで、突如急激な値上がりが起こり、新カスティーリャでは三倍にもなった。[42] アール・J・ハミルトンは初めてこの異常な値上がりの事実を確認し、レガスピが一五六四年にフィリピン諸島まで率いていった遠征軍派遣に胡椒の価格上昇が影響を及ぼした可能性を指摘した。[43] ところで、すでに一五五八年に、ジェノヴァではポルトガルの「薬」の価格が高すぎるという不平不満の声が上がっていた。[44]

トルコ・ポルトガル戦争(一五六〇―一五六三年)はこのような事態に対するポルトガルの反動であるのか。それとも、反対に、ポルトガルの弱さの徴候なのか。ありきたりの歴史のなかに答えを探したところでむだであろう。

戦争は、またもや非常に激しく、マンデブ海峡とホルムズ海峡の目と鼻の先で、つまりトルコが自国のガレー船でおさえている二つの湾の出口で展開された。この度は、イエメンではポルトガル人の利益になるようにトルコのスパイが裏切ったという噂が流れていたが[45]、トルコはペルシャ湾に努力を傾けた[46]。しかしながら、コンスタンティノープルには、我々にはよくわからないことなのだが、インドやアッシ（スマトラ）王国の大使たちが、めったに見られない真珠を手にいっぱい抱えて、相次いでやって来た[47]。こうした代表団のうち、エジプト経由でやって来た代表団は、トルコのガレー船に乗って首都コンスタンティノープルに到着した[48]。

こうしたディテールはそれぞれのディテール同士の関係をつけにくい。事実、トルコ・ポルトガル戦争は、始まりがあり終わりのある、本当の戦争ではないかもしれない。あの広大な境界地域において、打撃を与え、それからその打撃の結果を知るには何ヵ月あるいは何年もかかる。コンスタンティノープルにいたジェノヴァの秘密諜報員ジョヴァンニ・アゴスティーノ・ジッリは、スルタンがこうした遠方の事件に干渉する気がほとんどなかったことを強調するとき、事態をかなり正しく見ている。インド人の一人ひとりにスルタンは金糸入りの上着と二万アスプルを与え、インド人が必要とする大砲と砲兵は与えなかった[49]。この一五六三年の終わりには、ポルトガル人との和平が本気で問題になっている。一五六三年十二月七日および八日付けで、コンスタンティノープル在住のスペイン諜報機関のあるスパイ、「真実を書く習慣のある人」によってナポリ副王宛に送られた手紙がそのことを物語っている。この情報提供者が明確に述べているところによれば、「ポルトガルの大使はトルコとの和平交渉をおこなった。このとき大使は、ポルトガル人のために、インドからポルトガル人の持って来る商品を紅海を通して運ぶ権利を獲得しようと努めた。紅海からポルトガルの商品は陸地伝いにカイロ、アレクサンドリア、シリアに達し、そこで売りさばくことができる。しかしまだ何ひとつ締結されていなかった。」しかも大使は税関の検査を受けなくてよいように要求した。「これは今日まで〔トルコが〕大使に譲歩しようとしなかったことである[50]。」

この和平交渉はいくらかの不安材料であるとヴェネツィアが判断したものであり、交渉は締結には至らなかったが、しばらく注意を払うだけの価値はある。ヴァスコ・ダ・ガマの周航後六十五年経つか経たないかの一五六三年の末に、この交渉は一五二七年のヴェネツィアの虚しい外交行動とかなり奇妙な対をなしている。そこに紅海の勝利、ヴェネツィアと地中海の雪辱を見て取ることができる。

（1） F. C. LANE, *op. cit.*, p. 580.
（2） たとえば一五五六年、一五六三―一五六四年。
（3） 一五六二年。ティエポロの報告、L. TIEPOLO, *op. cit.*, p. 40.
（4） メッシーナのゴッツェおよびアンドレア・ディ・カタロ宛書簡、シリアのトリポリ、一五五七年九月十五日、A. de Raguse, D. di Canc., f°s 37 et *sq*.
（5） A. d. S., Venise, Relazioni, B 31, アレッポ、一五五七年七月十日、シリア領事G・バティスタ・バサドナからヴェネツィア政府宛書簡。
（6） L. TIEPOLO, *op. cit.*, p. 30.
（7） A. d. S., Venise, Senato Secreta, Constant. Filza 4/D.
（8） L. TIEPOLO, *op. cit.*, p. 39.
（9） BELON DU MANS, *op. cit.*, p. 124.
（10） Sonia E. HOWE, *Les grands navigateurs à la recherche des épices*, 1939, p. 106.
（11） BELON DU MANS, *op. cit.*, p. 131.
（12） *Ibid.*, p. 120.
（13） *Ibid.*, p. 132 v°.
（14） R. HAKLUYT, *op. cit.*, II, pp. 207-208, 一五八六年頃。
（15） L. TIEPOLO, *op. cit.*, p. 21; D. BARBARIGO, in: E. ALBÈRI, *op. cit.*, III, II, pp. 3-4.
（16） *Ibid.*, p. 21.
（17） BELON DU MANS, *op. cit.*, p. 134.
（18） 軽キンタルは約五〇キログラム。
（19） L. TIEPOLO, *op. cit.*, p. 20.

(20) F. C. LANE, *op. cit.*, p. 581.
(21) *Corp. dipl. port.*, IX, pp. 110-111 ; F. de ALMEIDA, *op. cit.*, III, p. 562 ; F. C. LANE, *op. cit.*, p. 5.
(22) F. C. LANE, *op. cit.*, p. 586.
(23) *Ibid.*
(24) *Ibid.*
(25) R. EHRENBERG, *op. cit.*, I, p. 14 は、胡椒の請負人アファイタティ家用にリスボンに一〇、一二七包みの胡椒が到着したことを語っている。
(26) E. CHARNIÈRE, *op. cit.*, II, p. 776 et note ; BELON DU MANS, *op. cit.*, p. 158 v°.
(27) Ernest BABELON, *Les origines de la monnaie considérées au point de vue économique et historique*, 1897, p. 248 (Alfred POSE, *La Monnaie et ses institutions*, 1942, I, pp. 4-5 に引用)。
(28) J. KULISCHER, *op. cit.*, II, p. 258.
(29) 一五五二年一月二十三日、*Corp. dipl. port.*, VII, p. 108.
(30) L・ティエポロからドージェ宛書簡、カイロ、Collegio Secreta, Busta 31.
(31) 一五五九年十一月十四日、Senato Secreta, Cost. Filza 2/A, f° 190 v°.
(32) G・エルナンデスからフェリーペ二世宛書簡、ヴェネツィア、一五六〇年一月三日、Simancas E° 1324, f° 27.
(33) F. C. LANE, *art. cit.*, pp. 581-583.
(34) Jean NICOT, *Sa correspondance diplomatique*, p. p. Ed. FALGAIROLLE, 1897, p. 127. 一五六一年四月十二日。
(35) F. C. LANE, *op. cit.*, p. 585.
(36) *Corpo dipl. port.*, VII, pp. 215, 238, 258, 277 ; VIII, pp. 79, 97, 115, 250, 297, 372 ; IX, pp. 110-111 (F. C. LANE, *op. cit.*, p. 585 に引用)。
(37) J. NICOT, *op. cit.*, p. 127, 一五六一年四月十二日。
(38) 本書第Ⅰ部三一八頁以降参照。
(39) J. NICOT, *op. cit.*, p. 31, pp. 107-108, XXXIII et *sq*.
(40) J. NICOT, *op. cit.*, p. 39, 一五五九年十二月十二日。
(41) F. C. LANE, *op. cit.*, p. 588.
(42) E. J. HAMILTON, *op. cit.*, pp. 232-233.
(43) *Ibid.*, p. 233, note 2.
(44) R. di TUCCI, *Relazioni*..., p. 639.
(45) H・フェロからドージェ宛書簡、ペラ、一五六一年九月十六日、Senato Secreta, Cost., Filza 3/D.

(46) J. NICOT, *op. cit.*, pp. 63-64, 一五六一年七月二十八日。

(47) ジョヴァンニ・アゴスティーノ・ジッリからジェノヴァ共和国宛書簡、コンスタンティノープル、一五六三年七月五日、A. d. S., Gênes, Costantinopoli, 1558-1565, 1-2169. G・エルナンデスからフェリーペ二世宛書簡、ヴェネツィア、一五六三年七月十日、Simancas E° 1324, f° 221；ペトレモルからシャルル九世宛書簡、コンスタンティノープル、一五六四年四月二十二日、E. CHARRIÈRE, *op. cit.*, II, pp. 748-750；ダニエル・バドアロからドージェ宛書簡、ペラ、一五六四年五月四日、A. d. S., Senato Secreta, Filza 4/D.

(48) E. CHARRIÈRE, *op. cit.*, II, pp. 748-750.

(49) 上記注(47)参照。

(50) Simancas E° 1053, f° 10.

ポルトガルの胡椒の景気回復

インド洋の戦争がどんな条件で終結したのかはわからない。答えはおそらくリスボンに見つかる。しかしこの戦争でポルトガル貿易の不運が尽きたのではない。

ヨーロッパでは、アントワープをめぐるネーデルラントの反乱がポルトガルの貿易に甚大な損害を与えた。一五六六年からは、ポルトガルと関係のあったヴェルザー家は、胡椒とインド契約への投機の結果、ひどい目にあう。フッガー家は、イタリアの協力者ロヴァレスカとともに、重大な被害をこうむる。(1) 一五六九年には、ポルトガルの香辛料の貿易をアントワープからロンドンへ移すための奇妙な交渉が開始される。(2)

それと同時に、インド洋の周辺は相変わらず動乱続きで、今度はトルコ人が敵と同じ程度に動乱の影響を受ける。一五六七年、フールクヴォーが四〇隻のガレー船がスエズで武装中という知らせを受けたとき、彼はマドリードから(3)ガレー船がすでにスマトラまで走行しているのを見ている。トルコが東インドを航行する船を遮断するとすれば、「それはポルトガルの傲慢さをくじくことになる。そうすればフランスでは、これからはポルトガルまで行かなくても、アレクサンドリアやシリアの港で今までよりも安い値段で胡椒が手に入ることになる。」一五六八年にも、ヴェネツィアからの報告では、トルコの二〇隻のガレー船がバスラからポルトガル人に襲いかかって、バーレーン島とこの島の真珠漁場をポルトガル人から奪う準備をしている[4]。しかしこの同じ年の一五六八年に、アラビアが蜂起する。特にイエメンで長期にわたる反乱が繰り広げられる[5]。考えられないような政治的瑣末事のほかには、紅海の門番たるアデンがこのときどうなったかを知ることはほとんどできない。後に宰相になるシナン・パシャの手によって秩序が回復されるのは、やっと一五七三年になってのことである[6]。

たぶん、ポルトガルはポルトガルなりの困難を抱えていた（ゴアは一五七〇年に十四ヵ月にわたって包囲され[7]、テルナーテの要塞〔インドネシア〕は一五七五年に陥落する）が、このときトルコの困難に乗じたのである。ポルトガルはスルタンのガレー船の脅威が軽くなるのを感じた。一方、一五七〇年には、ポルトガルの香辛料貿易体制の重要な変化がそれなりの役割を果たした。実際、一五七〇年三月一日の〈統制[8]〉により、国王ドン・セバスティアンは家臣のために王室の独占を放棄した。これは何人かの人、とりわけピレス[9]がずっと前から要求していた改革であった。この同じ年、副王ドン・ルイシュ・デ・アタイデは海の取締りを十分にやったと自負していたが、他の年と同じように一六ないし一八隻ではなく、わずか二隻の商船がカリカットからメッカまで行くことができたにすぎない[10]。

一五七〇年十一月二十五日のヴェネツィアの措置とともにたぶんシーソーのような新たな動きが始まる。この措置がいくつもの意味合いを持ちうるとはいえ、いずれにしても取るに足りないものであるとしても、これは外国船、自国船を問わず[11]、外国人がヴェネツィアに香辛料を持ってくるのを許可するというものである。しかし、状況はやがてヴェネツィアに不利になる。トルコとの戦争（一五七〇―一五七三年）は、ヴェネツィアにとって、恐るべき苦難であった。ヴェネツィアのすべてのライバル、つまりラグーザ人、アンコーナ人、さらにはマルセイユ人がヴェネツィアの苦難につけいった。一五七三年七月から九月までの積み荷証書は、マルセイユ人（老マンリッヒにとって少なくとも一回）がエジプトのアレクサンドリアから「スマトラ産の」「生姜」と胡椒の積み荷を運んだことを示している。[12] 一五七四年四月にヴェネツィアの領事が言っているように、[13] 心配なのはアレッポへの絹の大包みの入荷の減少（ペルシャとの戦争のため、というよりもペルシャとの戦争の脅威のため）ではなくて、戦争が始まってからわんさと押しかけて来たフランス商人との競争によって破産しかねないことである。それに反して、香辛料の主要なルートがふたたびシリア・ルートになったことについては、いかなる不平不満も聞かれない。一五七四年十月、ヴェネツィアから一隻の豪華商船〈ルドヴィカ号〉が一五万ドゥカート分の商品を乗せて出航する。嵐のためにこの船はアンコーナに寄港せざるをえない。アンコーナの都市守備司令官はこの船が銅を積んでいるのを見つけ、密輸入商品を輸送しているとして、船を正当に拿捕すると宣言する。船と積み荷を奪い、船長と船員を投獄した。[14] 一五七四年のいくつかの商用の手紙を手当たり次第に読めば、[15] 手紙に関してそれほど詳しく知っていなくても、何隻かのフランス商船（一五七四年一月三十日）、フランスの小舟一隻（四月三日）、ヴェネツィアの商船〈モチェニガ号〉――これは三月に、またその後十一月にはトリポリにいる――、たぶんヴェネツィアのサエティア帆船〈アルタナ号〉……などがシリアに向けて出発したりシリアに滞在したりしているのがわかる。そしてこれらの船はメース、〈チョトニ〉、砒素、綿糸、香辛料、生姜、〈ミロバランの実〉一箱を船に詰め込んでいる。一五七五年五月十二日、[16] 商船〈ジラルダ号〉は綿、〈山羊の皮〉、絹、薬品、香辛料を運び出す。

したがってレヴァントの貿易は、シリア方面でもエジプト方面でも、中断されてはいない。それでもポルトガルの胡椒が地中海において盛り返している。一五七七年九月十三日の元老院の審議はこの点を明らかにしている。[17] 〈商業に関する五賢人会議〉の報告によって、リスボンでは四隻の船がヴェネツィアに向けて〈大量の胡椒〉を積み込んだが、ヴェネツィアでは一五一九年（この日付はそれなりの重要性を持っている）の古い規定――レヴァントからの香辛料ではなく、西方からの香辛料だけに課税する――によって三パーセントの税金を払わなければならないということを知ったときに船の持ち主が思い直したということを元老院は知る。船はこの課税廃止を獲得できるという希望を持って、航海を延期するのがよいと判断した。専門家の言うところでは、「この商品（ポルトガルの胡椒）が、この市場と輸出税の損害のために、別の場所への道をとる可能性があることにかんがみて」課税廃止は二年間認められる。したがって「アレクサンドリアから胡椒がほんのわずかしか来ないので、西方の胡椒に市場開放」したほうがよい。二年後にクリストバル・デ・サラザールはフェリーペ二世に宛てて次のような手紙を書いている。「アレクサンドリアでは、取引も輸送も壊滅状態であります。特に香辛料の貿易はだめであります。香辛料貿易の道が見捨てられているからです（Porque se ha dexado el camino）。」(18)

（1）H. FITZLER, *art. cit.*, pp. 265-266.
（2）フェリーペ二世からアルバ公爵宛書簡、一五六九年十一月二十一日および一五六九年十一月二十三日、Simancas E° 542, f°s 9 et 22.
（3）一五六七年十一月十三日、C. DOUAIS, *op. cit.*, I, p. 288；コルフ島からの報告、一五六七年九月二十七日、Simancas E° 1056, f° 86.
（4）J・デ・コルノサからフェリーペ二世宛書簡、一五六八年五月二十二日、Simancas E° 1326.
（5）本書第Ⅲ部第3章の「戦争の機運上昇」（第Ⅳ分冊）を参照。
（6）同上、第Ⅲ部第5章の「ドン・フアンの時代」注(11)および(12)参照。
（7）R. HAKLUYT, *op. cit.*, II, p. 219.
（8）*Leis e provisões de el Rei D. Sebastião*, Coïmbre 1816, p. 68 et *sq.* (F. de ALMEIDA, *op. cit.*, III, p. 562 に引用)。
（9）一五六〇年二月十四日、*Corp. dipl. port.*, VIII, p. 355.
（10）B.N., Paris, Fonds portugais, n° 8, f° 197.
（11）A. d. S., Venise, *Cinque Savii*..., Busta 3 一五七〇年十一月二十五日。
（12）Fonds Dauvergne n° 113, 115（老マンリッヒに関して）、117, 118, 122 から 125.
（13）G. BERCHET, *op. cit.*, p. 61.

(14) G・デ・シルバからフェリーペ二世宛書簡、ヴェネツィア、一五七四年十一月五日、Simancas E° 1333.
(15) Lettere commerc., 12 *ter*, A. d. S., Venise.
(16) Simancas E° 1331.
(17) A. d. S., Venise, Busta 538, f° 846 et v°.
(18) ヴェネツィア、一六七九年七月八日、A. N., K 1672 G1, n° 84.

ポルトガルの胡椒に関するさまざまな計画と闇取引

したがって、地中海における胡椒貿易の利益を奪おうとするおよそ三つの企ての説明がつく。

第一の企てはポルトガルの企てである。これは一五七五年十一月十日フェリーペ二世に宛てて、こうした問題の専門家であるパドヴァ大学卒業生、跣足カルメル会修道士マリアノ・アザロが書いたある手紙において明らかにされている。(1) それはイタリアのスペイン領土、つまりミラノ、ナポリ、シチリア、サルデーニャにポルトガルの胡椒を輸入し、スペイン領で広く売られているヴェネツィアの胡椒を排除しようとする計画である。またこの動きにローマ教皇とイタリアの他の君主を引きずり込み、プエルト・デ・サンタ・マリアであれ、カルタヘナあるいはイベリア半島のどこかの港であれ、イタリア向けの配送センターを、またもしよければアントワープ向けの配送センターをつくろうとする。輸送は国王所有のガレオン船でおこなわれる。この計画が、付随的に、ポルトガルの胡椒が一五一六年からスペイン王国を征服したことを示しているとしても、ポルトガルの胡椒の価値を大いに増大させているということではない。スペインの〈夢想的な政治家〉の書いたすべての風刺文を手に入れたなら、いったいどれほどいい加減なデータに悩まされるかわからない！　しかしこの跣足カルメル会修道士の背後には、二人の、あるいはたぶん三人の重要人物がいる。まず第一に、周知の通りポルトガル人のルイシュ・ゴメシュ・ダ・シルヴァ。この人は「亡くなる直前に、私がレヴァントの香辛料についてこの方に申し上げた意見を国王陛下に提案するという責任を引受けなさった。」次に、修道士がまず初めに手紙を書き送った相手である書記官アントニオ・グラシアノ。最後に国王。国王は、この時期からすでに、胡椒貿易とポルトガルの独占を気にかけていて、書記官から事情を知らされて、二番目の報告書を出すよう要請した。ここで取り上げているのがこの二番目の報告書である。したがってこれは対ヴェネツィアの大がかりな攻撃を含む真面目な計画である。というのもトルコが自国の小麦と香辛料でヴェネツィアを支え、ヴェネツィアは道徳の名において、またトルコに比べてはるかにまともな出所のポルトガルの胡椒の最大利益のために非難されても、下劣な利害関係からキリスト教世界を裏切っているからである！　さらにだれでも知っていることだが（そしてこれはリスボンの商品に差し向けられる品質が悪いという非難に対する答えである）、トルコは、自国の飲み物と蜂蜜水のために香辛料を煎じ薬として使ったあと、この使い古しの香辛料をシリアの定期市では平然と売っているのだ。

第二の企てはトスカーナの、というよりもむしろメディチ家の企てである。大公フランチェスコは、一五七六年から一五七八年まで[2]、インド諸国からポルトガルにやって来る香辛料の〈専売権〉を手に入れようと努める。そのために大公はリスボンの王家の奇妙な子孫、正真正銘の十字軍ドン・セバスティアンに対して融資の約束をする。ドン・セバスティアンは、モロッコの異教徒と戦うことを考えて、必要な資金を手に入れることに心を砕いていた。この戦争は国王の自殺行為となり、また貴族と王国の自殺行為となるものである……。このとき大公は非常に野心に満ちた意図を抱いている。同時にスルタンとも交渉をしているが、ヴェネツィア人――この場合ヴェネツィア人は目利きであるが口が悪い――によれば、問題になっているのは世界中の胡椒の独占である[3]。この大きすぎる計画は結局はフィレンツェの商人メディチ家とポルトガル大使アントニオ・ピント[4]との間でおこなわれた二〇万エキュの貸付交渉にとどまる。これは、たしかに、貸付と引換えにリヴォルノにポルトガル胡椒が大量に輸入されるきっかけとなる。おそらくもう少しのところであったが、それでも大公は一五八七年に独占はできなかった。(5) しかし、こうした闇取引のあと、フィレンツェとリスボンの間では以前よりも活発な取引関係が維持された。

第三の、最後の企ては、フェリーペ二世自身の企てである。これは、フェリーペ二世にとって、隣の王国を監視下に置き、ネーデルラントの反乱を阻止し（場合に応じて塩、小麦、香辛料をネーデルラントに輸入禁止することが考えられた）、塩と胡椒に関するスペイン・ポルトガル貿易を積極的におこなうことの三つを同時に目指すものであった。(6) それはまた遠くにある広大なアジアをおさえたいと思っているロートやナターニエル・ユングのような――二人ともドイツ人――大実業家の言い分に従うことでもあった。彼らは一五七五年からポルトガル胡椒の契約をとることを考えている。

フェリーペ二世がポルトガルを占領したとき、計画にすぎなかったことが現実となる。一五八〇年は、フェリーペ二世にとって、一五四七年のカール五世と同じく、権力の頂点である。ポルトガルが降伏したのは――というのもポルトガルはフェリーペ二世に降伏したのだから――フェリーペ二世の金、軍隊、艦隊の三つの保護を受けるためであり、またこの三つの手段によってインド洋におけるポルトガルの足場を強化するためである。一五八〇年以降、国王がレヴァント貿易の糧となっているひびをふさぎ、そしてみずからの帝国の利益のために一挙にトルコとヴェネツィアの富を破壊してしまいたいと願ったのは当然のことであろう。しかし、アジアと新世界を編制し、二つの世界を結びつけることを決心したフェリーペ二世は、大西洋、特に北大西洋よりもインド洋をめぐる障害にぶつかることのほうがはるかに少ないのだ。したがってフェリーペ二世が行動するのは、非公式な和平を保っているトルコに対してよりも、プロテスタント、つまり反乱を起こしたネーデルラントとイギリスに対してである……。慎重王の奇異な政策はそこに由来する。ポルトガルの支配者となった国王は、征服したばかりの胡椒を地中海に進出させ、売りさばこうとする。このようにしてフェリーペ二世は大西洋の道よりもはるかに安全な経路で貴重な食物を分配し、特に敵国から胡椒を奪うつもりなのだ。この政策は、計画が立てられ、ためらいがあったあとはっきりするまで時間がかかり、一五八五年に具体化するまでにはなおもかなり遅れる。これはまさしく大西洋ならびに北ヨーロッパに対するスペイン軍の動員に他ならない。

（1）セビーリャ、一五七五年十一月十日、Simancas E° 564, f° 10.
（2）G. VIVOLI, *op. cit.*, III, p. 155. この件でジャコメ・バルデとその代理人シロ・アリドシオの果たした役割については、B. N., Paris, Fonds Portugais, n° 23, f°s 570 et 571 v°.
（3）クリストバル・デ・サラザールから国王宛書簡、ヴェネツィア、一五七七年九月十一日、Simancas E° 1336.
（4）ブリセニョ神父から国王宛書簡、フィレンツェ、一五七六年十一月二十六日、Simancas E° 1450.
（5）R. GALLUZZI, *op. cit.*, IX, p. 108; G. PARENTI, *op. cit.*, pp. 80, 90.
（6）フェリーペ二世からレケセンス宛書簡、一五七六年一月二十三日、Simancas E° 569, f° 60.

ヴェネツィアに提供されたポルトガルの胡椒

一五八五年末にポルトガル胡椒の転売契約がヴェネツィアに提案されたのは、それゆえ突発的な出来事ではない。すでに四年か五年前から、そのような気運が高まっていた。その最初のかたちはおそらくスペイン側の申し出であった。この申し出は一五八一年の末にヴェネツィア大使モロシニによってヴェネツィア政府に伝えられ、リスボン駐在のヴェネツィア領事ダル・オルモが「ガレー船」をポルトガルの首都に派遣するよう申し出た（1）。十二月には、内閣はヴェネツィアで証拠書類を手にこの件について審議した。船を送るべきなのか。送るべきだ。だが誰が船の武装をするかという第一の難問がある。だれ一人としてこの武装とポルトガルでの買い付けに必要な資金を持っていなかった。ところで、この国において、「ヴェネツィア人はいかなる信用もない。」これはヴェネツィア人はポルトガルでは通常は取引をおこなっていないから、ポルトガルで為替手形を使うのは難しいという意味である。第二の難問は、コップ、ガラス製品、花瓶、その他類似の商品はポルトガルでは輸入禁止になっているのに、胡椒と引換えにいかなる商品を送るべきかである。最後の難問は、ポルトガルの状況がまだ安定していなかったので、ガレー船が途中でイギリス人や「ノルマン人」やその他の、すべてフェリーペ二世の敵である海賊に襲われる危険があるということである。こうした難問に対して、冒険を支持する人々は、信用はなんとか得られる、政府が保証をおこなう、カトリック王が商品の輸入を認めるだろう、そして二隻か三隻の護衛ガレー船があれば、輸送船団の安全は確保される、と答える。結局は、話を先に進める前に、モロシニの次回の報告を聞くことに決定した……。以上は一五八一年十二月八日付けのヴェネツィア駐在スペイン大使クリストバル・デ・サラザールの手紙の要約である(2)。一五八四年に、相変わらず議論がおこなわれていた。というのもヴェネツィア領事ダル・オルモがヴェネツィア政府とリスボンの貿易を復興する方法について長文の報告書をヴェネツィアに送ったからである(3)。

したがって一五八五年にヴェネツィア政府に対しておこなわれた提案に先立って長期にわたる折衝があった。提案はそれ自体としてそれでもやはり奇異であり、運命のかなり奇妙な巡り合わせを示している。これを検討するにあたっては、一五八五年度の末に、「専門官」のアントニオ・ブラガディーノとジャコポ・フォスカリーニがおこなった報告にまさるものはない(4)。スペインは一カンタラあたり三〇ドゥカードで、三分の一は現金払い、残りの三分の二は六ヵ月の分割払いという条件で、毎年三万カンタラ(およそ一五、〇〇〇キンタル)の胡椒の譲渡をリスボンに提案する。これに加えていくつか無視できない特典がある。まずイベリア半島からシチリアまでスペイン国王のガレオン船の護衛。シチリア島にガレオン船が到着したときにはガレオン船のための小麦の〈買い付け契約〉。最後に、ポルトガルでは非常に重い〈税金〉をヴェネツィア政府のために引き下げること……。

しかしいくつか不都合もある。スペインの賭けを受け入れることは、会議の報告者によれば、ヴェネツィア共和国が過去に生活の糧としてきて現在も続けているレヴァント貿易の破滅に協力することである。その結果として、このレヴァント貿易に関わって、数多くの人々を生活させている人々、つまり羊毛と絹の「同業者組合」に著しい打撃を与えることになる。最後に、三万カンタラという重圧にまったくお手上げの状態になる危険がある。三万カンタラの胡椒をどうするか知らないとしたら、これは胡椒が多すぎるのではないか。価格そのもの〈〈売買契約者〉に通常認められる価格の三六ないし三八ドゥカードでなく三〇ドゥカード〉も罠である危険がある。以上は、会議の報告者が、スペイン側の提案を一つひとつつぶすために、計画に反対して述べた意見の要約である。

それでは、レヴァント貿易が止まったとしてみよう。胡椒と香辛料に関しては、レヴァント貿易はすでに止まっているのではないか。「一日毎に……レヴァントの取引が減少しているのは、はっきりと見てとれる。シリアやアレクサンドリアから来る我が国の船が香辛料を持って来ないだけでなく、レヴァントそのものが、また特にコンスタンティノープルが、国内の消費のために、香辛料を必要としているし、リスボンからヴェネツィアに輸入される胡椒と香辛料をヴェネツィアで調達している。(5)」しかもカトリック王はレヴァントの食糧補給の源を絶つ効果的な経済封鎖をおこなうことができる。カトリック王は今では自分のものになっている香辛料を思い通りの場所に動かす。だとすると、もしヴェネツィアがカトリック王の提案を受け入れなければ、トスカーナに対して提案をおこなうかもしれない。そのうえ、香辛料がシリアおよびエジプトで不足しているとしても、それでもレヴァント貿易は枯渇してはいない。旅は相変わらず続いている。ヴェネツィアのラシャは絹、キャムロット、綿、没食子《もっしょくし》、灰と交換されている。(6)取引量については、極端に多いということはほとんどない。というのは胡椒は価格が二倍になったから。(7)現在の請負商人は通常の価格の一〇〇ドゥカートではなく、一八〇ドゥカートで売っている。(8)したがって、提案を受け入れることにしよう、と報告者は結論を下している。

これはまさに報告ではなく、口頭弁論である。一五八五年に、レヴァントのいつもの販路において香辛料と胡椒の貿易の状況が困難であったのは、事実である。しかしこの貿易は存続する。またポルトガルの胡椒も苦境に陥っている。報告者の演説においても、フェリーペ二世が新規の〈売買契約者〉を探しているのは、元の商人がきちんと仕事をせず、定められた量を輸送しなかったし、勝手に価格を上げたからであると述べられている。インド諸国に行ったことのある商人は、商品の在庫をインド諸国に残していて、「密輸入やレヴァントの交易ルートにさらしている。[9]」

夢のような取引は締結されなかった。その責任はただ単にヴェネツィアの狭量、政治的情熱、疑い深い反スペイン感情にだけあるのではない。当然以上のことはすべて重要であった。一五八二―一五八三年以来、元老院はカトリック王に対して、[10]つまりあまりにも急速に伸びたカトリック王の権力に対して、特に敵対意識を持っていた。たとえば大使リッポマーノは、ヴェネツィアが天から降って来た幸運を拒否したのは政治的愚挙からであろうか。ある人々はそのように信じ、ヴェネツィア政府が拒否したあと、リスボンとヴェネツィアの貿易を発展させることに熱中する。[11]それとも、これはトルコの復讐を避け、レヴァントのダマス、アレッポ、アレクサンドリア、カイロ、さらにはバグダッドに根を下ろしたヴェネツィア人の四、〇〇〇家族を守ろうとする配慮または愚なのであろうか。[12]ヴェネツィア商人がホルムズ海峡にまでいることは知っているけれども、私はこの議論は少し誇張があると思う。[13]

それはともかくとして、ヴェネツィアだけが契約を望まなかったのではない。ミラノ、ジェノヴァ、フィレンツェ[14]も同じように声をかけられたが、受け入れなかった。イタリアがこぞってこのように拒否したことは、一見したところ非常に説明しにくいが、集団的な狂気の沙汰であったはずがない。資本主義はこの企てにそっぽを向いたのである。一五八六年から一五九一年までのヴェルザー家とフッガー家がおこなった大規模契約、ならびにポルトガルとレヴァントの貿易の二つの歴史、つまりモルッカス諸島〔マルク諸島〕、スンダ列島、マラバル海岸といった実にさまざまなルートを通って、ヨーロッパならびに地中海諸国に達する胡椒と香辛料の流れの歴史を手掛かりにしてみれば、すべて明らかになる。

（1）一五八四年のダル・オルモの報告、下記の注（3）を参照。
（2）Simancas E° 1339.
（3）*Informazione sul commercio dei Veneziani in Portogallo e sui mezzi di ristorarlo*, 1584, p. p. B. CECCHETTI, *Nozze Thiene da Schio*, 1869.
（4）A. BRAGADINO et J. FOSCARINI, *Parere intorono al trattato fra Venezia e Spagna sul traffico del pepe e delle spezierie dell Indie Orientali*, 1585, p. p. Fr. STEFANI, *Nozze Correr–Fornasari*, 1870.
（5）*Ibid.*, pp. 1, 12-13.
（6）*Ibid.*, p. 14.
（7）*Ibid.*, p. 15.
（8）*Ibid.*, p. 15.
（9）*Ibid.*
（10）H. KRETSCHMAYR, *op. cit.*, III, p. 179.
（11）*Ibid.*
（12）*Ibid.*
（13）U. TUCCI, «Mercanti veneziani in India alla fine del secolo XVI», in: *Studi in onore di Armando Sapori*, 1957, II, pp. 1091-1111.
（14）P・リカルディからローマのメディチ枢機卿宛書簡、ナポリ、一五八七年三月十二日、*Archivio storico italiano*, t. IX, pp. 246-247.

ヴェルザー家とフッガー家の契約、一五八六―一五九一年

ポルトガルの胡椒は、平凡な取引であり、また二つの大きな取引でもある。平凡な取引とはポルトガル国内そのもので胡椒を売ることである。二つの大きな取引とは、アジア契約とヨーロッパ契約である。アジア契約は、イン

ド諸国で香辛料と胡椒を仕入れ、リスボンまで輸送することを含む。ヨーロッパ契約は商品の転売に関する。王権は、〈インディオ通商院〉という大きな倉庫をかかえて、この二つの契約の継ぎ目にある。つまりアジアの請負商人からは胡椒をしかるべき価格で買い受け、ヨーロッパの請負商人にはこの胡椒を明らかに倍の値段で売りつける。

フェリーペ二世がイタリア人にしつこく提案したのは、このヨーロッパ契約である。それは香辛料や胡椒をリスボンに仕入れに来る常連のオランダ人とイギリス人から香辛料や胡椒を奪うためであった。アジア契約については、この計画は一五八五年十一月二十九日モンソンでドイツ人のジラルド・パリスによってフェリーペ二世に提示された。この契約はバレンシアで一五八六年二月十五日国王の署名がおこなわれ、(1)一連の資本家によって引き受けられた。そのなかにヴェルザー家とフッガー家があった。調印の詳細な内容はあまり重要ではない！　結局、胡椒は、請負商人の全責任において運ばれて、国王には一六クルザードで売られ、そのあと国王によって三七クルザードで転売される。

マティーアス・ヴェルザーは、一五八七年にマドリードで交渉している姿が見られるが、この胡椒取引に深くかかわった。彼はヨーロッパ契約も引き受けて、この契約にフッガー家を引き込もうとした。ところがフッガー家は、イタリア人と同じく、これを嫌がった。「これは我々の仕事ではない。このような迷宮のなかでいったいどうしたらいいのか」(2)とフッガー家は一五八七年十一月に書いている。それでも一五九一年には、スペイン国内での苦しい事業を改善できるという空しい望みから、ヨーロッパ契約に引き込まれていく。(3)ヨーロッパ契約はその頃大規模な国際的な企業連合の手のなかにあった。ドイツについてはヴェルザー家とフッガー家、イタリアはロヴァレスカとジラルド・パリス、スペインはフランシスコとペドロ・マルベンダ、ポルトガルはアンドレスとトマス・シメネスが握っていた。連合には三二の支店があり、内訳は七つがフッガー家、五つがヴェルザー家、四つがロヴァレスカ家、四つがマルベンダ家、一一がシメネス家とその協力者のものであった〔計三一である。ブローデルの計算間違いか〕。これはヴェルザー家が一五八八年に新規の支店を開いたアントワープ、ミデルバーグ〔南アフリカ〕、ゼーラント〔シェラン〕島〔デンマーク〕、ハンブルク、リューベック、ヴェネツィアに代理店があった。一五九一年から、この企業連合は膨大な量の胡椒を各地に配給した。たとえばリューベックに向けて一四、〇〇〇キンタルが船に積み込まれた。大量の船荷がヴェネツィアに向けて運ばれたので、ヴェネツィア政府はヴェネツィア向けに送られる商品を保護し、イギリス人の通行証を手に入れはじめた(4)。資本と資本家をこのように膨大に動員しても、それでも得な取引にはならなかった。ただ一人、カトリック王のみが儲けたのである。連合設立の年である一五九一年から、フッガー家は、七月七日、シメネス家とカルデイラ家と手を組んでいたポルトガルのマラーノであるデヴォラ家に自社の持ち分を売って、慎重にこの仕事から手を引いていった(5)。

それは、大西洋では、無敵艦隊の敗北のあと、航海がかつてないほど危険なものになっていたからである。スペインの敗北は、その同盟国の敗走でもあったし、また一方では大西洋の胡椒の後退でもあった。販売価格の上昇に伴って、企業連合の胡椒は、ついにはヴェネツィアにおけるレヴァントの胡椒の価格よりも高いものになった。フッガー家が一五八七年十一月九日および十二月七日付けでリスボンの代理人に送った手紙のひとつは、この驚くべき事実を明らかにしている(6)。したがって、多くの顧客がふたたびヴェネツィア市場のほうに向かう……。

結論として、フェリーペ一世という名でリスボンの商業王に変身したフェリーペ二世の出した条件に頼るのをイタリアが終始一貫して断ったのは、イタリアは自国の食糧補給を、少なくともエジプトおよびシリア・ルートでの一定の食糧補給の方策を見出したからである。大西洋の交通が窮屈になったことが中近東の近道を通る活動の回帰を再度もたらすことになる。次いで、大西洋の胡椒そのものがイタリアにまでやって来る羽目になる。少し後の一五八九年五月四日付けのシモン・ルイス宛の手紙で、フィレンツェのある商人がそのことを語っているし、またこの商人の説明はこれより前の数年についても当てはまる。「胡椒をリスボンからフランドル、イギリス、ドイツに送ることはできないのであるから、商人たちは提供されるすべての船を使って胡椒をイタリアに送らざるをえない。ドイツ人はフィレンツェやヴェネツィアで胡椒を仕入れるのである……。(7)」大西洋の胡椒さえ地中海への道を進むのだ。

(1) R. KONETZKE, *op. cit.*, p. 126 ; F. DOBEL, 《Über einen Pfefferhandel der Fugger und Welser, 1586-1591》, in : *Zeitschrift des hist. Vereins f. Schwaben u. Neubrug*, XIII, pp. 125-138 ; Hedwig FITZLER, *art. cit.*, pp. 248-250.
(2) 一五八七年十一月八日、Hedwig FITZLER, *art. cit.*, p. 266.
(3) *Ibid.*, p. 267.
(4) フッガー家からオッティ家宛書簡、アウグスブルク、一五九一年八月二十四日、*ibid.*, p. 268.
(5) *Ibid.*, p. 274.
(6) クレル宛書簡、H. FITZLER, *ibid.*, p. 265 による。
(7) バリャドリー市立図書館、ルイス古文書。

香辛料のレヴァント・ルートは相変わらず健在

一五八〇年代から世紀末まで、オランダ人によるインド洋の完全な制圧に至るまでは中近東が香辛料貿易に開かれたままであるのは確実である。オランダ人は、一五九六年に、コルネリウス・ハウトマンに率いられて初めてインド洋に入り込む。オランダ人は一六二五年頃にはインド洋の支配者であり、それ以来征服者としての努力をアメリカ大陸に向ける。レヴァントの取引が取り返しのつかないほど打撃を受けるのは、この一六二五年という日付、それより少し前か少し後のことである。(1) すでに一六〇九年、新参者の商業的冒険に公式にインド洋を開放した「十二年の休戦」とともに、境界標が立てられている。一六一四年には、もう一つの目印として、オランダの最初の大型商船が紅海に姿を現す[2]。この背面攻撃、つまりオリエントの貿易（特にペルシャの絹[3]）を半ば陸地から、また半ば海路からおさえること、この地域の空間にオランダの毛織物を売りさばくこと、イギリス人[4]とフランス人[5]が好戦的に登場したこと、以上はインド洋の第二のヨーロッパ時代の始まりを示し、レヴァントにとってはポルトガル人の不完全な支配よりもひどいものであった。

以上のような大まかな枠組みを描いたうえで、少なくとも世紀末の二十年を問題にしながら、我々の資料の不完全な年代記を一年毎につくり直してみよう。頭に入れておくべきイメージは必ずしも決定的に重要なものではないが、伝統的な交換が生き残っていること――変動があるのは当然である――を思い出させる（そしてこれは肝心なことである）。

マルセイユの書類は、一五七八年夏に関して、シリアでのナツメグの仕入れについて語っている[6]。一五七九年一月には、アレッポ発のある商用の手紙[7]がヴェネツィアの二隻のナーヴェ〔商船〕の出航を指摘している（またヴェネツィア商船一隻は、相変わらず大型船であるが、世紀末に五〇万ドゥカート分の商品をやすやすと運ぶ）。「バルビアナ・コスタンティーナ号」（船長マルコ・ファキネット）と「グラタローラ号」（船長カンディド・ディ・バルバリ）という商船である。三隻目の船はキプロスの塩田で冬越しをし、一月中にトリポリの「浜辺」に到着するつもりである。商品の入荷が豊富であるために、通則通りに、毛織物の価格が下がり、そして良質の毛織物の仕入れが次回の船によってふたたび要求される。とりわけベルガモのラシャ、ムラーノの〈真珠〉と〈ロザリオの大珠〉、ヴェネツィア通貨の〈グロポ〉……などが求められる。この同じ年、モドン〔メトネ〕のトルコ・ガレー船との小競り合いがあったので、別のヴェネツィア船はアレクサンドリアに進路を変える[8]。五月十二日付けのアレッポ発の手紙[9]は、絹を二〇〇荷、香辛料を二五〇荷持ったキャラバンがサファヴィー朝の家臣であるペルシャ人とキリスト教徒の商人に伴われて到着したことを伝えている。〔復活祭の前の〕聖土曜日には、非常に大きな市が開かれた。八月には、シリアのヴェネツィア領事は、「絹と香辛料を大量に積んだ」二隻のヴェネツィア商船が出発したことを伝えている。[10] 最後に、この同じ年の七月四日、聖ステファノのトスカーナのガレー船が、拿捕した船のリストをつくったとき、その目録には以下のような記載がある。黒檀一七本（重さは二〇五リーヴル）、砂糖（九三六リーヴル）、絹一梱（一〇二リーヴル）、香（一、一八五リーヴル）、生姜（一五〇リーヴル）、クローブ（一、一一四リーヴル）、ナツメグ（二三六リーヴル）、そして胡椒（七、七〇六リーヴル、梱によって、梱一個の重さは二六〇から五二二リーヴルと異なる）[11] など……。

このあと、一五八二―一五八三年の間に、突如として危機が訪れる。一五八二年十二月、アレッポ発のある手紙[12]は取引の量が少ないことについて語っているが、実際締結された取引は惨憺たるものである。絹だけが現状維持である。一五八三年七月には、なにもかもうまく行かなくなって、資本は利益を生むのではなく、資本の回収は八パーセントの損失である。またエジプトの最新の情報によれば、事情はアレクサンドリアでもまったく同じである。[13] イギリス人のニューベリーが一五八三年七月にバグダッドから次のような手紙を書いたのは、このためであろうか。「私の思うには、かつて毛織物、〈カージー〉、錫製品が当地で今日ほど安い値段であったことはない。[14]」

しかし一五八三年からは、別の見方もある。あるマルセイユ人の仲買人は、四月十日に、「アレッポからは多くの香辛料が来ているとはいえ」胡椒の価格は大幅に上がっている、と書いている。これでは何が何やらさっぱりわからない、とこの仲買人は嘆き、「この土地には計画のはっきりしないような抜け目のない商人がいないのは間違いない[15]」と言っている。この仲買人はと言えば、彼は早速翌年にも、「手持ちの」二、〇〇〇エキュを賭けて、ヴェネツィア人の仲買人一人を連れて、インドに行くことを考える。ジョン・エルドレドは、一五八三年に、シリアのトリポリをキリスト教徒の商人が最も頻繁に出入りする港、[16] アレッポを非常に人口の多い町と言っている。バグダッドからアレッポまで、膨大な通過貨物があると指摘している。バスラには、トルコの立派なガレー船が二五隻来ていることを記しているが、この人によれば、「インド諸国の商品、つまり香辛料、薬品、インジゴ、カリカットの織物を積んだ」四〇から六〇トンの船がホルムズ海峡から毎月何隻もバスラに接岸している。以上のことについては、正確さは十分とは言えない。しかし、一五八四年の夏の間、ジョン・エルドレドがアレッポに帰るとき、彼は「胡椒やその他の豊かな商品を積んだ」四、〇〇〇頭のふたこぶラクダのキャラバンの仲間に加わっている。そして、アレクサンドリアでは、一五八四年頃には、〈あらゆる種類のスパイス〉を手に入れることができる。[17]

一五八七年の別の情報によれば、スマトラでは、何隻もの船が毎年メッカに向けて出発する。[18] 一五八六年頃、メッカの関税は一五万ドゥカートになり（半分はスルタンのため、残りの半分はこの町のシャリーフのためである）、毎年香辛料を積んだ四〇から五〇隻の大型船がメッカに着くと言われている。さらに都合がいいことに、インド洋でポルトガルが頭を悩ませていることに一致して、一五九〇年代以降、ポルトガルの統制をまぬがれる商業市場が発展する。たとえばシャウルという寄港地はディウとゴアを尻目に大きくなる。ところでメッカおよびホルムズ海峡と取引をおこなう商人はすべてこのシャウルに店を構えたので、そのためにポルトガル国王は関税収入のうち年に一五万ファルダニョも損をする。[19] 別の証言としては、[20] 一五八四年から一五八七年の間に、陸路経由でインドから戻り、フェリーペ二世に報告をおこなうポルトガル人、アウグスティヌス会修道士フレイ・アウグスティーノ・ダゼヴェドの証言がある。この見事な文献を発見した歴史学者によれば、[21] 帰国は一五八四年から一五八七年の間であるが、私としてはたぶん一五九三年頃だと思う。[22] いずれにしても、この史料が世紀末の数十年のものであることについては、いささかも疑いの余地がない。この報告のおかげで、ホルムズ海峡の忘れえぬイメージが得られる。ありとあらゆる移民、すべての取引、すべての密輸行為に開かれた港であり、ヴェネツィア人、アルメニア人、トルコ人自身の密輸行為があり、ポルトガル人の背教者の密輸行為もある。ポルトガル人が非常に数多くトルコに向けて出発するのを見て人々は驚いているが、トルコではインドに関するポルトガル人の貴重な知識は非合法の取引にすばらしく役立つのである。トルコに向けては香辛料、真珠、大黄、安息香、白檀の木の密貿易があり、インド方向には禁制品の商品、近代的な弾薬と武器の密貿易がある。このようにして、〈インドの最高級品〉o melhor da India がヴェネツィアに向かい、ヴェネツィアはそれと引換えに安物の装身具、ガラス製品、鏡、人工真珠、壁紙などで支払いをおこなう。異端のトルコ人やイギリス人といつでも提携する用意のできているヴェネツィアにとって、敬虔なアウグスティヌス会修道士は、財宝を積んだ六、〇〇〇頭ものふたこぶラクダが砂漠を進み、またアレクサンドレッタから眼下にヴェネツィアの五隻の大型船が出発するのを見たというのだからあきれるほかはない! 以上のことから、ヴェネツィアでは誰の目にも明らかな一五八〇年代の苦境のあと、景気回復があったと結論すべきだろうか。

レヴァントでは、この世紀末に、アレッポ・ルートは、その短さ、大陸性(一五九〇年代以後インド洋では海賊行為が猛威をふるう)、さらには絹とヨーロッパ経済において絹が占める役割が増大したことによって、復興する。アレッポやトリポリやアレクサンドレッタ発信のヴェネツィア人やマルセイユ人の手紙で、まず初めに、アルメニア人やタタール人のいつもの商人の手でアレッポに到着するトリポリ周辺の地方の絹であれ、ペルシャの美しい絹であれ、絹について語っていない手紙は一通もない。[23] 何年間もの間、アレッポはトルコ・ペルシャ戦争(一五九〇年に終結した)によって苦しめられた。おそらくトルコ・ペルシャ戦争は、北部のタブリーズ〔イラン〕周辺で、カフカス山脈の両側からカスピ海に向かう主要街道に沿って展開した。しかし南のバグダッドにまで急激に南下して戦闘がおこなわれることもあった。いずれにしても、この戦争はトルコとペルシャの通貨危機を引き起こし、この危機は必然的にアレッポの市場に影響を及ぼした。[24] アレッポの市場では、現金を手に入れることが難しくなる一方であった。その結果、一五八六年六月には、〈コッティモ〉〔手間賃〕のために、シリアからヴェネツィアに輸入される商品に対する関税を一ないし一・五パーセント引き上げなければならなくなる。[25] このような困難があったけれども、すでに述べたように、貿易は現状維持された。一五九三年にシリアで一〇〇万ドゥカート分の取引(26)をおこなっているヴェネツィアは、一五九六年には二〇〇万ドゥカートの取引であると言っている(27)。主な商品は絹と香辛料である。二〇〇万という見積りは、アレッポの〈スーク〉〔市場〕で売られた毛織物、絹製品、装飾品、ガラス製品などの輸入に関するものである。しかしこれと引換えに、四隻か五隻の大型船に荷積みされた船荷は、ヴェネツィアに近づくと価格は不思議なほど高くなる。

一五九三年以来、レヴァント貿易の出発はもはやトリポリからではなく、アレクサンドレッタからおこなわれる。ヴェネツィア人は寄港地をアレクサンドレッタに移し、他のキリスト教徒の船もこれにならった。新たな寄港地は以前の寄港地のわずらわしさを知らない。アレクサンドレッタのほうがおそらく不健康であるが、アレッポに近い。しかし商品の在庫を収容する建物不足は、硬貨の運び手であるマルセイユ人(28)にとってよりもヴェネツィア人にとってかなり困ることである（ヴェネツィア人は〈物々交換〉という取引の方式を忠実に守っているために、大きな荷物を抱えているのだ）。貿易量の増大はたぶん寄港地の変更に由来するのではなく、トルコ・ペルシャの和平による。

一部はトルコ・ポルトガル戦争の終結にもよる。一五八四年から一五八九年まで、トルコ・ポルトガル戦争は、胡椒戦争というよりは東のアフリカ海岸の金《きん》のための戦争であった。一五八九年のアリ・ベイ艦隊の敗北(29)によってこの戦争は終わり、東インドには比較的平和が広がり、この平和を乱すのはもっぱら現地の君主や海賊であった。

スペイン――というよりもむしろポルトガル政府――とインド諸国とを直接に結ぶ情報機関は、ヴェネツィアのスペイン大使館を通して、ある史料が las nuevas de India por tierra〔陸路によるインド情報〕と名付けている役割を果たしている(30)。情報の仲介者は、ユダヤ人、商会の代理人、たとえばヴェルザー家の代理人(31)やヴェネツィアの大商人アウグスティーノ・ダ・ポンテに仕えるアントニオ、ヒエロニモのボンテンペッリ兄弟である(32)。一五八九年以後、この人たちの情報の繰り返していることは、インド洋の中心や周辺にマラバルの海賊が出現することがあっても、インドの平和であり、平穏である。[33] もちろん少し後の一五九六年からであるが、オランダ人の突然の侵入によって事態はすべて悪化する。

もう一つの決定的な原因としては、大西洋が危険を伴う航路になったことである。ヴェール岬〔ヴェルデ岬〕、カナリア諸島、アゾレス諸島など重要な島の周囲にはイギリスの海賊が出没し、時にはイギリスの海賊はセント・ヘレナ島まで進出し、この島でインドから帰る船は水の補給をおこない、野性の山羊の狩りをして、乗組員の食事の目先を変える。輸送危機が大洋で猛威をふるう。そして数多くの遭難に海賊による拿捕が付け加わる。インド航路の非常に大きな船は、価格の上昇につれて、贅沢品となった。そのために使用される木材や乗組員の質に関して節約がおこなわれる。その巨大な船体に船荷の重さが目立つ。人々は力不足の帆船で、老朽化した舵で航海している。地中海と同じように、この怪物を陸に揚げずに、イタリア式に船を傾けて修理する。その結果、波瀾に富んだ長旅の間に、さまざまな「海の悲劇の」事故が起こる。G・デ・ブリトの作成した事故の長いリストは、一五八〇年以後、間もなく起こるポルトガルの仮借ない凋落を点々と示している。こうして、一五九二年から一六〇二年までに、インド航路の三八隻の商船が、水路のためか他の技術的な事故のためか、晴天のときにも、遭難した。[34] ヴェネツィアの商船を見積もる金額で言えば、こうして二、〇〇〇万ドゥカート、あるいはおそらくそれ以上が沈没した。

このような膨大な損失、リスボンがたびたびおこなった経済封鎖（たとえば一五九七—一五九八年の冬の間）、そのうえにアルジェの海賊がおこなう拿捕は、ポルトガルの胡椒貿易を苦しくする。新カスティーリャでは、一五九五年から一五九九年の間に、胡椒の価格は二倍になる。[35] こうした打撃ならびに価格の上昇が古い地中海の店の奥の部屋の扉を広げるのである。一五九三年二月十七日付けのドイツ商人のある手紙は、〈スエズ定期航路〉は三万カンタラ持って到着していると言っている。ある歴史家が書いたところによれば、「これはアレクサンドリアの市場がリスボンとまったく同じ量の胡椒を供給していたことを意味している。[36]」

それゆえレヴァントの貿易はたしかに生きている。すでにヴェネツィア人の発展を引き合いに出したことがあるが、一五九六年にアレッポの〈コッティモ〉の税率が五パーセントから二パーセントに引き下げられるとき、[37]それははっきりと示される。三年後の一五九九年には、景気下降が認められるが、キリスト教国全体の数字が約三〇〇万ドゥカートで、フランス人あるいは百合の花〔フランス王室〕の旗印のもとに取引をおこなう商人にとってはそのうち五〇万ドゥカートであるのだから、[38]まだヴェネツィアの貿易は一五〇万ドゥカートというかなりの数字に達している。この同じ年、騒然としたいざこざの後、ヴェネツィア人は、エジプトで、いくつもの特権（なかでも亜麻と毛皮を積み込む自由）を獲得する。またそれとなく、カンディアの食糧補給の救い主であるダミエッタ〔ドゥミヤート〕とロゼッタ〔ラシード〕の小麦の自由輸入の特権を獲得する。[39]一五九三年の領事館報告書の挙げたアレッポの一六軒のヴェネツィア人商会は、一六〇〇年に、相変わらず活動している。[40]一六〇三年には、ヴェネツィアの商業は、この町で、まだ一五〇万ドゥカートである。[41]一五九九年に、別のしるしとして、マルセイユの積み荷証券はアレクサンドレッタでインジゴ、ナツメグ、クローブの発送があったことを示している。

こうして一六〇〇年には、香辛料と胡椒に関して、大西洋ルートの勝利は完璧ではない。競合する二つのルートの争いは、浮き沈みを経験しながら、一世紀以上も続き、どちらのルートにとっても、いろいろな危機と復活が相次いだ。この問題を解きほぐすことは、本研究のために一六〇〇年までに限っておこなった調査の枠を越えてしまう。地中海の敗北の日付と状況をまだこれからはっきりさせなければならない。地中海の敗北は、十七世紀が始まるときにはもうそれほど遠くないが、大部分の世界史の専門家が、大西洋という世界の新しい王によって王冠を奪われた元の女王の死の日付として公式に定めた日付から百年後に、地中海はまだ完全に敗北を喫しているわけではない。

(1) B.N., Paris, Fonds Dupuy, n° 22, f° 89 et *sq.*, 1610.「オランダ人がインド諸国でおこなった取引のために」ポルトガルの歳入は十二、三年前から減少。
(2) Cl. HEERRINGA, *op. cit.*, I, pp. 154-155 (J. DENUCÉ, *op. cit.*, p. 71 に引用)。
(3) G. BERCHET (1625), *op. cit.*, p. 163.
(4) *Ibid.*, p. 162.
(5) G. ATKINSON, *op. cit.*, p. 128.
(6) Fonds Dauvergne, n° 111 一五七八年七月二十三日。
(7) マルコ・ルッビ宛、一五七九年一月、A. d. S., Venise, lett. com. 12 *ter*.
(8) J・デ・コルノサからフェリーペ二世宛書簡、ヴェネツィア、一五七九年六月十八日、A. N., K 1672, Gl, n° 73.
(9) 同上、ヴェネツィア、一五七九年七月十日。
(10) 同上、ヴェネツィア、一五七九年九月九日〔原著には一六七九年とあるが、誤植であろう〕。
(11) Mediceo 2077, f° 590.
(12) ツアネ・バルビアニ宛、A. d. S., Venise, Lettere Com. 12 *ter*.
(13) クリストバル・デ・サラザールからフェリーペ二世宛書簡、ヴェネツィア、一五八三年七月三十日、Simancas E° 1341.
(14) R. HAKLUYT, *op. cit.*, II, p. 347.
(15) Fonds Dauvergne, n° 28, ジル・エルミットから弟への手紙は、良質のシナモン「美しい婦人服」についても言っている。彼の一五八四年のインド旅行の計画については、*ibid.*, n°s 32, 34, 35.
(16) R. HAKLUYT, *op. cit.*, II, p. 268.
(17) *Ibid.*, I, pp. 176-177.
(18) *Ibid.*, II, pp. 250-265, 1583-1591.
(19) A. B. de BRAGANÇA PEREIRA, *Os portugueses em Diu*, p. 227 et *sq.* (日付なし)。
(20) B.N., Madrid, Ms 3015, f° 149 et *sq.*, Apontamentos para V. Mag. ver sobre as cousas do Estado da India e Reyno de Monomotapa, por frey Augutinho Dazevedo, da Ordem de Santo Agostinho que veyo por terra da India (日付なし)。
(21) J・ヘンティル・ダ・シルバによって発見された文献は、V・M・ゴディニョから教えてもらった。その日付(一五八四—一五八七年)は、ポルトガル領インドについて文献が提供しているディテールによる。
(22) ヴェネツィア人がアレクサンドレッタを寄港地として利用していることについての記述がおこなわれているから。
(23) Lettres marseillaises, séries HH, A. Com. de Marseille 一五九一年三月二十九日、四月五日、一五九四年五月七日、五月十一日。
(24) アルヴィーゼ・クシナからA・パルタ宛書簡、ヴェネツィア、一五八八年十二月二十四日、Lettere Com. 12 *ter*.
(25) A. d. S., Venise, *Cinque Savii...*, Busta 27 一五八六年六月。

(26) G. BERCHET, *op. cit.*, p. 77.
(27) *Ibid.*, pp. 79-80.
(28) *Ibid.*, p. 132 (1611).
(29) H. FITZLER, *art. cit.*, pp. 254-255.
(30) 一五八九年四月十日および八月十日、A. N., K 1674.
(31) J・デ・コルノサから国王宛書簡、ヴェネツィア、一五八九年二月八日、A. N., K 1674.
(32) F・デ・ベラから国王宛書簡、ヴェネツィア、一五九〇年五月十二日、*ibid.*
(33) ヴェネツィア経由で送られたこれらの手紙、一五九八年五月十六日、七月四日、〈棄書による備忘録〉、七月二十五日、八月二十四日、ホルムズ、一五九九年五月十五日、ヴェネツィア、一六〇一年八月十四日は、A. N., K 1678. 一六〇九年三月、六月六日、十一月二十八日、一六一〇年二月十九日、三月二十七日、六月四日は、A. N., K 1679.
(34) *Op. cit.*, II, p. 530 et *sq.*, p. 556.
(35) E. J. HAMILTON, *op. cit.*, p. 347.
(36) H. KELENBENZ, *art. cit.*, p. 447.
(37) G. BERCHET, *op. cit.*, p. 81.
(38) *Ibid.*, p. 103 一五九九年十二月十二日。
(39) A. PARUTA, *Relazione di Andrea Paruta*..., p.p. L. BASCHIERE, Venise, 1893, p. 9 et *sq.*
(40) A. d. S., Venise, *Cinque Savii*..., Busta 26 一六〇〇年四月二十一日。
(41) G.BERCHET, *op. cit.*, p.122 一六〇三年二月十七日。一六〇九年には、貴族所有のヴェネツィアの商船一隻が五〇万ドゥカートの船荷を積んでまだ航海していて、海に消えた。アロンソ・デ・ラ・クエバからフェリーペ三世宛書簡、ヴェネツィア、一六〇九年五月一日、A. N., K 1679.

考えられる説明

これまでの話ですべての問題が解決するわけではない。これだけでは不完全であり、またすべての物語と同じように、見かけを現実と取り違えて事足れりとしてしまう危険がある。三冊か四冊の新しい研究書が、果てしない交換の一方の極にある極東の出来事(1)をよりよく理解する助けになる。東インド諸島、つまり「薬の島々」においてポルトガル人が不当な収奪をおこない、先見の明がなかったために、かつてマラッカの方に引き寄せられていた贅沢品の香辛料の流れをそらせてしまった。ジャワのジャンク〔帆船〕、東インド諸島の薬品、そしてジャワ島とスマトラ島の高級胡椒によって独立した流れがつくられる。世紀末の二十年の間に、ポルトガルの管理から自由になったこうした動きがスマトラ島のアチン周辺で始まる。ここはこれからペルシャ湾や紅海に行くイスラム教徒の船が集まるところである。セイロン島〔スリランカ〕で産出する極上のシナモンもアチンまで運ばれて、そこから地中海ルートに向かう船に積み込まれる。このアチンの富は——アチンには十七世紀初めに大金持ちのトルコの在外商館がある——世紀末の同じ時期に、中国やインドシナ（およびマラバル海岸を除くインド）による仕入れがかなり増大し、その分だけ喜望峰経由のポルトガル人の輸出を減少させるだけにますます重要である。ポルトガルの輸出は、十七世紀初めの数年も、相変わらず大量であるということは、きちんと言っておこう。しかし、結局、地中海ルートの繁栄が持続した理由はここに見つかるのである。

満足のしるしとして、数学者のように、これこそは証明しなければならなかったことだ、などと言うのはやめよう。実際には、理由説明は根気よく一つひとつおこなわれる——ポルトガル人のばか正直。トルコ人の賢さ。ペルシャ戦争あるいは大西洋の戦争。東インド諸島へのイスラム世界の大規模な進出とイスラム支配下の香辛料と胡椒の貿易の拡大。あるいは世紀初めのポルトガル艦隊の激しい攻撃。あるいは一五七〇—一五七三年のトルコ・ヴェネツィア戦争、これは一方ではマルセイユの地位を上昇させ、他方ではタブリーズからポーランドへ、リボフからダンチヒへの二次的なルートを活気づけることになった——要するに、胡椒と香辛料の戦争で起こったこうした出来事のすべてが、アメリカ大陸の銀山からモルッカス諸島やスマトラ島の西端に至る、世界的な規模では明白な、問題の全体像を隠してしまう危険がある。全体を隠してしまうのか。金貨と銀貨が入り交じってはいるが継続的な流通は、西から東へと、地球の自転の方向に進み、金貨と銀貨とともにありとあらゆる種類の商品と補助貨幣を運び、反対の方向の東から西へは、他の商品と貴重な財のさまざまな移動を引き起こしている。

双方向において、地中海をさっと通り過ぎる、この循環のなかでは、当然すべてが互いにつながっている。ところで、大まかに時期を定めて、一五五〇年から一六二〇年まで、胡椒と香辛料が地中海を通過するとすれば、それはアメリカ大陸の銀が長年にわたって最後には地中海に行き着くからではないのか。この経済情勢こそすべての指揮をとってきたのだ。あるヴェネツィア人ピエロ・ツェンは、一五三〇年に、コンスタンティノープルのトルコ人に対して、金は胡椒のあるところに行くのだ（l'arzento va dove è il piper）(2)と指摘したことがある。しかし逆の命題もまたやはり真である。もちろん、ディテールはそれなりの重みを持っている。こうして、正確な数字がないために、我々歴史家は、レヴァント貿易回復の最初の時期がいつかについて議論している。ヘルマン・ケレンベンツは一五四〇年と提案しているが、私は前にも言ったことがあるように、一五五〇年ともう一度言っておきたい。ヴィットリノ・マガリャニェス・ゴディニョが私の考えを支持してくれている(3)。実を言えば、我々はこれについては何も知らず、推測を立てているだけだ……。正確な日付が我々にとって明らかになるのは、十六世紀初めの恒常的な通貨不足から世紀後半の相対的な金あまりへと地中海を動かす変化がいつの日か正確にわかるときだと私は思っている（たとえば一五八三―一五八四年のように(4)、金をどこに投資したらいいかわからないときには、過剰である）。私の考えでは、たとえばヴェネツィアから観察してみると、転機は一五四五年から一五六〇年の間にありそうだ。一五四五年六月九日(5)、〈造幣局〉の労働者は失業している。なぜなら金と銀がヴェネツィアの町にほとんどないという事態が生じたからである。この労働者たちの〈大変な貧窮〉に対策を講じ、仕事を与えるために、きわめて小額の貨幣が一、〇〇〇ドゥカート分鋳造される。一五五一年には(6)、金を〈造幣局〉に持ち込んで来る者にはいくらか優遇措置がとられる。つまり貨幣鋳造に対する通常の負担金三・五パーセントを払わなくてもいいのだ。一五五四年には(7)、〈航海のためのツェッキーノ金貨〉の買い手がかなり多くなったので、三パーセントの税がふたたび課せられる。一五六一年には、〈造幣局〉の倉庫には、非常に多くの銀（金ではない）がありすぎて、銀を現行の小額貨幣に鋳造しきれない。全部小額貨幣に鋳造するには一年以上もかかる！　したがって高額の銀貨、〈ドゥカート銀貨〉を鋳造することに決定する（しかもこれは新しいことである）。ついに一五六六年には、造幣局で金貨を鋳造してもらおうとする者にはいろいろな条件がつけられる！(9)　要するに、たとえば一五五〇年からアントワープに大量に流れ込む(10)アメリカ大陸の銀が、レヴァントとの貿易再開に十分な量だけイタリアの地中海に達するのがいつなのかを知らなければならない。偶然の一致に意味があるものとして、一五八〇年代に相変わらずレヴァントでの経済活動停止は、ポルトガル征服とイベリア半島の大穀物危機の際に、スペインの銀が、大西洋に向かって急に傾くときの短期の経済情勢の変動、つまり地中海全域の景気下降とはっきりと一致していると思われる。

(1) A. P. MEILINK ROELOFSZ, *Asian trade and European influence in the Indonisian Archipelago between 1500 and about 1640*, La Haye, 1963. C. R. BOXER, *The great ship from Anacom. Annals of Macao and the old Japan trade, 1555–1640*, Lisbonne, 1959 ; F. GLAMANN, *Dutch Asiatic Trade, 1620–1740*, La Haye, 1958 ; V. MAGALHÃES GODINHO, *L'économie de l'Empire portugais aux XVᵉ et XVIᵉ siècles. L'or et le poivre, route de Guinée et route du Cap*, à paraître〔Publications de l'Ecole Pratique des Hautes Etudes, 1969――訳者〕。同じ著者の *Les finances de l'Etat portugais des Indes orientales au XVIᵉ et au début du XVIIᵉ siècle*, Paris, 1958, Bibliothèque de la Sorbonne〔タイプ印刷の博士論文〕。
(2) M. SANUDO, XL, colonnes 530-1 一五三〇年八月七日。
(3) *op. cit.*, p. 1035 et *sq.*〔タイプ印刷〕。
(4) F. RUIZ MARTÍN, *op. cit.*, à paraître.
(5) Museo Correr, Donà delle Rose, 26, fᵉ 38.
(6) *Ibid.*, 26, fº 45 vº -46.
(7) *Ibid.*, 26, fᵉ 48.
(8) Bilanci Generali, serie seconda, t. I, Venise, 1912, pp. 595–596.
(9) Museo Correr, Donà delle Rose, 26, fº 56.
(10) J. van KLAVEREN, *op. cit.*, p. 74.

二　地中海産小麦の均衡と危機

地中海は今までに一度も過剰という星のもとに生きたことはなく、むしろ足りなくて困り、補償を求めるためにいくらかの駆け引きが必要であった。小麦の諸問題を研究することは、地中海の生命の弱点のひとつをつかまえることであり、同時にこの生命をその充実した厚みにおいてとらえることでもある。胡椒と香辛料は贅沢品の貿易を活気づけ、この貿易のことが考えられるときには、アファイタティ家、シメネス家、マルベンダ家、ヴェルザー家、フッガー家といった十六世紀の大商人の名前が浮かんでくる。小麦はそれほど輝かしいタイトルは持たないが、莫大な取引であり、いくつかの大きな交換とは別に、二次的な動脈と小動脈の循環に栄養を補給しているわけで、このことをあまり考慮に入れないのは間違っているだろう。

本質的に、小麦の調達は現地の、閉鎖的経済の、あまり遠くないところでおこなわれる。都市は都市の入口のところにある穀物倉から小麦を取りだす。ただ大都市だけが大変重い商品を長距離にわたって移動させるという贅沢をすることができる。

小　麦

小麦の取引は、半径が短くても長くても、純粋な小麦、あるいは商品価値の高い小麦、つまりシチリアで〈強い小麦〉または〈ロッチェラの小麦〉(1)と呼ばれているものだけに限られるのではない。フィレンツェでは、〈最高級〉、〈並〉、〈欠陥〉の三つの品質が区別されていた。〈最高級〉の穀物は、いかなる不純物も取り除いたものと理解され、〈一スタイオ〉あたり五二リーヴル、つまり一〇〇リットルにつき七二・五キログラムの重さである。一五九〇年の相場によれば、等級に従って価格はそれぞれ〈一スタイオ〉につき、七リーヴル、六リーヴル、五リーヴルであった(2)。〈欠陥品〉とは粒の小さい小麦であった。レヴァントのものは、たいていはかなり品質が悪かった。アブルッツィ(3)やウルビーノ公国のものはそこそこましな品質で、ヴェネツィアはこの小麦を軽蔑してはいなかった。あるいはスペインやその他の地域の、常に収穫をもたらすことに疲れ切った灌漑された土地でできたやせた小麦があった。

　小麦と並んで、他の穀物が地中海の食卓には毎日出ている。特に大麦と雑穀類である。一五五〇年には、大麦と小麦を積んだ一〇隻の船がプーリアからナポリに到着する(4)。一五五九年に、ヴェローナは雑穀類の収穫が惨憺たるものだと愚痴をこぼして(5)、蓄えておいたものをヴェネツィア〈スタロ〉につき一ドゥカートで売ることを提案する。一五六二年には、ものすごい旱魃《かんばつ》のために、またも収穫が悪かった。「貧しい人々は雑穀類を食べている」とスペイン大使は明言しているが(6)、雑穀類がすっかりなくなった。ザンティ島の村々では、大麦でこねた黒パンしか食べていない(7)。フィリップ・ド・カネーが記しているところによれば、小アジアのトロイの近くでは、小麦がないために、トルコの村々の人々はオート麦でつくったパンを食べている(8)。もっともこれは、地中海には燕麦が稀少であったことを考えると、それなりに贅沢である。コルシカでは、小麦の代わりになるものは栗のパンで、木のパンと呼ばれている。米は、オリエントでも、ポー川平野やバレンシアでも、周知の通りよく食べられているが、臨時の代用品である。豆類、スペインの管轄地のエジプト豆やソラマメ、特にエジプトのソラマメはやはりパンの代用品と見なされている。ラ・グーレットの新任の指揮官アロンソ・デ・ピメンテルは、大量の小麦と大麦の贈り物を受けて、

「エジプト豆を送ってくれなかったとは何たる不幸だ！」と叫んだほどである(9)。

したがっていろいろな小麦があったわけで、スペインの史料で los panes〔食料、パン〕という複数形で頻繁に使われる語は数多くの穀物を意味している。貧乏人のためのパンがあり、金持ちのためのパンがある。金持ちのためのパンだけが上質の小麦でできている。リスボンでは、北欧の小麦は、金持ちのためである場合には、石粒やその他の不純物を取り除くために念入りに篩《ふる》いにかけて選別されたあとはじめて金持ちの口に入る。だからリスボンの女性たちは戸口の前でこの選別の仕事をしている(10)。

(1) シチリアの副王からフェリーペ二世宛書簡、パレルモ、一五六三年一月八日、A.N., AB IX, 596, 写し。
(2) G. PARENTI, *op. cit.*, pp. 78 et 79.
(3) *Arch. st. ital.*, t. IX, p. 251.
(4) 一五五〇年五月七日、*ibid.*, p. 217.
(5) H・ザーネから十人委員会宛書簡、ヴェローナ、一五五九年九月十九日、A. d. S., Venise, B 594, f° 139.
(6) G・エルナンデスからフェリーペ二世宛書簡、ヴェネツィア、一五六二年八月二十五日、Simancas E° 1324, f° 156.
(7) Philippe de CANAYE, *op. cit.*, p. 184, 一五七三年のザンティ島の食糧不足。
(8) *Ibid.*, pp. 166-167.
(9) Lo que D. Alonso Pimentel scrive..., Simancas E° 1133, 一五七〇年十一月三十日。
(10) A. Fortunato de ALMEIDA, *op. cit.*, III, p. 313.

穀物貿易のいくつかのならわし

我々歴史家が、ある一定の仕入れ、一都市の食糧補給、投機、特定の勘定書など、穀物商人の複雑な駆け引きにアプローチするのは、小さな手掛かりからである。収穫があてにならないこと、領土国家、特に都市国家の警戒、大商人たちだけでなく、最も規模の小さい小売業者もおこなう投機、賭けに投資される莫大な金額、あまり細心綿密でない船乗りによって船もろともすべてを失う危険など、どんなことも穀物取引を不安定なものにする。取引にはどれほど多くの仲介者がいることか！　結局、この仕事はそれだけが単独でおこなわれるのではなく、他の商業活動と連携しているから、問題は複雑になる。

たとえばジャコポ・コルシとバルド・コルシの帳簿は、このフィレンツェの大商人がガリレイに金を前貸ししたり、ナガミゴショウ〔胡椒の一種〕や絹製品を信用貸しで転売したりすることにも、またトスカーナ大公の代理として、パレルモで、小麦の大量取引をおこなうことにも熱心であったことを示している。バルトロメオ・コルシーニは、このフィレンツェの大商人の命で働いていたが、自分のやった取引――あるものは終了し、別の取引は進行中――の明細書をつくっている。一五九五年の一連の仕入れに関しては、フィレンツェ人は一一、七六六ドゥカートの負債がある。一五九六年に締結された新たな売買契約には、パレルモで三、五〇〇サルマの小麦買い付けをして、ジルジェンティ〔アグリジェント〕の〈積み出し港〉でラグーザの二隻の船に積み込むことが書いてある。支出は一〇、〇八五ドゥカートに上り、一二回払いで、つまりサルマあたり三ドゥカートをわずかに切る額で、リヴォルノに返済される。このあと、船への積み込みを待ってさまざまな〈荷主〉のところに保管されている二、〇〇〇サルマ、七、〇〇〇サルマ、六、〇〇〇サルマの小麦と書き込まれた一連の帳簿が続いている。その次に、決済や為替についての金銭面の細かい記述があり、さらに〈借方と貸方〉の簿記がある。(1)　一五九八年にコルシ家の代理人が説明しているような取引の意味を理解することができれば、小麦への投機のことがよくわかるようになるだろう。理由はあまりはっきりしないが、コルシ家所有の小麦を積んだ一隻の商船が合計三、七〇〇サルマの小麦をメッシーナに荷揚げする。かなり多い量であるが、それを捨てるのである。実際、この小麦は一五九五年に買い付けられたものであり、もはやパンの原料に使えないばかりか、乾パンをつくるのにも適さず、鶏などに餌として与えられるのが関の山である。したがって小麦の一部は信用貸しで売られ、残りは乾パンになったが、どうやら簡単には売れそうもない。二、五〇〇カンタラのうち、五六四カンタラが六月に売れて、八月には六二〇カンタラがトスカーナのガレー船に引き渡されるが、それでもまだ倉庫には一、三二六カンタラ残っている。時間が経つにつれて価格は下がり、三七タリから三〇タリになり、次いで一六タリになる。(2)だから代理人は買い手と乾パンをつくるのを引き受けたパン屋の不誠実を嘆いている。(3)これは数ある話のなかのひとつの見方でしかない。オスナの時代に小麦を買い占めた自称スタラーチェ(4)という人物を暗殺したナポリ人は、穀物商人については別の考えを持っていたにちがいない。

しかし小麦をめぐるあらゆる配慮や切望のなかで、最小のものは政府の配慮や切望ではない。あらゆる国家が、小国もサヴォイア公国もトランシルヴァニアも、小麦問題にかかわる。老歴史家ビアンキーニ〔十九世紀〕は、小麦のほうが異端審問の問題よりもずっとスパイが多い、と書いている。それにはいろいろな理由がある。塩の場合と同じように、小麦に関する税収入を増やしたいという願望は際限がない。そのうえに、小麦貿易は一連の特別な計らいや恩恵に門戸を開く。小麦貿易は操縦桿であり、圧力をかける手段であり、義務を果たさせ、特典をつくる方法である。ヴェネツィアでは、スペイン国の領事トマス・コルノサは、専門家によればその職務をしっかりおこない、ポルトガルの史料はリスボンの商業王のためにこの人が尽くしていることを証明しているが、その褒美として、一五七三年に、ピエモンテの小麦をグリゾン人のために無税でミラノを通過させてくれることを求めている。容認された数多くの特別の計らいのうちのひとつである。(5)シチリア島では、小麦への特別手当ては慣例になっている。(6)一五七八年の〈売買契約手形〉の一覧表は、J・A・ドリアが「六、〇〇〇枚の手形」を得たことを示している。これはシチリアの小麦六、〇〇〇サルマの輸出権を得たという意味である。すなわち手形一枚につき二エキュであり、一二、〇〇〇エキュの公債であるから、(7)一五六六年にドリアに与えられていたわずか四、五〇〇サルマよりも増えている。(8)スペインの駐屯地であり、スペインに仕えるサヴォイアのガレー船が停泊しているニースとヴィルフランシュの要塞の食糧補給については、サヴォイア公は、一五六六年に、フェリーペ二世からシチリア小麦六、〇〇〇サルマの〈永久売買契約〉を懇請された。[9] 一回だけ一、五〇〇サルマの取引を認めよう、と国王は決意する。エマヌエレ・フィリベルトが自国の護衛にあたるスペイン人向けと称してこの小麦を闇取引することは周知の通りであるが、それ以上のはっきりしたことはわからない。[10]「モナコの領主」カルロ・グリマルディは同じようにおこない、シチリアでの六、〇〇〇サルマの取引でずいぶん前から儲けている。一五八四年十月十三日付けのフェリーペ二世の書簡は、グリマルディからこの特権を取り上げる。というのはグリマルディはモナコの食糧補給のためにこの特権を使わないで認可状を売ったからであり、しかもシチリアの税金よりも安く売ったからである。[11] 別の世界にも同じような話がある。ヴァローナ〔ヴロレ〕で約一、六〇〇サルマ買い付けることに対して、一五六二年に、ラグーザ人に認められた輸出許可の際には、それこそトルコ皇帝妃の私有地であることを我々は知る。[12]

小さなディテールであり、またささいな話である。小麦の取引が統治者たちの手に握られて収入源であり、支払い通貨であるとすれば、それこそ政府と小麦貿易を以前よりもいっそう緊密に結びつけることになる。もっともこれは、トルコでもキリスト教国でも、小麦貿易を結果として単純にすることには決してならない。しかも領土国家の監視は都市国家の病的な監視に比べれば取るに足りない。[13]

小麦は、不足しているからこそ、人々に小麦のことを考えさせるのである。地中海の収穫は一般に不十分である。金になる農業、ぶどう畑、家畜飼育がつねに小麦と競争している。[14] これは第一の理由であるが、これだけではない。地中海における小麦は、粗放農業でありつづける。同じ土地に毎年種を蒔くことができないし、収穫率があまり高くないために広い面積が必要である。シチリア島では、二年毎の輪作（小麦と休耕）がならわしである。[15] プーリア地方の卓状台地でも同じく輪作である。[16] スペインでは、二年毎の輪作では土地がやせるので、三年毎の輪作（三年〈休耕地〉）が理想である。〈乾地農業〉をやると、雨がめったに降らないのを補う、畝起こしを最初は深く、次には浅く、重ねておこなう必要がある。[17] 結局、小麦に税金をかけ、販売を規制するために政府がとるあらゆる措置は、農民を苦しめる。農民はただ嘆き苦しむだけか、スペインのように、ラバ引きの暮らしやアメリカの冒険に誘惑されるだけである。

熱心な祈りの列が御祓をするだけでは十分ではない、冬の洪水の悲劇、夏の旱魃の悲劇を付け加えておこう。[18] 結果として、どんなに小さなニュースにも動揺する価格の変動が著しいということになる。こうした価格の変動のメカニズムを説明しようとしたのは、やっと十八世紀になってからであるが、この点については、一七九三年にフィレンツェで出版された匿名(たぶんセストリーニ)の本[19]以上によくわかる本はほとんどない。この本は地中海各地の小麦の価格差について、当時も、十六世紀と同じく、パンの値段が安いオリエントと高いパンの西欧との差が目立つといった聡明な考察にあふれている。またどこかで収穫が不良であると、どうして小麦の値段の高い地域ができるか、しかも値段は中心地よりも周辺地域のほうがずっと高い、ということも説明している。[20] 十六世紀にもすでに事情は同様である。ある食糧不足の地域がはっきりしはじめると、商人たちはその地域に向かって突進し、船を進め、在庫を一掃する。時にはこの食糧不足の地域からかなり遠いところでも、こうした波をかぶって価格は上がる。しかし船が高値の国に駆けつけ、穀物が殺到すると、高値の国で値崩れが起こる……。経済学の講義にもってこいの図式である。

これはまさに、地中海全体にとって不作の年であった一五六一年にコンスタンティノープルで起こったことだ。ポルトガルでは、春は「常ならぬ旱魃」であったし、[21] スペインでは、収穫は惨憺たるものであった。[22] シチリア島では、サルマあたりの価格は、収穫後、二・五ドゥカートに跳ね上がり、[23] オリエントでは、端境期の需要が満たされなかった。だから春になると人々は心配していた。[24]〈コロンバ号〉というヴェネツィアの商船は、ニコメディア〔イズミット〕に行き先変更させられて、首都のための小麦をそこで積み込んだ。[25] 同じくヴェネツィアの他の四隻の商船は、ヴォロス湾で小麦を積み込んだが、サロニカ防衛のガレー船に拿捕されて、コンスタンティノープルに送られた。(26) この救援呼び掛けの中心地に大量の船が到着し、間もなく不足を埋めたが、価格は値崩れした。「キロ」(サルマの九分の一に相当)一七・五アスプルに下落した。つまり一ドゥカートは六〇アスプルであるから、サルマあたり三ドゥカート以下になったのである。(27) 翌年、小麦価格は、ギリシャの諸港で、「キロ」一二アスプルに、つまりサルマあたり二ドゥカート以下に下がった。

別の例として、一五七八年に、ひどい食糧不足がスペインを襲う。シチリアから、副王マルカントニオ・コロンナが救援の船を急遽派遣しようと努める。商人たちは二四、〇〇〇サルマを急いで買い取り、そのうち六、〇〇〇サルマをスペインに運ぶ約束をする。残りについては、商人たちはあまり冒険に身を投じる気にならない。「というのはだれもが一番儲けになると思うところに駆けつけると、穀物の過剰が起こって」商売としては大損害になることがあるからだ、とその理由を説明している。(28) これは、すでに本書で取り上げた報告の作成者が、一五八四年に、考えているケースである。この著者は、商人たちが金儲けの匂い(el olor de la ganancia)にひかれてスペインに飛んでいく場合に(29)政府当局が危ない橋を渡ることに対して、輸送を引き受けようとする政府当局に注意を促している。

ある商人にとっての災難とは、窮地にある国々に向けて送り出した船が、途中である都市に拿捕されて、その都市がつねに都市の思い通りの、予想よりもずっと安い値段で支払うことである。ジェノヴァの仲買人たちの怒りもわかる。プーリアで小麦を積んだジェノヴァの船が、一五七八年に、〈非常に高い〉価格のスペインに向かって航海していると、何とジェノヴァ共和国そのものによって不法監禁されるのである!(30)

原則として、商取引は単純である。つまり仕入れ可能な過剰小麦を、豊作の年から不作の年へと移し、さらに(穀物は保存しにくいし、長期間倉庫に入れておくことはできないから)豊作の地域から不作の地域へと移すことである。その場合、収穫の出来次第で、交換の流れは逆転する。穀物に関しては、どんなことも起こりうるし、また実際にどんなことも起こった。ある日、過剰を供与できないような沿岸地域、ないし海岸に近い地域はひとつとしてないし、また港もひとつとしてない。コルフ島が「大量の小麦」の輸出をおこなっているのを発見するには十五世紀にさかのぼってみるだけで十分であるし、またキプロスの小麦、なかでも大麦がヴェネツィアに向けて輸出されているのを見るには十六世紀前半にさかのぼってみるだけで十分である。一五七〇年、スパラトには周辺のトルコ小麦がどっと流れ込み、トルコが軍備しているのに気がつくまで、スパラトはこの小麦をヴェネツィアに向けて輸出させている。ところが突然軍備におびえて、スパラトはまだ市壁内にあった穀物を外に出さないように引き止める。年によっては、驚くべき異常なことが突然起こる。一五五五年には、スペイン小麦をローマに向けて送った。一五六四年には、アンダルシアは、カトリック王の正式の許可を得て、穀物をジェノヴァに送る。カスティーリャは一五七一年にその門戸を開く。一五八七年には、サルデーニャの副王は、四、〇〇〇サルマの小麦が自分の管理下でジェノヴァに送られたという功績を自慢に思った。どんなことも起こる！　オランまでもアフリカ小麦の輸出の窓口になる。ディエゴ・スアレスが説明しているように、オランの要塞の周辺では、現地の小麦はスペイン産の小麦よりもたいていは四分の一か五分の一の安い値段であったのだ。小麦がありさえすれば、儲けは大きかった！　しかしもちろん毎年そういうわけにはいかなかった。同様に、アルジェは、年によって非常に大金持ちになることも大変な貧乏になることもあった。

穀物倉の蓄えがいっぱいであっても、頻発する、猛烈な、人が死ぬほどの食糧不足の際には、残念ながら不足分を満たすには必ずしも十分ではない。一五五四年には、〈イタリア中で物凄い食糧不足〉が起こった。しかも外国から容易に救援は来なかった。何万という人が飢え死にし、小麦の価格はフィレンツェで〈スタイオ〉あたり八リラにまで上がった……。

(1) *Arch. Guicciardini-Corsi*, V, VII, 7.
(2) *Ibid.*, 一五八八年六月四日、二十三日、二十五日、十月二十一日、一五九九年七月二日の手紙。
(3) 一五九九年七月二日の手紙。
(4) *Archivio storico italiano*, IX, p. 218, note 1.
(5) シルバから国王宛書簡、ヴェネツィア、一五七三年五月二十三日、Simancas E° 1322.
(6) 一五二二年のフーゴ・デ・モンカダの報奨については、J. E. MARTINIZ FERRANDO, *Privilegios ortogados por el Emperador Carlos V...*, 1943, p. 172, n° 1543.
(7) Notamento di tratte..., 1578, Simancas E° 1148, 〈売買契約〉は三二タリである。
(8) ノビリから王子宛書簡、マドリード、一五六六年二月二十日、Mediceo 4897 *bis*.
(9) 一五六六年二月二十八日、Simancas S. R. Napoles I.
(10) P. EGIDI, *op. cit.*, pp. 135-136.
(11) パレルモ評議会、一五八六年一月十日、B. Com. Palerme, 3 Qq E 70.
(12) アンドレア・ダンドロからドージェ宛書簡、ペラ、一五六二年五月一日、A. d. S., Venise, Senato Secreta Cost. Filza 3/C.
(13) 本書第I部第5章五五〇頁以下参照。
(14) I. de ASSO, *op. cit.*, p. 108 et *sq.* アンダルシアおよび新カスティーリャにおけるぶどう畑の発展については、E. J. HAMILTON, *op. cit.*, p. 242; K. HÄBLER, *op. cit.*, p. 40.
(15) フェリーペ二世からシチリアの副王宛書簡、トレド、一五六〇年十月十二日、B. Com. Palerme, 3 Qq Z 34, f° 7.
(16) L. BIANCHINI, *op. cit.*, I, p. 359.
(17) I. de ASSO, *op. cit.*, p. 77.
(18) 一五四〇年、ナポリ、*Arch. St. Ital.*, t. IX, p. 105.
(19) *Confronto della ricchezza dei paesi...*, 1793.
(20) *Ibid.*, p. 17.
(21) J. NICOT, *op. cit.*, p. 127 一五六一年四月十二日。
(22) フェリーペ二世からシチリアの副王宛書簡、マドリード、一五六一年八月十九日、B. Com. Palerme, 3 Qq E 34.
(23) シチリアの副王から国王宛書簡、パレルモ、一五六一年十月十六日、Simancas E° 1126.
(24) H・フェロからドージェ宛書簡、ペラ、一五六一年八月二十七日、A. d. S., Venise, Dispacci Senato Secreta Cost. Filza III/C.
(25) 同上、一五六一年三月三日。
(26) コルフ、一五六一年四月十日、Simancas E° 1051, f° 51.
(27) H・フェロからドージェ宛書簡、一五六一年五月二十九日。G・エルナンデスから国王宛書簡、ヴェネツィア、一五六一年九月八

日、Simancas E° 1324, f° 15 et 16.

(28) 次の注を参照。

(29) Simancas E° 1087, f° 209 一五八四年十二月五日。

(30) 領事ガルバリーノからジェノヴァ共和国宛書簡、ナポリ、一五七八年九月十一日、A. d. S., Gênes, Lettere Consoli, Napoli, 2. 2635.

(31) ヴェネツィアで売られる「すばらしい商品」については、ジュリアヌス・デ・ピチェナルディスからマントヴァ侯爵宛書簡、ヴェネツィア、一四七三年五月二十日、Arch. Gonzaga, B 1431.

(32) M. SANUDO, *op. cit.*, II, col. 87 : 301, キプロスで一四九八年十一月九日にピサ向けに積み込まれた小麦。A. d. S., Venise, Senato Mar, f°s 54 (1515), 116 v° (1516). Museo Correr, Donà delle Rose, 46, f° 43 v° (1519), 47 (1535).

(33) 伯爵にして艦長のアンドレア・ミキエルから十人委員会宛書簡、スパラト、一五七〇年三月十日、A. d. S., Venise, Lettere di Capi del Consiglio dei Dieci, Spalato, 281, f° 60.

(34) 一五五五年三月七日、B. N., Paris, Esp. 232, f° 89.

(35) Simancas E° 1293, Sobre los capitulos que dieron las personas... (1564).

(36) *Actas*, III, pp. 373-374.

(37) 一五八七年八月二十一日、V. RIBA Y GARCIA, *op. cit.*, pp. 317-318.

(38) *Ibid.*, pp. 288-289.

(39) Manuscrit de l'ex-gouvernement général de l'Algérie, p. 471.

(40) メルス・エル・ケビールでの現地の小麦買い付け、一五六五年三月十二日、Simancas E° 486.

(41) 一五八四年頃、R. HAKLUYT, *op. cit.*, II, p. 176. 一五七九年には、ガレー船の漕ぎ手である四人が解き放たれなければならないほどの食糧不足である。J・デ・コルノサからフェリーペ二世宛書簡、ヴェネツィア、一五七九年七月七日、A. N., K 1672.

(42) G. MECATTI, *op. cit.*, II, p. 693.

(43) *Ibid.* シエーナ戦争および交戦国の〈穀物を断つ〉習慣について考えるときには、*ibid.*, p. 683 を参照。

海路と関係のある小麦貿易

小麦は輸送にとってはすばらしい商品であるが、非常に重い商品である。この商品がどんなに貴重であろうとも、非常に高い輸送費を負担することはできない。したがって陸路では、もちろん食糧不足や極端な高値の場合を除いて、小麦は短距離しか流通しない。

ここに、一五八四年のイタリアからスペインまでの穀物輸送計画の記録がある。[1] 荷積みはトスカーナの要塞、オルベテッロ、タラモーネ、「プエルト・ヘルキューレ」〔ポルト・エルコーレ〕でおこなわれる。仕入れ（カスティーリャの単位で七万ファネガ）は教皇領のコルネト〔タルクイーニア〕とトスカネッラ〔トゥースカーニア〕や、グロッセートとトスカーナ大公の領土であるシエーナのマレンマ湿地帯や、パルマ公の所有地のカストロとモンタルトでおこなわれる。すなわち時には内陸部一五マイル、二五マイル、三〇マイルの場所である。その結果、ファネガあたり一〇スペイン・レアルという仕入れ値に、陸路を使って船に積み込む港までの輸送費として〈モッジョ〉〔ブッシェル〕あたり三エキュ、つまりファネガあたり三レアルを足さなければならない。したがって小麦は比較的短い旅の間に三〇パーセント価格が上昇する。プーリア地方からナポリまでの道を車が通れるようにする計画についてのナポリ副王の意見（一五六二年七月二十九日）は次のように述べられている。「このナポリの町の食糧を輸送するために車の通れる道を開くことに関しては、できるかぎり敏速にこれをおこなう。しかし、プーリアから馬車で運ぶ小麦輸送にかかる費用が膨大であることを考えると、思い切ってこの仕事をする人はほとんどいないと言っておこう。[2]」もちろん小麦は半島の端から端まで陸路で通ることはできない。時には穀物はこのナポリの近道を通るが、アドリア海からティレニア海までの全行程を行ったという証拠は何もない。しかもそういうことはほとんどありそうもない。というのもフィレンツェ周辺では、都市周辺わずか四ないし一三マイルの範囲の輸送だけで小麦価格は一五七〇年に四・二四パーセント、一六〇〇年に三・三五パーセント上昇するからである[3]（これは商品そのものの価格が陸上輸送の費用よりも高くなったということを証明するのに役立つかもしれないが、この例からいきなり全体像へと話を移すのは危険であろう。というのはフィレンツェでもこれと矛盾するような他のパーセンテージがあるからである）。一五五九年一月には、荷車代が大麦そのものと同じくらいするので、サンタ・オラリャの村とラ・ランブラの大麦をマラガまで送るのをやめる(4)。

あのヴェネツィアの書記官マルコ・オットボン(5)に同情しよう。彼は一五九〇—一五九一年の冬の間にポーランドに行くが、途中のインスブルックでもウィーンでも、クラクフやハンガリーの小麦の相場の情報を得て、そのあとで小麦がヴェネツィアに着いたときには〈スタイオ〉あたり結局いくらになるかを〈食糧調達官〉のために計算する。通貨と尺度を換算し、税金と仲買手数料について何ひとつ忘れないようにしなければならない。するとほとんどいつも取引が不可能であることに気づくのである。クラクフで買うと、一ヴェネツィア・スタイオ相当のものが八ヴェネツィア・リラになる。クラクフからヴェネツィアまで、輸送費は七リラ一二ソルドに達し、ヴェネツィアからフィラッハ〔オーストリア〕までは七リラ一〇ソルドかかる。フィラッハからヴェンツォネまでは三リラ、ヴェンツォネからポルト・グルアロまでは一リラ四ソルド、ポルト・グルアロから（小舟で）ヴェネツィアまでは三ソルドかかる。これに税金、袋代や樽代、仲買手数料が付け加わる。全部で、三〇リラ一九ソルド、すなわち約三一リラである。つまり輸送費は商品価格を四倍にしたのである。輸送費は商品化された小麦の価格差を生み出す大きな要素である(6)。

したがって、小麦輸送には好んで水路が用いられる理由がわかる。ブルゴーニュ小麦の発展が南のほうで可能になったのは、もっぱらローヌ川という輸送路の賜物である。フィレンツェに向けて運ばれる外国の、必ず高くつく穀物は、できるかぎり長く、首都の河川港であるシーニャまでアルノ川をさかのぼる(7)。シチリアのレンティーニ（レオンチノイ）の領土の豊かさは、その農業資源とそれに加わった幸運による。この領土は海岸からそれほど遠くないし、そこを流れる〈大きな川〉であるサン・レオナルド川は町から数里のところまで船で行くことができる。少なくとも、一四八三年には、そのように船で行くことができた(8)。

海路による輸送は比較的安い。上述のイタリア小麦をスペインに運ぶ例に話を戻せば、ファネガあたりの仕入れ値は一〇カスティーリャ・レアルになり、輸送費は船までで三レアル、輸出税が五レアル、ラグーザの立派なナーヴェ商船での輸送はわずか三・五レアルである。これにかなり高い保険料を足さなければならない。年度末頃であるから〈価格の〉九パーセント)、すなわちファネガあたり三〇マラベディの追加である。海上輸送費はこうしてファネガあたり約四レアルとなり、アリカンテやカルタヘナでのファネガあたりの価格は二二レアル三マラベディになる(この計算では、〈レアル〉は五四マラベディで計算している)。小麦の移動の場合、海上輸送は、他のあらゆる運輸手段、つまり荷車による運搬、駄獣による輸送、輸出許可よりも相対的に安くつく。船賃は距離の正確な計算をしているわけではないから、イタリアからバルセロナやバレンシアに行こうと、シチリアやトスカーナから出発しようと、変わらない。船長たちは、スペインに行くためには、シチリアよりもずっと北のトスカーナの要塞あたりで「リヨン湾」を横断して行くよりも、シチリアから出発して「リヨン湾」を渡って行くほうが有利であると考えている。「海に呑み込まれて直行するためには」シチリアから出たほうがいい(tener el golfo mas lançado)とはっきり言っている。

その結果、海上生活に容易にぱくりと食われる地中海世界の内陸部が、穀物の大規模な取引の余裕ができる。この事実を確認しておけば、海と直接の関係のある都市だけが(ミラノのような特権的な都市を別にして)発展することができるということを説明するには十分であろう。地中海の島々がたいていは金になる単作——これが大いに広まる——に没頭することができるのは、海が手の届くところにあり、穀物船があるからである。絶えず食糧危機にありながら、島々はそのあぶなっかしい生活によって絶えず均衡を取り戻している。これは海だけが許す、あるいは海だけが挑発する軽業のようなものである。水上では、小麦は信じられないほど遠くまで足をのばす。バレンシア、スペイン(9)、ジェノヴァ、ローマで、人々はエジプト産小麦やエーゲ海産小麦を食べている。ダックスの司教は、一五七二年一月に、ラグーザからシャルル九世宛に次のような手紙を書いている。「この町では、ここから五〇マイル離れたところに買いに行かなければ、小麦一粒さえ食べられません。(10)」これは十六世紀よりもずっと古い時代にもあてはまる。こういうわけで小麦は古代から、必ずしも甲板のついてない船で、旅をしていたのだ。十一世紀には、アラゴンの小麦がエブロ川を下り、それからトルトーサを越えて、海を斜めに横切って、シリアの甚だしい窮乏を助けに行ったのである。(11)

(1) ナポリ、一五八四年十月五日、Simancas E° 1087.
(2) Simancas, Secretarias Provincales, Napoles I.
(3) G. PARENTI, *op. cit.*, p. 82.
(4) F・ベルドゥゴからフェリーペ二世宛書簡、マラガ、一五五九年一月二十一日、Simancas E° 138, f° 264.
(5) A. d. S., Venise, Secreta Archivi Propri Polonia, マルコ・オットボンから食糧調達官宛書簡、ウィーン、一五九〇年十一月二十四日。
(6) E. LEVASSEUR, 《Une méthode pour mesurer la valeur de l'argent》, in: *Journal des Economistes,* 一八五六年五月十五日。「今日（一八五六年）アルジェリアでは、上質小麦一〇〇リットルは、ティアレットやセティフでは一〇フランしかしないのに、アルジェでは二九フラン、オランでは二一フラン五〇サンチームで売られている……。」
(7) G. PARENTI, *op. cit.*, p. 83 ; A. DOREN, *Storia econ. dell'Italia...*, 1936, p. 366.
(8) Matteo GAUDIOSO, 《Per la storia... di Lentini》, in : *A. st. per la Sicilia Orientale*, 1926-1927, p. 83.
(9) E. J. HAMILTON, *op. cit.*, p. 257, note 4.
(10) E. CHARRIÈRE, *op. cit.*, III, pp. 244-249.
(11) I. de ASSO, *op. cit.*, pp. 108-109.

輸出港と輸出国

穀物貿易のすべての市場は地中海沿岸にあるか、または河川の沿岸にある。グロッセート、モンタルト、コルネトのような小さな港からは小舟がリヴォルノに集まる。(1) あるいはアブルッツィの小さな港の保険証券は、グロッタマーレ、シニガッリアのような小さな港がヴェネツィア向けの活発な取引をおこなっていたことを示している。(2) さらに大きな市場の場合、ドナウ平野の市場は、大河によって黒海と結ばれている(一五七五年十二月のレヴァントからのある報告書は、(3) ワラキアおよびボグディアナ〔ボーダン〕から供給された小麦は、トルコの命令で、乾パンにつくり変えられて、ドナウ川河岸に保管されて、ここから配送がおこなわれることを示している)。エーゲ海の市場は、沿岸の小麦生産地帯と関係がある。つまりガリポリ〔ゲリボル〕はトラキア〔トラーキ〕と関係があり、パトモスはアジア海岸に近く、サロニカ〔テッサロニーキ〕はマケドニアの出口と関係があり、(4) さらに西方の買い手の頼みの綱であるヴォロスは、テッサリア平野の小麦を輸出している。(5) エジプトでは、ナイル川はドナウ川と同じく、米やソラマメやエジプト豆と一緒に膨大な量の小麦を海に向かって運んで来る。西欧では、穀物の大輸出市場はプーリアとシチリア島である——シチリア島は、十六世紀の、言わばカナダやアルゼンチンのようなものである。

その意味で、シチリア島のケースは取り上げて検討するに値する。また他の場合よりもはっきりしているという利点もある。スペインの副王たちにとって、シチリア島を管理し、統治することは、第一に小麦にかかわることである。彼らの手紙のうち、収穫、価格、輸出許可状、島の大量生産によって金持ちになったシチリアの領主たちの住むパレルモで作成された、外国の仲買人と締結した売買契約について語っていない手紙は一通としてない。(6) 西の海盆において、この食糧補給者という重要な役割をシチリアは何世紀も前から、いや古代から果たしている。もちろん輝かしいときもあればそうでないときもあるが、中断されたことはない。一二六一年に、年間一万サルマ(二万キンタル)の輸出に関して、ジェノヴァがシチリアの国王マンフレッドと調印した契約は、数字が大きいとしても(というのはジェノヴァはその間に発展したから)、十六世紀の契約のひとつと取り違えるほどよく似ている。(7) 西欧全体がシチリアの小麦を切望しているし、隣のバーバリー海岸は他のどの国よりもシチリアの小麦が欲しいと

図49　1532年のシチリアの〈穀物輸出港〉

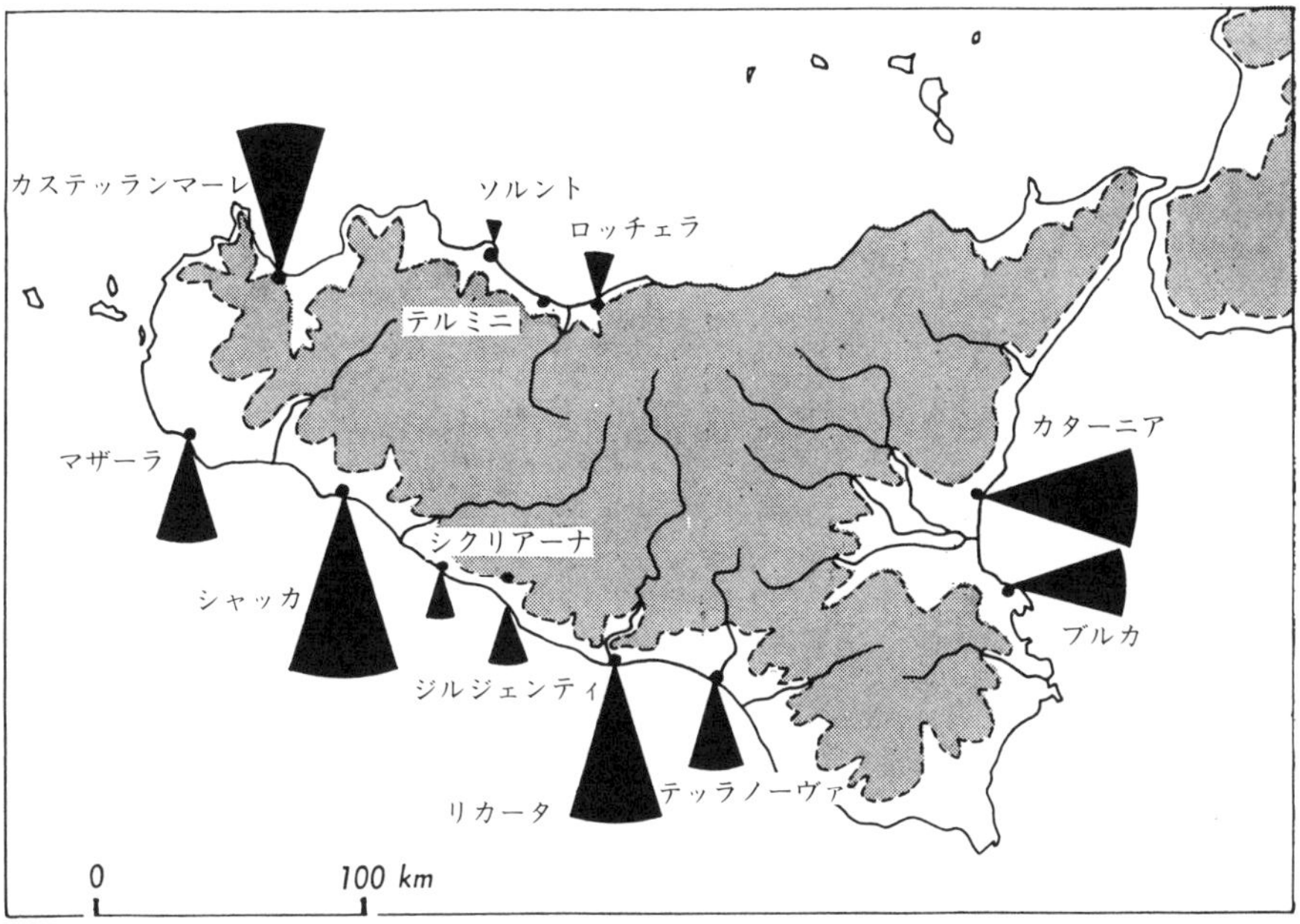

L・ビアンキーニ、前掲書，第Ⅰ巻，241頁による。

小麦輸出港は島の平野と丘陵に一致している。カステッランマーレを除いて，北部海岸には輸出港はない。南部海岸の優位である。シャッカの利益は記録的である（全部で26万サルマ，つまりキンタルで言えば52万キンタルの輸出のうち４万サルマ）。

思っている。レオ・アフリカヌスは、シチリア人の小麦を手に入れるためにアラブ人は自分の子供たちを人質に差し出していたと語っている[8]。トリポリがキリスト教徒の手に取り返されたとき、人々はアフリカ行きの小麦にかけられるシチリアの税金にただちに取り組む。要塞のための二、五〇〇サルマだけが免税になる[9]。

カトリック王フェルナンドの時代から、〈カリカトレ〉つまり島の穀物積み出し港のリストができている。ソルント〔バゲリーア〕、テルミニ、ロッチェラ〔チェファルー〕、カターニア、ブルカ〔アウグスタ〕、テッラノーヴァ〔ジェーラ〕、リカータ、ジルジェンティ〔アグリジェント〕、シクリアーナ、マザーラ、カステッランマーレ〔そしてシャッカ〕である。一五三二年の輸出一覧[10]は、南部と南部丘陵の優位を示している。この一五三二年度に、公式の輸出は合計約二六万サルマ、つまり五二万キンタルの小麦であり、一五七七年の算定によれば[11]、ジェノヴァの要求の四倍である。ジェノヴァは一年に六万から七万サルマのシチリア小麦を輸入している[12]。しかし、すでに何世紀も前から、シチリア島の特上小麦を食べていない西地中海の都市はほとんどない。

この古い市場は非常に強力に組織されている。商業的には、パレルモに集中しているが、それでもパレルモは船荷の積み込みにも輸送にも与からずに、〈小麦の商取引〉にかかわるものを集めている[13]。おそらく穀物の売り手である所有者自身がパレルモに住んでいるからであり、さらにまたフィレンツェやジェノヴァの大商人の代理人は副王の傍にいる必要があるからである（実際、副王は、あるときにはメッシーナに、あるときはパレルモに住んでいる）。いずれにしても副王の官房と〈航海案内人〉の近くにいなければならない。この役人は〈トラッタ〉つまり貴重な輸出許可状の獲得に必要な手続きやたくさんの書類を面倒なものにするのだ。この輸出許可状はただではなく、その値段はスライド制の価格一覧に従って変わる。マリオ・シリ[14]が上のような表を作成しているので、借用することにする。

シチリアの輸出税のスライド制（マリオ・シリによる）

サルマあたりの価格	サルマあたりの税金
18から22タリ	6タリ
22から26タリ	10タリ
26から30タリ	12タリ
30タリ以上	16タリ

この税金こそシチリアの価格に重い負担となる。老歴史家ビアンキーニの言い方によれば、シチリアよりも安いレヴァントの小麦の需要が、一五五〇年頃[15]、増大した理由のひとつであろうか。シチリアの穀物輸送船団の衰退はこのレヴァントの小麦の安さの結果であったにちがいない。あるいは、こちらのほうがもっともらしく見えるのだが、その衰退は、一度に数千サルマ単位の小麦を搬送することができるヴェネツィアやラグーザの貨物船の役割が増大したことと一致している。一五七三年に、ヴェネツィアのためにシチリアで荷積みする船は、それぞれ四、八〇

〇、四、〇〇〇、四、〇〇〇、四、〇〇〇、二、五〇〇、二、〇〇〇、一、八〇〇、一、五〇〇、一、〇〇〇、一、〇〇〇サルマのトン数である。[16] 小麦や塩や羊毛といった非常に重い産物の輸送を専門とする船団ができていた。これがシチリアの市場の設備を補った。シチリアの市場は〈積み出し港〉(〈荷揚げ機〉と言ったらいいだろうか)に大きな倉庫も持っていたし、そのうえ小麦の預け主に受領証を発行する倉荷証券制度のようなものもあった。〈預かり札〉についてはまだこれから歴史が書かれなければならない。この領収証は小麦をすぐに売りたくないが、前金を受け取りたい所有者に渡されるものである。所有者は、万一の場合には、この〈預かり札〉を誰に売ったのであろうか。

こうしたことはすべて現代では奇妙な響きがする。しかし、これについて判断するためには、小麦倉庫やその帳簿や〈預かり札〉を受け取る出資者のことをもっとよく知らなければならない。こうしたことはすべてビアンキーニの古い本では十分に解明されていない。[17] また小麦の生産と取引を同時に取り巻く資本主義的な行政のシステム――これは小麦の生産と取引を結局は実業家の手に握らせてしまう――もよく知らなければならない。小麦の価格が下がると、農民(不思議なことに〈ボルゲーゼ〉つまり町の人々と言われる)は借金取りに支払いができなくなって、牛を売らなければならなくなったり、夜逃げをすることもある。実際、農民はそれぞれの年の畑仕事を始める前に、種や犂を引く牛を買って、新しい土地の耕作に運を賭けるために借金をしている。十七世紀初めのスペインのある報告書によれば、「領主も〈騎士〉もこんなふうにして小麦で返済をおこなうべく金を借りる。そのあともし返済ができなければ、彼らは多額の利子に苦しむ危険にさらされ、その結果利子軽減の約束を取りつけるために副王たちのもとへ駆けつけて、時には利子軽減措置を手に入れる[18]……。」これは、まさに十七世紀初めに、カスティーリャのバリャドリー周辺で見られる農民と領主の状況そのものである[19]……。

十六世紀には、上から下まで、ひとつのシステムが破滅に向かって進んでいるという気がする。たとえば預かり札への奇妙な投機がどっと始まった。〈倉庫業者〉と共謀して偽の預かり札が流通した。その次にはありもしない小麦が売られた。決済のときになって、人々は商品が傷んだとか〈積み出し港〉で盗まれたとか口実を言った。何人かの倉庫業者は破産した。政府は、違反者にはガレー船で脅し、公正な登記を要求し、穀物の先物買いや先払い、〈口約束の価格であるが、実際には半分だけ〉と言われる高利の契約[20]、食料品の価格への賭けを禁じて、民衆の誠実さを擁護しようとしたがむだであった。破廉恥な行為が続いたので、何人かの所有者は、港の投機家や詐欺師に小麦を売り渡すよりも、小麦を保存している濠のなかで小麦を腐らせるほうを選んだ。あるいはこれは、シチリアでも、十六世紀末には数が少なくなった食料品への投機の方法であったかもしれない。状況はそれほど深刻であったので、市町村も政府みずからも〈積み出し〉の小麦をためらわずに押収した[21]。

プーリア地方では、ラグーザ、ナポリ、ヴェネツィア向けの大量の輸出のためにマンフレドニア、フォッジア、トラーニの港を使っていたが、システムは似たようなものであった。〈トラッテ〉つまり税関用の輸出許可状は、前もって大量に国王の税務官庁によって売られていた。この輸出許可状は価値が落ちて、安く買いたたかれていた。商人たちによれば、ヴェネツィアはこのようにして関税の支払いに関して三二パーセントまで節約していた[22]。

（1） Medicceo 2079, 2080.
（2） A. de Raguse, Diversa de Foris, XI, f°s 56 et *sq*. 短い距離の交易、ヴェネツィア向けのフューメとスパラトの小麦やパスカル・セルヴァの協力した保険の一覧（一六〇一―一六〇二年）に関する数多くの情報がある。
（3） G・デ・シルバから国王宛書簡、ヴェネツィア、一五七五年十二月十日、Simancas E° 1334.
（4） 一五六一年二月十六日付けのH・フェロからドージェ宛書簡は、サロニカの穀物港にはヴェネツィア船は一隻もない、と記している。A. d. S., Venise, Senato Secreta Cost. Filza 2/B, f° 334.
（5） A. de Raguse, Lettere di Levante, 33, f°s 11 v° à 13 v°. ラグーザの地方長官で顧問のビアッジョ・ヴォドピアは、ジョヴァンニ・パスクワレ所有のナーヴェ商船に〈大量に荷を積んで〉レヴァントに送った。メテリノ、マルガ湾、カヴァラ、サロニカ、ヴォロス、ゾトネなどエーゲ海の〈積み出し港〉がきちんと列挙してある。しかしどこでも〈売るための小麦を積むカラムサリ船が必ずしもあるわけではなかった。〉

（6） E. ALBÈRI, *op. cit.*, 1574, II, V, p. 477.
（7） L. BIANCHINI, *op. cit.*, I, p. 346.
（8） G. M. AMARI, *op. cit.*, III, 3, p. 831.
（9） LA MANTIA, *art. cit.*, p. 487.
（10） L. BIANCHINI, *op. cit.*, I, p. 241.
（11） Relatione di quel che occorre al Duca di Terranova..., 1577, Simancas E° 1146.
（12） *Ibid.*
（13） E. ALBÈRI, *op. cit.*, 1574, II, V, p. 243.
（14） M. SIRI, *art. cit.*
（15） L. BIANCHINI, *op. cit.*, I, p. 337.
（16） Relatione delle navi venute a carricar di formenti in Sicilia per Veneciani le quali sono state impedite. Simancas E° 1139.
（17） *Op. cit.*, I, p. 337.
（18） *Memoria del governo del Reyno di Sicilia*, Biblioteca Communale, Palerme, Qq. F. 29（日付なし）。
（19） B. BENNASSAR, *Valladolid au XVIe siècle*（タイプ印刷）。
（20） 一五五九年八月二十六日の国事詔書、六一号の四。ナポリでもおこなわれていた〈ヴォーチェ〉については、G. CONIGLIO, *op. cit.*, p. 21 *et sq.* にもっと正確な評価が書かれている。商人は次回の取引の価格で——〈ヴォーチェ〉で——小麦を商人に売る約束をした農民に前金を払っていたのである。
（21） L. BIANCHINI, *op. cit.*, I, p. 356.
（22） Karl Otto MÜLLER, *Welthandelsbraüche, 1480–1540*, 2° tirage, Wiesbaden, 1962, p. 54.

オリエントの小麦

しかし西欧は西欧内部で補い合うだけで生きているのではない。特に世紀半ばには、西欧の暮らしはレヴァントから送られて来るものによって均衡が保たれる。レヴァントは、西欧よりも人口が少なく、輸出可能な穀物に恵まれ、概して価格は安い。オリエントには三つの穀倉地帯があった。エジプト。テッサリア、マケドニア、トラーキ、ブルガリアの各平野。そしてルーマニアの低地である。ルーマニアの低地は非常に早くから地中海の回路の外に置かれた。コンスタンティノープルの巨大な胃袋が自分のためにルーマニアの低地の穀倉地帯を独り占めしたからである。ギリシャとブルガリアの市場とエジプトの食料戸棚が残っている。一五五四年に、領事ロレンツォ・ティエポロの見積りでは、エジプトからは、トルコ皇帝は小麦、大麦、ソラマメを六〇万リベバを買い取っている（ここには米への言及がないが、どうしたことか！）。[1] この六〇万リベバは（シチリアの一〇〇サルマを一六五リベバとして算出すると）[2] 三六万三、六三六サルマ、すなわち七二万キンタルに相当する。これは膨大な食糧で、シチリア島が供給することができる量よりも多い。[3] この食糧補給の大部分はコンスタンティノープル向けであるとしても、残りは現地でトルコ兵の維持のためであり、またメッカに向けて送られる。そのうえスルタンの「小麦」は必ずしもエジプトの小麦全部ではなく、ティエポロの提供している数字は（この取引のためにスルタンに必要な一二〇万ドゥカートを含めて）、一般的な情報として与えられているにすぎない。実際は、ナイル川の水位の高さや疫病や価格情勢によってすべて変わる、と彼自身付け加えている。この報告書はソラマメのリベバあたりの価格は二種類、小麦については三種類出している。[4]

そのうえ、アレクサンドリアからも、ヴォロス、サロニカ、ヴァローナ、プレヴェサ、サンタ・マウラ〔レフカス〕島からも、トルコ小麦は、トルコ皇帝の許可を得て、合法的に、西欧に向けて船積みされる。ラグーザやヴェネツィアの史料はこのことをしょっちゅう述べている。またコンスタンティノープルにいると、西欧諸国からの絶えざる要求の声が聞こえる。すでに一五二八年にはトスカーナ人、[5] 一五六三年にはジェノヴァ人から要請があるが、[6] 一五八〇年には、フランスの要請も含めて、すべての要請が拒絶される。[7] しかし活発な闇取引は、禁止期間にも、トルコの穀物を西方に絶えず流出させている。この闇取引の中心は多島海であり、中にはパトモスのように上質の[8] 小麦を産する島もいくつかあるが、多島海には、大陸、主にギリシャから軽装のカラムサリ船でやって来た密輸品がたいていは見つかる。この略奪をおこなう船がなかったら、カンディア〔クレタ〕からコルフに至るヴェネツィア領有の島々はたいていは空腹を満たすことはできない。時には、こうした食糧補給者に供給してもらうことが困難であり、[9] 莫大な金額を支払わなければならない。しかし豊作の年には、大量の穀物を売ることができる。一五六四年には、カンディアのヴェネツィア行政当局によって買い取られたカラムサリ船の貨物は、島の人口にとって必要以上の小麦を供給した。余った分の一部は乾パンに変えられたが、残りはヴェネツィアに運ばれていった。[10]

それでも多島海における穀物貿易は、オスマン帝国の〈行政〉の怒りや要求の言いなりであったり、小麦積み出し港に掃討作戦をおこなうトルコ・ガレー船の出現のために、[11] つねに不安定である。トルコ「朝臣の誰が」多島海に任命されるかもまた、ヴェネツィアにとっては重要な出来事である。一五六二年三月、スイル・パシャという人〈読み方にはあまり自信がない〉が皇帝妃とメフメット・パシャの覚えめでたくメテリノ〔ミティリーニ〕の〈行政官〉に任命されて、赴任しようとしていた。ヴェネツィアの代官アンドレア・ダンドロは、こんなふうに語っている。「この人がこの前政府に対して与えた損害のために、私はいつもの贈り物をこの人にはしたくないと思っていた。しかしこの人の赴任する行政区から、一番いい穀物が現在キロあたり一二アスプルしている小麦積み出し港まであまり離れていないことを思うと、仇で返されるのではないかとこわかった……。」結局、代官は贈り物をするほうを選んだ[12]。多島海は、十八世紀になってもまだ、略奪をおこなう同じギリシャの船を使って、もぐりの小麦取引がおこなわれている[13]。

(1) *Relation*, p.p. CICOGNA, p. 24.
(2) A. de CAPMANY, *op. cit.*, IV, appendice p. 63 に見られる尺度対照表によるが、もともとはペゴロッティがつくったものである。
(3) 後出の図51、四〇五頁を参照。

(4) ソラマメはリベバあたり三二マイディニと四五マイディニ。小麦については四一、四八、六〇マイディニ。つまりサルマあたりドゥカートで言えば一・二、一・七、二・四ドゥカートである。
(5) K. O. MÜLLER, *op. cit.*, p. 275.
(6) E. CHARRIÈRE, *op. cit.*, II, p. 717, note.
(7) スルタンからフランス国王宛書簡、一五八〇年七月十五日、*Recueil...*, p. 21.
(8) R. HAKLUYT, *op. cit.*, II, p. 308, 1594.
(9) ペラ、一五六〇年十月六日、A. d. S., Venise, Senato Secreta 2/B, f° 274.
(10) 十人委員会宛書簡、カンディア、一五六三年一月四日 [f° 102, 一月七日 (f° 103)]。Capi del Consultore dei X, Lettere Bª 285.
(11) ザンティ、一五六三年三月三十一日から四月六日、A. d. S., Venise, Senato Secreta 3/C.
(12) A. d. S., Venise, 代官からドージェ宛書簡、ペラ、一五六二年三月二十二日。
(13) Baron de TOTT, *op. cit.*, IV, p. 88.

均衡、危機、浮き沈み

以上のような長い説明によって十六世紀の変遷の研究に取り組むことができる。同時代人の判断がめったに冷静ではないような領域で騒ぎ立てるのは危険なことであろう。しかしそれでも、おおざっぱに言って、世紀が進むにつれて食糧事情は悪化し、「農民の経済情勢」はますます憂慮すべきものになっている。食糧不足は、数の上で増えているのではなく――食糧不足はつねに頻繁であった――深刻さを増している。食糧不足は重大な打撃を与える。一五六〇年から一六〇〇年までに、一五六〇、一五六五、一五七〇、一五八四、一五八五、一五九一年の六回の〈食糧不足〉がナポリを荒廃させた。[1] ナポリの現実をよく知っている人が一六〇〇年頃に書いたところによれば、[2]「収穫が昔よりも悪くなっている」ということではない。「しかし人口調査が示しているように、人々の数が増えた。一五四五年には九五、六四一戸増であり、一五六一年には五三、七三九戸増である。このままいけば一〇万戸増になると考えられている。穀物供給が需要に釣り合っているかほんの僅かだけ越えているときには、だれもがせっせと穀物を隠すのである。」この不幸は残念ながら王国だけやナポリの町だけにとどまらない。地中海の至るところで、人間は資源に対して数が多くなりすぎたのである。

したがって地中海の変動局面について、つまり小麦の危機についてだけ語ってみたい。こうすればやはり問題を単純化するというか、少なくとも仕事を手早く片づけることにはなる。実際には、一枚の全体図を描くために、我々が自由に使える唯一の判断基準は、大規模な穀物貿易に関するものである。この動きは重要である。しかし

(1) 穀物の動きは地中海空間のある一定の少数派の生活しか問題にしないし、これについてはすでに説明したことがある[3]。

(2) もっと詳しく観察してみれば、商品としての小麦の特別な歴史は、少なくとも四つの大きな危機があったことを示している。十六世紀初めから世紀全体にわたって、北欧の小麦が大西洋岸のイベリアの港や都市に輸入されたこと。一五四八年から一五六四年までのトルコ小麦の「ブーム」、これによって要するにイタリアの生産危機がうかがい知れる。一五六四年から一五九〇年までのイタリアの自給自足、これはイタリア半島の農村地帯の奇跡である。最後に、一五九〇年から一六〇〇年までとそれ以後、イタリアに北欧の小麦が輸入されたこと。

(3) こうした危機はいくつかの解決策を結局は見出し、均衡を保つに至ったことに注目しておこう。最後の危機でさえ、その豊かさや相対性を無視してはならない。危機、均衡とは、こうした現実のまだ単純な見方である。経済学者なら余裕のある危機があると言うかもしれない。したがって表面に現れない均衡が、ひそかに、破局や緊張を最小限に食い止めている。ヴェネツィアでは危機の真っ最中に、一五九一年六月十六日、元老院は、「経験によれば、我が国では、ふつう上質の小麦とその他の穀物は、我が国の需要にふさわしい量よりもわずかに少ない(un pocho men che bastevoli al bisogno) 収穫である[4]」と述べることができるが、そう言ったのは正しかった。

したがって、第一に配慮すべきこととして、我々の観察を以上四つの危機に分けておこない、また――第二の用心として――決してにこやかに微笑んではいない絵を黒く塗りすぎないようにしなければならないと思う。遠方から、あるいは非常に遠方から輸入された、商品としての小麦が繰り広げるドラマは、人々の飢えを測る尺度であり、また買い手の豊かさを測る尺度でもある。

(1) Giuseppe PARDI, *art. cit.*, p. 85.
(2) B.N., Paris, Esp., 127, f° 52.
(3) 本書上述、一二三―一二五頁。
(4) A. d. S., Venise, Senato Terra 120 一五九一年六月十六日。

最初の危機――リスボンとセビーリャに輸入された北欧の小麦

これはポルトガルとアンダルシアに北欧の小麦が輸入されたことが示していることだ。ポルトガルには早くも十六世紀初頭から北欧の小麦が輸入されるが、アンダルシアは、まだ国内の小麦が豊かで、ずっと遅く一五五〇年代、あるいは一五七〇―一五八〇年代から関係する。ひとつの危機があるのではなく、ポルトガルとスペインの二つの危機があるのであって、この二つは似たような経過をたどり、これから起こるイタリアの変化を前もって明らかにしている。

ポルトガルでは、海運の拡大が奇妙な近代国家を生み出した。ややこじつけて言えば、未完成のイギリスのようなもので、イギリスがロンドンに行き着くように、首都のリスボンにすべてが集約される国である。首都は大変大きく、特に一三八六年にアヴィス家の登場以後、無数の小都市や大きな町ができて、すべて活発にアヴィス家に仕えている。自国の小麦を食べ、小麦をイギリスにまで輸出し[1]、自国のワインを飲んでいた家父長的な、人口の少ないポルトガルは消え失せて、その地位を日常のパンもますます確実ではなくなるポルトガルに譲っていく。果物栽培、オリーブの木、ぶどう畑が次第に大きな地位を占める。穀物生産を増やすために、たとえば南のアレンテージョ地方で、大変な努力がなされ、この地方に新種が導入される。この小麦の必要、言わば小麦「帝国主義」[2]に駆られて、ポルトガル人は広大なモロッコの平野の市場を奪い、マデイラに、一時、小麦栽培を導入し、後にアゾレス諸島で小麦栽培を成功させる。しかし最良の解決策は小麦を外で買うことであり、要するにほとんど金にならない産業を国内では放棄することである。

非常に早い時期から、リスボンは外国産の小麦を食べる。ずっと前からアンダルシアとカスティーリャがリスボンに輸出し、シチリア島が送って来る（しかしいつでもというわけではない）小麦である。一五四六年になっても、ローマ駐在のポルトガル国王の大使シマニョ・デ・ヴェガは、急いでパレルモまで旅をするが、むだであった[3]。前からブリュージュ、次いでアントワープと関係のあったポルトガル人は、たぶん十五世紀からフランドルのほうにも向かう。いずれにしても、一五〇九年に、ポルトガル人は〈非常によい小麦〉を一〇パタカで、〈最良の小麦〉を一一パタカでフランドルで買っている[4]。この買い付けは十六世紀の間ずっと続く。バルト海からであろうとそうでなかろうと、この北の小麦は、たいていはブルターニュのごく小さい舟で運ばれる。ブルターニュの小舟はいっぺんに一〇〇隻もリスボンに到着する。貧しい者のなかでも極貧のブルターニュの船乗りたちは、合法的に貴金属を持ち帰る権利を与えられて、ポルトガルの買い主が船乗りに保証する金貨での支払いの誘惑に負けたのである。「彼らは（フランス国王の）出港許可をまったく持たずに、大量の小麦を持って、ここに毎日、船を寄せています。私は後追いでこの問題を処理しております[5]」と、フランス大使ジャン・ニコは、一五五九年九月四日に、リスボンから手紙を書いている。しかし大使はほとんど成功しない。大使自身の証言によれば、ポルトガルは、「まったく見事にあらゆる種類の穀物のない国」ではないのか。そしてほぼ一世紀後の一六三三年に、またもリスボンにはこの同じ小舟一〇〇隻が来ている。ポルトガル政府はまず船を差押え、それから釈放する。生きるために、船乗りたちは帆や舵や船そのものを売るが、終いには飢え死にする。(6) ブルトン人の小舟による半ばもぐりのこの貿易は、ポルトガルの経済と政治に大きな負担をかけることになる(el qual es muy fuerte)(7)。それでもこの貿易は商業回路にかかわるわけで、それがなければ自然発生的に見えるこのような動きも何ひとつ可能ではない。一五五八年に、そうした密貿易を保証しているのは、ビルバオやブルゴスの商人たちであり、メディナ・デル・カンポのシモン・ルイスである(8)。

この時期、ブルトン人の小舟が運んでくる小麦はすでにカスティーリャに達していて、カスティーリャにとってはこの小麦は〈このうえなく損害を与えるもの(9)〉である。カスティーリャだと言うのか。それはもちろん軽微な間違いであるけれども、ビスカヤとガリシアの港という意味に理解していただきたい。北欧の小麦が最初にアンダルシアに到着したことに関しては我々はきちんとした情報を得ていない。それでも、一五五七年八月に、小麦を持ってきた船をカディスで売るフランスのギヨン・ソリマンはブルトン人であったかもしれない(10)……。それはともかくとして、この年代から、ブルトン人の小舟の旅は前よりも頻繁におこなわれ、寄港先によって、ポルトガル人の「赤い金」〔金と銅との合金〕かスペイン人の白銀を持ち帰る絶好の機会である……。

セビーリャに集まるアメリカ大陸の富の結果、カディス、セビーリャ、アンダルシア、そしてスペイン南部のマラガ、アリカンテに至るまで、ポルトガル方式の変化が見られる。このアメリカの富はオリーブの木とぶどう畑の発展を助長する。しかし小麦が非常に豊かであったためにこの変化は緩慢である。セビーリャは食糧危機に陥っているが、近隣の都市、エル・プエルト・デ・サンタ・マリア、大金持ちのヘレス・デ・ラ・フロンテラ、そしてセビーリャから遠く離れたマラガは、それぞれの食糧補給を相変わらず容易に確保している。マラガでは、海軍の

〈御用商人〉は長い間無理なく仕事ができた。つまりファネガあたり一ないし二レアル余計に支払えば[11]、小麦のほうが駆けつけて来るのである。小麦はカタルーニャよりもずっと安く[12]、ナポリやシチリア島とほぼ同じくらいの安値である[13]。不足しているのは小麦ではなく、小麦を運ぶために必要な駄獣である。小麦の価格がただちに当局者の思いどおりになるようにするには、荷運び用の駄獣を徴発するだけで十分である[14]。こうして世紀半ばまではすべて大変順調である。一五五一年になっても、フッガー家はアンダルシアならびにカラトラバ〈地区〉から三六、〇〇〇ファネガの小麦を輸出する権利を得ているが、そのうち一六、〇〇〇ファネガはバルセロナ向けである[15]。二年後の一五五三年八月、テンディーヤ伯爵[16]は、伯爵自身のために、四、〇〇〇ないし五、〇〇〇カイースの小麦をマラガから輸出する許可証を、特別報奨(ayuda de costa)として、要求している。市場はだぶついていたので、それよりも多くても許可が与えられたかもしれないが、「わずかなインクと紙」以上には贈り物はおこなわれなかった(sin poner en ello mas que tinta y papel)。収穫過剰になっている農民の肩の荷が軽くなったかもしれない。一五五三年十一月二十三日、マラガの〈御用商人〉の一人が書いた手紙によれば[17]、「六年か七年豊作が続いた……だがこれから先も同じく豊作であるとは限らない。」

実際は、一五六〇年代前後までは状況は悪くならない。一五六一年[18]、セビーリャはジェノヴァ人に対して大声を上げて抗議する。ジェノヴァ人はセビーリャの税関の支配者であり、セビーリャがフランス、フランドル、カナリア諸島から大量に取り寄せた穀物(小麦と大麦)についていやがらせをするのである。するとジェノヴァ人は貧しい人々が飢え死にするのを望んだのであろうか。これは、たしかに、セビーリャに到着する最初の海外小麦ではないが、大きな方向転換はまだおこなわれていない。たとえば、一五六四年には[19]、アンダルシアの小麦をジェノヴァに運ぶ計画がかなり進められた(が、実現はしない)。大きな変化が起こったのは、一五六一年から一五六九年までの食糧不足の年であったにちがいない。アンダルシアは、油、ワイン、白銀が非常に豊かで、外国産の小麦に慣れていく。どんなに遅くとも一五六〇年頃には[20]、変化が起こって、アンダルシアの小麦粉だけでは艦隊に必要な乾パンの製造にはもはや十分ではなく、スペイン王室は、豊作の年にも不作の年にも、一〇万ファネガ（五五、〇〇〇キンタル）の北欧の小麦を求めている。これは少ないとも言えるし、多いとも言える。一五八三年には、欠乏はスペイン全国に広がり、スペインの経済生活を激変させる[21]。

問題は、このときから恒常的になる赤字がスペイン経済や「農民の経済情勢」について心底から証言しているかどうかを知ることであろう。これは歴史家が発言することができる以上のことを歴史家に求めることである。歴史家は、イベリア半島（ポルトガル人を含めて）の農業の多様な現実について、フランス農業の独自な性格について のマルク・ブロックの本[22]やエミーリオ・セレニ[23]がイタリアの農村と耕作について提出したばかりの概略図に、断然、匹敵するような全体像の素描さえもままならない。我々の知っていることはほんのわずかでしかない。イベリア半島は実に多様であって、貧しく遅れた地域がいくつもある。一五二二年、ナバーラ国侵略の際に、フランス兵は雑穀でつくったパンしかできないこの地方で飢え死にするし、敗北して帰路バイヨンヌで、ある者はたらふく食べて、食べすぎで死ぬほどである[24]。同様にガリシアは、一五八一年には、自然の恩恵に恵まれない土地であり、粗末なライ麦パンはヴェネツィアの裕福な旅行者にとっては人間の食べ物とは思われない[25]。しかしそれでも周知の通り、どこでもはるか彼方からやって来た農民の生活の飛躍的発展があったし、十六世紀前半の間も余すところなく発展する。ラバを犂につなぐことが増え、動物は比較的安価であり[26]、土の表面を起こす軽い犂を動物は元気よく引き[27]、開墾が進み、オリーブ園とぶどう畑、とりわけぶどう畑は、土壌と気候が許す限り発展し、羊の飼育は多くの地域で（上等な羊毛のできる羊の飼育も）明らかに後退している——どれもこれも農業の拡大、前進を語っている。バリャドリーの公正証書の調査[28]は土地購入について作成された〈税〉を示している。都市と大きな町の高利の資本主義がこの発展に役立った。

農業の推進は、〈白い山〉あるいは〈木を取り去られた山〉、耕作や植樹や動物のための仮の囲い地を約束された山を犠牲にしておこなわれる。〈聖母お清めの祝日〉〔二月二日〕から次の聖ヨハネの祝日〔六月二十四日〕まで、どの農民もこの何もない土地の一部を自分のものにし——この仮のものがその後ずっと続く——、そこに木を植え、さらにはオリーブの木や何株かのぶどうの木を植え、家畜のための放牧地をつくることができる。無数の文献が石の多い不毛の土地の空いた空間との長い戦いに触れている。過去に由来する一連の単語（escalias 耕されていない土地、escaliar 開墾する、artigar 茨を取り除く、開墾する、presuras 土地の先取権、baldios 耕されていない土地、dehesas 共同牧草地、ejidos 村の入口にある共有財産、入会地、そこではどの農民も家畜の足元で収穫物を脱穀する権利がある……）、以上のような単語はすべて俗ラテン語から来ていて、もともとはカスティーリャに見つかるのだが、カタルーニャやアンダルシアでも変化形が見られるわけで、西欧のすべての農村地帯にほぼ共通の問題の核心へと我々を導いていくように見える。そのように見えるだけである……。しかしこの発展を測定しなければならないし、発展が維持されるかどうかを見なければならないし（というのは人口の増加はスペインでは世紀末にならないうちに急に止まるから）、観察者が大いに過大評価してきた農民の生活のゆとりを見きわめなければならない。ほめそやすのが流行りになる「田舎のブルジョワジー」は実にもろかったのである。[29] 十六世紀半ばを過ぎたか過ぎないとき、農村の危機がはじまる。土地が疲弊してしまったのだろうか。一五六〇年十月十二日付けのフェリーペ二世の奇妙な手紙はまさに反対のことを断言している。[30] 領主制以上に、束縛は軽減されず、農民は、フランスの場合と同様に、おそらく高利貸し制度の犠牲者である。高利貸し制度は十六世紀「初頭」の景気上昇の際には農民の役に立った。一五五〇年以後は、これは農民には不利になり、農民の所有権を剝奪し、不景気がたちまちやって来る。一五七一年には、アストゥリアス地方やガリシアやブルゴスやレオンで募集された一二、五四二家族が、グラナダから国外追放されたモリスコの土地の四〇〇の村に移住した。二十年後の一五九三年の公式の調査は、この作戦がほとんど成功しなかったことを示している。何人かの農民は引き継いだ土地を売り、他の農民は自分たちの分け前を借金取りの手に残したまま、いずこへともなく移住していった。何人かの恵まれた人々はこのさまざまな混乱を利用して、オリーブ園を買ったり土地の半分を購入したりして、〈金持ちの百姓〉の仲間入りをした(31)。新カスティーリャの村々に関する調査(一五七五―一五八〇年)もまた、この並外れた書類の全部を研究したばかりの歴史家に(32)、このたくましい村々に影が増えているという印象を残した。つまりほとんど広げることができなくなった土地に人が多すぎるし、ろくな報酬のない日雇い労働者(雇われ農民)が多すぎるから、都市部やインド諸国に向かって移住がはじまり、村は衰退していくのである。

スペイン経済は、おそらく、一五八〇―一五九〇年代頃(33)に、全体として急旋回し、まず初めに農業が悪い方向に進みだしたが、この勝負が正確にはいつ、どのようにして、なぜ負けに転じたのかはわからない。この問題の当事者とデータが我々には見えてくる。つまり季節移動する家畜の群れ、家畜小屋で飼われる家畜の群れ、オレンジの木、桑の木、果樹園のある〈灌漑地〉の一定した栽培、ぶどう畑やオリーブ園のある〈灌漑設備のない土地〉、種まきのおこなわれた畑(二年に一回か三年に一回、大麦と小麦を半々に種まきする)、ソラマメを蒔いた休閑地、〈休耕地〉……などである。しかしたいていは〈山〉で、農民は運に任せて耕作をおこなう。ジブラルタルの地域に関する一四九二年の古い調査(34)で述べられているように、〈ある年にはここで何かを耕す。〉十六世紀末とともに、勝負は負けになる(35)。

外国から持ってきた小麦は、たしかに、こうしたことに責任はない。せいぜいのところ、外国小麦は不健康の前兆である。ポルトガルでは、病は古く、同時代の人々によって奇妙な結果が指摘されている。リスボンのスペイン大使は、一五五六年十月一日に、次のように記している。「この国は非常に病んでいる。多くの地域で、多数の人々が、まったくひどい食物を食べたか、今でも食べているために起こった病気で死亡している、という噂である。今年は今まで以上にパンが少なかったので、神様の助けがなければ、だれもが将来という観念に恐れおののいている。当地リスボンでは、現在のところフランスから海路でやって来た穀物でつくったパンが少しあるが、ただちにすべてなくなってしまう……。[36]」

フェリーペ二世が一五八〇年のポルトガル征服の際におさえるのは、内部から腐敗した、とてつもなく厄介物の国なのである。しかし栄養失調と病気との関係を記憶にとどめておこう。これは客観的な事実である。世紀末に、ヨーロッパ全体の後退に先駆けて、スペインを襲う疫病は、これによって説明がつく。表に現れない均衡の危機があったのだ。

（1）Gilberto FREYRE, *Casa Grande e Senzala*, 1946, I, pp. 411-412.
（2）この表現はヴィットリノ・マガリャニェス＝ゴディニョによる。
（3）ローマ、一五四六年四月十八日、*Corpo diplomatico Portuguez*, VI, p. 35 et 36.
（4）Braacamp FREIRE,《Maria Brandoa》, in: *Archivo historico portuguez*, VI, 1908, p. 427.
（5）*Correspondance de Jean Nicot*, *op. cit.*, p. 5.
（6）British Museum, Sloane, 1572.
（7）Simancas E° 171, Portugal, D・J・デ・メンドサから陛下宛書簡、リスボン、一五五八年三月三十日。
（8）Archivo Simón Ruiz, Valladolid, Legajo I, f° 75-76, たとえばベネディト・ウーゴンケリからシモン・ルイス宛書簡、リスボン、一五五八年八月二十七日およびその他の書簡。
（9）前記注（6）を参照。
（10）A. N., K 1490, カディス、一五五七年八月四日。
（11）モンデハルからカール五世宛書簡、アルハンブラ、一五四一年七月十九日、Simancas, *Guerra Antigua*, XX, f° 96.
（12）R. CARANDE, *Carlos V y sus banqueros*, pp. 24-25.
（13）モンデハルからカール五世宛書簡、アルハンブラ、一五三九年十二月二日、Simancas, *Guerra Antigua*, XVI, f° 145.
（14）*Ibid.*
（15）バリャドリード、一五五一年五月、Simancas, *Guerra Antigua*, XLI, f° 247.
（16）テンディーヤ伯爵からファン・バスケス・デ・モリナ宛書簡、マラガ、一五五三年八月、Simancas, *Guerra Antigua*, LIII, f° 43.

(17) フランコ・デ・ディエゴからフランコ・デ・レデーマ宛書簡、マラガ、一五五三年十一月二十三日、Simancas, *Guerra Antigua*, LIII, f° 40.

(18) セビーリャ市から陛下宛書簡、一五六一年八月七日、Simancas Consejo y Juntas de Hacienda, 28.

(19) Sobre los capitulos que dieron las personas..., Simancas E° 1389 (1564).

(20) J. van KLAVEREN, *op. cit.*, p. 155, note 1.

(21) F. RUIZ MARTÍN, *op. cit.*, p. CXXXV et note 4.

(22) *Les caractères originaux de l'histoire rurale française*, 1931.

(23) Emilio SERENI, *Storia del paesaggio agrario italiano*, Baril, 1961.

(24) *Loyal Serviteur*, *op. cit.*, p. 102.

(25) Public Record Office, 30, 25, 157, Giornale autografo di Francesco Contarini da Venezia a Madrid, Lisboa...

(26) Noël SALOMON, *La campagne de la Nouvelle Castille à la fin du XVIe siècle d'après les Relaciones Topograficas*, 1964, p. 95 et note 2.

(27) *Ibid.*

(28) バルトロメ・ベナサールの未刊の博士論文による。この一節でバリャドリーに関することはすべて、ベナサールの研究に依拠している。

(29) N. SALOMON, *op. cit.*, p. 302 et *sq*.

(30) フェリーペ二世からナポリの副王宛書簡、Biblioteca Communale Palerme, 3 Qq Z, 34, f° 7.

(31) Joachim COSTA, *Colectivismo agario en España* (Edit. de Buenos Aires, 1944), p. 214 et *sq*.

(32) N. SALOMON, *op. cit.*, p. 48 et *sq*.

(33) これはフェリーペ・ルイス・マルティンの近刊の著作の主張である。

(34) F・デ・サフラからカトリック両王宛書簡、一四九二年（あるいは九四年）六月二十日、*CODOIN*, LI, pp. 52-53.

(35) この「勝負」については、スペインの地理学者のすばらしい研究、たとえば Alfredo Floristan SAMANES, *La Ribera tudelana de Navarra*, 1951 を参照。

(36) D・ルイシュ・サルミエントからファン・バスケス・デ・モリナ宛書簡、リスボン、一五五六年十月一日、Simancas, Diversos de Castilla, n° 1240.

トルコ小麦の「ブーム」——一五四八—一五六四年

世紀半ばになると、イタリアの農業生産の危機がはじまる。(1) 半島は一連の不作を経験し、当然食糧補給の欠乏が起こり、物価が上昇する。この困苦欠乏の原因ははっきりしていない。人口過剰、天候の不順、農業への投資の減速、外国の戦争があったことなどである。どれも考えられるというか、すべてのことが重なって、ヴェネツィアのように、どちらかと言えば安全に保護されていた国までも容赦しない〈小麦ならびにその他の穀物の不足〉の結果、なにもかも悪くなっている。(2) いずれにしてもイタリアはしばしば非常に深刻であったこの困苦欠乏に対して容易に救済策を見つけた。つまりいくらか銀を送金すれば、ヴェネツィアの大型の穀物船またはラグーザの貨物船がレヴァントの港とトルコ市場に達するのである。

この動きはかなり重要であって、結果として船のトン数の増大をもたらす——平均して約六〇〇トンであるが、間もなくそれ以上になる。こうした大型の船舶のなかに、イスタンブールからエジプトのアレクサンドリアまでの長旅を専門とする何隻かのトルコのナーヴェ商船が見られるのが特徴である。このトルコ商船のうち大臣ルステム・パシャの所有する一隻が、一五五一年十二月に、ツァン・プリウリのために荷を積んで、ヴェネツィアに着いたが、ヴェネツィア政府はこの船に対して停泊税を免除した。(3) もっとも、その頃は、土地や小麦の所有者で、現金を欲しがっているトルコの高官たちの積極的な共犯があった。トルコは、特に初めは、まるで過剰生産品をどうしたらいいかわからないかのように、頼み込む立場にあった。一五五一年九月四日に、ヴェネツィアの代官の書いた手紙によれば、「我が国の商人が慎重な態度を示せば示すほど、有利な条件になる。というのは領主のものでもあり民衆のものでもあるたくさんの小麦があるからであり、また皇帝との戦争のために、ヴェネツィア人とラグーザ人の他には買い手が見つかりそうもないからである。」

この一五五一年には、シナン・パシャの対トリポリの遠征の勝利が見られるが、ヴェネツィアはトルコの港から三〇万から四〇万スタイオ（二、四〇〇万から三、二〇〇万リットル、およそ一八万から二四万キンタル）の小麦を輸入している。これに他の国の船荷、特にジェノヴァのナーヴェ商船の船荷——これに関してはあいにく正確な情報がない——を加えれば、その年にトルコから輸入された小麦はたぶん五〇万キンタルである。この割合で見ると、トルコ帝国のすべての港が活用された。エジプトの港はわずかであるが、ギリシャの港は多く、マルマラ海の港もかなり頻繁であり、時には黒海に面するヴァルナも使われた。主としてロドスト〔トルコのテキルダー〕に行って毛皮や羊毛を積むラグーザの貨物船は、ヴォロスにこっそりと停船して、そこで小麦を積み込む。こうしたことはすべて、主にコンスタンティノープルに住み着いた何人かのヴェネツィア商人にとって、非常にうま味のある商売であった。そのなかの筆頭はアントニオ・プリウリであった。レヴァントでの仕入れとイタリアでの販売との価格差は非常に大きいので——二倍、二・五倍、また三倍ということもある——商人たちは「損をしないのが確実」である。

それでも、ヴェネツィアであれ、ラグーザであれ——おそらく他のところでも——この特権的な貿易は、イタリアの各都市が商人に前金を渡し、報奨金を出し、売値の保証をしていた（当初仕入れに必要な現金を集めるのに大変な困難があったのが証拠である）が、決していいことずくめではない。トルコ各地の港では、小麦は需要過剰でたちまち値上がりする。それでもまだ得な取引であることには変わりないが、たぶんヴェネツィアの買い手には魅力が少なくなる。というのは、一五五四年十月二十四日、元老院は、外国船が入港する際に小麦しか積んでいない場合には、外国船は国内の船の停泊税よりも高い税金を払わなくてよいと認めたからである。(4) この措置は、ヴェネツィアが豊かな船団を持っているにもかかわらず、レヴァント産の穀物の輸送を確保するのに苦労しているということを少なくとも示している。

一五五五年以後は、あるときはエジプトで、あるときはコンスタンティノープルで、またあるときはシリアで……小麦が不足する。価格は上がり続ける。一五五〇―一五五一年には、キロあたり五一―五五アスプルであったのが、一五五四―一五五五年には、六三―六五アスプルに上がる。一五五七―一五五九年には、一〇〇アスプルにまでなる。(5) 同時に、一五五五年には、トルコの一回目の輸出禁止令が発布される。これによっていつもの積み出し港周辺で、西欧の帆船に対するトルコ帝国のガレー船による干渉が多くなる。(6) そのために、密輸が増え、クレタ島のカニア方面に不法取引の拠点ができ、ここに活発な闇市場が開かれ、その専門家としてはステファーノ・タラボットやマルキオ・ディ・ポッジョのような人がいる。カイーク船、〈カラムサリ船〉が密輸の小麦を西欧の大型商船まで持ってくる。一見したところ解決不能な数々の問題を金貨や銀貨が解決する。ピエロ・デ・メディチは、一五五九年十月十四日、コジモ一世に次のような手紙を書き送るほどである。「確かな筋から聞いたところでは、この貴族たち〔ヴェネツィア人〕は、術策を弄して、いままさにネグロポンテ〔エヴィア島〕をトルコから領土として受け取ろうとしております。ヴェネツィア人は莫大な年貢を差し出しており、あまりに多額なので、これほど多くの収入を得るのは困難でありましょう。これはすべてヴェネツィア人が必要とする小麦をフランスやスペインを経由せずに手に入れるためであります。(7)」これこそはカトー・カンブレジの和約〔一五五九年〕の直後、トルコが二回目の輸出禁止令を出しているのに、まったくの中傷である。この「停船を求める威嚇攻撃」があっても密貿易が続くことには変わりない。一五六二、一五六三、一五六四年に、ヴェネツィア商人は、共通の利害とヴェネツィアの実業家の利害に行き届いた配慮をおこなう政府によって二度までも保護を受けて、レヴァントに相変わらず出かけていって、「命を賭けて」までも取引をおこなっている。(8)

しかしそれでも一五六一年からは困難が増大したようである。船荷を積んでいようと空っぽであろうと船が拿捕されたり、船荷なしに船が帰って来たりといったトラブルがいくつも起こる。ヴェネツィア政府は、一五六四年に、非合法の取引を促進するためにステファーノ・タラボットをカニアに任命するが、大した成果は上がらなかった。仕方なく、ヴェネツィアのガレー船はラグーザの貨物船を捕らえる（一五六三年十二月、一五六五年三月、一五六六年一月）。わかっている拿捕だけで六回あるが、二年ちょっとで、合計三七、〇〇〇スタイオ、つまり約二二、〇〇〇キンタルをわずかに下回る。(9) このような一網打尽は危うくなった状況を再建する力はない。トルコ小麦の晴天は長くは続かないのである。

したがってイタリアが日々のパンの問題を別なかたちで解決せざるをえなくなるのは、トルコで食糧供給難の時代がはじまるからである。ある歴史家は災禍の時代を一五六四年から一五六八年まで、一五七二年から一五八一年まで、一五八五年から一五九〇年まで、と分けているが、これはその中間の時期は豊穣であったという意味ではない。巨大都市イスタンブールには、すべての災いが集まってくる。窮乏、物価高、目をみはるような食糧不足、そしてついにはペストが発生する。ヴェネツィアの代官の通信によれば、「一五六一年から一五九八年までに、九四ヵ月のペストがある（全部でおよそ八年）が、この数字は実際よりも少ない。(10)」こうした証言にはそれなりの重要性があるが、本質的な問題を隠してしまう危険がある。軍事的勝利（一五一六年シリア、一五一七年エジプト、一五二二年ロードス島、一五四〇年ベルグラード、一五四一年ハンガリー）ゆえに世界の生活に強力に巻き込まれ、何年か続くトルコの小麦「ブーム」のために、粗野な一国が、終身領地（「聖職禄」のようなもの）に基づいてまるで「カロリング王朝風に」築かれ、古い絆を断ち切るにはすでに十分に強力であるが、ほんとうに近代的な新しい絆をつくりだすには弱すぎる、貨幣経済に襲われる。この貨幣経済は、平価切下げ、物価の上昇、恣意的な蓄積、輸入贅沢品の普及を伴って、古めかしい経済のうえに重なっていく。古めかしい経済のなかで貨幣経済が常軌を逸した島々や小島をつくっていく。

小麦危機、通貨危機が、世襲制所有の発展を広範に促進した。「聖職禄」から「領地」への移行（と西欧なら言うところ）、つまり国家の誠意次第の、一時的な所有から、ポーランドやモスクワ大公国の同時代の領地を彷彿とさせる、完全な所有への移行である。歴史家が、西欧に関して、十六世紀から十七世紀に起こった、「再封建主義化」——曖昧な語である（が、他にこれに変わる言葉があるだろうか）——について語るとすれば、トルコでも似たような現象が展開している。しかしまだ研究が不足しているので、さしあたりどんなふうに名付けたらいいかよくわからない。ブッシュ＝ザントナーの先駆的な本はこの〈チフトリク〉に注意を促した[11]（しかし十六世紀のぎりぎりの最後と十七世紀初めに関して）。チフトリクとは、彼の考えでは、土地改良の影響によって穀物地帯に生まれた領土のことである。オメル・ルトフィー・バルカンとその弟子たちは、彼らの企てた膨大な研究のなかで、あの穀物「ブーム」にかかわったことがわかっている皇帝妃と高官たちの利益になる近代的な所有の発展を確認した。もちろん通則を確認する例外を別にして、高官たちは西欧の買い手に小麦を売る権利を自分たちのために残しているわけだが、小麦を売ることは「民衆」には禁じられている。この変化の大きさというものが推測される。トルコは、西ヨーロッパと同様に、他国と同じく国内の人口増加によって避けられなくなった物価「革命」と農業革命の時代を生きているのだ。

比較史にとって、非常に重要な重みをもつ事実なので、トルコの諸問題がきちんと提起されない限り、地中海の規模で結論を下すことにはためらいがある。それまでは、トルコ市場の開放、次いで市場の撤退の理由はよくわからない。人口の急増（たぶん理由のひとつだ）、国境線での戦争——軍隊は、都市と同じく、穀物の過剰ストックを食いつぶす[12]——経済的、社会的混乱……などであろうが、それについては後の研究が決着をつけてくれるだろう。しかし、一五六〇年代以後大きな変化が生じたのは確実である[13]。

(1) この一節はすべて、近刊のモーリス・エマールの研究に依拠している〔*Venise, Raguse et le commerce du blé dans la seconde moitié du XVIe siècle*, Paris, Ecole Pratique des Hautes Etudes, 1966〕。この節のタイトルは彼の本の章のタイトルから借用した。本節で参照文献の指示のない資料はエマールの仕事のなかに見られる。
(2) Marciana, Manuscrit italien, 8386 一五五〇年。
(3) A. d. S., Venise, Senato Mar 31, f° 153 一五五一年十二月二十三日。
(4) Museo Correr, Donà delle Rose, 46, f° 45 v° et 46.
(5) M. AYMARD, *op. cit.*, p. 177, 一五六一年四月四日。
(6) ザンティ報告、一五六三年三月三十一日—四月六日、Simancas E° 1052, f° 148.
(7) A. d. S., Florence, Mediceo 2972, f° 551 (A. TENENTI, *Cristoforo da Canal*, p. 113, note 52 から引用)。
(8) M. AYMARD, *op. cit.*, p. 178.
(9) *Ibid.*, p. 185.
(10) *Ibid.*
(11) R. BUSCH-ZANTNER, *op. cit.* 本書第Ⅱ部第5章「社会」の「チフトリク」〔第Ⅲ分冊〕を参照。
(12) これはM・エマールの研究の主張のひとつである。
(13) たとえばシリア領事アンドレア・マリピエロの(アレッポ、一五六四年十二月二十日、A. d. S., Venise, Relazioni..., B 31)「そのとき、いつもと大いに違うこととして、小麦の大変な欠乏が耳に入ってきた……」という言葉は重要だと思われる。

自国のパンを食べる——一五六四年から一五九〇年までのイタリアの経済情勢

「実際は一五六〇年から、そして一五七〇年には決定的になったレヴァントの閉鎖は、増大する人口を養わなければならないイタリアを国内資源だけに戻らせた。」(1) ところが、一五六四年から一五九〇年まで、我々の知っている劇的な、しかも誇張された例があるけれども、イタリアは持ちこたえた。これはある種のイタリア、つまり寄生的な大都市をかかえたイタリアという意味に理解していただきたい。すなわちローマ、ジェノヴァ、フィレンツェ、ヴェネツィアだけが脅かされたというか、最も危機にさらされたのだが、試練を乗り越えたのである。これには次の三つの説明が考えられる。

（1） このイタリアはまだ気前のいいもう一つのイタリアの過剰生産物を自由に使った。つまりシチリア島、プーリア地方、ロマーニア地方、ロマーニャ地方、アブルッツィ地方、コルシカ島、およびサルデーニャ島も時々利用する――まだ古風なイタリアであり、商人たちの搾取に十分に開かれていない。ジェノヴァ、ローマ、ヴェネツィアの場合は、この説明が正しいことを証明している。ヴェネツィアでは、臨時の解決策として、バヴァリア〔バイエルン〕から小麦が来ることもあり、アドリア海のトルコ領の港での仕入れ、アルバニアのわずかではあるが救い主となる小麦がある。市場が狭く、味が甘すぎると非難される小麦の質は悪いけれども、それでもやはり神の助けである。アルバニアでは、買い手はいかなる妨害も受けない。土地所有者の貴族はそこでは「ポーランド風に」振る舞い、貨幣経済の浸透が弱いので、植民地の物々交換の古典的な図式に従って、価格はほとんど変動しない。

（2） 過去に比べて、小麦以外の穀物をますます頼るようになった。これが論証できれば大きな影響力を及ぼすだろうが、残念ながらその証拠は指の間からこぼれ落ちる。記述歴史学はこれを執拗に提出している。たとえばヴェネツィアでは、新たな収穫の直前の一六〇四年七月、都市の倉庫には小麦と同じ量の粟や黍などの雑穀類が残っている。(3) これは、ハンガリーから生きたまま輸入された肉や、ソラマメ、エンドウ、レンズマメのような豆類や、何世紀も変わりない控えめな人物としてのライ麦と同じように、貧しい人々の食糧である。もっとも雑穀類は、小麦よりもよく保存がきくので（たいていは十年以上）(4)、「陸地」やダルマーチアやレヴァントでは、とりわけ軍隊の倉庫に置かれる穀物である。しかもこれは北イタリアで最も古くから栽培のおこなわれているもののひとつである。一三七二年(5)、キオッジアの劇的な戦争の間、ジェノヴァ人に攻めたてられたヴェネツィアは、倉庫にあった一万スタイオの雑穀類で救われる。十六世紀には、雑穀類は、補助穀物という以上に、貧乏人の日々の食糧である。ヴェネツィアから少し離れたヴィチェンツァでは、小麦ができなかったので、一五六四―一五六五年の冬の間、「ほとんどすべての人が雑穀類で生活している。[6]」ヴェネツィアでは、一五六九年十月に始まって、一五七〇年の収穫――さいわい豊年だった――まで続く食糧不足の間、サン・マルコとリアルト広場の「小麦粉商館」は都市の備蓄を取り崩した小麦粉を毎日配給した。配給切符は一人一日〈小麦半分、粟半分〉の二個のパンである。[7]二十年後、相変わらずヴェネツィアでは、小麦は、一五八九年の収穫の直後から、五ドゥカート、六ドゥカート、七ドゥカートへと急速に値上がりしていった。米一に対して小麦三の割合で、パン屋は米のパンをつくる許可を与えられた。しかし「この風味のありすぎるパンは食欲をかきたてるので、この解決策はすぐに放棄された。不幸な人々がほんとうに関心を抱いている問題を守るために、政府は雑穀類のパンを焼いて、それを貧しい人々に売るよう命令を出した。これはまったくひどい代物だった……。[8]」一五九〇―九一年には、状況はもっと緊迫し、一五九二年には、状況を回復させるためにレヴァント、イギリス、バヴァリアから小麦を輸入しなければならない。しかしその年、不安は前よりも激しくなかった。なぜなら前の数年の経験から学んだ政府は、ただちに、パン屋にどんな種類の穀物を使ってもパンをつくるのを許可したからである。「粟、ライ麦、その他の混ぜ物があってもいいし、重さに関する制限は一切ない……したがってあらゆる大きさの混ぜ物のパンが都市当局によって売られ、だれもがよく売れるように大きくておいしいパンをつくろうと努めた。[9]」

二次的な穀物は、こうしてヴェネツィアで、辛い日々に、それなりの場所を得た。その他の時には、この二次的な穀物は貧しい人々のために売れていると考えるのは軽率であろうか。この売れ行きが上昇していると想定すれば、ヴェネツィアの食糧補給に関するいくつかの数字を両立させるのに役立つだろうし、数字は一見矛盾しているけれども、正確である可能性もある。最初の数字はマリノ・サヌードのものである。一五一一年十月から一五一二年八月まで、つまり十一ヵ月の間に、ヴェネツィアは一〇〇万スタイオ以上の小麦（正確には一〇八万七二一スタイオ）を都市の倉庫に受け入れた。丸々一年分を出すためにこの十一ヵ月の月平均を付け加えれば、一二〇万スタイオになる。全部で、ほぼ七〇万キンタルであり、〈これは非常に大きな数字である。[10]〉ところで、一五四八、一五五二、一五五五、一五五六年度にかかわる一覧表は、よい年も悪い年も、年間六五万六、九七〇スタイオの小麦粉という数字を示している（これは、小麦であれば、もっと高い数字になる）し、一六〇四年には、ついには、都市の消費量は小麦五一万五、二五七スタイオになる。[11] その間に、人口は減少したのではなく、反対に増えたのであるから、二つの説明が残っている。つまりパンの消費量の相対的な減少と、パンをつくることができる穀物全体において小麦の割合が減少したことの二つである。私の考えはこの二番目の理由のほうに傾いている。

（3） 最後の全体的な説明は、最も重要なもので、イタリアは国内の生産を増大させることによって危機を逃れたというものである。これこそは長く続く現象で、たぶん一五四〇年から始まった。この前進はすでに我々の知っているさまざまな形態をとる。丘陵の整備、山の傾斜地の征服、あらゆる規模の平野の浄化、田畑と放牧地の分割、田畑が放牧地と放牧地が養う家畜を押し退けていく。というのは人間のための場所がますます必要になるからである。この必要のために森林の破壊が起こり、野性動物がいなくなり、家畜の数が減っていく。これは昔ながらのプロセスである。ロンバルディア地方では、十三世紀の開墾は、小麦用の土地を広げたが、羊の数は減少させた。フランコ・ボルランディ[12]がそこに羊毛の危機、フュスチアン――半分羊毛で半分綿の交織織物、要するに〈代用品〉の成功の理由のひとつがあると見たのは正しかった。

こうした前進のなかで、農業の風景が変わっていく。[13] 古代から放牧がおこなわれていた不格好なままの丘陵は、中世の急激な発展の際に、何度も繰り返される土木工事によって征服され、ぶどうの木を守り、家畜の飼い葉になる木々が植えられた。十六世紀には、この征服はさらに高地にまで広がる。山の頂まで耕作されているイタリアに関するフランチェスコ・グイッチャルディーニの言葉を私は引用したことがある。[14] 一五八〇年、ミシェル・ド・モンテーニュはルッカの湯治場で目撃した光景に驚嘆している。「山という山はすべて……どこもよく耕されて山頂

図50　ヴェネツィアに輸入される海外小麦と「陸地」の小麦

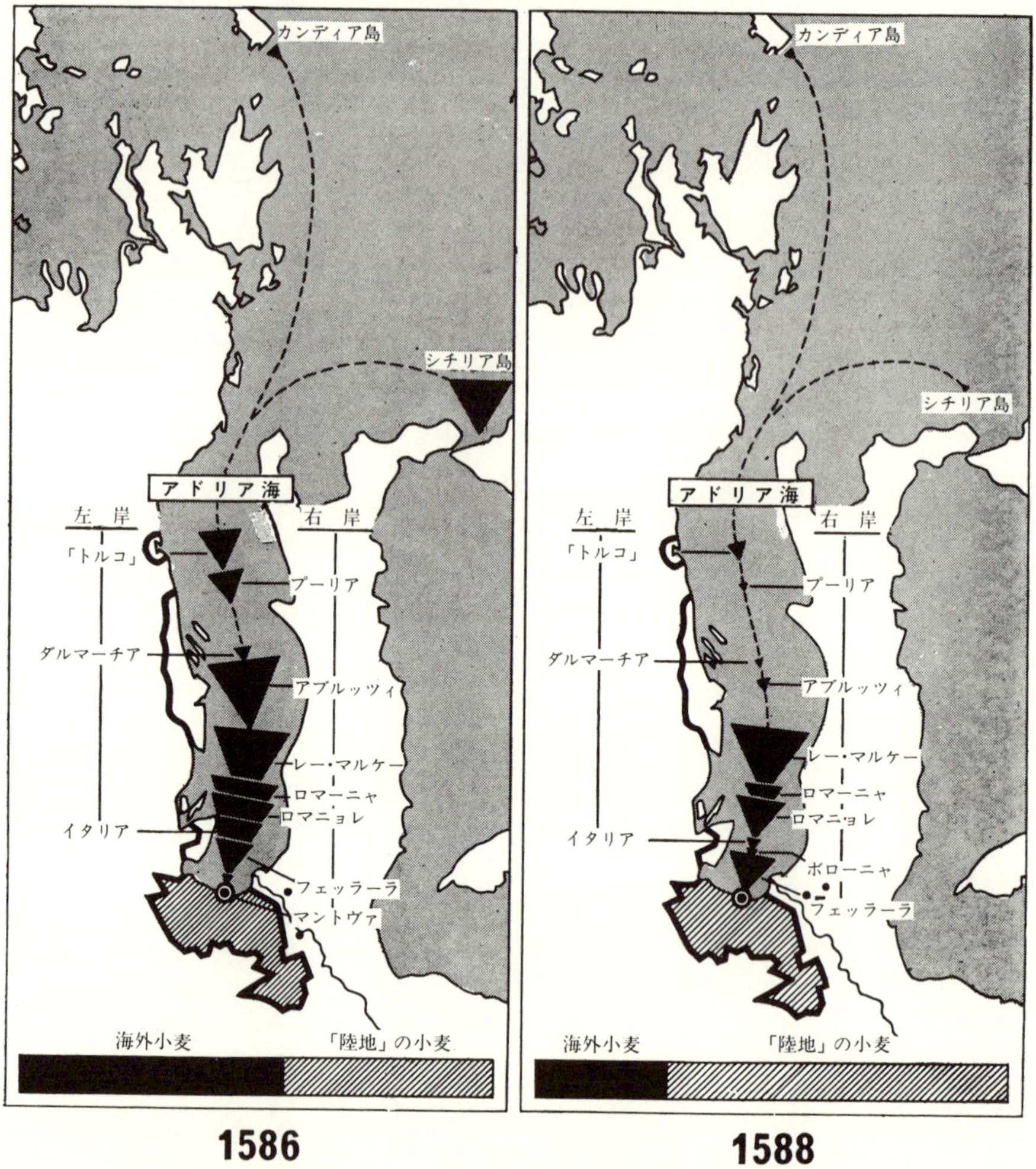

コッレル美術館，217による。ヴェネツィアはつねに自国の小麦と海外からもたらされる小麦の両方を食べてきた。16世紀末には，海外小麦が優勢ではなくなる（たとえば1588年）。「陸地」の穀物生産の努力は，17世紀にも続けられるが，ヴェネツィア経済の大きな特徴のひとつであることは疑いの余地がない。また海外小麦のなかで，アブルッツィ地方およびもっと北の地方からのイタリア小麦が最も重要な役割を果たしたことにも注目すべきである。ナポリやシチリア島を頼ることは次第に少なくなる。この時期にはレヴァントおよび地中海西方からはもはやまったく輸入されていない。ロマニョレ地方はロマーニャ地方の北にあり，正確には「エステのロマニア」つまりルーゴとバニャカヴァッロの領土である。

図51　シチリア島の輸出

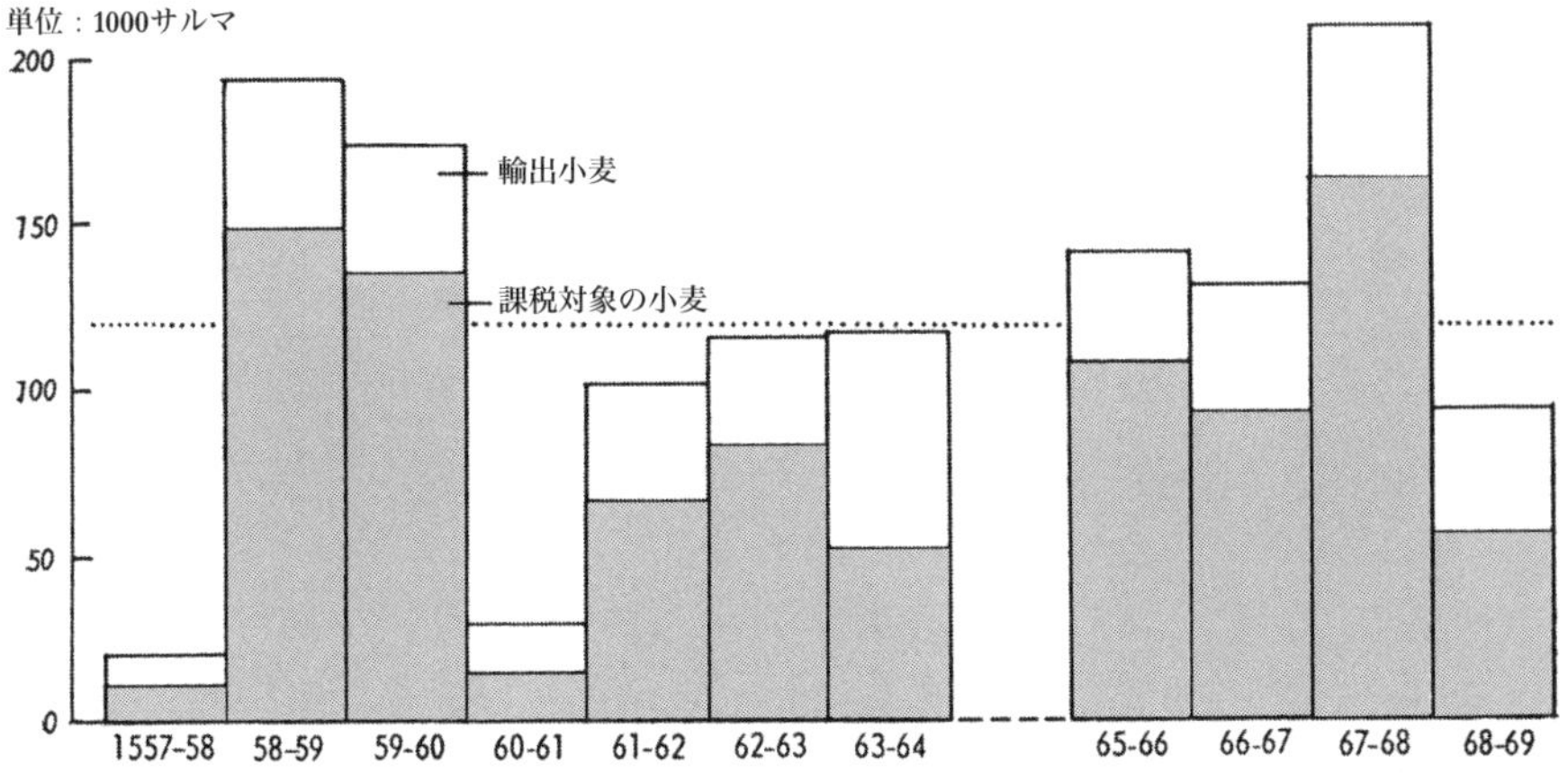

シマンカスの古文書資料による。灰色部分は〈輸出税〉を払った小麦，白は〈輸出税〉を払わなかった小麦である。これらの数字の平均（点線で示した）はおよそ12万サルマである。変動は需要の増減よりも収穫の違いによる。３年か４年ごとにシチリア島の収穫は芳しくない。輸出は17世紀にも同じ水準で，またまったく同じ定期的な変動で維持される。

まで青々としている。栗の木やオリーブの木が多く、でなければぶどうの木が山々をめぐって植えられ、円形に段をなして山を取り囲んでいる。外側に向かってやや高くなった台地の縁の方がぶどう畑で、窪んで見えるところは麦畑である。[15]」しかし、イタリア人は低い、沼地の平野に向かっても農業の支配力を徹底的に広げていったのである。

こうした進歩は、ますます人間と金を必要とした。各都市の膨大な投資をもたらした。最近貴族になったばかりのブルジョワの所有者は、土地でお金を儲ける機会やお金を安全な場所に置くことを次から次へと見つけた。このようにしているうちに、彼らは重要な問題にぶつかった。つまり農民大衆を統御し、利用すること、現在の言い方で言うなら農民の労働の「最も価値のあるもの」をおさえることである。残念ながら、我々はこの多岐にわたる動きをきわめて不完全にしか知らない。ルッジェロ・ロマーノ[16]は、全体的な説明のなかで――我々はこの論文から借用して言っている――

十五世紀ならびに十六世紀初めの初期の土地投資の際には利益は大きかったと主張している。初めはわずかな投資で、かなり大きな儲けがあったわけで、要するに、ヴァスコ・ダ・ガマの帰国以後のリスボンの大商業資本主義の初期とまったく同じ図式に従っている。[17] ヴェルザー家とフッガー家の時代に頂点に達した初期の商業資本主義と同時代に、土地資本主義の幸福な始まりがあって、そのあと状況は悪化したのだろう。

もちろんこれは仮説である。ヴェネツィアの場合（ヴェネツィアでは、他のたぶん遅れている地域よりも事態はよりよくわかる）、〈耕されていない土地〉、主として低地と沼地の領域への大規模な投資は、史料が正しければ、一五五〇年以前にはほとんど始まっていない……。その頃になってやっと、農民と領主との社会的緊張が現れてくる。政治的な犯罪、高位高官の事件のあとに土地をめぐる犯罪、弱者の事件が起こる。世紀末になると、こうした混乱が潜在的な社会革命に変わっていく。なぜならそれはまぎれもない強盗行為だからである。これについては後で触れることにするが、[18] 時代が下るにつれて、そうした混乱を示す記事が次第に増えてくる。この時期こそは、ヴェネツィアの莫大な財産が商業の冒険から生まれ、ブザンソンの両替市の高利の貸付や、さらには農村や費用のかかる土地改良などにともかくにも投資されるのが見えるという印象を歴史家が持つのである。前資本主義の古典的なサイクルが閉じるのである。

このような歴史全体は、確実なようであるが、しっかり論証されているわけではなく、イタリア小麦の歴史の背後に仮の格子として差し込むべきものである。これはイタリア小麦の歴史にひとつの意味を与えるし、さまざまな広がりを与える。しかし我々の得ている情報はまさに結論を下そうとするときに我々を裏切るのである。農民の経済情勢の突然の変化は、たしかに一五五〇年以後、おそらく一六〇〇年以前に起こる。それなのに土地所有者の経済情勢はまったく同じではない。ちょっとカスティーリャと似たような状況で、農民が負けるので、土地所有者が勝利する。いずれにしても、イタリアの農民の数々の努力と土地所有者の貪欲によって、実に多くの急激な変化があったにもかかわらず、一五六四―一五九〇年代の、少なくとも見かけ上の、均衡が保たれたのである。

（1） M. AYMARD, *op. cit.*
（2） ジェノヴァの糧食担当官からアゴスティーノ・サウリとコルシカの代表委員ジアン・バティスタ・レルカーノ宛書簡、ジェノヴァ、一五八九年四月三十日、A. Civico, Gênes.
（3） Museo Correr, Donà delle Rose, 217, f° 131.
（4） A. d. S., Venise, Senato Terra 120 一五九一年六月六日、ベルガモの地方監督官宛書簡。雑穀類は台なしになるほどあったので〈一五七九年の末に……〉買われた。ヴェネツィアで雑穀類を生産する地帯については、Museo Correr, D. delle Rose, 42, f° 39 v° 一六〇二年。
（5） Marciana, 9611, f° 222.
（6） A. d. S., Venise, Senato Terra 43 一五六五年一月十四日。
（7） Marciana, Chronique de Girolamo Savina, f° 325 et *sq.*
（8） Marciana, *ibid.*, f° 365 et *sq.*
（9） Marciana, *ibid.*
（10） M. SANUDO, *op. cit.*, t. XV, col. 164 一五一二年九月三十日。
（11） Museo Correr, Donà delle Rose, 217, f° 131 ; 218, f° 328.
（12） 《Futainiers et futaines dans l'Italie du Moyen Age》, in : *Hommage à Lucien Febvre, Eventail de l'histoire vivante*, 1953, t. II, p. 133 et *sq.*
（13） E. SERENI, *op. cit.* および Georges DUBY 《Sur l'histoire agraire de l'Italie》 in : *Annales E.S.C.*, 1963, p. 352 et *sq.* という長い書評を参照。
（14） *La historia d'Italia…, op. cit.*, (Venise, 1587), p. 1 v° を参照。
（15） *Journal de voyage d'Italie*, 《Collection Hier》, p. 227. 〔『モンテーニュ旅日記』関根秀雄・斎藤広信訳、二〇一頁、白水社〕
（16） R. ROMANO, 《Rolnictwo i chlopi we Wloszech w XV i XVI wieku》, in : *Przeglad historyczny*, LIII, n° 2, pp. 248-250. また C. M. CIPOLLA, 《Per la storia della terra in Bassa Lombardia》, in : *Studi in onore di Armando Sapori*, 1957, I, p. 665 et *sq.* も参照。
（17） E. J. HAMILTON, 《American treasure and the rise of capitalism》, in : *Economica*, novembre 1929.
（18） 本書第Ⅱ部第5章の「窮乏と強盗行為」〔第Ⅲ分冊〕を参照。

最後の変化――一五九〇年以後の北欧の小麦

地中海の食糧補給をめぐるあらゆる困難ゆえに、オランダ、ハンザ同盟加盟都市、イギリスの帆船が一五九〇年代からバルト海沿岸から地中海まで運んでくる北欧の小麦の大量輸入の態勢が、ずいぶん前から整えられていた。これは北から来る最初の小麦ではない。イベリア半島については言うまでもなく、ジェノヴァはすでに十五世紀半ばから北欧の小麦を受け入れていた(1)。一五二七年には、ヴェネツィアはフランドルおよびイギリスから小麦を輸送させたことがある(2)。同様に、一五三〇年頃に、ストロッツィ家はローマの食糧補給のために北欧から輸入させたらしい(3)。一五三九年十月、アントワープ駐在のゴンツァーガ家のある駐在員は、イタリア(ジェノヴァ、フィレンツェ、ルッカ)に向けて小麦を積んだ一六隻の〈大型ナーヴェ船〉が出発したことを知らせているが、この駐在員は小麦は保存がきかないということをあらかじめ言っている(4)。一五四〇年代から、コジモ・デ・メディチがフランドルから小麦を輸入し、一五七五年には、トスカーナ公国が、少なくとも、ブルターニュの小麦を購入しようとしたことは確実らしい(5)。このようにいくつかの船荷はいきあたりばったりでも気がつくが、その他の十ないし二十の貨物船は我々の目をくぐり抜けているにちがいない。

しかしこの動きが大規模になったのは、一五八六年から(6)、とりわけイタリアを襲った不作続きの後でしかない。累積効果があったのだ。一五九〇年には、状況は悲劇的である。トスカーナ大公は代理人をダンチヒに派遣した最初の人であった(7)。次の冬には、今度はヴェネツィアが同じことをした(8)。一五九〇―一五九一年からは、船がたいかにリヴォルノ(9)とジェノヴァ(10)に到着した。一五九一年には、ヴェネツィアの書記官オットボンはダンチヒから五隻の船を送っている。同じ年の六月、「雨が非常にたくさん降っているので、人々は去年と同じ収穫になると恐れている。小麦、なかでも平野の小麦は地面に倒れてしまい、湿気が多すぎるために乾燥するどころか腐ってしまう」[11]と、フィレンツェのある商人は書いている。気候に責任があったのだと気候をふたたび問題にするいい機会である。九月には、この同じ商人は次のように断定的な口調である。「小麦不足のために骨の折れる一年である。最良の、しかも最も確実な救済策は、ハンブルクおよびダンチヒからの小麦を待つことである。」[12]

このようにして北欧の小麦船の旅が始まったのである。大量の入荷は一五九二―一五九三年の冬以前には起こらない。一五九三年のリヴォルノの港の記録は、ほぼ一六、〇〇〇トンの北欧の小麦と大麦の輸入を示している。[13]そのうちほぼ半分はトスカーナ大公のためであり、残りは商人のためである。ルッカのブオンヴィジ家、ボローニャのルッキーニ家、そしてフィレンツェのヴェルナガッリ家、ブオナコルシ家、ビアコラリ家、ビアキネッリ家、カッポーニ家、ランフランキ家、ベルツィゲッリ家、オルランディーニ家、メンデス家、シメネス家、リカソリ家、メリンキ家、バルディ家、グアルディ家、タッディ家、マッセイ家などである。もし必要とあらば、港湾記録[14]（いくつか綴りの間違いがある可能性がある）から拾いだしたこの列挙は、穀物貿易が分散していることを物語っている。一五九〇年から一五九四年までは、リヴォルノの需要は非常に大きかったので、イギリス、ダンチヒ、オランダに対する支払いは二〇〇万エキュ以上になった。[15]一五九六年、リヴォルノの需要は相変わらず大きく、大公はまたも代理人をポーランドとダンチヒに送り、北欧におけるすべての買い付けを手に入れようとした。[16]莫大な取引が開始されたのであり、大公は膨大な資本力によって次第にこの取引の支配者になっていった。リヴォルノが誰の目にも明らかな発展を遂げたのはこの穀物の殺到のおかげである。この町はあらゆる点でイタリアの他の港よりもすぐれていた。リヴォルノはジブラルタルから一週間の距離にあり、海峡を横断することを可能にする風と同じ方向にある、とダンチヒの船乗りたちは言っていた。彼らは帰りには明礬《みょうばん》をリヴォルノで積み、一、二週間後にはスペインで塩を積み込んだ……。ヴェネツィアに行くことは、まったく別の冒険であった。

リヴォルノへの旅は、船団で企てられたが、それでも危険や障害や誘惑がないわけではなかった。英仏海峡を渡るとか、スコットランド経由でブリテン諸島を迂回しようとすれば、イギリス人と衝突したし、イギリス人は航行許可を与えることも与えないこともあったし、また悪天候ともぶつかることがあった。スペインの港では、出港停止の危険があった。また地中海には、バーバリーの海賊が出没した。となれば、リスボン、カディス、セビーリャで、小麦が少しでも傷みはじめでもしたら、有能な領事館当局の同意を得て、小麦を荷揚げし、売り飛ばして、できるだけ早く国に戻りたいという誘惑は大きかった。結局、リヴォルノとイタリアの各都市が北の貧しい人々をつかんでいたのは、半分前払いされる銀によってである。もちろん、トスカーナ公国と近隣の地方だけが新たな食糧を必要としたのではない。イタリア全体が新たな食糧に慣れたのであり、また寄港地や必要次第であるが、北アフリカを含めた西地中海全域がこれに慣れたのである。

取引は必要という星のもとに生まれたので、かなり儲かるものであることがわかった。メディナ・デル・カンポの商人シモン・ルイスは当初きわめて懐疑的だった。彼は一五九一年四月二十四日にフィレンツェの駐在員宛に次のように書いている。「イタリアで起こっているパン不足を嘆かわしく思っている。神が助けてくれるのを祈るばかりである！　フランドルとダンチヒから運ばれてくる小麦は、私の思うには、いい状態で到着することはありえない。というのもセビーリャに着いたときに、小麦はすでに傷んでいるからだ。そちらまで行ったときにはいったいどうなっていることだろうか。海路で運ばれてくる小麦は、いつものように、もうかる仕事ではない。私はだまされない。この取引は私にはかなり高くついた。こういう仕事はすべて小麦と同じ船で航海する海の男たちにしか得にならない（いやそれもどうだかわからない！）。こういう仕事で大いに損をした人を私は見てきている。[17]」シモン・ルイスは、若いときにリスボンの穀物調達の仕事に加わったので、経験から話をしているのだ。しかし彼は間違っている。オットボンがヴェネツィアに送った五隻の船のうち、わずか三隻だけがヴェネツィアに到着し[18]、一隻はリスボンで船荷を荷揚げしてしまったにちがいないし、五隻目の船は行方不明になった。それでも、商人の目から見ると、取引はわずかに利益の上がるものであった。シメネス家は、大きな契約をして、その取引で初めは三〇パーセントに達する儲けを得る[19]――特にアントワープのフェルナンド・シメネスであるが、彼はトスカーナ大公が交渉した契約では協力者のヴェガ家とアンドラーデ家を命令に従わせた。北欧の穀物の輸送はただ単に船や傭船料や小麦仕入れだけがかかわるのではなく、アントワープ（まず初めに）や他の北欧の市場に膨大な資金が移動することも意味する。このことはマルコ・オットボンの旅についてすでに指摘したことであり、またジェノヴァの糧食担当官が振り出した為替手形の写しが物語っていることである。こうした取引では、儲けをつかむことが可能である。[20]

しかし、一五九〇年に始まった危機は、絶え間なく続いたわけではない。新しい世紀に入るにつれて、危機は和らぎ、イタリアと内海は、補助的なものしか受け取らず、相変わらず自給自足を続けている。一六〇〇年以降は、トウモロコシが大いに助けになっていくのである。[21]それでも問題が解決されたわけではない。北欧の小麦は新たな販路を求めている。十七世紀までも北欧の小麦の後を追いかけ、その全体的なグラフを描かなければならないが、たぶん一六〇七―一六〇八年からは下り坂だと私は思っている。北欧の小麦を歴史的な文脈のなかに置き換えることもまた、しばらく後で部分的におこなうことにする。なぜなら北欧からは小麦だけがやって来たのではないからだ。

（1） Jacques HEERS,《l'expansion maritime portugaise》, *art. cit.*, p. 7. バスクの二隻の船が、ミデルバーグの小麦をそれぞれおよそ五,〇〇〇カンタラ（全部で四七〇トン）積んでジェノヴァに持ってくる。
（2） W. NAUDÉ, *Die getreidehandelspolitik der europäischen Staaten vom 13. bis zum 18. Jahrhundert.*, Berlin, 1896, p. 167.
（3） R. EHRENBERG, *op. cit.*, I, p. 299.「フランドルから、またはブルターニュから」

（4） バティスタ・コルテーゼからマントヴァ侯爵宛書簡、アントワープ、一五三九年十月十二日、A. d. S., Mantoue, Archives Gonzaga, Série E, Fiandra 568.
（5） 本書『地中海』初版四六九頁、参照文献紛失。
（6） W. NAUDÉ, *op. cit.*, p. 142.
（7） 一五九〇年九月三日にダンチヒに到着したリカルド・リカルディとヒエロニムス・ジラルディがおこなった報告、Relatione de nogotii tanto di mercantie che cammbi di Danzica（一五九〇年十二月、アンブロシオ・レリーチェの署名がある）、A. d. S., Venise, Secreta Archivi Propri Polonia 2.
（8） *Ibid.* また本書前述、第I部「環境の役割」三二五頁以降を参照。
（9） B・スアレスからシモン・ルイス宛書簡、フィレンツェ、一五九一年二月二十六日および十二月二十八日、Archives Simón Ruiz, Valladolid（最も苦しい状況にあったのはローマである）。
（10） 少なくとも一五九一年度末。バルタサール・スアレスからシモン・ルイス宛書簡、フィレンツェ、一五九一年五月二十一日、同上、〈ジェノヴァでは、オステルダム〔アムステルダム〕とアンブルゴ〔ハンブルク〕からやって来る小麦は、かつて聞いたこともない高値のサルマあたり二四エスクードで売られました。大量の小麦の輸入が期待されるので、価格が下がることは疑いありません。〉Archives Simón Ruiz.
（11） カミーロ・スアレスからシモン・ルイス宛書簡、フィレンツェ、一五九一年六月十七日、同上。
（12） 一五九一年九月九日、同上。
（13） F. BRAUDEL et R. ROMANO, *Navires et marchandises à l'entrée du port de Livourne*, pp. 106 et 107.
（14） A. d. Stato, Florence, Mediceo 2080.
（15） W. NAUDÉ, *op. cit.*, p. 142.
（16） *Ibid.* また G. VIVOLI, *op. cit.*, III, pp. 182, 317, 350 参照。
（17） Archives Ruiz, Valladolid.
（18） すでに引用したマルコ・オットボンの手紙。本書前述、第I部「環境の役割」三三五頁注（7）、および A. d. S., Venise, Papadopoli, Codice 12, f° 18 一五九一年十月十六日を参照。
（19） バルタサール・スアレスからシモン・ルイス宛書簡、フィレンツェ、一五九一年二月二十六日、〈この取引で彼らは大儲けをしています。というのは彼らが三倍儲けているのは確実だからです。〉Archives Ruiz, Valladolid.
投入された資金の莫大さについて言えば、ヴェネツィアは一五九〇年には国庫から八〇万ドゥカート以上を投資したらしい。Marciana, Memorie di Malatie..., 8235 CVIII, 5, f° 198 et *sq.*
（20） Archivio Civio de Gênes, Abbondanza Lettere 1589-1592.
（21） ウーディネの物価に関するローマーノ、シュプーナー、トゥッチの未刊の研究。

シチリア島は相変わらずシチリア島のままである

ここで我々の注意を引きつけるのは北欧の小麦それ自体ではなく、海そのものである。海の構造、海の重要な中心としてのイタリア、そして変動局面ではなく、エピソードである。歴史家たちの提出した史料と主張に引きずられて、過日私は、本書の初版では、(1) エピソードを地中海の衰退の次元にまで拡大させてしまった。ところで、地中海の衰退は、特にイタリアでは、もっとずっと遅い時期に起こると私には思われる。経済的な大変化は一六二〇―一六二一年以前には起こらず、疫病という生物学的な大変化は一六三〇年以前には起こらない。(2)

決定的な論拠〔初版の〕は、私の目から見て、私がシチリア島の破産、シチリア小麦の破産と名付けていたものであった。私にはそれが確かだという論拠があった。ところが、シチリア小麦の破産などというものはなかったのである。

二つの系列の論拠が私にそのように信じさせたのであった。まず初めに、一五九〇年以後のシチリアの不作と飢饉。一五九一年には、食糧不足がシチリア島で猛威をふるったのは疑いの余地がない。前代未聞の価格が設定され、小麦はパレルモで七八タリ一〇で売られた。至るところに、〈飢えのために道端で死んでいる人がいた。〉これは、同時代の人々の言いぐさでは、軽率な輸出と不作のためであった。サルマあたりの単価はついには四〇エキュに達した。このようなことは人々の記憶している限りかつて見られたことがない。小麦を高い値段で、この時代の言い方では〈血の値段で〉売る金持ちがいた。パレルモとメッシーナは、相場以下で売ったが、ひどい借金を抱えた。メッシーナの借金は一〇万ドゥカート以上であった。(3) 状況は一五九五年までは回復しない。

これは事態を深刻に考えさせる第一の理由であった。ところで、折よく、私は歴史と地理を組み合わせてシチリア島を対象としたハンス・ホーホホルツァーの研究を知った。(4) 彼はまさにこの問題に、オーストリアが短い期間島を領有したことがある一七二四年の日付のあるウィーンの古文書のなかに見つかった過去の統計を提出した。それはメッシーナへの小麦輸入にかかわるものであった。この動きは一五九二年に始まり、一六四〇年に頂点に達し、そのあと減少していって一七二四年にはついにはほぼゼロになる。この史料は問題を解決した。つまりシチリア島が、十六世紀末以来定期的に、穀物を輸入したのは、西地中海の穀倉地帯ではなくなっていたということである。ところがシチリアの史料は──「シチリア」シリーズのシマンカスのカタログが一九五一年に出版されたので、その証拠を手に入れたわけだが──反対のことを示している。十七世紀に関するこれらの史料の研究(5)によって、シチリア島は十七世紀にも相変わらず小麦を輸出していたというはっきりとした結果が出た。となればただひとつの解決策は、鍵を握っているウィーンの史料を見て、子細に検討することである。(6) この史料の写真版を見て、私はひどく驚いた。数字のリストの解釈は、ほとんど信じがたいようなとんでもない思い違いに基づいているのだ。収入、入金、ここでは関税を意味する〈introyte〉という語は、商品の入荷に当てはまるものとして理解され、〈grani〉(ここでは、〈タロ〉という貨幣単位の下位区分を示す)という語は、穀物と翻訳されたから、たしかに輸出、しかも絹の輸出──生糸または漂白したもの──が問題であるのに、こうして小麦がメッシーナに入ってくることになってしまう。史料のファクシミリ版は最初の一行目からこの点をはっきりと証明している。

この疑いが晴れると、さまざまな問題がふたたびはっきりしてきた。シチリアの市場は、繁栄の真っ最中の時代にも、収穫次第では激しい変動を経験したのである。一五九〇年から一六七七年までは、何度も不況の時期があった。一五五〇─一五五四年、一五七五─一五八〇年、一六〇五─一六〇八年、一六三四─一六四一年、一六六八─一六七七年である。(7) このような文脈において、一五五〇年から一五九五年までの停滞期は、定期的に起こる災難のひとつでしかない。こうした景気の中断──中断はいささかも多数であったわけではない──を除けば、シチリア

図52　シチリアでは，1593年以後，小麦が輸入されたのではなく，絹が輸出されたのである。

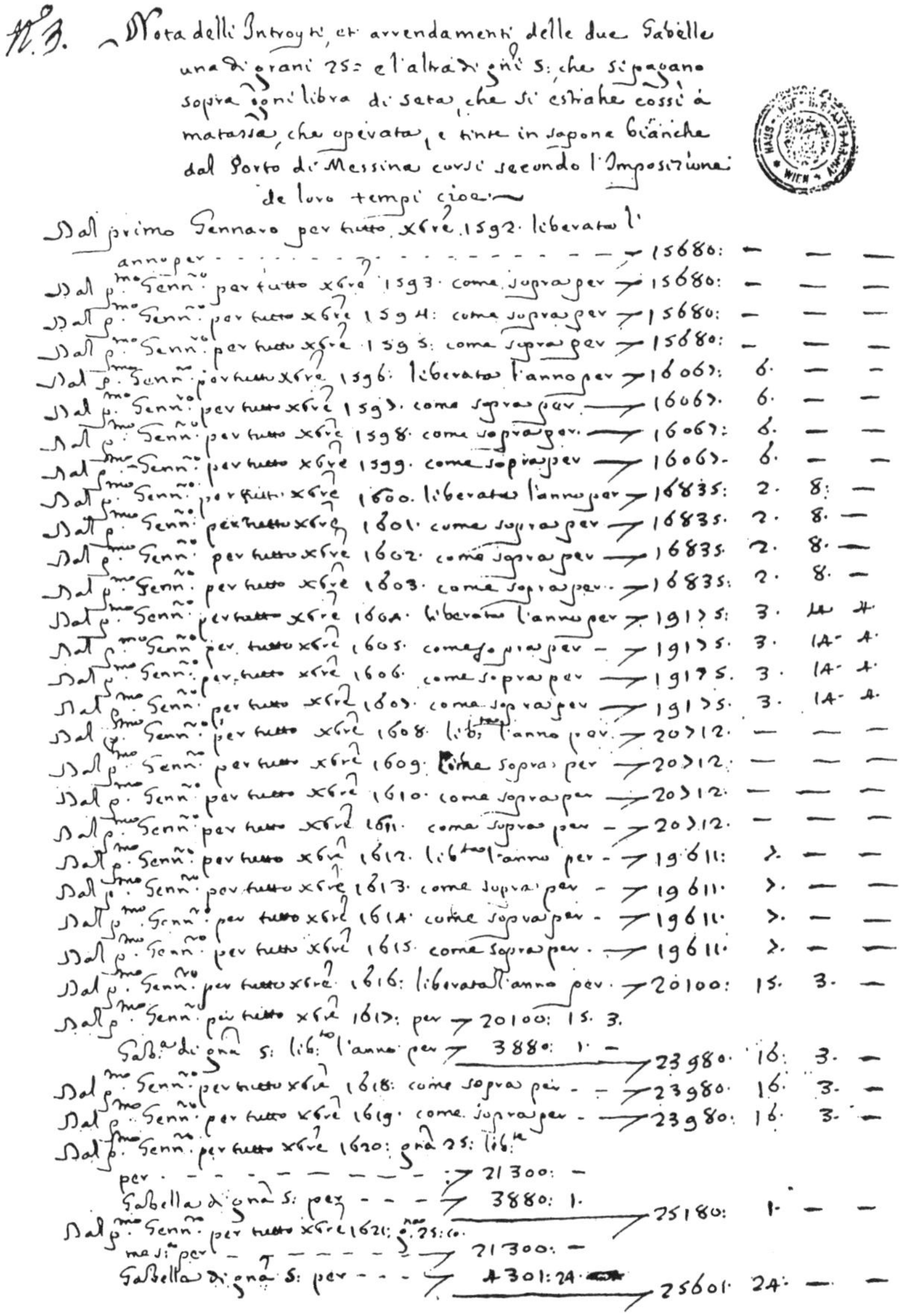

N.3. Nota delli Introyti, et arrendamenti delle due Gabelle una di grani 25: e l'altra di g.ni 5: che si pagano sopra ogni libra di seta, che si estrahe cossi à matassa, che operata, e tinte in sapone bianche dal Porto di Messina corsi secondo l'Imposizione de loro tempi cioe —

Dal primo Gennaro per tutto xbre 1592. liberato l'anno per — 15680: — — —
Dal p.mo Genn.ro per tutto xbre 1593 come sopra per — 15680: — — —
Dal p.mo Genn.ro per tutto xbre 1594: come sopra per — 15680: — — —
Dal p.mo Genn.ro per tutto xbre 1595: come sopra per — 15680: — — —
Dal p.mo Genn.ro per tutto xbre 1596: liberato l'anno per — 16067: 6. — —
Dal p.mo Genn.ro per tutto xbre 1597. come sopra per — 16067. 6. — —
Dal p.mo Genn.ro per tutto xbre 1598. come sopra per — 16067: 6. — —
Dal p.mo Genn.ro per tutto xbre 1599. come sopra per — 16067. 6. — —
Dal p.mo Genn.ro per tutto xbre 1600. liberato l'anno per — 16835: 2. 8: —
Dal p.mo Genn.ro per tutto xbre 1601 come sopra per — 16835. 2. 8. —
Dal p.mo Genn.ro per tutto xbre 1602. come sopra per — 16835. 2. 8. —
Dal p.mo Genn.ro per tutto xbre 1603. come sopra per — 16835: 2. 8. —
Dal p.mo Genn.ro per tutto xbre 1604. liberato l'anno per — 19175: 3. 14 4
Dal p.mo Genn.ro per tutto xbre 1605. come sopra per — 19175. 3. 14. 4.
Dal p.mo Genn.ro per tutto xbre 1606. come sopra per — 19175. 3. 14. 4.
Dal p.mo Genn.ro per tutto xbre 1607. come sopra per — 19175. 3. 14. 4.
Dal p.mo Genn.ro per tutto xbre 1608. lib.to l'anno per — 20712. — — —
Dal p.mo Genn.ro per tutto xbre 1609. come sopra per — 20712: — — —
Dal p.mo Genn.ro per tutto xbre 1610. come sopra per — 20712. — — —
Dal p.mo Genn.ro per tutto xbre 1611. come sopra per — 20712. — — —
Dal p.mo Genn.ro per tutto xbre 1612. lib.to l'anno per — 19611: 7. — —
Dal p.mo Genn.ro per tutto xbre 1613. come sopra per — 19611. 7. — —
Dal p.mo Genn.ro per tutto xbre 1614. come sopra per — 19611. 7. — —
Dal p.mo Genn.ro per tutto xbre 1615. come sopra per — 19611. 7. — —
Dal p.mo Genn.ro per tutto xbre 1616: liberato l'anno per — 20100: 15. 3. —
Dal p.mo Genn.ro per tutto xbre 1617: per — 20100: 15. 3.
Gab.a di g.na 5: lib.to l'anno per — 3880: 1. — — 23980. 16: 3. —
Dal p.mo Genn.ro per tutto xbre 1618: come sopra per — 23980. 16. 3. —
Dal p.mo Genn.ro per tutto xbre 1619. come sopra per — 23980. 16. 3. —
Dal p.mo Genn.ro per tutto xbre 1620: g.na 25: lib.to per — 21300: —
Gabella di g.na 5: per — 3880: 1. — 25180: 1. — —
Dal p.mo Genn.ro per tutto xbre 1621: g.na 25: co. mesi per — 21300: —
Gabella di g.na 5: per — 4301: 24 — 25601. 24. — —

ウィーン古文書館の史料（Haus－Hof－und Staats－Archiv, col. Siciliana 6, Dogana di Messina, メッシーナ，1724年10月31日）。

の小麦は相変わらずアドリア海方面にも西地中海方面にも輸出されていたし、私の思い違いでなければ、かなり長い間、昔と同じ水準前後、つまり年間一五万サルマ、約三〇万キンタル輸出されていた。正確な数字は、シチリアの史料のなかに、完全なかたちで、見つかるはずである。シマンカスでは、残念ながら数字は断続的にしか出てこない。

しかし懸案の問題はきっぱり解決された。シチリア島は、十七世紀にも小麦の島であり、商人たちの手に握られ、商人たちはシチリア島が穀物を放棄することも許さないし（大麦は話題になっていないが、大麦もナポリやスペインに輸出され、馬の飼料になっているし、時には人間を養うこともある）、家畜の飼育や樹木栽培にも力を入れすぎないようにしている。ここシチリア島では、畑は行政ならびに資本家の監督システムによって守られてきたのであり、これについてはすでにほんの概略だけを示しておいたが、それ自体歴史家の気をそそるものであるにちがいない。十六、十七世紀における「国民所得」の研究として、シチリア島の場合以上に恵まれたケースがあるとは思わない。シチリア島では、人口も農耕用の動物も歳入も税金収入も、すべて調査がおこなわれた。一六九四年の一月から六月までのある記録は、〈積み出し港〉ごとに、目的地を記したシチリア小麦の発送、運輸会社の船の名前、価格、税金、商人の名前を明らかにしている。これは何人かの商人に利益が集中していたことを知るのに具合がいい。一人ひとりがまるで自分の領地のように、どこかの港を支配している……。実は、彼ら商人こそ本物の小麦男爵である。一六九九年に、シチリアの小麦がフランスに行くときのディテールは愉快であるし、その年にフランドルに小麦が輸出されるのはもっと愉快である！(8)

しかし細かい事実は放っておこう。旧政体の物質的生活に内在するさまざまな変化があったものの、シチリア島全体は、十六世紀にも、またそのあと次の世紀には長く、調子がいい。十七世紀には、絹は、まさに輸出絶頂期にあって、一六一九年から初めて衰退する。(9) 小麦は我が道を進んでいる。数多くの船がシチリアの海岸に達し、レヴァントやさらにチュニジアに行き、チュニジアの港には、少なくとも一六六四年までは、船が運ぶかなり多額の金の一部を置いてくる。結局、絹産業が花開き、メッシーナやカターニアでふたたび栄える。島では、地中海の衰退は、少なくとも、まだ始まってはいない。

(1) 初版、一九四九年、四六六—四六七頁。
(2) 本書前述、第I部「環境の役割」五五七頁参照。
(3) 《Carestia di frumenti del 1591》, B. Communale Palerme, Qq N 14 *bis*, f°s 144 à 147.
(4) 《Kulturgeschichte Siziliens》, in: *Geogr. Zeitschrift*, 1935.
(5) 十六世紀および十七世紀の史料の注意深い研究は私の依頼で同僚のフェリーペ・ルイス・マルティンによっておこなわれた。
(6) A. de Vienne, Collectanea Siciliana, fasc. 6.
(7) フェリーペ・ルイス・マルティンの一覧表による(前記注(5)を参照)。
(8) 同上。
(9) A. de Vienne, Collectanea Siciliana, fasc. 6. 私はたしかに一六一九年と言っているのであって、ホーホホルツァーのように一六四〇年と言っているのではない。なぜなら輸出税の変化を考慮しなければならないからである。

小麦の危機について

結論として、小麦の危機はみな似通っている。我々の史料調査がイスラム諸国を通して小麦の危機にもっと照明を当てれば、危機はますます似通ったものになる。イスラム諸国の小麦の危機は概ね観察できないのだが、イスラム諸国でも危機は進行しているのだ。それは当然人口の増加に従って起こるわけで、一五五〇年か一五六〇年頃までは人口の増加は有利にはたらいていた。つまり人間の数が多くなればなるほど、小麦の生産も増えていた。しかし生産性減少の法則が突然現れる。十五世紀とか十六世紀初めのかなり安泰の豊穣は、遅かれ早かれ、窮乏の増大に代わるのである。西欧では、穀物の窮乏は、より確実で、金になりやすい作物、つまりぶどう畑、オリーブ園などが小麦と競争していることにも由来する。大貿易、人々の渇望、価格の差別的上昇、時にはある種の社会組織も責任がある。(1) シリアに関してある文献が(2)「これまで見たこともない」と述べている困った問題に対する対応は、それまでに蓄積された豊かさに釣り合ったものになる。遠方の小麦を仕入れることは、それが同時に貧しい人々にとってどんなに惨憺たるものであっても、全体的な豊かさを明らかに示するしである、とわざわざ言う必要があるだろうか。

(1) 私が念頭に置いているのは金持ちが白いパンを好むことである。
(2) A. d. S., Venise, Relaz. Ambasciatori, B 31 一五六四年十二月二十日。

三 商業と運輸――大西洋の帆船

地中海の規模では、大西洋の帆船が二度相次いでやって来たことほどよい試金石あるいは「指示薬」はない。なぜなら二度にわたって大挙してやって来たことがあるからである（それぞれいくらかの違いと類似がある）。一回目は大まかに言って一四五〇年から一五五二年まで、二回目は一五七〇年からというかむしろ一五七二―一五七三年からである。二回目はもっぱら北欧の船で、もはや地中海への道とその利益を忘れることはない。

すでにこの大問題を取り上げ、次のような説明をしたことがある。(1) 外国船が地中海にやって来たことは、新しい働き口ができたこと、競争力がついた（これは明らかだ）と同様に、またそれ以上に経済的発展があったことと釣り合っている。要するに、新たに地中海にやって来た者がいるということは、一定の繁栄があったという証拠である。経済的発展の時期に、内海は、商品、なかでも非常に重い商品を輸送するよりももっとなすべきことがあるのだ。実際にそのようであるならば、この外国船の到来は記述的歴史が統計学者に提供するすばらしい試金石である。実際、ほぼ二十年間にわたって、大洋の船が大挙してやって来ることは中断される。この世紀の半ばは地中海の繁栄の停止を表しているのだろうか。

（1）　本書前述、第I部「環境の役割」四九六―四九八頁および五二二頁を参照。

I　一五五〇年以前――最初にやって来た者たち

大西洋の帆船による地中海への最初の侵入は、簡単にはわからない。なぜならほとんど足跡を残さない哀れな悪魔のようであるからであり、またイベリア人と北欧人が一緒になって大挙してやって来たわけで、彼らを互いに区別することも、航海の正確な日付を確定することも必ずしもできないからである。

バスク人、ビスカヤ人、ガリシア人

大西洋のイベリア海岸の船乗りたちは、たぶん十三世紀末から地中海に来ている。一四五〇年以降、この船乗りたちの数が増えるとき、彼らはすでにバルセロナやジェノヴァに仕えて、内海の古くからの馴染みであり、西地中海の南や北の沿岸に頻繁に出入りしている。この人たちは運送業者であって、それ以上ではない(1)。ジェノヴァでちょっと知られた何人かのバスク人の商人は小さな取引（特に羊毛）だけをおこなう。彼らの任務は、何よりもまず、決して評判のよくない船の持ち主の保証人になることであり、船の持ち主に代わって、武装に必要な金を借りることである。

ある日、このかなり大型の帆船がいつもの水平線を越えて、どこかの都市のために東地中海にまで達する。一四九五年頃、ジェノヴァ、マラガから、さらにはカディスから、帆船が真っ直ぐにキーオス島に行き着き、そこに大西洋の砂糖を持ってくる(2)。こういうことが何年か続いた。このようなことと同時に、イギリス、さらにはフランドルまでの航海も想像してみなければならない。一五三二年(3)、あるヴェネツィア人が繰り返し述べているように、ビスカヤ（この語は最も広い意味に理解していただきたい）は、カール五世の海軍力の精華である。「ビスカヤからは好きな数だけ船を引っ張りだすことができる。」実際、ビスカヤ人は一五六九年までフランドルへのルートを握り(4)、この一五六九年になる前から、ガリオン船を使って、長い「インディアス航路」の音頭を取っている(5)。長い間地中海では、この「放浪者たち」はあらゆる取引に首を突っ込み、一四八〇年から一五一五年までは、「マルセイユのワインをロンドンに運んだり、アイルランドの毛皮をマルセイユに運んだりしている(6)。」

ジブラルタル海峡を越えて最初にやって来た彼らは、地中海ではなかでもジェノヴァ周辺、ならびにマルセイユ、バルセロナ(7)を好み、またスペインの長い海岸に、長く居すわっている。十六世紀の史料は、以前よりも少なくなったとかすでにどこかに行ってしまったと思われているのに、まだ彼らがいることを示している。たとえば一五〇七年二月にマルセイユにネフ船〔大帆船〕の錨を下ろし、フランドルならびにイギリスにワインを運ぶ準備をしているビスカヤ人がいる。(8) 別のビスカヤ人は、一五一〇年に、ハンス・パウムガルトナーのために、バリ〔イタリア〕からアントワープに行く。(9) 一五一一年には、ビスカヤのナーヴェ商船はラグーザに〈カージー〉を持ってくる。(10) 一五二一年のスペインの重大な小麦危機の際には、ナポリの史料はプーリアの小麦でイベリア半島の食糧補給をおこなうことに参加しているビスカヤの商人と船乗りがいたことを伝えている。(11) こうして一五二六年にも、(12) あるいは一五二七年一月に、ポルトガル産のイワシとマグロを積んでメッシーナに向かうビスカヤ人がいる。(13) 一五三〇年には、塩を積んだビスカヤの二隻のナーヴェ商船がオスマン帝国の提督バルバロスの手で沈められる。(14) 一五三二年には、バーバリーの海賊にひどい目にあったビスカヤの帆船のうちの一隻がアリカンテにたどり着く。(15) ビスカヤ人にとってすべてが終わってしまったと思われているのに、ある港湾記録は、一五三一年、一五三五年、一五三七年に、スペインからイタリアに向かった、全部で一二隻のビスカヤのナーヴェ商船があったことを伝えている。(16) 以後もこんなふうに続いている。(17) 地中海の活気に満ちた航路でビスカヤ人に出会うことがなくなるには、たぶん十六世紀半ば、大西洋の船の第一波の終了を待たなければならない。

(1) J. HEERS, 《Le commerce des Basques en Méditerranée au XVe siècle》, in: *Bulletin Hispanique*, n° 57, 1955, pp. 292-320.
(2) J. HEERS, *Gênes au XVe siècle*, *op. cit.*, p. 496.
(3) E. ALBÈRI, *op. cit.*, I, p. 1, Relation de Nicolò Tiepolo, 1532.
(4) 本書前述、第Ⅰ部「環境の役割」三七七頁参照。
(5) Pierre CHAUNU, *op. cit.*, t. VIII, pp. 254-256.
(6) R. COLLIER, *Histoire du Commerce de Marseille*, *op. cit.*, III, p. 118.

(7) A. de CAPMANY, *op. cit.*, IV, appendice, p. 43, 1526.
(8) R. COLLIER, *op. cit.*, III, p. 155.
(9) K. O. MÜLLER, *op. cit.*, p. 55. 香料のクミンを積んで、六九パーセントの儲けがあった。
(10) S. RAZZI, *op. cit.*, p. 116.
(11) A. d. S., Naples, Sommaria Consultationum, 96, f° 136 一五二一年九月三日、f° 151 v° 一五二一年十月二十四日。
(12) *Ibid.*, 121, f° 160 一五二六年十一月一日。
(13) *Ibid.*, 123, f° 36 v° et 37 一五二七年一月十八日。
(14) A. d. S., Mantoue, A. Gonzaga, Série E, Genova 759, ジョヴァンバティスタ・フォルナリからマントヴァ侯爵宛書簡、ジェノヴァ、一五三〇年七月二十五日。
(15) M. SANUDO, *op. cit.*, LVI, col. 238 パレルモ、一五三二年四月五日。
(16) Domenico GIOFFRÈ, «Il commercio d'importazione genovese alla luce dei registri del dazio, 1495–1537», in : *Studi in onore di Amintore Fanfani*, 1962, V, p. 164.
(17) 私が念頭に置いているのは、バルセロナ、バレンシア、セビーリャに取れた魚を持って行くガリシアのイワシ船のことである。ガリシアのコレヒドール〔王室派遣役人〕から陛下宛書簡、一五三八年二月二十日、Simancas, *Guerra Antigua*, XI, f° 200.

ポルトガル人

地中海の扉をポルトガル人に対して広く開けることになったセウタの占領以来、地中海のポルトガルの船はビスカヤの船と同じくらい数が多く、間もなく同じくらい活発になる。ポルトガルの艦隊[1]が地中海にやって来ないうちから、ポルトガルの商用船は業務をおこなっていたし、またポルトガルの海賊は幅をきかせていた。ポルトガルの海賊は、一四九八年十一月[2]にカンディアのワインを積んだヴェネツィアのナーヴェ商船を奪取したり、一五〇一年十月には、バーバリー沿岸でジェノヴァのナーヴェ商船を襲ったりした。捕らえられたモーロ人の客は、身代金を払って自由の身になろうとする場合には、豊かな戦利品を彼らポルトガルの海賊の手に残しておく[3]。当然、この海賊たちは商業都市に仕える。バレンシア、バレアレス諸島、マルセイユ周辺には、ジェノヴァよりもフィレンツェに雇われた――ジェノヴァは海賊たちの申し出を断ってはいないが(4)――海賊たちの姿が見られる。地中海の西側海域には、やがてポルトガルの帆船が、リスボンで積み込んだ毛皮――まだ経済が洗練されていないしるしである――や、アンダルシアの小麦、イビサの塩、スペインやイタリアの明礬《みょうばん》を運搬し、一四八〇年代か一四九〇年代からは、さらには砂糖貿易をポルトガルの国民だけに許可するドン・マヌエル〔マヌエル一世〕の政令(一四九八年八月二十一日)(5)以後は、マデイラと大西洋の他の島の砂糖も運搬する。この十五世紀末には、公式の輸出許可によれば、ポルトガルの砂糖の輸出は、毎年、フランドルには四万アローバ、イギリスには七、〇〇〇アローバ、リヴォルノには六、〇〇〇アローバ、ジェノヴァには一万三、〇〇〇アローバ、ローマには二、〇〇〇アローバ、ヴェネツィアには一万五、〇〇〇アローバ、コンスタンティノープルとキーオス島には二万五、〇〇〇アローバである。(6)ヴェネツィアには、砂糖は〈大型のカラベラ船〉で到着する。(7)少しずつではあるが、ポルトガルの船は地中海全体の交易に対応するべく大きくなっていくようである。というのもポルトガルの船は早くからキーオス島、コンスタンティノープル、レヴァント、そしてエジプトに達していたからである。砂糖および船の軽さは、ヴァスコ・ダ・ガマの周航に先立って、このポルトガルの成功の原因である。

ビスカヤ人の場合と同様に、ポルトガル人がいつ内海を去るのかは正確にはわからない。たまたま手に入るニュースでは、まだ一五三五年には、メノルカ島付近にポルトガルのカラベラ船二隻がある。一隻はバルバロスが捕らえ、もう一隻は、たぶん貨物もろとも沈んだ。(8)マルセイユでは、一五三六年一月十五日に、あるイギリスの商人がポルトガル人ジョアン・リベレから船を購入している。(9)一五四九年には、二隻のポルトガル船がヴェネツィアに到着した。(10)こうしたエピソードやその他の話が我々の目をあざむくものであってはならない。ポルトガルの冒険は、十六世紀半ば頃には、まったく確実に衰退に向かっている。他の船や船乗りが仕事をしに来て、ポルトガルの運送業は、私の想像では、ヘラクレスの柱〔ジブラルタル海峡〕の東よりも西で金儲けをするようになる。あるいは地中海での仕事の口が減っているのかもしれない。

（1） A. d. S., Mantoue, A. Gonzaga, Série E, Spagna, 588, G・アニェッロからマントヴァ侯爵宛書簡、バルセロナ、一五三五年五月三日。ポルトガルの船団が四月二十八日にバルセロナに入港する。〈盛大な儀式とともにポルトガル人が入場する……。〉
（2） M. SANUDO, *op. cit.*, II, col. 138 一四九八年十一月十八日。
（3） A. d. S., Mantoue, A. Gonzaga, Série E, Venezia 1439, フランコ・トレヴィザーノからマントヴァ侯爵宛書簡、ヴェネツィア、一五〇一年十月一日。
（4） Jacques HEERS, 《L'expansion maritime portugaise à la fin du Moyen Age : la Méditerranée》, in : *Revista da Faculdade de Letras de Lisboa*, n° 2, 1956, p. 18.
（5） Vincente ALMEIDA d'EÇA, *Normas economicas na colonizacão portuguesa*, Lisbonne, 1921, p. 24.
（6） Domenico GIOFFRÈ, *art. cit.*, p. 130, note 38. および同じ著者の《Le relazioni fra Genova e Madera nel I° decennio del secolo XVI》, in : *Pubblicazioni del civico Istituto Colombiano, Studi Colombiani*, 1951, p. 455, note 25. 一アローバは一一・五キログラム。
（7） この砂糖の急成長は D. GIOFFRÈ, *art. cit.*, p. 130 et sq. に詳しい。九隻のカラベラ船がヴェネツィアに向けて砂糖を運ぶことについては、M. SANUDO, *op. cit.*, I, colonne 640 一四九七年六月四日。ポルトガル人については、*ibid.*, I, 1032 ; II, 138.
（8） ルイシュ・サルミエントからカール五世宛書簡、エヴォラ、一五三五年十二月五日、Simancas, *Guerra Antigua*, VII, f° 42.
（9） J. BILLIOUD, *Histoire du Commerce de Marseille*, III, p. 228.
（10） A. d. S., Venise, *Cinque Savii*, 3 一五四九年。

ノルマン人とブルトン人

ノルマン人とブルトン人による交替はただちにはおこなわれない。彼らはぐずぐずしていてなかなか舞台に登場しない。それでもノルマン人もブルトン人も早くからスペインの大西洋岸とポルトガル沿岸に来ている。一四六六年からは、サン・ルーカル・デ・バラメーダにブルトン人町ができているらしい[1]。スペイン語で berton という語は、イタリア語の bertone という語と同じく、十六世紀の間は、一般的に北の人々を指すのに用いられるが、ブルトン人の町はほんとうらしい。しかし、海賊行為は最近の出来事であるとしても、イタリア戦争がその後に、たとえば一四九六—一四九七年とか一五〇二年[2]に北の人々を連れてきたのは疑いの余地がない。一四九七年一月に、何隻かの〈ブルトン人の船〉がメノルカ島周辺で海賊行為をはたらく。[3] しかし、特にブルトン人にとっては、商業がその後に続かないようである。一五〇〇年に、ヴェネツィアに関して尋ねられて、ブルトン人は「その国にはほとんど航海したことがない[4]」と答えている。一五四〇年に、ジブラルタルでブルトン人の船二隻の姿を認めるには四十年待たなければならない。[5] 一陣の風が吹けば、彼らは地中海に達する。しかしそれでも大西洋の第二波の直前にならないと、地中海には入って来ないし、我々の知る限り、ただスペインの東海岸の港までである。一五六七年には、ブルトン人の船がアリカンテに来ている。[6] 一五七〇年十一月か一五七一年には、別の一隻がマラガにいる。この「バロン号」には船長のギヨーム・ポティエと商人エティエンヌ・シャトンとフランソワ・パンが乗り込み、船荷として帆布とだいたい一、〇〇〇キンタルの魚を積んでいた。すべて売り払ったあと、彼らは四、〇〇〇エキュ分の乾しぶどうと他の商品を購入し、ブルターニュに戻る準備をしていると、マラガの〈御用商人〉が出港停止命令を出し、商人の一人を投獄し、国王の業務のためにオランかペニョン・デ・ベレスに船を派遣するつもりであると言う。大使の説明によれば、これこそは条約に反することであるが、「フランスの船がマラガで徴発されたのはこれが初めてではない[7]。」一五七一年になってやっと、サン・マロの最初の船がチヴィタヴェッキアに到着した。[8]

こうした慎ましく控えめな来訪者のなかでは、ノルマン人が話題になることが多い。一四九九年、ノルマン人の大型船のひとつ「マグダレーナ号」がアルメリーア〔スペイン南部〕でポルトガルの海賊に奪い取られる。[9] それから十年後、ノルマンの帆船は定期的に地中海に行ってルーアンの機織りに必要な明礬を積む。鉱石はスペインか教皇領のもので、スペインの場合マザロンで、教皇領の場合チヴィタヴェッキアで搬出される。一五二二、一五二三、一五二七、一五三一、一五三二、一五三四、一五三五、一五三六、一五三九年[10]、ノルマン人の運行が確かめられる。

何十という小帆船がノルマン人の公証人の記録とチヴィタヴェッキアの港湾記録に載っている。寄港地でいろいろないざこざがなかったわけではない。一五三五年二月三日、カルタヘナでは、ニシン、塩漬け魚、〈その他たくさんの商品〉を積んだノルマンの小型船三隻が、リヴォルノとチヴィタヴェッキアに向かおうとするときに、徴発される。二隻は「マリア号」という名で、一隻はディエップから、もう一隻はサン・ヴァレリー・アン・コーから来た船で、三隻目も同じくディエップの船で、「ラ・ルーヴ号」〔雌狼の意〕である。(11)もっとふつうの行程はディエップの「ユリの花号」(12)（一五三六年五月二十二日、八〇トン）のとった行程で、この船は「リゴルヌおよびシヴィテジ」〔リヴォルノとチヴィタヴェッキア〕まで行き、そのあと明礬《みょうばん》をル・アーヴル、ロンドン、アントワープ、ルーアンに荷揚げする。あるいはルーアンの「ラ・フランソワーズ号」（一五三五年十月二日）の行程で、この船はマルセイユ、ヴィルフランシュ、リヴォルノ、ナポリ、メッシーナ、そしてパレルモに寄港する。(13)

必然的に、ノルマンの船は、ついには、契約や偶然の出会いによって他の輸送路にも組み込まれ、北アフリカにまで達し、ネグロ岬近くでは珊瑚の仕事をし、ついには、一五三五年か一五三六年以前ではないが、「正常な」前進の最後の段階として東地中海に達する。一五三九年、(14)ディエップの「ラ・グランド・マルティーヌ号」はマルセイユ、キプロス、コンスタンティノープル、サロニカへの航海をおこなった。

比較的遅くやって来たノルマン人は、地中海に長くとどまる。チヴィタヴェッキアはノルマン人に一五四五年から一五五二年まで絶え間なく新しい働き口を与える。そして大航海がノルマン人を東方や南方へと引きつける。一五六〇年にウルージ・アリ(15)に捕らえられたディエップの船は、結局は黒海で見つかり、トルコに仕えて、この船は黒海で消え失せる。一五六一年には、別の一隻がバレアレス諸島沖でスペイン軍に捕らえられる。このナーヴェ商船はバーバリーに向けてディエップから出発し、トゥーロンで水先案内人を雇ったところ、この水先案内人は――これはフランス側の話であるが――皆の知らないうちに、イスラム諸国では密輸入品である櫂を船に積み込んでいたという話である。またこの船には鉛や砲弾もあったとのことであるが、フランスの提督の話では、アフリカ行きではなくディエップ行きのものである。しかしこれは気難しいシャントネーにはいかにも本当の話とは思われないが、例外的に許される。[16] もっと運のいい、これもまたディエップから来た船が何隻か、一五七四年一月四日、リヴォルノに入港するが、「ル・コック号」〔雄鶏の意〕（船長ル・プリウール）は、鉛、ニシン樽、毛皮、錫、いくらかの〈カージー〉、そしてディエップの栄光を彷彿とさせるブラジルからの薪二〇、八八〇本を積載している。[17] さらに「サン・ポール号」（船長ジェラール）は、一五七八年二月二十二日にリヴォルノに入港し、ニシン樽、エンドウ、サケ、麻、大麻、帆布、そしてもう一度ブラジル産の木材（四、七〇〇本の薪）……などをルッカの商人たちに委託する。しかしこうした旅は遅まきの旅であり、また例外的である。彼らはイギリス人が「二度目に」地中海に戻ってきたときには持ちこたえられない。このイギリス人の第二波の侵入は、最初の強力な登場がどんなものであったのかをはっきりさせた後でなければ、当然よくわからない。[18]

（1） Michel MOLLAT, 《Aspect du commerce maritime breton à la fin du Moyen Age》, in: *Mémoire de la Société d'Histoire et d'Archéologie de Bretagne*, t. XXVIII, 1948, pp. 16-17.
（2） R. COLLIER, *Histoire du commerce de Marseille*, III, pp. 146-147.
（3） M. SANUDO, *op. cit.*, I, col. 471.
（4） M. MOLLAT, *art. cit.*, p. 10.
（5） *Saco de Gibraltar*, *op. cit.*, p. 93.
（6） *Correspondance de Fourquevaux*, I, pp. 178-179 一五六七年二月十三日。
（7） カトリック王に対するフランス大使の抗議（一五七〇年または一五七一年）, A. N., K 1527, B 33, n° 41.
（8） Jean DELUMEAU, *L'alun de Rome XVe-XIXe siècle*, 1962, p. 241.
（9） E. GOSSELIN, *Documents authentiques et inédits pour servir à l'histoire de la marine marchande et du commerce rouennais pendant les XVIe et XVIIe siècles*, Rouen, 1876, pp. 8-11.
（10） M. MOLLAT, *op. cit.*, p. 241.

(11) 一五三五年二月四日、Simancas, *Guerra Antigua*, VIII, f° 59.
(12) E. GOSSELIN, *op. cit.*, p. 43.
(13) *Ibid.*, pp. 42-43. 一五三五年十月二日。
(14) *Histoire du Commerce de Marseille*, III, p. 221.
(15) E. CHARRIÈRE, *Négociations dans le Levant*, II, pp. 631-632. コンスタンティノープル、一五六〇年十月三十日。
(16) シャントネーからフェリーペ二世宛書簡、モレ、一五六一年三月十六日、A.N., K 1494, B 12, n° 60. 同上、一五六一年三月二十三日、*ibid.*, n° 62.
(17) A. d. S., Florence, Mediceo 2080.
(18) 本書後述四三一—四三四頁参照。

フランドルの船

カール五世がチュニス(一五三五年)に対して、次いでアルジェ(一五四一年)に対して送った艦隊でかなり多数地中海にやって来た、「フランドル」の船、すなわち十分の九はオランダの船については、二言、三言述べれば十分である。フランドルの船の一隻が一五三五年にバルセロナにいたことが報じられている。一五五〇年以降は、彼らの数は少ない。一五六〇年六月に、ヴェネツィアでたしかに売りに出されて、ヴェネツィアの港に停泊しているウルク船「サンタ・ピエタ号」について何と言うべきだろうか。この船だけがヴェネツィアに来たのではない(1)。「フランドル」(あるいはオランダ?)の船が、一五六六年六月に、カルタヘナに一〇〇門の大砲を持ってきた(2)。一五七一年には、幸運にも例外的に、オランダの船が、〈オランダ生まれの〉船長ジョアン・ジルに率いられて、イタリアの商品と仲買人(全員がフィレンツェ人ではなくとも、大部分はイタリア人)を乗せて、アントワープを離れてカディスとリヴォルノに向かうのが見られる。この船長はラ・ロシェルに行って、自分の船の荷を盗んで、売り飛ばしている(3)……。

(1) A. de Raguse, D. di Cancellaria, 146, f°s 27 à 29 一五六〇年六月一七日〔原著、英訳ともに一九六〇年とあるのは誤植であろう〕。ウルク船、すなわち北欧の船である。
(2) ノビリから王子宛書簡、マドリード、一五六六年六月六日、Mediceo 4897 *bis*. C. DOUAIS, *op. cit.*, I, p. 90, 92 を参照。
(3) アルバ公からF・デ・アラバ宛書簡、アントワープ、一五七一年二月十三日、A.N., K 1519, B 29, n° 18.

イギリスの最初の帆船

リチャード・ハクリュイトを信用して、イギリス人が最初に地中海に登場した日付を、一五一一年としてきた。実際には、この年はレヴァントにおける航海の繁栄の時代のはじまりであり、これに先立ってそれほど輝かしくはない長い準備期間があった。ジェノヴァの港で、二通の公正証書[1]（一四一二年八月三十日と十月六―七日）が指摘しているイギリスの船もまた、事実上数世紀にわたって繰り広げられた冒険のはじまりを必ずしも示してはいない。ブリストルの商人ロバート・スターミイが[2]、十年の間隔を置いて一四四六年と一四五六年におこなった企てもまた冒険のはじまりではない。一回目は、彼がチャーターしたコグ船「アン号」は、一六〇人の巡礼者を聖地に連れていったし、船荷として羊毛、毛織物、錫板があった。この船はヤッファに到着し、そこで巡礼者を降ろし、巡礼者は陸路か別の船で帰国の旅についた。十二月二十三日、嵐に襲われたコグ船「アン号」は、モドン〔メトネ〕付近で難破し、乗組員三七名は船もろとも行方不明になった。それから十年後、ロバート・スターミイみずから「キャサリン・スターミイ号」に乗り組んでレヴァントに向かって出発した。この航海は十年以上続く予定であった。一四五七年、「レヴァントのさまざまな地域に」――我々にはこれ以上のことはわからない――滞在したあと、〈ピーマンとその他の香辛料を手に入れて、（評判通りに）イングランドに種を蒔いて植えつけた〉らしい。しかしこの遠征は悲劇的に終結した。今度は嵐のためではなく、ジェノヴァ人の嫉妬のためであった[3]。ジェノヴァ人はマルタ島あたりでこのイギリス人を待ち伏せしていて、船を略奪した。スターミイ自身この冒険で亡くなった。一四六一年に、イギリス人は、フランス人とドイツ人と共同で、ナポリに領事館を開く。[4] その同じ年、イギリス人は、自力で、マルセイユに領事館を開設する。[5] 約二十年後、ピサに重要な領事館を開設する。これはおそらく、ピサ、フィレンツェ、トスカーナ公国を当てにしながら、レヴァントにおけるジェノヴァとヴェネツィア二国の独占を避けて通ろうとした証拠である。過去を振り返ってみれば、ロバート・スターミイもまた、一四四六年に、ピサを寄港地として利用していたことに気づく。[6]

それでもイギリス人の進歩が緩慢であったことには変わりない。他のすべての新参者の場合と同様、他国で仕事につくことで、きっとイギリス人も犠牲を払ったにちがいない。このことはジェノヴァの〈商船共同所有者〉の貴重な覚書が暗に述べている。[7] しかし緩慢な前進、長い船旅でおこなうさまざまな業務、非常に重いが価格の安い商品に関して、十分な証拠がない。イギリス人が他の民族よりも早く、安い費用で、レヴァントとその香辛料、カンディアとその貴重なワインに到達したのかもしれない。しかしそれでもイギリス人にとってすべてが一日にしてなされたわけではない。たとえばバルセロナには、イギリス人は一五三五年以前には来ていない。[8] また鉛、錫、塩漬け魚、田舎風の毛織物などイギリスの商品が、今日まで考えられてきた以上に大量に、[9] 地中海に広まっていくのは、やっと十六世紀初頭になってからである。

（1） R. DOEHAERD et Ch. KERREMANS, *op. cit.*, 1952, pp. 139, 143.
（2） Eleonora CARUS-WILSON, *Medieval Merchant Ventures*, 1954, p. 64 et *sq*.
（3） Jacques HEERS, «Les Génois en Angleterre : la crise de 1458–1466», in : *Studi in onore di Armando Sapori*, II, p. 810.
（4） Hektor AMMANN, *art. cit.*, in : *Vierteljahrschrift für S. u. W. G.*, t. 42, 1955, p. 266.
（5） *Ibid.*
（6） Domenico GIOFFRÈ, «Il commercio d'importazione genovese alla luce dei registri del dazio, 1495–1537», in : *Studi in onore di*

Amintore Fanfani, 1962, V, p. 113 et *sq*. W. CUNNINGHAM, *The growth of English Industry and Commerce*, 1914, I, p. 373.

（7） D. GIOFFRÈ, *art. cit.*, pp. 121–122.

（8） A. de CAPMANY, *op. cit.*, III, pp. 225–226 ; IV, appendice, p. 49.

（9） D. GIOFFRÈ, *art. cit.*, pp. 122–123. カディスの中継を考慮に入れる。

繁栄の時代（一五一一―一五三四年）

一五一一年から一五三四年に至る[1]レヴァントまでの旅については、船の名前、経歴、波瀾に満ちた旅はよくわかっている。ブリストルおよびサウザンプトンから出発した「クリストファー・カンピオン号」、「メアリー・ジョージ号」、「メアリー・グレース号」、「トリニティ号」、「マシュー・オブ・ロンドン号」およびその他の船が、シチリア島、カンディア島、キーオス島、そして時にはキプロス島やシリアのトリポリやベイルートとも定期的な取引をおこなっていた。これらの船は地中海に毛織物やあらゆる色の〈カージー〉織物を運んでいた。そして地中海からは胡椒、香辛料、絹、キャムロット、マームジー・ワイン、マスカット・ワイン、オリーブ油、綿、絨毯などを持ち帰った。航海は頻繁におこなわれた。一五三一年一月と二月に、キーオス島のマオン船の船長たちがジェノヴァに書き送った手紙によると、幸いにも、エジプトおよびシリアから来たイギリス船によって、いくらかの商品を受け取った（だがやはり商品の状態はあまりよくなかった）[2]。もちろん、イギリス人はレヴァントでは自分たちの船だけで取引をおこなっていたのではない。多くの場合、ヴェネツィアの「ガレアス船」やラグーザ、カンディア、スペイン、さらにはポルトガルの船に商品を託していた[3]。

海の果てのイギリス人の集合地キーオス島に、イギリス人は一五五二年まで一人の「代理人」を抱えている[4]。一五九二年[5]、旅の話や発見物語の収集家であるリチャード・ハクリュイトは、一五三四年にロンドンの「マシュー・

ゴンソン号」に樽屋として雇われて乗り組んだジョン・ウィリアムソンから、彼がその年にカンディアおよびキーオスに旅をした話を聞いている。ウィリアムソンの乗った船（三〇〇トンで一〇〇人乗船している）は、その頃としては大きな船とみなされ、一六〇トンの〈小型船〉「ホーリー・クロス号」と一緒に航海した。一年後に二隻とも長旅から戻ったときには、油とワインを入れた樽が非常に傷んでいたので、荷揚げする前にこの船荷を別の樽に移し替えなければならなかった。しかし商品そのものは上等であった。特にある種の赤マームジー・ワインは、それまでイギリスでは同等の品がめったに見られないものであった（これはある老人の話である）。そのうえトルコ絨毯、香辛料、綿……があった。「ホーリー・クロス号」は長旅の間に激しく揺すられたので、そのまま岸壁に放置されて腐ってしまった。

ハクリュイトが収集しえた豊富な書類と手紙、そして彼がおこなった考察のいつも通りの正確さは、ルネサンスの時代に、地中海およびオリエントの入口まで、イギリスの船が頻繁に来ていたことを保証している。イギリスの海運は一五一一―一五三四年代になって繁栄し、一五五二年まで〈およびそれ以後も〉続き、そのあと突然中断される、〈断念されるのである。(6)〉ハクリュイトの『集録』で我々が跡をたどることができる最後の旅は、ロジャー・ボーデンハム船長の語る「小帆船」オーチャー号の航海で(7)、このうえなく波瀾にとんだ航海である。一月にイギリスを出発して、春にはカンディアの港にいる。そこには小麦を積んだ「トルコの」数多くの帆船がひしめいている。キーオスに積み荷を取りに行く小舟に伴われて、イギリスの船は島に着く。キーオス島はオリエントの最も活発な中心地のひとつである。このときイギリスの船はジェノヴァの商人が乗り込んでいて、マスチックの植木、絹の掛け布団産業、数々の船を持っていく。この船は大急ぎで島を離れて、バーバリーのトリポリから帰還途中の凱旋船団の先頭に立っているトルコのガレー船からぎりぎりのところで逃げることができた。カンディアを通って航海を続けるが、カンディアでは、途中、山に「追放された人々」が見える。機会があれば島の防衛のために兵士となる人々で、膝まであるブーツをはき、短剣や弓矢を持ち、豚のように度を越して酒に酔うことがある。それから先は、ザンティ、メッシーナ、カディス、イギリスである。価値のあるディテールとして、この旅には二年後の一五五三年に、ロシアの北部のドヴィナ湾に到着するはずのリチャード・チャンセラー〔イギリス・ロシア貿易の基礎をつくった〕が参加していた……。しかし、こういう物語のなかに、イギリス人の航海の中断に関する有効な説明を探してもむだであろう。「リューベックのイエス号」の航海や、一五五二年にもレヴァントでの航海のためにチャーターされた「メアリー・ゴンソン号」の航海については正確なことは何ひとつわからないのだ。(8) 一五五三年にジョン・ロックがイエルサレムに旅をした話は、非常に興味深いものであるが、孤独な旅行者にしか関係しない。彼はカディスでイギリスの船に置き去りにされ、そのあとヴェネツィアにたどりつき、ヴェネツィアでは政府から巡礼船を借りて、その船で聖地に連れていってもらう。帰国のルートは、彼にとって数多くの寄港をする機会であり、寄港地についても、また北欧やフランドルやドイツの巡礼者の群れについても生き生きとした描写をおこなっている。巡礼者たちは内海のワインをたっぷり飲んだせいで頭がおかしくなり、ひっきりなしにナイフで喧嘩している。(9)

リチャード・ハクリュイトは、イギリス人が地中海から撤退した理由を説明するために、一五六六年のキーオス島と一五七一年のキプロス島の二つの陥落を問題にしている。この説明はイギリスの歴史家が繰り返しているものだ。(10) しかしそれでは一五五二年から一五六六年までの休止はどう説明したらいいのだろうか。実際は、イギリス人の航海の休止(一五五二―一五七三年)は、おおざっぱに言えばトルコの勃興(一五三八―一五七一年)と一致しているが、それだけではたぶん説明しきれない。

まず第一にイギリスの活動停止には経済的な理由がある。一五四〇―一五四五年代になって世界経済が全般的に後退したことと、世紀半ば頃にはイギリスの危機がはっきりと起こったことだけでも挙げることができよう。イギリスの危機はまったく知られていないわけではない。というのも、世紀半ばから構想が練られ、チャンセラーの発見の旅の際、たぶん一五五二年に設立された[11]〈冒険商人〉組合の創立を説明することが問題になるたびに、イギリスの危機が持ち出されるからである。このチャンセラーの旅は元来、北の危険な道を通って、東の支那とその香辛料に向けられたのである。偶然によってロシア貿易の冒険が始まり、[12]レヴァントの貿易を回避するためにロシア貿易のルートを使おうという試みがおこなわれた。この取引は、最初から、経済的不調、イギリス商品の価格の下落、外国の需要の落ち込み、その結果として交換の減速、植民地の貴重な食料品の品不足と戦うためにおこなわれたのである。たぶん、イギリスの市場そのものについて当時の貿易の条件を検討してみれば、なぜ地中海の航海がロンドンの商人にとって採算の合わないものになっていったか、その理由が見つかるだろう。なぜなら利益が上がらないことが当然のことながらロンドンの商人たちが仕事をやめた理由だからである。トルコ人を非難することはあまり筋の通ったことではない。障害はむしろ地中海の運送業者の競争とヨーロッパ横断ルートの競争に由来し、この困難な時代における全般的な経済情勢に由来しているのだ。

（1） R. HAKLUYT, *op. cit.*, II, p. 96 et *sq*.
（2） Philippe ARGENTI, *Chius vincta*, 1941, p. 13.
（3） R. HAKLUYT, *op. cit.*, II, p. 96.
（4） *Ibid.*, p. 98. 一五四四年のコンスタンティノープルにおけるイギリス人の商人については、Jérôme MAURAND, *Itinéraire*..., éd. Dorez, p. 126.
（5） R. HAKLUYT, *op. cit.*, II, p. 98.
（6） *Ibid.*, II, ロバート・セシルへの献辞、頁なし。
（7） *Ibid.*, II, pp. 99-101.
（8） James A. WILLIAMSON, *Maritime Enterprise*, Oxford, 1913, p. 233.
（9） R. HAKLUYT, *op. cit.*, II, pp. 101-102.
（10） Alfred C. WOOD, *A history of the Levant Company*, Londres, 1935, p. 3. この著者は誤ってトルコ人によるキーオス占領を、キプロス占領と同じ年の一五七〇年としている（キプロス占領についても間違っている）。

(11) Inna LUBIMENKO, *op. cit.*, p. 20 et 27.
(12) R. HAKLUYT, *op. cit.*, I, p. 243.

Ⅱ　一五五〇年から一五七三年まで

地中海は地中海人のものである

ジブラルタル海峡を越えて侵入してきた者たちがすべて、イギリス人と同時に、地中海から消えた。大掃除がおこなわれたかのようであり、この大掃除のあと、まだいくらかの埃、つまりディエップの船一隻、ブルトンの小型船一隻、サン・マロの帆船一隻が残っているとしても、それでもなおこの場所が突然きれいになったのは事実である。地中海は改めてあらゆるいやな仕事を引き受けるが、それも一五五三年から一五七三年までの約二十年間である。海上のあらゆる業務、塩や穀物や羊毛やかさばる毛皮の輸送は、ラグーザの船かヴェネツィアのナーヴェ商船によって確保される。ラグーザの船の役割は――たとえばカール五世がチュニスに向けて、次にはアルジェに向けて送った艦隊において――当時増大している。ヴェネツィアのナーヴェ商船の数は、明らかに増えている（その総トン数は、一四九八年には二六、八〇〇ボッテ、一五六〇年には二九、〇〇〇ボッテ、一五六七年には五三、四〇〇ボッテとわかっている）(1)……。こうした数字が雄弁に物語っているように、ヴェネツィアは大西洋の労働力がなくなったあとにできた空白を埋めたのである。ラグーザでも同じことが確認される。一五四〇年頃、貨物船の船団は二万カッロのトン数である。一五六〇年から一五七〇年の間は三五、〇〇〇カッロで、その頃最盛期に達する。[2] これらの新型の船体（丸型船）はちょうどいい時に出た。地中海から非常に遠い大西洋でも、また北海にまでも、地中海の大型船がふたたび出現する理由の説明にもなる。

　実際は、このような旅は南の人々からかつて完全に放棄されたことはなかった。[3] 一五三三年に、ヴェネツィアでやめたのは政府公認の航海であって、私的な航海ではない。あるフランス人の通信は、一五四七年十二月に、近々「ヴェネツィアの大帆船」が出発することを知らせている。[4] 一五四八年三月には、同じ通信が「アラゴンソワ（ラグーザ）かヴェネツィアの何隻かの大帆船」がアントネ（サウザンプトン）に到着したことを知らせている。[5] 一五五〇年以後、というよりもむしろ一五六〇年代以後、こうした航海が前よりも頻繁におこなわれていると伝えられている。一五五一年頃、[6]「ヴェネツィアの最も重要な紳士の何人か」アレッサンドロ・コンタリーニ、ジュスティニアーノ・コンタリーニ、アルヴィーゼ・フォスカリーニは、フランス国王がイギリスへ行く途中のヴェネツィア船の一隻を拿捕したことに不平を述べている。ネーデルラントでは、一五五二年五月、一〇ないし一二隻の丸型横帆船、「あるものはビスカヤの、あるものはポルトガルとラグーザの船が、しっかり整備され、装備されて……」当時準備中の「主船団に合流することになっている。[7]」一五五二年十月十七日、〈ロンドン駐在のヴェネツィア領事〉からいい知らせがもたらされた。[8] 一五五三年から一五六五年まで、一三隻のジェノヴァ船（そのうちいくつかの船は五〇〇トン運ぶことができる）が、明礬《みょうばん》をチヴィタヴェッキアからフランドルまで運んでいる。[9] ヴェネツィアでは、一五五六年六月二十日、「ロンドン行きの航海をする」商人たちが招集され、領事の選挙の方法が議論される。[10] 一五五七年十二月三日、西方からカディスにやって来て、リヴォルノとジェノヴァに行くべきであったのに、ナポリに姿を消してしまった、ウルクの船長のジェノヴァ人の詐欺に不平をこぼすのは、まさにジェノヴァそのものである。[11] 一五五八年五月には、フランス人がル・アーヴル沖合でヴェネツィア船一隻を捕らえる。[12] 一五六二年十二月十八日から一五六三年二月十五日まで、フィレンツェの船「サンタ・マリア・デ・ラ・ヌンツィアタ号」はアントワープからリヴォルノまで行く。[13] フランチェスコ・デ・モリンの未刊の日誌は、彼がジャコモ・フォスカリーニとジャコモ・ラガツォーニの大型船に乗って、一五六六年三月二十一日にヴェネツィアを出たことを示している。彼はザンティに行き、そこで乾しぶどう（uve passe）を船いっぱいに積み込む。「私が注目に値すると思ったのは、一、〇〇〇ボッテの船いっぱいにこのような商品を積み込んだことである」と彼は述べている。この旅はマルタ島、マリョルカ島、マラガ、カディス、リスボンと続き、ついには「マルガータ」〔イギリスのマーゲート〕に到着する。[14] そこで商品は荷揚げされ、ロンドンに発送され、船は十月に出港する。彼の海上での災難、とりわけ船に出港停止命令を出して、フランドルへ船を回すスペインに雇われた災難は、もはや我々の関心を引かない。一五六七年七月、マラガでは、カディス行きの商品とイギリス行きのカンディア・ワインを積んだ「ヴェネツィアの大型ナーヴェ商船」もまた、ちょうど徴発されるところである。一五六九年には、いっぺんに六隻のヴェネツィアのナーヴェ商船が北に向かって進んでいると知らされる。[15] これらの船のトン数はわかっているのだから、この南の交通の重要さが予測できよう……。同じ年（一五六九年）、二隻の船がラ・ロシェルのユグノーの海賊に拿捕された（一三万エキュ金貨を乗せ、そのうえ塩でカムフラージュした七〇門の大砲があった大型商船「ジュスティニアーナ号」一、二〇〇トンと小型船「ヴェルジ号」[16]）。これはヴェネツィア政府と北の島〔イングランド〕との間で苦情を述べ、書類のやりとりをおこなう機会であり、そして我々にとっては補足的な詳しい説明を得る機会である。思った通り、〈カージー〉織物が帰路の商品のなかに入っていることがわかるが、[17] こういう細かい事実をネーデルラントのアルバ公の諜報機関は見逃さなかった。[18] 八月に、アルバ公爵は、イギリス人はスペインとの戦争の脅威にさらされているので、イギリスの毛織物をヴェネツィアとラグーザの船で輸出している、と書いている。したがって、ヴェネツィアとラ

図53　ジェノヴァの海上保険の記録

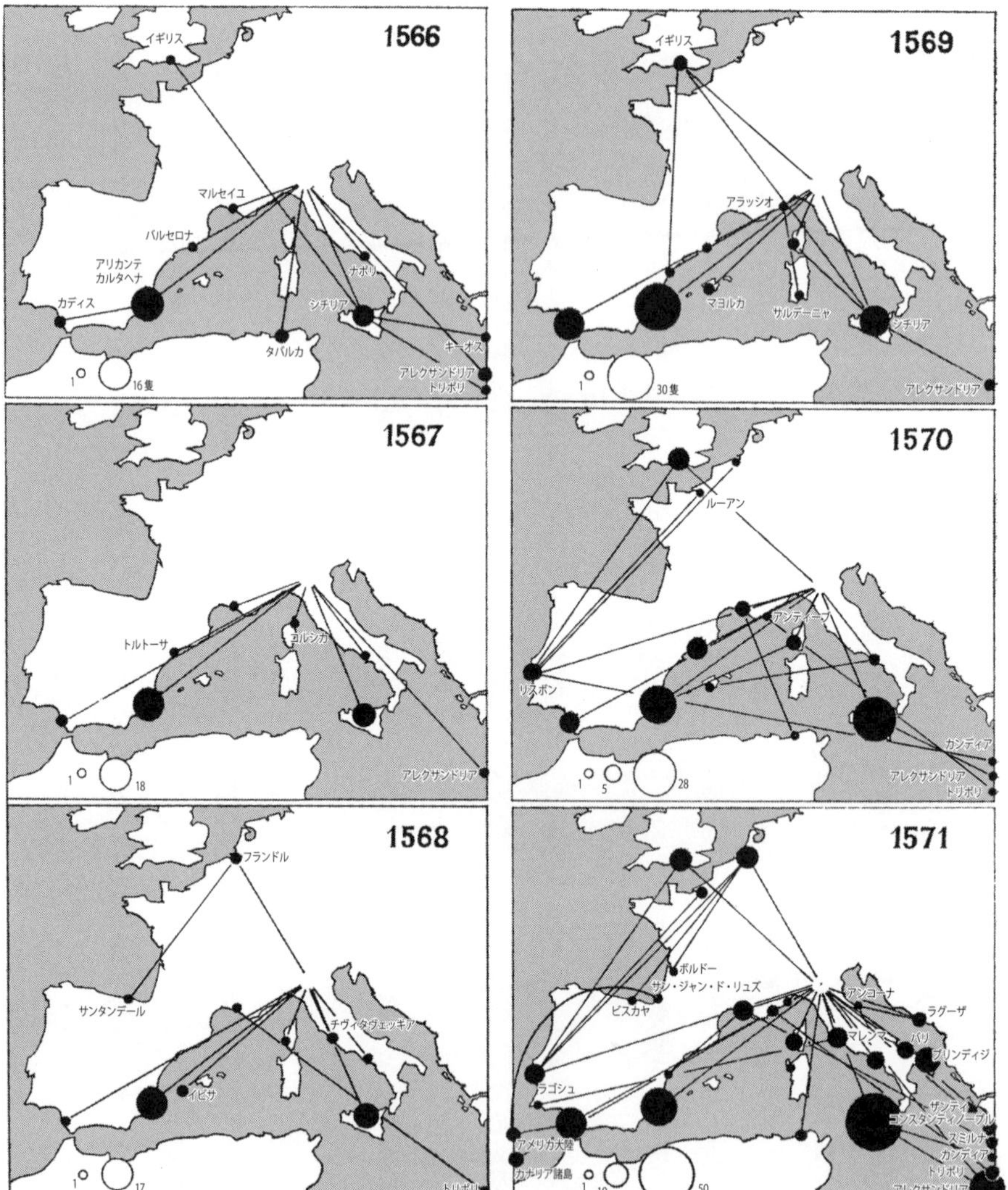

高等研究院作成

グーザの船は、大西洋でも地中海でも、事故や海賊の急襲を別にすれば、中立国という特権があったのである。ロンドンでは、一五六九年五月に、スペイン大使は、ヴェネツィア船ができるだけ早くイギリスから出発するよう圧力をかける[19]。なぜなら、イギリス人をつかまえて、イギリス人の迷いを覚ますためには、ヴェネツィアとラグーザの船の往来を阻止することが必要だからである。ユグノー〔新教徒〕がこれに力を貸したのはかなり奇妙なことである[20]。

しかしこの地中海の輸送の復興は全体的な情勢から生まれたのである。一五五〇年（端数のない日付で）から一五七〇年というか一五七五年までは、経済情勢は明らかに後退の兆候を示している。事業はだれにとってもうまく行かない。しかしだれもが自分自身の仕事を確保しなければならない。そうすると金持ちが勝利者として認められる。なぜなら他の連中が溺れているのに金持ちは危機を通り抜けるからである。地中海に浮かぶ大きな船にはいつも悲惨な事故がつきものだが、地中海という大きな船はショックに耐えて、内側と外側の連絡を確保している。それに、経済の晴天が戻ってくる。話を単純にする必要に引きずられなければ、北に向かう地中海人の航海を停止させるというか、少なくとも数を減らさせるのは、この繁栄が戻ってきたためである。世紀末をゆさぶる驚異的なブームのなかで、金持ちは改めていくつかの仕事を思い切って放棄することができる。

ジェノヴァ国立古文書館の記録「サン・ジョルジョ保険」1565-1571年による。 ▶

ジェノヴァで登録されたすべての海上保険のこの記録は，6枚の連続した地図——一年に1枚——の要素を提供している。全体を見て最初に気づくのは，輸送量が増大していることである。ジェノヴァの保険業者は，特に1571年に，顧客の数を増やしている。この年にはキプロス島戦争とヴェネツィアの危機があったためにジェノヴァの保険業者がかつてのライバルの市場に食い込むことができたのである。1571年の地図は驚きである。これはジェノヴァの輸送に加えヴェネツィアの輸送の一部である。アドリア海，レヴァント，大西洋，英仏海峡，北海への航海が問題になっている。もちろんこれらの保険はジェノヴァの輸送量よりも少ないこともあれば多いこともある。しかしジェノヴァの拠点アリカンテとパレルモが見えるし，レヴァント方面へのそれほど緊密ではないつながりも見える。記録のなかのさまざまな指示を簡略化する必要があったために，出発地（ジェノヴァ，リヴォルノ，ヴェネツィア）を一つにせざるをえなかった。二つの証言を記憶にとどめるべきである。つまりヴェネツィアの海上保険の部門にジェノヴァの資本主義が進出したことと，ジェノヴァ，ヴェネツィア，リヴォルノと大西洋側ヨーロッパ，北ヨーロッパを結ぶ地中海の船である。最後の地図のマレンマはトスカーナのマレンマである。

イギリスの船、次いでオランダの船が、地中海航路を再開するのであり、しかも世紀前半に比べてはるかに大規模に再開するのである。

（1） R. ROMANO, 《La marine marchande vênitienne au XVIe siècle》, in : *Les sources de l'histoire maritime en Europe du Moyen Age au XVIIIe siècle*, 1962.
（2） I. TADIĆ, *art. cit.*, p. 15.
（3） ロンドンとラグーザの間を航海するラグーザの船については、A. de Raguse, Diversa di Cancellaria, 106, f° 247 一五一六年十一月十七日。キーオス島からイギリスに直接行くラグーザの船については、*ibid.*, f° 180 ジェノヴァ、一五一五年三月十日。カディス、パレルモ、メッシーナ行きでサウザンプトンで荷を積むラグーザの船については、*ibid.*, 122, f° 24 カディス、一五三八年二月二十一日。
（4） セルヴから国王宛書簡、一五四七年十二月十二日、*Correspondance*..., p. p. G. LEFEVRE-PORTALIS, p. 252.
（5） *Ibid.*, p. 321.
（6） A. de Moscou, Fonds Lamoignon, 3, f° 128.
（7） R. HÄPKE, *op. cit.*, I, p. 512.
（8） A. d. S., Venise, Senato Terra 67, f° 8.
（9） J. DELUMEAU, *op. cit.*, p. 241.
（10） A. d. S., Venise, *Cinque Savii*, 17, f° 10.
（11） A. d. Stato, Gênes, Spagna, Negoziazioni, 2747 一五五七年十二月三日。
（12） M. FRANÇOIS, *Le Cardinal François de Tournon*, 1951, p. 366.
（13） A. d. S., Florence, Mediceo 2080.
（14） Marciana, Ital., 8812, CVI, 3, f° 10 v°. マーゲートはテムズ川の河口にある。
（15） *CODOIN*, XC, p. 288.
（16） *Calendar of State Papers, Venetian*, VII, pp. 430, 441, 445-447, 454, 456 ; *CODOIN*, XC, pp. 236-237, 254, 288, 327.
（17） *CODOIN*, XC, pp. 236-237 一五六九年五月二十三日。
（18） アルバ公爵から国王宛書簡、ブリュッセル、一五六九年八月八日、*CODOIN*, XV, p. 170.
（19） *CODOIN*, XC, pp. 236-237.
（20） 期待外れで、特に（ラグーザ古文書館、「用船と保険」綴り）ラグーザの船の二回の航海しか見つからなかった。ひとつは一五六三年四月で、ゼーラントからリヴォルノまで、もう一回は一五六五年七月四日で、アントワープからラグーザまでの航海である。しかし六ヵ月ないし十二ヵ月間の多くの保険は行程を述べていない。そのうえラグーザとは別のところで保険をかけるラグーザの船もある。それに対して、*Securitatum 1564–1571*, A. d. S., Gênes には豊かな収穫がある。地中海から出発したか、地中海に到着したものとして、リスボンから三回の航海、カディスへ一〇回、北へ五回（ルーアン、アントワープ、イギリス、フランドル）。一五六九—一五七〇年からは、こうした北への航海はジェノヴァで保険をかけたヴェネツィアの船のために数が増える。ジェノヴァはトルコと戦っているヴェネツィアの苦境を利用するのだろうか。

一五七二—一五七三年にイギリス人が戻ってきたこと

少なくとも一五七三年にはイギリスの船がふたたび姿を現す。リヴォルノにイギリス人が初めて到着したのが記録されるのは、この一五七三年である。しかしおそらくイギリス人はもっと早く戻って来たのではないか。たとえば一五七二年にチヴィタヴェッキアにイギリスのニューファンドランドのタラ漁船が到着しているらしい(1)。それはともかく、ロンドンとサウザンプトンで荷を積んだ「ラ・ロンディーネ号(2)」（船長は〈イギリス人のジョヴァンニ・スコット〉）というナーヴェ商船が、一五七三年六月二十五日、リヴォルノに着いたが、この船はカージー織物三梱、錫加工品二樽、いくらかの綿布、壊れた鐘三七樽、五つの鐘、三八〇個の精製鉛、塩漬けのタン一樽……などを持ってきた。ごらんのように、地味な積み荷である。「悲しみの聖母マリア号」（船長シュテルリヒ）は、カディスで積み込んだ商品を持って七月二十日に到着する。一五七三年十二月十六日にリヴォルノに到着する「凧号」は、ロンドンから鉛、ソーダ灰、毛織物、錫を持ってくるが、すべてジェノヴァの商人宛のものである。こういうディテールにはそれなりの価値がある。この三隻の地味な船だけでもイギリスの貿易がどんなものであるかを物語っている。つまり毛織物、鉛、錫である。将来これに付け加わるものは、ニシン、タラ、缶詰サケの無数の樽である。いったん出来上がったつながりはもはや断ち切られるはずがない。一五七三年に、リヴォルノの記載は三隻のイギリス船に、一五七四年には九隻のイギリス船に言及している。一五七五年には二隻（この年には監視はきわめて不完全である）、一五七六年三隻、一五七八年五隻、一五七九年九隻、一五八〇年二隻、一五八一年一三隻、一五八二年一〇隻、一五八三年四隻、一五八四年六隻、一五八五年八隻、一五九〇―一五九一年六隻、一五九一―一五九二年三隻、一五九二―一五九三年一六隻である。イギリス人は内海への道をふたたび見つけたのである。

このイギリス人の回帰を、スペインの入口で、説明したり命令したりするものは何もないようであるし、地中海でもほとんど何もない。十六世紀半ば頃に起こった丸型船の帆や索具艤装の進歩を非難すべきなのだろうか。この進歩によって丸型船は突然機嫌を変える海で操縦しやすくなったのである。それとも、リヴォルノの〈記録〉が明らかにするもの（白ニシン、鉛、錫の樽の荷揚げ）だけに限ってみれば、地中海はおのれの飢え、断食および四旬節の断食の飢え、武装への飢えを鎮めるためにイギリスの資源への欲求が増大しているのだろうか。周知の通り、この時代には、ブロンズの大砲が鉄製の大砲に代わりつつある。いずれにしても、地中海、イスラム諸国、ロシアにおいても地中海のキリスト教国においても錫と鉛の需要が広がっているのは確実である。一五八〇年から、シチリア島に寄港するイギリス船は、大砲鋳造に必要な錫をコンスタンティノープルに持っていくのではないかと疑われる(3)。イギリス船はナポリにも物資を供給し(4)、たとえば一五八一年に、鉄、鋼鉄、ブロンズ、錫を積んだイギリスの小帆船「ザ・ロー号」（船長ピーター・ベイカー）および一五八二年に小帆船「レイノルズ号」が我慢しなければならなかった、いささか荒っぽい扱いを受けたのち、マルタ島では歓迎を受ける(5)。マルタの騎士団は、その年の七月に、密貿易をしないという条件付きで、イギリス人が島内で自由に取引をおこなうこととレヴァントに行くことを認める。この特恵は当然手堅い注文をとる機会である。つまり黒色火薬、火縄銃、硝石、錫、鋼鉄、鉄、銅、白いふつうの〈カージー〉織物、目の粗い布、弾薬と砲弾、砥石、ガレー船用の木材およびマスト、そして〈ロセッタ〉――イギリスの商人が〈ニューカッスルの石炭〉と訳しているもの――すなわち石炭の注文をとるのである。

これこそイギリス石炭の歴史に付け加えるべきディテールである……。

しかしイギリス人が内海に戻るのは、とりわけ、一五七六年から一五七八年までイギリス人をリヴォルノに引きつけるためにトスカーナ大公がおこなった呼びかけのように、はっきりとした呼びかけに答えるかたちで起こる。(6) 同様に、一五七八—一五七九年のホラチオ・パッラヴィチーノの呼びかけに答える。新教に改宗したこのジェノヴァ人は、イギリスでは、イタリアの大銀行家および実業家のなかで最後の人であった。(7) 一五七八年には、アントワープの別のジェノヴァ人バティスタ・スピノラと組んで、フランドルの諸国に三五万フローリンの貸付をおこなったが、この貸付の保証はロンドン市が引き受けた（当時フランドルはフェリーペ二世と国交断絶した）。それと引換えに、パッラヴィチーノは、六年間にわたる明礬《みょうばん》輸入の独占権を得たが、これはフェリーペ二世の国の明礬に損害を与えるばかりである。したがってスペインは二重の利害からこれに対処しなければならなかった。つまり自国の取引を救うことと反乱を起こした国の人々が得な取引を実現するのを妨げることであった。利益が何に使われるかはあらかじめわかっていたのである……。パッラヴィチーノは、困難を見越して、ジェノヴァ、ミラノ、そしてスペインの港に持っている明礬をただちに北の方に持っていくことを考えた。その夏の終わりには、自分の所有していた在庫の一部を搬出するために南方のアリカンテ、カルタヘナ、カディスにまで七、〇〇〇カンタラのナーヴェ商船「サンタ・マリア・インコロナータ号」を送った。(8) 知らせを受けたカトリック王は、ミラノで調査をおこない、明礬を積んだ船がスペインを通過する際に差し押さえる用意をした。(9) 罠がかけられたが、このジェノヴァ人はアリカンテからも危険を知らされた。それゆえ彼は貴重な明礬の輸送をイギリス船に託すことを決めた。実際、七隻のイギリス船は、帰りには、損害を受けずに、アリカンテに到着し、一五七九年三月に一四、〇〇〇カンタラをロンドンに持ってきた（これはだいたい一〇〇トンの船一隻あたり平均二、〇〇〇カンタラとなる）。全部で六万エキュという立派な額になった。さらに、別の史料の意味をねじまげなければ、パッラヴィチーノはさらに二、〇〇〇カンタラをドイツ経由でフランドルに送ったらしい[10]。

この議論に添付すべき別の史料として、一五八〇年一月二十六日付けのヴェネツィア元老院の政令があり[11]、これもまたレパントの危機を問題にしている。元老院議員によれば、「この前の戦争まで、我がヴェネツィアの商人たちは西方〈イギリスの意味に理解していただきたい〉の貿易と輸送に尽力する習慣があった。我が国の船をケファリニーア島〔アルゴストリオン〕、ザンティ島、カンディア島のために用船し、そこで西方の航海のために乾しぶどうとワインを積み込み、帰りには、我が都市に〈カージー〉、毛織物、錫、その他の商品を持って来たものであった。」こうして、豊作の年にも不作の年にも、五ないし六隻の船が北の海に行っていた。しかし戦争以来〈したがって一五七一―一五七三年以来〉、この航海は完全に中断されている(il detto viaggio è del tutto levato)。「外国の」船が直接にヴェネツィア領有の島々に行き、そこで島に住むヴェネツィア人と共謀して乾しぶどうや新酒を積み込んでいるが、見返りには北の〈カージー〉、毛織物、錫、銀……を受け取っている。

そのようなわけで一五七一―一五七三年のヴェネツィアの危機に話を戻さなければならない。ヴェネツィアの危機がオリエントでマルセイユ人が目にもあざやかであるが仮初めの富をつくるのを保証したのと同じく、地中海にイギリスの冒険を引き込むことになったのであろう。しかしレヴァントと同じく、ヴェネツィアはその地位を速やかに取り戻すことができたかもしれない。ヴェネツィアがそうしなかったのは、一五七五年前後の経済情勢が好転し、それに伴ってすでに指摘したような経済活動の変化が起こったからである。おそらく、世紀末までは、北方にヴェネツィアの船がまだ何隻か行っている。雑報をめくってみれば、一五八二年に、二隻のヴェネツィア船の記載が見つからないだろうか〔〔ポルトガル領アゾレス諸島の〕テルセイラ島からイギリスに「まったく裸同然でやって来た」一〇〇人の貧しいポルトガル人の引き揚げ[12]〕。一五八九年十月には、「サンタ・マリア・ディ・グラチア号」〈ヴェネツィアまたはラグーザの船〉がまだカンディア〔イラクリオン〕とレティムノン〔クレタ島中央部〕でイギリス行きのワインを積み込んでいる。これは少なくとも用船契約書がはっきり述べていることである。(13) しかし、全体としては、すでに説明したことがあるように、ヴェネツィアは、地中海の大部分の大都市と同様に、ますます「外国の」船と船員を雇うようになる。この採用こそは、北欧の船が地中海に戻ってきたことの最良の説明である。(14)

（1）Jean DELUMEAU, *L'alun de Rome*, *op. cit.*, p. 241.
（2）「ツバメ」の意味。Mediceo 2080. 後の船についても、この節の終わりまで同じ出典による。
（3）マルカントニオ・コロンナから国王宛書簡、パレルモ、一五八〇年二月二十六日、Simancas E° 1149. この資料はメンドサから出た情報を伝えている。
（4）ミランダ伯爵はフェリーペ二世宛の手紙で「不可欠の調達」と述べる。ナポリ、一五九一年七月十三日、Simancas E° 1093.
（5）R. HAKLUYT, *op. cit.*, II, pp. 145-146.
（6）G. VIVOLI, *op. cit.*, III, p. 155.
（7）L. STONE, *An elizabethan : Sir Horatio Palavicino*, 1956 参照。
（8）一五七八年九月二十三日、*CODOIN*, XCI, pp. 287-288.
（9）*CODOIN*, XCI, p. 297.
（10）*Ibid.*, p. 398. この事件の全体については、pp. 275, 287-288, 360, 375, 387-388, 393 を参照。
（11）*Bilanci generali*, Seconde série, vol. I, t. I, p. 439, note 1.
（12）一五八二年十一月二十九日、*CODOIN*, XCII, p. 436.
（13）A. d. S., Venise, Lettere Com., 12 *ter* 一五八九年十月二十日。
（14）あまり重要でない二つの考察を放っておくことにする。⑴ディエップ人とマルセイユ人はイギリス人の最初の再来の旅ではイギリス人のガイド役になったかもしれない。事実、イギリスの船は一五七三年から一五八四年までリヴォルノに達しているし、ディエップ（情報は一件、一五七四年二月四日）、カレー（情報は五件、一五七四年二月三日、一五七六年一月二十五日、一五七六年二月二日〔二回〕、一五七九年一月十四日）、フランス（情報は一件、一五七九年一月十二日）、フランドル（情報は一件、一五八四年一月十日）、ゼーラント（情報は一件、一五八一年十月二十四日）で船積みしたと記されている。A・ド・モンクレチアンの文献、一六一五年（A. de MONTCHRESTIEN, *op. cit.*, pp. 226-227）は、断定的であるようだ（が、断定的ではない）。「四十年前に（したがって一五七五年頃）、最初の（イギリス人）はトルコでもバーバリーでもまだいかなる取引もおこなっていなかったが、ただ彼らの休憩地であったハンブルクやシュターデには頻繁に出入りしていた。今でも健在のアントワーヌ・ジラール船長とマルセイユの若者ジャン・デュランがロンドンでイギリス人に最初の手引きをおこなった。そのうえ彼らはイギリス人の最初の船の案内を引き受けた。その頃マルセイユ人だけが海峡からあらゆる種類の香辛料とその他の商品をイギリス人のところに持って来ていたが、今は……。」

(2)〈乾しぶどう〉をめぐるヴェネツィアとイギリスの争いは四半世紀以上続く（C. S. P. *Venetian*, VII, pp. 542, 544, 545, 548, 549, 550, 552)。この争いは、イギリスに〈乾しぶどう〉輸入独占権をロンドンでルッカの一商人に授けた一五七六年に始まる。さまざまな議論、税関の報復が、一五八〇年、一五九一年、一五九二年、一六〇二年と続き、和解は一六〇九年であるらしい（『地中海』初版、四八二、四八七―四八八頁参照)。それでも、ヴェネツィアの船はイギリスまでの航海を続けている。

イギリス・トルコの交渉――一五七八―一五八三年(1)

イギリス人にとってはレヴァントの市場を獲得することがまだ残っていた。R・ハクリュイトは、イギリスがレヴァントの市場獲得を一五七五年に決心したのは、エドワード・オズボーンとリチャード・ステイパーというロンドンの二人の商人の功績であると言っている。彼ら二人は、自分の金を出して、コンスタンティノープルにジョン・ワイトとジョゼフ・クレメンツという二名の代理人を派遣した。この二名はポーランドへの道をとって、一五七八年九月に、リボフでトルコ大使アフメット・チャウシュの軍隊に合流し、この大使が二人を十月二十八日目的地に無事連れていった。彼らは一五七九年三月十五日付けのイギリス女王宛のスルタンの書簡を手に入れた。ロンドンのベルナルディノ・デ・メンドサは、コンスタンティノープル駐在のスペインの代理人ジョヴァンニ・マルリアニよりも交渉の成り行きをよく理解し、一五七九年十一月に、女王がフランスを通してスルタンの書簡を受け取ったと記している。この書簡では女王に対して数々の約束がおこなわれ、女王にフランス国王との強調関係を保ち、さらに関係を緊密にするように依頼し、アンジュー公と結婚するよう要請している（フランス人はこの助言の記入にあたっておそらく何らかの関係がある)。この書簡は、陸路からであろうと海路からであろうと、イギリスの商人たちには最高のもてなしが予定されている、と付け加えている。実は、トルコ人は結婚などどうでもいいと思っている、とメンドサは書いている。トルコ人が関心を持っているのは、「イギリス人が数年前からレヴァントに持ち込みはじめた」錫であり、それがなければ「大砲を鋳造する」ことができない錫である。もっとも、五隻の船が、この金属を二万エキュ分以上積んで、レヴァントに向かってまさにロンドンを離れようとしているところである。(2) 一五七九年九月二十五日付けの女王の返事は、リチャード・スタンレイの乗り組んだ「慎重号」に委託された。(3) 機は熟していた。ポルトガル王位の継承を初めとして、フェリーペ二世はとてつもない準備で忙しい。このことを他の誰よりもエリザベス女王は心配した。トルコを頼りとするという解決策が女王には必要になった。交渉の間に、女王はオスマンの艦隊の派遣までも要請する。

いずれにしても、イギリスは、一五八〇年六月に、最初の通商条約の三五条を獲得し、そのなかにイギリス国民が自国の国旗を掲げておこなう自由貿易が含まれている。イギリス人によれば、レヴァントにおける威信と影響力が低下しているフランス人の口出しにもかかわらずすべてを手に入れたのであり、またフランス人によれば、「故メフメット・パシャ」を買収した後にすべてを手に入れたのである。(4) フランス人は、トルコのいくつかの約束に従って、新参者はフランスの軍旗を掲げて航行すると信じていたので、だまされたわけである。(5) イギリス人は手に入れた特権をしっかり握って、もはや手放さない。一五八〇年十一月、おそらくイタリア人の背教者でトルコ大使になった人がイギリスに着いた。(6) 一五八一年九月十一日、エドワード・オズボーン、リチャード・ステイパー、トーマス・スミス、ウィリアム・ガレット、その他の人々のために、「レヴァント会社」がエリザベスによって組織された。この会社の設立は、レヴァントで多かれ少なかれ自由に、危険な商売をやっていたイギリス人、ならびにだいたい会社のかたちでヴェネツィア貿易をおこなっていた人々と大きな摩擦を起こさないではすまなかった。しかし、モスクワの事業がもたつき、衰退し、一五八二年には、デンマークの船がサンクト・ニコラス湾貿易を力づくで妨害しはじめたときに、大規模に組織された新しい貿易から上がる利益はちょうどいいときにやって来た。(7) 一五八二年十一月、ロンドンの「スザンナ号」は、スルタン宛の女王からのプレゼントと一通の手紙を持って、コンスタンティノープルに向けて出発した。[8] この手紙はエリザベスがトルコに任命したばかりの新大使ウィリアム・ヘアボーンによって運ばれていった。[9] フランスの報告書で言う「ギヨーム・アルブロン」[10] はイギリスの大義をしっかりと示す先駆者になる人であった。シチリア島はこの船の通過を一五八五年三月十五日になって知ったが、そのとき船はすでにエーゲ海に着いていた[11]……。

五月三日、ウィリアム・ヘアボーンはスルタンの手に接吻し、「かつてここに来た他国の大使と同等の栄誉を授けられた」と、ド・メースは語っている。[12] ヘアボーンに逆らい、またヘアボーンがオリエントに任命する領事たちに逆らっては、フランス人もヴェネツィア人も――ヘアボーンの考えでは、両者は同じように用心しなければならない〈意地の悪い偽善者〉である――結局は何もすることができない。[13]

(1) 文献の出典は、R. B. MERRIMAN, *op. cit.*, IV, p. 154, note 3.
(2) R. HAKLUYT, *op. cit.*, II, pp. 136-137.
(3) *CODOIN*, XCI, p. 439 一五七九年十一月二十八日。
(4) ベルティエの訓令、一五八〇年九月五日、*Recueil...*, p. 36.
(5) イギリス人に反抗して、彼らはヴェネツィア人と組んで行動する。エロー・ド・メースから国王宛書簡、一五八三年七月二十七日、A. E., Venise, 31, f° 103 v° et *sq*.
(6) *CODOIN*, XCI, p. 523 一五八〇年十一月十三日。
(7) *CODOIN*, XCI, pp. 334, 396, 399, 409 ; R. HAKLUYT, *op. cit.*, I, pp. 453-454 ; I. LUBIMENKO, *op. cit.*, p. 51.
(8) R. HAKLUYT, *op. cit.*, II, p. 429.
(9) *Ibid.*, II, p. 157.
(10) *Recueil...*, p. 36. 〔ウィリアム・ヘアボーンのフランス語読み〕
(11) 一五八三年三月十五日、Simancas E° 1154.
(12) ヴェネツィア、一五八三年六月二日、A. E., Venise, 31, f° 15 et 15 v°.
(13) ヘアボーンからリチャード・フォスター宛書簡、ペラ、一五八三年九月五日、R. HAKLUYT, *op. cit.*, II, pp. 172-173.

イギリス人による航海の成功

「レヴァント会社」は、初めから、すばらしい事業をおこなった。最初の形態、つまり一五八一年九月十一日の免許状を受けた形態で、レヴァント会社は三〇〇パーセントにまで達する利益を上げた。(1) レヴァント会社の第二の形態、つまり一五八三年に設立されたいわゆる「ヴェネツィア会社」(2)と一五九二年一月に合併したあとも、発展はまだ著しい。一五九五年からは、「レヴァント会社」は一五隻の船と七九〇人の船員を抱えている。(3) この会社はアレクサンドレッタ、キプロス、キーオス、ザンティに頻繁に出入りし、ヴェネツィアとアルジェとの取引はそれほど頻繁ではない。(4) 一五九九年には、イタリアの海域だけで二〇隻の船がある。一六〇〇年には、通常の船団に、臨時の一六隻の船が加わる。(5) このように成功してもそれでもレヴァント会社は貧を訴え、たまたま特権の更新の前日、まだエリザベス存命中の一六〇〇年十二月三十一日(6)や、エリザベス女王の後継者ジェームズ一世の治世の初めの一六〇五年十二月十四日(7)のように、困難は増大している。航海が長いこと、一六〇四年までスペインが敵対していること、バーバリーの海賊の危険、ヴェネツィア人とマルセイユ人の過激な防衛といった困難がある。ヴェネツィア人とマルセイユ人は欣然として自分たちの立場を譲り渡さず、もちろんトルコの侮辱は言うまでもないし、会社にとってはコンスタンティノープルに使者を一人置き、バーバリーとレヴァントに領事を置いておくのは負担が重い。しかしながら成功は、イギリス商人の頑強さ、イギリス船の優秀さ、イギリスの織物の廉価、イギリス商人の組織の良さに報いた。レヴァントおよび地中海において、マルセイユ人が何百という小舟で苦労してなし遂げたことを数十隻のイギリス船がおこなうのである……。(8) イギリス人が一五九一年から詳細に規定した輸送船団のシステムの巧妙さ、コンスタンティノープルでの仕入れの有利なバランスによって手に入れた金、イギリス商人の大変な正直さ（織物の質や量をすぐにごまかすヴェネツィア人やフランス人に比べて）を問題にしなければならない。

すでにハクリュイトおよび歴史家たちが繰り返している、こうした論拠にはすべてそれなりの価値がある。それでも、我々がすでに香辛料に関して指摘したように、イギリス人もまた、レヴァント貿易の復活によって支えられている。昔からある地中海の店は、もう一度、大西洋の恐るべき戦いで利益を得る。(9) 一五八三年から一五九一年まで、イギリスの代理店がシリア・ルートを経てインド洋、ペルシャ、インド、スマトラ……までも進出するのは偶然ではない。この迷子になった人々のおかげで我々は中近東や極東のルートについてすばらしい記述を手にしている。エジプト、この暑い国では、厚手の毛織物の商人たるイギリス人は、現金と引換えにしか有効に商売することができなかった。だからこそイギリス人はフランス人の粘り強く巧妙な競争力を前にしてエジプトでは失敗する。(10) したがってイギリス人が特に目を向け、入り込むことを夢見るのは、シリアとシリア横断ルートの方面である。そこではイギリス人は物々交換の商売を組織し、オランダ人による喜望峰の第二の発見もこの貿易をただちにつぶすことはない。さらに、一六〇〇年に創設された「東インド会社」は「レヴァント会社」の娘ないし妹であるということに注目しておこう(11)……。

地中海の真ん中のリヴォルノでは、北欧人のますますの成功を数字が物語っている。たとえば〈西方〉〈文献はそれ以上詳しくはなく、イギリス人とオランダ人を混同している(12)〉から来た船のリヴォルノでの〈入港記録〉では、一五九八年十月から十二月までの期間、鉛は五、〇〇〇樽以上、燻製ニシンは五、六一三樽、〈メルルーサ〉二六八、六四五四、〈乾タラ〉五一三包み……となっている。

（1） A. C. WOOD, *op. cit.*, p. 17.
（2） *Ibid.*, p. 20.
（3） *Ibid.*, p. 23.

（4） *Ibid.*, p. 23.
（5） *Ibid.*, p. 23.
（6） *Ibid.*, p. 36.
（7） *Ibid.*, p. 39.
（8） マルセイユには一六一〇年にまだ一、〇〇〇隻の船があったと認められている。Paul MASSON, *Histoire du commerce français dans le Levant au XVIIe siècle*, *op. cit.*, p. XXXI.
（9） Paul MASSON, *op. cit.*, p. XVI.
（10） A. C. WOOD, *op. cit.*, pp. 33-35.
（11） *Ibid.*, p. 31.
（12） A. d. S., Florence, Mediceo, 2079, f° 210 et 210 v°.

世紀末の状況

世紀末には、イギリス人は地中海のどこにでもいる。イスラムの国にもキリスト教の国にも、また地中海に通じるすべての陸路沿いに、あるいは地中海からヨーロッパに向かうかインド洋に向かうすべての陸路沿いに、イギリス人がいる。一五八八年からは、モルダヴィアとワラキアはイギリス人を呼び寄せていた[1]。すでに何年も前から、ロンドンはいくつかの大計画を練っていた[2]。一五八三年に、象徴的な成功例として、「ヘラクレス号」（これは少なくとも二回目の航海であった）はイギリス商人がイングランドの港にこれまでに入荷させたうちで最も豊かな船荷をトリポリから持ち帰った[3]。新参者のイギリス人が一つひとつ寄港しながら地中海全体の征服を達成するのをスペイン人、ギリシャ人、マルセイユ人の水先案内人が助けていた。もちろんこのように次から次へと続く勝利の日付を必ずしもはっきりさせることはできない。というのは港への最初の入港は概して用心深くおこなわれ、慎重だからである。こうしてたとえばマルセイユは、一五九〇年十一月二十六日、イギリス船二隻の入港を受け入れることを決める。それは「この現在の災いに満ちた時代に、町が鉛と錫を必要としているから決定され、命じられたのである。二隻の船に積み込まれた商品がこの町に入ってくるし、その商品を売り、この町の田舎者や住民と自由に交渉し、小売りするために、そして他の商品を買うために、またそうするのがいいと思われた場合には、もちろん取引を禁じられていない商品を前述の船に荷積みするために、出資者の船長と上乗人も一緒に入ってくる。(4)」イギリス人は一五七四年から関係があったのだから、マルセイユに入港するのは、もちろんこれが初めてではないが、しかし今度は正式に、合法的に入港を許されたのである。

わずか数年でなんと遠くまで来たことだろうか! あるジェノヴァの書類(5)は、一五八九年から、海のあらゆる地域をカバーする〈情報機関〉の大中継網ができていると指摘している。コンスタンティノープルにはウィリアム・ヘアボーン(もっともこの時期にはこの人はロンドンにいた(6))、アルジェにはジョン・ティプトン、マルタ島にはジョン・ルーカス、ジェノヴァにはリチャード・ヒュントがいた。ヒュントは名前をイタリア風に変えて、ジェノヴァ人にはカトリックの敵、「非常に機知に富んだ、邪な敵」であるという印象を与えた。ホラチオ・パッラヴィチーノのスパイである(スペイン語で記された文献は l'inteligencero と言っている)という評判があった。一五九〇年一月、イギリス人はスペインの新しい代理人ファン・エステファノ・フェッラーリが交渉を締結するのを妨げることができてうれしく思った。こうして今やイギリス人は地中海でおのれの政策を展開するために地中海の生活に十分に食い込んだのである。もちろん、権力と軍事力に基づいた政治ではない。イギリス人の駆け引きのなかには柔軟さがあり、またかなりの欺瞞も含まれている(が、いったい誰が欺瞞を免れているだろうか)。イスラム教とキリスト教という二つの盤の上でのゲームであり、また第三の、つまり海賊という盤の上でおこなわれるゲームでもある。

イギリス人はここでは遠出の最初から、しかも最も悪辣な海賊であった(7)。すでに一五八一年には、イギリスの帆船の一隻がトルコ人に対して海賊行為をはたらいた(8)。二十年後の一六〇一年、ロンドンのある報告書は、イギリス船が略奪をおこない、バーバリーの諸都市で略奪品を売りさばくことに関して、ヴェネツィア、ジェノヴァ、その他の都市の人々が嘆き悲しんでいることを報告している(9)。一六〇四年のスペイン・イギリスの和平以後、リヴォルノは、仕事から手を引いたイギリス海賊にとってのお気に入りの隠居所となる(10)。事実、海賊行為は弱者の武器である。この世紀末のイギリス人の海賊行為は、豊かな商船と豊かな都市を抱える海においてイギリス人がまだ幅をきかせていないことを示している。イギリス人の地中海というあのパラドックスが築かれるには何世紀もかかる。イギリスの艦隊が地中海に入ってくるには一六二〇年を待たなければならないし、イギリス本島の商館の支店である商館(11)がジェノヴァに開かれるには一六三〇―一六四〇年を待たなければならない。

（1） R. HAKLUYT, *op. cit.*, II, p. 290.
（2） *CODOIN*, XCII, pp. 455-456.
（3） R. HAKLUYT, *op. cit.*, II, p. 271.
（4） A. Com. de Marseille, BB 52, f° 24 v°.
（5） A. d. S., Gênes, L. M. Spagna 10 2419（日付なし）。
（6） R. HAKLUYT, *op. cit.*, II, p. 289-290.
（7） 無数の参照文献がある。フランス人に対する海賊行為について、P. MASSON, *op. cit.*, p. XXIV. ラグーザ人に対しては、A. de Raguse, D. de Foris, VII, f° 36（メッシーナ、一五九八年五月二十六日）――「ロレートの聖母号」の拿捕と火災。一五九四年三月八日、カリアリ沖合でのイギリス人による別の攻撃については、D. de Foris, II, f° 127 v° et *sq.* ザンティ島近くでの「三位一体ならびに洗礼者聖ヨハネ号」の拿捕については、D. de Foris, V, f° 88 一五九五年五月十二日。
（8） *Recueil...*, p. 53 ; R. HAKLUYT, *op. cit.*, II, pp. 145-146 ; *CODOIN*, XCII, pp. 60-61（一五八一年六月二十四日）。
（9） 一六〇一年二月二十二日、A.N., K 1630. あるイギリス人の奇妙な冒険、つまり一六〇一年にリチャード・コカインはジェノヴァであるラグーザ人から「ロイヤル・マーチャント号」という船を借りる。船長はトルコ人退治に出かけて行く。Mediceo 1829, f° 258.
（10） R. GALLUZZI, *op. cit.*, III, p. 270.
（11） A. d. s., Gênes, ***Giuntadi Marina*** イギリス領事についての注記、日付なし。

ハンザ同盟加盟都市の人々とオランダ人の到来

イギリス人の復帰は錫の貿易と関係があった。ハンザ同盟加盟都市の人々とオランダ人が大挙して最初にやって来たのは、地中海人が小麦買い付けをしたことによる。小麦のせいであって、地中海の不出来な番人であるスペイン人の不器用で無能な政治――もちろんスペインの政治も責任の一端は担っているが――によるのではない。リュザック(1)、ヨング(2)、ヴェティエン(3)が何らかの根拠をもとに推測したように、おそらくユダヤ人の仲買人や仲介者の助けを得て、オランダ人とハンザ同盟加盟都市の人々が地中海の危険を知ったのは、一五八六年から一五九〇年までのイタリアの不作のためである(4)。しかしこれこそは現在調査中のディテールである。ダンチヒ、リューベック、ハンブルクから発議がおこなわれたのと同様である。小麦の大市場のすぐ近くにあって、ずいぶん前から穀物の大量取引を専門とする、これらの都市が地中海の人々の助けを呼ぶ声を耳にしたことほど自然なことはない。一五九〇年に、トスカーナ大公が〈ポーランドの穀倉地帯〉からリューベックに、そのあとオランダ、フランス、イギリスに渡る任務を帯びた、外交員を随伴した代理人リカルドを派遣したのはまさにダンチヒにである(5)。その年大公が北に出した膨大な注文――一〇〇万ドゥカート金貨相当、と言われる――だけで、北欧の小麦船の最初の到来の火蓋を切った。そのあと輸送が広範に始められる。一五九一年には、カトリック王が認めたパスポートがありながら、一三隻の帆船がスペイン通過の際に不法に監禁されたと歴史家たちは主張している(6)。リヴォルノには四〇隻が到着した(7)。各方面に奔走したので、北欧のすべての国から(8)、地中海の援助要請に答えがあったとしても驚くにはあたらない。オランダ人、ハンザ同盟加盟都市の人々、そしてイギリス人も、ちょうど一五九三年のリヴォルノの〈入港記録〉のリストに出てくるように、穀物船団に加わる。

1593年にリヴォルノに輸入された北欧の小麦
輸送船の一覧（Mediceo 2079, f°s 150 v° à 169 v°.）

		出航した船		荷積みに来た船	
アムステルダムとゼーラント		12		28（このうち一隻だけゼーラントに来た）	
イギリス		7		7	
ハンザ同盟加盟都市	リューベック	4	34	3	29
	エムデン	5		3	
	ハンブルク	16		12	
	ダンチヒ	9		11	
アントワープとフランドル		4		0	
ノルウェー		2		0	
リガ		1		1	
地域不明		13		8	

リヴォルノに到着した73隻は次の通り。1月6日（2隻），1月9日（1隻），1月12日（5隻），1月13日（37隻），1月14日（4隻），1月16日（1隻），1月20日（8隻），1月26日（3隻），1月31日（1隻），3月11日（1隻），3月14日（2隻），4月1日（1隻），4月29日（1隻），5月3日（1隻），5月5日（1隻），5月6日（2隻），5月12日（1隻），5月15日（1隻）。航海の期間については，1593年の船の記述はまったく記されていないが，1609-1611年には実際の航海期間は週単位で以下の通りである。A.アムステルダム・リヴォルノ（12，6，5，5，8，5，32日，16)。B.ダンチヒ・リヴォルノ（14)。C.ロンドン・リヴォルノ（4,8)。D.ブリストル・リヴォルノ（12)。E.プリマス・リヴォルノ（28日)。

この表のなかで注目すべきことは表を見れば自然にわかるので（航海期間の変動――冬の航海が優勢であること――アムステルダムが穀物の再配分の中心地としての役割を果たしていることは明白である)，分析は読者にお任せすることにする。それでも以下のことは付け加えておこう。1)この1593年に，6隻のイギリス船が鉛，錫，ニシンのいつも通りの船荷を持ってきたが，イギリスの輸送船団のなかにオランダ船1隻（イギリスで船荷を積む）とリスボンで荷を積んだエムデンの船1隻「黒鷲号」がまぎれこんでいる。2)この年北欧人たちは，ライ麦と小麦を併せて全部で15,000トン以上の穀物をリヴォルノに荷揚げしたが，これは北欧の帆船の平均トン数は約200トンということになる。3)船の名前の一覧を見れば非宗教的な命名が圧倒であることがわかる。

(1) Elie LUZAC, *Richesse de la Hollande*, I, *op. cit.*, p. 63.
(2) Johannes Cornelis de JONGE, *Nederland en Venetie*, Gravenhague, 1852, pp. 299-302.
(3) H. WÄTJEN, *op. cit.*, II, p. 5.
(4) N. NAUDÉ, *op. cit.*, pp. 142-143, 331.
(5) G. VIVOLI, *op. cit.*, III, p. 181.
(6) *Ibid.*, p. 317. ガルッツィとロンディネッリへの言及は、p. 318.
(7) *Ibid.*
(8) ドイツの船が地中海に入ってきたことについては、ラグーザの史料が以下の三点ある（Diversa de Foris, XV, f° 123 v° à 124)。ヴェネツィア、一五九六年十月二十四日、ハンブルクからヴェネツィアに小麦を持ってきたナーヴェ商船「三日月号」（船長はハンブルクのハンス・エーメンス）の保険に関する細目。ヴェネツィア、一五九六年十一月二十八日、ヴェネツィアに小麦を持ってきたハンブルクのナーヴェ商船「三位一体号」（船長アンティニオ・ルーダー?・）。ヴェネツィア、一五九六年十二月二十四日、ハンブルクから小麦を持ってやって来た商船「空とぶ幸運号」（船長ジラルド・ヴェストレヴオラ）に関する類似の細目。北欧からヴェネツィアまでの長旅の間には、さまざまな事故が起こった。たとえば一五九七年には、ダンチヒで小麦を積み込んだ二隻の船（船長ルカ・ネリンギアとジャコモ・ネリンギア）は船荷をリスボンで盗まれたので、この町でさまざまな商品を積み込み、ヴェネツィアに運ぶが、遠方の国で小麦を積み込んだ船と同じように投錨税の免除を求め、これが認められる。A. d. S., Venise, *Cinque Savii*, Busta 3 一五九七年七月二十九日。

小麦から香辛料へ——オランダ人が地中海を征服する

しかし、ハンザ同盟加盟都市の人々とオランダ人は同時にやって来たのだが、オランダ人だけが海を征服したにちがいない。ルートヴィヒ・ボィティン[1]はこの点を北欧の両民族間に生まれた競争から説明している。十七世紀初めには、ハンザ同盟加盟都市の人々は排除され、彼らの船はもはやマラガの寄港地から先へは行かなかった[2]。

この敗北の原因をまだ突き止めなければならない。イベリア人と北欧人との戦争の間に、中立という恵まれた立場を守っていたハンザ同盟加盟都市の人々は、おそらく、一六〇四年と一六〇九年の〔休戦〕協定の後、その有利な立場がひとりでに弱まっていくのを経験した。十八世紀には、ヨーロッパの諸戦争のおかげで、ふたたびハンザ同盟加盟都市の人々が内海での貿易を拡大するのが見られないだろうか。しかし十六世紀末には、たしかに別の理由があった――ハンザ同盟加盟都市の人々がスペインと関係があり、またスペインがハンザ同盟加盟都市に対して提供する大洋の仕事と関係があって、レヴァントまでハンザ同盟加盟都市を引きつけたかもしれない香辛料と胡椒を必要としないからだろうか。それとも、南ドイツとジェノヴァ、ヴェネツィアとの特別な関係がもとであるにしても、海洋都市の背後には、強力な産業がないからだろうか。それとも通貨不足が原因だろうか。その原因の説明はパラドックスになるが一六一五年、あるいはもっと早くから、[3] いくつかのドイツの商品、つまり龍涎《りゅうぜん》香、水銀、辰砂、銅線、鉄……をシリアに運んでくるのは、オランダ人である。ハンザ同盟の時代遅れの組織を問題にしなければならないとは私は思わない。船の所有者や保険業者が複数であるということは、地中海全域に見られることである。船の問題だろうか。そのことならハンザ同盟加盟都市はあらゆるトン数の船を持っている。

いずれにしても、オランダ人が一五九七年頃に勝利を収め、海の東端にまで達する。その年、スペインの敵バルタザール・ムッシュロンは、フランスの旗を掲げてシリアのトリポリに一隻の船を送った[4]。翌年には、すべてのオランダ船が国王アンリ四世からフランスの旗を掲げてトルコの港で取引をおこなう許可を得た[5]（オランダ人が最初の通商条約を手にするのは、一六一二年になってからである）。一五九九年に、ヴェネツィア領事[6]は、その年には、現金一〇万エキュ以上を積んだ「フランドルの」船が「まだ来ていた」が、ヴェネツィアの貿易に被害を与えることはほとんどなかったと報告している。オランダ人の発展がインド洋で続けばオランダの商人がシリアにとどまらないとオランダの「領事」が言明していたので、ヴェネツィア領事はオランダ人はシリアにはとどまるのかどうかを知ることに腐心していたのだ。ヴェネツィアでは、どうぞよい旅を、と人々は喜んで言ったことだろう。しかし、ハウトマン〔最初のオランダ東洋派遣艦隊司令官〕の大勝利の周航（一五九五年）、ヤッファの占領（一五九七年）、コモロ諸島の承認、モーリシャス島の占領（一五九八年）[7]、そして第二艦隊の帰還（一五九八年）にもかかわらず、オランダ人は残った。それはインド洋の実効のある征服が達成され、その貿易の流れの方向が変わるには、また「遠方会社」（Van Verne）から一六〇二年の「東インド会社」の勝利が生まれるには、まだ何年も必要だったからである。さらに一方では、オランダ人は貴重な薬品貿易を中断することができたとしても、レヴァントでの絹と綿糸の貿易にまだ引きつけられていた（絹の貿易をオランダ人はやがてペルシャ湾の方に向けようとするが、ただちに成功するわけではない）。

したがって以上が内海におけるオランダ人である。活発に動き、やや体重が重く、また非常に重いときもあるので、窓ガラスにぶつかったときには、窓ガラスを割ってしまうマルハナバチである。オランダ人の登場は騒々しく、また乱暴である。〈我々の都市〉ファーロの略奪のあと、痛い目に会って知っているポルトガル人の言い方によれば、オランダ人は海賊のなかで最も残虐だからであろうか[8]。それとも、オランダ人は、地中海でも大西洋でも、肘で人を押し退けて通り、すでに他の国に取られている領土を自分の領土にしなければならないからであろうか。十三世紀と十四世紀に、同じように遅くやって来て、至るところで海賊行為をはたらき、よその扉をむりやりにこじ開けたカタルーニャ人も同じようなことをしたことがあった。イギリス人もこれと違ったやり方をしたのではない。イギリス人の大砲はむりやりにジブラルタルをこじ開けることに役立っただけでなく、スペインのガレー船に対する自衛にも役立った。イギリス人は、トルコ船でも、フランス船でも、イタリア船でも、奪い取る価値があると思ったものには無差別に攻撃した。どこの国の船であろうとイギリス人にはどうでもよかったのだ！　そうしてイギリス人はたちまち悪辣な海賊という評判を得た。地中海のオランダ人もまた、よく海賊の絵に描かれてきた[9]。早い時期に、オランダ人はバーバリーの海賊と手を組む。オランダ人はバーバリーの海賊をしっかりつかまえておいて、海賊をはたらくと同時に、リヴォルノの大きな港で大西洋の非合法の貿易をおこなう点を私としては付け加えておきたい[10]（これについてはあとでふれることにする）。それはともかくとして、一六一〇年[11]に、トスカーナの港に、インド洋から来た二隻の船が到着した。地中海の船であったか、オランダの船であったか、はっきりと記されていないが、書記官はこの船の財産を列挙するために一頁全部を費やしている。そのうえ、ヴェネツィア政府とアムステルダムの間では、場合によってフランス国王の仲介者の手を経て、奇妙な関係が結ばれている。非常に錯綜しているのでこの関係を解明するのは簡単ではない。その頃、ヴェネツィアでは、インド諸国も含めて世界のあらゆる地域の海上保険が記載されている[12]。これはオランダ人の仕事だろうか。だが、我々にはその証拠がない。

地中海というこの小さな領域ならびにその他の地域でのオランダの歴史は、完全に把握可能であるどころではないのだ。オランダの偉大なる時間は、世界の時間の文字盤では、世紀末から記される。それならばなぜフェリーペ二世の重装備の艦隊に対するエリザベス女王の船の勝利は、当然そうなると思われるイギリスの勝利に続かなかったのだろうか。イギリスは勝ちを収めたが、オランダはただちにその国民、貿易、船を遠く東インド諸島、中国にまで、そして全世界に送った。それが十七世紀半ばまで続く。ただひとつの説明だけがもっともらしく見える。つまりオランダは、カトリックのネーデルラントの近くにあったことと、スペインの門をしつこくこじ開けることによって、イベリア半島ならびにスペインが持っていたアメリカの財宝と関係のあった島国イギリスよりもいい位置にあったのである。イギリスはアメリカの財宝がなければ自国の貿易を活発におこなうことはできない。スペインから辛抱強く引き出した八レアル銀貨がなかったなら、七つの海でのオランダの貿易はなかったかもしれない。十七世紀初め、イギリスでは、トルコへのあり余るほどの輸出のおかげで収支のバランスの保たれていた「レヴァント会社」の貿易のほうが、大量の通貨流出がなくてはおこなえない「東インド会社」の貿易よりも有利であると思われていた[13]。スペインとオランダの間には、銀のつながりがあり、これは一六〇九年から一六二一年までの平和に

行きの北欧の船，1573-93年

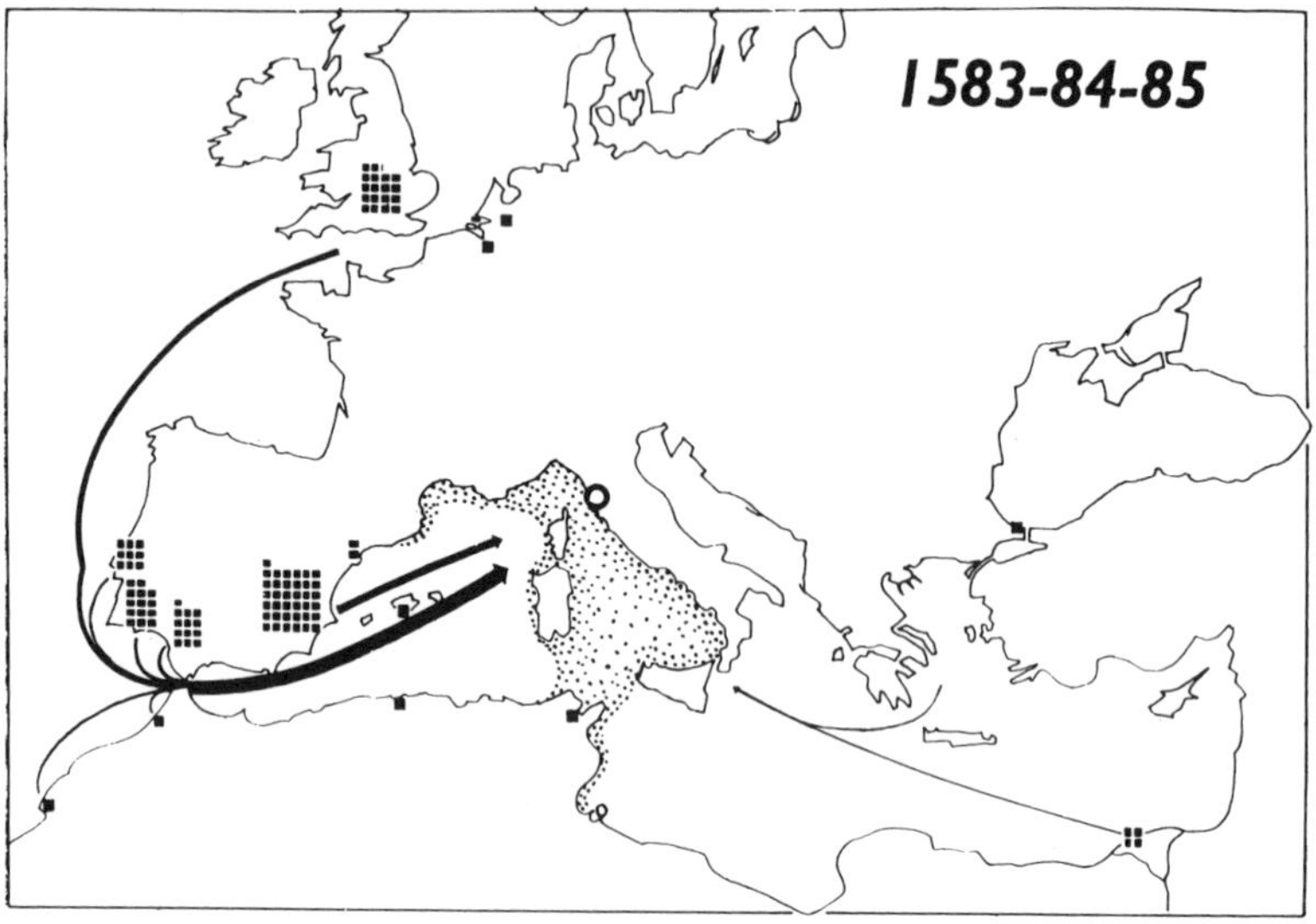

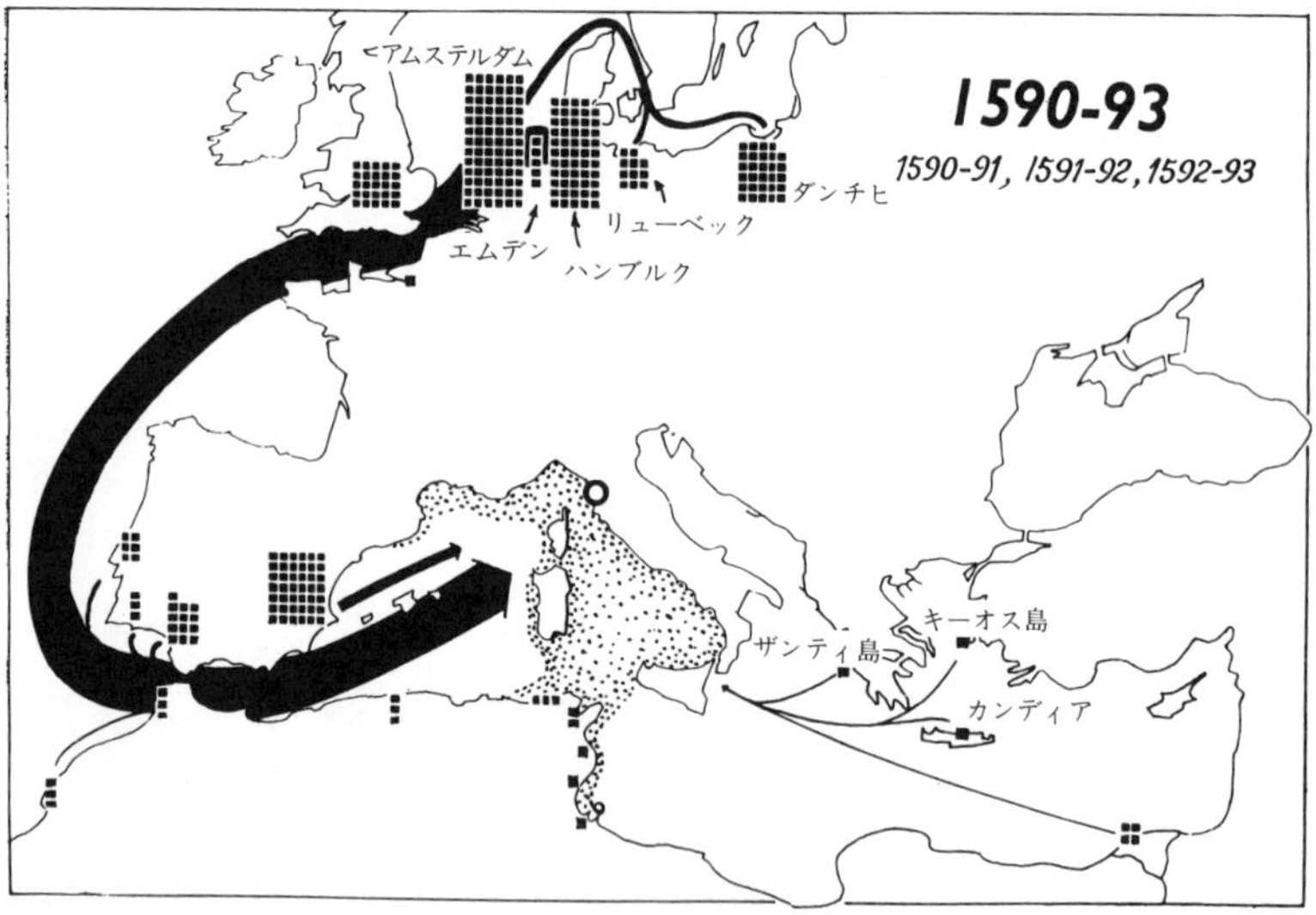

ォルノに達した輸送量の急速な変化を描いたものである（それぞれの地図は3年分の輸送量を足した

らず)。

からの何隻かの船がある。この順位は，1590-1593年に穀物を積んだ北欧の船が大量にやって来ると

図54　増大するリヴォルノ

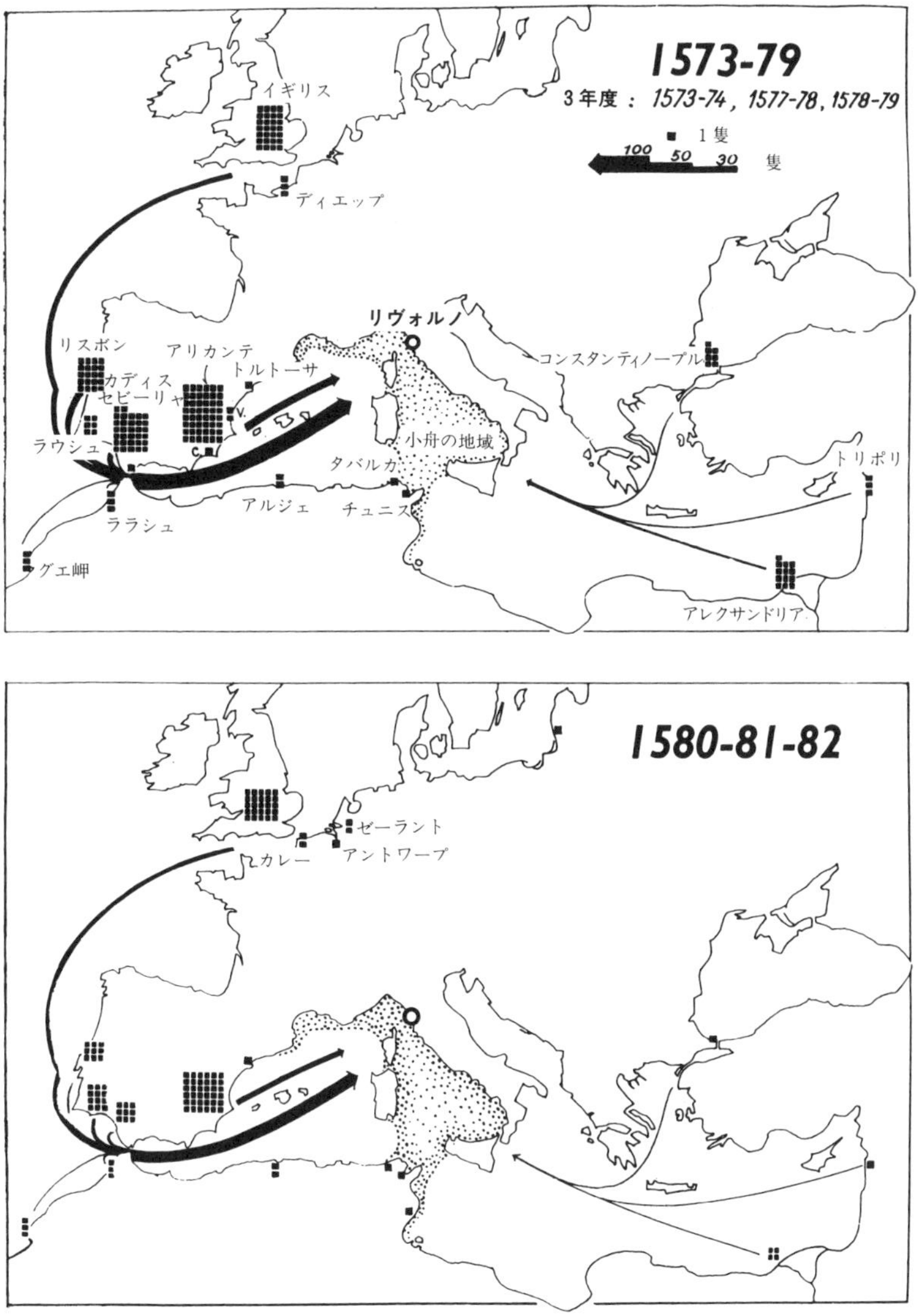

F・ブローデル，R・ロマーノ共著『リヴォルノ港に入港した船と商品』による。４枚の地図はリヴ
ものである)。
レヴァントの地位は，相変わらず小さく，なおも低下していく（ある種の貨物の豊かさにもかかわ
西方の大多数を占めるのは，初めは主にスペインとポルトガルであり，それに英仏海峡および北海
破られる。

よって強化されるが、スペインの全財産と同じように、十七世紀中頃に、運命の歯車がオランダに逆らって回転していくときに――これは単なる偶然だろうか――スペイン・オランダの関係は断絶する。

(1) *Der deutsche Seehandel im Mittelmeergebiete bis zu den napoleonischen Kriegen*, Neumünster, 1933.
(2) 一六〇〇年にまだハンブルクの船がイタリアにいたことについて、Simancas E° 617.
(3) G. BERCHET, *op. cit.*, pp. 157–159.
(4) J. DENUCÉ, *op. cit.*, p. 17.
(5) *Ibid.*, p. 71. しかし「領事証明」はイギリス人によっておこなわれる。
(6) G. BERCHET, *op. cit.*, p. 103.
(7) J. DENUCÉ, *op. cit.*, p. 68.
(8) Bernardo GOMEZ DE BRITO, *Historia tragico-maritima*, Lisbonne, 1904–1905, II, pp. 506–507, 一六〇四年頃のことである。
(9) H. WÄTJEN, *op. cit.*, p. 55.
(10) R. GALLUZI, *op. cit.*, III, p. 270 ; G. VIVOLI, *op. cit.*, IV, pp. 7–10. 謎めいた些細なディテールとして、ブラジルで荷を積んで、特に四六〇カンタラの〈ブラジルの木材〉を運んできた、たぶんポルトガルの船（ナーヴェ商船「サント・アントニオ号」、船長バルタサール・ディアシュ）が、一五八一年十一月二十九日、リヴォルノに入港したことを指摘しておく。ブラジルでのトスカーナの「植民地」計画については、G. G. GUARNIERI, *art. cit.*, p. 24, note1 という風変わりだが不十分な注を参照。
(11) A. d. S., Florence, Mediceo 2079, f°s 337 et 365. この二隻のうち最初の船「ヌエストラ・セニョーラ・ド・モンテ・デル・カルミネ号」は、ゴアから出発して、四、〇〇〇カンタラの胡椒を運び、最初の入港は一六一〇年とだけ記されている。一六一〇年八月十四日の入港は、東インド諸島から来た「ヌエストラ・シニョラ・ディ・ピエタ号」。この船は四、一七〇カンタラの胡椒、貴金属、一四五カンタラのインドの布地を持ってきた。
(12) A. d. S., Venise, *Cinque Savii...*, Busta 6 一五九六年十一月十五日、写し。
(13) A. C. WOOD, *op. cit.*, p. 43.

オランダ人は戦いも交えずに、いかにして一五七〇年からセビーリャをとったか？

十七世紀のイギリス人とオランダ人の華々しい勝利は、世界的な規模において初めて正しく解釈される。まず第一に、船の建造技術と航海術の一連の技術的変化がある。これについてはすでに述べた。[1] しっかりと武装され、操船が確実な、一〇〇ないし二〇〇トンの北欧の帆船の登場は、世界海事史の転回点を示す。一五〇〇年から一六〇〇年までは、無敵艦隊からトラファルガーまでよりも、北の海における航海の進歩が著しい。[2] 北欧人は、乗組員の数を増やし、砲撃力を倍増し、船の操縦をしやすくするために上甲板を取り除いて、帆船の防衛能力を強化した。私には非常に重要と思われる研究においてラルフ・デイヴィスがこの点を指摘したばかりである。[3] 概算が可能である都度、乗組員の数の平均は、船のトン数から計算してみると、内海の船に乗っている人の数よりも北の方が勝っている。[4] 貨物量が少なくなるという不都合は、安全度がいっそう大きいこと、したがって保険料率が下がることによって償われている。[5] もちろん費用のかかる地中海のガレー船は、十七世紀になっても、時には見事な反撃をする。つまり帆船は風が帆をはらませて進ませることができる場合にしか王者でない。[6] べた凪のとき、ガレー船は、素早く、不動の要塞の死角にたどりつき、その場合には出航の決定はガレー船に有利にはたらく……。

しかし例外が通則を確認する。北の好戦的ならびに商業的な優位は疑いの余地がない。もっともイギリス人もオランダ人もこのことは非常に早くから、つまり一五八八年よりも前から自覚していた。彼らにとっては、ポルトガルの航海者たちは「腰抜け」[7]でしかない。反対に、ポルトガル人は貧乏人とろくでなしの勝利について語っている。あのオランダ人たちは、海では「乾パンの皮やほんのわずかなバター、ラード、魚、ビールだけで満足して、それだけあれば外洋で何ヵ月も過ごす」と、ポルトガル人は一六〇八年になってもまだ言っている。[8] 南の人々は「彼らのように貧困のなかで育っていないから」船上では食事にもっとうるさい。もちろん、この北欧人の成功という大きな議論の論点になるのは別の要因である。

これまでにしょっちゅう提出されてきた説明も捨てることにしよう。イベリア人は地中海の不出来な番人であったとか、嵐を避けようとして、実際には大西洋でも北欧でも、自分の能力を越えた政治をおこなって嵐を巻き起こしたといった説明のことである。こうした説明はたぶんほんの一部だけ当たっている。リスボンとセビーリャの両方の支配者であるスペイン人が北欧の船に対する出港停止と禁止措置を増やすのは一五八六年である。(9) しかしこのような措置がとられてもイベリア人が敵との活発な取引をやめるわけではない。この「大陸封鎖」は有効ではない。(10) したがってすべて以前とおなじように続くか、それに近い状態である。次に年代的な問題が我々を用心させる。イギリス人は一五七二―七三年から地中海に入ってきている。つまりスペインの経済封鎖よりも十年以上も前である。そしてオランダ人は、数年遅れて、一五九〇―九三年に地中海に入ってくる……。明らかに、これほど重要なレベルでの経済の逆転に関する主要な説明を提供するか、または説明の一端を垣間見させるのは、大きな経済である。

北と南は、世紀末になる前から敵対している。ネーデルラントは一五六六年から蜂起し、イギリス人は一五六九年からスペインとの海上関係を絶つ。しかしこの「補完的な仇敵」(11) は互いに相手なしでは生きられない。両国は争い、次に協定が白日のもとにおこなわれるかそれとなくおこなわれるかによって、折り合ったり調停をおこなったりする。結果として、大西洋の戦争に火が付き、消え、また火が付き、舞台裏の解決でつねに緩和される……。このようにして、一五六六年から一五七〇年までの間に、重要なターニング・ポイントがあったのである。それまでは、大西洋の貿易は北欧人、イベリア人、イタリア人の三者がおこなっていた。北欧人（筆頭はオランダ人、(12) 間もなくブルトン人が第二位、(13) イギリス人、その後ハンザ同盟加盟都市とスカンジナビアの漁師で、(14) 彼らは小麦、木材、乾し魚あるいは塩漬け魚、鉛、錫、銅、帆布、毛織物、金物を供給しながら、北と半島の関係を確保する）。

イベリア人は、スペインからは〈インディアス航路〉を組織し、ポルトガルからは東インド諸国と大西洋の関係を築く。最後にイタリア人、なかでもセビーリャのジェノヴァ人は、商品の輸送の資金を供給し、アメリカ大陸の白銀は、商業収支のバランスの凸凹を均しているが、ただしいつも遅れておこなう。

突然二つの大きな故障が起こる。一五六六年から、国王から〈銀の輸出〉許可を得ているジェノヴァ商人が、それまで北欧での支払いを容易にしていた商品の輸出に関心をなくす。次に、一五六九年から、ラレードからアントワープへの銀の移動が中断される。(15) ところが大西洋の貿易はそれにもかかわらず中断されず、むしろ繁栄している。この驚くべき事実は説明の鍵となる。

スペインの専門官は国王の顧問たちに、この貿易を完全に中断させるのは論外である、そんなことをすれば海上輸送の破滅になり、インド貿易の破滅であり、国庫の財源を減らすことになる、と言っている。一五七五年の長い報告書は以上のように語っている。(16) ジェノヴァの大資本主義から見捨てられたセビーリャの商品は、別の音頭取りを見つけた。ネーデルラントの商会は、これより数年前に豊かになり、自分たちの商品の前貸しをおこない、支払いを受けるために、インド船団が通貨を持って戻ってくるのを待つことになる。換言すれば、セビーリャの商人はもはや取次業者でしかなく、輸送が通過するのを見て、通過の折りにマージンを差し引くわけだが、言わば自分のものを何ひとつ失う危険はない。彼らの資本は土地や村、〈公債〉を買ったり、貴族世襲財産をつくるのに役立っていく。こうした受動的な役割においては、無為が商人たちを狙っている。商人たちは無為に気づいても別に恐ろしがることもない。このようにしてセビーリャは征服されていったのであり、白蟻の目立たない地味な仕事に内部から食われてしまい、結局すべての利益はオランダのものになった。アントワープは、一五七二年に始まる腐敗した戦争において、政治的な金の首都であり続ける。つまりピアストルの取引の時代に、ちょうど一九五三年以前のサイゴンと同じである。しかしそれでもアムステルダムはアントワープの商人を自分のほうに引きつけ、セビーリャの向こうのとてつもなく大きいスペイン領アメリカ大陸に網を投げる。こうしたことはすべて何年もかかる仕事を通してやっと可能になったのであり、セビーリャ市場の共犯、名義人、ゆっくりとした腐敗――メディナ・シドニアの領土であるサン・ルーカル・デ・バラメーダからの銀の戻しに関して、当のメディナ・シドニア公の特別な便宜だけに限っても[17]――があったのである。

世紀末頃には、セビーリャ貿易のこうした裏側の事情は知られ、一五九五年夏の間に、国王は、あまりにも発展しすぎて注意深い調査の目をかいくぐってしまう、この闇の取引をたたきつぶそうと決めた。この命令は、ルイス・ガイタン・デ・アヤラの助けを得て、学士ディエゴ・デ・アルメンテロスの手で実行された。彼らはオランダ、ゼーラント、イギリスと関係があるのを理由として疑いをかけられたカスティーリャ人、ポルトガル人、フランドル人、フランス人、ドイツ人のものである、セビーリャの六三軒の商会を査察した。[18]もちろん、逮捕すべきイギリス人、オランダ人、ゼーラント人は一人もいなかった！「彼らがスペインでは信頼の置ける仲介者を通してしか商売をしないということはわかりきったことだ」と、アルメンテロスは書いている。二人の〈査察官〉は書類や、帳簿があって見つけることができたときには帳簿を差し押さえた。何人かの商人は帳簿をベッドのなかにも隠していたのである。これらの書類はすべて、会計の専門官で、査察官のために働く五人の〈会計士〉によってつぶさに検討された。材料が豊富にあり、複雑でよくわからないことが多すぎたために、商品の正確な所有者を発見するのはむずかしかった。実際、スペインに忠実なネーデルラントの各州は、反乱軍を抱える島々と商品の交換をおこなっていた。そして、ネーデルラントの総督によって発行された特別通行証を作成したり、この特別通行証制度を戦争中のフランドルの二つの地域の間で義務づけ、全体に行き渡るようにするのでなければ、ある商品がどちらの勢力のものであるのかを知ることは困難であった。複雑に入り組んだ事情は、スペインに忠実な各州の輸送をダンケルクなりグラヴリヌなりを経由して送ることができなかったことによる。隣の島々と向かいのドーヴァーを使った場合、どれほど多くの時間がかかるか。また国王の船はどこにあるのか。それでは調査をおこなうべきか、証人を喚問すべきなのか。だれも本当のことは言わないし、また言うことができない。尋問されて何らかの商品を差し押さえられる商人は、自分の会社の駐在員が商人の所有である商品で支払いを受けることをよく知っている。以上が、七月十二日、メディナ・シドニアと二人の査察官が送った共同の手紙の結論であり、この二人の査察官に代わってディエゴ・アルメンテロスが筆をとったのである(19)。

同じアルメンテロスが一ヵ月後に、たぶんフェリーペ二世の書記官のひとり、彼の友人か保護者、いずれにしても政治的に重要な人物に宛てて書いた手紙のなかでは、状況はもっとはっきりしている(20)。差し押さえた書類のなかで、アルメンテロスは、告発された商人たちが、まったく何事もなかったかのように、ネーデルラントの反乱者やイギリス人と通商をおこない、彼らと手紙のやりとりをし、送金をおこなっているのを非常にたくさん見た。そのなかでも、ある書類束はそっくりフランシスコ・デ・コニケ、ペドロ・レイミエリ、ニコラス・バウデルト――三人ともイギリスに住んでいる――と、アムステルダムに店を構えたダビド・レイミエリに関係している。イギリスのペドロ・レイミエリ宛の手紙は、「当方の船団は戻ってきたとき非常に乱れていたので、船団がこちらから出る場合には、ほんのわずかな船に攻められただけでも、船団をまるごとやすやすと捕らえられてしまうでしょう」と知らせている。この会社（レイミエリとその仲間）は、レイミエリに人々が言ったところによれば、セビーリャにあるすべての会社のなかで最も金持ちの会社である。六隻の船が、レイミエリ所有の商品を持って、サン・ルーカルに到着した。メディナ・シドニア公はこの商品の荷揚げをさせた。これがシドニア公にとって一二、〇〇〇ドゥカードの取引であるのは事実である、とアルメンテロスは付け加えている。「サン・ルーカルに入ってきた外国人で、銀の輸出のために優遇されなかったり大事にされなかったり援助を受けなかった人は一人もいない」と言い添えてもいる。手元に確実な人物がいるときには、彼はレイミエリ事件に関する書類をその人物に送らせる。それまでは秘密にしてくれと頼む。「陛下に仕えて私がつくってしまった敵の数をこれ以上増やさないためだ……。」

もっと残酷なことをはっきりと示す証拠がある。翌年の一五九六年に、[21] カディス湾で、「インド」行きの荷を積んだ六〇隻の船が、カディスの町占領の際に、イギリス艦隊の奇襲を受けた。全部で一、一〇〇万ドゥカード分の商品が積まれていた……。イギリス人は二〇〇万ドゥカードの賠償金を払えば商品を焼き払わないと提案した。ところがメディナ・シドニア公はこの取引を拒否したために、船は炎上した。なるほど。しかし商品はスペイン人のものではなかったのだから、膨大な損失をこうむったのはスペイン人ではない。本当のところは、腐敗した都市、憎しみに燃えた密告の都市、汚職役人の都市、銀が人々を荒廃させている都市セビーリャについては、一冊の本が書かれるべきだろう。

以上のような生の事実は、本質的に重要な説明の結論を導くのではないにしても、少なくともその一部を垣間見る助けになる。世界の歴史を大きく変えるのは、フェリーペ二世のスパイの不器用さでもなく、ジブラルタル海峡の憲兵隊の誰の目にも明らかな弱さでもなく、まさしくスペイン国家の破産である。スペイン国家の破産は、一五九六年には明らかであり、破産の問題がはっきりと現れる以前にも、白銀の流通と世界の富の分割の諸問題を提起している……。急激に発展しているオランダは、小麦とその他の商品を持って、地中海に向かって、またスンダ列島〔インドネシア〕に向かって、埋め合わせを求め、見つけていく……。

奇妙なディテールとして、特に地中海にオランダ人が進出しただけでなく、インド諸国やアメリカ大陸に向かってもオランダ人が進出する前に、ポルトガル商人が先に行っていたということがある。一般に新たなキリスト教徒であり、リスボンから来た者もあれば、難を避けていた北の諸都市から来た者もいる。セビーリャの「乗っ取り」があったように、可能性として、リスボンの「乗っ取り」があったのだろうか。これはまた別の重要な問題である。

（1） 本書前述、第I分冊五〇二頁以降を参照。

（2） L. von PASTOR, *op. cit.*, éd. allemande, t. X, p. 306.

（3） 《Influences de l'Angleterre sur le déclin de Venise au XVIIe siècle》, in : *Decadenza economica veneziana nel secolo XVII*, Fondation Girogio Cini, Venise, 1961, pp. 183-235.

（4） この問題に関しては、本書第I分冊五〇七頁を参照。*C. S. P. East Indies*, I, p. 107, 一六〇〇年十月、インド諸国に送られた五隻の船は、一、五〇〇トン、乗組員五〇〇人である。R. DAVIS, *art. cit.*, p. 215. 一六二八年に、ヴェネツィアの代官の言い方によれば、「イギリス人は戦闘のための自由な場所をたくさん残して、より多くの船乗りと砲撃手を運んでいる。」

（5） R. DAVIS, *art. cit.*, p. 215 (*C. S. P.*, *Venetia*, 一六二七年十月二日)。

（6） F. BRAUDEL, 《L'économie de la Méditerranée au XVIIe siècle》, in : *Economia e Storia*, avril-juin 1955 (*Les Cahiers de Tunisie*, 1956, p. 175 et *sq.* に再録)。

（7） B. M. Sloane, 一五七二年（一六三三年頃）。

（8） C. R. BOXER, *op. cit.*, p. 76, note 150 から引用。この文章はペドロ・デ・バエサのものである。

（9） 参考文献は、『地中海』初版、四九三頁。

（10） J. H. KERNKAMP, *Handel op den vijand 1572-1609*, 2 vol., Utrecht, 1931-1934 は相変わらず重要な著作である。こうした措置が頻繁にとられるむなしさについては、V. VAZQUEZ DE PRADA, *op. cit.*, (1596-1598), I, p. 63.

（11） 私はこの用語を Germaine TILLION, *Les ennemis complémentaires*, 1960 から借りた。ここで問題になっているのは、一九五五年から一九六二年までのフランス人とアルジェリア人である。

（12） 一五五〇年以後。V. VAZQUEZ DE PRADA, *op. cit.*, I, p. 48.

（13） *Ibid.*

（14） A. N., K 1607 B (B. 89).

（15） 本書前述二一六―二一八頁参照。

（16） Simancas E° 569, f° 84（日付なし）。

（17） セビーリャが徐々に「受動的になっていくこと」は J. van KLAVEREN, *op. cit.*, 特に一一一頁以降で見事に説明されている。私はこの著作からかなり多く拝借した。

（18） 一五九四年。Simancas E° 174.

（19） Simancas E° 174.

（20） 一五九五年八月十八日、同上。

（21） 私は Jakob van KLAVEREN, *op. cit.*, pp. 116-117 の説明に従っている。

地中海における新教徒

アムステルダムに本拠を置く、北欧や大西洋の国際的な資本主義がどっと入り込んで来たために、豊かな地中海は資本主義の手につかまってしまった。破廉恥にも略奪されたスペインと同じように、地中海はまったく若く、野心満々の資本主義、市場においてたちまち味方をつくるすべを覚えた資本主義を試してみた。オランダ人のために、必ずしも意図したわけではないが道をつけて、ポルトガルの裕福な〈マラーノ〉たちが登場した。たとえばリスボンとアントワープのシメネス家とその協力者アンドラーデ家ならびにヴェガ家である。彼らはトスカーナ大公のために一五九〇年代から北欧の小麦の輸送を組織し、かなり大きな儲けを得た。同様に、イタリア向けの胡椒貿易にも手を出した。一五八九年からは、フィレンツェのバルタサール・スアレスに香辛料を送った。その後、フィレンツェに住み着いたばかりのカスティーリャ人アントニオ・グティエレスのほうに乗り換えた。この人自身ポルトガル人で、自国の他の商人、たとえば一五九一年五月に砂糖の箱を送ってくれたマヌエル・ダ・コスタのような商人と関係があった。(1) 権勢のあるシメネス家に対して自分のために友人が口添えしてくれるのを望んでいるバルタサール・スアレスの言い方によれば、〈この香辛料の部門で〉すべてを握っているポルトガル人について、(2) シモン・ルイスがフィレンツェと交わした通信は我々にいろいろと教えてくれる。シメネス家は、一五九一年に、一挙に五〇〇キンタルの胡椒をイタリアに送った。(3) 前年には、六〇〇箱の砂糖を積んだ船を一隻ブラジルからリヴォルノに来させていた。(4) どんなこともシメネス家にはうまく行ったが、アレクサンドリアの胡椒はちょうどいいときに品不足になる。「彼らは手を出すものすべてに運がついている (Son afortunados en cuanto ponen mano)」と、バルタサール・スアレスは思わず声を上げる。(5)

シメネス家の後について、他のポルトガル人がイタリアにやって来る。一五九一年二月、こうしたポルトガル人のうちの二人、フェルナンデス・フランシスコとホルヘ・フランシスコがピサに店を構える。この場合、「彼らがポルトガルのすべての取引を自分たちのほうに引きつけるのは疑いの余地がない。」[6]同じ年の八月、「私の得た情報によれば、シメネス家は彼らの名義で店を開くためにだれかを派遣し、ピサには現在カディスでシメネス家の代表を務めているセバスティアン・シメネス・ペネティケスを送り込んでいる。アントワープからはルイ・ヌーニェスの息子が来るし、金持ちが来るので、大公は金持ちを招き寄せたいと考え、彼らにさまざまな特権を与える準備をしている」[7]と、バルタサール・スアレスは書いている。

こうしたディテールはある種の経済情勢の変動を示している。胡椒が大西洋のルートを通して売りにくくなってからというもの、胡椒はほとんどひとりでにイタリアに向かって広がっていき、イタリアからはドイツに向かうのであり、またポルトガル人の移住が、しばらくの間、イタリアに向かっておこなわれる。ヴェネツィアでは、フェリーペ二世の大使が、このユダヤ系ポルトガル人がキリスト教徒の服装をしてやって来て、その後で自分は〈ユダヤ人である〉と宣言し、「この国で彼らユダヤ人が被っているということがまさに区別のしるしになる赤い帽子を被る」[8]のを見たと語っている。ヴェネツィアはユダヤ人に対してふたたび寛容になり、ユダヤ人を歓迎し、我慢し、保護し、そしてユダヤ人の協力を利用する。いくつかの名前が浮かび上がってくるが、何人かはよく知られていない。「ルイ・ロペスとディエゴ・ロドリゲス」という二人の修道士は、二四年間滞在した後に、一六〇二年五月に、ヴェネツィアの〈市民権〉を求める。[9]あるいはポルトガルのユダヤ人で、バーバリーのグエ岬の砂糖貿易の草分けであるロドリゴ・ディ・マルシアノとか、[10]フランドルやハンブルクから来て、レヴァント方面に行く途中にヴェネツィアに立ち寄る他の〈マラーノ〉とかである。したがって、イスタンブールからサロニカ、ヴァローナ、ヴェネツィアまで、そしてヴェネツィアを越えてセビーリャ、リスボン、アムステルダムまでも結んでいるレヴァントおよび西方の何人かのユダヤ商人の繁栄がはっきりしてくると思われるが、控え目であることもあればおおっぴらであることもあり、また能率的であることもあれば目立つこともある。この数年間に、スペインやトスカーナやマルタ島の海賊が、ユダヤ人所有のすべての商品、つまりスペインの史料が語っている〈ユダヤ人の略奪品〉を押収して、商船の「贅肉をとること」にきわめて熱心なのは偶然ではない。こうした船荷はたいていは略奪の値打ちがあるものなのだ。(11)

したがって、この繁栄はオランダ人とポルトガルの新教徒との間の多少とも正式な合意から生まれたのか、という問いが立てられる。もしそうであるなら、大西洋にも責任があることになる。これについて決定を下すには十分な証拠がないが、これはありうることだ。一七七八年に著者名なしに出版された『オランダの富』は大変立派な本であるが、必ずしも真実を述べた本ではない。その本には、いくつかの間違いに混じって、次のような主張が書いてある。「世界中に海外支店を開いていたと言われる、オランダに亡命したユダヤ人を真似て、オランダ人が地中海全域に会社を設立し、航海を始めたのは、一六一二年になってからであった。(12)」

(1) シモン・ルイスの書簡、Archivo Provincial de Valladolid, アントニオ・グティエレスからシモン・ルイス宛書簡、フィレンツェ、一五九一年五月二十日。
(2) フィレンツェ、一五九一年五月二十日、同上。
(3) フィレンツェ、一五九一年六月十七日。
(4) フィレンツェ、一五九〇年十二月三十一日。
(5) フィレンツェ、一五九一年九月九日、同上。
(6) フィレンツェ、一五九一年六月二十六日。
(7) フィレンツェ、一五九一年八月十二日。
(8) ドン・アロンソ・デ・ラ・クエバから陛下宛書簡、ヴェネツィア、一六〇八年五月三十日、A. N., K 1678, 43 *b*.
(9) A. d. S., Venise, *Cinque Savii*, 141, f° 44 一六〇二年五月二十二日。

(10) *Ibid.*, 22, f° 52 一五九八年十一月二十日と一六〇二年八月十六日。
(11) 本書後述、第Ⅱ部第6章の「ユダヤ人と経済情勢」ならびに第7章の「アルジェの最初の驚くべき幸運」〔第Ⅲ分冊〕を参照。
(12) *Op. cit.*, t. I, pp.63, 501. この著作は実はエリー・リュザックの書いたものである。あるいは、もっと正確に言えばリュザックが一七六五年にアムステルダムで出版されたジャック・アカリアス・ド・スリオンヌの仕事に手を加えたのである。

〔原書第I巻終わり〕

訳者付記

本書第四版(一九七九年)でブローデルが加筆した「北欧人の侵入と地中海の衰退」を参考までに以下に引用、訳出しておく。

「ここまでの頁を執筆してから(一九六三年)、北の船、船乗り、商人、商品が内海に向かって目を見張るばかりに下ってくることについての研究がおこなわれてきた。たとえばオランダ人が raatvaart(1) つまりジブラルタル海峡経由の航海を念入りに準備したといったような、詳しい説明がいくつか新たにもたらされた。商人たちの書簡、つまりダニエル・ヴァン・デル・ムーレンやジャック・デラ・ファイユの書簡が証明しているように、「商業スパイ活動」がオランダ人に正確な情報を伝えた。一五八四年から、デラ・ファイユは、イギリスの毛織物と魚入りの樽を積んだ船を一隻、ロンドンから地中海に送っていた。この船は、イタリアからの帰りには、米や果物やワインを持ち帰った。残念ながら、この船は帰路オランダの海岸で遭難した。一五八八年に、オランダの船が、たぶん初めて、バーバリーとレヴァントに到達することに成功した。一五九〇年には、別の船「黒い騎士号」が、二年間にわたる地中海での長い航海から、経験によって教えられたひとつの教訓を持ち帰った。つまりスペインの反感があり海賊行為が至るところでおこなわれているので、この船は、しっかりと武装した、少なくとも三〇人くらいの乗組員を乗せた、かなり大型の船(およそ一五〇トン)を使うことを助言した。その後の数年の間、危険がほんとうであったことは、リヴォルノ行きの船の保険料率——二〇パーセント——だけでもわかる。もっとも、オランダ船は、偽の書類をつくって、外国の旗を掲げて航海するという用心をした。これは、後にフランスでは、覆面船と言われる。アムステルダムから出航する航海については、[2]我々はほぼ申し分なく情報を得ている。同じくイスタンブール駐在の三部会の最初の大使コルネリウス・ハガ（一五七八―一六五四年）についても詳しくわかっている。一六一二年の通商条約は、ハガの手で、ネーデルラント連邦共和国に有利に調印されたのである。

こうしたディテールにはもちろんそれなりの重要性がある。しかしこの十五年間の研究によって提供された新しいデータはこれだけではない。しかもこの第四版でこうした新しいデータを特に上手に使うことが必要だと私に思われたのは、地中海が、十七世紀に、北大西洋にどのように道を譲ったかを新たなデータを使いながら、新たな光をあてたリチャード・T・ラップの総合的な主張のためである。

R・T・ラップの第一の主張は次のようなものである。[3]地中海人が支配的な立場から追い落とされたのは、北に向かう金儲けになる貿易の向きを変えさせたかもしれない新しいルートだけのためでなく、何よりもまず、地中海人自身の海に、イギリス人とオランダ人が侵入して、ただ単にルートの大変化だけでなく、仮借なき競争によって「商業革命」が侵入してきた結果である。事実、地中海の富は枯渇することがなかった。それは他人の手に渡っただけである。実際、かなり遅い時期、つまり一六六〇年頃（一六六三―一六六九年代の平均）のロンドンに身を置いてみれば、加工製品（なかでも毛織物）と食料品に関するロンドンの輸出と再輸出の統計（単位千トン）は次のようになる。地中海方面（スペインとポルトガルを含めて）九七四（全体の四八パーセント）、スコットランドとアイルランドを含めて、ヨーロッパ方面八七二（四三パーセント）、北アメリカ大陸、西インド諸島ならびに東インド諸島一九三（九パーセント）である。この数字は、十七世紀半ばに、ロンドンは世界の中心ではないけれども、十七世紀初頭の国際経済について直接の証言をしている。〈広義の〉地中海（イベリア半島を付け加えるのが正しいと思われる）は、したがって、相変わらず交換と利益の大市場である。しかもイギリスの覇権が、最初に確立されたのは、世界の七つの海のまったく新しいルートにではなく、まさに地中海においてである。あるいは北欧の覇権と言ったほうがいいかもしれない。というのは、〈必要な変更を加えれば〉、以上の指摘はオランダにそっくり当てはまるからである。

R・T・ラップが革新的である点は、北欧の侵入が地中海における運行業務を「おさえた」だけでなく、市場を強制的に征服したことでもあったことを論証するときである。北はイタリアの加工製品、特にヴェネツィアの加工製品を徹底的に真似て、廉価な商品を提供して少しずつイタリアの製品を追い出していったが、これは北の労働力が安かったためである。さらに、それほど公正でなく、ややいんちきな競争にもよる。というのは、大量に製造される品質の劣る、イギリスの「新しい毛織物」がレヴァントの市場に偽の商標を付けて、偽の封印をされてヴェネツィアの毛織物として提供されるからである。これは一方では、難なく市場に入り込む方法であり、他方ではヴェネツィアの毛織物は上質であるという古くからの評判の信用を失わせるやり方でもある。そのうえ、その頃オランダによってもコルベールの時代のフランスやチャールズ二世のイギリスによっても、ヴェネツィアの熟練した職人の移住が非常に高い金を出しておこなわれる。おそらくヨーロッパで第一位の産業都市であったヴェネツィアは、その優越性を次から次へと失っていく。

しかしそれでも、十七世紀のヴェネツィアの生活は、外見上も事実上も同じ地位を保ち続けているというのが、R・T・ラップの第二の主張である。つまりヴェネツィアにとっては、十六世紀の急激な発展の後、停滞があったのであり、ヴェネツィアの生活水準の後退があったわけではない。この点を確認することは、ヴェネツィアがゆっくりと衰退していくのを見ているヴェネツィア史のすべての専門家の印象を、今度は数字を手に擁護することであり、また証明することに近い。実際に私は、ヴェネツィアは農業の転換――小麦、トウモロコシ、米、桑の木、生糸（加工した絹）、家畜飼育――に成功したと思う。また〈陸地〉は、十六世紀から十七世紀までに、発展したし、その産業によって、ヴェネツィアの裕福な生活を支えてきたと思う。ヴェネツィア政府の市場の高価格は交換を容易にしたし、地中海の航海は、外国船が引き受けたとはいえ、十七世紀においても、ヴェネツィアを地中海第一の港にしている。結局、ヴェネツィアの銀市場は相変わらず活気がある。

しかし、さらに、ラップの主張が正しく、また北欧の資本主義の最初の蓄積は古代からの地中海の富を糧としてきたとすれば、その場合には、地中海もまた、猛烈な速度で衰退したわけではない。地中海の衰退に関しては、頽廃という語は極端すぎる危険がある。ゲームのカードを持つ人の手が変わったが、ヨーロッパは、一日にして、またただひとつの原因で、重心を変えたのではない。内海の運命は、ヨーロッパの近代の入口ではヨーロッパの運命全体と関係がある。それこそは古典的な、すなわちわけもなくもつれた論争のひとつである。マックス・ウェーバーの言うことを信じるならば、ヨーロッパの北は資本主義をつくり出した宗教改革によって勝利を収めたのかもしれない。しかしこのあまりにも知られすぎている命題は、しょっちゅう前面に押し出されているから、目を閉じて取り上げるには及ばない。私はこの『地中海』第四版と同時に出る、ある本(4)のなかでこの命題に反対する立場を取っている。読者がたとえ私の見方をとらないとしても、その本を参照していただきたい。もちろん、議論に加わっていただきたい。」

（1） Johannes Hermann KERNKAMP, 《Straatfarht, niederländische Pionierarbeit im Miettelmeergebiert》, in : *Nierländischen Woche der Universität München*, 15 juillet 1964.

（2） Simon HART, 《Die Amsterdamer Italienfahrt 1590–1620》, in : *Wirtschaftskräfte und Wirtschaftswege, II, Wirtschaftskräfte in der europäischen Expansion, Festchrift für H. Kellenbenz*, Nuremberg, 1978.

（3） Richard Tilden RAPP, 《The Unmaking of the Mediterranean Trade Hegemony : International Trade Rivalry and the Commercial Revolution》, in : *The Journal of Economic History*, 1975, pp. 499–525 ; *Industry and Economic Decline in Seventeenth Century Venice*, 1976.

（4） *Civilisation matérielle, économie et capitalisme, XVᵉ – XVIIIᵉ siècles*, 1979, 3 volumes. 〔『物質文明・経済・資本主義』村上光彦他訳、みすず書房〕

気になる言葉——翻訳ノート

浜名優美

4 運命論者ブローデル？ ——初版から削除された「地理的歴史と決定論」と運命

「運命」という言葉は、『地中海』第Ⅱ部のタイトルの一部をなす重要な概念であり、ブローデルの歴史観と深い関わりがある。「決定論」という言葉もブローデルの歴史を考えるにあたって無視することはできない。ブローデルを十八世紀の哲学者ディドロの作品『運命論者ジャック』に倣って「運命論者ブローデル」と名付けることができるだろうか。

『地中海』初版（一九四九）の第Ⅰ部には「地理的歴史と決定論」という題の結論があった。ほぼ一〇ページあったこの一節（二九五—三〇四頁）は翻訳の底本とした第二版（一九六六）では削除された。第Ⅱ部のタイトルの「運命」は第二版以降も消えないが、ブローデルが好んで使っていた「地理的歴史と決定論」というこの二つの用語はのちにはブローデル自身の用語集からいったんは消えたかに見える（というのは晩年の『フランスのアイデンティティ』ならびに一九八五年一〇月のシンポジウム、『ブローデル、歴史を語る』では再び地理学的決定論が問題になるからである）。ブローデルが第二版で削除したもの、使わなくなった用語（特に地理的歴史）については、ブローデルの考えに変化があったのだから、無視したほうがよいと考えることもできる。しかし『地中海』ならびにブローデル理解のためにはこの二つの用語がどんな意味を持っていたのかを知っておくことはむだなことではない。そうでなければブローデルが第二版であれほど大幅な削除と書き直し（三分の一）をおこなったことの意味が理解できないだろう。

「地理的歴史」については「地政学」というドイツ語から借用された用語と区別して、ブローデルは次のようなことを指すと初版の該当個所で述べている。

「地理的歴史について話題にするとき、地政学が含意するものとは別のもの、もっと歴史的であると同時にもっと広い別のもの、諸国家の現在ならびに未来の状況に、図式化され、またたいていは、ある意味で前もって方向が変えられた空間の歴史を適用するだけではないものを指し示そうと思っているのだ。（中略）土地そのもの、気候、土壌、植物、動物、生活の仕方、労働者の活動などを気にもかけずに国家の国境と行政区画の研究にほとんど専念してきた伝統的な歴史的地理学を本当の意味での回顧的な人文地理学にすること、そのようにして地理学者に時間に対してより多くの注意を払わせること、そして歴史家にはますます空間を気にかけるようにさせること（中略）、それがこの地理的歴史の野心であろうし（中略）、本書のある種の野心である。（中略）結局、理解することが問題であるのは人間、つねに人間なのであり、人間とは言い換えれば社会であり、国家なのだ。」（pp.295–296）。引用文の最後で「人間」を理解することが問題であることを言っている点に注目しておく必要があるだろう。「歴史をつくるのは地理的空間ではなく、この地理的空間の支配者であり発見者である人間なのだ」（『地中海から学んだ大西洋』、第I分冊、セレクション版2、三七四頁）とブローデルは断言している。ブローデルにとっての地理的歴史に関して思想史家フランソワ・ドスは以下のように説明している。「社会の解読格子としての地理学、人間たちが係留索でつながれている堅固な岩としての地理学、それがフェルナン・ブローデルによる地理的歴史であり、時間的な眼差しというよりも空間的な眼差しである。（中略）地理学によってブローデルは長期持続を有効なものにすることができるのだ。」（『粉々になった歴史』ポケット版、pp.131–132）。ただしドスは「ブローデルはあまりにもしばしば機械的な決定論を適用している」（同書、p.138）という批判も行っている。

「もし地理学的決定論というものが存在しないとすれば、どこに学問としての地理学があることになるのですか。」(『ブローデル、歴史を語る』福井憲彦、松本雅弘訳、新曜社、二二〇頁)。これは一九八五年のブローデルの発言である。そして少し先で、「決定論というのは、いくつかの原因がいくつかの結果を引き起こす、ということなのです」(同上、二六二頁)と「決定論」について単純すぎるほどの説明をしている。しかし『地中海』初版で「決定論の役割を誇張しないようにしよう。だが決定論の役割を小さくしないようにもしよう」(p.302)とも言っている。決定論の最良の一例としてブローデルが挙げるのは「地中海における航海」である。十六世紀における地中海の航海は比較的小さな船による沿岸航行が中心である。天体観測儀も天然磁石も知っていたが、「昔からの航海の仕方を断念しなかったのは、その航海術で十分であったからであり、それが地中海の海盆の区分に対応していたからである。」(第I分冊、セレクション版、一六七頁)。地中海は冬の間天候が荒れ、一〇月から四月までは航海が危険な時期であり、その結果、冬には大戦争は起こらない。冬は停戦協定の行われる時期である。しかし荒れる海を航海できる大型の船が建造される。北のハンザ同盟都市が建造したコク船または別名ナーヴェ船である。輸送力にすぐれ、しかも冬の荒天に打ち勝つこの丸型の大型船は、それまで優勢であった多数の漕ぎ手を必要とする商用の長いガレー船に勝るのである。「この場合、地理学的決定論は破られた、一四五〇年以降、人間は冬の支配者になることによって自然に対して打ち勝ったと言うことにしようか。」(初版、p.303)。「一方に自然の障害、他方にその自然の障害に拮抗する人間たちの努力があるが、この努力は自然の障害に合わせておこなわれるのである。」(同上)。このことはマラリアに苦しめられていた湿地帯を平野に変える十六世紀の土地改良事業にも当てはまる。初めに地理ありき、なのである。

一九八八年に刊行された『ブローデルを読む』(ラ・デクーヴェルト刊、藤原書店近刊)の「まえがき」で編者ティエリ・パコはブローデルとサルトルを比較して、「人間の自由な行動を信じているサルトルよりもブローデルははるかに決定論者である」(p.II)と断言している。

両者については、サルトルは当時の歴史家の仕事をあまりよく知らなかったし(とはいえジョルジュ・ルフェーヴルやマルク・ブロックの仕事を引用している)、一方のブローデルは哲学的な議論にはあまり関心がなかったところから、互いに個人的なつきあいがあったかどうかは定かではないとしながらも、パコは「議論の余地なく、知的な出会いがあり(中略)かなり近い歴史方法論を共有している」(同上)と考えている。

サルトルが『弁証法的理性批判』のなかでブローデルの『地中海』の成果を利用している事実(『サルトル全集』人文書院、第二六巻、一九七頁や二一一頁)は一般にはあまり知られていないようである(サルトルは『地中海』からの引用を示す注のなかで「以下の記述はすべてこのすばらしい著作の一注釈にすぎない」と述べている)。パコはもちろんこの事実を知ったうえで発言している。両者の知的出会いの証拠としてパコが引用しているのはサルトルの次の一節である。

「個人的な諸弁証法が、自然にたいする人間の支配としての反自然と、人間にたいする無機的物質の支配としての反＝人間性とを同時に創造したあとで、こんどは人間的支配(つまり人間たち相互間の自由な諸関係)を構成するために団結によって己自身の反自然を創造する、とこう言ってもよい。」パコはここまでしか引用していないが、すぐに次の文が続く。「この水準においてこそ、また以前の諸条件を土台にしてこそ、人間たちは全体化をおこない、また自分を全体化して、ひとつの実践の統一性のなかに自分を再組織するのである。換言すれば、われわれはここでこの経験の第三の、そして最後の契機に、つまり人間世界(人間たちとその諸対象との世界)を歴史的企業のなかに全体化する契機に、ふれるわけである。経験のこのあらたな構造は、実践的＝惰性的分野の逆転としてあたえられる。つまり実践的統一のあたらしい点は、自由が必然性の必然性として、あるいはこう言ったほうがよければ、必然性のあらがいがたい転回としてあらわれるという点である。(中略)自由と必然性とがもはやただひとつのものとなっているこのあらたな弁証法は、超越論的弁証法のあらたな化身などではない。それはむしろ、自由な活動性としての個人的な人間たちを唯一の行為主体とするようなひとつの人間的構成物なのである。」（前掲書、四〇六―四〇七頁）

ブローデルは「長期持続」という論文では、「いつも最後にはジャン＝ポール・サルトルは深い構造的コンテクストへたどり着く。サルトルの研究は、歴史の表面から深層へ向かい、私の関心と結びつく」（井上幸治編集＝監訳『フェルナン・ブローデル』新評論、五九頁）と述べて、サルトルへの共感を示している。

私としては二人を対比させて考えるために、「決定論」を退けるサルトルの次の言葉を付け加えておきたい。「じつのところ、私が植民地主義の実行と体制を検討したいと考えたのは、経済主義的、社会学的説明に、つまり一般的に言えばすべての決定論に、〈歴史〉を取って代わらせることがいかに重要であり得るか、ということを簡単な例によって理解していただくためだったのである。」（前掲書、第二八巻、一九八―一九九頁）サルトルはブローデルの仕事を利用したが、ブローデルを全面的に受け入れているわけではない。とはいえ経済学者アラン・リピエッツは、「ブローデルが考慮に入れている主な決定論は、サルトル的な実践的＝惰性態であると思う」（『エスパス・タン』三四／三五号、p.49）と指摘している。

ところで、ブローデルは『地中海』の「結論」で「出来事の射程とか人間の自由などについて私に出された、またこれからも出されるであろうかくも多くの質問について長々と議論してみたいという気分にはなかなかなれない」と述べたうえで、「少なくとも、集団の自由と個人の自由だけは区別する必要があろう」と言っている。そして「フェリーペ二世の自由とは、（中略）ドン・フアン・デ・アウストリアの自由とは何であったのか。いずれの自由も、私には、ひとつの小島、ほとんどひとつの牢獄のように見える」と言い、そのことが「歴史における個人の役割を否定することだろうか。私は決してそうは思わない」と続けている。だが「深層を流れる歴史の方向に逆らおうとするどのような努力も（中略）あらかじめ歴史から見離されているのだ」と断言し、これを「運命」と名付けている。

「運命は人の意志とはほとんど関係なくできあがっており、風景はこの人の後ろに、また前に、『長期持続』という無限のパースペクティヴを描き出している。（中略）最終的に勝ちを収めるのは、つねに長期の時間である。（中略）長期の時間はたしかに人間の自由と偶然そのものの余地を制限する。」

「長期の時間」「長期持続」あるいは「運命」を「地理的歴史」や「構造」の同義語とみなすことができるブローデルの発言は、次の一節に明確に、しかも具体的に読みとれる。

「十六世紀の地中海は、何よりもまず、農民の世界、小作人と地主の世界であるということ。穀物とその取り入れこそが経済活動の中心であり、それ以外はひとつの上部構造、つまり、蓄積の成果、都市への行きすぎた経済転換の成果であるということ。まず初めに来るのは、農民であり、小麦である。言い換えれば人間を養う食糧であり、多数の人間である。それが、この時代の運命が従っている、物言わぬ規則なのである。短期的に見ても、長期的に見ても、農業活動がすべてを支配している。農業活動は、日増しに増える人間たちの重みを、それしか目に入らなくなるほどまぶしい都市の贅沢を、これからも支えていけるのだろうか。これこそは、毎日の、各世紀の、死活を賭けた問題なのだ。それ以外は、相対的に、ほとんどどうでもいいようなことなのだ。」（「結論」）

マルクスに言及したインタビューでブローデルが述べた次の発言はよく知られている。すなわち「『人間が歴史をつくる』と言ったとき、マルクスは、半分以上間違っていました。歴史が人間をつくる、このほうが確かです。人間が歴史に耐えるのです。」（「歴史のための人生」『フェルナン・ブローデル』所収、一七五頁）

こうしてサルトルとブローデルの文章を並べて読んでみると、ブローデルはたしかに運命論者であるようだ。それを補強する発言が「私がやっていることは、人間の自由に反している」という一九八四年のテレビでのインタビュー（「歴史のなかの不変」）である。

「人間は人間を拘束する世紀単位の力に対しては、また長期持続の経済的循環に対しては何もできないのだ。」（ドス、前掲書、p.114）ブローデルには「世界の運命について根本的に悲観的な考え方がある」（同上）とドスが言うように、ブローデルはやはりペシミストであったのだろうか。

5　魔法の数字 3

『地中海』を読むときに誰もが最初に思い浮かべるのは、長期・中期・短期という三層構造の時間であろう。すでに多くの論者が指摘しているブローデル独特の時間概念であるから改めて論じるまでもないと思われるのであるが、このことを私なりにもう一度整理しておきたいと思う。

三つの時間

高校生向けの歴史教科書として執筆されながら教科書としては使用されなかった『文明の文法』（みすず書房）には「歴史の時間には、出来事の速い時間、挿話の長くのびた時間、文明のゆっくりとした緩慢な時間というようにさまざまな時間がある」（1、二八頁）という記述がある。これを読んでおやと思った読者はすでに『地中海』の時間の分け方を知っている人である。というのは『地中海』は「緩慢な時間」から「速い時間」へと逆の方向に時間が流れているからである。

『世界時間1』では『地中海』の記述とほぼ同じことが次のように書かれている。

「歴史家は、過剰な事象を単純化して、歴史をいくつかの部門に区分する（政治史・経済史・社会史・文化史）。とりわけ、歴史家は経済学者からこういうことを学んだ。時間はさまざまの時間性に則して区分でき、そのようにして区分すれば時間は手なずけられ、要するに扱いやすくなる、ということを。長続きする、あるいは非常に長続きする時間性があり、緩慢な、またさほど緩慢でない、もろもろの重合局面があり、すばやい、場合によっては瞬間的な、もろもろの逸脱がある。――なおたいていの場合には、もっとも短期的に生ずる逸脱がもっとも探知しやすい。要するに、世界史を単純化して組織立てるにあたって、われわれの手中には、なかなかもって隅に置けぬ手段が揃っている。」(みすず書房、二頁)

『地中海』の序文では「歴史を段階的に成層化された次元に分解」したと言っている。第一に「ほとんど動かない歴史」「つまり人間を取り囲む環境と人間との関係の歴史」「ゆっくりと流れ、ゆっくりと変化し、しばしば回帰が繰り返され、絶えず循環しているような歴史」であり、第二に「緩慢なリズムを持つ歴史」「すなわち社会史」「諸集団の歴史であり、再編成の歴史である」。そして第三に「伝統的な歴史」「出来事の歴史である。つまり歴史の潮がその強力な運動によって引き起こす表面の動揺であり、波立ちである」。この三つの時間をブローデルは「地理的な時間、社会的な時間、個人の時間」と言い換えている。この時間区分に応じて『地中海』は三部構成となっている。「それぞれはそれ自体として全体の説明の試みとなっている」。では三層の時間の相互的な関係はどうかということになると、実はその相互関係についてははっきりとブローデルは理論化していない。そのことを非難する人もいる。だがブローデルは経験的な観察に依拠して分析する方法を選択したために、理論化の必要を感じなかったのである。

歴史学の時間について『地中海』出版から約一〇年後に書かれた「長期持続」(一九五八年)という挑発的な論文では次のように述べている。

「社会的現実の核心において、瞬間とゆっくり流れる時間との間で果てしなく繰り返される生き生きとした内面的な対立ほど重要なものはない。問題が過去であれ現在であれ、社会的時間が持つこの複数性についての明確な意識は、人間科学に共通する方法論に不可欠なのである。」(『フェルナン・ブローデル』一八頁)。ここでは地理的な時間と個人の時間の間で社会的な時間は「内面的な対立」を繰り返すものととらえられている。このような言い方を記憶に留めると、三つの時間はただ単に便宜的に分割され、相互に関係がないものとしてあるのではないということがわかる。「長期持続」の論文では「短い時間、個人、事件」、「周期的変動」「一〇年、二〇年、五〇年という長いスパンで区切られた過去を問題にする変動局面」、そして「一〇〇年単位で動くゆったりした歴史、非常に長く持続する歴史」というふうに分類されている（同上、一九頁）。「長期持続は、厄介で複雑で、多くの場合目新しい登場人物」（同上、二九頁）と定義されている。「とにかく、ゆるやかな歴史のこうしたさまざまの層に関連させてこそ、歴史の全体性は下部構造をもとにして再考されうる。歴史の時間のあらゆる段階、無数の段階、無数の炸裂は、この深み、この準不動性から出発してこそ、理解される。いっさいがそのまわりを回っているからである。」（同上、三〇頁）。第Ⅱ分冊（セレクション版第5巻）に即して言えば、図42「地中海・ヨーロッパの小麦の価格」図43「ブルサの物価」図44「救済院の古文書によるパリの物価の動き」の一五〇〇年から一六〇〇年までの長期のサイクルで見れば価格の上昇は明らかであり、この動向は「価格革命」と呼ばれるが、これはアメリカ大陸からの銀が地中海世界に大量に流入したことと相関関係にあり、国家の問題、商業の動向、社会の問題などと必然的に連関していることが具体的に分析されている。そしてブローデルが観察可能な具体的な記述において非常にすぐれた語り手であることは言うまでもない。

ブローデルの三つの時間についてはいろいろな人がすでに論じているが、そのなかから歴史家ジャック・ルヴェルとジャック・ル＝ゴフの意見を『エスパス・タン』誌から紹介しておこう。

まずルヴェルは「経済の領域を除くと、ブローデルは三つの時間の統合に完全には成功しなかった」と断定しているが、「ブローデルは同じ歴史を三つの異なる視点から語り、一つの対象を浮き彫りのかたちで構成しようとした」（前掲書、三四／三五号、p. 12）と評価している。次にル＝ゴフは「我々は一部分のみ、すなわち長期持続のみを記憶に留めることによってブローデルの思想を不幸にも歪めてしまった」と述べたうえで、大事なことは「変化のリズム」であるとし、「ブローデルは歴史の変化をさまざまなリズムの組み合わせのなかに見ていた」(同上、p. 22)と言っている。ルヴェルの表現を借りて言えば、「全体史は、もはやデータや学問領域などの積み重ねではなく、歴史の言説の非線型性についての考察である」(同上、p. 12)ということになり、三つの時間に分けて歴史を書くというブローデルの仕事は、明らかに直線的な、編年体の事件史、あるいは進歩を前提とした十九世紀的な歴史主義に対する反発から始まっていることがよくわかるのである。

この論考の冒頭に私は「長期、中期、短期」という表現を用いたが、これは地理学者クリスティアン・グラタルーによる「長い時間、すなわち構造的な時間、中ぐらいの時間、すなわち変動局面の時間、短い時間、すなわち事件的な時間」(同上、p. 74)から借りたものである。以上のようにブローデルは歴史の時間を三つに分けて歴史を力動的に分析した。ブローデルが「繰り返し」や「規則」という言葉を非常に重要なものとしていたことを思い出すならば、三つの時間の相関関係は理論的には明確に示されないにせよ、その立体性によって全体史を試みたことが納得できるだろう。

三つの空間

ところで『地中海』で一度だけ名前の出てくるドイツの経済学者チューネンによる、いわゆる「チューネン圏の法則」と言われるもの(第I分冊、セレクション版第1巻、九五頁)について『世界時間1』には次のような説明がある。「都市を中心として、いくつかの同心円状の地帯がおのずから描かれてゆく。中心に近い第一の輪は、庭園・菜園であり(両者は都市空間に密着し、隙間が開いているところでは市内に入り込みさえしている)、さらに略農生産が加わる。つぎにくる第二・第三の輪では、穀物が作られ、家畜が飼育されている。ここに見られるのはひとつの小宇宙であって（中略）そのモデルはセビーリャにもアンダルシア地方にもあてはまるし、（中略）ロンドンなりパリなりに――いや、じつのところ、ほかのいかなる都市にでも――隣接する地方にもあてはまる。」（三五頁）

この三つの同心円を敷衍して、ブローデルは経済＝世界について次のように述べている。「いかなる経済＝世界においても、諸地帯はまとまりをなして――ただし、相異なった水準において――連関しながら、たがいにはまり込み、また肩を並べている。その場合全体にわたって、すくなくとも三つの《区域》、三つの範疇が色分けされている。すなわち、狭い中心がひとつ、かなり発達した第二次的地方がいくつか、第三に膨大な外縁である。（中略）イマニュエル・ウォーラーステインは、この説明に基づいて、その著作『近代世界システム』全体を構築したのであった。中心、《心臓部》には、存在する限りにおいてもっとも先進的で、もっとも分化したものがすべて寄り集まっている。つぎにくる輪は、以上の利点に参与してはいても、その一部分を有しているにすぎない。すなわち《見どころのある二流》のたむろする地帯である。膨大な周辺地帯はと言うと、人口もまばらだし、打って変わって、昔風で、遅れていて、たやすく他人に搾取されるというふうである。」（前掲書、三六頁）。これはアンリ・ピレンヌがアントワープ（アンヴェルス）について述べたことと一致する。「十六世紀初頭、アンヴェルスがあるときヨーロッパ商取引の中心として目ざめたとき、アンリ・ピレンヌが語ったとおり、ネーデルラントは《アンヴェルスの郊外》となり、そして広大な世界全体は同市の非常に遠大な郊外となった。」（同上）

以上の記述をさらに単純化してみると、中心・周辺・外縁という三つの輪による考察ということになるが、これは空間を同心円として三つに分けることにほかならない。三つの空間には必ず同じ中心があるわけで、この思考法には中心と周縁という二項対立よりもダイナミックな側面がある一方、必ず中心をどこかに設定しているわけだから、ある特定の地域を世界の中心とみなすとか、中心は進んでいて外縁は遅れているという図式化が行われるという危険な陥穽も潜んでいる。ただしブローデルの場合には中心は一つではなく、多であるところに特徴があり、それが前に述べた経済＝世界の考え方（「気になる言葉」３の拙稿参照）と通じている点に注目する必要があるだろう。

現代思想における3という数字の魔力

３という数字が魔法の数字であるという私の考えを補強する材料を補足的に記しておこう（ちなみに前述のグラタルーも「3という魔法の数字」という表現を用いているが、これは偶然の一致であることをお断りしておく）。ブローデルは『世界時間1』において経済学者ヨーゼフ・シュンペーターの例を次のように挙げている。「シュンペーターは彼の著作『経済分析の歴史』（一九五四年）のなかで、こう語っているではないか。経済を研究するには三通りの仕方がある。すなわち、歴史による・理論による・統計による、という三通りである。しかし、もし生涯をやりなおすことになったら、自分は歴史家になるだろう、と。」（六頁）。また問題の取り上げ方においてもブローデルは３という数字が好きだ。たとえば「第Ⅱ部第３章　経済――商業と運輸」の冒頭には次のような記述が見られる。「我々の関心があるのは、全体的な構図である。最終的には、胡椒の危機、小麦の危機、大西洋の船の地中海への侵入という三つの問題を取り上げることにした。」第Ⅰ部において山と海、そして地中海の周辺という三つの地理的側面に分けて分析していたことも思い出してもよい。だがこのような三分割なら誰でもやるたぐいのものだと反論する人がいるかもしれない。

しかしブローデルと同じように３という魔法の数字で私たちに衝撃を与えた同時代の人々に神話学のジョルジュ・デュメジルと文化人類学のクロード・レヴィ＝ストロースなどがいる。

デュメジルはインド、イラン、ゲルマン、古代ローマなどの神話の比較研究を行って、そこに共通の世界観があることを発見した。つまり「神官、戦士、生産者」という三分類によって宇宙の秩序、人間世界が組織されていることを論証してみせて、この世界観を「インド・ヨーロッパ３機能体系」と命名したのである。この単純な原理の発見によって複雑な神話を体系的に分析することが可能になったし、その考え方は広く思想界に強い衝撃を与えたのである。フランスの絶対主義時代における聖職者、貴族、そして第三身分として人間生活に必要なものを作り出す働く者という区分の仕方は歴史的に存在したし、「三部会」という身分制議会が中世以来政治的に存在した事実を思い出すのもあながちむだではないだろう。

レヴィ＝ストロースは「料理の三角形」と言われる見事な図式で、世界中の料理について「生のもの、火を通したもの、腐らせたもの」という公式を使えばすべてを分類できることを示した。複雑な現象の基礎となる構造を解明したと言える。さらにレヴィ＝ストロースはコミュニケーションについては次のように述べている。

「どんな社会においても、コミュニケーションは、少なくとも三つの水準で展開される。すなわち、女性のコミュニケーション、財貨や労力のコミュニケーション、メッセージのコミュニケーションである。したがって、親族体系の研究と、経済体系の研究と、言語体系の研究とは、ある種の類似を示すことになる。これらの研究は三つとも、同じ方法によっている。三つの研究は、共通の世界の中で、各々の研究が自分を位置づける戦術的水準に応じて異なっているだけである。」（『構造人類学』荒川幾男ほか訳、みすず書房、三二五頁）

以上見てきたように、一見複雑な現象をできる限り単純な原理によって解明しようとする際に3という数字は、現代思想のなかでほとんど魔法の数字であると思われる。このことはヨーロッパにおける三位一体の思考法に由来するのだろうが、生産的な原理であることはまちがいない。

『地中海』と私　5

豊饒の海、地中海——中東・イスラーム研究の視点から

黒田壽郎

L'Afrique rapporte toujours quelque chose de nouveau.
アフリカはいつでも新しいものをもたらさずにはいない。

フランソワ・ラブレー

見事な未完の試み『地中海』

異文化接触にはいつでも、一筋縄ではいかない複雑な要素がつきまとっている。あざとい文化の衝突という事態も不幸にしてその一つの様相ではあるが、同時に挑戦と反応という構図の中には、外的、物理的な対立以外により積極的な局面も存在する。異質の他者がもたらす刺激、衝撃を受けて立ち、互いに裨益しあう相補的な関わりあいは、規模の大きな差異的有機体が共存することの、この上ない魅力である。地中海を間にはさんだフランクとサラセンの存在は、歴史的に悲惨な事件の爪痕を記しながらも、なおそれに余りある大きな文化的交流の果実を残してきた。千年を超える悠然とした時の流れは、なによりもよく争闘の日が、和平の日々のごく僅かな部分を占めるばかりであることを諭さずにはいない。

この紛れもない事実をそれに即して提示するためには、研究者はそれにふさわしい眼くばりを要請される。多くの世紀に生起した特徴ある事柄の事件史で、玄妙な有機体をぶつ切りにするのではなく、その縁どりに配慮しながらも、そこに息づいている無数の細胞の生きざま、活力、それを支え、埋め込んでいるものの構造により親密な視線を向けなければならない。そのためには歴史を、支配者、支配的要因、あるいは一部の文化的、社会的領域、制度ばかりではなく、それを包み込む全体的な様相の中で描き出す必要がある。有機的な総体の中に位置づけられた複雑なディテール、それらを支えている人間、集団のありよう、営みについての認識は、簡単に差別的見解の餌食とはなりえないのだから。

フェルナン・ブローデルの『地中海』の魅力は、この海がそれを南北にはさむ二つの文化、文明を育んできた時代の豊かなたたずまいを、細部にたいする厳密で、慎重な配慮にもとづいて活写しているところにある。地中海というトポスは、ここで描き出される時代以前に、人間の文化的活動の貯蔵庫たり続けてきたことはいうまでもない。しかしここに蓄積された精神的、物質的交流の成果は、隣接する二つの文明の向上、発展の力強い動因であったが、その相対的な重要性は喜望峰めぐりの航路が発見され、大航海時代の幕が切って落されるとともに薄らいでいく。はるか中国やインドネシアにまで及ぶ、遠隔貿易という巨富の源の動脈を絶たれることによって地中海は内海となり、それにもとづく経済力の衰退が沿海地域の地位を低める結果となっているのである。それ以降文明の活力の中心は北ヨーロッパからアメリカへと移り代わっていくが、それ迄ここで培われてきた地中海的要素の意義は、果してそれ以後に作り出されたものにたいして遜色があるものであろうか。その辺りの事情を良く明かしているのは、この著作の冒頭で著者自らが漏らしている美しい告白である。

「私は地中海をこよなく愛した。たぶん他の多くの人々と同じように、また多くの先達に続いて北の出身であるためであろう。長い歳月にわたって——私にとっては青春時代を過ぎてまでも——地中海に研究を捧げることは喜びであった。」ブローデルの視線は、暮れなずむ歴史の光景にいとおしむもののすがたを確実に捉えており、それが地中海のたたずまいさながらに悠揚とした筆さばきによって、見事に紡ぎ出されている。同時に指摘しておかなければならないのは、その背後に秘められている旺盛な方法論的な意欲である。既存の地理学、歴史学の枠組みを乗り越え、隣接諸学を積極的に取り込んでいく学際的な態度には、当然多くの障害が存在したことであろう。それを乗り越えた末になお、自らの著作が未完であることを公表してはばからない、知的探究者としての自己投企の賭金の大きさがまた、この著作のあらがい難い魅力の一つである。

賭金の大きさを示すいま一つの実例としては、視野の空間的な拡大が挙げられるであろう。張り巡らされた国境ごとに言語が変る土地柄を受けて、研究体制は概して国別の立て割りで、縄張りまでもが国単位といった事情は、この著作が書かれた一九四六年という時点では、開明的なフランスにおいても一般的だったであろう。ところでブローデルは、難なく狭苦しいヨーロッパの国々の壁を通り抜けるばかりでなく、余勢を駆って異文化圏にまで越境するのである。このようにしてヨーロッパは、歴史研究の上で初めて自らの境をもち、それゆえに正しく自らを定立させることができるのである。この力業の結果である対岸の世界の内容に関しては、早速トルコの研究者たちからある種の批判が寄せられたようであるが、研究史上の功績からすればほとんど問題とするには足りないであろう。文化、文明という大きな立役者をまともに取り扱うためには、全体史的な構想は不可欠であるが、ヨーロッパのそれを自らの境を含めて考察したという点で、ブローデルの『地中海』は先例を見ないものであり、この意味でこの著作はまさに金字塔と呼ばれるにふさわしい。

地中海はブローデルもいっているように、決して単一に語れる海ではなく、多くの半島、入江で区切られた部分の複合体である。それは細部の認識の積み重ねを介して総合的に検討されることによって、初めてその実質が明らかにされる。地中海の北側の分析は、それのみで見事に南ヨーロッパの全容に光をなげかけている。この部分は、着実に積み上げられた多くの学術的成果を汲み上げ、反映させており、その意味でブローデル自身の努力はさることながら、その資料作りに専念した研究者たちの地道な努力の伝統にも敬意が寄せられねばなるまい。

ところで優れた学術的成果が、地道な研究成果の反映であるという点からすれば、半世紀も前に書かれたこの著作に関しては、若干の追補、修正が求められる可能性がない訳ではない。『地中海』を自ら未完の試みであると強く述べているブローデルには、確実になんの責任もない事柄ではあるが、その後、とりわけこの一〇年ばかりの間に、対岸のイスラーム世界に関しては研究上の大きな変化が胎動してきているのである。そのうねりは、われわれの地中海認識を大きく修正し、補足するものであるが、以下にその大筋を指摘することにしよう。

イスラーム世界の全体史にむけて

イスラーム世界はこれまで、〈貌《かお》のない世界〉として表象されてきた。この世界の文明は、そのもの自体に即して語られることがなく、もっぱらそれ以外のもので説明され、その結果固有の表情、特性を失ってしまっているのである。その〈実在〉が〈不在〉によって説明されるという傾向については、E・サイードが『オリエンタリズム』で充分に論じているので、ここでは詳しく論じない。ところでサイードが指摘しているのは、西欧世界が一般的な言説で中東世界について論じている語り口であり、彼の批判は学術的な議論の内容にまで立ち至っていない。ただしオリエンタリズムの問題の真の根源は、後者にこそ存在する。常識のレヴェルに深く根を張った一般的な言説は、この後方支援によって初めてその存在を保証される。ある世界の認識のかたちの決定に直接に参与するのは、まさにこの後者であり、このオリエンタリズムの本丸に火の手がかかっているのである。長らく難攻不落を誇ってきたこの要塞の堅固さは、簡単に崩れ去るものではない。しかしダンシネーンの森は、確実に動き始めているのである。

新しい研究の胎動は、中東・イスラーム世界に散在する地方史の資料の組織的な読み込みに基礎を置いている。この世界に遺されている民衆史の資料として大量を占めるのは、現在のところ主としてイスラーム法に基礎を置くシャリーア裁判所記録であるが、トルコの専門家たちによって開始されたこの種の文献の解読の結果は、さまざまな分野にわたって次々と既存の通説を揺るがせているのである。この間の事情を最も良く伝えているのは、現在までのところ藤原書店刊のH・ガーバー著『イスラームの国家・社会・法——法の歴史人類学』(一九九六年)であり、詳しくはこの著作に当たって頂きたいが、ここでは若干視点を変えてこの動向を説明してみることにしよう。

裁判所記録の読み込みの作業は、当然のことながら初期においては、歴史の暗部の小さな局所に光を投げかける程度に留まっていたが、成果が大規模に蓄積されるに至ってより効果的に、通説の批判につながるようになった。そこで批判の主たる対象になっているのは、中東・イスラーム世界における近代化が、ナポレオンのエジプト遠征の結果もたらされた西欧との接触に由来し、その後この西欧のインパクトにさらされ、その効用を自覚したムハンマド・アリーによって推進されたといった類の、西欧中心主義の解釈の流れである。非西欧世界の地域研究にほぼひとしなみに適用されている同じ議論が、この世界の研究にも歴然と存在しているのである。差異的な世界をある種の既成概念で分析し、その結果それ自体の固有の貌が見失われるといった事例は、あちこちに散在している。近代化の始まりは明治時代にあるといった議論が、日本で払拭されたのは最近のことだが、闇の深さはいずこも同じなのである。

ナポレオン遠征以前の時代には、商業活動は民衆の生活とほぼ無縁であり、商業資本が地域と深く関わり、地域間の経済的交流を促進することはなかった。紋切り形の中東世界の経済的停滞論はお定まりのものだが、これに反論を加えているのはネリー・ハンナである。彼女は初めにアラビア語で出版され、一九九八年に英語の原本が出版された『一六〇〇年における資産形成』という著作で、克明に裁判所資料に当りながら、アブー・タキーヤというシリア出身の、カイロのシャーフバンダル(商人長)の事績を復元させている。そこでは紅海経由の香料を商いながら産をなした彼が、その後コーヒーを取り扱い、また精糖業を営むに及んで、仲介商人、地方の農村と取引を行う実態が生き生きと描き出されている。カイロの本拠では勢力的にワカーラ（商品取引所）を整備する傍ら、大型取引に際しては裁判所を登記所のように使いながら、商業に専念する彼の活動を見る限り、商業、流通が未発達であったなどということは少しもいえないのである。

いま一つ紹介に価する研究は、エジプトの土地制度をめぐるケネス・クノーの著作であろう。一九九二年に出版された『パシャの農民——一七四〇年から一八五八年に至る下エジプトの土地、社会、経済』は、綿密に原資料に当りながらこの時代に行われた種々の土地制度の改革と、それをめぐる地主と農民の関係の変化を綿密に跡づけている。オスマン朝、旧マムルーク勢力との間の力関係の推移が複雑で、それに伴って土地問題に著しい動揺が認められるこの時代の土地制度は、定説によれば一貫性を欠くゆきあたりばったりのもので、これがエジプト農村の停滞の原因であり、これがきちんと整備されるのはムハンマド・アリーの時代のことであるとされてきた。しかしクノーは、この間の制度の変化を追いながらそこに確かな一貫性を認め、ムハンマド・アリーの改革にしても、エジプト的なものの流れを少しも変えるものではないと結論づけ、G・ベーア、C・イッサーウィーといった大家たちの通説を覆しているのである。

最近の研究動向についてのこの僅かな実例は、学術的解釈の中に根を張りめぐらす西欧中心主義の＜外部の視線＞の実態を如実にさらけ出すと同時に、この研究分野に欠落しているものの本性を明かしてくれるであろう。不幸にして地中海の対岸に位置するいま一つの文明に関しては、未だに充分その素顔が明かされていない。上述の諸研究は、光を近代のとばくちから少し昔を照らしているばかりであるが、せめての慰みはこのような批判的著作が、この十年の内に堰を切ったように登場しているといったこと位であろう。

外眼には見栄えの良いオリエンタリズムの厚化粧の弊害が、最も問題となるのは、文化、文明の比較の次元である。木を見て森を見ずといった態度が許されないこの次元で、有意義な比較が成立するためには、当然二つの巨大な有機体を構成する諸系、部分にたいする均等、均質な認識、理解が要請される。このような意味で、文明のありようを語る全体史の構想は、なににも増して認識の欠損の補塡を促さずにはいないのである。

補塡の作業に取り掛かるさいに先ず要請されるのは、欠損の部分に関する正確な認識である。そのさいに最も肝要なのは、有機体の生命維持に不可欠な器官の諸系についての点検である。ところでこのような観点から検討を加えると、中東・イスラーム世界の研究には、驚愕あたわざる事態が存在しているのである。イスラームの教えの基本的な柱となっているのは、それに固有の世界観であるタウヒード、独自の法シャリーア、特有の共同体ウンマの概念である。それら三つは互いに相寄ってこの世界に強烈な個性を作り上げているが、そのいずれに関しても充分な研究がなされていないのである。

手始めにタウヒードについて述べれば、神を一つと捉える考えは依然として神学の領域にしかない。それを反転させて万象を等位にある差異的関係的なものと捉える観法は、哲学の域にしか留まっていない。しかしそれはシャリーア、ウンマを介して、人々の文化的、社会的生活に歴然とした影を投げかけているのである。神学、哲学嫌いの読者を想定して、ここでは敢えてこのような表現を用いたが、そもそも文化、文明を語るのに神学、思想を抜きにして語れるかという問題を差し引いても、この概念は中東・イスラーム世界の具体的な局面に、密接に関連しているが、これについては意義ある研究はほとんど皆無である。

シャリーアの問題については、上述のガーバーの著作が明快に既存の見解のインチキさ加減を浮き彫りにしている。ウェーバーの所説の誤りに焦点を当てたこの研究は、探偵小説以上にスリリングなものなので、心ならずも西欧かぶれの読者には是非とも一読を勧めたい。そこではイスラーム法の欠陥説、機能不全説が、具体的な資料に基づいて一気に吹き飛ばされているのである。法が存在せずに大文明が維持されうるはずなどありようもないが、ウェーバーにしてこの程度であるということは、通説とされてきたものの水準の低さを示して余りあるであろう。ちなみに現在検討が進行中の、各地に存在する膨大な裁判所記録はすべてシャリーアにもとづくものであり、これ一つをもってしても機能不全説の根拠のなさは明かであろう。

ウンマの問題にしても、これは一つの理想論として解釈されうる可能性を遺しているものの、現実社会のありようと深く関わっている。ムスリムたるものはイスラームの市民であり、国境を越えてどこにでも移動、漂泊しうるという共同体的性格は、この世界に連綿と通ずるものであった。囲い込みは民族国家の形態が外からもたらされた結果であり、この無国境性は人々の社会生活に色濃い影響を与えているのである。これはウンマに関わる単なる一例にすぎないが、オリエンタリストは文明の特殊性を構成するあらゆるものを、このように排除してはばからないのである。

異なるものを媒介する地中海

文明から宗教、神学、思想、法（ここには倫理、経済も含まれる）、政治等を除外して、果してなにが語られうるであろうか。そこで構築されるのは、陰画の全体史のための言説の構造であり、そこでは不在をもって実在を語るために、研究の蛸壺主義が厳守され、その結果文明の停滞、衝突論が声高に説かれることになる。しかしこれは明らかに、ブローデルが意図しているものとは異なる代物である。彼の筆さばきは、「海を讃えよ、だがお前は大地にしっかり立っていろ」というプロヴァンスの諺さながらに、おびただしいディテールの硬質な現実性を決して手放してはいない。そして手に及ばぬ事柄は、自らの著作の未完成というかたちで受け止められるのである。

ところでこの未完成は誰によって、どのように受け止められねばならないのであろうか。ブローデルの『地中海』は、明らかにこの主題に関して未完の著作である。彼が望み見た対岸の世界は、もっぱら上述したような研究上の不備の然らしめるところによって、未だに明確な相貌を示してはいない。その結果隣接する二つの文明が備える差異性の間に交わされる筈の対話に、求められるテンションにいま一つ欠ける憾みがある。後半の両者の間で交わされる海戦の叙述は、力の差が開いていく直前の状況を、充分な資料をもって記述した海事史としての価値は充分にあるにせよ、出没するトルコの艦隊が前触れもなく、突如として彼方から出現してくるような印象は免れ難い。ただしこれはあくまでも由ないものねだりで、骨太に提示された一方の極に他の極を対峙させ、両者の間に強力な電磁波を産出する作業を要請されているのは、中東・イスラーム世界の専門家の方であろう。

キリスト教的西欧とイスラーム的中東は、同じ一神教を信ずる者同士の共通性を備えると同時に、ある次元では際だった対照を示している。三位一体説とタウヒード、天地創造を完成してしまう神と毎瞬創造を繰り返す神の相違は、宗教、神学上の問題であるが、この相違は思想的にはいうならばヘーゲルとスピノザのような、相対立する知的傾向に結びつく。そしてこのような差異的特質が、社会編成の裾野にまで広がっているのが、地中海を間にはさむ二つの世界なのである。一方の観点からしか二つの世界を見ようとしない研究者の間では、未だに真に異なるものの媒介となり、独特な弁証法的関係を産出する地中海の、このような性格はほとんど認識されていない。しかしこの世界の歴史には、対岸の誘惑に胸をときめかせた、知的感受性豊かな人々の例が枚挙に暇ないのである。地中海の精神的トポス、地中海の時代は、振り上げた拳によってしか他者を認めない、その後の世界のそれとは確実にひと味も、ふた味も相違がある。

ブローデルが強く自覚しているように、地中海を描き出す試み、『地中海』は未だに完成されていない。しかし彼の全体史の試みは、その賭金の大きさ、内容の豊かさによって、他のなににもまして対岸の研究者に、いま一つの対極の形成を強く促すものである。この〈のびゆく本〉は、その促しの強度によって、われわれを新しい課題へ、研究の最前線へと誘ってやまないのである。

『地中海』と私　6

地中海世界とアフリカ——『地中海』第Ｉ部第三章によせて

川田順造

個人的な思い出から

地中海が私は無性に好きだ。地中海ほど、青く、まぶしいイメージを私に与えてくれるものはない。味覚でも、私は地中海味覚複合に溺れている。ウゾ、アラク、パスティス、地域によってさまざまな名で呼ばれているあのアニス飲料の、舌が薄い痲痺の膜で覆われるような快楽。それは地中海の夏の、乾いて暑い夕方に、肉厚のオリーヴの実をつまみながら味わうべきものだ。羊、それも仔羊などでない、臭みのつよい脂身が厚くついた熟雌の骨つき肋肉を、ニンニクとタイムと塩をきかせて焙ったのに、両手をべとべとにしてくらいつき、サフランを入れてオリーブ油で炒めたコメ（御飯ではない）を頬ばり、プロヴァンスのロゼを冷して飲む。日本のコシヒカリの御飯でも、すりおろしたニンニクとサハラの岩塩を砕いた塩、それに緑の濃い一番しぼりのオリーヴ油をたっぷりとかけて、茶漬けならぬオリーヴ油漬けにしてかきこむと、私は元気が出る。だがこうした味覚複合は、私が生まれ育った東京下町の食味とは、およそ対極をなしているようなものだ。いつから、何がきっかけで、私は地中海病にとりつかれたのだろう。

一つのきっかけは、東京大学で教養学科という、新設まもない、リベラルアーツ再興の理念がみなぎっていた学科へ進学して、文化人類も学んだが、フランス科やイギリス科の文学の授業やゼミにも多く出たなかで、東大駒場の名物教師平井啓之先生のポール・ヴァレリーの詩講読のゼミに一年間出たことだったかも知れない。体力も気力も充実しきった当時の平井先生の熱気を浴びながら（フランス語にも関西弁があるということを知った）、四、五人の学生で『若きパルク』や『ナルシス断章』、『海辺の墓地』と、次々に読んでゆくのは、魂の震撼するような体験だった。その頃、私がフランス語の手ほどきをしたある詩人音楽家が週一度私の家へ来てフランス詩を読むということを、私は「家庭教師」としてやっていた。そこでも、ヴェルレーヌやランボーとともに、大学で平井先生から習ったばかりのヴァレリーを、今度は私が「先生」の立場になって、その詩人音楽家の特異な感受性との交感のなかで読み直すという、濃密といえばいえるヴァレリー体験を私は学部学生の頃したことになる。地中海を愛したヴァレリーの詩を熟読することを通して、私の内にまだ見ぬ地中海への憧憬が生れたのかも知れない。その後フランス留学中に好きになって生演奏も二度聴いたジョルジュ・ブラッサンスも、「海辺の墓地」のある南仏の地中海に面したセトの出身だ。ヴァレリーとブラッサンスの墓をセトに訪ね、紺青の地中海に「長いまなざし」で見入ったのは、それから三十年近くあとだったが。

フランス郵船の定期客船で一カ月かかってインド洋を渡ってマルセーユに上陸する、私はその最後に近い世代のフランス政府給費留学生だったが（一九六二年）、船がスエズ運河を越えて地中海に入ると、それまで白い熱帯用の服装だった船の乗組員が、一斉に濃紺のユニフォームに着変え、急に何かあらたまった、いよいよ地中海に入ったという雰囲気になった。陽の光も十月二十日頃だったが、澄んでまぶしく感じられた。海の色は驚くほど青く、私はその青さのなかにからだを浸したくて、船の海水プールの水はかなり冷たかったけれども、陶然となって泳いだ。真夜中ちかく、船はストロンボリ火山の沖を通り、巨大な螢が赤い光の息をしているような光景を、夢の中のことのように眺めた。

あとで妻とエーゲ海の島めぐりをしたとき、デッキで船長に、地中海の水はどうしてこんなに青いのでしょうと、これはなかば感嘆をこめて、ひとりごとのように問いかけたことがある。船長の答えは、塩分が濃いので、太陽光線の反射が青さを増すのだという常識的なものだったが、私は地中海がとくに青いのは、塩分だけでない、独特の〝だし〟が濃厚にきいているからだと思っている。フェニキア、ローマの時代からイタリア都市間の制海権争い、レパント沖の海戦等々を経て第二次大戦まで、おびただしい数の船が沈み、財宝とともに無数の人や馬がこの海の水には溶けて、外の海へは流れ出ずに太陽の熱でコンデンスされているはずだ。ジブラルタル海峡をせきとめ、強力ポンプを据えて、数々の川から流れこむ水量を上まわる勢いで大西洋に水をかき出す、いわば地中海のかいぼりをやれば、そのときわずか一瞬でも、干上った海底に現出する光景は、息をのむようなものだろうと思う。

宦官をめぐって

こうした感覚的な地中海への愛着が、いつからどうして私の内に根を張ってしまったのかは結局わからない。その後私が専門の研究対象とするようになったサハラ以南の熱帯アフリカでも、地中海世界との交渉のあとはさまざまな場で息づいている。さきに触れた最初期の私の地中海への憧れや関心は、アフリカへの関心に先行している。かといって地中海世界への関心が拡大されてアフリカ研究に向ったというのでもない。別々の根から生れた関心なのだが、サハラ以南アフリカの研究を行ないながら地中海世界も歩きつづけ、いまでは私の内で二つの地域は連続した視野に入りつつある。

ブローデルの『地中海』は、顎も胃も強健なこの歴史家が、とくにエコロジーの観点を重視しながら、地中海への愛着の限りを述べていて、私も共感するところが多い。第I部第三章の一は「サハラ砂漠——地中海の第二の顔」となっていて、地中海の一辺の南にひろがるサハラにも目くばりをきかせている。ただやはりこの著者の発想は、当然のことながら著しく地中海中心であって、資料の面でもサハラやその南のアフリカについては、おそろしく断片的なものしか参照していない。無論地中海文明が他の世界への強い影響力をもった一大中心であることに私も異議はないのだが、もう少しサハラ砂漠の側、さらにその南の熱帯アフリカの視点から、地中海世界との交渉について、話題を提供してみたくなる。折しも私はいま、サハラ以南アフリカで地中海世界と最も長く深い交渉のあった、ニジェール川がサハラに向って大きな弧を描いて張りだしている地域、八世紀から十六世紀末まで地中海世界との交易を主な経済基盤として、ガーナ、マリ、ソンライなどの黒人帝国が興亡したニジェール川大湾曲部の東のはずれにある川辺の町にいて、三千キロ近く北の地中海に想いを馳せながらこのメモをつづっている。

とはいえ、むら雲のように浮んでくるさまざまなトピックの、何から書きはじめたらよかろうか。思いつくままに、まず宦官のことをとりあげてみる。

宦官の制度は、牧畜民の去勢技術と宮廷組織とが結びあわされた形で、おそらく中央アジアないし西アジアから東西へひろまったのであろうが、東の端では、諸制度から都のつくりまであれだけ中国を模倣しながら、日本へは遂に入らなかったものだ。しかし西に向っては、イベリア半島やマグレブ、サハラを南へ越えた西アフリカのサバンナの諸王国にまで伝わった。サハラ以南アフリカでも、家畜の去勢技術は地方的な変異をともなって実用化されていたが、それを人間に適用した宦官という制度としては、西アジアからの伝播を考えていいのではないかと思う。イタリアに比較的新しい時代まであった、ボーイソプラノを保つためのカストラートのように、人間を去勢するという発想は、地中海世界には深く根をおろしているようだ。

地中海世界からサハラ以南西アフリカへの宦官の導入の最も古い記録は、マムルーク朝のエジプトでスルタンの書記をしていたアル・ウマリーがのこしているものだ。十四世紀に「黄金の黒人帝国」として地中海世界にまで名を知られたマリ帝国の、最盛期のムッサ王は一三二四年から翌年にかけて、夥しい量の金を運ばせ、イェーメン製の錦や絹の衣をまとった多数の奴隷を従えてメッカ巡礼を行ない、カイロの街を金の施し物で溢れさせた。その帰途エジプトでトルコ人やアビシニア人の歌姫や女奴隷と一緒に、「フブス」というアビシニア人の宦官を買ってマリに連れ帰った。ムッサ王の死後まもなく、その弟のスレイマン王のときマリ帝国を訪れたイブン・バトゥータも、ダマスカス出身のアラブ人の奴隷に出会ったことを記している。

マリ帝国の衰退のあと、ニジェール川大湾曲部東部に位置するガオを都として、ソンライ帝国が西アフリカ内陸に広大な版図を築き、地中海世界ともさかんに交易を行なった。その最盛期（十六世紀中頃）のアスキア朝ダウド王の宮廷には、七百人もの宦官がいたといわれる。モロッコ南部のマラケーシュを中心に、十六世紀中頃から勢力を拡大したサード朝の野心家の君主アル・マンスールは、ソンライ帝国の支配下にあったサハラの岩塩採掘場や、サハラの南方の金の産地を掌握しようとして、当時まだサハラ以南には知られていなかった鉄砲を装備した遠征軍を送って、すでに衰退期にあったソンライの大騎馬軍を破り、最後の黒人帝国を滅亡させてしまう。この遠征軍を指揮したのがジュデル将軍（浜名訳の『地中海』第I分冊、藤原セレクション版第二巻三〇二ページでは、ジャウダー・パシャと表記されている）だが、彼もスペインのキリスト教徒の捕虜あがりで、宦官だったといわれる。ジュデルはソンライ帝国から多数の宦官を連れかえってスルタンに献上した。

やはり十六世紀頃から盛んになった、チャド湖周辺のボルヌー帝国と、北アフリカに進出したオスマン帝国の交易の時代に、大量に北アフリカや西アジアに売られていった黒人奴隷のなかには多くの宦官も含まれていた。宦官は手術がむずかしかったのでとくに値が高く、当時の記録の検討からは、宦官と若い女奴隷は、体格のよい男の奴隷の約二倍の値で取引きされていたと推定される。十九世紀はじめ、チャド湖地方を訪れたイギリスの探検家デンハムは、当時ボルヌーの宮廷に二百人の宦官がいたと報じている。

はじめ西アジアから地中海世界を経てサハラ以南アフリカにもたらされたと思われる宦官も、西アフリカの王国で制度として定着し、独自の展開をとげている。そして今度は逆に、地中海世界や西アジアに西アフリカで作られた宦官が送り出されるようにもなったのだ。

私が西アフリカで政治組織や歴史を調べたモシ王国（現ブルキナファソ）には、最も強大になった中部のワガドコ（現ワガドゥグー）王朝に、宦官の制度が十八世紀中頃、勢力を拡大し王宮の諸制度を整備し、交易もさかんにしたワルガ王の時代にとり入れられたと思われる。王都に近く宦官の手術を専門に行なう村があり、ここで捕虜や重罪者が去勢された。モシ社会には、羊などの去勢をするのに精巣の機能を奪う「切る」「叩く」の二つの方法があったが、人間に対して用いられたのはこれとは別の、エジプトあたりでも行なわれていたらしい、ペニスも陰嚢も根元から切りとってしまうやり方だった。二十世紀はじめにモシ王国を訪れたフランスの医師リュエルが、当時まだ存在していた宦官の局部の観察を含む調査記録をのこしている。手術をする村へ連れて行かれた者は、小屋の中で手足を縛られ痲酔などはなしに、よく切れる刃物で陽物と陰嚢を一気に切り落とされる。たいていは気絶するが、傷跡に灰などを塗って安静にし、回復を待つ。死亡率はかなり高いが、生き残るのが十人に一人といわれた他の地方での手術に比べて、モシ王国のこの村では死亡率は低かったといわれ、後宮の番人として需要の多かったモロッコ、エジプトさらにはトルコへも、モシ王国で作られた宦官は高い値で売られていったという。イスタンブールのトプカピ・サライの後宮で私が見た絵にも黒人の宦官が描かれていたが、はるばるモシ王国から売られていった者も混っていたかも知れない。

リュエルが直接の観察や、宦官からの聞きとりによって記しているところでは、性的成熟期を過ぎてから手術されたモシ王国の宦官は、肉体も声も少しも女性化しておらず、むしろ筋骨たくましくさえあった。宦官はモシ王国では宦官の長カムサオゴ・ナーバの指揮下に入り、王の身辺警固と妻たちの監督に当った。世界の王朝史をみると、王位簒奪を防ぐために、軍の最高指揮者には王位継承権のある王族ではなく、奴隷上りの忠勇な者があてられていたことが多い。それでも西アフリカの諸王国をみても、過去に奴隷出身の武将が王位簒奪を行なった例がいくつかある。その点、たとえ王位を奪っても後継者がなく新しい王朝を生む可能性のない宦官を、モシのように王の親衛隊や、さきのサード朝の将軍ジュデルのように、軍事指揮官に登用することは理にかなっている。

騎馬文化を追って

やはり中央アジアの牧畜民から西アジアを経て地中海世界からヨーロッパへ、そして北アフリカからサハラを越えて西アフリカ諸王国へひろまったと思われるものとして、まだ多くの謎にみちた馬をめぐる文化を挙げることができる。

繫駕用の馬は、アフリカには前二千年紀のヒクソスの侵入とともに、アジアからもたらされたと考えられるが、マグレブにはそれ以前にモーリタニア馬という名で学者がひとまとめにしている。体形のかなりまちまちな一群の馬がいて、やがて絶滅したらしい。サハラの岩壁画に描かれている二輪車をつけた馬はヒクソス以後のものと考えられているが、興味深いのは馬に牽かせた二輪車の痕跡は、サハラ砂漠西部の南端にまで認められるのに、そしてその後馬は騎乗用としてはサハラ以南にひろまって独自の騎馬文化を生みだしたのに、車輪はまったく伝わらなかったことだ。これは車輪を有効に使う前提である、整備された路面を作るのがサハラ以南アフリカではむずかしかったこと（同じことは明治以前の日本についてもいえる）、車輪というかなり複雑な木工技術を要するものを制作する鋸をはじめとする木工具を含む技術基盤が、サハラ以南アフリカに欠如していたことなどが主な理由として考えられる。だが車輪に限らず、サハラ以南アフリカには、回転原理とテコの原理を応用した道具がまったくみられない（北アフリカ起源と思われる、二枚の綜絖を足踏みペダルで上下させる機織機の、綜絖を吊るす滑車が、半回転するのが例外的に認められるだけだ）。やはり地中海世界に古くから発達していながら、北アフリカのベルベル社会も含めてサハラ以南アフリカや、東アジアやオセアニア、アメリカ大陸へは伝わらなかった石や日干し煉瓦を用いたアーチ（穹窿）の建築のことも、技術文化の伝播と受容の諸条件を考える例として今後も検討に値するだろう。

馬そのものについても、西アフリカの現在のベナン北部の、コトコリ馬と呼ばれる小型馬の由来など不明のままだ。その後、アラブ馬、ドンゴロウ馬などがエジプト経由で西アジアからもたらされた。とくに十三世紀には、ジョヘイナ・アラブが、エジプト南部からスーダンのサバンナを西へ進み、アラブ系の馬と、足の拇指をかけるだけの簡素で実用的な輪あぶみとを、西アフリカのハウサ王国やソンライ帝国にもたらしたと思われる。

サハラ以南アフリカの馬をめぐる文化は、私にとってもまだ謎が多いのだが、その第一は、西アフリカと東アフリカのサバンナでの著しい対照だ。西アフリカにはサバンナだけでなく、ツェツェ蝿などのために飼育がむずかしい多雨林地帯まで、かなり無理をして――良馬は北アフリカからサハラ砂漠を越える長旅をして、西アフリカの王たちに奴隷数人あるいは十数人と引きかえに、きわめて高価なものとして――導入され、手のこんだ馬具を伴なう独自の騎馬文化が発達した。これに対し東アフリカのサバンナや大湖地方へは、地理的にははるかに導入が楽で、縞馬などウマ科の野生動物も多数棲息していて風土的条件もよいはずであるのに、まったく馬が入らず、独自の騎馬文化も生れなかった。

第二には、チャド湖周縁のボルヌー帝国などの中央スーダンから西アフリカの諸王国にかけて用いられていたあぶみが、すべて浅い、つまり騎乗したときに膝を直角に近く曲げるタイプのものだということだ。これは走る馬上で鞍から腰を浮かせて、小型の強力な合成弓で矢を射かける、モンゴルなどの中央アジア騎馬民の戦術に適したものだ。逆に地中海の北側では、私がヴェネツィアのパラツォ・ドゥカーレで見たのもそうだったが、鉄の兜甲冑に身をかため、長く重い槍をもった騎士が、敵に向ってはげしく突進して槍ないしは長剣で戦うためには、鞍にまたがった両脚が真っすぐ下まで伸びて踏んばれるような、深いあぶみが必要とされる。ところで、サハラ以南アフリカ諸王国の騎馬戦士は、弓の騎射ということはせず、もっぱら槍や長剣で戦った。それにもかかわらず、そして鞍の形の多様さ――私の分類では少なくとも三型に分けられる――にもかかわらず、あぶみはすべて浅いものなのだ。

地中海の北側でのような変形なしに、中央アジアの浅いあぶみが北アフリカを経て伝わったとすると、その変化しなかった条件を考えてみることは意味があるだろう。

第三に鞍の形の問題がある。チャド湖周辺まで（今度の私の実地調査で行ってきたばかりだ）の西アフリカのサバンナ地帯の馬の鞍は、私の調査結果では基本的に、モロッコ型、ハウサ型、バンバラ型の三タイプに分けられる（型の名称は川田による）。モロッコ型は、モロッコからサハラ以南の主に西の地域にひろく見られるもので、前輪《まえわ》として鳥の頭のような小さな握りがあるだけで、後輪《しずわ》はとくになく浅い皿状にひろがっただけの、最も簡素で実用的なものだ。ハウサ型は前輪後輪ともほぼ垂直に立ち、いずれもモロッコ型より大きく、とくに後輪はかなり開いた形になっている。これはチャド湖周辺のかつてのボルヌー帝国のあたりから、ハウサ、ソンライの地域に広くみられるものだ。第三のバンバラ型は、この二型の中間の地帯から南にかけてみられる、文様が赤黄緑黒などで多彩に革に染めつけられた最も装飾性がつよく非戦闘的なもので、前輪後輪とも大きく左右に張りだしている。名称の上でもアラブ系とは異なるものが多い。この三型の鞍と、必ずしも対応関係はなしに、裸足の拇指だけをひっかける最も簡素なあぶみから、輪形のもの、反《そ》りをうって両端が大きく開いた装飾性のつよい大型の重いあぶみの三型が組みあわせて用いられている。そして、いずれの場合も、馬の額や胸の飾り、胴を覆う布などはすべてきらびやかなものだ。

このような西アフリカの馬具に、私は地中海世界の馬具との対比で、二つの特色を見る。一つは馬という機動性に富んだ騎乗用家畜の、広域支配のための軍事手段と同時に威信財ないし威圧の手段としての価値の大きさだ。第二は、まだ検討の余地が大きいのだが、サハラのラクダの遊牧民トゥアレグやモールのラクダの鞍との相互の影響関係だ。サハラのラクダの鞍の二つのタイプはいずれも西アジアのものとは異なるが、これらと前に挙げた三型の馬の鞍との相互の関係を、西アジアから北アフリカ、サハラ、その南のサバンナにまたがる文化のなかに位置づけることに、私は関心をもっている。

第一の点について補足すれば、西アフリカの諸王国での馬の用いられ方や馬具の示す威信財としての性格は、馬という生きものが地中海世界はじめ各地で広く人間との関係でもっていた、儀礼的であり同時に審美的でもある側面を拡大して示しているように思われる。古ガーナ帝国についての十一世紀のアル・バクリーの記述には、王の謁見の場に「黄金をちりばめた織物で身を飾った馬が十頭並ぶ」とあり、「ガーナの馬は、体軀がきわめて小さい」とも記されている。古ガーナ帝国よりやや東のサバンナの岩山の多い地帯で、十四世紀頃絶滅したといわれる謎の民族テレムの墓から小型の馬にまたがった、頭飾りをつけた人（猿？）のモチーフの装身具が発見されているが、テレムのあとこの地方に居住したドゴンの神話でも、最高神アンマが猿の姿で馬にまたがる物語が人間の死に関連して語られている。アンマは水の精ノンモも生むのだが、こうなると日本の河童（＝猿）の駒引伝説から石田英一郎が展開した壮大なユーラシアの馬と水の文化史、馬と結びついた地中海の海神ポセイドンにいたる人類のイマジネーションの地下水脈のひろがりのなかでの地中海文化の位置づけに、私は知的好奇心をかきたてられずにいられない。

弓奏リュートの謎

馬頭琴など馬のシンボリズムと不可分で、弦にも馬のたてがみの毛を使ったリュートの、やはり中央アジアから西アジア、地中海世界、西アフリカにいたる伝播と各地での変異も、私が興味をもっている、謎にみちた文化史の一齣だ。馬の毛を張った弦楽器でも、とくに弓奏リュートは楽器の歴史のなかでは比較的新しく、十一、二世紀に中央アジアからはじまったと考えられているが、西アフリカ内陸部へハウサ王国などを中心にひろまった、馬のたてがみの毛の単弦弓奏リュート「ゴゲ」は、私は十六世紀にリビア、チュニジアに進出したオスマン帝国を媒介として、サハラ交易で南へ下ったのだと見ていた。これは全体として圧倒的にパーカッシヴな黒人アフリカの音の世界のなかで例外的に、小音量の持続音を出す楽器だ。そのためか、これをとり入れた社会では、マラカス（ガラガラ）系の、小型の球形ヒョウタンのなかに種子を入れて振るものや、伏せた大型球形ヒョウタンを素手や桴《ばち》でたたくパーカッシヴな音でリズムを刻む楽器が一緒に用いられることが多い。ハウサ、ザルマなどの社会では憑依儀礼と結びついて、モシ、ダゴンバなど憑依儀礼のない社会では王への讃美のうたいものの伴奏として用いられている。これらサハラ以南アフリカでは、共鳴箱は半球形のヒョウタンにイグアナの皮を張ったもので棹も弓も弦は馬の毛だ。

ところが、チュニジアからモロッコにいたるマグレブ地域には、私の調べた限りこの種の単弦弓奏リュートがない。唯一チュニジアの楽器博物館で、もう使われていないという「グーガー」という名称の札のついた傷《いた》んだ古い木の胴の標本を見せてもらったが、学芸員の説明では、これはサハラの南の黒人社会から来たもので、奴隷として連れてこられた黒人の子孫が、憑依儀礼に使っていたのだという。北アフリカには、西アジアのアラブ世界とも連続する、ルバーブ系の擦弦リュートがひろく用いられているが、これは形や奏法の上からも、音色の点からも、サハラ以南の共鳴箱も小さなものとはまったく別のものといってよい。しかも、十六世紀以後オスマン帝国のチュニジア地方と最も密接な交渉があったはずのボルヌー帝国を形作っていたカヌリ語系の社会には、このタイプの弓奏リュートがなく、弦楽器としてはナイル上流域などとむしろ連続する、牛の腱の弦を木の胴に張ったハープ「ビラム」が用いられていることが私の今回の調査でわかった。

中央アジア起源であることが、楽器史上ほぼ明らかになっている、馬の毛を弦にした弓奏リュートが、地中海の南側でこのような謎をつきつけている一方で、地中海の北側では、イタリアを中心として、弓奏リュートは各種のヴィオラやヴァイオリンをはじめ、民俗音楽の領域でも演奏会音楽の領域でも、何と華やかで豊かな展開をとげ、オーケストラの中心を占めるようになったことか。サハラ以南アフリカと同様、パーカッシヴな音への嗜好がつよかったユーラシアの東端の日本で唯一の擦弦楽器胡弓がきわめてマイナーなものにとどまったことが、中央アジアの西側で地中海を南北にはさんだ二つの世界の違いを想うとき、あらためて思い浮かぶのである。

エンリケ王子のポルトガルに、アフリカまわりの東洋航路の開拓を構想させる大きな動機となった、マリ帝国が触発した〝黄金幻想〟の地中海世界への影響の及び方、その後一四八二年、ジョアン二世の時代にポルトガルが現在のガーナにエルミーナ（この命名にもポルトガル人の黄金幻想がみてとれる）に砦を築くのに、若き日の船乗り商社マン、クリストーバル・コロンも参加して、後のアメリカ航海への下地を作ったらしいこと、サハラ砂漠から運ばれた明礬《みょうばん》が、染料の定着剤としてフィレンツェの織物産業の発達に貢献したこと、ポルトガル航海者たちがアフリカへもっていった、西部地中海名産の珊瑚や、イラン原産で南ヨーロッパにも古くから伝播していたケルメスカシに寄生するカイガラムシの一種ケルメス (*Coccus ilicis*, ***EABR.***) を染料に用いていたと思われる深紅のラシャ布――のちに、アメリカ大陸原産のウチワサボテンに寄生するコチニール (*C. cacti, LINN.*) からとる染料にとって代ったようだが――が、西アフリカのベニンの王や、ヴァスコ・ダ・ガマが深紅の布を贈ったカレクー（カリカット）の王に大きな影響を与え、さらに後には日本の戦国武将にも、呪力をもった「猩々《しょうじょう》緋」の赤い陣羽織の流行をもたらしたこと、十六、七世紀のヴェネツィアのミルフィオリの技法で作ったいわゆるトンボ玉とくに管玉《くだたま》が、対アフリカ交易で大量に西アフリカに流入したこと（私もそのかなりの種類のものをもっている）、ローマ時代にはすでにバルト海から地中海世界にまで達していた琥珀とまごうものが、サハラの西南縁に、装身具、薬品として謎の姿を現わしていること、等々。地中海世界とアフリカ、そして遠く日本へのそのエコーなどについて、私が書きたいことはまだまだ尽きない。が、すでに与えられた紙数を超えてもいるし、ここで筆をおく。

＊　本稿に書いたことは、私自身の現地調査によるもののほか、拙著「十五世紀のアフリカと地中海世界」『大航海時代叢書』第二巻（岩波書店、一九六七、所収）、『マグレブ紀行』（中公新書、一九七一）、『サバンナの手帖』（講談社学術文庫、一九九五［一九八一］）、「もう一つの南蛮時代」［一九八九］『西の風・南の風』（河出書房新社、一九九二、所収）、「アフリカのトンボ玉」［一九七六］「図像にこめられた歴史」［一九八九］『アフリカの心とかたち』（岩崎美術社、一九九五、所収）、「物質文化から見たニジェール川大湾曲部」川田編『ニジェール川大湾曲部の自然と文化』（東京大学出版会、一九九七、所収）等に挙げられた文献に主に拠っている。数も多く、旅先での執筆のためもあって、本稿の記述のいちいちに出典を記さなかったが、関心のある読者は、詳しい参考文献をあげてある右の拙稿を参照されたい。

訳者紹介

浜名優美（はまな・まさみ）

1947年生まれ。1977年，早稲田大学大学院文学研究科フランス文学専攻博士課程満期退学。南山大学名誉教授。専攻は現代文明論・フランス思想。2020年逝去。著書『ブローデル『地中海』入門』（藤原書店，2000年）。訳書に『地中海』I〜V（1991-95年）『ブローデル伝』（2003年）『ブローデル歴史集成』I〜III（監訳，2004-07年）『キリスト教の歴史』（監訳，2010年）叢書『アナール1929-2010』全5巻（監訳，2010-17年。以上藤原書店）など多数。

〈普及版〉

地中海《ちちゅうかい》 II 集団《しゅうだん》の運命《うんめい》と全体《ぜんたい》の動《うご》き 1

■第32回日本翻訳文化賞・第31回日本翻訳出版文化賞受賞作品

2004年 2 月 25 日　初版第 1 刷発行 ©
2020年 10 月 30 日　初版第 5 刷発行

訳者　浜名優美
発行者　藤原良雄
発行所　株式会社 藤原書店

〒162-0041　東京都新宿区早稲田鶴巻町523
電話　03（5272）0301
FAX　03（5272）0450
振替　00160 - 4 - 17013
info@fujiwara-shoten.co.jp

印刷・製本　中央精版印刷

落丁本・乱丁本はお取替えいたします
定価はカバーに表示してあります

Printed in Japan
ISBN978-4-89434-377-1

史上最高の歴史家、初の本格的伝記

ブローデル伝

P・デックス
浜名優美訳

歴史学を革命し人文社会科学の総合をなしとげた史上初の著作『地中海』の著者の、知られざる人生の全貌を初めて活写する待望の決定版伝記。
［付］決定版ブローデル年表、ブローデル夫人の寄稿、著作一覧、人名・書名索引

A5上製　七二〇頁　**八八〇〇円**
（二〇〇三年二月刊）
◇978-4-89434-322-1

BRAUDEL
Pierre DAIX

ブローデル史学のエッセンス

入門・ブローデル

I・ウォーラーステイン
P・ブローデル 他
浜名優美監修　尾河直哉訳

長期持続と全体史、『地中海』誕生の秘密、ブローデルとマルクス、ブローデルと資本主義、人文社会科学の総合化、その人生……。不世出の全体史家の問題系のエッセンスをコンパクトに呈示する待望の入門書！
［付］ブローデル小伝（浜名優美）

四六変上製　二五六頁　**二四〇〇円**
（二〇〇三年三月刊）
◇978-4-89434-328-3

PRIMERAS JORNADAS BRAUDELIANAS

“歴史学の革新”とは何か

開かれた歴史学

（ブローデルを読む）

I・ウォーラーステインほか
浜田道夫・末広菜穂子・中村美幸訳

ブローデルによって開かれた諸科学の総合としての歴史学の時間・空間。「アナール」に触発された気鋭の論客たちが、歴史学、社会学、地理学を武器に“ブローデル以後”の思想の可能性を豊かに開く、刺激的な論考群。

A5上製　三二〇頁　**四二〇〇円**
（二〇〇六年四月刊）
◇978-4-89434-513-3

LIRE BRAUDEL
Immanuel WALLERSTEIN et al.

名著『地中海』の姉妹版

地中海の記憶

（先史時代と古代）

F・ブローデル
尾河直哉訳

ブローデルの見た「地中海の起源」とは何か。「長期持続」と「地理」の歴史家が、千年単位の文明の揺動に目を凝らし、地中海の古代史を大胆に描く。一九六九年に脱稿しながら原出版社の事情で三十年間眠っていた幻の書、待望の完訳。

A5上製　四九六頁　**カラー口絵二四頁**　**五六〇〇円**
（二〇〇八年一月刊）
◇978-4-89434-607-9

LES MÉMOIRES DE LA MÉDITERRANÉE
Fernand BRAUDEL